商业银行争议解决前沿问题

专题解读与实务指引

Thematic Interpretation and Practical Guidance for Frontier Legal Issues on Resolution of Commercial Bank Dispute

蒋　琪 / 主编

法律出版社 LAW PRESS · CHINA

编委会

序　一

回顾2020年，世界面临百年未有之变局。无论是蔓延世界各地的新冠肺炎疫情，还是冲击世界格局的贸易摩擦，工业革命缔造的经济体系、治理格局和社会秩序，经受着前所未有的冲击，商业银行的发展和转型亦面临着巨大的挑战。当前商业银行的主要矛盾仍然是基础管理能力与转型发展要求之间的矛盾。对于此，我历来的理念是"因你而变"，要研究需求的不断变化，要不断"因你而变"，提供与时俱进的产品和服务，才能赢得市场。

2008年国际金融危机以来，我国经济步入"负债型"增长通道，十余年内，企业、政府、居民轮番加杠杆，为商业银行在需求侧方面提供了强大的动能，银行面对的是一个永远不缺贷款和投资的"卖方市场"。银行的本质是经营风险，但不一定每一笔贷款都能如期收回。银行应对管理风险有很多方式，如利用风险时空转化的特点，既可以把远期风险转为近期风险，也可以把你的风险转成我的风险，还可以把我的风险转成你的风险，如资产证券化把流动性比较差、成本比较高的资产转化为流动性比较强、成本相对降低、风险分散的一种形式，而且把间接融资变成了直接融资。

从2017年全国金融工作会议开始，金融逐渐回归本源。"严监管、控杠杆、治乱象、防风险"成为我国金融业的主旋律。此外，银行业正在上演如火如荼的"金融科技革命”，从金融的本源角度看，新技术的应用会带来效率的极大改善，但风险不会简单因为效率的提升而消失和减弱，信用风险、流动性风险、操作风险可能会以更现代、更隐蔽的方式出现和放大。因此，这个行业需要永远如履薄冰，审慎稳健，对于银行从业人员来说，提高防范风险、识别风险、化解风险的能力，离不开法律工作者的支持。

本书是一本金融与法律有机结合的佳作，紧紧围绕商业银行最核心的几大业务领域，通过大数据筛选了近三年包括但不限于金融借款合同纠纷、票据纠纷、资管合同纠纷、供应链金融纠纷、国际贸易融资纠纷、跨境贷款与境外追索纠纷、数字货币、金融反制裁等在内的商业银行争议解决方面的典型案例，深度分析诸如表见代理问题、债券违约问题、保理和保兑仓追索权问题等热点难点法律问题。结合实务和作者真实执业经历对这些问题进行详尽的分析和解读，从专业的角度提示了商业银行规避此类风险的措施，及完善银行风控体系建设的相关建议，有利于银行提高合规水平，科学地选择诉讼执行方案，对广大金融从业人员尤其是工作经验较少的从业人员具有极大的学习和参考价值。

蒋琪博士与其律师团队编著此书，以飨读者，为社会主义法治建设添砖加瓦，为金融业规制贡献力量，具有现实意义。

 *

2021 年 5 月

---

* 马蔚华：联合国可持续发展目标影响力指导委员会委员、国家科技成果转化引导基金理事长、国际公益学院董事会主席、招商银行前行长、社会价值投资联盟主席。

序　二

金融是现代经济的核心。金融体系作为资金流动工具、市场参与者和交易方式等各金融要素构成的综合体，是经济体内部及相互之间资金流动的基本框架，而银行因其货币供应和支付清算功能，成为经济体的“供血”系统和循环系统。我国现行的金融体制，是以银行业为主导、以大银行为主力、以审慎监管为主控的金融体制，或称“大银行金融”体制。这一体制是在20世纪90年代我国金融体制改革中产生的。自1948年中国人民银行成立，到1995年《中国人民银行法》和《商业银行法》颁布，我国银行业经历了从计划经济模式到社会主义市场经济模式的转变，从四大国有专业银行为主到国有商业银行与其他商业银行并举，从储蓄、结算、贷款业务为主到多种业务模式并存、与多种类型的金融机构合作，经历了几次重大金融危机，并见证了证券业、保险业和信托业等其他金融服务业的协同发展。

我国金融体制有三个显著特点：一是采用分业经营、分业监管的模式，二是以国有资本为投资主力，三是实行强力监管。这种体制使我国金融体系安全系数较高，具有较强的整合能力，因此也具有较高的社会信任度和依存度。但是，这种体制也具有一定的局限性，对实体经济，尤其是小微企业缺乏支持。对实体经济供给不足会导致“脱实向虚”的趋势，带来金融泡沫化和产业“空心化”；对小微企业的支持乏力会导致“影子银行”、民间借贷、互联网金融等粗放成长。与此同时，随着金融经济的发展，金融法律纠纷也在不断增加。2019年年底，最高人民法院发布《全国法院民商事审判工作会议纪要》。其十二个章节中，有五个章节直接规范关于金融类案件的审理，其他章节也或多或少涉及金融案件的审理问题。在刑事案件方面，银行、证券、保险、信托领域的犯罪数量逐年上升，涉案金额越来越高，社会影响也越来越大。为适应我国金融司法的需要，一些法院已经设立了专门的金融法庭。

1995年，我国商业银行的资产总额还没有超过6万亿元人民币，而截至2021年3月，商业银行总资产已经达到269万亿元人民币，在我国的金融资产结构中保持着明显的优势，这既是巨大的成就，也是潜在的风险。金融犯罪案件与金融类群体性纠纷案件的不断增多，应当为商业银行敲响警钟。商业银行不仅要满足市场的金融需求，也要从维护社会整体公共利益、金融市场稳定秩序的角度考虑，建立健全风险防范协调机制，维护广大投资人、债权人等金融消费者的合法权益。

金融法治的首要任务，是防范和化解金融风险。在信贷市场承担社会融资主要供给者的金融体制下，我国企业的杠杆率高已成为一种常态。在这种常态下，金融风险的成因和传递有其特殊的规律。对于这些风险的识别和管控，银行业金融机构的一系列合规制度和风险管理制度具有至关重要的作用。因此，商业银行从业者需要不断提高运用法律思维和法律方式防范和处置风险的能力。蒋琪博士和他的团队在本书中通过整理商业银行领域的法律文件与深度分析相关领域的案件，提炼出商业银行领域的法律风险、合规措施与争议解决方法，涵盖的问题比较全面，提出的建议也很具有参考性和实践性，对商业银行从业者具有较高的参考价值。此外，本书提出的法律制度与司法实践中存在的问题，也值得相关立法、监管和执法机构关注。尽管本书尚存在一些不足，有些观点有可商榷之处，有些问题还有待深入探讨，但它凝聚了作者们的辛勤努力和智慧成果，在当下的银行法领域，仍不失为一本有阅读价值的佳作。

是为序。

王卫国*

2021年5月

---

* 王卫国：中国法学会银行法学研究会会长、中国政法大学教授。

前　言

金融是现代经济的核心。金融的本质是什么？是货币、信用、杠杆还是风险？金融要为实体经济服务，满足经济社会发展和人民群众需要。因此，金融的本质是服务。金融的核心是银行，但是，混业经营是世界金融发展的趋势，也是中国金融改革的目标。中学为体、西学为用，金融体系错综复杂，需要法律与规则规制，金融产品的植入与创新更需要国际法律与规则的借鉴。美国国会1999年11月4日通过《金融服务现代化法案》，取消了商业银行和证券公司跨界经营的限制，以此为标志，现代金融进入多元化时代。2008年之后，美国进行了金融监管改革，在美联储时任主席伯南克主导下，2010年出台了《华尔街改革与消费者保护法》（多德—弗兰克法案），维持金融稳定，预测预防金融危机的发生。中国金融立法、金融监管也要与时俱进。2012年中国进入大资管时代，银行、保险、证券、信托、基金等开始多元化经营。“一行三会”是国内金融界对中国人民银行、中国银行业监督管理委员会、中国证券监督管理委员会和中国保险监督委员会的简称，2018年4月8日，中国银行保险监督委员会挂牌成立，国务院金融稳定发展委员会也成立。“一委一行二会”的新监管框架浮出水面。2018年4月27日中国人民银行等金融管理部门发布了《关于规范金融机构资产管理业务的指导意见》（以下简称《金融机构资管新规》），以打破刚兑、限定杠杆、取消嵌套作为三个重要标签，标志着金融强监管时代来临。2020 年 7 月 31 日中国人民银行官网显示，《金融机构资管新规》过渡期从 2020 年年底延长至 2021 年年底。2020 年 10 月 16 日，中国人民银行发布了《商业银行法（修改建议稿）》（1995 年施行、2003 年、2015 年两次修改），共 9 章 127 条，在公司治理、资本与风险管理、客户权益保护、风险处置与市场退出进行了新设、充实和完善。新法不断面世，监管紧松结合。2021 年 1 月 1 日实施的《民法典》作为社会主义市场经济基本法，对商业银行影响巨大。

从法律的视角开始金融学的研究是跨学科的研究，从法律的眼光看复杂的金融市场中的商业银行争议解决，可以采用法律关系分析法、法律责任倒推法、归纳法和演绎法等方法论，鉴于当前商业银行混业问题的复杂性，法律关系错综复杂，法律责任亦难以判断，实践中类案不同判情况屡见不鲜，对于前沿问题可能没有简单的答案。尽管监管不断加强，风险仍不断曝光，因此，竭尽所能帮助商业银行防范金融风险成为本书的唯一目的。

一、研究方向

（一）围绕最新商业银行业务领域

现阶段，我国商业银行主要从事以下三种业务：资产业务、负债业务及中间业务。资产业务，是指商业银行运用资金的业务，主要包括贷款、贴现、投资等业务；负债业务，主要是存款类业务；中间业务，主要包括结算、代理、信托等业务。本书围绕上述领域展开讨论。商业银行相关书籍卷帙浩繁、浩如烟海。本书将力图突出“新”字，即立足新角度、运用新方法、提出新观点，探讨新创意、研究新案例、解析新法规。

（二）聚焦诉讼领域争议解决

争议解决的方式主要包括诉讼、仲裁和调解，受限于文献的公开性，本书聚焦于诉讼领域的争议解决。本书将通过对网络公开数据的分析，结合作者的办案经验，分析、提炼、总结、升华本领域的重要事项。

（三）运用“三个穷尽”方法进行专题解读

本书将本着“三个穷尽”的方法，即穷尽一切观点、穷尽一切案例和穷尽一切法律法规，对本领域近三年发生的争议进行专题解读，从中总结出核心的法律问题，针对问题提出完善措施。

（四）实现金融从业人员实务指引

本书力求对实务方面有所帮助，成为金融从业人员的法律指南和工具书。《全国法院民商事审判工作会议纪要》（以下简称《九民纪要》）确立了民商事审判的三个裁判思维：一是请求权基础、逻辑和价值相一致，类案同判思维；二是穿透式审判思维；三是实质权利保护思维。尽管上述裁决思维与英美法系衡平法有异曲同工之处，与典型意义上商事审判思维不尽一致，本书的研究与写作贯穿了上述裁判思维，这些思维在现阶段也将引导金融从业者的经营行为。

二、研究方法

本书涉及金融学及法学知识，旨在对商业银行业务中产生的争议进行归纳和分析，最终落脚点是从法律的角度为商业银行提示法律风险、提出合规及争议解决建议。因此，本书综合运用了归纳法、演绎法、法律关系分析法、法律责任倒推法等研究方法，试图对当前商业银行争议解决进行全方位的解读和分析。在法律问题的具体分析和研究中，通常是同时运用几种方法，而不是单独使用一种方法，故在本书中，读者可以看到就同一个问题，笔者可能同时运用多种方法进行分析，力求从多方位、多角度进行解析，得出最终结论。

（一）归纳法

也可理解为案例研究法。归纳法与后述演绎法是社会科学研究中运用得较为广泛的逻辑思维方法。归纳法是一种由个别到一般的思维方法和研究方式，由一定程度的关于个别事物的观点过渡到范围较大的观点，由特殊具体的事例推导出一般原理、原则的解释方法，是从认识研究个别事物到总结、概括一般性规律的推断过程。简单来说，就是通过众多个案来总结规律和原则。

最高人民法院自 2011 年 12 月发布第一批指导性案例以来，迄今已经发布了 17 批指导性案例。因此，案例研究在我国具有很大的现实意义和理论意义。本书对 2018 年至 2021 年的商业银行争议案件进行了法律检索，通过分析商业银行涉诉的类型、数量、法院观点等，总结趋势，提炼一般性规律，供读者参考（详见本书第一章）。此外，本书还在各章节精选了典型代表案例进行分析和研究，直击商业银行争议案件的痛点和难点，提取和总结商业银行在实务中经常会遇到的法律风险，供银行业从业者参考。

（二）演绎法

演绎法是由一般到特殊的逻辑思维方法，与“归纳法”相对。推论前提与结论之间的联系是必然的，是一种确实性推理。在应用此方法研究问题时，首先要正确掌握作为依据的一般原理、原则；其次要全面了解所要研究的课题、问题的实际情况和特殊性；然后才能推导出一般原理用于特定事物的结论。演绎推理的形式有三段论、假言推理和选言推理等，应用得最为广泛的是三段论。三段论是由两个含有一个共同项的性质判断作前提，得出一个新的性质判断为结论的演绎推理。三段论是演绎推理的一般模式，包含三个部分：大前提——已知的一般原理，小前提——所研究的特殊情况，结论——根据一般原理对特殊情况作出判断。

本书第一章对近年来对于商业银行诉讼案件最为重要的法律文件进行了介绍以及分析，尤其是法律修改后变化较大、实质影响较为深远的法律制度，例如，最受关注的、2021 年 1 月 1 日正式实施的《民法典》对担保制度、格式条款等制度的调整；2019 年 11 月 14 日发布的《九民纪要》对公司、合同、担保、金融、破产等民商事争议案件审判尺度的统一；2019 年 12 月 25 日发布的最高人民法院《关于民事诉讼证据的若干规定》（以下简称《民事诉讼证据规定》）对商业银行电子化证据的规定。在后面的章节，也对相应话题下的重要法律文件进行了梳理和分析，如第三章第一节整理了供应链金融的政策、监管制度及司法文件，第十一章第一节整理了商业银行相关的破产法律法规。本书将演绎法与归纳法相结合，在案例中分析法律，再通过法律制度透析案例，有助于研究分析相关法律问题，也更便于读者查阅和理解法条。

（三）法律关系分析法

本书对最新商业银行争议解决的现状、相关案例以及相关的法律制度进行总结归纳和解读，最终落脚点还在于提示法律风险，提供可供参考的风险化解方法和纠纷解决办法，尝试着向读者及商业银行从业者提出建议。在法律风险识别的研究中，最常见的方法就是法律关系分析法以及后述法律责任倒推法，这两种方法也是案例分析的常用方法，首先厘清法律关系，然后再利用倒推法律责任法进行识别，力求能够全面地把握和研究法律风险，提出防范路径。

法律关系分析法指的就是通过理顺不同的法律关系，确定其要素及变动情况，从而全面把握案件的性质和当事人的权利义务关系，并在此基础上适用法律，作出正确判决的一种案例分析方法。[①] 商业银行业务繁多，不同的业务体现为不同的法律关系，而每种业务又可能包含多种法律关系，法律关系分析法就是通过剥离不同的法律关系，研究每一种法律关系，以厘清每种法律关系对应的法律责任与后果，进而识别法律风险。具体而言，首先剥离出基础法律关系或主合同关系（通常为买卖关系或借贷关系），以该法律关系为基础，进而厘清由此产生的其他法律关系（通常为担保关系，如抵押、质押、保证等）。在商业银行业务中，可能存在各种各样的名称，多个交易方，以多种形式呈现，但无论该业务表面上看起来多么复杂，都不影响客观存在的法律关系。厘清法律关系，有助于在法律层面把握问题实质，进一步找到纠纷解决或者风险防范方法。

（四）法律责任倒推法

法律责任倒推法是法律风险识别的有效方法，以该方法识别各种法律风险，可以为分析各种法律风险奠定基础。在实践中，鉴于每种业务法律关系不同，所产生的法律风险不同，法律责任也有差别。总体来说，主要包括民事方面、行政方面和刑事方面的法律责任；在民事方面，根据不同的法律关系，又可能产生不同的民事法律责任，比如合同法律责任和侵权法律责任；不同的法律主体，又会承担不同的法律责任。在分析法律关系基础上倒推法律责任，从而防止在产生纠纷后承担不利的法律责任，是商业银行识别法律风险的有效方法。

三、主要内容

商业银行业务领域存在交易主体和环节复杂、争议纠纷多发且标的额大、

① 参见张显华：《案例分析的两种基本方法之一——法律关系分析法》，载《法制博览》2019 年第 3 期。

产品类型不断推陈出新的商业现状。交易主体和产品类型的多样化，也进一步导致法律关系及法律问题的多样化和复杂化，受诸多不同部门法、司法文件和监管文件的约束。本书通过对2018～2021年的商业银行争议案件进行法律检索，发现涉诉案件类型主要包括金融借款合同纠纷、信用卡纠纷、储蓄存款纠纷、保证合同纠纷、抵押合同纠纷、票据纠纷、信用证纠纷等。此外，随着业务模式、交易结构及金融产品不断推陈出新，银行保理融资业务纠纷及银行与信托、保险公司、券商、基金等合作开展交叉业务所产生的纠纷、金融衍生品交易纠纷等较往年大幅增加。

据统计，表见代理与表见代表及刑民交叉问题产生的纠纷，供应链金融中的保理和保兑仓追索权问题产生的纠纷，信用证、保函及进出口押汇关于付款请求权、欺诈及独立性问题产生的纠纷，资管合同中债券违约问题与收益权问题产生的纠纷等是近年来商业银行案件中的热点问题。这些热点问题并不是孤立地存在于一个案件中，而是交织在一起。同一个案件中不仅会涉及假公章、表见代理问题，同时会涉及涉案协议的性质和效力、刑民交叉中止审理等一系列法律问题。

上述热点问题为银行业诉讼带来了不容小觑的挑战。与此同时，所有的诉讼热点问题最终会变成执行方面的难点问题。如果执行不能落实到位，判决书上的权利就是一纸具文。因此，了解商业银行案件的热点和难点法律问题，完善合规和风控措施，积极地起诉和应诉，科学地选择诉讼执行方案，是确保银行债权安全，维护银行业正常经营秩序的利器。

本书从近年发生的商业银行经典案例入手，结合本领域的国内法律法规、司法文件及监管文件、最新司法实务及学术研究成果，灵活运用法律关系分析法、法律责任倒推法、归纳法和演绎法等研究方法，找到商业银行法律风险问题产生的深层次原因，以此为基础进行深度分析研究并提出解决机制。

本书主体部分共十一章，第一章主要是对重要法律文件影响的分析，其余十章就具体领域的法律问题进行分析。其中，第二章至第六章的分析思路是先介绍相关业务模式及涉及的法律文件，然后对具体法律问题结合案例进行分析。第七章至第十一章所涉及的话题具有特殊性和新颖性，因此与前面几章使用不同的行文思路。各章主要内容如下：

第一章从 2021 年 1 月 1 日正式实施的《民法典》及相关司法解释入手，结合 2019 年 11 月发布的《九民纪要》以及 2020 年 5 月生效的《民事诉讼证据规定》，对最新法律法规和监管规定项下商业银行争议解决法律问题进行了系统性分析，为后续章节的研究铺垫了基础。

第二章聚焦当前金融强监管背景下商业银行资产管理业务争议法律问题，从商业银行资管业务的资产端、产品端和投资者保护视角展开研究，结合最新法律法规和监管规定，分析最新典型案例，并从防范风险、解决争议、应对监管等方面对商业银行资管业务提出建议。

第三章针对供应链金融中的法律问题，梳理了相关的政策、监管文件及司法文件，然后对供应链金融中所涉及的法律关系进行全方位梳理，最后对所涉债权法律问题（应收账款质押和保理业务）和物权法律问题（保兑仓交易和融通仓交易）进行分析，并提出商业模式设计、业务操作指引、具体合规措施方面的建议。

第四章首先对有关于票据纠纷的最新法律法规、部门规章进行梳理，并对最新司法裁判观点进行整理和归纳，在此基础上，总结出当前票据纠纷最主要的法律问题是票据纠纷与侵权纠纷的管辖冲突问题和刑民交叉问题。最后，结合最高人民法院的经典案例对票据纠纷刑民交叉问题中的银行责任承担和合同效力问题进行归纳和分析，提出对商业银行业务合规的启示。

第五章聚焦于国际贸易融资中进口融资和出口融资两个领域的法律问题。在进口贸易融资方面，从法律关系、法律性质、担保机制等角度进行分析，提出业务流程中的法律规制建议。在出口贸易融资方面，由于出口押汇在理论与实践中的法律性质尚无定论，因此介绍了主要学说和观点，并与引起混淆的议付进行对比，最后提出业务流程中的法律规制与建议。

第六章介绍了跨境贷款中银团贷款的国内法律监管体系和监管文件，以及基准利率转换、资产转让、银团贷款纠纷的司法认定、跨境担保等热点问题，最后针对内保外贷业务提出合规建议。

第七章介绍了境内债务境外追索问题的两种路径（生效法律文书在境外承认与执行以及直接在境外进行纠纷解决）和三种方法（诉讼、仲裁及调解），同时对相关国际公约、重点国家和地区的债务追索实务进行了介绍，为商业银行海外追索提供思路。

第八章提出了破解金融债务逃废的四种方法，分别是公证债权文书的强制执行、财产查封处置顺位的协调、追加或变更被执行人、灵活运用代位权与撤销权制度。同时，由于商业银行的金融债务也常伴随刑事案件的发生，因此对刑民交叉问题及应对进行了探讨。

第九章对商业银行开展业务时所面临的可能导致国际金融制裁的相关规制进行介绍，分析商业银行应对规制现状中的不足，并进一步针对中国商业银行规制应对现状和不足提出法律上的应对措施。

第十章对央行数字货币这一新的法定货币形态，从概念、运行机制和设计架构的角度进行介绍，并分析了我国央行数字货币系统的价值以及可能面临的挑战，最后提出了管理、风控与治理的思路。

第十一章梳理了《民法典》《九民纪要》等几个最新的法律文件以及最新的司法解释中的相关变化对商业银行债权人在债务人破产程序中实现权益产生的影响，同时对实务中与商业银行债权实现关联比较紧密的几个问题进行探讨，最后对在深圳率先启动的个人破产制度为商业银行债权保护带来的机遇和挑战进行了分析。

第一章和第二章执笔人为戴月律师，第三章执笔人为田江涛律师和张力岩律师，第四章执笔人为田大鹏律师，第五章执笔人为杨东勤律师，第六章执笔人为姚约茜律师，第七章执笔人为姚远律师，第八章执笔人为吴彦臻律师和徐红亮律师，第九章和第十章执笔人为陈燕红副教授（兼职律师），第十一章执笔人为董燕清律师和易燕律师。

本书由本人作为主编和审定人，戴月律师作为副主编和统稿人，全书从律师视角对商业银行争议解决进行观察、总结、思考，可能挂一漏万、以偏概全，努力成为指引商业银行业务争议解决工具书和法律风险的“风向标”。

博士

2021 年 5 月 20 日于上海

目 录

第一章

新法背景下商业银行争议解决的变化与发展趋势

第二章

金融强监管环境下商业银行资产管理业务纠纷中的法律问题

第三章

供应链金融中商业银行相关法律问题

第四章

商业银行票据纠纷中的法律问题

第六章

跨境贷款法律问题研究

第七章

商业银行境内债务境外追索法律问题

第八章

破解金融债务逃废的方法论

第九章

商业银行反规制问题研究

第十章

商业银行数字货币及其争议解决

第十一章

债务人破产与商业银行债权保护

第一章

新法背景下商业银行争议解决的变化与发展趋势

第一节 《民法典》的实施及影响

2020 年 5 月 8 日，十三届全国人大三次会议经表决通过了《民法典》，自 2021 年 1 月 1 日起正式施行，同时对《民法总则》《民法通则》《婚姻法》《继承法》《收养法》《担保法》《物权法》《合同法》《侵权责任法》进行废止。《民法典》是我国第一部以“法典”命名的法律，不仅为法律界带来新的变化，更是为整个社会与市场经济法治建设提供了新的依据与要求。法典对于社会的意义在于其缜密的体系与前后衔接的逻辑，即使非专业人员也可以按照简单明了、科学严密的编排方式来查阅相关规定，充分体现立法的逻辑性与科学性。商业银行作为市场经济的重要参与者，为资金需求者与投资需要者提供了中介与桥梁，而《民法典》作为调整市场经济平等主体之间法律关系最基础的法律，无论对商业银行的经营管理还是具体业务的实施，都会产生重大的影响。

此外，为了统一司法尺度、加强衔接适用，按照“统一规划、分批制定，急用先行、重点推进”原则，最高人民法院在《民法典》通过后即开展了专门性的清理旧的司法解释、草拟新的司法解释等工作，并于2020年12月开始制定与《民法典》配套的第一批新的司法解释。这一系列司法解释总共7件，分别是《最高人民法院关于适用〈中华人民共和国民法典〉时间效力的若干规定》（法释〔2020〕15号，以下简称《民法典时间效力规定》）、最高人民法院《关于适用〈中华人民共和国民法典〉有关担保制度的解释》（法释〔2020〕28号，以下简称《民法典担保制度解释》）、《关于适用〈中华人民共和国民法典〉婚姻家庭编的解释（一）》（法释〔2020〕22号）、《关于适用〈中华人民共和国民法典〉继承编的解释（一）》（法释〔2020〕23号）、《关于适用〈中华人民共和国民法典〉物权编的解释（一）》（法释〔2020〕24号）、《关于审理建设工程施工合同纠纷案件适用法律问题的解释（一）》（法释〔2020〕25号）、《关于审理劳动争议案件适用法律问题的解释（一）》（法释〔2020〕26号），主要涉及适用《民法典》时间效力、民法典担保制度、婚姻家庭、继承、物权、建筑工程合同、劳动争议等方面，并于2021年1月1日施行。其中，对于商业银行影响最大的是《民法典担保制度解释》，涉及担保的一般处理、保证合同、担保物权及非典型担保等情形，需要在实践中引起重视，积极应对新旧立法变化带来的影响。

一、《民法典》相关要点简述

《民法典》中虽然很少有直接对商业银行业务进行规范的部分，但其作为调整市场经济主体法律关系的基础法，特别是物权编与合同编，属于商业银行与客户进行交往过程中不可避免地需要遵守的法律，故本部分按照《民法典》的分编体例展开，仅对总则编、物权编与合同编中的制定要点进行简述，期望通过要点简述，能让读者对这三编建立基本的认识。

（一）总则编

总则编基本上未对《民法总则》予以变动，仅仅根据法典编纂的体系化要求，对总则中的个别文字进行了修改，因此总则编的要点等同于《民法总则》的要点。

1. 确立了平等、自愿、公平、诚信、守法和公序良俗等民法基本原则

《民法典》第4条至第8条进行了明确规定，这些基本原则不仅是民法的精神内涵，更是对社会生活中人与人交往的道德标准的升华，使其具有了国家强制力，在商业活动开展与交往中同样适用。

2. 新增绿色原则为民法的基本原则

绿色代表自然与生态，绿色原则一直为我国宪法所倡导，而且党和国家的各类政策性文件中也对绿色原则早有提及，如人们常谈的生态文明建设、可持续发展原则等，《民法典》第10条将保护生态环境、节约资源纳入典章，顺应了绿色立法潮流，并对构建人与自然的新型关系具有正向的促进作用，商业银行等商事主体在开展业务活动时同样要贯彻此原则。

3. 胎儿享有继承权及其他与胎儿利益保护相关的权利

《民法典》第16条明确规定在特定情形下视胎儿具有民事权利能力，该特定情形从反面进行了规定，胎儿只有在出生即为死体时才可被认为民事权利能力的不存在，且在怀胎期间也视为不存在。

4. 限制民事行为能力人是指8周岁以上的未成年人

此类人员在生活中能够做一些符合其心智、辨识能力的事情，如可以独自去打酱油、购置生活物品等，但除这些之外的事情都必须经过法定代理人的代理或同意与追认。

5. 对个人信息及网络虚拟财产予以保护

《民法典》第111条和第127条规定，自然人的个人信息与数据、网络虚拟财产受法律保护。基于保护公民人格尊严与人格自由的要求，国家有必要对这些信息与财产进行强制性保护，给予其明确的法律地位，商业银行从业人员需注意严格保护客户的个人信息与虚拟财产。其实对于个人信息与虚拟财产的保护在其他法律中早已有所涉及，如《消费者权益保护法》第14条、《网络安全法》第10条。

6. 未成年人在少时遭到性侵，成年后仍能提起诉讼

《民法典》第191条规定，在幼时或少时遭到他人性侵的未成年人，请求损害赔偿的诉权的诉讼时效自成年之后才开始计算，即成年之后的3年内仍可以提起诉讼要求侵害者向自己进行赔偿。

（二）物权编

1. 预留了土地经营权的入市空间

《民法典》第361条和第363条规定，集体所有的土地作为建设用地使用的、宅基地使用权转让的，适用相关法律规定，这为土地经营权（目前主要是关于建设用地使用权的入市）留足了空间。

2. 增加了居住权的规定

《民法典》第十四章以居住权为章名展开条文规范，属于我国民法历史上的创新之举。“居住权是一种人役权，即为特定人的利益而设定的役权，其最初目的是以遗赠用益权的方式，使某些有继承权的家庭成员（特别是对继承权被剥夺的寡妇或未婚女儿）有可能取得一种供养”。[①] 故居住权并非为了营利而诞生，不得被用于租赁等活动，其属于一种特殊的用益物权，居住权人仅对住宅享有占有与使用权。

3. 加强对建筑物业主权利的保护

《民法典》第278条规定了业主应作出决议的事项，相较于旧规，将决议的门槛予以适当性降低，第282条还明确了共有部分所产生的收益属于业主共有。

4. 遗失物自发布招领公告之日起一年内无人认领，归国家所有

《民法典》第318条将原《物权法》中规定的认领期限进行了修改，由6个月的认领期延长至1年，有利于保护遗失人的权利。

（三）合同编

1. 明确规定了电子合同的交付时间

根据《民法典》第512条的规定，关于网络交易合同之交付确认时间可被分为如下三类：（1）有约定的按照约定；（2）采用快递等物流方式交付的，签收时间为确认时间；（3）若是采用在线传输方式的，以当事人接收时间为准。商业银行合同订立的电子化趋势极为明显，熟知电子合同的相关规定有利于合同更好的订立与履行。

---

① 参见王利明：《论民法典物权编中居住权的若干问题》，载《学术月刊》2019年第7期。

2. 对“旅客霸座”“抢方向盘”等问题作出回应

《民法典》第815条第1款、第819条对近几年发生的“霸座”、抢夺司机方向盘等恶性事件作出法律上的回应，使其有了明确具体的法律依据。

3. 对格式条款进行了细化规定

《民法典》第496条至498条规范了格式条款的相关内容，生活中人们若因某些商家的“霸王条款”产生纠纷，这些规定就为救济指明了方法；商业银行对于格式条款尤其要注意尽到特殊的说明义务，否则会引来不必要的纠纷。

4. 明确规定禁止放高利贷

《民法典》第680条针对近些年社会影响性巨大的高利贷行为作出了规范，明确规定禁止放高利贷，借款利率应当符合国家法律的规定；对于商业银行而言，高利贷行为是当然不会发生的，故此处的高利贷多指民间借贷。

5. 更加明确具体的规定了情势变更制度

《民法典》第533条是关于情势变更制度的规定，该条为发生不可预见的非商业风险该如何处理提供了有效的解决思路；就商业银行而言，非商业风险具体包括政府政策的调整、社会经济形势的剧烈变动、通货膨胀等，但对情势变更情形的判断仍离不开可预见性、可归责性及相应后果三方面的考量，上述所列情形在现实中甚至也可能不属于情势变更。

二、《民法典》对商业银行业务的影响及相关法律争议的变化

（一）商业银行基本业务简介

根据《商业银行法》第2条的规定，商业银行是根据《商业银行法》《公司法》设立的吸收公众存款、发放贷款、办理结算等业务的以营利为目的的企业法人。商业银行与其他营利性企业法人一样，都以经济效益最大化为根本目标，经营能力与营利能力是评价商业银行业绩的主要标准，故此处对商业银行基本业务的分类采用与银行经营管理状况有关的标准，也是最惯用的分类标准，即根据会计财务报表、资产负债表的构成不同，商业银行业务可被区分为负债业务、资产业务和中间业务。

1. 负债业务

商业银行的负债业务属于资产业务与中间业务的开展基础，构成了商业银

行的资金来源。负债业务主要由存款与借款两部分组成，其中存款为大众所熟知，又称为被动负债，可分为个人存款与单位存款、人民币存款与外币存款。借款又可称为主动负债，主要包括银行间同业拆借、债券回购、向中央银行的借款以及利用金融债券的融资等。同业拆借，指商业银行为解决短期流动资金不足而向其他银行借入资金以弥补缺口的一种融通行为；债券回购，指在银行间债券市场上，商业银行在发行债券的同时，约定以未来的某一时间、某一价格将其所发行的债券再购回的一种交易行为；向中央银行的借款内涵等同于其字面意思；利用金融债券的融资即商业银行通过在银行间债券市场发行金融债券而进行筹资的一种手段。

2. 资产业务

资产业务属于商业银行最重要的业务，是评判银行营利能力与管理能力的主要标准。正如其名，资产业务即运用商业银行资产营利的业务，其主要可分为贷款业务、证券投资业务及现金资产业务。贷款业务，指经监管机构批准具备贷款资格的银行与借贷人签订贷款合同，约定利率与期限并到期还本付息，属于典型的信用活动。以贷款对象为标准，贷款可分为个人贷款与公司贷款；而按照贷款期限的长短，贷款又包括长期贷款与短期贷款；以是否提供担保为依据，还可分为信用贷款与担保贷款等。证券投资业务，是指商业银行在法律法规规定的可投资范围内，运用已有资产以有价证券为对象进行交易来获得收益的业务，其投资对象十分广泛，不仅包括国债等政府债券，还可投资各类债券领域，公司企业发行的有价证券、资产支持债券商业银行也能参与投资。现金资产业务，是指商业银行以现金与流通性较高的可变现资产为业务开展基础，通过与客户的日常业务交往实现现金资产的流动，以维持银行资产的流动性。

3. 中间业务

中间业务，是指不划入商业银行资产负债表内的，借助银行专业机构的性质，代替客户办理，并从中收取手续费与服务费的非利息收入业务，主要模式包括资金收付、担保买卖、代理交易等。中间业务近年来发展迅速，衍生出各类具有创新性质的业务类型，如智能投顾业务、网上银行业务等。中间业务是在商业银行资产负债业务基础上发展而来的，并可反作用于资产负债业务，使其扩大与繁荣。

（二）《民法典》项下商业银行受影响业务及法律争议变化的类型化梳理

本部分仍以分编结构来展开，只涉及总则编、物权编、合同编，分别从商业银行负债业务、资产业务与中间业务三大业务的运作及法律争议的变动角度切入，对《民法典》中影响商业银行业务活动及法律争议的部分条文予以梳理与分析，力求达到充分了解条文含义及其立法导向的效果。

1. 总则编

（1）负债业务及其法律争议的变动趋势。

负债业务承担着商业银行吸纳资金、留住价值客户及提高银行声誉的重要角色。以具体的存款业务为例，《民法典》颁布之后对其产生的原则性影响与改变之一即为绿色经营。《民法典》第 9 条规定："民事主体从事民事活动，应当有利于节约资源、保护生态环境。"对于商业银行而言，保护生态环境，在日常业务开展过程中注重资源节约的意识其实早就存在了，在《民法总则》颁布之前，党的十五大已将可持续发展战略作为国家发展的重大战略，而且不仅是中国，全球各国都在追求人类家园的可持续发展。我国《民法总则》将该原则确立为民事行为的基本原则，给予了法律上的重视，是贯彻落实绿色经营原则的精神内涵及呼应国家政策对环境资源保护的号召。商业银行应继续保持存款业务活动中的节约、生态友好等评判标准，提高自身经济效益的同时，努力增进社会整体幸福感。

负债业务直接涉及客户个人信息的收集与使用，若不注意使用的范围与限度，极有可能因侵犯客户隐私而发生法律争议。《民法典》第 111 条规定："自然人的个人信息受法律保护。任何组织或者个人需要获取他人个人信息的，应当依法取得并确保信息安全，不得非法收集、使用、加工、传输他人个人信息，不得非法买卖、提供或者公开他人个人信息。"我国《商业银行法》第 29 条、第 30 条也规定了为客户保密的业务活动基本原则，在现实的业务活动中，各商业银行也设立了客户信息保护的规章制度以及审查人员等。在《民法典》明确了个人信息权后，商业银行更应秉持为客户保密原则，将客户信息的重要性置于各类信息的第一位，在收集与使用客户信息之前充分履行相关的通知义务，以防争议的发生。

（2）资产业务及其法律争议的变动趋势。

与负债业务一样，在开展放贷、拆借、证券投资及票据贴现等资产经营业务活动时，应当以绿色经营与发展作为业务活动原则之一，具体法律依据上述已有提及，在此不再赘述。需要注意的是，绿色经营原则仅属于价值倡导性原则，因经营方式不绿色等原因而发生法律纠纷的可能性很小，在实务中也几乎没有以商业银行为主体的公益诉讼案件，因此对绿色经营原则的落实需要政府配套出台相关实践性较强的激励制度，对符合绿色经营绩效考核标准的银行予以一定的奖励。在总则篇中对资产业务的法律争议影响较大的为《民法典》第127条，“法律对数据、网络虚拟财产的保护有规定的，依照其规定”。而依据我国《网络安全法》第10条的规定，建设、运营网络或者通过网络提供服务应当注意维护网络数据的完整性、保密性和可用性。就商业银行业务发展趋势而言，电子化、数据化为大势所趋，越来越多的银行业务在互联网平台开展，如各大银行的在线贷款申请业务、在线担保融资业务等，数据是互联网信息的载体，保持其完整与保密性是必要的，近些年来以网络数据泄露为由的网络侵权责任纠纷数量呈爆发性增长之势，因此商业银行在资产业务活动中应当加强对网络数据的监管，对重要数据做好备份管理。而对于虚拟财产，商业银行暂时还不可将其当作抵押物，官方监管部门对虚拟财产的交易与流通也持有极为谨慎的态度，切不可知“雷”而踩“雷”。

（3）中间业务及其法律争议的变动趋势。

中间业务中，商业银行作为媒介，联结着客户与其他金融机构。根据金融消费者倾斜保护原则，对客户利益进行偏向性保护是有必要的，因此，加强对其他金融机构所委托业务合法、安全性的审查与监管是核心。绿色经营同样在中间业务中适用，且适用范围扩大于合作机构，就不环保、不符合可持续发展原则的机构可视情况不与其合作。《民法典》总则编对中间业务的法律争议影响较大的仍为第111条与第127条，即个人信息与虚拟财产的保护条款。随着科技网络的发展，各类信息公开化，信息数量以爆炸之态涌入人们的视野，个人信息被泄露的刑事案件层出不穷，而泄露主体大部分为处于信息优势方的机构，商业银行也为其一。商业银行和与其合作的金融机构在信息市场中处于绝对优势，随着《民法典》第111条对信息保护的确定，以及《个人信息保护法》的加紧制定，暴露在商业银行中间业务中的风险敞口越来越大，规范中间业务中信息接触人员的具体操作行为，严格审核金融机构所推介业务的信息使用程度，是应对新法的应有之态。而关于虚拟财产，商业银行在开展中间业务时应以上层监管部门的具体要求为准，紧抓政策趋势，跟随政策方针，对于不允许交易之财产坚决说“不”。

2. 物权编

物权编对商业银行业务及法律争议的影响主要集中于资产业务，对贷款业务的影响尤其大，故在此部分将结合新修条款对资产业务法律争议的变动展开论述，其他两类业务予以省略。

（1）对信贷尽职调查或授信评审的影响。

《物权法》（已失效）第18条被《民法典》第219条不做修改地收录，但《物权法》（已失效）第18条并未对利害关系人在查阅复制相关资料后的保密义务进行确定，《民法典》补足了这一缺口：新增利害关系人不得非法使用、不应不当泄露的义务，强化了对物权权利人信息的保护。就商业银行而言，其当然属于上述的利害关系人主体，在各项业务尤其是贷款业务中，进行贷前尽职调查或者授信评审时，银行负有对客户抵押房产的信息的保密业务，且要严格注意控制知晓和使用范围，防范不动产登记资料被不当公开或泄露的情形。

（2）对资产调查过程中房产类担保审核标准的影响。

上文在要件简述时对居住权已有提及，居住权属于特殊的用益物权，权利人仅能占有与使用，不得将此权利用于营利。其具有恩惠性，是基于他人的承诺对他人所有的住宅享有的一种权利，当然的不可转让。《民法典》第368条明确规定居住权设立是无偿的，故居住权的恩惠属性也是极为明显的，他人的恩惠当然要心怀感恩地接受，并遵循其原初目的行使权利。居住权还具有强权利之性质，一般情形难以导致权利的覆灭，只有在居住权人死亡或者权利期限届满时权利消灭才会发生。因此，对于商业银行而言，在对客户抵押的房产或者担保人的财产进行价值评估时，不仅应从权属、司法查封情况、用益物权设立情况等传统审查标准出发，还应注意该房产上是否存在居住权。对于已进行抵押的房产，若房产上存在他人的居住权，银行抵押权的实现难度就会变得更大，故对于此类房产的担保应更加慎重地审批。

（3）对资产调查过程中动产抵押审核标准的影响。

《物权法》（已失效）第188条中以列举的方式具体规定了可以设立抵押的特定动产，该范围外的其余动产则应适用《担保法》（已失效）第43条的规定，《民法典》第403条将动产抵押的规则予以统一，对于商业银行而言，虽然法律未规定动产的抵押登记属于强制性登记，但银行在与客户沟通博弈时要求客户进行抵押登记是有必要的，动产抵押通常是在信贷流程的调查阶段进行，银行若发现客户提供的动产抵押没有进行公示登记时，应以拒绝放贷为条件要求客户去有关部门完成登记，这关乎银行抵押权的实现，容不得半点儿马虎。

（4）对贷后贷款人所抵押财产转让规则的影响。

《物权法》（已失效）第191条关于抵押财产的转让部分，采取的是严格规则，即为转让行为的前提是取得抵押权人同意，在取得转让所得价款后，还应当以该价款对抵押权人提前清偿或提存。但《民法典》第406条一改严格态度，采取从宽的规则，对抵押权人的保护不再那么绝对，抵押人在转让抵押财产前只需向抵押权人尽到通知义务即可，且抵押权人的同意与否并不影响转让的效力，其中的法理在于，只要抵押权可以随着抵押财产的转让而转移，无论抵押财产流转到何人手中，抵押权人都有权利行使的明确对象。但现实情况并非如此简单，商业银行所持有的抵押权数不胜数，抵押财产所有人的不断变化会给商业银行后续的信用跟踪造成巨大的压力，因此，新型应对策略的提出迫在眉睫。

3. 合同编

合同在商业银行三大业务中处处存在，但由于存款业务存在于客户与商业银行之间，无关乎客户资产评估、事前调查等事项，相较于中间业务与资产业务来说，其法律关系更为清晰明了，现实中虽然也存在因存款业务发生的法律纠纷，但与商业银行其他业务的诉讼争议相比，数量还是相差不少。同时，由于存款业务的传统性，虽然互联网技术带来存款方式的革新，但所涉及的由网络存款引起的纠纷大多为刑事纠纷，以商业银行为主体的民事纠纷仍为少数，故此处针对资产与中间业务展开商业银行法律纠纷风险的研究，在合规及争议避免方面提供适当建议。

（1）资产业务及其法律争议的变动趋势。

①呆账、坏账的债务抵充规则的变动。

最高人民法院《关于适用〈中华人民共和国合同法〉若干问题的解释（二）》（已失效）中规定了约定清偿与法定清偿两种债务清偿方式，而《民法典》在约定清偿与法定清偿之外新增一类清偿方式，即指定清偿，又称为指定抵充，是由债务人决定具体清偿哪一个债务，且清偿顺序也发生了改变，首先是有约定的按照约定，其次是指定抵充，最后才按照法定清偿顺序进行。在现实生活中，债务人在指定抵充的情形下通常会选择清偿有担保或者担保最多的债务，这样可以将担保物解放出来，但同时也将没有担保的高风险债务留给了债权人。这种情况在商业银行业务中也同样存在，关于债务清偿引起的纠纷诉讼也不在少数。在新规背景下，若无事前约定，任由贷款人指定抵充，结果也只是“竹篮打水一场空”，既收不回贷款，也打不赢官司。因此，在要求客户提供担保并签署担保合同时应明确约定债务清偿顺序，将拥有担保保护的债务留在后置位进行清偿。

②贷前“保证”规则的改变。

对于没有约定或者约定不明的保证情形，《担保法》（已失效）中按照连带责任保证处理，而《民法典》中则修改为一般保证。其中蕴含这样一种导向——签订保证合同时，与保证人相对的当事人应对保证责任的类型加以注意，否则出现没有约定或约定不明的情形，民法只能给予一般保证的保护，当事人的利益难免受到缺损。商业银行从中得到的启示是：在与保证人签订保证合同时，一定要明确保证责任类型，不要对其进行模糊规定，对于有模糊保证责任倾向的保证人，需要进一步谈判予以确认，以免后续麻烦的发生。

对于保证期间，《民法典》也予以统一，无论是根本就没有约定或者是约定模糊不清的保证，还是属于其他保证类型的保证，保证期间统一适用6个月的期限。《民法典》实施之日，《合同法》同步废止，这也意味着《担保法司法解释》（已失效）中关于两年保证期间的规定不再有效。商业银行在与保证人订立保证合同时，关于保证期间的条款也应作相应修改。

（2）中间业务及其法律争议的变动趋势。

①承销业务审核标准的提高。

《民法典》第473条相较于《合同法》（已失效）第15条额外列举了属于典型要约邀请的情形，将债券募集办法、基金招募说明书与商业宣传也包含在内。这就明确了债券募集办法与基金招募说明书材料的性质，商业银行在负责债券或基金的承销业务时，对这些材料的审查更应细致与全面。性质的确定意味着法律依据的具体化、无争议化，在投资者因上述材料与商业银行发生利益纠纷之时，投资者完全可以依据该条款寻求民法上的救济，从而使商业银行胜诉率急剧下降。为防范此类不必要损失，加强对材料的审核、提高接受承销业务的标准、将风险扼制在“摇篮”，是最直接与有效的解决方法。

②对格式条款的规制要求变得更加严苛。

《民法典》加强了格式条款制定方的注意义务，《合同法》（已失效）中仅规定对于免除或者限制对方责任的条款需要进行提示，实践证明此范围太过狭隘。《民法典》第496条规定，对于减轻对方责任或者与其有重大利害关系的条款都需要进行提示。“重大利害关系”为当事人的协商博弈留足了空间，且提供格式条款的一方应尽到提示或说明义务，若发生对方当事人主张没有理解相应格式条款情形的，该格式条款极有可能会被排除于合同之外，进而影响格式条款制定方的利益。对于格式条款无效的情形，《民法典》第497条也进行了增加与完善，不合理限制对方权利的条款也属于无效条款，不发生效力，同时删除了《合同法》（已失效）第52条关于合同无效的规定，以《民法典》总则编关于民事行为效力一节中导致民事行为无效的条文作为替代，相较从前的规定更加体系化与完整化，当事人也有了更多的依据与抗辩选择，有利于弱势方的利益保护。在中间业务中，无论是商业银行还是作为委托人的其他金融机构，格式条款是使用最频繁且实务中争议最大的合同形式，在《民法典》背景下对格式条款责任的加重，对于商业银行来说无疑是一记重锤。因此，应重新审视商业银行中间业务的盈利模式，对触犯或有违法可能性的相关业务予以即刻规制，加强法务合规部门在合同审核过程中的作用。切不能因小利而失大利，陷入民事合同纠纷而导致更大利益的损失。

三、民法典时代商业银行的应对措施研究

（一）负债业务中应采取的调整措施

由于存款业务属于吸纳资金的业务，所需要的客户提供担保或抵押的环节并不多，故《民法典》的实施对负债业务的影响多集中于总则编，即一些原则性的规定对负债业务发展方向的指引。存款业务应向绿色化发展、客户的个人信息等重要资料应加强保护，实践中将这些指引予以操作化，就是将生态友好与客户个人信息保护写入存款业务规章制度中。在具体存款环节，客户排号取号，大多数银行采用的是通过刷身份证领取纸质化号码牌的方式，这样不仅会造成纸张的过度使用，还可能导致客户身份信息的泄露，故为了落实绿色生态原则，应研发或升级取号机器，放置身份证、刷脸即可取号，且以显示在屏幕上的号码来替代纸质号码牌。若客户忘记自己的顺序，只需再刷一次身份证，号码便会重现。应逐渐推行存款合同（如协议存款需要客户与银行签订合同）的电子化，减少纸张的使用，同时还可以探索存款过程中可优化改进的部分，向绿色原则靠拢。培养工作人员的环保意识，提高工作效率能力的同时争取做到不浪费一张纸。

对于被动借款中的债券回购或者通过金融债券进行融资的业务，由于涉及社会公众的利益，在监管部门审批同意发行债券之前，需要将债券募集办法及在全国银行间债券市场上发布的宣传或商业广告予以公示，而此类宣传、公示的性质已被《民法典》明确为要约邀请。商业银行编制此类文件资料时，在经过内部审查后，可以视情况增加一项由社会第三方中介机构独立审查的环节，由专业的律师和/或会计师进行尽职调查审查，并在法律或会计意见上签章，最后再交由管理层终审，确保对所发表信息的真实、准确、完整性实现最大限度的勤勉尽职。

无论是存款的电子合同还是纸质合同，大部分属于格式合同，《民法典》对格式条款制定方责任的加重对于商业银行格式合同的制定提出了更高要求。与上述应对要约邀请条款的措施相类似，在格式条款制定时商业银行应增加环节或者加强人手对条款内容进行编制、审议。其中应当重视法务人员法律审查环节，加强争议发生时解决方式的设置及对商业银行权利的保护，同时可以通

过调查问卷或随机采访等形式收集客户关于相关格式条款的意见，并根据这些反馈在格式条款中作出修改与回应，以便更好地维护商业银行的利益。

（二）资产业务中应采取的调整措施

资产业务是商业银行通过自身所持有的资金进行放贷、投资等活动来获取利息收入的盈利业务，与负债业务不同，将资金借给贷款需求者和将资金投入某一证券市场领域一样，都具有很高的风险，前者的风险主要为客户信用风险，而后者系统性风险与非系统性风险并存。除上述在《民法典》总则编中提到的客户信息保护与业务绿色生态化外，《民法典》物权编和合同编对商业银行的资产业务影响最大。商业银行向客户放贷，需要经过受理、调查、审批、发放与贷后管理五大环节，其中调查与审批环节潜在的风险最高，同时该两个环节也是控制风险的最佳环节。

针对前文居住权的规定，商业银行应将“关于贷款人所提供的抵押房产是否存在居住权”写入《贷款调查操作业务手册》中，并予以事前严格培训，使贷前调查工作人员对其有足够的重视，事中调查环节若有任何问题都应及时和银行管理人员沟通，事后将调查过程中遇到的问题进行汇总与解决，最终摸索出一套系统性的调查流程。

商业银行工作人员对于调查中所获悉的不动产资料和信息，应当承担保密义务，“数据共享应遵循合法、正当、必要、最小化使用的原则。”① 故商业银行可与调查人员签署保密协议，约定客户信息的合理使用范围，并规定严格的法律责任，以规范调查人员的行为。

若贷款客户提供的抵押形式为动产抵押，商业银行针对上述《民法典》条文的变动应及时采取措施，在抵押合同的文本制定、信贷人员与客户的沟通等方面作出调整，信贷人员在和客户协商时应当向客户释明法律依据，使客户明白银行这样做的原因与动机，以期望客户能够配合工作。在签订授信合同和抵押合同时，商业银行应当明确将“客户一方应对抵押财产进行抵押登记，否则不予放贷”等类似条款加入合同；此外，还应当对抵押物的转让作出约

---

① 王利明：《数据共享与个人信息保护》，载《现代法学》2019年第1期。

定，例如可以约定：抵押权人可根据自己的意愿转让抵押财产，但转让抵押物时应当向授信银行提供价值相当的保证或其他担保物。提示商业银行注意，此类条款属于限制对方权利的条款，在签订合同时要尽到提醒义务，协商以求同意，否则会产生格式条款无效的风险。若贷款人采用保证的担保方式，商业银行应当明确约定保证方式为连带保证，不可使用模糊不清或不能辨别保证类型的字句。在债务人对商业银行负有数笔债务的情况下，由于《民法典》中规定了有利于债务人的指定抵充的债务清偿方式，商业银行为保证自己担保权利的实现，最好的办法是采用顺位在前的约定清偿方式，在与贷款人签订担保合同时，对担保物或担保人偿还债务的顺序都要作出具体约定，根据每笔债务金额大小的不同、是否具有担保物、担保的效力如何来事先约定债务的清偿顺序。在贷后管理环节还应定时对债务人偿还能力与担保物的效力进行定期跟踪评估，一旦发生不利于商业银行债权实现的变动，即刻联系借款人进行沟通协商。

（三）中间业务中应采取的调整措施

中间业务属于商业银行通过收取手续费来赚取非利息收入的业务，因此在业务开展过程中涉及比较多的主体，例如，基金承销业务中商业银行会作为基金发行机构的承销机构向社会公众及银行自身的客户推介基金，这就涉及对发行机构编制的《债券募集说明书》等相关资料的细致审查，商业银行在此类承销业务中也可采用上文提及的应对措施。当然，在中间业务中，商业银行接触最多的还是客户，无论是代理客户进行交易、为客户进行担保、帮助客户办理资金的结算，或为客户提供专业的咨询服务，商业银行都会知晓客户的一些私密信息。因此，在中间业务中要特别强调客户信息的保护，从基本原则的确立到制度的设计，再到具体操作实务的安排，都应体现严守秘密、为客户着想的信念，这样才会提升商业银行的信誉，留住更多的客户，争取到更多的信任。

第二节 《九民纪要》的出台及其影响

一、为“裁判说理”而生——《九民纪要》的出台背景研究

2019年11月14日，《九民纪要》正式发布，着眼于统一审判思想，对公司纠纷、金融纠纷等方面案件审理中存在的前沿疑难争议问题进行了统一回应。[①]《九民纪要》的出台，在合理规范法官自由裁量权，增强民商事审判的公开、透明度以及可预期性，维护司法公信力等方面具有重要意义。在草拟纪要初期，最高人民法院多次向广大法官、相关领域的专家学者进行调研，征求的意见中不仅包括专业人士所提出的书面意见，还包括向全社会公开发布文件草案，通过网络进一步征求全社会的意见。此次《九民纪要》主要围绕审判实践中的前沿问题进行分析，以问题为导向，直指民商事审判中的疑难案件和复杂问题。条文态度明确，防止因规则漏洞而致使不同法院态度相悖的判决出现，削弱司法的公信力。《九民纪要》融入最新的指导理论，《民法典》《证券法》等法律规则的制定及修订也受到最高人民法院的密切关注，在出台《九民纪要》的过程中，相应的条文也为适配新法实施作出了修改。

《九民纪要》涵盖范围较广，全文包括12个部分，涉及领域涵盖了绝大部分民商事审判的争议问题，具体有公司、合同、担保、金融、破产等方面。同时，《九民纪要》重点关注民事诉讼程序运行中出现的普遍突出问题，对诸如案外人执行异议之诉、第三人撤销之诉等进行了合理的规范。金融领域的一些争议问题亟待解决，涉及金融消费者权益保护、证券纠纷等方面，本次也对相关裁判思路进行了统一。

利用“威科先行”数据库，以“适当性义务”为关键词、“银行”为当事人，对2018年1月1日~2020年12月31日的裁判文书进行检索，共检索到相关案件220件，其中，2018年12件、2019年93件、2020年115件（见图1-1）。

① 参见最高人民法院民事审判第二庭编著：《〈全国法院民商事审判工作会议纪要〉理解与适用》，人民法院出版社2019年版，第110页。

在审理法院的级别方面：中级人民法院审理的此类案件最多，占比为66.36%，基层人民法院占比为20.91%，高级人民法院占比为10.45%，最高人民法院占比为0.46%，专门法院占比为1.82%（见图1－2）。在审理程序方面：一审案件的数量占比为24.09%、二审案件占比为55.91%、再审案件占比为20.00%（见图1－3）。在地域分布方面：湖南的案件数量最多，共计72件，占全国同类案件总量的33.18%；其次是四川、北京、江苏、山东等地，占比分别为16.13%、11.98%、10.14%、4.61%（见图1－4）。此外，从涉案金额来看：高达81.38%的案件的标的额在100万元以内；其次是标的额在10万～50万元的案件，占比为39.31%；最少的是标的额在500万～1000万元的案件，占比仅为1.38%（见图1－5）。

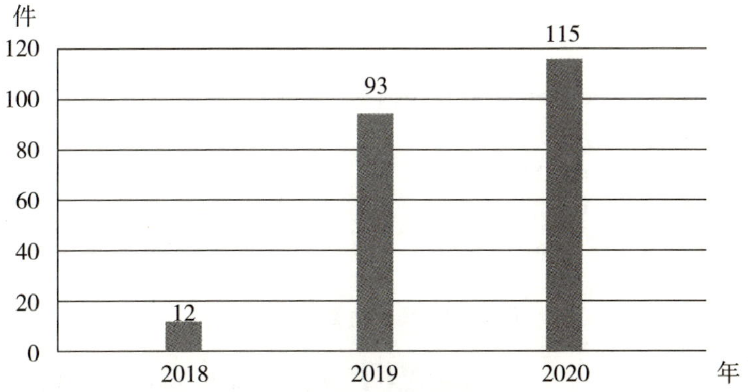

图1－1 案件审理数量年份分布

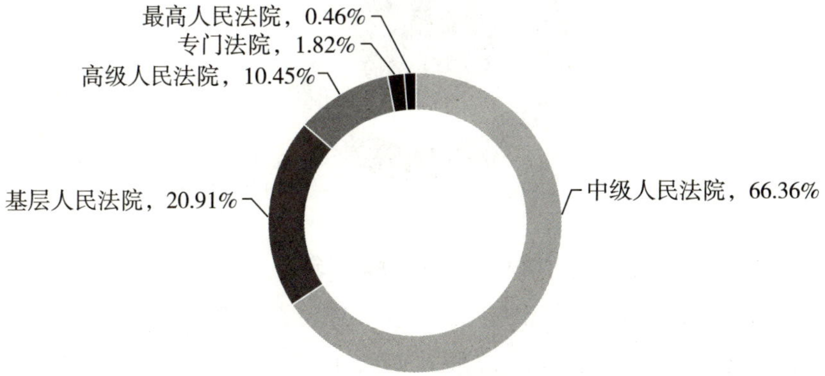

图1－2 审理法院级别分布

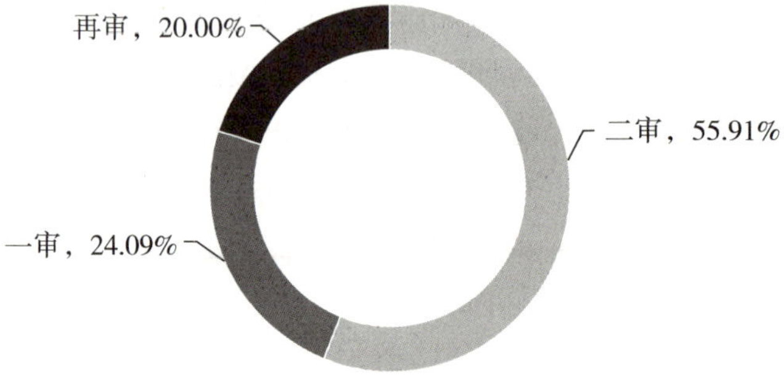

图 1－3　案件审理程序分布

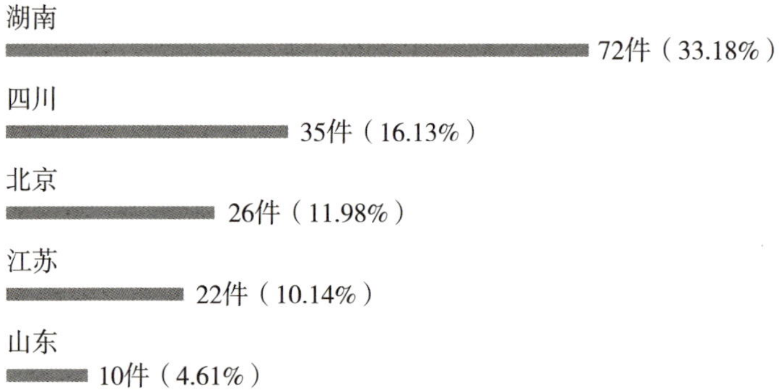

图 1－4　案件主要地域分布

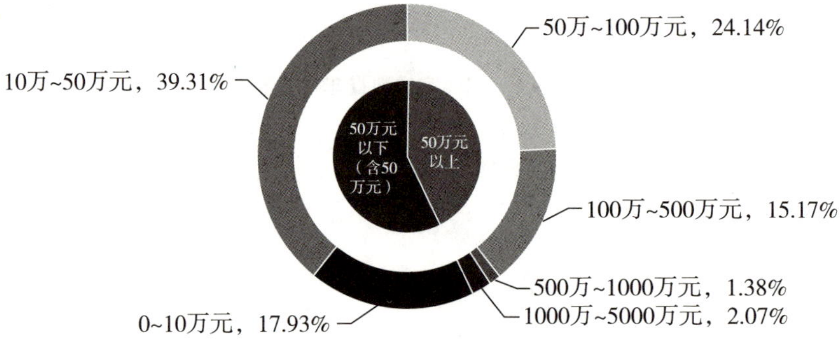

图 1－5　案件标的额分布

由以上数据分析可见，银行适当性义务纠纷类案件，湖南的案件数量最多，占比近1/3，其次是四川、北京、江苏、山东等地，主要是中级人民法院二审案件，案件呈现逐年上升趋势，2019 年的案件数量是 2018 年的近 8 倍，2020 年比 2019 年增加 22 件，增幅为 23.66%，多为涉案金额在 100 万元以内的小额案件。

对此，针对金融消费者权益保护纠纷案件，《九民纪要》确立了“卖方尽责、买方自负”的原则，金融机构是否就包括金融产品的风险收益、金融投资活动的性质等基本情况对金融领域消费者充分履行了提示说明义务，金融消费者是否在前述了解的基础上作出购买决定等，都将作为案件基本事实对案件审判产生影响。同时，《九民纪要》也对举证责任作出了规范，举证责任倒置将适用于金融消费者权益保护纠纷类型的案件，即加重了卖方机构承担不利后果的可能性。卖方机构应当首先承担举证责任，证明其已经履行了适当性义务，否则应当对金融消费者所遭受的关联损失承担赔偿责任。同时，德和衡律师认为，《九民纪要》在此基础上专门规定了“关于营业信托纠纷案件的审理”的相关内容，在此背景下有必要重新审视信托受托人的信义义务；从《九民纪要》的具体规定和已有案例分析，信托受托人信义义务的审查标准包括缔约前适当性义务的审查、缔约后主动管理义务的审查、举证责任和赔偿数额确定等内容。[①] 这些都极大地实现了规范金融机构的经营行为和保护金融消费者的合法权益的目的。

二、《九民纪要》的主要内容及对商业银行业务的挑战

（一）对商业银行信贷业务的影响

信贷业务是商业银行最重要的资产业务，银行办理信贷业务应秉持充分了解客户的原则。应当充分调查和了解借款人的还款意愿及还款能力，在调查和了解的基础上完成借款人信用评估，根据评估结果决定是否对借款人进行授信以及授信的额度、期限、期限和担保措施。信贷业务作为商业银行的传统业务，在表内、表外业务中占比最高。一般而言，业务基数越大，出现违规行为的可能性就越大，也越容易被监管机构处罚。所以，信贷业务风险是银行业的

① 参见蒋琪、田大鹏、何云凤：《〈九民纪要〉背景下信托受托人信义义务再审视》，载中国律师网 2020 年 8 月 10 日，http://www.acla.org.cn/article/page/detailById/30361。

重要风险，要对信贷业务的风险因素予以高度关注。①

信贷业务的风险因素是多方面的，只有抓住了主要业务环节的风险，才可以大大降低不良贷款发生的比率。此外，商业银行风险的管控不仅限于信贷业务，近年来资产管理业务存在多层嵌套、杠杆放大风险、套利频繁等问题，带来了产品结构的复杂化，加剧了风险联动、资金脱实向虚在金融体系内部自我循环的隐患。② 特别是银行业面临表内和表外风险相互传染、传统和新型风险叠加、机构自身和交易对手或企业交织的状态，非信贷资产和表外业务也已成为风险防控的重点领域。③

为此，中国银行保险监督管理委员会（以下简称中国银保监会）明确了包括银行理财和代销业务、信用风险在内的 10 种风险类型，要求银行业对各类风险进行全面调查，做到“检查问题，纠正并解决发现的问题”。同时要列出问题清单，进行自我检查和自我纠正，履行管理职责。对于违反机构内部规章制度的，依规章处理；违反规定的，按规定处理；涉及违法犯罪的，移送司法部门处理。

（二）对银行担保业务的影响

1. 银行接受公司担保规则的变化

第一，《公司法》第 16 条关于公司对外投资及担保决议机制的规定对公司为他人提供担保事项作出了规定，并明确了越权代表的法定情形。但并非所有违反《公司法》第 16 条规定的合同都无效，在此基础上签订的合同，法院可以根据订立合同时债权人的善意与否来判定合同的效力。

第二，关于善意如何认定。若债权人不知道或不应当知道公司的担保行为属于超越权限订立担保合同的情形，可以认定债权人是善意的。根据公司提供

---

① 参见程六兵、刘峰：《银行监管与信贷歧视——从会计稳健性的视角》，载《会计研究》2013 年第 1 期。

② 参见王俊岭：《强监管才能护好百姓“钱袋子”》，载人民网 2017 年 5 月 5 日，http：//theory. people. com. cn/n1/2017/0505/c40531 - 29255605. html。

③ 参见郭树清：《要重点整治违法违规代持银行股份等违法违规行为》，载中国网 2017 年 3 月 2 日，http：//finance. china. com. cn/news/20170302/4120354. shtml。

关联担保和非关联担保的不同，善意的判断标准也有所不同。[①] 公司提供关联担保时，债权人应审查公司股东（大）会决议；而在公司提供非关联担保的情形下，债权人应尽到审查是否属于股东（大）会或董事会决议的义务，这一审查往往限于形式审查。[②] 公司以实质内容来进行抗辩，如决议系法定代表人伪造或变造、决议程序违法、签章（名）不实、担保金额超过法定限额等，法院一般不予支持。

第三，例外情况。即债权人明知没有公司决策机构的决议，也应认定公司对外投资及担保决议为公司的真实意思表示，合同有效。包括以下几种情况：（1）银行或金融机构的主营业务是担保业务、保函业务；（2）公司为实现控制主债务人等目的而提供担保；（3）公司与主债务人之间存在特殊商业合作关系，如相互担保等；（4）持有公司2/3以上有表决权的股东在担保合同上签字、盖章。

第四，债务加入准用担保规则。法定代表人在以公司的名义加入债务，并尽到通知义务时，该约定的效力问题应当参照《九民纪要》的有关规定处理。

2. 银行接受动产和不动产担保规则的变化

第一，未办理登记的不动产抵押合同效力。《九民纪要》明确了债权人获得救济的选择权，即债权人有权请求抵押人办理抵押登记手续，若担保人无法办理抵押登记，债权人可以要求抵押人承担以抵押物价值为限的法律责任。

第二，房、地分别抵押视为同一财产抵押。《九民纪要》坚持“房地一体”原则，规定在房、地分别抵押给不同债权人的情况下，建筑物和建设用地使用权应当视为同一财产，按照登记的时间顺序进行清偿，同时登记的则按照债权比例清偿。

第三，抵押权应随主债权一并转让。抵押权属于从债权，抵押人以受让人非合同当事人或未办理变更登记为由抗辩的，法院不予支持。

第四，流动质押的有效设立需要将质物交付债权人。《九民纪要》分情况

① 参见王彦超、陈思琪：《关联担保的债务风险转移》，载《中国工业经济》2017年第8期。

② 参见李宇：《债权让与的优先顺序与公示制度》，载《法学研究》2012年第6期。

阐述了三方监管协议质权设立的效力：债权人委托了质物监管人，监管人完成监管质物时，应当认定出质人完成了交付质物的行为，质权有效设立，但有证据证明质物未实际交付除外；而在出质人委托的情形中，不能表明已完成质物的交付，应当认定质权未有效设立。

第五，浮动抵押登记在先的优先受偿。企业将生产设备、原材料等部分财产设定动产浮动抵押后，再在其上设立动产抵押权，且两权利均办理了抵押登记的，登记在先的动产浮动抵押权优先于登记在后的动产抵押权受偿。

第六，动产抵押权与质权竞存时的优先清偿顺序要根据公示先后决定。《九民纪要》认为质物交付公示和抵押权登记公示两种公示方法并不存在优先劣后之分，因此在同一动产上同时设立有效质权且办理了抵押登记的情况下，二者之间的优先顺序应当按照公示时间先后确定；顺序相同的，按照债权比例清偿；质权有效设立，抵押权未办理抵押登记的，质权优先于抵押权；质权未有效设立，抵押权未办理抵押登记的，抵押权优先受偿。

三、典型案例分析

NY 银行新加坡分行、XZ 银行诉某控股集团、某县财政局清算责任纠纷、保证合同纠纷案①中，案件争议主要集中在《转让及抵押契约》的性质及其效力问题。

NY 银行新加坡分行认为，某国际投资公司通过《转让及抵押契约》转让《合作经营合同》的全部权利不因未经审批机关批准而生效，合同性质为担保合同。第一，该契约约定的债权转让不属于《九民纪要》所列举的重大或实质性变更的情形，无须批准。第二，《转让及抵押契约》的内容和协议双方的目的表明，该合同项下的债权转让作为担保，并不属于股权转让。第三，《转让及抵押契约》中作为担保的债权转让，并非普通意义的完整的债权转让，即某国际投资公司只是将收款债权作为担保，而不立即实现完整意义的债权转让。某国际投资公司转让的债权并没有冲抵其对 NY 银行新加坡分行、XZ 银行的债务。且该担保系由境外借款人即某国际投资公司提供，无须办理有关

① 参见最高人民法院民事判决书，（2018）最高法民终 1353 号。

“对外担保”的报批手续。第四，某国际投资公司作为担保转让的债权是对合作公司的债权，而不是《合作经营合同》项下对某控股集团的债权。第五，与股权质押相比，本案债权转让作为担保对双方之间权利义务的影响更小，因此虽未经审批机关批准，条款也应生效。

某控股集团则认为《转让及抵押契约》根本未生效，该契约中明确规定转让财产是指借款人根据本转让及抵押契约第四条所转让或抵押的所有资产、财产和权利，属于合作公司的所有股东的收益权利。而《合作经营合同》中规定转让部分或全部权益需要经原审批机关同意，此转让合同根本未经批准同意，故处于未生效的状态。

法院经审理认为，《转让及抵押契约》的转让标的为：（1）借款人现在及将来对合作公司、合作经营合同以及中方承诺函所享有的所有权利、权益和收益；（2）借款人根据合作经营合同和中方承诺函或与之相关的在任何时候从合作公司取得的或应收取的所有股息、红利、收入、收益、收款及其他款项。这两方面的权益，涵盖了某国际投资公司作为外方股东在某电力公司中的全部权益。因此“全部权益”属于股权的范畴。至于该契约的转让目的，合同名称“抵押契约”已体现了担保的含义，其方式是通过转让股权等权益的方式来实现对债权的担保。因此符合《九民纪要》有关让与担保合同的相关规定，可认定为设立让与担保的合同。关于《转让及抵押契约》的效力问题，此类合同虽以担保为实质目的，但其中的条款在形式上约定了股权转让等事项。作为让与担保合同，其对案涉双方之间权利义务的影响小于股权质押，虽未履行审批手续，也应认定合同有效。

四、《九民纪要》影响下商业银行的应对建议

（一）关注开立保函中的责任条款

独立保函一旦开立，银行以基础合同的履行、修改或无效以及主债务人等事由进行抗辩不具有正当性。因此银行应当更注重保函责任条款，避免保函条款相互冲突，并不得增加保函限定条件。此外，应当注意保证合同中是否有排除担保从属性的约定（例如约定“无论主债务合同是否有效，保证人均应该承担担保责任”）；部分境外银行会要求保证人在保证合同中增加担保独立性

条款，如该保证合同适用中国境内法律，上述约定应当是无效的。

其中，需要特别注意要求担保人承担担保责任的范围不能超过主债务（如在担保合同中单独约定违约金、滞纳金等），超过的部分将不会得到法院支持。除了金额外，银行还需要特别注意担保责任的履行期亦不能先于主债务履行期届满，在主合同项下的债务未到期之前，如果借款人已经出现风险信号，银行可以就借款人的还款情况与担保人协商解决方案，但不能直接依据担保合同要求担保人承担担保责任。

（二）优先采用物权担保

优先考虑物权担保方式，除非银行债权有足额抵押、质押，否则一旦债务人破产，无论是重整还是清算，银行受偿比率将非常低。[①] 抵押、质押对债权的保护作用在破产情况下越发明显，足额的抵押、质押物可保银行债权足够安全，虽然破产会影响担保物变现进程，但不影响担保权人优先受偿地位，所以商业银行债权担保方式建议优先考虑物权担保，尽可能结合授信情况匹配高价值且具有一定流通性财产进行抵押、质押，并在授信实际发放前办妥符合法律法规、监管规定及商业银行内部操作流程规定的抵押、质押权登记手续，才能有效地对抗债务人破产风险对债权实现带来的影响。

（三）规范担保程序

根据《九民纪要》的规定，银行在授信业务中接受由公司提供的担保（含抵押、质押、保证）时，需要认真审查担保人的公司章程，避免重大疏漏。例如，对于由担保人提供的公司章程，应要求盖章并由有权人签字、注明提供章程的日期。银行应注意核实公司章程内容与担保人的公开注册信息是否一致。

对于关联担保，应要求担保人出示股东（大）会决议。对于非关联担保，应要求担保人按公司章程规定，提供相应的公司决议机构作出的决议；若公司章程中并未有特殊规范，规定何者为决定公司对外担保事宜的公司决议机构，

① 参见谭劲松、宇寅、陈颖：《政府干预与不良贷款——以某国有商业银行 1988 ~ 2005 年的数据为例》，载《管理世界》2012 年第 7 期。

则股东（大）会决议或董事会决议亦具有效力。商业银行审查决议内容时，应尽到必要的注意义务，决议内容不能在形式上存在明显的瑕疵。此外，根据《九民纪要》第23条的规定，举轻以明重，债务加入、债务承担均应按担保处理。

（四）注意《九民纪要》中未规定的事项

1. 一人公司为其股东担保的问题

法律法规对此并无明文规定，若按《九民纪要》的意见，一人公司不得为股东担保。然而，一人公司为股东担保在实践中大量存在，一人公司通过其公司机关和相关决议程序，贯彻其股东的意志，既体现了一人公司的真实意思表示，也并不侵害自身或第三人的利益，不应对此加以禁止。此外，《九民纪要》第17条明确将《公司法》第16条的立法目的解释为“为防止法定代表人随意代表公司为他人提供担保给公司造成损失，损害中小股东利益”，而一人公司为其唯一股东担保并不存在损害中小股东利益的问题，由一人公司的董事会/执行董事或其唯一股东作出的决议，均可代表一人公司的意志。①

2. 公司为关联公司进行担保的决议程序

尽管《九民纪要》对此并无明文规定，但实务界有观点认为应对《公司法》第16条第2款、第3款进行扩大解释，将其适用于此类情形。从逻辑上说，公司为股东担保与公司为关联公司担保都具有关联性质，如此推论并无问题。然而，若债权人要求担保人提供的担保必须通过股东会决议，是否会与担保人的公司章程冲突、是否不当干涉了担保人的公司治理，还有待商榷。即使公司排除关联股东表决形成了决议，未来是否又会以仅凭非关联股东开会不符合章程规定而否认其效力？德和衡律师认为，除非法律或司法解释对扩大适用《公司法》第16条第2款、第3款的问题作出明确规定，否则不宜做扩大解释。

（五）及时跟进《九民纪要》对相应业务和操作作出调整和变化

《九民纪要》解决了国内部分地区房地分离办证情况下，分别抵押登记如何受偿的难题。在房地分离办证的情况下，考虑优先清偿顺序按照抵押登记先

---

① 参见黄轲、朱莹：《银行信贷歧视是政府干预的结果吗——来自改革进程中的经验证据》，载《当代财经》2020年第3期。

后顺序确定，商业银行应同时向各发证机关申请办理抵押登记，以“抢跑”于其他债权人。土地使用权抵押及于抵押登记时已经存在的上盖建筑物，商业银行应将土地抵押权证书编号及当时地上建筑物层数等纳入抵押财产清单，确保土地使用权和上盖建筑物一并抵押。土地使用权抵押后，银行应关注后续建筑物新增情况以及是否为其他债权人设定抵押。① 如银行将之纳入抵押范围，应当另行签署抵押合同并及时办理抵押登记手续。

《九民纪要》明确了实务中债权转让不办理抵押权变更登记而抵押权仍一并转让的问题。商业银行作为转让人对外转让债权时，建议尽量同步完成抵押登记变更，使实际抵押权人与登记记载的抵押权人保持一致，避免日后债权人以银行为登记记载的抵押权人为由要求银行代为起诉、申请执行等情况的发生。银行受让债权时，除了要求抵押人配合完成抵押登记变更外，还应留意相关合同是否存在关于抵押权不得随债权转让的约定，防止因疏忽未发现相关约定而导致实际仅受让债权而无抵押权。

《九民纪要》第 64 条与第 65 条反复强调同一抵押物上多个抵押权或抵押权与质权并存时应当根据公示在先的原则确定清偿的顺序。因此，对于以登记为对抗要件的抵押物，一方面商业银行应当事先对上述抵押物的具体位置和状态进行尽职调查，以避免抵押人提供的动产前期已经为他人设定有效质押；另一方面商业银行也应当更重视抵押权的时间价值，对已经设立的抵押登记进行注销前有必要审慎核实对应债权是否已经全部清偿完毕。

第三节 《民事诉讼证据规定》项下商业银行电子化证据问题

一、2019 年《民事诉讼证据规定》的修改及对商业银行的影响

2019 年 12 月 25 日，最高人民法院颁布了《关于修改〈关于民事诉讼证

① 参见张晓玫、宋卓霖：《保证担保、抵押担保与贷款风险缓释机制探究——来自非上市中小微企业的证据》，载《金融研究》2016 年第 1 期。

据的若干规定〉的决定》（以下简称《民事诉讼证据修改决定》），修改后的《民事诉讼证据规定》以崭新的姿态出现在人们眼前。其不仅是对过往18年审判实践经验的总结，更是顺应时代发展变迁，对司法证据制度中所出现的问题的有力回应。推陈出新、大胆而又稳健，是对2019年《民事证据规定》较为客观的评价。

对于商业银行等金融机构而言，2019年《民事诉讼证据规定》的颁布有着更加深刻的意义。商业银行金融业务争议项下，民事诉讼制度作为解决争议的重要途径，其重要性可见一斑，而证据又为诉讼之灵魂，得真实合法有效证据者，可谓掌握了胜诉大权。互联网技术的普及与商业银行业务数字化的转型，在带给司法系统更大挑战的同时，也对司法效率提出了更高要求。其中，电子化证据的效力及审查判断问题显得越来越重要且急迫，而《民事诉讼证据规定》中对电子数据的类型化规定及审查判断规则的明确，对商业银行诉讼争议的处置提出了全新的挑战，同时也带来了不可估量的机遇。

二、2019年《民事诉讼证据规定》的主要内容及新旧条文对比分析

（一）主要内容

《民事诉讼证据修改决定》共115条，修改后的《民事诉讼证据规定》共100条。在修改后的《民事诉讼证据规定》中，未做修改地保留了原《民事诉讼证据规定》中的11条，对2001年《民事诉讼证据规定》条文进行修改的有41条，新增加条文47条，其主要内容包括以下几个方面：①

1. 修改完善了当事人自认规则

自认属于当事人对自身诉讼权利的处置，是“谁主张，谁举证”原则的例外情形，对于保障当事人的诉讼权利以及节约法院的诉讼成本具有极其重要的意义。2001年《民事诉讼证据规定》第8条首先规定了自认规则，而后2015年最高人民法院《关于适用〈中华人民共和国民事诉讼法〉的解释》（以下简称《民事诉讼法解释》）第92条对自认的内容及例外进行了补充，

① 参见李宁：《最高法修改民事证据规定，明年5月1日起施行》，载中国法院网2019年12月26日，https：//www. chinacourt. org/index. php/article/detail/2019/12/id/4747127. shtml。

《民事诉讼证据修改决定》立足于上述已有规则与制度，对2001年《民事诉讼证据规定》第8条展开完善。首先，对委托诉讼代理人的自认规则进行了较大修改。委托诉讼代理人无论是否经过本人的特别授权，其在法庭上的自认都应当被视为本人的自认，授权委托书明确排除的事项除外。其次，当事人要想撤销已作出的自认的，条件不再如从前般严苛。当事人主张自认是由于受到胁迫或产生重大误解的，根据新规要求，当事人无须证明自认内容与事实不符，这也完全符合“证其有，不可证其无”之原则。再次，新增共同诉讼人自认规则。共同诉讼可分为普通共同诉讼与必要共同诉讼；前者中，一人自认，效力及于全体，后者中则需要征求所有诉讼人的一致同意，否则部分自认的效力仅及于行为者。最后，对限制自认或附条件自认予以规范，明确规定由法官根据案件具体情况“审酌情形”判断是否构成自认。

2. 对“免证事实”的修改与规范

新《民事诉讼证据规定》主要对以下两方面内容进行了修改与规范：第一，将免证事实的范围进行了限缩。2001年《民事诉讼证据规定》将免证事实划定在“已为人民法院发生法律效力的裁判所确认的事实”内，新规将其限缩为“已为人民法院发生法律效力的裁判所确认的基本事实”。背后蕴藏的法理不难理解，经过法庭证据交换与质证环节，各方对于案情基本事实是确定无疑达成合意的，至于其他非基本的一些事实情节，出于审判效率等原因，真实性有待考察，故给予当事人反证的空间。第二，区分证明标准为“足以推翻”和“足以反驳”。对于“已为仲裁机构的生效裁决所确认的事实”，当事人的证明只需达到“足以反驳”即可，这是因为关于仲裁程序中的事实认定，仲裁庭并不需要经过严格的证据质换流程，且法院的裁判受到仲裁庭认定事实的约束，有违自由心证原则；但同时考虑国家政策对于争议仲裁解决方式的推崇、司法资源的有限性及诉讼压力的激增，保留此项免证事由是有必要的，对于仲裁本身的缺点，通过降低反证标准的方式来弥补。

3. 完善了“书证提出命令”制度

《民事诉讼法解释》第121条对“书证提出命令”进行了原则性规定，《民事诉讼证据修改决定》在此基础上予以完善，最终成型的2019年《民事诉讼证据规定》关于“书证提出命令”部分主要有以下规定：首先，明确了

"提出"的条件。申请法院要求对方提交书证前，当事人必须向法院提供申请书，载明确切的书证名称、书证内容、该书证可证明的案件事实、书证被当事人控制的事实及对方提交书证的正当性理由。其次，规定了法院对"书面提出命令"的审查程序。"书证提出命令"实质上是对当事人诉权的侵犯，属于对诉讼现有局面的打破，因此必须保持审慎态度，故法院应当对当事人的申请进行正当性审查，同时听取对方当事人的意见，允许双方就此事展开辩论，以避免"证据偷袭"等情况的发生。再次，控制书证的当事人并非对于所有经审查通过的提出命令都有服从的义务，提出书证是有范围限制的。具体包括以对方当事人利益为基础而制作的书证，对方当事人有合法权利查阅获取的书证、账簿、原始凭证等。最后，2019 年《民事诉讼证据规定》对不符合"书证提出命令"的当事人设定了严格的法律后果。若对方当事人不履行提交义务，法院则会视为申请人所主张的书证内容为真实的，进行使对方当事人处于极为不利的诉讼地位。

4. 对当事人的诉讼行为予以"事前 + 事后"的规制

2019 年《民事诉讼证据规定》中关于当事人诉讼行为的规制从事前与事后展开，关于事前的规制主要体现在事前具结制度中。在当事人接受法院质询前，应当书面签署保证书，口头进行宣誓，保证所陈述内容的真实、完整性，若存在歪曲、隐瞒、虚假陈述等行为，自愿接受处罚，法院有权根据《民事诉讼法》第十章关于妨碍民事诉讼的强制措施的规定，对当事人予以罚款拘留，甚至令其承担更为严重的刑事责任，此项具结手段当然也适用于出庭证明的证人。通过具结制度促使当事人能够谨慎、诚实地陈述事实情况，有利于民事诉讼的顺利进行。

事后主要强调落实，加强事后处罚。明确"当事人对于案件的事实具有真实陈述和完整陈述的义务"，否则法院将根据《民事诉讼法》的规定对妨碍民事诉讼的情形采取强制措施予以处罚。通过这些规定进一步规范民事诉讼秩序，促进当事人诚信诉讼，保证法院在查明事实、分清是非的基础上依法裁判。

5. 补充与完善鉴定制度

《民事诉讼证据修改决定》对 2001 年《民事诉讼证据规定》中的鉴定制

度从以下两方面进行了补充与完善：一方面，增强审批人员对鉴定程序的参与度。当事人对鉴定有疑问需要解释与阐明的，审批人员应当根据其请求进行释明；另外，通过规范委托书的记载内容，即鉴定人需与当事人就鉴定事项、范围、目的、期限等方面进行充分沟通，督促审判人员积极参与鉴定过程。另一方面，提高对鉴定人的管理要求。2019 年《民事诉讼证据规定》明确了鉴定人的承诺制度，鉴定人应当在规定时间内提交鉴定书，保证鉴定意见的真实性，并对鉴定人的虚假鉴定行为规定了严格的处罚。同时，鉴定意见经法院审查采纳后，无正当理由不得随意撤销，违反规定撤回的，鉴定人不仅应当将鉴定费用予以退还，还面临民事诉讼强制措施的制裁。

6. 明确了电子数据的范围，规范了法院关于电子数据的审查判断规则

（1）明确电子数据的范围。以电子数据的外在表现形式与特点为依据，《民事诉讼证据修改决定》将电子数据的范围在以下数据中进行划定：网络应用服务的通信信息、各类注册信息、交易记录等痕迹信息、网络平台发布的信息等，同时还设置了兜底性条款，即“其他以数字化形式存储、处理、传输的能够证明案件事实的信息”，为当事人区分收集相关证据提供了指引的线索。

（2）规范法院对电子数据的审查判断规则。其一，在审查电子数据的真实性过程中，法院应当考察下列因素：计算机系统软硬件的可靠性程序、收集方法的科学性、收集主体的合法适当性等，结合各类因素综合进行考量。其二，电子数据推定真实规则。通过总结之前的司法审判经验，2019 年《民事诉讼证据规定》对于电子数据真实性、可靠性较高的普遍情形予以列举，同时结合电子数据形成、保存、传输、提取的一般方式。下列电子数据是可以推定为具备真实性的：正常业务活动中形成的电子数据、以档案管理方式保管的电子数据、以当事人约定方式保存传输提取的电子数据、由当事人提交和保管的于己不利的电子数据，以及由记录和保存电子数据的中立第三方平台提供或者确认的电子数据。

（二）以有关电子数据为核心的新旧条文对比分析

关于电子数据方面修改的主要内容已在上文中进行了简要论述，即电子数据范围的明确与电子数据审查判断规则的规范。此部分仍按照这一结构展开，

着重于对新旧规则的对比分析，并对新增条文进行法理性解释，以期能够使读者对电子数据这一法定证据有更深刻的理解。

1. 关于电子数据外延范围的新增条文

《民事诉讼法解释》第 116 条规定，电子数据是指通过电子邮件、电子数据交换、网上聊天记录、博客、微博客、手机短信、电子签名、域名等形成或者存储在电子介质中的信息。存储在电子介质中的录音资料和影像资料，适用电子数据的规定。在此原则性规定的基础上，2019 年《民事诉讼证据规定》新增第 14 条将外延进一步精确，并使用兜底性条款划定电子数据的最大限定范围，分析各类电子数据的特性与内涵，从操作技术上进行概括总结，分为以下四类更便于对电子数据的直观理解：

（1）内容数据。指与案件有关的文档、图片、图像等电子数据。[①] 对应 2019 年《民事诉讼证据规定》第 14 条第 1 项、第 4 项规定，即网页、博客、微博客等网络平台发布的信息与文档、图片、音频、视频、数字证书、计算机程序等电子文件。因在各类网络平台发布的信息最终会有一客观载体，或为截图文档，或为视频录音，故仍属于内容数据的类型。此类电子数据直接与案件事实相关，关联性最强，但同时其证据真实性与合法性在司法实践中受质疑频率也最高，当事人经常会因未按照适当方式收集而导致证据效力的降低，甚至会因收集方式的不合法而失去胜诉机会。据此，广东省高级人民法院专门发布了关于支付宝、微信、短信、邮件等 9 大电子数据取证、存证、举证技巧，对当事人进行规范化指导。而对方当事人常常针对证据的真实性采取防御手段，提出证据被伪造、变造、篡改等理由，拒绝承认其真实性，为了保证证据的真实有效，当事人需要从接下来提及的衍生数据、环境、通信数据入手，形成环环相扣、不存在疑点的证据链。

（2）衍生数据。指对内容数据进行操作时，计算机自动生成的有关操作行为的数据。对应 2019 年《民事诉讼证据规定》第 14 条第 3 项的规定，即用户注册信息、身份认证信息、电子交易记录、通信记录、登录日志等信息。此

① 参见郑学林、刘敏、宋春雨、潘华明：《关于新〈民事证据规定〉理解和适用的若干问题》，载《人民法院报》2020 年 3 月 26 日，第 5 版。

类数据通常是用于辅佐证明内容数据的真实性，但在一些特定案件中，例如黑客侵入、商业银行因线上业务而产生的纠纷等案，用户注册信息、身份认证登录日志及电子交易记录处于关键性证据地位，在裁判实践中，对于此类证据的获取，当事人除了在自身移动客户端保留的证据外，还需要申请法院要求对方提供更具效力的终端数据，但过程通常不会很顺利。

（3）环境数据。指数据的生成、增加、删除、修改、传输所依赖的软硬件环境。此类数据在2019年《民事诉讼证据规定》第14条中并未予以列举，但当然地属于第5项的兜底条款规范范围内。环境数据，顾名思义是计算机或其他移动设备的软硬件具体信息，此类数据常见于知识产权律所的取证存证环节与互联网法院的证据质证环节，原告方通常利用"可信时间戳""哈希值检验""区块链"等法定取证与存证手段进行证据的固化与保全，就可信时间戳而言，当事人利用时间戳服务机构提供的可信时间戳技术，证明其在这一时间段内活动的真实性，而后以不可修改的数据形式保存，强化证据效力，在实践中非常便捷。

（4）通信数据。指在利用网络传输数据时生成的关于通信的数据，对应2019年《民事诉讼证据规定》第14条第2项规定，即手机短信、电子邮件、即时通信、通信群组等网络应用服务的通信信息。在现实生活中，常见的类型有微信聊天记录、邮件信息、传真内容等，其既可以配合其他类型的电子数据形成一串证据链，也可单独作为证据来证明案件主要事实，但由于通信数据属通信双方所有，双方提供的信息内容不一致的情况在质证过程中也极为常见，因此较为实用的解决方法是配合时间戳等"时间冻结"工具，到公证处进行公证来提升证据的证明力。

2. 电子数据审查判断活动的相关规范

（1）对2001年《民事诉讼证据规定》的修改。

①2019年《民事诉讼证据规定》中关于电子数据类证据的提交要求，较旧规而言并未做太大变动，仍以原始载体为先，只有在原始载体提供不能的情况下才能提供复制件，同时在调查笔录中应当进行特别说明。《电子签名法》第5条规定了数据电文的原件形式要求：一是要有效表现所载内容并可随时调取查用，二是要能够可靠地保证内容完整、未被更改。《电子签名法》近些年

的实践经验为《民事诉讼证据规定》此条规定的实行提供了有效指引。相比于旧规，2019 年《民事诉讼证据规定》就证据名称用语进行了精确化，还将此证据提交规则的适用范围由视听资料扩大到视听资料与电子数据两类，旧规由于颁行时间较早，采取概括列举的方式并将计算机数据也归入视听资料证据的范围，且未对电子数据进行规定，早已不能适应现实司法裁判的发展，此次修改统一了法院对于这两类证据的调查取证标准，将证据法学理论落实到了条文。其中，第 23 条第 3 款属于新增条款，此款规定将上述调查取证标准也适用到证据保全程序中，使证据保全流程更加规范化与可操作化，但对于当事人或谓之取证人而言，提高了证据保全的门槛，使其取证成本上升，可能会对其他潜在想要通过诉讼途径解决争议的主体起到抑制作用。

②2019 年《民事诉讼证据规定》第 90 条是对旧规第 69 条的修改，其中第 4 款、第 5 款规定与电子数据相关，第 4 款明确：存有疑点的电子数据不能单独用于认定案件事实。此款进一步划清了视听资料与电子数据间的界限，二者不可混淆。视听资料与电子数据属于性质相似却又完全不同的两类法定证据，关于二者的疑点审查标准、程序等都不相同，但结果殊途同归，都不能作为根据来单独认定案件事实。第 5 款规定未对原规定做修改变动，该款与上述新规中第 23 条规定的原则相互呼应与补充，作为复制件，承认其效力的首要条件是其具备真实性属性，而与原件或原物核对是最为简单与直接的确定方式，即使当事人因提供原件存在困难而使用复制件，其仍应标明来源，与来源相“核对”来保证其真实性，否则该复制件不具备证据效力，不可作为证明事实的依据。

（2）新规中新增的条文。

①2019 年《民事诉讼证据规定》新增第 93 条对于电子数据真实性审查作出规定，为法院的实践操作予以指引，对该 7 项条款进行归纳总结，从理论上可划分为以下几类：

一是数据环境因素。从现实主义角度来审视证据的调取，环境因素是首要出发点，证据所处环境必须要具有真实性。就电子数据类证据而言，计算机系统的软硬件为其主要依存环境，硬件设备是否齐全且正常运行、硬件是否存在人为改动痕迹、软件是否为主流操作系统、是否安装可信杀毒软件、防火墙设置是否正确恰当、软件版本是否正确、软件能否在正常网络环境下运行等，都是电子数据环境因素所需要的考虑的现实情况，即第93条第1款第1~3项。

二是主体及方法因素。在确保电子数据“生存”环境的真实性的前提下，才可开展下一步的“摘取步骤”，对于取证及存证环节，主体必须为法律所规定认可的主体，即拥有取证权的主体。取证、存证、传输的方法应当可靠，此处与合法性有所交叉，无论在刑事还是民事诉讼中都规定了非法证据排除制度，其中以非法手段提取的证据当然性地要被排除，在取证时还要注意避免侵犯他人的合法权利，否则证据的真实性甚至合法性都会引来质疑。

三是数据性质因素。即第93条第1款第5项规定，电子数据应当是在正常往来活动中形成的。对数据自身性质进行审查可对其真实性给予大致的衡量，如在商业银行代销业务中，投资者与销售经理非于银行官方营业网点开展基金签订协议，在此过程中所形成的电子数据容易存疑，投资者所签订的电子化协议可能为违规销售者伪造或篡改，真实程度就会大大降低。

四是其他影响因素。即第93条第1款第7项规定，属于兜底条款，为法院对于电子数据真实性的审查留足了自由裁量的空间，同时配合第2款规定的鉴定、勘验等第三方手段，对电子数据真实性的审查予以全方位的规范。当然，除了真实性外，关联性与合法性也是必需的，传统证据法理论中的关联性标准认为，只有对案件事实的证明能产生一定的实质性影响，电子证据才被允许用于司法证明。① 在保证真实性的前提下，审查电子数据的关联性也是必需流程之一。

②2019年《民事诉讼证据规定》第94条规定了电子数据证据真实性的推定制度。本条第1款第1项规定与自认制度类似，都不符合趋利避害的人类本性，故可推定该类证据的真实性，第2~5项规定在现实生活中都很常见，如支付宝或微信账户流水；公司间因业务往来而相互发送的电子邮件；移动、电信或联通公司等对人们的身份注册信息；保险公司对人们投保时提交的身份信息也都有存档保管；公司间以电子合同的形式签署的协议；等等。同时，本条第2款将反证标准进行区分，对于经公证机关证明的电子数据，要想否认该证

---

① 参见刘品新：《电子证据的关联性》，载《法学研究》2016年第6期。

据的真实性，必须提供达到“足以推翻”标准的证据，实践中可使用具有同等证明效力的公证文书或法院裁判文件来予以防御。对于未经公证的其他电子数据，适用“足以反驳”的反证标准，当事人仅须提出能够引起他人怀疑数据真实性的其他证据即可。当然，对于此处的“公证文书”，德和衡律师认为应当进行扩大性解释，对于国家机关或相关部门在其职权范围内记录或保管的电子数据，仍应适用“足以推翻”的标准，因为此类数据具有权威性，其真实性是由国家政权来保障的。

三、有关商业银行电子数据的典型案例分析

（一）2019 年《民事诉讼证据规定》施行前

在“王某 1 等诉 ZG 银行常州分行金融委托理财合同纠纷再审案”① 中，案件的争议焦点在于：王某 2 是否向 ZG 银行常州分行延陵支行购买了信息确认表项下的个人理财产品，以及 ZG 银行常州分行、ZG 银行常州分行延陵支行应否向王某 2 给付该确认表载明的本金数额和利息。而法院认为，王某 2 关于其向 ZG 银行常州分行延陵支行购买了前述理财产品，ZG 银行常州分行、ZG 银行常州分行延陵支行应给付该确认表载明的本金数额和利息的主张不能成立。

首先，王某 1、王某 2 主张双方存在金融委托理财合同关系的主要依据是四张信息确认表，经审核，该四张信息确认表的真实性不能确认。其次，王某 1、王某 2 所主张的 5300 万元委托理财事实与王某 2 账户内资金实际情况不符。而且，案涉王某 2 名下中银理财卡是其儿子王某 3 取走王某 2 的身份证办理的，银行职员张某掌握该卡密码，并对理财卡内的资金进行操作的行为属于个人行为，其所称的《信息确认表》也并非在银行柜台取得，故张某的行为也不属于银行的职务行为。综上，王某 1、王某 2 与 ZG 银行常州分行、ZG 银行常州分行延陵支行之间不存在 5300 万元委托理财关系，再审法院维持二审判决结果。

在本案再审过程中，关于 ZG 银行常州分行提供的王某 2 资金流水单，王某 2 不认同该证据的真实性，因此法院组织双方开展实地调取活动，具体地点

① 参见江苏省高级人民法院民事判决书，（2015）苏商再终字第 00008 号。

是 ZG 银行常州分行延陵支行，法院要求 ZG 银行常州分行提供除网银操作外的所有柜台操作的原始凭证。王某 2 认为 ZG 银行常州分行提供的资金流水单与其自行到银行打印的资金流水单之间存在数据不相吻合情况，故对该资金流水单真实性提出怀疑。而法院针对此异议给出了回应：王某 2 账户资金流动主要基于网银操作，相关数据存储于银行计算机系统中，因此该证据主要属于《民事诉讼法》中规定的电子数据，而对电子数据真实性的审查原则，应综合电子数据本身的可靠性、系统性以及其他证据。首先，法院通过组织双方当事人在 ZG 银行常州分行延陵支行现场的联网活动，对王某 2 账户资金流水往来的真实性进行了核实，并将资金流水单予以现场打印，该证据形式满足了真实性的基本要求；其次，王某 2、王某 1 主张 ZG 银行常州分行对该电子数据事后人为修正，并未提供充足有效的证据，故不予支持；再次，除网银操作外，ZG 银行常州分行提供了全部柜台操作原始凭证，该原始凭证与王某 2 资金流水单之间能够相互印证；最后，与王某 2 账户有资金往来的 NY 银行账户及 HX 银行账户存在对应关系，可以相互佐证。故王某 2 账户资金流水的本身真实性可以确认。

在《民事诉讼证据规定》施行之前，司法裁判机关对于电子数据真实性的审查原则不统一，但都主要围绕可靠性来开展审查活动。在本案中，法院审查判断真实性的依据即为可靠性与系统性，其中可靠性以组织双方当事人共同调取账户情况，现场打印资金流水单为体现，此活动充分印证“眼见为实”的习惯精神，同时，通过对王某 2 账户与其他银行账户之间资金往来的对应关系进行调查，结合与柜台原始凭证的核实情况，无论从正面还是侧面来看都基本保证了该资金流水单的真实性。可见，关于电子数据真实性的审查活动，由于其性质的易被篡改性，故在实践中通常要采取结合其他证据来相互印证的方式，对电子数据真实性进行强化。

（二）2019 年《民事诉讼证据规定》施行后

在“陈某诉 JS 银行常福新城支行等金融委托理财合同纠纷上诉案”① 中，

① 参见湖北省武汉市中级人民法院民事判决书，（2020）鄂 01 民终 3588 号。

本案争议焦点集中于JS银行常福新城支行有无违反适当性义务以及是否应当赔偿陈某所受实际损失。

法院认为：JS银行常福新城支行没有违反适当性义务。理由如下：卖方机构的适当性义务主要是要求金融机构了解客户、了解产品并负担合理推荐、适当销售的义务。可以分为两个层次：一是告知说明义务，二是适当推荐义务。第一，JS银行常福新城支行在2013～2017年均对陈某进行了风险评估，评估等级均为稳健型；第二，案涉基金发售公告显示，该基金属于股票型基金，JS银行为代销机构，经其评定案涉基金风险等级为中风险；第三，诉争的两笔交易系陈某通过JS银行网上银行完成；第四，客户通过JS银行网上银行办理基金购买业务时，须进行风险能力承受测试，风险评估结果低于产品风险等级时无法进行交易，客户可以查看已登记的风险评估结果。

同时，JS银行常福新城支行不应当赔偿陈某所受实际损失。理由如下：若卖方机构能够提供充足证据证明投资风险应由其自身负责的，法院依法支持其抗辩理由，其中的法理在于，如果从投资者既往的投资经验、财务水平等事实中可合理性推知即便金融机构违反了适当性义务，也并不影响金融消费者的自主决定，那么此时的适当性义务就极有可能被投资者用作规避风险的挡箭牌。回归本案，陈某在诉争交易发生以前，投资经历时间长达2年，且也购买过7次同风险等级的金融产品，这7次交易中还包含对案涉基金的2次交易历史，且也获得了一定的收益。故JS银行常福新城支行关于其未影响陈某对诉争两笔交易的自主决定，陈某应当自负投资风险的抗辩理由成立，法院予以支持。

其中，陈某关于JS银行常福新城支行违规擅自篡改客户电子数据信息的主张，一审法院经审理认为：首先，个人网银系通过客户自身的电子设备来运作，如电子计算机、手机等，需要客户注册账户，然后通过输入所注册账户的用户名、密码来进行登录，关于当事人对JS银行常福新城支行客户经理李某实际掌握陈某网银密码的主张，其并未提供足以排除怀疑的证据，故应视为陈某本人对网银的操作；其次，电子数据属于客观存在的一种，不能仅仅因其不可视的存储方式而对其证明力不予认同，本案中JS银行常福新城支行调取的相关记录当然属于电子数据，且JS银行系全国性的商业银行，在无违规与合规风险记录的前提下，可以认为该电子数据被严格进行了保存，陈某对该主张负有举证责任，但其并未提供证据证明 JS 银行篡改自己电子数据的行为，故一审法院对陈某的意见不予采信。

对于可以直接作为证明案件主要事实的电子数据证据，在符合真实、关联、合法的证据三性要求下，除非有明确的相反证据或其他证据，否则对该类证据的效力并不造成负面影响。本案中，陈某主张 JS 银行常福新城支行未进行风险能力评估，质疑自身网银密码被银行员工所控制，以及对该支行保存的相关电子记录真实性提出怀疑，其应当提供对应证据证明提出的怀疑，否则，正如本案法院所言，“不能仅因电子数据的存储方式而否认证据证明力”，电子数据同样属于法定证据形式，不能由于其存储方式的电子化而给予歧视性对待。

四、证据新规背景下商业银行规范经营减少争议的应对措施

根据上述证据新规中关于电子数据规则的修改与变化，德和衡律师就商业银行日常经营活动中，特别是办理负债业务、资产业务和中间业务项下的证据获取及留存问题提出建议，以适应 2019 年《民事诉讼证据规定》的修改与诉讼模式的发展，规范经营，减少争议。

（一）存款业务

无论是柜台大额存款业务，还是个人在 ATM 办理的小额存款业务，相关证据的取得与留存，核心在于“首”与“尾”，即个人身份信息与存款账户的确认环节，以及存款业务完成时凭证的出具环节。

针对这两个环节，商业银行在秉持“各类业务文件均应以书面形式备份”原则的基础上，加强对业务过程中存款业务人员与客户行为的监控取证，在商业银行营业网点监控全覆盖的前提下，专设柜台监控设备，或基于效益性原则将商业银行中某些监控摄像头的位置予以调整，在客户申请存款时进行全程录像，并将录像记录保存于银行硬盘存储空间或云盘中，并在业务完成后及时对电子数据进行整理。

此过程将产生必要的人力与财力成本，且存在存储空间有限的问题。其

中，针对存储空间有限的问题，建议商业银行首先可以设定一个最低的数据保存期限，所有监控数据未届此期限均不可删除，且随时处于可查询、调阅的状态。同时可考虑在该最低期限届满后，将银行硬盘或其他存储设备中的数据转移到与商业银行有合作关系的第三方数据存储专业机构，进行集中性的长期性保留。而对于存款业务完成的凭证，由于其电子数据占用空间较小，故应当专门建立数据存储空间予以长期性存证，以预备应对可能发生的争议。

而对于 ATM 上的业务活动，鉴于监控与数据的保留措施已非常完备，故在《民事诉讼证据规定》背景下，对电子数据存取证的重心要求仅做微调即可，新规对数据的形成、存储环境提出了更高的要求，商业银行应加强对 ATM 系统的安全性审查，对机器的硬件设施等进行及时更新，并将每次的核查与更新活动进行记录保留，这样一来更易形成电子数据真实性证明的证据链，以应对诉讼过程中原告对电子数据真实性提出的质疑。

（二）信贷业务

信贷业务流程相对复杂，且每个环节都涉及客户利益和商业银行潜在风险，故在新规背景下，商业银行更应重视涉及相关文件、资料、流程和事项的电子数据的存取。

首先，在信贷业务受理阶段，客户提交的授信申请文件和履约能力资信证明材料是授信的前提和基础，也是未来产生风险后实现债权的重要途径和依据。对于这些资料的数据化管理，是商业银行进行后续授信审批和授信管理的前提和基础。除了为自身授信业务提供便利之外，对客户提交材料及时进行数字化处理还能够起到固定资料来源、见证亲访亲签、及时和客户沟通资料补齐和调整等作用，在未来产生争议时可以成为商业银行自我保护的武器。

其次，进入授信调查阶段后，商业银行调查评估人员应对客户的信用等级、自身业务的风险与成本效益及客户提供的担保物或人进行评价，并依此撰写评价报告，经评价审查人员审核后确定客户信用登记、授信额度，将申报材料予以上报审批。其中主要活动都是由商业银行方开展，故此阶段对于调查评估人员行为规范性的要求尤为重要。2019 年《民事诉讼证据规定》中对证据的提取主体、提取形式与方法都提出了明确的要求，故商业银行应加强对调查评估人员职务行为的监控。一方面，坚持全面尽职的核查底线不放松；另一方面，应当对调查评估的重要环节、重要时间点、重要还款来源或偿付能力证明、重要担保品进行尽职调查公所的留痕和存证，并实现对相关工作在数据化和规范化方面的强化性管理。

进入授信审批阶段之后，贷款审批人员根据相关规定对报批材料的合规性进行审查阅读后，以合法正规的审批方式，如信贷审批人会议、会签、签单审批等，得出审批结论，确定是否同意审批的信贷申请。考虑到此阶段系确定授信金额、种类、期限、是否循环使用以及担保措施的重要环节，故有必要对审议信贷申请资料、信贷调查资料、评议并作出决策的全过程予以记录，对贷审会或办公会会议中所形成的记录与文件均应以电子数据的形式进行备份，实现商业银行贷款审批的尽职留痕，同时也为可能出现的授信不良追责做好必要的准备。

审批通过并进入授信发放环节之后，相关环节涉及商业银行与授信客户、担保方等签订授信合同、担保合同等法律文件的，也应当实现电子化、数字化管理，通过电子化方式记录法律文件的签字过程，防止未来债务人或担保人对签字的真实性提出抗辩，甚至可能出现的刑事案件。此外，对依据信贷审批要求落实合同条款内容、完成抵质押登记等发放授信前置条件、具体授信发放特别是根据监管要求采取的受托支付方式进行的贷款发放等，进行数字化留痕管理，避免对商业银行授信业务带来风险，也避免产生争议。

在贷后管理阶段，需要开展检查信贷资产、对期限届满的资产进行回收、根据客户需求进行展期、管理不良资产以及借新还旧等多项工作。与调查审批阶段相类似，应当重点关注借款人、担保人的履约能力变化，以及商业银行贷后管理人员是否按照授信合同约定和法律法规监管规定进行了符合要求的贷后管理工作，坚持“两手抓”，一手抓风险，一手抓合规。在贷后管理过程中加强通过数字化和电子化的方式对客户的经营和资产负债情况、担保财产情况进行关注和跟踪，以照片、视频等形式留存相关记录，并将整体贷后管理工作纳入贷款系统管理。通过数据分析监控和分析发现授信潜在风险，并观测风险发展趋势，及时采取预警、补充担保、加速到期、启动清收工作等措施。

（三）中间业务（以个人理财顾问业务为例）

民法的契约自由原则在商业银行中间业务中可谓得到了充分体现，不同于传统的商业银行资产负债业务，由于涉及客户数量庞大，容易引发公共利益危机，故要受到金融监管机构的严苛管控，只要客户与商业银行之间关于金融委托事项达成一致的合意，中间业务即可开展。随着金融市场的不断扩大与金融创新的持续推进，关于中间业务的监管标准也在不断提高，但总体而言，中间业务具有模式种类繁多，各模式流程不一，所承受的风险较低，收益也较低等特征。此处以商业银行业务中常见的个人理财顾问业务为例，就2019年《民事诉讼证据规定》对该业务的影响和应对措施进行分析。开展理财顾问业务主要有以下几个阶段的流程：（1）受理客户申请。理财顾问服务人员在受理客户申请时应要求客户填写《申请/审批表》，并及时了解客户需求。（2）开展风险测评。根据金融监管机构对商业银行的适当性管理要求，在受理客户申请前，商业银行必须对客户开展风险测评，具体体现为《风险承受能力评估问卷》的书面填写，根据其评估结果判断客户的风险等级，并向其提供与风险相匹配的产品及服务。（3）业务审查审批。理财顾问对服务内容及协议价格提出审查意见后报有权的负责人审批，负责人签署审批意见。（4）签订服务协议。此阶段又可通俗地理解为“合同签订阶段”，此合同的专业名称为《个人理财顾问服务协议书》，客户与商业银行在合同中明确约定双方的权利义务，签订后客户履行手续费、服务费等费用的支付义务，金融机构则着手理财顾问咨询服务的准备工作。（5）收集客户信息。理财顾问应在制作规划建议书过程中，通过合法途径收集客户信息，客户信息需经客户书面签字后方可使用。（6）提供顾问服务。在上述流程都已完整无误地推进后，理财顾问服务便确切地开始履行，在此过程中商业银行应当注意保存每一次的服务记录，根据客户的要求，提供其想要的咨询与材料。（7）客户档案管理。善后工作主要是关于客户档案资料的整理，同时理财顾问服务人员也应及时做好档案管理工作。如图1－6所示。

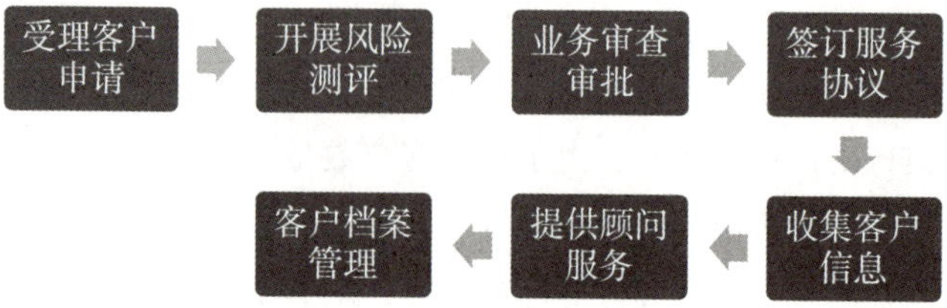

图1-6　商业银行个人理财顾问业务流程

相较于商业银行信贷业务，个人理财顾问业务相对简单一些，其中多项流程也与信贷业务类似，如受理客户申请、签订服务协议过程中，适用上述电子化、数字化的履职留痕管理方法，业务审查审批流程同样应对审查审批会议过程进行记录，而在收集客户信息与提供顾问服务过程中，注意保证从业人员行为的合规合法性也是电子数据存取的重点所在，至于最后阶段的客户档案整理，为加强对行为人行为的规制，预防侵犯客户隐私权事件的发生，对电子数据整理过程的全记录是应当的。在开展顾问业务活动时，基于对相关案例的调研发现，客户与商业银行之间的争议主要在商业银行适当性义务的履行上，体现在此流程中即为对客户风险承受能力的评估，因此从受理人员对客户提示投资风险到客户填写《风险承受能力评估问卷》的全过程，有必要设定特定的摄像设备，或将此过程至于有监控设施的固定房间，对全流程进行电子数据的证据固定，并在该房间同时置备扫描仪，对问卷结果进行备份。最后还要对电子数据的安全性进行保证，保证不会被无权者删除或更改，以这种连续且符合证据逻辑链条的电子数据为证，商业银行适当性义务的履行就可以被很好地证明。

第二章

金融强监管环境下商业银行资产管理业务纠纷中的法律问题

第一节　资产管理和商业银行资管业务模式分析

资产管理即“管理资产”。从资管业务的发展过程来看，“管理资产”的主体为资产管理人，包括经我国金融监管机构依法批准的、具备相应资产管理资质的券商、基金公司、信托公司、保险公司及商业银行等机构。“管理的资产”为资产所有者或持有者的资产，包括社会公众投资者的自有资产，券商、信托、保险机构、基金公司募集的资产以及社会保险基金、养老保险基金等公募基金的资产。“管理”发生的原因及目的，通常是资产所有者或持有者作为委托人，委托具备专业化资产管理能力的管理者对其资产进行投资、运用，以期通过他人的管理行为获得超越市场利率的收益。将“资产”前置于“管理”的原因在于，无论是存贷业务、托管业务还是管理客户资产的业务，客户资产始终处于根基地位，没有资产，何谈管理？进一步来看，资产安全性又为资产之核心属性，故如何保证客户资产安全性，是上述管理机构所要关注的长久性议题。相关金融监管规范中对于资产管理的定义与文理解释结果相类似，根据《金融机构资管新规》的规范规定，资产管理业务是指银行、信托、证券、基金、期货、保险资产管理机构、金融资产投资公司等金融机构接受投资者委托，对受托的投资者财产进行投资和管理的金融服务。

商业银行资产管理业务属于资管行业之一，其特征在于服务的提供主体为商业银行。虽然混业经营为金融发展的大势，但目前在市场制度尚需完善的环境下，分业经营与监管仍为最优之策；我国的商业银行资管业务就是在这样一种严苛监管、利率管制的背景下起步，逐渐扩大业务范围，随着居民财富的迅速增长、金融体制的持续改革，我国商业银行资产管理市场范围开始向外延伸。自2004年光大银行推出首只人民币理财业务起，商业银行资管业务已有十多年历史，商业银行凭借其自身的资金积累、专业经验、客户资源等多元优势，业已成为资产管理行业中最为重要的市场主体。相应地，商业银行资管业务项下的争议也呈现出数量激增、复杂程度加深等趋势。

利用“威科先行”数据库，以“资产管理计划”为关键词、“银行”为当事人，对2018年1月1日~2020年12月31日的裁判文书进行检索，共检索到相关案件471件，其中，2018年116件、2019年149件、2020年206件（见图2-1）。在审理法院的级别方面：中级人民法院审理的此类案件最多，占比为44.80%，基层人民法院占比为34.39%，高级人民法院占比为16.35%，最高人民法院占比为2.12%，专门法院占比为2.34%（见图2-2）。在审理程序方面：一审案件的数量占比为60.72%，二审案件占比为27.39%，再审、执行、破产、其他案件合计占比为11.89%（见图2-3）。在地域分布方面：北京、广东、吉林的案件数量均超过60件，占全国同类案件总量的比重分别为14.68%、13.40%、12.98%；其次是浙江44件，占比为9.36%，上海39件，占比为8.30%（见图2-4）。此外，从涉案金额来看：36.23%的案件的标的额在5000万元以上；其次是标的额在10万~50万元的案件，占比为18.84%；最少的是标的额在500万~1000万元的案件，占比仅为2.90%（见图2-5）。

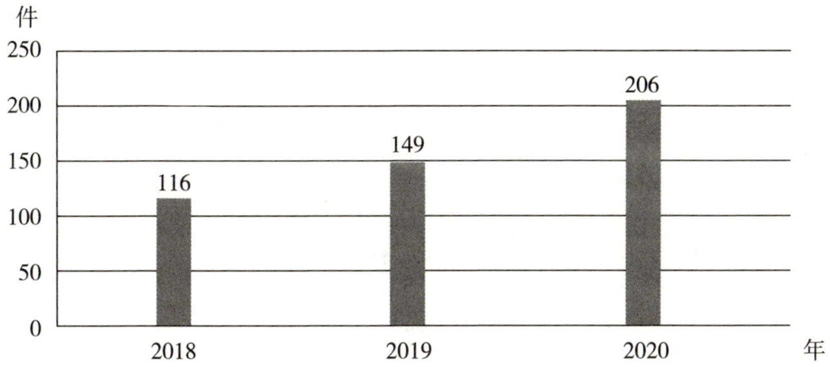

图 2-1　案件审理数量年份分布

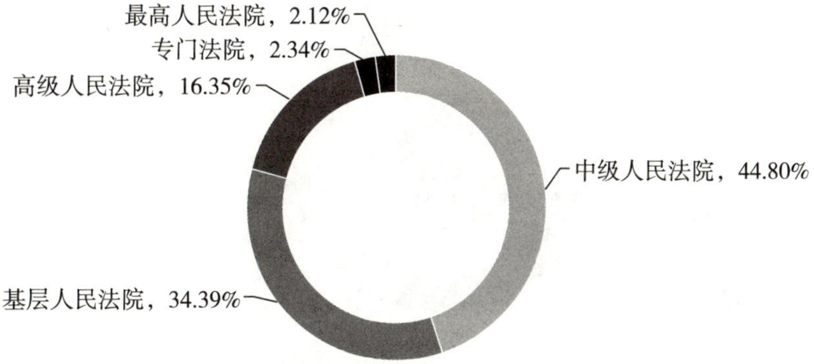

图 2-2　审理法院级别分布

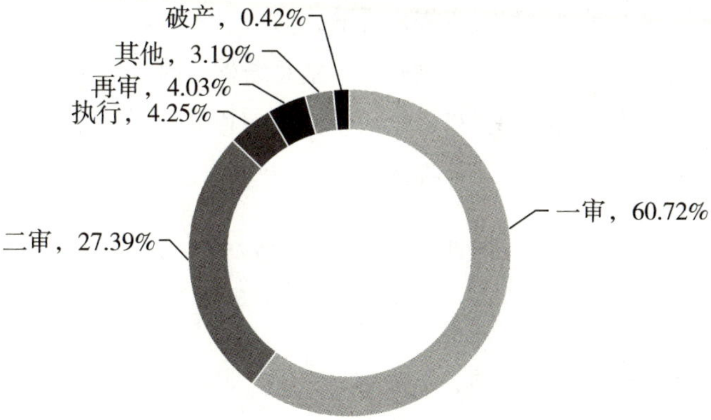

图 2-3　案件审理程序分布

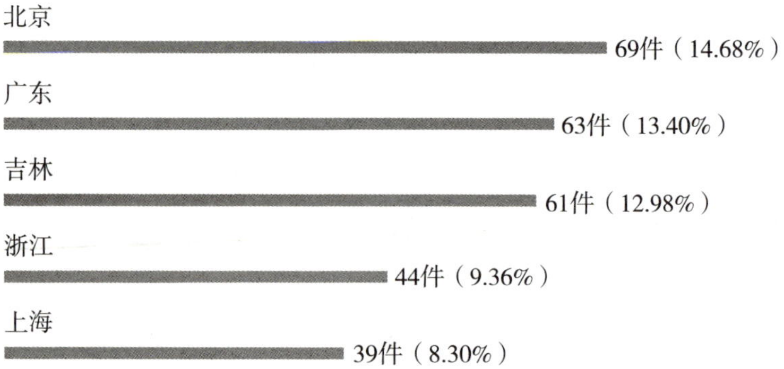

图2-4　案件主要地域分布

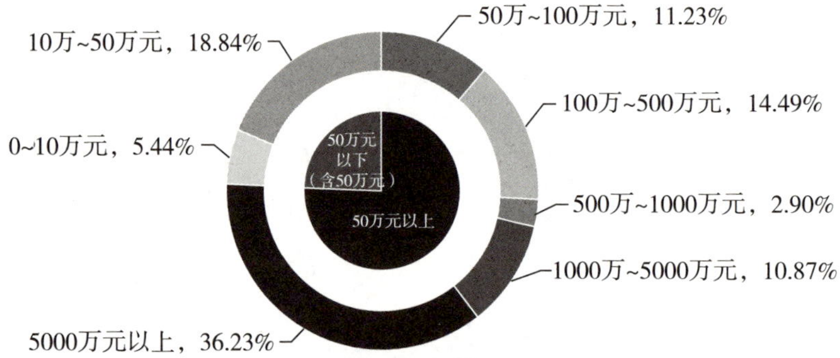

图2-5　案件标的额分布

本章以商业银行资产管理业务为主线展开，从分析业务模式和法律关系入手，针对学界的不同理论和观点提出看法，而后引入商业银行资管业务项下的核心法律规范、监管规定及自律规则，归纳总结核心内容，通过研究典型案例的方式，探寻司法实践中对银行资管纠纷的处理趋势，最后总结提炼出商业银行资管业务项下的法律风险，并提出相应对策与建议。

一、商业银行资产管理业务的主要模式

（一）代客理财

在分析代客理财模式之前，需要对“理财”与“资产管理”二者的关系进行明确，虽然语词表述不同，但无论对其进行语义解释还是追寻其背后的规

范依据，二者的内涵是相同的，故商业银行资产管理业务也可称为商业银行理财业务。此处为了与代客理财模式区分，使用“商业银行资产管理”这一称谓。如《商业银行理财业务监督管理办法》（以下简称《理财业务监管办法》）第3条规定：“理财业务是指商业银行接受投资者委托，按照与投资者事先约定的投资策略、风险承担和收益分配方式，对受托的投资者财产进行投资和管理的金融服务”，该定义与《金融机构资管新规》中关于资产管理的定义相比无二。

从广义上来说，商业银行资产管理业务的本质即为“代客理财”。“受客之托，代客管财”，无论商业银行采取何种资管模式，无论如何设计创新资管产品，都脱离不了此本质的范畴。虽然有些模式从法律关系角度分析，表面上可能无法直观地体现出投资人与管理人之间的委托或代管等法律关系，但追根溯源，本质不变，商业银行理财业务的转型最终都将指向资产管理业务。①

此部分所讨论的代客理财，特指其狭义上的概念，即商业银行根据资本市场形势变化，结合不同类型客户的风险、收益、管理等偏好和需求，设计出具有针对性的理财产品或服务并予以发售，客户购买该产品或服务即表示对资管计划安排的认同，商业银行由此根据约定对客户资产开展投资运作、组合管理、信息披露、损益分配等活动。该模式系商业银行资产管理业务中最主要的运作模式。

1. 代客理财模式的业务及产品分类

（1）代客理财模式的业务分类。

在代客理财的业务模式中，按照客户类型的不同可以将代客理财业务分为下述三个层次：理财业务、财富业务与私人银行业务。

第一层次的理财业务也是最基本的业务模式，具体是指根据客户的风险偏好、对投资收益的预期，通过对客户财务水平及投资经验等各方面情况的考察，为其量身定做全面的财务规划，并向其提供相配匹的金融产品与服务，以达到财富管理及增值的目的。第二层次的财富业务针对的客户群体有所不同，其属于为高资产、高净值客户提供的综合理财业务，相比于第一层次，银行提

① 参见谢伟：《银行理财业务转型方向》，载《中国金融》2016年第1期。

供的服务或产品会随客户资产存量而做相应调整。第三层次也是代客理财中的最高层次——私人银行，即“自己的专属银行”，面向的是符合高净值、高价值等更高准入标准的客户，虽然私人银行同样属于综合理财业务范畴，但其与财富业务的不同之处在于其综合性更高，向客户提供的服务范围更广，除了为客户提供一般投资理财产品外，还能够满足客户对自身资产的法律、继承、商事纠纷、税务等方面的特殊要求，最终达到客户资产保值增值，平衡风险收益的目的。但需要注意与明确的是，虽然在理论上对理财业务、财富业务与私人银行业务予以了区分，实践中却尚无统一公认的划分标准，即客户资产持有量要达到何种程度才可以满足私人银行服务或财富服务的标准，不同商业银行间的标准各不相同，故在此只从理论层面进行讨论。

（2）代客理财模式的产品分类。

代客理财模式的主线是为客户设计及销售理财产品与服务。以《金融机构资管新规》及《理财业务监管办法》为依据，根据募集方式的不同，可将资管产品分为公募理财产品和私募理财产品。公募理财产品与私募理财产品的最主要区别是发行所针对的对象不同，公募理财产品是面向不特定社会公众公开发行的，而私募理财产品仅面向合格投资者且为非公开发行。按照投资性质的不同，分为固定收益类产品、权益类产品、商品及金融衍生品类产品和混合类产品。固定收益类产品大部分投资于存款、债券等债权类资产；权益类产品则主要投资于股票、未上市企业股权等权益类资产；商品及金融衍生品类产品投资于商品及金融衍生品；混合类产品投资于上述三种资产且任一资产的投资比例均未达到前三类产品的标准。根据运作方式的不同，商业银行的理财产品可分为封闭式理财产品和开放式理财产品。封闭式理财产品自产品成立至终止期间，投资者不得进行认购或者赎回；而开放式理财产品自产品成立至终止期间，可按照协议约定进行认购或者赎回。

2. 代客理财模式的基本流程分析

（1）建立客户关系。庞大的客户群体产生了巨大的理财需求，其中不乏高净值的优质客户。商业银行开展资管业务应当利用客户优势，与客户建立金融服务关系，并进一步开拓代客理财金融服务业务。

（2）收集客户信息，综合分析客户财务状况及投资目标，对客户资产进行分类梳理评估，结合客户收入、负债、投资经验与家庭金融资产情况等信息，综合考虑客户的资产整体规模、人生计划等因素，测试客户的风险偏好及收益预期，判断客户风险承受能力，对客户信息进行综合性分析。

（3）整合理财策略，进行投资分析，提出理财计划。根据信息分析得出客户的投资风险偏好和风险承受能力，利用各种金融工具和产品，进行具有针对性的理财计划安排，使客户资产在当前市场环境中得到最优配置，保障投资安全，并实现收益在一定风险水平下的最大化。

（4）设计理财服务或产品并予以销售执行。以财务策划为核心，安排产品部门进行理财产品或服务的设计。此过程中要注重产品间的风险隔离，强化合规管理，并以服务客户为目标实施销售或服务活动。

（5）开展后续跟踪及投资绩效管理服务。在销售工作结束后，定期对客户展开后续跟进，将市场行情波动与经济政策变化下的投资情况，定期和客户进行沟通。

上述基本流程通常适用于财富管理与私人银行业务，更加注重针对不同客户的不同情况设计具有个性化、独特性的理财产品或服务，因而成本较高，对客户的资产情况标准的要求也较高。私人银行业务与财富管理业务在第五个及第六个步骤中又有所差别，私人银行业务面向的客户群体更加“精英化”，其财富拥有量处于“金字塔”顶端，对财富管理有更为苛刻的要求，因此商业银行在开展私人银行业务过程中，几乎是为每一位客户建立一项独立的资产管理计划。

对于客户量最多的第一层次理财业务，商业银行所设计的理财产品更具有普遍性，适合某一类投资者购买，不强调客户与客户间的个性化差异。在第四及第五个步骤中，商业银行通常需要在对已有客户投资意愿、风险收益偏好等进行分析的基础上，以市场利率的变化为风向标，考察同业机构推出的理财产品，对社会公众投资者与合格投资者投资习惯进行解析，设计出适合不同投资偏好客户的理财产品或服务。如保守型与谨慎型客户偏向于投资固定收益类产品；稳健性客户一般以混合类产品为主要投资选择，以权益类产品为辅；积极型和激进型的客户则倾向于选择权益类、商品及金融衍生品类产品。

（二）受托投资

如其字面意思所言，受托投资可拆解为“受托”与“投资”，前者是指客户向商业银行提出委托投资的申请，商业银行接受并承担受托人职责；后者侧重于描述商业银行的职责履行，即按照客户关于投资收益的预期，结合其风险承受能力，代替客户从事各类市场投资活动。需要注意的是，商业银行的受托投资业务属于中间业务的一种，不计入资产负债表内，是通过向客户收取的手续费、服务费来获得营利，因此也无须承担投资风险，商业银行在投资过程中扮演着代理人的角色。

从上述定义看，受托投资与代客理财业务似乎并无太大不同，但实际上二者还是有所区别的。二者的核心差异在于“投资”的含义：受托投资，特指商业银行作为受托人，接受客户的指令进行投资行为，对客户的投资决策只能做出有关投资风险性的警示，不可直接进行投资建议，因此商业银行也并不承担投资行为产生的风险及损失。而代客理财模式中，商业银行更像是一位负责财富管理的“管家”，可以对“雇主”提出相关投资意见，也当然要对结果负责。在实务中，受托投资与代客理财之间的界限并非如此清晰，通常情况下受托投资业务也被纳入代客理财业务中，尤其是高层级的代客理财业务，如私人银行业务，不仅要代客户投资，同时还要承担理财顾问的职责。故此处仅为理论上的“公因式提取”，实务中需要对产品或服务的构成抽丝剥茧，才能准确界定其中的投资关系。

代客理财模式的产品分类同样适用于受托投资及其他模式，在受托投资模式中，商业银行处于指令执行者的角色，以投资对象性质的不同对投资产品进行分类，可大致分为以下几类：理财产品（代客理财业务中设计的产品）、代销代理产品、外汇产品、其他产品。当然，采用列举法并不能穷尽所有产品种类，且随着金融产品的不断创新，投资选择也会越来越多，此处仅以典型产品为例，供读者参考（见图2－6）。

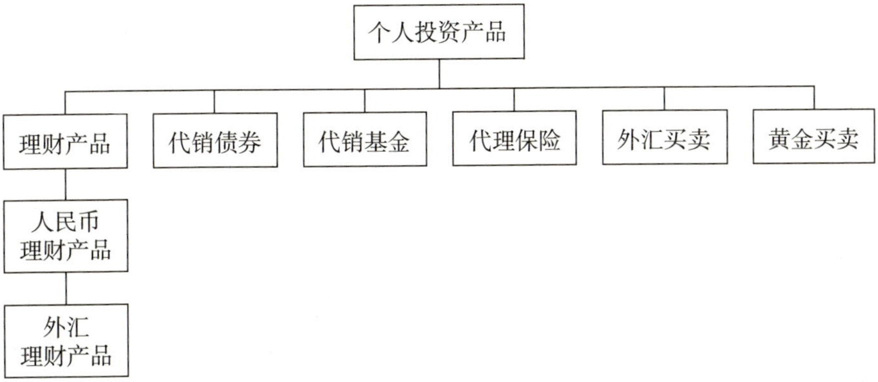

图2－6　某银行受托投资产品分类体系

受托投资的模式流程如下：(1) 根据法律法规规范及金融监管机构规定，对外发布可代客户投资的范围。如投资图2－6所示的符合规定的理财产品。除此之外，还可投资接受信托、基金机构委托代销的债券、基金、外币套利类产品、黄金白银等大宗商品。(2) 与客户签订委托投资合同，开立独立的资金或证券账户。此过程为受托投资模式中的核心，投资方向、数量、时间、地点的确定及警示、免责条款的提示都必须在此体现，账户的开立应符合规定，且应当分别管理，防范账户间风险的传播。(3) 商业银行按照客户的投资要求实施投资行为。在确定投资安排后即为实行环节，此环节中商业银行应注意控制操作风险，避免不当操作导致客户资产的损失，同时客户也要对银行进行紧密监管，防范其不利于自身利益的投资行为。(4) 投资信息的披露与损益的分配。在实行阶段，商业银行应保持投资行为的透明化，接受客户的监督及建议，及时向客户披露市场风险、自身投资行为、所投产品的收益变动等与其利益相连的信息，并在投资产品损益信息公布后对客户账户进行资金清算、证券结算等活动，向客户分配损益。

(三) 代销业务

根据原中国银行业监督管理委员会（以下简称中国银监会）2016年发布的《关于规范商业银行代理销售业务的通知》第1条规定："本通知所称代理销售业务（以下简称代销业务）是指商业银行接受由国务院银行业监督管理

机构、国务院证券监督管理机构、国务院保险监督管理机构（以下统称国务院金融监督管理机构）依法实施监督管理、持有金融牌照的金融机构（以下简称合作机构）委托，在本行渠道（含营业网点和电子渠道），向客户推介、销售由合作机构依法发行的金融产品（以下简称代销产品）的代理业务活动。”代销业务属于商业银行的中间业务之一，是金融机构与商业银行展开密切合作过程中最为常见的基础业务。随着中国经济的飞速发展，商业银行以贷款利差收入为核心的传统发展模式已跟不上时代脚步，在次贷危机的影响下，金融监管机构对银行资本充足率提出了更为严格的硬性要求，银行发展模式的改革迫在眉睫。此时，以代销业务为首的中间业务开始崭露头角。银行存量用户的极高覆盖率，其他任何一类金融机构都无法在代销业务中与银行相媲美，同时由于商业银行开展代销等中间业务所需的成本极低，不计入表内负债的同时可获得不亚于存贷业务的利润，故银行中间业务在银行整体业务中所占比重逐年增加。

1. 代销业务的业务及产品分类

从《关于规范商业银行代理销售业务的通知》的规范来看，金融监管机构并未给予代销业务标准化的分类规定。根据上述定义，商业银行在代销业务中主要承担代理销售人的角色，故德和衡律师从与商业银行合作的机构，以及商业银行所代销产品的资产配置角度进行分类，并对其中的法律关系进行剖析。

根据与商业银行合作的机构不同，代销业务可以分为与保险资产管理机构、与信托机构、与基金机构、与证券公司、与金融资产投资机构等的合作业务。此分类借鉴了《金融机构资管新规》中对于资管机构所进行的典型列举。其中最为典型的是基金代销业务与代为推介信托计划：前者可通俗描述为“代为销售基金”，商业银行作为受托人，接受基金机构的委托，在本行销售渠道内向客户宣传、销售由基金机构发行的基金产品；后者同理，与前者法律关系相同。需要明确的是，商业银行作为代理人，并不实际介入客户与委托人之间的法律关系，代销业务同样也属于中间业务的一种，其仅在约定的职责范围内承担相应责任。

从代销产品的资产配置角度看，商业银行代销产品可分为固定收益类产品

(包括债券类、信托贷款类、票据类产品)、资本市场类产品(股票基金产品、股权融资产品)、国际市场类产品(外汇资产、结构性存款等产品)和另类产品(贵金属、酒类等产品);其中前两种产品为主要代销产品。从《规范代理销售业务通知》中对代销产品准入管理的规定可知,商业银行在接受委托开展代销活动之前,必须对拟代销产品做尽职调查、风险评估等事前活动,若该金融产品不属于法律法规规定的可发行产品范围,或者还未经过相关监管机构的审批,商业银行不得代销这些产品,否则应当承担相应的责任。

2. 代销业务模式的基本流程分析

(1)代销业务的市场拓展。此环节属于初始环节,一般由商业银行零售部门负责,与其他商业银行、基金、保险管理、金融资产管理机构洽谈,询问是否有合作意愿。

(2)评估审查合作机构设计的理财产品。此环节通常也属于商业银行零售部门的职责,重点在于评估理财产品的合规性与风险性,对合作机构展开尽职调查,对其进行信用等级评估,在此过程中应针对不同的合作机构采取不同的审核评估方法。根据上述产品分类,各类理财产品的交易结构、风险水平各不相同,且其所依据的监管规范或自律规则也不尽相同,例如,固定收益类产品风险较低,监管要求也较为宽松,而对于国际市场类产品与另类产品,金融监管机构限制严格,风险也较高,需要商业银行设计不同的审查标准并予以适用。

(3)与合作机构签订代销协议。商业银行零售部门负责商谈合约具体事项,合理分配双方义务与责任及纠纷处理方式。代销协议等法律文件应由商业银行法律合规部门审核确认。

(4)开展市场调研与客户销售预测工作。零售部门牵头,与商业银行其他部门共同负责此环节的工作。

(5)开展理财产品的代销活动。实施地点通常为本行所有渠道,各营业网点负责具体销售活动的落实,在网上平台也可同步进行。

(6)监督管理与损益分配。在销售行为结束后,要对销售流程及客户反馈进行跟踪管理。在理财产品资金回款到账后,会计部门应及时将理财资金划至理财产品认购协议中规定的投资人账户,确保资金的“原路返回”。

（四）资产管理投资顾问

从2005年《商业银行个人理财业务管理暂行办法》（以下简称《个人理财业务暂行办法》）（已失效）中对个人理财业务的定义来看，个人理财业务，是指商业银行为个人客户提供的财务分析、财务规划、投资顾问、资产管理等专业化服务活动。《个人理财业务暂行办法》中将投资顾问纳入理财业务定义之中，但根据最新《理财业务监管办法》与《金融机构资管新规》的相关规定，投资顾问并未出现在理财业务或资产管理的定义当中。时代变迁，投资顾问业务重要性不但没有下降，其在商业银行资管业务中所占比重反而不断上升，且已成为商业银行利润收入项下极为重要的表外业务之一。

在商业银行资产管理业务中，投资顾问活动无处不在。以代客理财模式为例，无论是第一层次的理财业务，还是高层次的私人银行业务，商业银行都不可能在与客户无沟通的情况完成协议的签订；理财客户，尤其是那些社会大众投资者，投资经验与专业金融知识相对匮乏，在购买理财产品与接受金融服务前必定会要求银行提供相关建议；类似情况在资管业务中极为常见，处处都存在投资顾问的影子。

以商业银行独立的资产管理投资顾问业务为例。依据《个人理财业务暂行办法》（已废止）第8条的规定：理财顾问服务，是指商业银行向客户提供的财务分析与规划、投资建议、个人投资产品推介等专业化服务。投资咨询业务不单单存在于商业银行资管业务中，在其他领域也同样存在。例如证券行业，美国1940年《投资顾问法》（The Investment Act of 1940）规定："投资顾问"系指以获取报酬为目的，直接或通过出版物形式提供价值分析或买卖的投资建议的任何人，或者以获取报酬为目的并作为特定商业活动的一部分，发表或提供证券分析意见或报告的任何人。[①] 分析其结构可知，"顾问"始终为业务核心，为客户提供其想要的相关建议与意见——顾问业务的内核。因此，商业银行的投资顾问业务属于以商业银行为主体的，向客户提供理财、投资等金融咨询意见与建议服务的业务模式。投资顾问业务可以根据客户属性与服务

① 参见孟繁永：《美国证券投资顾问服务市场发展及借鉴》，载《证券市场导报》2012年第10期。

内容进行不同的分类，前者如向个人、政府、企业、事业单位提供的投资顾问业务，后者则主要指专项财务顾问和常年财务顾问。

投资顾问业务模式的流程如下：(1) 投资顾问专业人才的挑选及培养。商业银行开展投顾业务，首先必须要有专业人才的储备，投资顾问应当具备一定期限金融行业从业经验，通过相关资格考试，且每天必须学习财经知识，分析研究金融报告并予以输出，锻炼顾问能力。(2) 收集客户信息并对其进行风险测评。无论是代客理财还是投资顾问业务抑或是其他商业银行资管业务，都必须遵守金融监管机构对于适当性管理的要求，在向客户提供服务前与客户签订《风险承受能力评估问卷》，根据评估结果对客户进行风险分级，全面收集了解客户的财产收入状况、过往投资经验、投资目标与需求等信息。(3) 介绍业务相关内容并揭示风险。顾问人员仅以自己的专业知识提出建议，最终的决策者仍为客户，因此商业银行应当在客户充分了解投资风险的基础上与其签约。(4) 与客户签订《投资顾问服务协议书》。双方应秉持契约精神，根据公平、合理、自愿的原则，协商各自权利与义务及收费标准，明确责任的承担与纠纷的解决方式。(5) 按照协议约定向客户提供投资顾问服务。针对不同特点的客户匹配相应的顾问，按照服务具体内容、服务时间、服务期限等要求，撰写研究报告、投资建议书等文件，向客户提供理财方面的帮助服务。(6) 监督回访工作。商业银行应注重对客户意见及投诉的收集与解决，监督顾问的服务行为，对于作出不利于客户利益的人员予以严厉的处罚。

二、商业银行资产管理业务各模式的法律关系解析

法律规范是法律关系产生的前提，没有法律规范依据，法律关系也就没有意义。故分析某一社会现象中蕴含的法律关系应从法律规范背景入手，在商业银行资产管理业务中也是如此。在此，德和衡律师将首先寻求规范规定，而后对学界理论予以分析。

（一）代客理财模式法律关系解析

上文曾提到，代客理财模式是资产管理业务中的重点模式。根据《金融机构资管新规》中对资管产品的分类，同时结合各金融监管机构所倡导的打

破刚兑、拒绝承诺收益的监管精神，保本浮动收益理财产品已逐渐淡出资管业务范畴。因此，从产品收益角度对资管产品进行再次分类，可分为固定收益类与非保本浮动收益类产品，对代客理财模式的法律关系分析也将以此来展开。

无论商业银行向客户销售何种理财产品，从表象上看，客户与商业银行之间通常呈现出民事法律关系中的买卖法律关系，其以买卖合同（实务中体现为理财产品销售协议书）为核心，约定双方权利义务、免责事由、合同的生效及终止时效等事项，商业银行与客户按照合同行使各自权利、履行各自义务。

而从法律关系的内在出发进行剖析，商业银行代客理财业务中，若销售的是固定收益类产品，则商业银行与投资者之间实际上是债权与债务关系。投资者购买此类产品后，商业银行按照协议约定的收益利率向投资者还本付息，与银行储蓄业务相类似。《金融机构资管新规》中强调拒绝刚性兑付的业务精神，与固定收益类理财产品并无冲突，此类产品主要投资于低风险的银行存款、中央及地方政府债券，且投资比例不得低于80%，因此对商业银行资本充足率没有太大影响，故符合监管精神。若商业银行销售的是非保本浮动收益类产品，则商业银行与投资者之间的法律关系可以视为一种信托关系。① 此类产品一般采取封闭式运作的方式，在封闭期限内投资者不得进行申购或者赎回，商业银行及时向投资者公布产品净值，在期满后计算出每一期产品的损益并向投资者进行分配。投资者选择商业银行作为受托人，将其自有资金完全托付出去，交由商业银行以自己名义投资运作，商业银行在保证投资者利益最大化的同时又能赚取管理费用，此销售模式符合信托构成要件，客户与商业银行之间构成信托法律关系。

上述所讨论的两类产品都适用于代客理财模式中的三个层次，但在财富管理与私人银行业务实务中，客户与商业银行之间的法律关系会更加复杂，这两类业务属于综合性质的理财业务，包含投资顾问、委托代理、信托、买卖等多种法律关系，需要结合具体业务类型和金融服务内容进行剖析。

---

① 参见潘修平、王卫国：《商业银行理财产品若干法律问题探讨》，载《现代法学》2009年第4期。

（二）受托投资模式法律关系解析

目前，法律法规和监管规定并未对资产管理项下的受托投资模式作出明确的定义。从理论出发，狭义上的“受托投资”，指的是商业银行作为受托人接受并执行客户的投资指令，从中收取手续费用，故其法律关系完全可以等同于民商事法律关系中的委托关系。而根据《民法典》第 919 条关于委托合同的规定，委托合同是委托人和受托人约定，由受托人处理委托人事务的合同。在受托投资模式中，商业银行与客户之间以委托合同为主要行动依据，双方约定权利义务的分配、风险的承担及争议纠纷的处理，故该模式所体现的法律关系当然属于委托代理关系。

跳出上述狭义受托投资模式，将视野扩大到受托管理的角度，也就是资产管理业务最为基础的法律关系。学界关于该法律关系性质一直存在争论，其中主要是“委托说”与“信托说”两方之间的争论。按照“委托说”的观点，资管业务中委托理财属于全权委托代理行为；在该法律关系中，信托财产的独立性、转移及管理等内容并不完全符合我国《信托法》的要求，同时委托理财中的受托人常常受监管要求。① 而根据“信托说”的观点，投资者将财产交由受托人后，由受托人以自己名义全权处理，特别是在集合资金信托中，理财产品从特殊目的财产，以及在此基础上形成的委托人、受托人、受益人及与第三人的关系方面分析，均符合信托的本质特征。②

此两类理论争议的核心焦点为信托制度的设立是否需要转移财产，对此也有“必要说”与“非必要说”两类观点。德和衡律师认为，从信托制度产生的源头考察，信托设立的目的在于通过将自有财产交于他人管理，实现委托人想要达到的意图，重要的是意图的实现、预期结果的达到，财产的转移与否仅是形式上的要求，故为非必要的。《信托法》第二章对于信托设立作出了明确规定，即需要具备合法信托目的、确定信托财产及书面形式的文件，信托成立后根据信托制度安排，信托财产自然就拥有了独立性，信托财产的转移仅为行

① 参见高民尚：《审理证券、期货、国债市场中委托理财案件的若干法律问题》，载《人民司法》2006 年第 6 期。

② 参见季奎明：《论金融理财产品法律规范的统一适用》，载《环球法律评论》2016 年第 6 期。

业传统及便于受托人管理的要求；若财产为货币资产，在信托双方完全互相信任的理想情形下，委托人甚至无须转移资金，由受托人直接对其账户进行管理。而对于“委托说”与“信托说”两类观点，德和衡律师更倾向于“信托说”。从投资者利益保护来看，信托制度拥有较为完善的《信托法》作保障，较之委托代理制度中以契约精神为内核，在金融产品不断创新、风险危机起伏不断的中国资本市场，更为规范化、固定化的信托制度能给予投资者利益更大的保护。

（三）代销业务模式法律关系解析

根据《金融机构资管新规》与《理财业务监管办法》中对于商业银行代销业务的相关规定，金融产品发行机构可与符合金融机构规定的代理销售机构标准的商业银行签订代销协议，在协议中明确双方的权利与义务。在进行代理销售金融产品的过程中，商业银行并非以自己的名义开展销售活动，而是以金融产品发行机构的名义与客户发生法律关系，并不实际介入产品发行机构与客户之间的法律关系，不承担相应的法律后果。根据《民法典》中关于委托代理法律关系的规定，商业银行代销业务完全符合该要件，故商业银行与金融产品的发行机构间属于委托代理关系。

至于商业银行与客户之间的法律关系，并非买卖或委托代理关系，商业银行仅处于代理人的角色，从商业银行资产管理实务来看，商业银行的销售人员在商业银行营业场所对所代销产品进行推介与销售时，从事向客户介绍产品信息、提示其中存在的风险、接受客户咨询并给予投资建议等活动，此类金融服务活动成为商业银行与客户之间法律关系的事实基础。概括地看，双方之间应当是一种理财服务法律关系。

（四）投资顾问模式法律关系解析

对投资顾问业务模式法律关系的主客体及标的进行分析，商业银行作为提供专业金融咨询建议服务的主体，与提出委托申请、支付手续费与服务费的客户之间形成的法律关系，标的为应客户需求由商业银行提供的咨询服务。将上述构成要件与《民法典》中的各合同类型进行比照不难发现，商业银行的投资顾问业务属于咨询顾问服务合同关系；进一步研究，其特点类似于技术咨询与技术服务类合同法律关系，这两类合同关系仍体现为民事法律关系中的委托法律关系。随着智能投资顾问业务出现，顾问式投资顾问业务向管理式投资顾问业务转变，原来单一的委托法律关系也逐渐向着委托代理法律关系靠拢，全权代理式投资顾问业务已经在证券投资顾问行业中出现，相信商业银行投资顾问业务也会不断发展，法律关系种类也会随之增多。

三、商业银行资产管理业务的监管政策研究

根据中国银保监会官网公示及致远云库收录的数据显示，截至2021年1月10日，中国银保监会共开出银行业罚单合计21,834张，处罚金额累计91.06亿元。2020年全年处罚（以处罚决定日期为准）罚单合计3510张，处罚金额累计16.98亿元，处罚机构1588家，处罚人员2156人；2019年全年监管罚单合计3254张，处罚金额10.27亿元，被处罚机构1707家，处罚人员1795人，与2019年同期对比，罚单数量、处罚金额以及处罚人员有所增加，处罚机构有所下降。2020年中国银保监会机关对银行业处罚罚单合计78张，处罚金额累计4.64亿元，占全年处罚金额的27.32%；银保监分局处罚罚单合计1094张，处罚金额合计5.619亿元，占全年处罚金额的33.08%；银保监分局处罚罚单合计2338张，处罚金额合计6.723亿元，占全年处罚金额的39.58%。监管处罚违规点主要集中反映在违规发放贷款、信贷资金被挪用、贷款三查不尽职、内控管理不到位、贷后管理不到位等方面。其中：违规发放贷款处罚频次全年高达605次。①

根据中国人民银行官网公示及致远云库收录的数据显示，截至2020年12月31日，致远云库共收录整理中国人民银行罚单合计5642张，处罚金额累计13.91亿元。2020年全年公示（以处罚日期为准）监管罚单合计1139张，处罚金额累计4.483亿元，处罚机构677家，处罚人员789人；2019年全年监管罚单合计1074张，处罚金额2.37亿元，处罚机构987张，处罚人员501人，

① 融新致远：《2020年银保监会监管处罚年终总结报告（银行业）罚单3510张处罚金额16.98亿元》，载微信公众号“融新致远”2021年1月12日，https://mp.weixin.qq.com/s/kMeITDLNC4yyjImpN1EKmA。

与2019年同期对比，罚单数量、处罚金额以及处罚人员有所增加，处罚机构有所下降。2020年监管处罚问题主要集中反映在反洗钱、结算账户管理、征信管理、金融统计、人民币管理等领域。①

2018年《金融机构资管新规》与《理财业务监管办法》的颁布，统一了资产管理业务及银行理财业务的规范标准，标志着中国资管行业标准化、规范化监管时代的来临，② 同时一批丧失时效性的规范文件被废止，为资管业务的发展与改革指明了方向。故此部分将对这两项文件展开介绍，归纳其制定意图、基本原则，及核心要点，予以简要评述。

（一）《金融机构资管新规》

1. 规范目的：近年来，我国金融机构资管业务迅速扩大，不断发展，为资金的需求方和供给方以及整体社会经济带来了极大的便利，同时也引发了许多新颖且复杂的问题，如层层嵌套、刚性兑付致使投资者承受了更大的投资风险，不少金融机构为了规避金融监管，在形式上进行合规工作却未在实质上规范地开展金融业务，为金融市场带来极大的管理风险。因此，为了统一同类资管产品的监管标准，提高金融机构的内控能力，有效防范与监控风险，对资管业务的发展予以法律上的规范，制定了此办法。

2. 基本原则：《金融机构资管新规》规定了金融机构开展资管业务时要坚持的原则，首先是要以严格控制风险作为业务开展的底线，对于监管机构的监管行为，要继续坚持宏观微观审慎监管相结合的方式，同时推进机构与功能监管；其次是要有明确的问题导向，在为监管或者业务行为时应有的放矢；最后金融机构还应当积极稳妥地推进资管业务，并将服务实体经济的发展作为最终及根本目的。

3. 资产管理业务定义的明确：上述已有提及，此处不再赘述。在此需要强调的是，《金融机构资管新规》中再次强调了刚性兑付的问题，指出金融机

① 参见融新致远：《2020年人民银行监管处罚年终总结报告罚单1139张处罚金额4.483亿元》，载微信公众号“融新致远”2021年1月12日，https://mp.weixin.qq.com/s/f7hl6hfBIPGuVx91f4Bf-A。

② 参见周月秋、藏波：《资管2.0时代商业银行理财业务的转型与发展》，载《金融论坛》2019年第1期。

构在出现兑付困难时要坚持拒绝刚性兑付，开展资管业务不得承诺保本收益。此精神在《理财业务监管办法》中也有体现——银行理财产品是指非保本型理财产品。

4. 对资产管理产品给予标准化分类依据：上述已有提及，此处不再赘述。

5. 明确了甄别合格投资者的基本准则：需要满足两项基本条件：一是对单只资管产品的投资额不低于规范要求，如对于单只固定收益类产品的最低投资金额为 30 万元；二是要符合下列条件，对于自然人合格投资者来说，投资经历要满 2 年，且拥有的家庭金融净资产超过 300 万元，或者家庭金融资产价值超过 500 万元，或者 3 年本人的年均收入应大于 40 万元，对于法人而言，近一年末的净资产应当大于 1000 万元。

6. 对资管产品的可投资范围进行了限定：《金融机构资管新规》对公募与私募产品的投资范围进行了区分，因公募产品涉及广大投资者的利益，与公共利益紧密相关，故主要可投资于标准化债券资产，对于商品、上市交易的股票以及金融衍生品也可适当投资；私募产品客户具有专业化、精英化趋势，故除了公募产品的可投资产品外，还可以对未上市的企业股权、受益权、债转股等风险性更高的金融产品进行投资。

7. 将资管产品的估值方法进行了明确：金融资产的价值评估应当坚持公允计量的原则，对资管产品实施净值管理，并按照企业会计准则中关于净值计量、管理的规定，调整金融机构的价值管理机制，尽量使用市值来计算产品的净值。

8. 加强对公募产品集中度的管理：同上文第 6 点所言，公募产品基于其涉众性，加强对其集中度的管理符合金融监管的审慎原则，且可以有效减少与社会投资者的利益纠纷，《金融机构资管新规》中明确限制了公募产品的集中度，与其他规范规则保持一致，体现了统一资管监管标准的制定精神。

9. 打破刚性兑付：《金融机构资管新规》对于刚性兑付行为作了列举式规定，在实务中更加容易适用，《理财业务监管办法》中也蕴含着此精神：商业银行应提高投资者自担风险的认知，银行销售理财产品时不得宣传或承诺保本保收益。

10. 关于穿透监管行为的规定：《金融机构资管新规》仅允许单层嵌套行

为，在实践过程中具体体现为，资管产品有且最多只能再向其他的资管产品投资一次，且投资范围也有所限定，只可以向公募证券投资基金进行投资，除外的其他资管产品不在穿透范围之列。而从《理财业务监管办法》的规定可知，银行的理财产品不适用此嵌套规定，不可再投资于其他银行理财产品。

（二）《理财业务监管办法》

1. 规范目的：近年来，随着金融市场的不断扩大，银行理财业务也在迅速发展，不仅为投资者提供了多样的投资选择，满足了社会资源配置的更多需求，且丰富了金融产品的种类，为市场经济的创新性发展作出了十分重要的贡献。但同时，也出现了银行信息虚假披露、重大遗漏，或者未按照规定尽到投资者适当性管理的义务等问题，加强商业银行的运作管理迫在眉睫。因此，该办法的立法目的在于贯彻落实其监管精神，规范统一银行理财监管要求，消除市场不确定性，保护投资者利益。

2. 基本原则：一是保持与《金融机构资管新规》的一致性；二是要致力于推动理财业务规范转型；三是强化投资者适当性管理。

3. 适用的银行主体范围：在我国境内设立的商业银行都适用此规定，不仅包括中资与外资商业银行，中外合资及其他商业银行金融机构也需要遵循此规则。在开展理财业务，尤其是销售非保本的理财产品时，《理财业务监管办法》都会对相应的商业银行予以规范。

4. 界定理财产品的内涵及外延：给予理财产品确切性定义，且规定了分类标准，与《金融机构资管新规》保持统一。在产品管理要求方面，强调理财产品独立性，同时还突出了信息披露、规范信息登记的重要性，规范商业银行应加强公开信息管理。

5. 投资者保护：一是要加强投资者适当性管理；二是要加强产品销售的合规管理；三是必须强化信息披露；四是要注意防范“虚假理财”情况。

6. 对管理人提出更严格要求：从制度构建、销售及赎回管理、投资运作管理、信息披露四方面对管理人予以规范。其中，在制度构建方面，《理财业务监管办法》明确了重要机制，包括对审批程序的更新，对关联交易的充分披露与审批，还涵盖了审计、会计核算与客户投诉处理机制的重大改革与创新。

7. 提高合作机构的各类准入门槛：《理财业务监管办法》明确关于商业银行合作机构准入机制的设置，从专业服务能力、内部管理水平、风险控制能力及资质条件等方面进行准入考核，实施名单制管理，将符合准入要求与不符合准入要求的合作机构分别列表分别管理。

8. 明确对托管人的各项要求：与对合作机构的管理要求相似，《理财业务监管办法》也要求商业银行对托管人实行资格准入考察，规范了托管人在账户托管、指令执行、产品监督、信息披露等方面的职责与义务。

9. 进一步完善监管机制：中国银保监会为商业银行理财业务的监管主体，信息报送、现场与非现场检查、定期评估及监管评级为监管手段，对银行资管业务运作过程中出现的违规事项可采取要求整改或处罚的监管惩戒手段。

四、商业银行资产管理业务的典型案例研究

（一）DY 公司与 JT 银行青岛分行合同纠纷案①

本案属于商业银行贷款业务领域的经典案例，融合了商业三方融资模式与融资担保等因素，同时还涉及对形式合同的真实意思考察等问题的讨论，是一个富有多元研究价值的案例。

被山东省高级人民法院驳回诉讼请求后，DY 公司向最高人民法院上诉，诉讼请求除撤销一审判决外，最主要的是请求改判 JT 银行青岛分行向其返还 3 亿元并赔偿利息损失。

本案的争议集中于以下两点。

第一，本案是否应当适用《担保法》及其司法解释②确定 DY 公司应当承担的责任。《三方合作协议》约定，JT 银行青岛分行为 SQ 公司提供 3 亿元融资贷款，代其向 DY 公司支付货款，用于购买 DY 公司的产品，SQ 公司用销售货物的资金偿还银行融资款。为保障贷款资金的按时回收，该协议约定了 DY 公司用回购准备金进行回购的义务以及 JT 银行在符合约定条件下扣划回

① 参见最高人民法院民事判决书，（2018）最高法民终 1352 号。

② 《担保法》及其司法解释已于 2021 年 1 月 1 日因《民法典》的施行而失效。

购准备金的权利。为避免该回购准备金与其他货币混同，保障 JT 银行扣划回购准备金权利的实现，回购准备金被存入保证金账户并进行了相应的权利限制，但该限制并非表明当事人的本意是设定保证金质押。为安全回收贷款进行的制度安排不一定是担保方式。本案当事人在《三方合作协议》中约定的交易模式，本意是 DY 公司交货后，SQ 公司以出售货物所得款项归还 JT 银行的贷款。如果 SQ 公司不能销售货物获得款项归还贷款，则由 DY 公司用回购准备金清偿贷款。《三方合作协议》是基于贸易融资的特殊性，对合同三方主体之间权利义务进行的特殊安排，各方主体权利义务具有整体性和关联性，并不能单纯割裂评价和分析某两个主体之间的法律关系和权利义务，故本案不应适用《担保法》及其司法解释的规定认定 DY 公司的责任。

第二，DY 公司是否已实际履行对 SQ 公司的返还义务，该事实是否影响对本案当事人各方的责任认定。《债务清偿协议》是 DY 公司、SQ 公司及案外人三方在 DY 公司 3 亿元回购准备金被扣划后签订，JT 银行青岛分行及 JT 银行青岛市北支行并不是该协议当事人，对上述协议的内容也不予认可，《债务清偿协议》各方对各自权利义务的安排并不影响《三方合作协议》的效力和权利义务内容，也不影响 JT 银行青岛分行、JT 银行青岛市北支行依据《三方合作协议》的约定享有的权利。DY 公司是案涉 3 亿元款项的实际占有者，JT 银行青岛市北支行扣划 DY 公司 3 亿元回购准备金用以实现其对 SQ 公司的贷款债权。DY 公司并未交付货物，其与 SQ 公司之间的权利义务关系并未失衡。一审法院在未支持被上诉人要求 DY 公司返还 3 亿元贷款本息诉讼请求的同时，也未支持 DY 公司要求被上诉人返还 3 亿元回购准备金本息的诉讼请求，有事实和法律依据，也符合公平原则。

德和衡律师认为，在贷款业务的开展过程中，商业银行的贷款行为通常只是商业营利运作模式中的一项流程，但其作为企业的资金来源，往往牵涉商业模式本身，从贷前的尽职调查、担保及贷款人资产的评估、贷款的审批、贷款安全回收的制度设计、贷后管理的贷款流程来看，风险无处不在，稍不留心就可能陷入刑事风险。同时，人性的逐利性于商人身上体现得更为深刻，在贷款过程中有的企业会为银行设置陷阱，或逃避还款义务，或假破产实套现，类似的手段层出不穷，因此商业银行贷款审查人员在开展贷款业务时，尤其是涉及如同本案的复杂商业运营模式时，应当将审批权限提高，交由全行讨论审议，透过形式看本质，体会贷款方的真实意思，时刻保持高度的警惕，在贷款审批时切记慎之又慎，不可为了贷款业绩而陷入成本庞大的诉讼纠纷当中。

（二）王某与JS银行恩济支行财产损害赔偿纠纷案①

本案争议集中于JS银行恩济支行的行为是否属于尽到了适当性推介义务。

法院的观点认为，对于JS银行恩济支行主张的王某在相关协议文件上的签字，经法庭质证环节，确认了其真实性，但王某的签字并不代表着其已知晓涉案基金的相关信息；通过审查相关协议文件的内容得知，该文件中的条款属于JS银行恩济支行提供的通常性条款，并未对基金的风险及产品类型做特殊说明。因此，虽然王某在上述文件中做了真实的签名签章，但最多也只是表明王某对该一般性条款的认识与了解，不能推知其对金融产品风险及相关信息的明晰，故不能就此认定JS银行恩济支行履行了适当性义务。

所以，王某在JS银行恩济支行营业网点被推介涉案基金时，该行违反了金融法律法规规定的商业银行应当承担的适当性义务，其推介行为明显不符合审慎原则，存在重大过错，因此，对于王某因该行的不当行为而购买基金所导致的损失，JS银行恩济支行应当承担相应的损害赔偿责任。

JS银行恩济支行与该案涉诉的基金系属基金代理销售关系，JS银行恩济支行作为代理人负责该基金的推介与销售，其与王某在银行营业场所签订购买协议，完成购买行为，意味着王某与涉案基金之间的基金买卖关系已经形成，而在签订协议过程中，JS银行恩济支行负责对王某提供投资咨询、风险提示等服务，可认为其与王某之间构成个人理财服务法律关系。根据《规范代理销售业务通知》第5部分第25条的规定，商业银行在销售代销产品时，应当对客户的风险承受能力进行评估，确定客户风险承受能力评级，并只能向客户销售等于或低于其风险承受能力的代销产品。而本案中JS银行恩济支行显然未完全尽到此项职责，其并未提供充分证据证明其已履行适当性推介义务，且其诉称的王某在相关文件上的签字并未表明王某对投资风险的了解，其并未完

① 参见北京市第一中级人民法院民事判决书，（2018）京01民终8761号。

全尽到适当性推介义务。故法院的判决有理有据，正当合理。

（三）李某与GS银行新街口支行财产损害赔偿纠纷案①

本案的争议点为：在销售涉案的高风险基金产品时，GS银行新街口支行对于适当性管理义务的履行是否完全，或者说是否违反了适当性义务。

南京市中级人民法院经审理认为，从金融监管的角度来看，适当性义务是所有金融机构都应遵守履行的义务，其存在于向金融消费者推介或销售高风险金融产品或服务的过程中，是法律规定的强制性义务，违反该义务必定会导致金融机构对于赔偿或其他责任的承担。而判断金融机构是否履行了适当性义务，理论界与实务界均从可操作性方向进行研究探索，最终得出风险揭示与适当性推介两个审查事项，前者要求金融机构向投资者提供《风险承受能力评估问卷》，根据结果对投资者进行风险评级，后者则体现在匹配性推介上，即不得主动向投资者推介风险不匹配的产品；若投资者主动要求购买的，需履行特定风险揭示义务。

通过问卷等方式对李某的风险承受能力进行评估后，GS银行新街口支行得出其风险等级为平衡型。对于平衡型的投资者，在购买涉案高风险等级基金时应当额外提醒投资者注意风险。为了保护处于弱势的投资者一方，除了在事后给予其更多的救济手段与支持，更应注重事前风险的防范与控制，体现在实务中即为对金融机构适当性义务履行情况的强化审查，即参酌运用过错推定原则。而GS银行新街口支行未能就其已履行适当性义务完成举证责任。

首先，关于其张贴理财产品风险提示函的行为，无论是从法理角度还是常理观点，都可认为这是一项再普遍不过的行为，而投资者一般是不会仔细观察其中内容的，因此GS银行新街口支行关于张贴行为起到充分揭示风险的主张，法院不予支持。其次，关于涉案基金产品管理运作方式等信息的披露，GS银行新街口支行作为举证责任人，也并未提供足以排除合理怀疑的证据来证明使一般投资者对产品有了充分了解，并且对于该基金所可能蕴含的最大损失风险也并未采取特别提醒的方式向李某予以提示，从金融监管要求来看，客

① 参见江苏省南京市中级人民法院民事判决书，（2017）苏01民终10111号。

户在购买金融理财产品时应当是持主动积极态度，推介销售的金融机构应当对此举证证明，本案中GS银行新街口支行应当提供书面证据证明李某是主动提出购买要求的，但该行未能提供相应证据，且未妥善保存顾问服务的记录。

因此，法院认定GS银行新街口支行在李某购买案涉基金过程中未尽适当性义务，从而直接导致李某购买了不符合其风险承受能力的高风险基金，使其蒙受了损失，此过错与李某所受损失之间具有因果关系，GS银行新街口支行应对此承担相应的赔偿责任。

德和衡律师认为，金融投资市场的风险无处不在，客户缺乏专业的金融知识，不具备充分的投资经验，因此在客户购买风险较高的证券、基金等产品时，商业银行应充分履行适当性业务，向客户揭示其所购买产品的运作情况与可能的风险，将适合其风险收益偏好的产品予以精确推介。在本案中，GS银行新街口支行的工作人员在李某旁观的情况下代替其完成基金购买行为，虽然自助购买机器上有显示风险提示信息，但李某表示因代理购买行为致使其并未充分了解产品风险，故其在账户发生损失后向银行提起诉讼。GS银行称李某为自助购买高风险产品，银行需要对其已履行适当性业务承担举证责任，但现实中极难证实，GS银行新街口支行也因此承担了李某投资所遭受的损失。此案为其他商业银行敲响了警钟，在投资者意愿购买不与其风险承担能力相匹配的金融产品时，银行应当再次以能够使客户了解的，且可以留存行为证据的方式向客户提示风险，且应当由客户亲自操作或客户在工作人员指示帮助下（而非代买）购买产品，尽量以可证据化的方式履行适当性义务，以防范未来此种情况的发生。

五、商业银行资产管理业务法律风险及防控体系建构

（一）商业银行资管业务中存在的法律风险

1. 市场准入阶段的法律风险

（1）在进行产品设计及创新时不仅需要对客户信息、偏好进行考察，更需要关注系统性与非系统性风险的起伏，以及监管政策对理财产品的投资方向、投资力度、优惠税率等各个方面的规定。以产品投资范围为例，《金融机

构资管新规》对于公募与私募产品投资范围进行了限定，商业银行在明确自己所设计的产品种类后，应谨慎辨别资本市场上存在的各类投资工具的性质，如未上市企业股权就是公募产品一大“雷区”，潜藏着大量法律风险，需要三思而后行，若必须要对其进行投资，需要向相关金融监管机构申请批准。产品设计与创新阶段还存在合同相对性的法律风险，与客户签约的合同当然需要提前拟定，问题是合同仅可约束签约的双方当事人，并不可对第三人产生规制作用。以客户投资股权等权益类产品为例，在购买股权和股权所有之间存有时间空隙，若股权此时被司法机关强制执行或者被义务人转让给第三人，则理财产品第三人难以凭借合同寻求救济，只能寻求《侵权责任法》等民商事法律来保护自己的权益。

（2）商业银行开展资产管理业务还必须符合资格条件。《理财业务监管办法》第三章规范了银行业务规则与风险管理事项。以理财业务的开展为例，商业银行必须通过子公司或设立理财业务专营部门才可以开展理财业务，且对于其子公司及专营部门的业务管理、审计、会计、审批、人员管理等制度都有规范性要求。商业银行要想跨过市场准入门槛，除了设计出一款符合各项监管要求的理财产品外，更应当注重自身的内控管理，否则一不留神就会被监管处罚、不予审批等法律风险拒于资管市场门外。

2. 推介和销售阶段的法律风险

无论商业银行是销售本行设计发行的理财产品，还是作为代理人代销其他金融机构发行的理财产品，在推介和销售过程中都要严格遵守金融监管要求，如上文案例评析中所示，客户与银行间的纠纷大多发生在此阶段，且违反监管要求是银行承担责任的主要原因。根据《金融机构资管新规》与《理财业务监管办法》对银行销售的管理要求，无论是销售本行产品还是代销，对于理财产品与客户的风险承担能力，商业银行都有提前进行信息收集、风险考察并对风险等级进行评估的义务。加强对客户的适当性管理，具体体现为风险的充分提示与匹配性推介，充分介绍产品信息，且只能在营业场所开展推介与销售等等。而出现理财产品销售过程中保存的录音录像等相关资料遗失，或销售人员从事私下推介行为等违反适当性管理要求的情形，都会使商业银行陷入诉讼的泥潭，此环节也存在着大量显性与隐性的法律风险。

3. 信息披露阶段的法律风险

信息披露阶段是客户与商业银行建立理财服务关系后极为重要的一个环节,《金融机构资管新规》《理财业务监管办法》《规范代理销售业务通知》等规定都为商业银行设定了严苛的信息披露义务,如商业银行应尽责履行信息披露义务,向客户充分披露理财资金的投资方向、具体投资品种以及投资比例等有关投资管理信息,并及时向客户披露对投资者权益或者投资收益等产生重大影响的突发事件。但在实务中,商业银行常常由于客户众多、产品结构复杂或投资运作方式属于商业机密等原因,不能按照监管要求向客户进行充分信息披露,从而产生风险敞口,使商业银行投资运作暴露在监管法律风险之中。例如,商业银行独创性设计了一款理财产品且不希望被同业机构了解其投资结构,但又有向客户披露投资信息的监管要求,商业银行只好采取折中方法,对核心投资产品比例或运作方式进行模糊性披露。此类行为行走在监管边缘,具有极大的法律风险,但又是迫不得已之策。而在我们常见的结构性金融产品中,由于嵌套与投资方向繁多,结构性产品内容纷繁复杂,信息五花八门,不具备专业知识的投资者容易因投资该类产品而受到损失,对于销售该类产品的商业银行而言,信息披露就显得至关重要,因为若无充分证据证明自己已审慎履行了信息披露义务,那么商业银行在与投资者的诉讼纠纷中就可能落了下风,从而承担庞大的赔偿责任。原中国银监会《关于进一步规范商业银行个人理财业务投资管理有关问题的通知》(已废止)就有此规定,商业银行应坚持审慎、稳健的原则对理财资金进行投资管理,不得投资于可能造成本金重大损失的高风险金融产品,以及结构过于复杂的金融产品。

4. 争议解决或权利救济阶段的法律风险

从实证研究的角度出发,司法裁判机关在处理客户与商业银行之间的经济纠纷时,通常会由于市场信息不对称、投资者经济体量远小于银行、专业知识欠缺等原因偏向投资者一方,从而将金融监管要求中的举证责任交由商业银行来承担,如客户适当性管理义务的履行、善良管理人注意义务等。实践结果表明,这些义务不仅规范标准模糊,不同法院之间有各自的判定标准,且举证困难,在信息化的大背景下,各类电子信息或难以保存或可能被篡改、删除,将商业银行置于诉讼中极为被动的地位。而投资者一旦出现账户资产损失且发现银行有细微不当行为（如上述提及的GS银行南京新街口支行代替李某完成基金购买行为），就可将银行诉诸法院，出于投资者保护立场，法院一般也会判决其胜诉，商业银行在资产管理业务中面临极大的诉讼法律风险。

在《金融机构资管新规》及其配套细则公布之际，资管行业的规范基本实现了统一，《理财业务监管办法》中也对大批部门规章与规范性文件予以废止。但现有关于资产管理行业的监管政策及文件仍数量众多，不同规范对商业银行提出了不同的监管要求，而银行与客户签订协议时若未能将所有监管要求都考虑在内，则可能导致争议和纠纷的产生。

（二）商业银行应对上述风险的防范措施

1. 规范内部控制管理，构建法律风险防范体系

防范法律风险应首先从商业银行内部控制管理做起，商业银行应当构建起合法合规的资产管理制度，加强银行对产品设计、产品推介、客户分析、合作机构等重要部分和流程的控制，尤其是应重视其中的风险管理与防范。而防范法律风险，应从风险防范管理的主体出发，即强化商业银行法律合规部门的重要性。法律合规部门在资产管理业务中的重要性不可被小觑，作为法律风险防范的牵头部门，法律合规部门不仅负责法律风险的制度建构和综合管理，还承担处理法律争议、应诉等职责，突出其在法律风险过程中的重要性是有必要的。

首先，商业银行的法律部门应改变从前的“事后救济”立场，向“事前防范”的态度转变，建立事前审查、事中监督、事后跟踪的全流程风险控制体系。其次，商业银行的法律部门应同时监督销售、服务等对客部门，对其行为进行监督，在其出现违法违规行为时及时提醒并制止；还应对客户信息进行审查，分析其背景资料，评判其涉诉情况，从而得出客户可能出现法律信用风险的可能，向相关部门予以报备。最后，要健全已有的客户权利救济机制，尽量通过协商等途径解决，同时重视诉讼、仲裁等司法途径，保护商业银行的应有权益。

在法律风险防范体系中，最为核心的是要确定与客户的法律关系，即与客户签署的合同。在各类格式合同起草完毕后，应当交由法律部门审查，对其中涉及法律风险的部分进行改订与修正。此外，商业银行还应当建立健全格式合

同的管理体系，在保护客户利益的基础上控制银行自身风险。对于合同中非格式条款的内容，应当交由法律合规部门进行审查，对其中的法律风险提出建议与修改意见，实现商业银行业务办理与法律风险控制的有机结合。

2. 推行科学创新，设计合理合规的产品开发流程

产品的设计与开发是商业银行资产管理业务的真正起点，设计出一款既合规合法又符合投资者投资需求的理财产品，是银行产品设计的目标。随着商业银行资产管理行业竞争的不断激烈，各个银行都在寻求产品的创新与发展，而在产品设计创新过程中又会遇到各式各样的法律风险，为了将风险发生的可能性降到最低，必须对产品设计与创新流程予以规制。

首先，必须要加强对创新产品的合规论证。[①] 在对产品进行创新时应坚持“了解客户”“符合规范”的设计理念，不能为了盲目抢占市场而开发违反监管规则的产品，如避开投资范围、隐形刚兑、存在多层嵌套或监管套利的产品。同时也不能为了符合监管要求而忽视投资者利益，应当善于从客户的角度挖掘创新产品中可能存在的法律风险，进行正向与反向的双重论证。

其次，商业银行应当设计一套符合自身特点的产品创新流程，从产品创新点的论证，到产品结构设计，再到产品的成型，到推广销售，在各个阶段都应有法律合规人员的参与和监督，包括对研究人员、设计人员及推广人员的行为进行法律上的监督，还包括对产品可能涉及的知识产权登记或者对他人商标、专利、商业秘密的侵犯风险及时向本行汇报，将风险消灭于未然，使法律风险的防范意识布控在产品设计和推广销售的每一个环节。

最后，在创新产品的投放环节，应当采取“先行先试”的办法，向市场预先投放一批作为实验，将风险暴露控制在最小范围内，然后根据客户、监管机构、社会组织等的多重反馈，对产品进行改进更正，确保最终成品所包含的法律风险是最小的、可控制解决的。

3. 完善信息披露制度，筹备风险应急解决措施

信息披露制度在商业银行资产管理业务中是不可或缺的，目前商业银行都

---

① 参见裘文洁、钱桂根、何志千：《我国商业银行发展互联网金融的法律风险防控研究》，载《金融纵横》2015 年第 2 期。

按照金融监管机构的要求构建了信息披露制度。在此，德和衡律师针对信息披露过程中的疑难问题提出一些建议与看法，包括结构化产品信息如何在不侵犯合作机构的商业机密的前提下满足向客户的披露，以及涉及本行机密信息的产品该如何披露。

就第一个问题而言，与合作机构的协商至关重要，商业银行在决定披露信息前，应当积极与合作机构就结构化产品中的机密信息进行商讨，如在合法合规的形式下，采用模糊性语词对机密信息进行描述，或者在不暴露秘密的前提下简单化相关信息等，并与合作机构签署风险与责任承担协议，明确双方的职责与义务。而针对结构化产品的复杂性特点，可以采取图表化、图画化等逻辑方式作出披露，以客户资产为主线构建资金流向的思维导图，并尽量代替使用专业化词汇等。

对于第二个问题，商业银行可采取信息披露前的风险提示方法，警示投资者披露信息中存在商业秘密，最好要求其签署书面性文件，在其中规定不当泄露本行机密的责任承担，若投资者不同意签约，则向此类投资者披露不包括机密信息的其他信息。商业银行理财产品互联网代销是大势所趋,[①] 因此还要在信息披露制度中建立起线上与线下相互印证的制度，保证在互联网上披露的信息与在商业银行网点公告的信息相一致，并做好备案工作。

同时还需要筹备处理披露不完全或不真实情况下的应急预案，构建应急措施及制度，要求全行相关工作人员都熟悉此项流程，以客户为本位对客户的知情权进行保护，提高重视程度，做到防患于未然。

4. 注重争议处理，充分利用多元纠纷解决机制

商业银行必须设计完善且灵活的纠纷解决机制，不仅要应对客户提起的诉讼和仲裁，还要与投资者保护机构等自律组织紧密合作，吸收借鉴其争议处理经验，运用多元化纠纷处理方式来处理与客户之间的矛盾，尤其是要强调协商和解的路径。以下提出两个方面的建议。

（1）客户身份识别与证据保存管理制度。

客户账户身份与其真实身份的统一是纠纷解决的起点，若两者不一致则可

---

① 参见孙娟娟、昌先宇：《互联网金融发展趋势下银行理财产品营销发展变革探讨》，载《西南金融》2016 年第 5 期。

能会产生巨大的争议，不仅会涉及经济利益纠纷，甚至有可能出现客户信息系统的漏洞，导致隐私信息泄露等社会性事件。从实务经验来看，商业银行开展资产管理业务都已对客户实现“实名制”管理，客户账户与账户之间完全的独立管理，但实践中仍存在客户账户与其真实身份不统一的现象，由此产生的纠纷也不在少数。故商业银行应当加强客户身份识别，完善客户信息保管系统，可采取类似于“线上申请、线下认证”“线下开立、线上操作”的模式来探索多种开户方式，进行客户信息采集和身份识别，确保客户身份的真实性。

在法院诉讼过程中，举证责任繁重且难以完成一直是商业银行的痛点，随着互联网经济的不断发展，电子证据也逐渐发达，对商业银行而言，举证证明变得更加困难。故为适应现代经济带来的证据制度的迭代，商业银行也应建立具有自身特色的证据保存管理制度，并应当贯彻于从客户的咨询、协议的签订、账户的开立、投资行为的实施到损益分配的全过程，为销售人员、服务人员配备公用录音笔，在本行营业场所内安装高清摄像头，保证可以清晰记录与客户的交往流程。同时还应当注重证据的“线下保管库”与“线上云备份”双轨式保管，对保管库的出入设置专人管理，并注意月度或季度的检查与整理，针对适当性匹配义务、风险提示义务等模糊性较强的证明责任，商业银行还应当多采用纸质或电子版等易于保留的文件方式来履行适当性义务，并同时妥善保管相关证据，随着业务的不断发展而更新证据保管制度。

（2）建立和解协商的纠纷解决制度。

将诉讼“扼杀在摇篮里”是减少诉讼纠纷的最好办法，因此商业银行应该建立与客户协商和解的纠纷解决制度。在实践中，商业银行一般都建有专门处理客户投诉的部门，为了更好地建立多元化纠纷处理机制，可以在此类部门中增加与客户协商和解的职责，为其专门配备“调解室”等办公场所，招募具有调解、仲裁经验且熟悉银行资管业务的复合型人才，在客户出现不满情绪或已经与银行发生冲突时，尽量争取求得与客户协商和解的机会，了解客户的要求并及时与银行内部其他部门进行利益协商，在合法合规的前提下可采用替代性补偿措施弥补客户的经济损失与心灵伤口，同时要注意协商和解书面文件的保存，最好经过公证使其具有法律上认可的效力。

在此，德和衡律师将商业银行资产管理业务中较为重要的，且现行有效的相关法律、部门规章和规范性文件予以列举，供读者寻找监管依据时使用（见表2－1）。

表2－1　商业银行资产管理业务的监管规范

编号	名称	制定机关	发布日期
1	《商业银行法》	全国人大常委会	2015年8月29日
2	《信托法》	全国人大常委会	2001年4月28日
3	《银行业监督管理法》	全国人大常委会	2006年10月31日
4	《商业银行开办代客境外理财业务管理暂行办法》	中国人民银行、原中国银监会、国家外汇管理局	2006年4月17日
5	《关于商业银行开展代客境外理财业务有关问题的通知》	原中国银监会办公厅	2006年6月21日
6	《关于调整商业银行代客境外理财业务境外投资范围的通知》	原中国银监会办公厅	2007年5月10日
7	《关于进一步调整商业银行代客境外理财业务境外投资有关规定的通知》	原中国银监会办公厅	2007年9月3日
8	《关于进一步加强商业银行代客境外理财业务风险管理的通知》	原中国银监会办公厅	2008年10月23日
9	《关于进一步规范银信合作有关事项的通知》	原中国银监会	2009年12月14日
10	《关于印发〈银行业个人理财业务突发事件应急预案〉的通知》	原中国银监会	2009年12月30日
11	《关于规范银信理财合作业务有关事项的通知》	原中国银监会	2010年8月5日
12	《关于进一步规范银行业金融机构信贷资产转让业务的通知》	原中国银监会	2010年12月3日
13	《关于进一步规范银信理财合作业务的通知》	原中国银监会	2011年1月13日
14	《关于规范银信理财合作业务转表范围及方式的通知》	原中国银监会办公厅	2011年5月13日

续表

编号	名称	制定机关	发布日期
15	《关于信托公司票据信托业务等有关事项的通知》	原中国银监会办公厅	2012 年 2 月 21 日
16	《关于规范金融资产管理公司投资信托和理财产品的通知》	原中国银监会、财政部	2011 年 9 月 28 日
17	《关于规范商业银行代理销售业务的通知》	原中国银监会	2016 年 5 月 5 日
18	《理财业务监管办法》	中国银保监会	2018 年 9 月 26 日
19	《金融机构资管新规》	中国人民银行、中国银保监会、中国证监会、国家外汇管理局	2018 年 4 月 27 日

第二节　资产视角下商业银行托管业务法律纠纷问题

1998 年 7 月，工、农、中、建、交“五大行”取得了第一批在我国从事基金托管业务的资格，符合了中国证券监督管理委员会（以下简称中国证监会）及中国人民银行的核准条件，自此，商业银行的资产托管业务在我国开始生根发芽。历经 20 多年的蓬勃成长，我国商业银行托管业务已初具规模，由最初单一的证券基金托管业务衍生出复杂多样、各具特色的资产托管业务，典型代表有集合资产、定向资产管理计划托管业务、私募股权基金托管业务、年金及社保基金资产托管等，资产托管业务的飞速发展对于提高投资与交易效率、促进资本市场的繁荣具有重大意义，但相较于国外成熟的资产托管业务体系以及制度化规范安排，我国的资产托管业务可谓刚刚起步，无论是从业务本身的规范化运作角度来看，还是从监管的角度来看，都有不小的欠缺，尤其是不同资产托管业务间的分业监管安排，常常导致托管人职责不明确、业务主要法律依据相互矛盾甚至冲突等问题。我国资产托管业务处于扩张阶段，道阻且长，行则将至，资产托管业务的兴荣仍需商业银行、自律协会、监管主体、社会专业性三方机构及广大投资者各方的共同努力。

利用“威科先行”数据库，以“基金托管人”为关键词、“银行”为当事人，对2018年1月1日～2020年12月31日的裁判文书进行检索，共检索到相关案件403件，其中，2018年39件、2019年131件、2020年233件（见图2－7）。在审理法院的级别方面：基层人民法院占比为50.37%，中级人民法院占比为32.01%，高级人民法院占比为12.16%，专门法院占比为5.46%（见图2－8）。在审理程序方面：一审案件的数量占比为57.32%，二审案件占比为20.84%，再审案件占比为14.89%，执行和其他案件合计占比为6.95%（见图2－9）。在地域分布方面：广东的案件数量最多，突破了100件，占全国同类案件总量的29.58%；其次是北京和湖南，分别是79件和78件，占比为20.68%和20.42%；上海27件，占比为7.07%；四川18件，占比为4.71%（见图2－10）。此外，从涉案金额来看：高达32.54%的案件的标的额在100万～500万元；其次是标的额在50万～100万元的案件，占比为25.40%；最少的是标的额在5000万元以上的案件，占比仅为1.59%（见图2－11）。

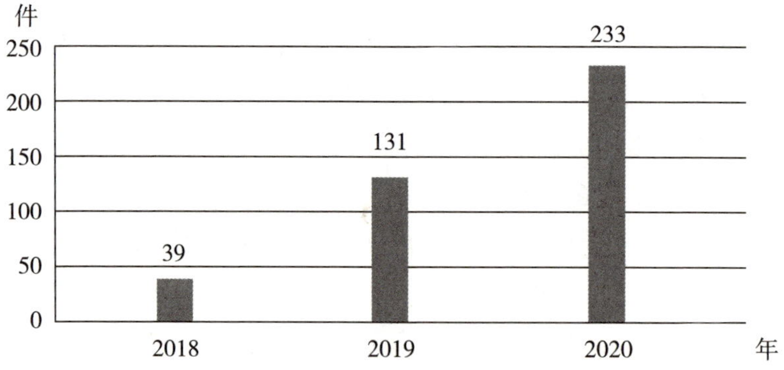

图2－7　案件审理数量年份分布

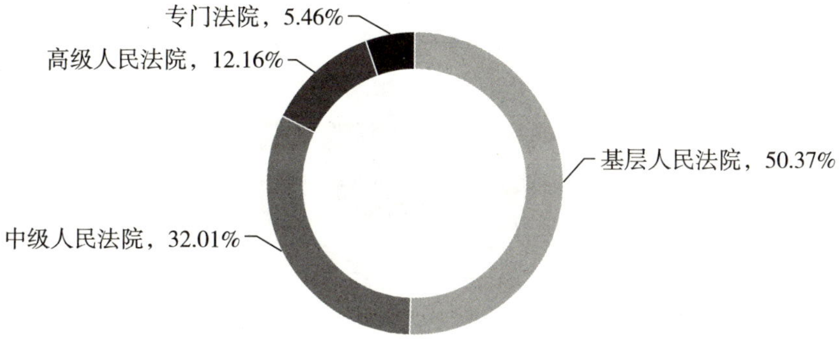

图2-8　审理法院级别分布

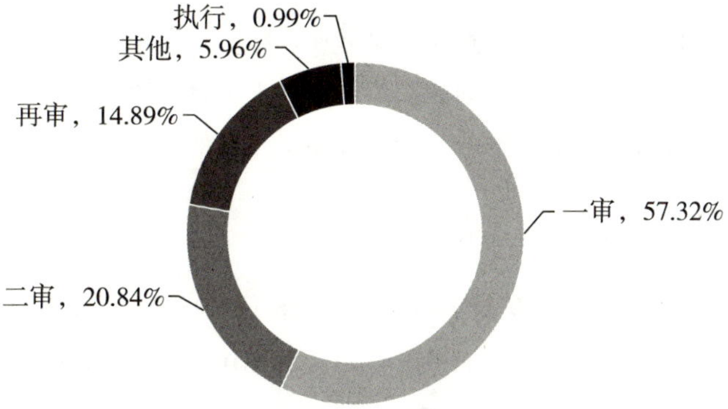

图2-9　案件审理程序分布

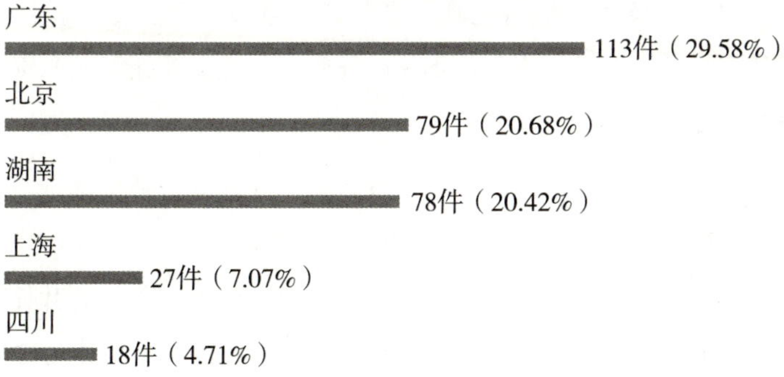

图2-10　案件主要地域分布

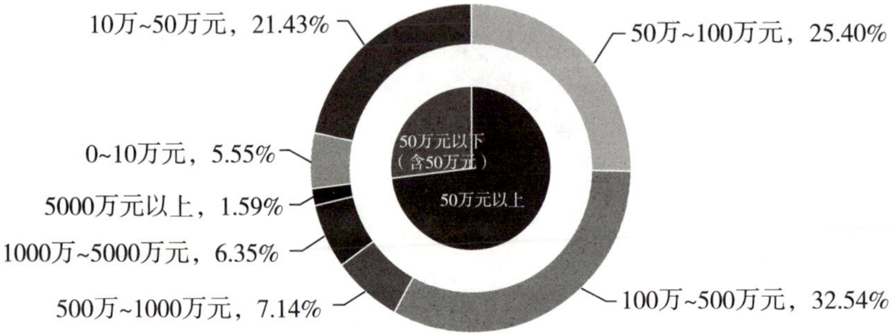

图 2－11　案件标的额分布

针对商业银行资产托管业务中托管业务分类不清晰、托管人职责范围不明确，以及分业监管下托管政策较多导致的业务规范依据不统一问题，本节将从理论分析、新旧规范文件对比的应然层面入手，结合近年来发生的典型案例进行实证剖析，揭示商业银行资产托管业务中仍存在的法律风险。

一、商业银行托管义务的边界

中国银行业协会于 2019 年 3 月 18 日发布了 2019 年《商业银行资产托管业务指引》（以下简称《资产托管指引》），对 2013 年《资产托管指引》进行了修订和完善。2019 年《资产托管指引》的体例结构是如此安排的：分为业务释义、组织管理、托管职责、业务规范、风险管理、自律管理共八章、44 条，新增了“业务释义”与“托管职责”两个章节，立法意图和目的可谓非常明显，从官方角度对近年来争论不休的托管业务定义及托管人职责范围给予了明确可辨的界限。

（一）2019 年《资产托管指引》对托管业务的释义及范围界定

1. 2019《资产托管指引》关于托管业务的释义

2019 年《资产托管指引》第二章第 5 条第 1 款规定：“本指引所称‘商业银行资产托管业务’（以下简称‘托管业务’），是指商业银行作为独立的第三方当事人，根据法律法规规定，与委托人、管理人或受托人签订托管合同（包括但不限于明确托管权利义务关系的相关协议），依约保管委托资产，履行托管合同约定的权利义务，提供托管服务，并收取托管、保管费用的商业银行中间业务。”对其进行理论分析可以发现，托管业务是以托管合同（或协议）为核心而展开的典型的合同民事法律关系，根据民事法律关系“三要素”理论，主体，为托管人与委托、管理或受托人，此处该条款特别使用“独立”及“第三方”的字眼来强调托管人的角色定位，意图表明托管人有且仅受法律法规及其所签订的合同或协议的约束。除此之外，不再承担连带或共同责任，当然，由于过错行为导致其他法律关系主体的经济损害而需要进行赔偿的则属于另外情形了。客体，即当事人约定的权利义务所指向的对象，也即双方或多方达成合意的合同与协议，2019 年《资产托管指引》中明确为托管合同或者相关协议，此乃托管业务关系的表象核心，是当事人契约合意的具象化，更是争议与纠纷解决所依据的最重要文件，需要当事人妥善保管。内容，即法律关系主体之间所约定的权利与义务，是托管业务关系的内在核心，2019 年《资产托管指引》将托管人所需要行使与承担的权利义务主要分为两类：一类为保管委托资产、提供托管服务与相对于收取服务费用；另一类为合同约定的权利义务，可见保管委托资产与提供托管服务为商业银行在托管业务中的本职工作，而托管人的相对方当然可通过合同协议来协商要求托管人提供其他服务。该条款在结尾还明确了托管业务的业务性质，即“中间业务”，与商业银行的角色定位相呼应，强调商业银行的独立性。

为了缩小模糊含义对理解的影响，2019 年《资产托管指引》第二章第 5 条第 2 款还作出进一步规定：“本《指引》中‘保管’专指托管银行按照法律法规规定和托管合同约定，独立保存委托资产的行为。”突出保管活动的具体内容要严格依照法律规定及合同约定，以及要独立为之。

2. 2019 年《资产托管指引》关于托管业务范围的界定

2019 年《资产托管指引》新增了关于托管业务范围的界定条款，按照不同的维度，将托管业务分为两大类：（1）以产品类别为依据，将托管业务分为公募基金、券商/基金/保险等金融机构资管产品、信托财产、银行理财、私募投资基金等 12 大类；（2）以经济关系为依据，将托管业务分为服务于所有权和经营权分离的余额类资产托管业务、服务于所有权转移的交易类资产托管业务和其他业务。第二种分类维度是 2019 年《资产托管指引》增加的，2013 年《资产托管指引》仅根据产品类别对托管业务进行了分类，从经济关系角度进行分类是属于对托管业务中所涉及的生产关系的高度概括性总结，与根据产品类别分类得出的结果相比，具有准则性的意义，可据此推测出制定者的相关意图：我国资产托管业务外延将会随着资本市场的扩大而扩大，为了不被局限于产品分类中，将托管业务内核，即经济关系抽丝剥茧出来，更有利于实务中对新型资管产品的划分与归类，从而可以适用2019年《资产托管指引》规定而对托管业务进行监管。

（二）2019年《资产托管指引》关于托管人托管职责的明确

1. 2019年《资产托管指引》对于托管职责的专章规定

2019《资产托管指引》新增第四章“托管职责”，专章规定托管人的托管职责，并借“负面清单”“正面清单”的方式，清晰明了地规定了托管人该管哪些事与不该管哪些事，其中，2019年《资产托管指引》第12条以列举的方法规定了托管人应全部或部分承担的七项职责，即所谓“正面清单”：保证资产之安全；确认、计量托管资产的资产、负债等会计要素，并对受托人或管理人计算的托管资产财务数据进行复核；执行资金划拨指令，办理托管资产的资金清算及证券交收事宜；开立并管理托管账户；履行投资监督和信息披露职责；保管托管业务活动的记录、账册、报表等相关资料；法律法规明确规定的其他托管职责。总体上按照托管业务的释义仍可简要概括为委托资产的保管、托管服务的提供以及其他托管职责。

2019年《资产托管指引》第15条同样以列举的方式从反面规定了10项原则上不应由托管人承担的职责，即“负面清单”：为托管产品本金及收益提供保证或承诺；对项目及交易信息真实性予以审核；审查托管产品以及托管产品资金来源的合法合规性；投资者的适当性管理；对未兑付托管产品后续资金的追偿；对已划出托管账户以及处于托管银行实际控制之外的资产的保管责任；主会计方未接受托管银行的复核意见进行信息披露产生的相应责任；因不可抗力，以及由于第三方（包括但不限于证券交易所、期货交易所、中国证券登记结算公司、中国期货市场监控中心等）发送或提供的数据错误及合理信赖上述信息操作给托管资产造成的损失；提供保证或其他形式的担保；自身应尽职责之外的连带责任。上述商业银行履责除外情形根据职责性质可分为以下四类：

（1）实质审查义务。具体对应2019年《资产托管指引》第15条规定的前3项义务。首先，关于投资者的适当性管理义务，根据《私募投资基金募集行为管理办法》《私募投资基金监督管理暂行办法》《信托公司集合资金信托计划管理办法》《期货公司资产管理业务管理规则（试行）》等法律法规及相关办法的规定，在向投资者推介具体资产托管产品之前，管理人或募集机构应当对投资者情况展开全面的调查，在深度分析产品或者服务信息的基础上，采取合理有效的问卷调查等方式全面了解投资者财务状况、投资经验、风险偏好等信息，同时将市场投资风险向投资者充分展露，根据《风险评估问卷》的结果将投资者进行分类，对不同风险承受能力的投资者提供相应的产品或服务。因此，投资者适当性管理义务属于管理人或募集者的本职工作，托管银行并不需要负责。其次，关于第2项与第3项义务，根据《证券投资基金法》及上述提及法规与办法的规定，透视产品服务本身、审查资金来源真实性、对交易信息进行严格审核等都是具体托管业务在运作过程中管理人应当遵循的最基本义务，有且只能由其自身负责，对于托管人而言，托管资金若投资于非上市股权、信托计划、资产管理计划等流动性较低的产品方向，其非公示性会导致相关信息难以获取，更不用说有效审核了。最后，项目及交易信息的真实性审查需耗费大量的成本，需要配备专业的人员，基于成本约束和风险定价原则，也不宜由托管银行承担该义务，否则，势必会提高托管业务的门槛，不利于托管行业的健康发展。① 因此，实质性审查义务不应划入商业银行的职责范围。

（2）保证及承诺义务。对应2019年《资产托管指引》第15条规定的第4项及第9项义务。同样，根据《证券投资基金法》《金融机构资管新规》等法律法规、规章办法及政策性文件的规定，证券公司、管理人或金融机构不得向客户作出保本或取得最低收益的承诺，也不得以提供担保方式吸引客户作出投资决策，强调卖方尽责，买者自负的双方关系，警示投资者对投资风险应保持理性态度，告诫产品或服务提供者要遵守底线原则，不被利益影响。因此，去

---

① 参见万志尧、郭明：《国浩视点：〈商业银行资产托管业务指引〉下托管银行的职责认定》，载腾讯网2019年3月27日，https：//xw. qq. com/amphtml/20190327B0T8DD00。

除托管人保证及承诺义务，将风险与责任显露出来，更有利于买卖双方保持清醒头脑，维持资本市场稳定运行。

（3）第三方应承担的义务。对应2019年《资产托管指引》第15条规定的第5～8项义务。由于第三方行为导致资金流动从而使托管人失去对资产的管控能力，所导致的法律后果理应由行为人承担，具体而言：托管人对资金划出指令进行签名与签章的表面一致性审核后，资金此时已脱离托管人的实际控制，后续出现未知事故导致的责任承担当然与托管银行无关；追偿未兑付产品的后续资金也是同一道理，托管银行作为承兑人，职责只有承兑付款，若权利人在承兑有效期限内未进行承兑，无论是故意还是过失所导致的后果均理应由权利人承担，即追偿责任由其承担；会计方未进行信息披露导致的责任承担同理；关于第8项义务，第三方人员导致资产损害的赔偿责任自不用说，关于不可抗力原因造成的资产损害，德和衡律师认为，托管人在托管业务运作过程中担任“保险箱”的职责，尽职保证资产的安全性，并收取相应费用，若出现“天降暴雨”等不可抗力，造成“保险箱”内财产损失，当然不可归责于托管银行。因为托管银行已在职责范围内尽心尽力，损失非归因于其过错行为，继续要求其承担赔偿责任，岂不是吃力不讨好？因此，出现不可抗力时，由托管合同中除托管人以外的主体分担损失既符合公序良俗原则，又不至于打击商业银行作为托管人的参与积极性，实属理性之解决方法。

（4）兜底的除外义务。对于2019年《资产托管指引》第15条规定的第10项。从文本语义可分析得出，属于托管人应尽职责之内的义务（“正面清单”及合同约定范围内），当然承担，除此之外一律不予承担，更加突出托管人角色定位的独立性及业务的中间性。

2. 新旧《资产托管指引》对于托管职责的表述差异

2019年《资产托管指引》第12条不只是将托管人的托管职责独立列章，相较于2013年《资产托管指引》，关于托管职责的表述也有些许差异，分析对比可得出制定者的出发点与意图：

（1）关于第1项职责：“开立并管理托管账户”。其中的“管理”属于2019年《资产托管指引》新增表述，意在表明和重点强调托管银行作为托管人的主动性，应积极地管理托管账户，保证账户的全面安全，而非仅仅开立后就万事大吉、置放一旁。此处修改可视为从原则上对托管人要求的提高，提醒实务中托管人应时刻积极作为。

（2）关于第2项职责：“安全保管资产”。相比于2013年《资产托管指引》的“妥善保管托管财产”，2019年《资产托管指引》不仅将用语精确化，“资产”替换“托管财产”，更重要的是突出了“安全保管”，单单妥善保管还不足以达到保护资产的程度，要将资产的安全性放在托管业务的首位。这就要求托管银行完善内控制度、做好不同客户账户的风险隔离以及不同托管业务间的风险隔离，防范风险传递的危险。同时还要注重对管理人资金划拨、使用情况的记录和监督，在确保真实无误的前提下进行资金的流转，保证资产的安全至上。

（3）关于第5项职责：“履行投资监督和信息披露职责”。“投资监督”属于对2013年《资产托管指引》“托管财产的资金使用情况进行监督”的语言凝练，同时新增“信息披露”职责，此项职责的最终意义仍是保障客户的资金安全。对管理人投资的行为进行严格监督，监控资金的流向，同时对法律法规及合同约定的保密信息以外的紧密关联客户利益的信息进行披露，使客户资金的流动时刻显现在客户的眼皮底下，增强托管业务的社会透明度，从而更好地吸引投资，促进我国托管行业的发展。

（4）删除2013年《资产托管指引》第6项、第7项职责，即删除“提供托管财产的相关托管信息”与“提供与托管财产相关的增值服务”。2013年《资产托管指引》对这两项职责表述过于模糊，在实务中的操作性与指导性较低，基于此考量，将其删去而采取更加细化的其他几项职责的表达也符合行业发展的要求。

（5）关于第7项职责：“法律法规明确规定的其他托管职责”，相较于2013年《资产托管指引》删去了“和合同约定”的表述。这一项兜底条款表明，托管银行的托管职责属于法律法规保留事项，当事人之间的合意不能再随意创设，意在严格限制托管职责界限，这是对实务中就托管职责产生的纠纷给予的官方指导，从而更快地解决争端，是司法效率原则的体现，也是对近年来托管人职责不清、观点混乱的一种正式回应。

3. 2019 年《资产托管指引》强调托管人不承担连带责任

2019 年《资产托管指引》第 16 条规定："托管银行因违反法律法规或托管合同，给托管资产造成损失的，应该承担赔偿责任。"但如果资产损失或相关受益人利益损害是由于管理人、受托人的不当行为导致，那么法律后果由行为人自负，托管银行当然不承担连带责任，但法律法规或合同约定的除外。此条相当于确立了在托管业务中责任分配的过错责任归责原则，根据对过错行为的分析来确定责任分配，过错行为人必然要对其行为负责；反之，无过错者无须承担责任，这是针对近些年实务中托管银行在管理人失联后应当履行接管义务，从而与失联管理人共同承担赔偿责任的原则性回应，具有十分重要的意义。

二、商业银行托管业务的"红线"与法律风险防控

（一）关于托管人行为的禁止性规定

禁止性规定，如其字面意思所言，即法律规定禁止当事人为特定行为，在法律条文中表现为"禁止""不得""不准"等字眼，从立法目的进行考量，其所禁止的行为一般都违背他人意愿、侵犯他人合法权利、不合公序良俗要求，甚至损害社会公共利益乃至国家利益，因此必须使用明文规定的手段严令禁止。具体体现在托管业务中，即指托管人侵犯客户利益、违背同业公平竞争规律不正当竞争、背离契约精神或者与托管业务背景法律的法律原则精神相冲突等。

2019 年《资产托管指引》第 17 条规定："托管银行不得有以下行为：（一）混同管理托管资产与托管银行自有财产；（二）混同管理不同的托管资产；（三）侵占、挪用托管资产；（四）进行不正当竞争；（五）非法利用内部信息谋取不正当利益；（六）参与托管资产的投资决策；（七）从事法律法规禁止的其他行为；（八）从事托管合同未约定的其他行为。"其采取了具体列举与兜底条款的方式对托管银行禁止性行为作出规定。相较 2013 年《资产托管指引》，在关于托管人行为的禁止性规定方面主要有两方面的重大修改：一方面是新增一项禁止性行为，即第 6 项"参与托管资产的投资决策"。其中的制定意图也相当容易体会，从托管银行的角色定位出发，保管资产的安全、提供托管服务是其核心工作，而根据客户的风险偏好、收益要求等运用资金进行

投资决策属于管理人的工作，二者职责之间应当明确区分开来，避免决策失误导致的责任共同承担。另一方面是将兜底条款内容进行了修正：从原来的“法律法规和合同禁止的其他行为”修改为“法律法规禁止的其他行为”和“托管合同未约定的其他行为”，形成了法令禁止不可为与合同未约定不可为的兜底结构，与2013年《资产托管指引》相比，托管银行的禁止性行为范围被进一步扩大，旨在严格控制托管人的业务活动行为，警示托管银行坚守分内工作，不越权不越界，当好中间人角色。

（二）托管业务中存在的法律风险

1. 准入门槛不一致导致的法律风险

商业银行托管业务在实践中的表现形式纷繁复杂，如集合资产管理计划托管、定向资产管理计划托管、社保基金托管、年金托管等，而且各业务的准入门槛也不相统一，导致商业银行开展不同业务所需准备成本不一，可能影响银行资本配置，甚至打乱整体托管业务计划，给银行造成损失。

从整体上看，商业银行托管业务以2019年《资产托管指引》作为其总体业务指导，其中第三章设定了准入门槛：首先，需要按照高位阶法律法规的规定，若需取得相关资产托管业务资格，商业银行应依法向有关监管机构申请并取得业务资格；其次，对商业银行开展托管业务所需条件予以一般性规定，要求部门设置、人员安排、托管业务系统及制度、内控及风险管理等各方面都必须符合标准。具体到实务中看，准入条件不统一问题更加凸显（见表2－2），各个业务准入门槛标准不一，有的需要中国证监会与中国银保监会双重批准，如特定客户资产管理托管业务与私募股权基金托管业务；有的仅需中国证监会的核准，如基金托管业务；大多无监管机构核准要求，满足专设条件即可，如集合、定向资产管理计划托管业务只需具有基金托管资格，保险资金托管业务只需符合中国保险监督管理委员会（以下简称中国保监会）专设条件并取得相关托管资格。还存在准入门槛极为特殊的托管业务，即社保基金托管业务。其中，保险公司股票资产托管业务的准入门槛模糊不清，使用“需要相关监管机构批准或备案的，按照监管机构规定办理”，为商业银行托管业务的准入增加难度。商业银行托管业务规则依据如表2－2所示。

表 2－2　商业银行托管业务规则依据

业务类型	主要规则依据	准入门槛
基金托管业务	《证券投资基金托管业务管理办法》	中国证监会核准、专设条件
特定客户资产管理托管	《基金管理公司特定客户资产管理业务试点办法》	中国证监会和中国银保监会双重核准、专设条件、有关联关系要求
集合资产管理计划托管	《证券期货经营机构私募资产管理业务管理办法》	具有基金托管资格
定向资产管理计划托管	《证券期货经营机构私募资产管理业务管理办法》	具有基金托管资格
私募股权基金托管	《证券投资基金法》《私募投资基金监督管理暂行办法》	中国证监会和中国银保监会双重核准、专设条件、有关联关系要求
社保基金托管	《全国社会保障基金投资管理暂行办法》	专设条件、全国社会保障基金理事会确定、中国人民银行批准
保险公司股票资产托管	《保险公司股票资产托管指引（试行）》	中国银保监会专设条件、相关监管机构批准或备案、有关联关系要求
保险资金托管	《保险资金间接投资基础设施项目管理办法》	中国保险监督管理委员会①专设条件、已取得相关托管资格
年金托管	《企业年金基金管理办法》	专设条件、有关联关系要求

2. 业务规范要求不一致所产生的法律风险

以典型的契约型私募基金托管业务为例，其虽然以 2014 年中国证监会发布的《私募投资基金监督管理暂行办法》作为依照的规章制度，但从内容层面来看，该规章主要规定管理人从私募基金的登记备案到投资运作全流程，其间涉及托管人的规定并不多，且大多很笼统与抽象。可见，目前商业银行从事私募基金托管业务尚无较高位阶的制度规范，甚至没有中国银保监会的部门规章进行规范，仅以中国银行业协会发布的 2019 年《资产托管指引》为主要依据。除此规则外，私募基金的托管还面临中国基金业协会的合同指引、《私募

① 中国保险监督管理委员会，以下简称中国保监会。

投资基金备案须知》、托管承诺函等规定对托管提出的职责要求。① 一方面，根据2019年《资产托管指引》中“正面清单”“负面清单”的规定，商业银行作为托管人，按照法律法规规定及合同约定承担清单中全部或部分职责，合同双方当事人可以根据意思自治原则在限定范围内约定托管人职责。另一方面，中国基金业协会最新的契约型私募金产品备案要求，即2019年《私募投资基金备案须知》《证券投资基金法》第三章等，明确规定了托管人的法定职责。托管人应当遵守法律规定，严格履行相应职责，同时不得以合同约定等方式进行免除。《证券投资基金法》中不仅规定了托管人的11项职责，而且将“召集基金份额持有人大会”作为托管人应尽职责，而2019年《资产托管指引》中未予以明确，可依兜底条款和合同双方当事人的约定来设定为托管人的义务。

由此可见，商业银行契约型私募基金托管业务同时受到中国银行业协会与中国基金业协会规范的双重规制，且二者之间关于业务规范的要求不相一致，管中窥豹，可知中国银行业协会与基金业协会关于银行托管业务的规则意见仍未达成统一，实务中会产生合规风险，甚至可能给银行托管人带来停业的巨大损害，因此当自律协会间的规则发生冲突时，最好的解决办法就是期待监管机构出台高位阶规章制度来统一业务规范。

3. 争端解决成本较高的法律风险

同理，仍以契约型私募基金托管业务为代表，其业务开展所依据的中国银行业协会2019年《资产托管指引》与中国基金业协会的《私募投资基金备案须知》、《合同指引（1—4号）》等零散规定不仅在具体业务规范方面有所冲突，而且二者所依据的法律法规体系也各有不同，将2019年《资产托管指引》与2019年《私募投资基金备案须知》作对比，2019年《资产托管指引》第15条明确了托管人职责仅根据法律法规和合同来确定，而2019年《私募投资基金备案须知》第4条所规定的托管人职责外延更广，要依照各类法律法规和

① 参见许继璋等：《重磅解读〈商业银行资产托管业务指引〉：托管职责成重点，强调托管行不承担“连带责任”》，载搜狐网2019年3月18日，https：//www. sohu. com/a/302181641_757185？p＝wechat。

自律规则确定。

从纠纷争端解决成本视角切入，若管理人、委托人及托管人之间就托管人职责产生纠纷，不同主体依据不同法律法规、自律规则及合同来进行论证说理，其后果显而易见，即难以达成一致，最终寻求成本更高的仲裁、协调甚至法院诉讼，这对于各方来说都是不愿见到的。究其原因，仍是分业经营与分业监管的问题，就自律规则的制定而言，不同协会定以自己会员的利益为首要出发点来制定规则，因此会在此过程中牺牲其他主体利益，从而导致以自律规则冲突为首的不同行业主体之间的对峙，不利于我国资产托管行业的整体发展。而有效的解决方法即为监管机构甚至立法机构出台统一性规范，与上述第二项风险相同。

4. 业务退出机制不完善的法律风险

此处的业务退出机制属于狭义的业务退出，即以终止与管理人、受托人的合同为标志退出此次托管业务，而非永久性退出某类托管业务市场，且这里所讨论的退出并不包括由于合同约定的托管职责的顺利完成的圆满退出，而是指非因托管人自身问题所导致的托管关系的终止，如管理人过错行为导致的合同终止。

2019 年《资产托管指引》第 13 条就此问题作了专门规定，但仔细考量其规定后会发现，退出机制并不完善，主要有两项缺陷：第一，发现管理人有违背资管目的、承诺保证的，托管银行应该与当事人签订终止协议，但问题是，管理人“爆雷”后，客户只会紧紧抓住托管银行这一“救命稻草”，拒绝终止协议的签署，而托管银行接下来将会采取止付措施甚至解除合同，不履行托管职责，此时资产的保管会出现一段真空期，客户资金的安全性从何保障？资本市场的稳定发展又如何照顾？因此，仅仅顾及自身利益而放置客户利益乃至社会公共利益于一旁，如此采取撒手不管的措施可谓下策。这是退出机制的首要缺陷。第二，在管理人出现失联、解散、被撤销等重大问题时，2019 年《资产托管指引》要求托管银行立即采取支付措施，这是合情且合理的，但并未对后续责任与义务作出进一步规定，这是其规定的缺陷。此处，或许应当与 2019 年《私募投资基金备案须知》保持一致，即在管理人发生异常且无法履行管理职责时，托管人应当按照法律法规及合同约定继续履行托管职责，以客户利益为核心，提高托管服务水准，① 维护投资者合法权益。

三、商业银行托管业务的典型案例研究

（一）中国银行业协会与中国基金业协会之间的争议

2018年7月，上海阜兴实业集团董事长失联，而阜兴实业集团系上海意隆财富投资管理有限公司、上海西尚投资管理有限公司、上海郁泰投资管理有限公司和易财行财富资产管理有限公司的实际控制人，这4家私募基金分别将资产托管于上海、光大、恒丰、平安和浙商银行。私募基金管理人实际控制人的失联导致基金的运营中断，导致许多客户血本无归，投资者权益受到极大损害，在众多投资者寻求银行维权之际，银行声明其属于托管人，并非基金的代销商，仅承担托管职责，投资者维权无望，私募基金行业秩序被严重扰乱。为了保障投资者合法权益，减小后续不必要损失，中国基金业协会与中国银行业协会进行了“隔空对话”，双方持有完全相反的意见。中国基金业协会会长洪磊与副会长钟蓉萨都强调，首先一点必须明确的是，共同受托人是接受投资者委托的所有主体，基金管理人负责管理投资者资金的运作，基金托管人负责该资金的流转，当然属共同受托人之列，在出现基金管理人无法正常履行管理人职责的情况下，基金托管人应当接管受托职责，尽最大可能维护投资人权益。但中国银行业协会首席法律顾问卜祥瑞认为，托管银行具备受托人的属性，这是无疑的，其应当履行好法律法规内的职责，维护投资者的合法权益，但这并不意味着承担超越法律法规、合同规定的义务，托管银行依法依约不应承担共同受托责任，否则风险会转嫁到银行体系，甚至动摇整个金融体系。

中国银行业协会与中国基金业协会争论的核心问题在于托管银行是否应当与管理人共同承担受托责任。要想回答这个问题，关键在于厘清托管银行的职责界限。中国银行业协会就此问题在2019年发布了新《资产托管指引》，其中关于托管人职责界限的划分已在上文进行过分析，此处不再赘述，而由2019年《资产托管指引》规定得出的结论当然是托管人不承担共同受托义务。中

① 参见樊飞舟：《商业银行发展资产托管业务的思考》，载《金融理论与实践》2012年第8期。

国基金业协会所持观点的主要依据是《证券投资基金法》第36条的规定，即关于托管人的职责规定，上文也有所提及，其中第1项规定的安全保管基金财产为此次事件的争议点。“安全保管”的本质意义在于保障客户资产不被非法侵犯，从中国银行业协会的立场看，托管银行做好本职工作，对管理人指令进行形式一致性审查后将资金划出，自然不必对脱离控制的资产负责，对项目及交易信息的真实性也不必一一进行实质性审查。而在实际控制人失联情况下，管理人通常会采取形式合法的手段掩盖非法目的将资产转移，相关交易信息定为伪造，这是管理人及实际控制人违法行为所带来的后果，不应将责任强加在托管银行上使其共同承担，退一步说，对各项信息进行实质性审查，不仅会大大提高托管银行业务成本，最重要的是托管银行对管理人行为有了实质性接触，当然要承担相应法律后果，这极其不利于托管业务的发展，会使想要踏入此行业的银行望而却步；从中国基金业协会的立场看，在基金管理人“爆雷”，实际控制人失联后，为了最大限度地保障投资者利益，托管银行应当作出牺牲与让步，发挥其托管人的主动性而非继续保持中立，积极召集基金份额持有人大会，尽可能维护投资者权益，这是基于社会公共利益与银行和投资者之间经济实力地位悬殊的考量而提出的解决措施，银行从投资者之中产生，在发生危难时应当回报以投资者，也有其理论依据。

从法理学角度来看，此处涉及价值衡量与评判，即托管银行行业利益与投资者乃至社会公共利益之间的度量。德和衡律师认为，在出现上述情形时，托管银行应该发挥其主动性，根据《证券投资基金法》的相关规定，召集基金份额持有人大会，与管理人一同维护投资者利益。但是这并不表示笔者赞同托管人与管理人承担共同责任，由于基金管理人的问题导致的损失仍应由其独自承担责任，托管银行进行帮助仅是出于对投资者利益及社会公共利益的考量。此外，投资者也应当警醒，注重投资前对基金管理人资质的审查，对管理人投资行为的时刻保持关注，一有“爆雷”之苗头，即刻报告相关监管机构以维护自身权益。

（二）孙某、NY 银行绍兴支行侵权责任纠纷案[①]

本案争议焦点在于 NY 银行绍兴支行是否对孙某构成侵权。法院经审理后得出以下结论：

首先，基金托管人无须对基金未备案和违法募集承担责任。绍兴市中级人民法院认为：经查明 NY 银行绍兴支行作为涉案基金的托管人，其应当履行审慎托管的义务，但该义务有且仅限于《托管协议》中的约定，而托管人无论根据法律法规的要求还是案中《托管协议》关于义务的约定，均未对审查基金资质方面有所规定，更不用提监管基金的募集行为了。其次，NY 银行绍兴支行为涉案私募基金设置销售专柜的行为仅能起到对私募基金增信的作用，而投资者仍应在综合判断风险和投资收益等的基础上作出投资决策。最后，在合同相对性的基础原则上，NY 银行绍兴支行仅根据《托管协议》成为涉案私募基金的托管合同相对方，而并非《募集协议书》的合同主体，故该协议书并不对 NY 银行绍兴支行产生合同法上的法律效力。鉴于此，关于涉案私募基金的资质审查、募集行为的监管，NY 银行绍兴支行从法律上及契约上均不存在相应义务。

此外，当事人主张的重大过错并不存在于托管人的职责履行过程中。对此，绍兴市中级人民法院认为，由于涉案基金中投资款与托管账户资金是相一致的，如若发生托管人的违约行为，造成托管账户资金的损失，那么必然也会导致投资者投资款的非投资风险性流失。但根据涉案基金与相关企业之间的投资协议，该基金以协议相对方的企业股权为投资对象，此行为并不属于对《托管协议》中约定的托管资产运用事项的违反，通过该行为而指令 NY 银行绍兴支行对托管资金的划转也不违反《托管协议》的约定，关于管理费用的划付也具有正当合理之理由；而且根据 NY 银行绍兴支行提供的《委托付款通知书》、托管运行指令等原件，认为 NY 银行绍兴支行的划转行为系属按照约定进行是有据可依的，应认定其已尽到审慎托管义务。而投资者主张 NY 银行绍兴支行除形式审查之外，还需进一步进行实质审查，实属对 NY 银行绍兴支行的过分要求。

① 浙江省绍兴市中级人民法院民事判决书，（2016）浙 06 民终 4190 号。

综上，关于NY银行绍兴支行是否尽职履行了《托管协议》中的约定义务，绍兴中级人民法院给予的答案是肯定与正向的，NY银行绍兴支行对于投资者因涉案基金的刑事犯罪行为所导致的所有损失是无须承担任何赔偿责任的。

德和衡律师认为，此案的法院判决结果与2019年《资金托管指引》所体现的精神相一致，即托管银行托管业务属于中间业务，托管人以合同或协议的约定来承担相应职责。具体到本案中，托管银行只承担对管理人的形式审查义务而非实质性审查义务，这就对投资者提出了更高的要求，投资者应当审慎核查《托管协议》的内容，对其中与自己利益相关的条款及时向管理人提出问询甚至异议，在综合考虑投资项目的投资范围、投资回报、风险控制等要素的前提下理性作出投资决策。

第三节　产品视角下商业银行资管业务中的资管计划收益权转让问题

一、商业银行资管计划收益权转让的法律规范和监管规定分析

（一）收益权法律规范概述

金融业的迅速发展与创新，产生了复杂多样的资管计划交易结构，其中以收益权转让为主要内容的占重要部分。常见的收益权交易标的包括股权收益权、债券收益权、票据收益权、应收账款及经营收益权等。此类收益权往往是当事人之间通过合同创设的一项权利，涉及不同性质的基础权利，甚至是多种行业和经济领域，相关法律法规及监管规定还处在发展和完善阶段。

近年来法律法规逐渐完善，比较有代表性的是2018年发布的《金融机构资管新规》，被认为是对资产管理业务直接强化监管的重要规范性法律文件。该文件也对商业银行资管业务项下的合规性管理起到了指引性和规范性的重要作用。实务中对相关法律法规进行梳理和解读，主要运用“一般收益权”和“特别收益权”进行归类研究。

一般收益权，泛指法律法规等规范中对收益权概念的表述或解释。在《标准化债权类资产认定规则》中有规定："银行业理财登记托管中心有限公司的理财直接融资工具，银行业信贷资产登记流转中心有限公司的信贷资产流转和收益权转让相关产品……是非标准化债权类资产。"此外，中国银保监会《关于开展"巩固治乱象成果 促进合规建设"工作的通知》规定："开展信贷资产转让、信贷资产收益权转让、以信贷资产为基础资产的信托受益权转让业务，存在资产不真实、不洁净转让，转出方安排显性或隐性回购，转入方未准确计算风险资产并计提必要的风险拨备，风险承担落空等。"中国证监会《关于加强证券公司资产管理业务监管的通知》规定："要健全对投资品种的风险评估机制，尤其是对信托计划、资产收益权、项目收益权等场外、非标准投资品种，应当认真进行尽职调查，充分评估投资风险。"其他如原中国银监会《关于规范商业银行理财业务投资运作有关问题的通知》（已失效）、中国证监会《证券公司及基金管理公司子公司资产证券化业务管理规定》、原中国银监会办公厅《关于规范银行业金融机构信贷资产收益权转让业务的通知》等，都对金融机构收益权的交易作出了规定。

特别收益权，指的是法律法规对某种或者某行业的资产收益权进行了单独规定。比如，《金融机构资管新规》就有对于股权收益权的规定，该规定将私募产品的投资范围界定为主要包括"未上市企业股权（含债转股）和受（收）益权"，同时在一些特殊情形之下资产管理产品还可以"投资于未上市企业股权及其受（收）益权"。

由于监管政策的完善，委托人和受托人的资管交易有法可依，在一定程度上可以降低商业银行等金融机构运营资管计划的风险。然而，从争议解决的角度来看，监管政策的出台尚不能完全解决当事人之间纠纷中的法律关系问题，如何将资管计划的投资风险公平地在交易各方分配，是司法领域亟待解决的问题。监督规范不能为争议解决提供直接的依据，此时民商事法律的基础理论应当成为首要标准，成为当事人之间的请求权基础和抗辩依据。

（二）"收益权"和"受益权"的比较与辨析

在资管业务实践中，"收益权"和"受益权"常常在同一语境下发生混用和相互替代。上文分析了法律法规和监管规定对“收益权”的描述和界定，包括一般收益权和特别收益权；而对于“受益权”的概念，德和衡律师认为，主要涉及《信托法》《保险法》的规定：

（1）关于受益权的表述，最常见的是“信托受益权”。《信托法》规定了信托受益权，但未对信托受益权作明确的定义，只是提到“受益人自信托生效之日起享有信托受益权”。从《信托法》中对受益人相关权利的规定来看，受益人除了享有信托利益的分配权外，还与委托人共同享有信托管理知情权、信托管理方法调整请求权、信托财产损害救济权和受托人解任权等信托管理权。同时，与委托人相比，受益人还单独享有遗嘱信托受托人选任权、新受托人选任权。[①] 可见，信托受益权包括主张信托利益的财产性权利，也包括参与信托事务管理的非财产性权利，是一种综合性的权利。

（2）在法律层面，受益权的概念还出现在《保险法》中，但《保险法》同样未对保险受益权作具体定义，保险受益权的内涵同样只能从受益人的相应权利中去总结。《保险法》第18条规定：“受益人是指人身保险合同中由被保险人或者投保人指定的享有保险金请求权的人。投保人、被保险人可以为受益人。”可见，保险受益权主要是指人身保险合同中受益人享有的保险金请求权，是一种基于受益人身份的金钱请求权。

（3）除了法律层面，受益权的表述还见于行政法规、司法解释和部门规章中，比如《保险资金间接投资基础设施项目管理办法》规定了投资计划受益权，受益人享有参加受益人大会、解任受托人和托管人、选择和更换独立监督人等权利。

对此，德和衡律师认为，“受益权”的本质是一种根源且依附于受益人身份的权利，同时也是受益人享有的专有权利，除了财产利益请求权外，有时还会包含管理权等相关的非财产权利。

相比之下，收益权本身并非一项法定权利，而是由合同双方根据交易需要而创设的一项约定权利，是一种约定债权。如果说收益权是指权利人享有收取基础权利（如特定资产、股权、应收账款等）产生的收益的权利，那么收益

① 参见周小明：《信托制度：法理与实务》，中国法制出版社2012年版，第188页。

权转让后，受让方则享有要求转让方将产生的收益等额支付给受让方的权利，这种权利本质上是一种债权。这一方面是因为权利人受身份的限制无法将某些收益权相关的基础权利直接转让，另一方面实践中收益权的设置往往是作为债务融资的一种便利化安排，直接转让基础权利较为烦琐。

由此可见，收益权和受益权的本质是相同的：二者都强调与基础权利或受益人身份的依附性和不可分割性，同时要求特定义务人承担给付义务。也正因如此，在一些行政法规、部门规章中出现了二者混用的情况。例如在原中国银监会办公厅《关于银行业信贷资产流转集中登记的通知》中提到了“信贷资产及对应的受益权”的概念，但在此之后发布的《关于规范银行业金融机构信贷资产收益权转让业务的通知》中，使用的却是“信贷资产收益权”的概念，可见监管机构对两种概念并没有严格区分。

对此，德和衡律师认为，考虑除了特定场景下（如信托法律关系、保险法律关系）出于准确描述法律关系的要求而使用“受益权”之外，在大多数场景下，收益权和受益权的混用并不会造成操作上和理解上的障碍，也不会引起法律关系上的歧义。据此，除了特定情况外，本章节有关内容统一以“收益权”作为表述。

（三）资管新规与司法的衔接

《金融机构资管新规》发布后，资产管理领域进入了一个监管力度空前强大的时期。最高人民法院结合《金融机构资管新规》的基本方向制定发布了最高人民法院《关于进一步加强金融审判工作的若干意见》（以下简称《金融审判若干意见》），上海市高级人民法院还发布了《关于落实金融风险防范工作的实施意见》（以下简称《金融风险防范实施意见》）等规范性文件，最高人民法院在一些金融案件判决书中的释法说理也体现了相同的精神。

从宏观上看，司法裁判思路和金融监管态度由原本的各自为政逐渐走向同一。具体而言，金融监管规则的规定或精神直接被《金融审判若干意见》《金融风险防范实施意见》大规模整体转化吸纳。

在此试举一例。在《金融审判若干意见》中有规定表述为“对以金融创新为名掩盖金融风险、规避金融监管、进行制度套利的金融违规行为，要以其实际构成的法律关系确定其效力和各方的权利义务”，而在上海市高级人民法院发布的《金融风险防范实施意见》中对此亦有规定，“对不符合金融监管规定和监管精神的金融创新交易模式，或以金融创新为名掩盖金融风险、规避金融监管、进行制度套利的金融违规行为”应当“及时否定其法律效力”，同时应当“以其实际构成的法律关系确定其效力和各方的权利义务”。这直接体现了金融监管规则的规定和精神内涵。

第一，加强监管使司法机关倾向于收紧裁判尺度。在《金融机构资管新规》出台之前，司法实务中的判决裁定对于实践中层出不穷的所谓“金融创新”倾向于不进行实质严格的审查判断，导致司法机构对于一些存在争议之问题的裁判尺度偏于宽松。①

在此试以回购条款效力的审查问题为例，对此问题加以说明。在《金融机构资管新规》出台之前，对回购条款效力的审查多为表面、形式化的审查，并不注重实质判断；这样做的实际效果就是该条款的效力多数会得到认可。而自《金融机构资管新规》出台之后，法院审查的内容发生了重大变化，侧重于进行实质判断。具体而言，就是审查是否构成刚性兑付或变相的刚性兑付。这显然使条款效力得到认可的难度加大，数量变少。

第二，司法裁判仍注意符合民商事法律基本理论的要求。换言之，司法机关将更多地运用基本法理来使收紧的裁判尺度更具合理性。例如，合同无效的法定情形之一“损害社会公共利益”被更多地运用在资管合同纠纷的说理部分，以夯实法院认定违反金融监管规则的资管合同有可能无效的结论。

值得注意的是，尽管裁判思路已经向监管规则靠拢，但具体到资管计划收益权转让合同效力的认定上，司法裁判仍倾向于谨慎处理。这在《九民纪要》第88条的规定中有所体现。该条规定对于营业信托的概念进行了严格的界定，并对营业信托纠纷的主体要件进行了详细列举，规定“营业信托纠纷”仅限于“信托当事人”之间发生的纠纷。此处所谓信托当事人仅包括委托人、受托人、受益人。显然，这样的规定收窄了营业信托纠纷的案件范围，特别是将信托机构

① 参见雷继平、余学文：《“收益权”的法律性质分析——信托原理解释之路径》，载《金融法苑》2019年第1期。

以信托计划募集资金或者受让特定财产、资产收益权所导致的纠纷排除在外。

特别需要指出的一点是，在此之前发布的《全国法院民商事审判工作会议纪要（征求意见稿）》（以下简称《九民纪要征求意见稿》）中有将资产收益权、回购业务引发的纠纷直接认定为金融借款合同纠纷的表述。而正式稿将此表述予以删除。这是因为《九民纪要征求意见稿》将"资产、资产收益权转让＋固定价款回购"型交易模式性质不加辨别地一律认定为金融借款，而金融实务中此类交易的形态往往异常复杂，金融借款合同关系不可能将所有实务中复杂的商业安排"一网打尽"。这也是《九民纪要征求意见稿》一经发布，相关表述就引发广泛争论的原因所在。因此，在《九民纪要》的正式稿中，最高人民法院对此类案件转而采取了更为保守的态度，虽然"非营业信托纠纷"认定得以维持，但还是直接将其界定为"金融借款纠纷"的相关表述。①

在最高人民法院的相关判决中，最高人民法院也认为针对此类资管计划收益权转让合同的效力，最终应当根据《合同法》及其司法解释②加以判定，其中如果合同违反法律、行政法规的效力性强制性规定或者有法律明文规定的其他无效事由，则该合同自始无效、绝对无效。而违反《金融机构资管新规》等金融监管规章或政策理论上也大多不认为会导致合同无效。《九民纪要》第92条也认为，虽然《金融机构资管新规》在第22条中规定"金融机构不得为其他金融机构的资产管理产品提供规避投资范围、杠杆约束等监管要求的通道服务"。不过，在其第29条中也明确规定了一个"过渡期"；该"过渡期"截至2020年年底，规定的基本精神和目的自然是确保平稳过渡，提升法律的可预测性和稳定性。《九民纪要》根据此精神和目的提出了此类案件的裁判标准，认为在过渡期内，对通道业务中可能存在的"利用信托通道掩盖风险，规避资金投向、资产分类、拨备计提和资本占用等监管规定"或者"通过信托通道将表内资产虚假出表等信托业务"，如果不存在违反法律、行政法规的效力性强制性规定等其他无效事由，合同一方仅以信托目的违反《金融机构资管新规》为由

---

① 参见刘新宇：《九民纪要丨资产收益权转让及回购业务的性质认定》，载澎湃新闻2020年1月1日，https：//www. thepaper. cn/newsDetail_ forward_ 5396076。

② 现参见《民法典》及其司法解释。

请求确认该合同无效的，人民法院不应当予以支持。双方应当按照合同约定，妥善全面履行约定之义务。

目前，《金融机构资管新规》中有关“过渡期”的规定已经被延期至2021年年底，至少在2022年以前，资管计划收益权转让合同效力的认定标准不会出现变化。而过渡期之后，德和衡律师认为，在商业银行资管计划收益权转让纠纷中，合同效力的认定仍应当依据《民法典》的相关规定，而不应因违反《金融机构资管新规》等规章政策径行认定无效，但商业银行应当避免其新设资管计划违反监管规定引发更多的纠纷风险。

（四）资管计划收益权转让的理论争议

1. 资管计划收益权的定性

“资产管理计划收益权”，指对企业所拥有的特定资产或对资产所得收益享有权利的投资。该投资计划的核心概念是对资产所得收益享有权利。“资产收益权”作为交易各方的目的，是理解金融市场中各类收益权资管计划的前提，也是试图梳理、解决相关纠纷的先决条件。

综上所述，目前对“收益权”的法律性质，我国法律规范中没有直接明确的表述。在主要的法律法规中，没有将所谓“收益权”作为一种法定权利种类，但是此项权利也并非完全无迹可寻。

《民法典》中存在对于“收益权”的间接体现。其中收益是所有权在物权制度中明文规定的占有、使用、收益、处分四项权能之一。从这个角度来讲，收益权是所有权的一部分。

另有学者认为，资产收益权是一种特殊的新型用益物权。这是从物权的基本特征出发进行界定的。根据物权法相关理论，物权是当事人直接支配某种特定有形标的物并排除第三人干涉的一种对世权、支配权。而前述收益权具有物权的对世性、非相容性、直接支配性等特征，因此是一种典型的物权；在此意义上，可以将收益权界定为一种特殊类型的用益物权。① 当然，这种观点立足于基础资产是权利人拥有的所有权，而如果收益权派生自债权，则收益权的权

① 参见孟勤国、刘俊红：《论资产收益权的法律性质与风险防范》，载《河北学刊》2014年第4期。

利属性应当也认定为债权，但基本特征是大致相同的。

收益权在法律性质上是一种民事权利，是交易各方根据基础财产权，通过合同关系创设的一种财产性的权利。或者说，是一种新的债权债务关系。综上所述，收益权并不直接体现在法律规定之中，而根据“物权法定”精神，物权一般不允许当事人通过约定加以创设，因此收益权不宜被界定为一种物权。而收益权作为所有权四项基本权能之一，可以作为一种独立的债权债务关系存在，当市场中的交易双方将其作为一项契约的标的进行交易时，意味着各方将收益权设为一个独立的新的权利的意思表示。因此，收益权很大程度上体现了意思自治的原则，内容上具有非法定性的特点。

收益权的基本含义是收益的权利，在交易中看重的是资产的收益。收益权是基于所有权所包含的占有、使用、收益、处分的整体权能中的一项固有权能，从物权的角度出发，权能与权利在个案中分属不同权利人极为常见，所有权人将所有权四项基本权能中的部分权能让与他人设定一项用益物权的现象屡见不鲜。这也是实现经济学中有效率的分配的有效途径。换言之，所有权通过转让权能的方式，可以最大限度发挥其所有权的效用。资产收益权作为一种财产权利，以基础财产为基础，即以债权、股权等金融产品为基础，以充分发挥基础财产之效用为核心目的，以“收益”为手段，自然也具有财产属性。

收益权基于基础财产权利创设，是基础财产不可分割的派生成分，如果基础财产权利灭失，收益权亦将无所附属，从基础资产所有权的权利人的角度来说，权利人可以与相对方达成合意转让所有权内容下的占有、收益、使用等权能中的一项或多项，即在所有权的基础上创设了一个新的权利。同样，如果基础资产是一个债权，当事人通过合意创设了一个新的收益权债权债务关系，若各方之间的目的不在于转让基础权利，那么该新创设的收益权独立于基础权利。

综上所述，收益权的法律性质是以交易双方基于其所依据的基础权利或资产，双方达成一致所形成的、由约定创设的财产权利。通过收益权在各方的流转，达到了各种资源更合理、更有效率配置的目的，使社会资源的利用更加充分，更加有效地促进了市场经济的繁荣。

2. 资管计划收益权的范围

一旦委托人将某一项财产设立为信托财产，通常情况下该信托财产就会具有积极性、可转让性以及确定性三种特性。积极性，是指权利人通常可以凭借该信托财产获得现实财产增加或者可预期的财产利益增加。可转让性，是指权利人可以通过支配该项信托财产的交换价值，使自己在基于平等协商的自由市场交易中获取利益。当然，这种利益往往是客观利益，但是也不排除在某些情况下权利人仅能获得主观利益。对于积极性和可转让性这两种特性，理论上基本不存在争议，但是对于资产收益权是否具备确定性之特性，则存在不同的理解。我国在民法法系的信托法之中，大多没有将“确定性”作为一个必备要件，而常常用“财产已转移”这样的表述进行替代。在日本等国的立法实践中均采取上述立法例。

从我国《信托法》第7条的规定中可以提炼出我国设立信托的两个基本条件：其一，信托财产必须具体确定；其二，信托财产必须是委托人合法所有。而从信托财产这一概念的一般解读来看，上述概念一般是指受托人因承诺履行信托义务而取得的财产。同时，在受托人对“信托财产”进行管理、运作、投资、收益过程中得以增值或者取得的财产也应当归入信托财产的范畴。信托从本质来说是一种“委托”，受托人所要履行的义务大概可以归纳为“受人之托，忠人之事”。而受托人所“忠”之事务，就是一种理财事务。从上述解读出发，信托在某种程度上可以被理解为一种理财制度，信托财产就是此制度框架之下的管理、筹划、运作、投资收益的客体。因此，信托以委托人的委托为成立要件，以信托财产的管理、筹划、运作为中心环节，以信托财产的存在为客观物质基础，并以信托财产稳定持续的存在为存续前提，整个信托制度的框架都围绕信托财产的委托交付、管理运作、现实存续展开。因此，不能否认“确定的信托财产”是信托制度之基础，“无财产则无信托”。

然而，对于具体信托财产中存在资产收益权的情形，应当从维护交易秩序和交易安全、促进市场交易的角度出发进行考虑，加以区分地认定信托之效力。另外，从法理上分析，存在资产收益权的信托财产不能一律否定效力也具有合理性，理由如下：

（1）所谓信托成立以“确定的信托财产”为基础的表述已经充分说明信托财产要求具有确定性的时间节点为信托成立之时，而并非信托财产存续的全过程，否则不免有严苛之虞。信托财产的管理运作、投资收益是极为复杂的过程，在此过程之中信托财产不可避免地会一直处于动态变化状态。在这种情形下，信托财产是难以保持确定性的，而这不能成为否定信托效力的当然理由。如果当事人以资金为信托财产进行委托，在资金的运作过程中购买了某种资产收益权致使信托财产陷入不确定状态，则信托的效力不能被否定。当然，如果直接以资产收益权作为委托财产设立信托则，就另当别论了。

（2）资产收益的范围包括本金。如果在收益权设立时未明确收益权涵盖的范围，资管计划存在纠纷的风险将大大增加。我国有关信托财产的法律法规，如《信托法》，倾向于认为将受托人接受的财产及该财产产生的所有收入与孳息都计入信托财产的范围内。因此，如果交易各方约定收益权转让的范围意外偏离了双方的合意，例如未将收益权明确约定为纯增值部分，那么若信托的其他条件符合《信托法》的规定，收益权将被扩大，造成不必要的纠纷。

（3）在此问题上，日本《信托业法》对收益权的规定变化可以提供一定的参考。2004 年修订的《日本信托业法》对信托财产的范围进行了修改。修订前对财产采用穷尽列举式的方法，将受托财产局限于几种极为有限的财产或者财产权利，修订后改为无具体名称相称的成熟性权利，只要能够计算出金钱价值且能够从委托人财产分离的皆可。

（4）虽然不同法系对于相关问题的看法不尽相同，但是普通法系在对信托财产确定性的界定这一问题上的观点也具有一定的参考价值。英国“奈特诉奈特案”（1840 年）中，法官创设了信托“三确定性”原则；所谓“三确定性原则”，是指一个信托财产体系应当具备明确的信托目的、确定的信托财产以及明确的受益人。这些对财产及收益的规定都可以成为资管计划财产及收益权范围的重要参考。

（5）我国最高人民法院指导案例已承认资产收益权符合确定性要求。最高人民法院的相关判决也表明司法裁判认可收益权作为信托财产的确定性。（2016）最高法民终 19 号判决中，法院认为，当事人在信托协议中约定股票收益权的具体内容包括股票的处置收益及股票在约定收益期间实际取得的股息及红利、红股、配售、新股认股权证等孳息。该约定明确了信托财产的原始形态，并使信托财产与委托人的其他财产相分离，从而得以特定化、明确化。受托人因此可以对该股票收益权进行符合信托关系特征的管理、运作、投资、收益，其边界是明晰的，其收益是确定的。而且收益权独立于基础财产权，因此收益权可单独转让。在资管计划合同中明确收益权基础财产、范围、计算方式和计算期限，可认定资管财产及其收益权具有确定性，收益权可作为新的权利进行转让。①

二、商业银行资管计划收益权转让争议典型案例研究

利用“威科先行”数据库，以“收益权转让”为关键词、“银行”为当事人，对2018年1月1日~2020年12月31日的裁判文书进行检索，共检索到相关案件327件，其中，2018年86件、2019年105件、2020年136件（见图2－12）。在审理法院的级别方面：基层人民法院占比为39.14%，中级人民法院占比为36.09%，高级人民法院占比为13.15%，专门法院占比为6.12%，最高人民法院占比为5.50%（见图2－13）。在审理程序方面：一审案件的数量占比为52.90%，二审案件占比为22.94%，执行案件占比为19.27%，再审和其他案件合计占比为4.89%（见图2－14）。在地域分布方面：陕西、吉林、广东、浙江的案件数量居前几位，占比分别为15.26%、11.36%、10.39%、7.14%（见图2－15）。此外，从涉案金额来看：高达33.74%的案件的标的额在100万~500万元；其次是标的额在5000万元以上的案件，占比为31.29%；最少的是标的额在50万~100万元的案件，占比仅为1.84%（见图2－16）。

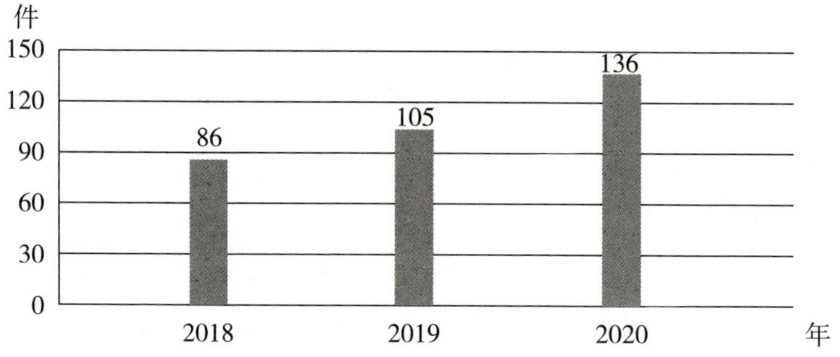

图2－12　案件审理数量年份分布

① 参见周天林：《刍议资产管理产品中的“收益权”法律问题》，载《晟典律师评论》2017年第1期。

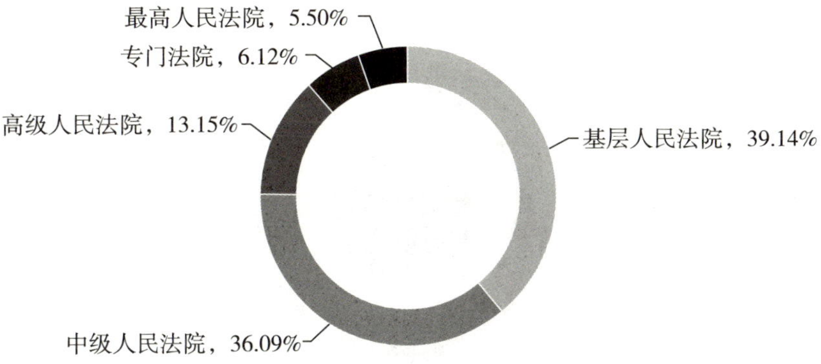

图 2－13 审理法院级别分布

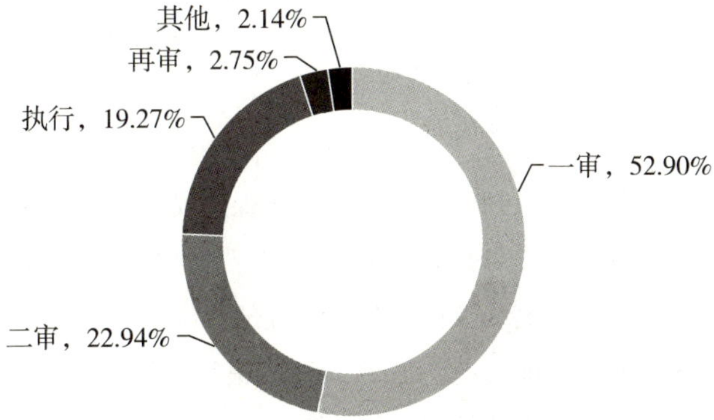

图 2－14 案件审理程序分布

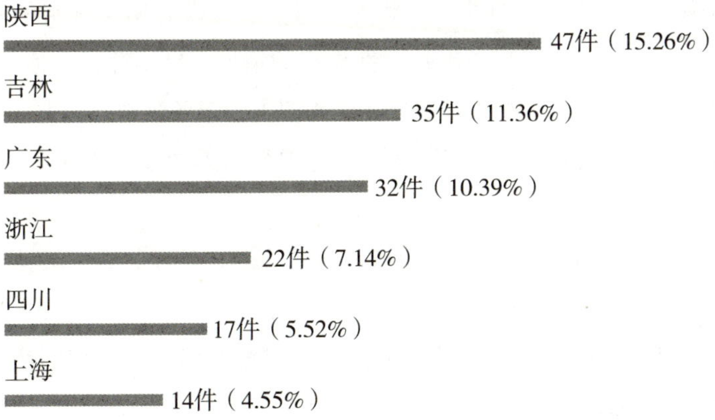

图 2－15 案件主要地域分布

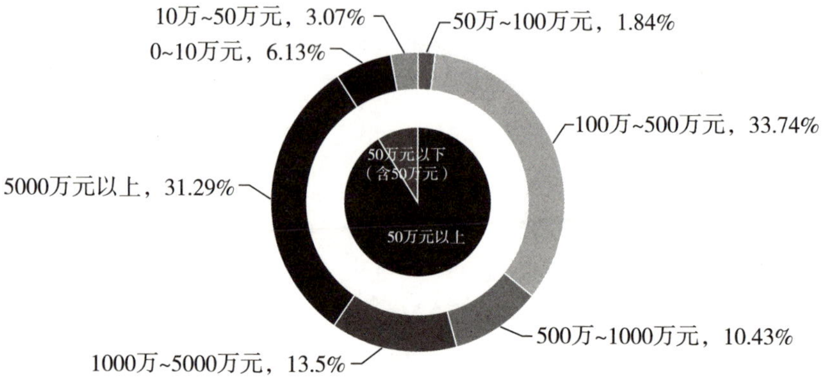

图 2-16　案件标的额分布

（一）长春 NCSY 银行与 HS 银行站前支行、HS 银行股份有限公司合同纠纷案[①]

本案争议集中于《受让协议》是否属于担保协议，以及该协议是否有效。

终审判决认定涉案《受让协议》不具有担保的性质，因此不具备从属性，而属于独立合同。吉林省高级人民法院在说理部分认为，《受让协议》的条款中并不存在由 HS 银行站前支行为长春 NCSY 银行提供履行合同之担保的内容。因此，在法律性质上不能认定为担保协议。从双方签订协议中约定的主给付义务——转让收益权、支付价款等内容来观察，虽然其属于远期合同，但是仍然具有强烈的权利转让的性质。此合同属于法律没有明文规定的非典型合同，不存在违反法律、行政法规强制性规定的情形，也不存在其他无效事由，因此，双方应当信守。最高人民法院亦认为双方约定条款中并无担保功能和目的，此合同为权利转让协议。HS 银行站前支行的诉请没有事实和法律依据，因此不予支持。

根据一审法院的判决，《受让协议》合法有效，且该收益权转让协议为独立合同，各方应当按照该协议履行义务。

该案中《受让协议》即为前文所述增信措施中的第三方回购协议，但是

① 最高人民法院民事判决书，（2016）最高法民终 801 号。

需要注意的是，增信措施与担保并不是一个等同的概念；虽然实践中的增信措施主要表现为担保，然而对于第三方回购这种非典型增信措施仍然存在性质上的争议。目前在性质界定上主要存在保证担保性质、债务加入说以及独立合同说三种观点。在上述案件中吉林省高级人民法院和最高人民法院显然采取了独立合同关系说，认为该协议中并没有符合法律关于保证的规定，而是有其他内容确定的具体内容，因此应该根据约定内容履行，构成合同法上的无名合同。

（二）安某与郭某、安通公司、第三人仁建公司营业信托纠纷案①

本案的争议主要在于自然人安某与仁建公司实际控制人郭某之间约定的性质及效力。

从自然人安某与仁建公司实际控制人之间的约定的内容来看，安某的主给付义务将信托财产收益权让与郭某，郭某的主给付义务为向自然人安某支付本金并将年化收益率补足至13%。就双方约定之主给付义务的设定而言，具有明显的分担风险、增进信用的性质。因此，双方约定属于一种非典型增信措施。同时自然人安某与郭某之间的协议包括转让信托财产收益权的内容，呈现债权债务关系的性质。双方之间的合同具有混合性，既有债权债务关系内容，又有增信性质的法律关系，是一种合同法没有明文规定的非典型合同。同时，增信措施并不等同于担保法律关系。由于双方起订的协议不具有表示提供担保或者保证的意思表示，也不具有从属性，是一种独立的合同关系，因此不能认定为担保法律关系。同时，该合同内容并不违反法律、行政法规的强制性规定，不违背公序良俗，也不具备其他无效事由。双方当事人在市场活动中灵活性的商业安排属于真实意思表示，应当予以尊重。因此本合同合法有效，双方当事人应当秉持诚实、恪守承诺，遵循合同严守原则，妥善全面履行合同义务。

（三）AX信托公司与GSCW公司营业信托纠纷案②

本案为典型的因违反实质刚性兑付原则被认定协议无效的案例。自《九

① 河南省高级人民法院民事判决书，（2018）豫民初80号。

② 湖南省高级人民法院民事判决书，（2020）湘民终1598号。

民纪要》出台以来，监管机构与司法机构对于刚性兑付合同条款的审查判断方式也发生了较大的变化，核心判断原则在于穿透形式、看透本质，重实质轻形式，对于实践中常发生的“抽屉协议”或其他表面合法实质却违法刚兑要求的约定，均应当认定无效。

本案所争议的《信托受益权转让协议》与《补充协议》即为《九民纪要》中明确指出的含有保本或刚兑条款的合同，且属于典型的“抽屉协议”，虽与《信托合同》非同一时间签订，表面上看属于受益权转让的自由合法契约，实际却将投资风险转移给信托管理人一方，属于实质上的刚兑行为，人民法院应当认定该条款无效。

本案的争议点集中于《信托受益权转让协议》与《补充协议》是否属于刚兑合同，其效力是否应当被认定无效。

一审法院长沙市中级人民法院在审理过程中通过书面征询函的形式向上海市银保监会进行了咨询，根据上海市银保监会回复的函而作出涉案两份协议不符合刚性兑付的情形的判断，原因在于两份协议与《信托合同》非于同一时间签订。在之后的说理中，一审法院认为，本案中的后两份协议是双方当事人于《信托合同》生效两年后签订的，属真实意思表示，协议内容也未违反强制性规定，法律法规也并未禁止信托受益权的转让，因此两协议有效。AX 信托公司未按照协议约定支付转让款与利息，逾期时间超过所约定的 20 日，因此 GSCW 公司有权解除协议，并要求 AX 信托公司赔偿损失、支付相应的违约金。

在 AX 信托公司上诉至湖南省高级人民法院后，湖南省高级人民法院重新审查研究一审法院转交的上海市银保监会回复的函以及争议双方新提交的证据后得出结论：涉案《信托受益权转让协议》及《补充协议》应认定无效。理由有如下三点：

第一，人民法院认定民事合同的性质，应根据合同条款所反映的当事人的真实意思，并结合其签订合同的真实目的以及合同的实际履行情况等因素进行综合判断。本案中，争议双方签订《信托合同》且 GSCW 公司于合同签订的后一年就将信托资金的交付义务履行完毕，双方之间的信托关系已经成立，后于 2019 年签订的两份协议中，原受益人将受益权转让给 AX 信托公司，相对的 AX 信托公司需要以固定的收益率向 GSCW 公司支付转让款（即本金）与收益，此时 GSCW 公司并无参与涉案信托计划并承担相应风险的真实意思，也无须承担信托受益权的任何风险，即使收益为零，其亦可以通过受益权转让款取得固定收益。其后签订的《信托受益权转让协议》及《补充协议》，改变了双方《信托合同》确立的权利义务关系。其法律关系是名为信托受益权转让，实为保本保收益的承诺安排。违反了《信托法》第 34 条“受托人以信托财产为限向受益人承担支付信托利益的义务”的规定，应属无效。

第二，一审法院在本案审理过程中，就《信托受益权转让协议》及《补充协议》的签订是否为刚性兑付行为向上海市银保监局发出征询函，上海市银保监局作出回复的函，该函载明上海市银保监局对 AX 信托公司进行了相关调查，并向湖南省银保监局进行了协查问询。上海市银保监局认为 AX 信托公司与 GSCW 公司签订的《信托受益权转让协议》等一系列操作是保证本金收益不受损失的行为，属于违规刚性兑付行为。上海市银保监局系进行金融规范、监督管理的专业行政机构，亦是信托公司的主管部门，其具有对金融机构相关违法违规行为予以认定并加以处罚的职能，其对此作出的书面回复，是行政机关对于该行为定性的权威结论。故亦应认定双方签订涉案转让协议系违规刚性兑付行为。

第三，《九民纪要》第 92 条明确规定，信托公司、商业银行等金融机构作为资产管理产品的受托人与受益人订立的含有保证本息固定回报、保证本金不受损失等保底或者刚兑条款的合同，人民法院应当认定该条款无效。实践中，保底或者刚兑条款通常不在资产管理产品合同中明确约定，而是以“抽屉协议”或者其他方式约定，无论形式如何，均应认定无效。本案虽然没有在《信托合同》中直接约定保本保收益的条款，但在《信托受益权转让协议》《补充协议》的约定显然是保本保收益的约定，如前所述，属于刚性兑付的约定，故该两协议应认定无效。

综上，湖南省高级人民法院支持了 AX 信托公司的上诉请求。从湖南省高级人民法院的判决中不难得知，无论是显性还是隐性，只要带有刚性兑付之性质，就会被司法机关认定无效，从司法审判的角度来说法官拥有了更大的自由裁量权，但同时审判难度也相对提升。实践中“抽屉条款”“嵌套安排”数不胜数，以实质原则作为审查判断的标准符合公平正义之理念，对于商业银行及信托公司等金融机构而言，无疑提高了监管要求。随着我国金融市场的不断扩大、居民闲置资金量的增加、全面理财观念之兴起，越来越多的投资者进入金融市场，各类金融机构掌握着庞大的资金池，同时其中蕴含的风险也在呈几何式增长。因此，在实质性否定刚兑的监管环境下，杜绝以及拒绝刚兑行为，不仅有利于自身的风险防控，还对金融市场的稳定起着至关重要的作用，故将刚兑条款的审查置于合同审查的首位是十分必要的。

（四）江苏信托公司与NY银行昆明分行合同纠纷案①

就《金融机构资管新规》过渡期内资管计划收益权转让的问题，我国法院已经开始进行回应，并且有了一定的结论，同时也为过渡期后商业银行安排相关交易划出界线。在本案中，最高人民法院较充分地阐明了《金融机构资管新规》过渡期内资管计划收益权转让的合同效力问题。本案争议点有二：

（1）关于《转让协议》的性质认定。最高人民法院指出，对于该协议进行的性质认定应当优先考虑对合同条款进行文义解释，不能超出当事人用语可能具有的含义射程范围。在此基础之上，结合交易习惯认定当事人达成协议所欲实现的商业目的，并在法律框架之内进行综合判断。本案系争的《转让协议》不同于传统上的民事合同，因为双方当事人无论是银行还是信托公司都具有商事主体的性质。在这种背景之下，应当特别注意当事人在交易设计中的经济逻辑以及商业安排，尊重商事合同中不同于民事合同的商业理性设计，而不应拘泥于民事合同之逻辑，忽略了对于当事人契约自由或者说基于自愿协商形成的风险分担、收益分配的机制。唯有如此，才能切实维护交易秩序的稳定，保护当事人的合理预期与信赖，充分实现法律最小限度干预商业自由的谦抑性特征，促进商事交易的繁荣，降低商事主体的法律遵从成本。

在该案件当中，NY银行昆明分行与江苏信托公司之间的交易标的为江苏信托公司基于与绿园置业公司达成的协议所取得的特定资产收益权。由于江苏信托公司与绿园置业公司对该房产收益权约定有回购条款，并约定如该收益权

① 最高人民法院民事判决书，（2017）最高法民终478号。

转让，绿园置业公司应当对受让人履行回购债权。即江苏信托公司与绿园置业公司实际上达成两份协议，分别是《资产收益权转让协议》与《回购协议》。而江苏信托公司与NY银行昆明分行达成的《转让协议》也将上述《资产转让协议》及《回购协议》列为附件。再结合江苏信托公司与绿园置业公司关于回购债权随资产收益权转让而转让的约定。可以合理推定《转让协议》中的标的是一种复杂客体，即该协议不仅包括特定房产收益权，亦包括回购债权以及基于回购条款形成的抵押权。由此可见，最高人民法院再一次肯定了通过合同创设资管计划收益权转让的债权债务关系为合法的。

（2）《转让协议》的效力认定问题。此问题反映了商业银行资管计划可能面临的最普遍的问题，NY银行昆明分行以违反金融监管规定为由主张《转让协议》无效。最高人民法院认为，该《转让协议》是否无效还是应回归到《合同法》第52条的规定以及相关司法解释①中去审查判断；当然，还应当结合国家有关部门的金融监管规定的具体实施情况。

近年来，国家相关监管部门发布的关于"影子银行"以及违规开展涉及交叉金融产品风险业务的监管、查处的相关规范性文件比较多。② 商业银行在日常开展业务的过程中应当严格遵守。上文已经提及，按照民事法律的相关规定，违反部门规章以及其他规范性文件的民事法律行为并不必然导致合同无效。因为《民法典》明文规定无效的情形限于"违反法律、行政法规的效力性强制性规定"。但是实践中，违反部门规章或者其他规范性文件的行为被解释为无效其实还存在另外一条进路，即适用"违反公序良俗的民事法律行为无效"。正如上文所言，金融监管涉及公共秩序的规范性文件，将违反公共秩序、善良风俗的行为解释为无效行为，在现行法律框架之下仍然具有可供"闪转腾挪"之空间。人民法院在审理此类案件时，自然也应该结合《民法

① 现参见《民法典》及其司法解释。

② 如中国人民银行、原中国银监会、中国证监会、原中国保监会、国家外汇局《关于规范金融机构同业业务的通知》（银发〔2014〕27号）；原中国银监会《关于进一步深化整治银行业市场乱象的通知》（银监发〔2018〕4号）及其附件《进一步深化整治银行业市场乱象的意见》《2018年整治银行业市场乱象工作要点》；中国人民银行、中国银保监会、中国证监会、国家外汇管理局《关于规范金融机构资产管理业务的指导意见》（银发〔2018〕106号）等金融监管文件均有相关规定。

典》的规定对涉及公共秩序的金融监管规定加以充分考量，判断其是否成为否定合同效力的充分理由。

在本案中，相关金融监管规定的发布都是在NY银行昆明分行与江苏信托公司签订《转让协议》之后，按照“法不溯及既往”的基本精神，相关规定不应当成为否定合同效力的充分理由。例如，在《关于规范金融机构同业业务的通知》第18条中有关于金融机构在文件发布之前开展的业务应当向监管部门报告，并在存续届满后结清的规定。此外，《关于进一步深化整治银行业市场乱象的意见》及其附件、《关于规范金融机构资产管理业务的指导意见》都明确规定了按照“新老划断”之原则确定一定的过渡期，文件发布之前开展的业务在过渡期内应当对存量进行清理，并且杜绝违规业务实现增量。综上所述，近年来一系列金融监管规定的精神大多兼顾市场秩序的有序性与法律规定的稳定性、可预测性。换言之，相关文件一般是不具有溯及力的。这就在根本上维护了在相关金融监管规定出台之前与商业银行就相关业务签署协议的商事主体对于当事相关规定的“合理信赖”，保证新旧政策平稳过渡。

具体就本案而言，系争《转让协议》为NY银行昆明分行与江苏信托公司于2012年所签的协议。也就是说，在相关协议签订之时上述《关于规范金融机构同业业务的通知》、《关于进一步深化整治银行业市场乱象的意见》及其附件、《关于规范金融机构资产管理业务的指导意见》均未出台。因此，该《转让协议》亦无法由上述一系列金融监管新规所调整。双方应当基于诚实信用原则，秉持诚实、恪守承诺、适当全面地履行合同。同时，上述《转让协议》继续履行也符合金融监管规定在过渡期内清理违规业务存量的基本精神，有利于维护交易秩序和交易安全。因此，NY银行昆明分行以相关协议违反金融监管规定为由主张合同无效于法无据，不予支持。由此也可以看出，最高人民法院详细列明解读金融监管政策，对待合同违反规章政策的效力问题处理得格外谨慎，监管政策范围外的合同效力最后也应归入合同法相关规定加以判断。

三、资管计划收益权转让中商业银行面临的主要风险

以收益权转让为目的的资管计划作为商业银行普遍推出的创新型理财产

品，由于处于监管有待完善的摸索阶段，往往存在以下几种类型的风险：

（一）产品准入政策风险

目前，我国金融市场存在市场秩序混乱、市场政策不规范、市场调控法规不完善等问题。此外，我国金融机构的行业自律也缺乏有效性。以上业态现实导致我国金融监管呈现“从严态势”。在同业竞争中，商业银行面对激烈的市场竞争态势和仍需完善的监管良策，往往会在推出新型理财产品的过程中打一些“政策擦边球”，甚至会越过监管边界。而政策法规又处于不断的动态调整过程中，一些根据当时的政策看起来并没有问题的金融理财产品却有可能被监管部门叫停，或者在监管规定修改之后变得不合规、不合法。这就导致监管政策变化风险成为金融机构在进行金融创新时必须评估判断的风险之一。

如上文所述，目前我国资管产品市场正处于发展中，监管制度和监管技术尚待完善，司法裁判经验和水平也有待提高。随着《金融机构资管新规》及相关法律法规和司法解释的出台，监管机构对资管计划的监管力度加大。以《金融机构资管新规》第28条为例，该规定明确要实行“穿透式监管”，强调对“多层嵌套资产管理产品”实行向上识别产品的最终投资者，向下识别产品的底层资产的严格监管策略。而在实践中，基于商业银行对相关规范的理解程度和理解准确性不同等原因，新型资管计划有可能被监管机构认定存在“多层嵌套”或者“刚性兑付”等违规情形，因此导致被动终止甚至招致处罚。因此，资管计划相关合规风险成为商业银行设计和实施资管计划必须考虑的主要风险。

（二）基础资产权利及收益权存在合法性风险

商业银行设计收益权资管计划往往明确约定交易标的为收益权，而不包括基础资产权利。收益权作为交易各方约定从基础权利中创设的新权利，需要依附于基础权利才能正常行使或者转让。基础权利的效力瑕疵将直接增加收益权资管计划纠纷的风险。如果商业银行资管计划中的基础资产存在特别限制或效力瑕疵，收益权无法兑付的风险将随之而来。因此，商业银行在设计收益权资管计划之前，应当进行必要的尽职调查，并与上一手发债企业等主体约定基础资产无效力瑕疵或限制，以及相应法律责任。

（三）投资风险加大

资管计划基础资产涉及的行业种类越来越多，投资标的也越来越复杂，对商业银行识别优质资产提出了更高的要求，投资风险随之加大。除了股权收益、承兑汇票、应收账款、经营性收入外，还有其他可能的投资范围，如融资租赁利息和票据贴现收益等。投资范围的不断扩大和复杂化，要求商业银行更加准确和深入地理解法律法规和监管规定，防范和化解纠纷和风险。

（四）资管计划生效后的投资和投后管理环节同样存在诸多风险

融资资金的不当运用将严重危及产品兑付，并且将面临巨大的监管风险。如果缺乏事前审核，未能控制资金投入资管合同约定之外用途，甚至是监管禁止的用途或相关行业，则该资管计划将面临严重的合规和法律风险。商业银行应当谨慎关注并采取措施督促融资企业依约使用资金，并履行信息披露义务，同时强化资金回笼等要求，防范资管计划所涉基础财产或收益有可能出现的亏损甚至灭失风险，把控底层资产质量，确保回款的稳定性和可预测性。

四、商业银行资管计划收益权转让风险的防范路径

商业银行应当严格执行资管计划的审核和报告程序，为之设计具体且具备可操作性的流程和制度，在事前对单个资管计划进行合规风险测试并制定风险防范预案。除此之外，商业银行还应当要求分支机构及部门定期学习监管规则及典型案例，关注相关资管产品的最新政策，关注可能出现的市场风险和合规风险，及时采取预警措施，防范和化解纠纷，必要时启动产品的紧急退出计划。

商业银行内部应确定对融资企业基本资产和负债等经营状况、资产状况的评估机制。评估融资企业资产的真实性、合法性、有效性以及资金流向，必要时应在事前设计违约赔偿及免责退出条款，防范市场风险和系统性风险造成的损失以及管理失控。此外，还应加大对融资企业信息披露的要求，保证商业银行能够及时、准确地掌握基础资产的情况，以定期判断基础财产及收益权的状况。

必要时商业银行可以要求融资企业提供担保，或者寻求其他增信措施，为

资管计划收益权的投资和转让提供保障，在客观上达到提升收益权价值的目的。其中，可以根据具体产品的风险点设计实现担保债权的触发条件，同时定期评估担保财产的状况，以保障出现风险时能够及时足额受偿，以减少损失。

商业银行应当加大向投资者进行信息披露的力度，实现信息的持续披露、充分披露。其中，信息披露的内容不仅包括净值管理项下资管计划的估值，还包括资金使用的定期报告、底层资金的运营情况和风险响应等，尤其是对可能导致投资者损失的风险事件应进行重点关注，例如基础资产在运作中出现不良状况导致收益权减损甚至灭失，并作出重点提示和必要解读，避免信息披露不到位而损害投资者的利益。这些尽职措施和“透明化”管理，能够在未来产生纠纷时使商业银行可以提出尽职抗辩，免除或者最大限度减轻其责任。

资管计划的风险控制可以适当参照商业银行信贷类产品的标准，因此对资管计划可以考虑建立全流程化管理体系。严格审查基础财产的权利属性和权利归属，对于存在法律法规禁止的或存在潜在纠纷的，如相关质保金和员工工资等专款专用的资产或处于诉讼中甚至被查封的资产，应当在事前予以识别并排除。对于产品资金流动的监管，银行应设立专户或收益权监管账户，对资金用途和使用时效进行监管，确保资金流动符合金融监管机构的规定和要求，监督资金运作符合收益权转让合同约定的用途。

为避免底层资产质量下降导致收益权减损而引发赔偿争议，商业银行可以考虑设置关联性的违约责任条款，从违约损害赔偿方面加大融资企业的违约成本，迫使其必须合规运营并依约使用融资资金。在融资企业提供担保的资管计划中，商业银行应当及时对基础资产及担保财产进行尽职调查，包括财产的基本状况、价值和担保能力、盈利能力及经营状况等方面，并将获得的信息适当向投资者进行披露。①

① 参见吕洁：《“资产收益权类理财产品”的法律问题研究——基于产品结构的思考》，载《科技与法律》2015 年第 2 期。

第四节　投资者保护视角下金融消费者保护新规对商业银行理财业务的影响

为了健全金融监管体系、稳定金融市场、完善金融消费者保护机制，中国人民银行于2020年9月18日发布《金融消费者权益保护实施办法》（以下简称《金融消费者保护办法》），自2020年11月1日起施行。在当前形势下，《金融消费者保护办法》的出台不只是保护金融消费者根本及长远利益的现实需要，还是完善中国人民银行金融消费者权益保护法律体系的履职需要，更是打击侵犯金融消费者合法权益的违法违规行为并有效提升违法违规成本的迫切需要。

一、《金融消费者保护办法》出台的背景及主要内容分析

（一）《金融消费者保护办法》出台的背景

在“互联网+”的时代，金融产品与服务的供应日趋丰富，为金融消费者提供了便利且多样化的选择。但是随着金融产品和服务创新性的提升，其复杂性也随之增强，金融消费者的金融知识素养却并未得到同水平的提升，消费者与经营者地位的实质不平等在金融市场上表现尤为突出①，从而导致金融消费纠纷频发。事实上，“金融消费者”这一概念也是近几年随着金融投资、委托理财的普及才得到重视，进入公众的视野。尽管“金融消费者”通过字面意思上的理解可以归属于“消费者”群体，但在金融消费者与金融机构之间的博弈中，个人投资者缺乏专业知识、与金融机构所掌握的信息严重不对称、对金融产品及服务知悉度不够再加上抗金融风险能力较差且维权成本过高，而金融机构掌握信息优势，违法违规的成本过低。因此《消费者权益保护法》

① 参见吴弘、徐振：《金融消费者保护的法理探析》，载《东方法学》2009年第5期。

中规范的“消费者”无法体现“金融消费者”这一群体的特殊性,[①] 需要专门的法律予以保护。

1995 年，英国著名经济学家迈克尔·泰勒（Michael Taylor）提出著名的“双峰”理论，认为消费者权益保护应当与审慎监管一并作为金融监管的目标。我国在 2013 年修订的《消费者权益保护法》中最早规定了有关金融消费者的立法保护，同年《金融消费权益保护工作管理办法（试行）》的颁布，可以看作《金融消费者保护办法》的 1.0 版本。

2015 年国务院办公厅发布《关于加强金融消费者权益保护工作的指导意见》后，中国人民银行根据新的金融消费形式，于 2016 年发布了《关于印发〈中国人民银行金融消费者权益保护实施办法〉的通知》，也就是《金融消费者保护办法》的 2.0 版本。[②]

随着近年来互联网金融的发展，也同步产生了一些严重的问题。如 E 租宝、套路贷等以互联网金融产品为噱头的产品，对于缺乏金融知识的消费者而言，具有很强的欺骗性。该类产品的存在，极大地加剧了金融风险的集聚，严重侵犯了金融消费者的合法权益。互联网金融机构往往具有一定资金规模，且经常涉及大量用户，一旦出问题很难通过市场方式解决，故必须予以监管。[③] 中国人民银行在《金融消费者权益保护实施办法（征求意见稿）〉起草说明》中表示，要继续把主动防范化解系统性金融风险放在更加重要的位置，发挥好金融消费者权益保护工作在金融领域“减震器”和“舒压阀”的基础性作用，对金融消费者权益保护领域的风险做到“早识别、早预警、早发现、早处置”，完善金融安全防线和风险应急处置机制，着力防范重点领域风险，以阻隔金融风险传导、维护金融稳定。因此，需要对旧的《金融消费者保护办法》进行升级，才有了本次《金融消费者保护办法》3.0 版本。

---

① 参见李勇坚：《互联网金融视野下的金融消费者权益保护》，载《经济与管理研究》2016 年第 9 期。

② 参见黄大智：《解读〈金融消费者权益保护实施办法〉八点重大变化》，载搜狐网 2020 年 9 月 21 日，https：//www. sohu. com/a/419757366_ 371463。

③ 参见谢平、邹传伟、刘海二：《互联网金融监管的必要性与核心原则》，载《国际金融研究》2014 年第 8 期。

中国人民银行发布的《金融消费者保护办法》提升了金融消费者权益保护专门文件的法律效力位阶，保护了金融消费者长远和根本利益，完善了人民银行金融消费者权益保护法律体系，打击了侵犯金融消费者合法权益的违法违规行为，提升了违法违规的成本。

（二）《金融消费者保护办法》主要内容分析

2020年《金融消费者保护办法》由2016年版的六章共48条增加到七章共68条，整体框架延续旧规，包含总则、金融机构行为规范、消费者金融信息保护、金融消费争议解决、监督与管理机制、法律责任、附则七个部分。不仅内容有所扩充，法律位阶也有所提升，由规范性文件上升至“部门规章”。2016年《金融消费者保护办法》仅仅属于“规范性文件”，而2020年《金融消费者保护法》的法律层级属于“部门规章”，其适应性和施行效力都得到增强，体现出对金融消费者群体保护的重视。

1. 总则：细化了金融消费者权益保护工作的适用范围

对比2016年版而言，2020年《金融消费者保护办法》的适用排除了保险公司、证券公司等。与此同时，参照适用的范围却扩大了。在适用对象方面，2020年《金融消费者保护办法》不仅直接适用于银行和支付机构，还要求商业银行理财子公司、金融资产管理公司、信托公司、汽车金融公司、消费金融公司以及征信机构、个人本外币兑换特许业务经营机构也须参照适用。对此，2020年《金融消费者保护办法》通过“直接适用”“参照适用”将两类机构区分开来。在适用业务方面，不仅包括与利率管理、人民币管理、外汇管理、黄金市场管理、国库管理、支付清算管理、反洗钱管理、征信管理相关的业务，还包括与上述业务相关的金融营销宣传和消费者金融信息保护，以及其他人民银行职责范围内的金融消费者权益保护，相关业务也须适用该办法。

2. 金融机构行为规范

（1）加强内部管理。

依据2020年《金融消费者保护办法》规定，金融机构应当建立健全金融消费者权益保护的全流程管控机制和各项内控制度，包括事前审查机制、事中控制机制和事后监督机制。

开展考核评价时，考核指标应当以金融消费者权益保护工作为重点，综合考虑业务合规性、投诉处理及时率与合格率、客户满意度等其他因素，合理分配相关指标的占比和权重，不得仅以投诉数量作为主要考核标准。对于金融消费者投诉多发、风险较高的业务岗位，应当适当提高培训的频次，应当每年至少开展一次金融消费者权益保护专题培训。

（2）突出权利保护。

第一，首次将"普惠金融"纳入金融消费者权益保护范围。2020 年《金融消费者保护办法》第 14 条规定："银行、支付机构应当尊重社会公德，尊重金融消费者的人格尊严和民族风俗习惯，不得因金融消费者性别、年龄、种族、民族或者国籍等不同实行歧视性差别对待，不得使用歧视性或者违背公序良俗的表述"。虽然如今互联网金融普及已经极大地拓展了金融服务的可得性，但仍然有相当数量的弱势群体被排斥在正规金融系统之外。第 25 条规定："银行、支付机构应当重视金融消费者需求的多元性与差异性，积极支持普惠金融重点目标群体获得必要、及时的基本金融产品和服务。"重视金融消费者需求的多元性与差异性也是践行普惠金融理念的重要体现。

第二，对公平交易权和自主选择权提出更加具体的要求。2020 年《金融消费者保护办法》第 15 条规定："银行、支付机构应当尊重金融消费者购买金融产品或者服务的真实意愿，不得擅自代理金融消费者办理业务，不得擅自修改金融消费者的业务指令，不得强制搭售其他产品或者服务。"第 19 条规定："银行、支付机构不得利用技术手段、优势地位，强制或者变相强制金融消费者接受金融产品或者服务，或者排除、限制金融消费者接受同业机构提供的金融产品或者服务。"第 21 条规定："银行、支付机构向金融消费者提供金融产品或者服务时使用格式条款的，应当以足以引起金融消费者注意的字体、字号、颜色、符号、标识等显著方式，提请金融消费者注意金融产品或者服务的数量、利率、费用、履行期限和方式、注意事项、风险提示、纠纷解决等与金融消费者有重大利害关系的内容，并按照金融消费者的要求予以说明。"总而言之，格式条款不得含有对金融消费者不合理、不公平的规定。

（3）严格信息披露。

依据 2020 年《金融消费者保护办法》第 16 条第 3 项的要求，金融机构应当披露的重要内容包括贷款产品的年化利率，该条第6项和第7项也分别规定“银行、支付机构对该金融产品或者服务所执行的强制性标准、推荐性标准、团体标准或者企业标准的编号和名称”和“在金融产品说明书或者服务协议中，披露实际承担合同义务的经营主体完整的中文名称”。涉及重大利害关系的内容，格式条款应以显著方式提请金融消费者注意，并按照金融消费者的要求予以详尽说明，相较于2016年《金融消费者保护办法》而言，责任更加严苛。

（4）规范营销宣传行为。

2020年《金融消费者保护办法》对营销宣传行为进行了针对性地规范，合理吸收“一行两会一局”联合发布的《关于进一步规范金融营销宣传行为的通知》的相关内容，主要包括：金融机构应当建立专门的金融营销宣传管理制度；金融机构应当建立事中管控机制，加强对营销宣传行为的监测与管控，确保遵循基本程序和标准；金融机构应当对营销宣传内容的真实性负责，不得虚假宣传；金融机构向金融消费者发送金融营销宣传信息的，应当提供拒绝继续接收金融营销信息的方式。

3. 消费者金融信息保护

大数据语境下，金融信息的保护与开发利用共同构成金融消费者信息保护制度的基础，在价值位阶上仍需遵循金融信息保护优位原则。[①] 与2016年版相比，2020年《金融消费者保护办法》吸收了个人信息保护领域最新法律文件的要求，在第29条第1款中规定：银行、支付机构处理消费者金融信息，应当遵循合法、正当、必要原则，经金融消费者或者其监护人明示同意，但是法律、行政法规另有规定的除外。银行、支付机构不得收集与业务无关的消费者金融信息，不得采取不正当方式收集消费者金融信息，不得变相强制收集消费者金融信息。银行、支付机构不得以金融消费者不同意处理其金融信息为由拒绝提供金融产品或者服务，但处理其金融信息属于提供金融产品或者服务所必需的除外。

① 参见张继红：《论我国金融消费者信息权保护的立法完善》，载《法学论坛》2016年第6期。

建立以分级授权为核心的信息使用管理制度，第 33 条规定："银行、支付机构应当建立以分级授权为核心的消费者金融信息使用管理制度，根据消费者金融信息的重要性、敏感度及业务开展需要，在不影响本机构履行反洗钱等法定义务的前提下，合理确定本机构工作人员调取信息的范围、权限，严格落实信息使用授权审批程序。"

金融机构应当妥善保管和存储所收集的消费者金融信息，防止信息遗失、毁损、泄露或者被篡改，第 34 条对于"信息安全事件的通知和报告制度"进行了规定："在确认信息发生泄露、毁损、丢失时，银行、支付机构应当立即采取补救措施；信息泄露、毁损、丢失可能危及金融消费者人身、财产安全的，应当立即向银行、支付机构住所地的中国人民银行分支机构报告并告知金融消费者；信息泄露、毁损、丢失可能对金融消费者产生其他不利影响的，应当及时告知金融消费者，并在 72 小时以内报告银行、支付机构住所地的中国人民银行分支机构。"

4. 金融消费争议解决

多元化的金融纠纷解决方式势必可以满足不同金融主体在不同金融法律关系中对公平效率在不同层次上的需求。[①] 消费者权益受到损害时，可以自行和金融机构进行协商沟通，协商不成也可以投诉至属地中国人民银行分支机构，而且相关投诉信息处理是有时限要求的，这将进一步促进纠纷的解决，以往消费者"投诉无门"的情况将会大为改观。2020 年《金融消费者保护办法》明确了金融消费纠纷的解决路径，缩小投诉不予受理的范围，细化投诉处理机制，引入中立评估机制，鼓励消费者与机构运用调解、仲裁等方式解决金融消费纠纷。

（1）详细规定了金融机构处理金融消费者投诉的主体责任。依据第 36 条到第 39 条的规定，银行、支付机构应当按年度向社会发布金融消费者投诉数据和相关分析报告，应当通过金融消费者方便获取的渠道公示本机构的投诉处理方式，应当按照人民银行要求建设投诉处理信息系统，对投诉进行分类并按

① 参见白映福、毛玉光：《金融争议多元化解决机制理论与实务》，法律出版社 2011 年版，第 2 页。

时报送相关信息，应依法依约处理金融消费者投诉，并告知投诉人处理情况。

（2）明确了人民银行受理金融消费者投诉的范围、渠道和程序。第 37 条规定：“银行、支付机构应当通过金融消费者方便获取的渠道公示本机构的投诉受理方式，包括但不限于营业场所、官方网站首页、移动应用程序的醒目位置及客服电话主要菜单语音提示等。”

（3）第 43 条、第 44 条对金融机构收到中国人民银行分支机构转交的投诉的处理时限、处理情况反馈和投诉资料保管提出了具体要求。依据规定，中国人民银行分支机构收到金融消费者投诉的，应当自收到投诉之日起 7 个工作日内作出处理。银行、支付机构应当妥善保存投诉资料，投诉资料留存时间自投诉办结之日起不得少于 3 年。法律、行政法规另有规定的，从其规定。

（4）引入中立评估机制。第 45 条规定：“银行、支付机构、金融消费者可以向调解组织申请调解、中立评估。调解组织受理调解、中立评估申请后，可在合理、必要范围内请求当事人协助或者提供相关文件、资料。本办法所称中立评估，是指调解组织聘请独立专家就争议解决提出参考性建议的行为。”

5. 法律责任

2016 年《金融消费者保护办法》没有配置相应罚则，对侵害金融消费者合法权益的违法违规行为震慑不足，2020 年《金融消费者保护办法》则专章设置了法律责任，解决了金融消费者权益保护领域违法违规成本较低的问题。具体来讲：

（1）加强与《消费者权益保护法》的衔接。

第 60 条规定：“银行、支付机构有下列情形之一，侵害消费者金融信息依法得到保护的权利的，中国人民银行及其分支机构应当在职责范围内依照《中华人民共和国消费者权益保护法》第五十六条的规定予以处罚……”

（2）对一些未在法律、行政法规中作处罚规定的具体违法性行为的处罚予以明确。

第 62 条规定：“银行、支付机构违反本办法规定，有下列情形之一，有关法律、行政法规有处罚规定的，依照其规定给予处罚；有关法律、行政法规未作处罚规定的，中国人民银行或其分支机构应当根据情形单处或者并处警告、处以五千元以上三万元以下罚款：（一）未建立金融消费者权益保护专职部门或者指定牵头部门，或者金融消费者权益保护部门没有足够的人力、物力独立开展工作的。（二）擅自代理金融消费者办理业务，擅自修改金融消费者的业务指令，或者强制搭售其他产品或者服务的。（三）未按要求向金融消费者披露与金融产品和服务有关的重要内容的。（四）利用技术手段、优势地位，强制或者变相强制金融消费者接受金融产品或者服务，或者排除、限制金融消费者接受同业机构提供的金融产品或者服务的。（五）通过附加限制性条件的方式要求金融消费者购买、使用协议中未作明确要求的产品或者服务的。（六）未按要求使用格式条款的。（七）出现侵害金融消费者合法权益重大事件未及时向中国人民银行或其分支机构报告的。（八）不配合中国人民银行及其分支机构开展金融消费者权益保护领域相关工作，或者未按照规定报送相关资料的。（九）未按要求对金融消费者投诉进行正确分类，或者迟报、漏报、谎报、错报、瞒报投诉数据的。（十）收到中国人民银行分支机构转交的投诉后，未在规定期限内答复投诉人，或者未按要求向中国人民银行分支机构反馈投诉处理情况的。（十一）拒绝、阻挠、逃避检查，或者谎报、隐匿、销毁相关证据材料的。”

（3）明确与《刑法》的衔接。

第 64 条规定：“中国人民银行及其分支机构的工作人员在开展金融消费者权益保护工作过程中有下列情形之一的，依法给予处分；涉嫌构成犯罪的，移送司法机关依法追究刑事责任：（一）违反规定对银行、支付机构进行检查的。（二）泄露知悉的国家秘密或者商业秘密的。（三）滥用职权、玩忽职守的其他行为。”

二、商业银行债券投资业务视域下的投资者救济问题

（一）商业银行债券违约救济的法律规范

依据《公司法》第 153 条的规定，公司债券，是指公司依照法定程序发行、约定在一定期限还本付息的有价证券。我国公司债券依据监管机构的不同分为三类，本节探讨的是银行间债券市场中债券违约救济的理论与实践。

2000 年 4 月 30 日，中国人民银行制定《全国银行间债券市场债券交易管理办法》，强调债券交易应该遵循公平、诚信、自律的原则，同时规定了若干

处罚情况和办法。2014年5月8日，国务院发布《关于进一步促进资本市场健康发展的若干意见》，在规范债券市场一栏中，明确强调需要强化发行人和投资者的责任约束，健全债券违约监测和处置机制，支持债券持有人会议维护债权人整体利益，切实防范道德风险。同时，自2015年《公司债券发行与交易管理办法》实施以来，交易所债券市场始终牢固树立“债券思维”，将违约风险防控体系建设作为立身之本。

2019年6月，中央国债登记结算有限责任公司、银行间市场清算所股份有限公司、全国银行间同业拆借中心发布《中央结算公司担保品违约处置业务指引（试行）》《银行间市场清算所股份有限公司债券回购违约处置业务实施细则（试行）》《银行间市场清算所股份有限公司回购债券拍卖处置业务实施细则（试行）》《全国银行间同业拆借中心回购违约处置实施细则（试行）》等文件，共同构建及明确了银行间债券市场的债券违约处置新制度，开创了银行间债券市场债券快速处置新阶段。

债券市场的长久稳定健康发展，离不开债券违约处理机制的制度设计。为贯彻落实党中央、国务院关于“加大防范化解风险力度”“加强资本市场基础制度建设”等决策部署，中国人民银行牵头各商业银行、金融机构及其他资管组织，持续推动债券违约处置机制建。① 2020年6月15日，中国人民银行、国家发展和改革委员会、原中国证监会三部门联合发布《关于公司信用类债券违约处置有关事宜的通知》，主要内容包括以下七点：一是明确违约处置的四项基本原则；二是充分发挥受托管理人和债券持有人会议制度在债券违约处置中的核心作用；三是强化发行人契约精神，严格履行各项合同义务；四是依法保障债券持有人合法权益，加大投资者保护力度；五是建立健全多元化的债券违约处置机制，提高处置效率；六是严格中介机构履职，强化中介机构问责；七是加强监管协调，加大债券市场统一执法力度。

在此基础上，最高人民法院于2020年7月15日起草了《关于审理债券纠

① 参见《加快完善债券违约处置机制　促进银行间债券市场高质量发展》，载中国银行间市场交易商协会网2019年12月27日，http://www.nafmii.org.cn/xhdt/201912/t20191227_78744.html。

纷相关案件的座谈会纪要》，为法院处理各市场公司信用类债券发行和交易引发的民商事案件提供了相同的法律标准，统一了违约处置的相关原则和措施，并提出要充分发挥受托管理人在处置中的核心作用。

而在此之前，银行间市场交易商协会已发布《银行间债券市场非金融企业债务融资工具受托管理人业务指引（试行）》等配套细则，对银行间债券市场受托管理人或履行同等职责机构的相关职责、权利等事项进行了具体规定，对银行间市场受托管理人制度的空白进行了填补。

在中国人民银行的指导下，交易商协会组织市场成员，借鉴国际成熟市场违约处置先进经验，在深入总结国内市场实践的基础上，制定了《银行间债券市场非金融企业债务融资工具违约及风险处置指南》、《银行间债券市场非金融企业债务融资工具受托管理人业务指引（试行）》及其配套文件、《银行间债券市场非金融企业债务融资工具持有人会议规程（修订稿）》。①

上述制度要解决的是银行间市场违约处置问题，规范了债券违约的救济路径，提供了制度保障，有利于提高债券违约的处置效率，从而保护投资者的合法权益。

（二）商业银行债券违约救济中存在的问题

1. 债券违约披露力度不够，商业银行债券市场面临债券救济措施的重建问题

以前银行间债券市场的主要着力点重点放在引进引发 2008 年国际金融危机的金融产品信用违约的互换产品上。值得注意的是，信用违约互换产品只是转移风险，而并不会消除和化解风险，② 也不会切实保护债券投资者的利益。债券发行人在债券存续期间的财务状况信息披露很有可能是滞后并且不完整

---

① 参见中国银行间市场交易商协会：《加快完善债券违约处置机制　促进银行间债券市场高质量发展》，载中国银行间市场交易商协会网 2019 年 12 月 27 日，http：//www. nafmii. org. cn/xhdt/201912/t20191227_ 78744. html。

② 参见柯荆民：《债市违约潮来临　倒逼建立债券违约救济机制》，载新浪财经 2016 年 6 月 17 日，https：//finance. sina. com. cn/money/bond/market/2016 - 06 - 17/doc - ifxtfsae568 4674. shtml。

的，这将直接影响投资者对债券的评价；通过2012年的“海龙事件”[①]可以看出，信息披露滞后将直接导致债券违约的概率上升。“海龙事件”是2012年发生在中国债券市场上的一个典型的因为募集资金用途与实际用途不符、财务信息披露存在欺诈和虚假记载行为等信息问题而引起的信用评级降级和信用价差升高的案例。[②]与之类似，商业银行对银行间债券市场内流通的债券信息披露不及时、不完整也是商业银行债券违约救济存在的问题之一。

2. 商业银行内部风险意识不强，风控能力不足

目前，商业银行债券业务的风险管理能力有待加强，针对债券业务的风险管理制度尚不完善，未能搭建独立的决策流程和授权机制等，不能在资金规模，资金成本，会计分类，可投资产品的范围、期限、限额、集中度及资本等方面进行合理规划和管理。[③] 2012年5月，伦敦发生的“伦敦鲸事件”[④]导致摩根大通损失65亿美元，就是内部风险意识不强、风控能力不足导致债券违约救济出现问题的体现。

3. 债券业务缺乏明确的法律依据，投资者保护机制不健全

银行间债券市场游离于《证券法》的规制之外，银行间债券市场采用“非金融企业债务融资工具”“中期票据”“短期融资”等似是而非、令人费解的名称[⑤]，一定程度上是为了规避《公司法》《证券法》相关规定的适用。同时，由于不受《证券法》及相关司法解释的规范和限制，现行的银行间债券市场均未直接规定债券持有人的相关概念和制度，也没有规定债券持有人保护制度。规制银行间债券市场的最高位阶的法律是《中国人民银行法》，且目前银行间市场规制非金融企业债务融资工具的规范是围绕《银行间债券市场非

---

① 参见李慧、别晓彬：《企业债券违约风险承担者浅探——基于山东海龙短期融资券兑付危机的思考》，载《财会通讯》2013年第20期。

② 参见吴建华、王新军、张颖：《企业信息披露滞后对债券违约风险影响的量化分析》，载《金融经济学研究》2014年第6期。

③ 参见席绍原、张搏：《债市投资风险与商业银行的应对》，载《农村金融研究》2016年第12期。

④ 参见易宪容：《美联储量化宽松货币政策退出的经济分析》，载《国际金融研究》2014年第1期。

⑤ 参见卢文道、武俊桥、陈亦聪、张嫒、朱文超、王文心：《成熟市场视野下的证券法修改完善论纲》，载《证券法苑》2012年第1期。

金融企业债务融资工具管理办法》制定的一系列行业规定，该管理办法的效力级别仅为行政规章，目前尚缺专门的法律层级上的规范。对此，债券持有人能否以及如何向承销商、中介机构等主体主张民事责任，德和衡律师认为，《银行间债券市场非金融企业债务融资工具管理办法》以及相关行业规定可以作为认定承销商构成侵权的标准，受侵害的持券人可依据《民法典》等法律向承销商等相关主体主张侵权责任。

4. 司法救济存在的问题

司法救济是最直接高效的债券违约救济保障，因为其直接依托法律的强制力来保障，包括通过司法强制力要求债务人进行清偿，还包括借助司法机关的力量查找债务人的财产线索。目前，商业银行债券市场的司法救济制度存在以下几个方面的问题：

首先，司法介入受到行政权的阻碍。商业银行债券司法权与行政权相比一直处于弱势地位，但是目前债券市场对于债券违约的行政处理机制和司法处理机制的界限仍处于模糊不清的状态，导致司法救济对于债券违约纠纷的解决效果并不理想，出现所谓的“司法疏离化”。①

其次，权利主体与诉讼主体相分离。债券违约诉讼作为债券诉讼的一种诉由，主要有自行起诉和集体行权两种模式。前者主要由债券持有人自行向发起人提起诉讼或仲裁；后者是债券管理人被全部或部分授权，以自己的名义向发行人提起诉讼或者仲裁。② 由于债券纠纷中的权利主体和诉讼主体是相分离的，从而使诉权的形式变得更为复杂，即存在主体资格不清和诉权冲突等问题，直接影响司法救济的行使。

再次，司法程序救济规则缺失。实体法层面的救济离不开程序法救济进行保障。债券违约后，通过司法救济的债券回收率不高；而通过司法程序，借助司法机关的职权实现债券违约清偿，其中隐含的时间成本和司法成本也是不可忽视的。

最后，对债务人限制性条款层面的保护效果有限。在债券发行条款的设计

① 冯果、刘怿：《债券投资者司法救济规则建构论纲》，载《财经法学》2020 年第 3 期。

② 参见高增银、徐旭：《债券违约的法律求解逻辑》，载《金融市场研究》2016 年第 8 期。

上，债券发行人可以通过自我约束等民事契约方式的保护投资人利益，但投资人没有发言权，只有选择权，这样不仅不利于债券市场融资规模的扩大，还会影响债券市场对实体经济的支持。① 体现在债券募集说明书中的承诺和约定对投资人的保护力度是十分有限的，前文提到没有专门的法律规范规定承销商的违约责任，只能借助一般的民事法律规范来限制，但是民事法律规范对契约的保护体现为事后救济，但是对于债券市场投资人而言，事后的救济存在出现债券违约事件后，仅仅依靠自发以及事后的救济，投资人的权利是难以得到保障的。

三、金融消费者保护的典型案例研究

利用“威科先行”数据库，以“银行债券违约”为关键词，对 2018 年 1 月 1 日 ~2020 年 12 月 31 日的裁判文书进行检索，共检索到相关案件 167 件，其中，2018 年 22 件、2019 年 60 件、2020 年 85 件（见图 2 – 17）。在审理法院的级别方面：基层人民法院占比为 29.34%，中级人民法院占比为 40.72%，高级人民法院占比为 20.36%，专门法院占比为 7.78%，最高人民法院占比为 1.80%（见图 2 – 18）。在审理程序方面：一审案件的数量占比为 77.24%，二审案件占比为 19.16%，再审、执行和破产案件合计占比为 3.60%（见图 2 – 19）。在地域分布方面：北京的案件数量最多，共计 49 件，占比为 29.34%；案件数量前几位的地区还有上海、河南、广东和浙江，占比分别为 20.96%、10.18%、7.78%、5.99%（见图 2 – 20）。此外，从涉案金额来看：高达 36.46% 的案件标的额在 5000 万元以上；其次是标的额在 10 万 ~50 万元的案件，占比为 20.83%；最少的是标的额在 500 万 ~1000 万元的案件，占比仅为 1.04%（见图 2 – 21）。

① 参见刘再杰、李艳：《我国债券市场信用违约的特征、风险与应对措施》，载《新金融》2016 年第 10 期。

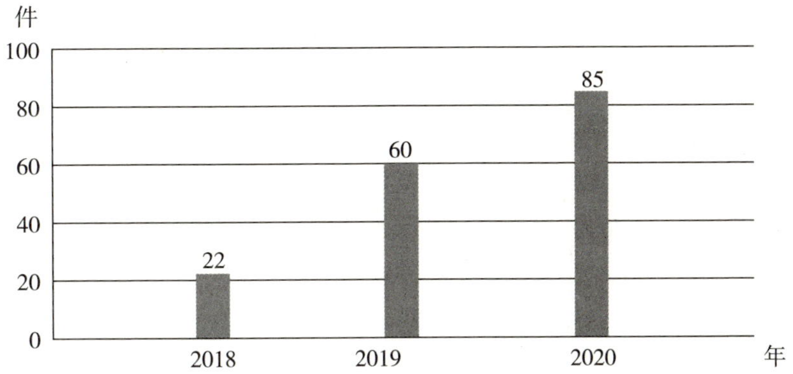

图 2-17 案件审理数量年份分布

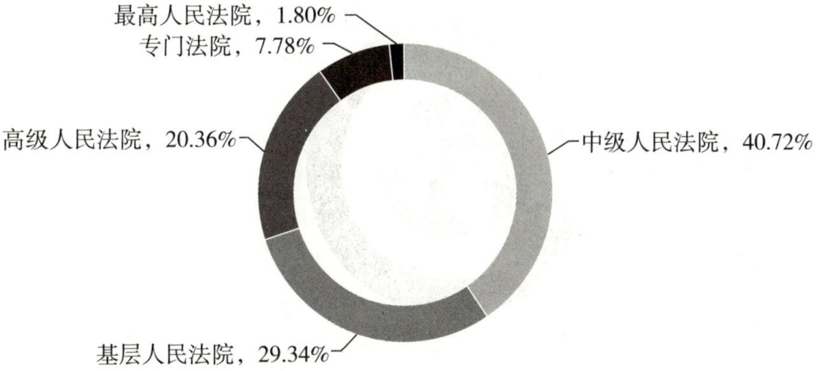

图 2-18 审理法院级别分布

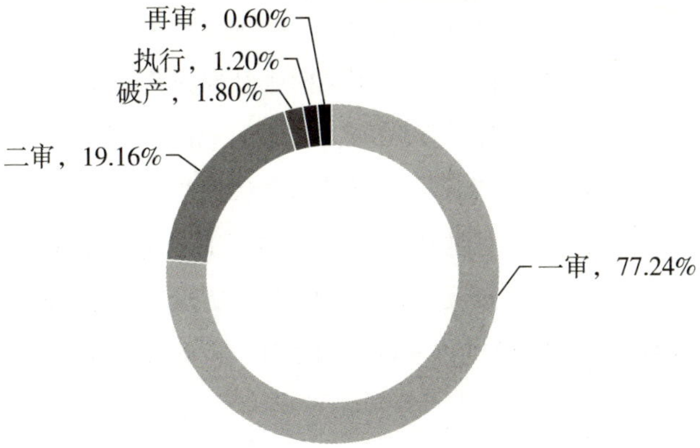

图 2-19 案件审理程序分布

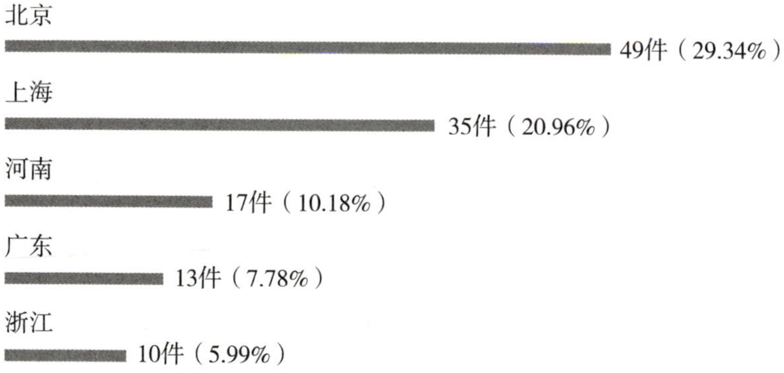

图 2－20　案件主要地域分布

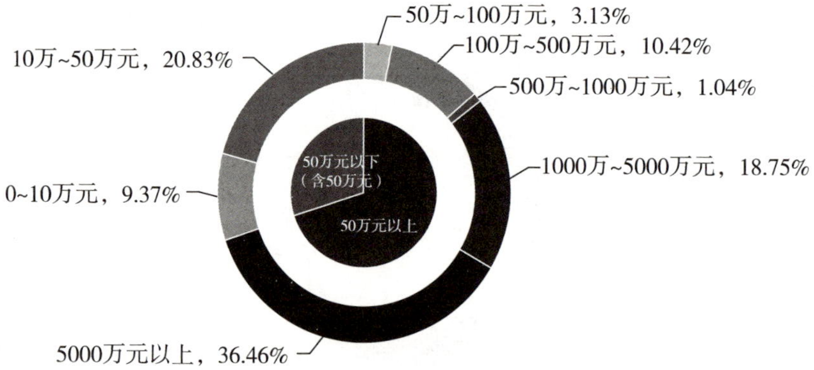

图 2－21　案件标的额分布

（一）张某与 PA 银行青岛南京路支行等侵权责任纠纷上诉案①

本案争议集中于三个方面：（1）李某向张某推介黄金 T＋D 的行为是否属于履职行为；（2）关于 PA 银行青岛南京路支行与张某之间法律关系性质的认定；（3）被上诉人的行为是否侵犯了张某的合法权益。

（1）关于争议焦点一：通过 PA 银行青岛南京路支行提供的人事证据可知，薛某、李某二人确实在 2011 年度于该行任职理财经理，职责为推介银行本行或承销的各类理财产品，其中黄金 T＋D 就属于其二人的推介职责之一，而李某此

① 参见山东省青岛市中级人民法院民事判决书，（2016）鲁 02 民终 2169 号。

前也确向张某提供理财咨询服务，从李某之前的经历与其他客户的实际反映可知，关于2011年李某向张某推介黄金T+D产品的行为，因其是在PA银行营业网点内展开的，并不属于个人行为，应当认定为履行PA银行规定职责的职务行为。

（2）关于争议焦点二，因涉案黄金T+D业务系由李某主动向张某推介，且张某的贵金属交易账户也是在PA银行营业场所完成开通，而李某系履行PA银行的职务行为，由此认定PA银行与张某建立了相应民事法律关系是有理有据的。

《个人理财业务暂行办法》（已失效）第8条规定：理财顾问服务，是指商业银行向客户提供的财务分析与规划、投资建议、个人投资产品推介等专业化服务。根据前述办法的规定，李某与张某之间的法律关系性质应属于投资或理财顾问关系，而李某作为PA银行的职员，是代理银行为法律行为，因此适用民法中关于代理制度的规定，李某的法律行为所产生的法律后果应当由本人承担，即PA银行与张某构成了金融服务法律关系。

（3）关于争议焦点三，法院认为，由于投资者在金融投资市场中处于信息劣势地位，故在金融服务法律关系中，对金融投资者给予偏向性的保护，有利于更好地保护投资者利益，维护金融市场秩序的稳健与安定，体现在实务中即为金融机构被设置了更多的强制性法律义务。

根据《商业银行个人理财业务风险管理指引》（已失效）第23条与《个人理财业务暂行办法》第37条的规定，商业银行在金融服务法律关系中负有依照客户的风险承受能力及财务状况等推介合适投资产品的义务。而如上述所言，PA银行与张某之间建立了金融服务法律关系，除法律规定的强制性义务外，还应当按照协议约定承担相应的义务。具体到本案，由于黄金T+D产品属于具有高风险的金融产品，而根据张某的财务资产状况、投资经历等信息，即便张某通过风险承受能力评估测试，理论上可以购买黄金T+D产品，PA银行青岛南京路支行也不可主动向其推介。因此，只有在张某主动提出要购买该黄金T+D产品，且经过银行销售人员的详细释明后仍坚持购买态度，PA银行才可向张某当面说明此产品的投资风险和基本知识。而且PA银行青岛南京路支行虽声称对张某进行了风险承受能力评测，但并未提交充分证据予以证明，因此应承担举证不能的法律后果。

而且，根据《商业银行个人理财业务风险管理指引》（已失效）第30条的规定，商业银行提供个人理财顾问服务业务时，要向客户进行风险提示。从双方提供的证据来看，PA银行青岛南京路支行并未充分履行完成风险提示义务，这表现在该银行在向张某销售产品前并未提供书面的《风险揭示书》，更重要的是未与张某签订《贵金融交易业务协议书》。契约双方的书面合意在此类风险较大的交易中至关重要，因此即使张某本人亲自在网上实施了点击操作，也不能因此抹去PA银行青岛南京路支行在推进产品过程中所存在的重大过错，更不用说其未尽到风险提示义务了。该行在知晓一切事实的情况下仍为推介行为，推知其行为具有显著的主观恶意是有理有据的。综上，PA银行青岛南京路支行在向张某推介具有高风险的金融产品过程中存在重大过错与主观恶意，违反了适当性推介、风险揭示与投资者风险评估等法律规定的义务，应当为张某购买该产品所蒙受的损失承担赔偿责任。

在本案中，张某与PA银行青岛南路支行之间构成投资顾问法律关系，虽然PA银行青岛南路支行提供的是黄金T+D交易平台，但这并不与PA银行青岛南路支行和张某之间形成投资顾问法律关系产生冲突。在投资顾问法律关系中，只要银行向客户提供了专业化的投资建议与咨询服务，即使银行因过失未签订投资顾问协议，在实质上此法律关系也已形成，可以适用相关法律与规章规范予以调整，这样一来对于保护投资者利益方面，投资者将会有更多的维权选择。

（二）中国CSJAKG集团公司与广东SDNS银行公司债券交易纠纷一案①

本案主要有以下两点争议：（1）两期《募集说明书》第十一章对启动投资保护机制的约定与违约责任的确定是否属于相同的制度安排，能否作为认定本案违约金的起算时间；（2）《募集说明书》中提及的启动投资者保护机制相关事件的约定是否仅适用于超短期融资券这一融资工具，还是可以类推适用中期票据。

广东SDNS银行认为，中国CSJAKG集团公司所引用的两期《募集说明书》第十一章第1条是交易双方对启动投资者保护机制的约定，与违约责任的

① 北京市第二中级人民法院民事判决书，（2018）京02民终4159号。

确定属于不同的制度安排，二者彼此独立、互不相关，该约定不能作为认定本案违约金起算时间的依据。同时，中国 CSJAKG 集团公司所引用的启动投资者保护机制相关事件的约定仅适用于超短期融资券这一融资工具，而本案涉及债券是中期票据，不能适用关于超短期融资券的约定。中国 CSJAKG 集团公司认为，虽然两期《募集说明书》在第十一章第 2 条违约责任中约定了 CSJAKG 集团公司未按期兑付本金和利息属于违约，应按延期支付金额支付违约金，但根据本章第 1 条关于拖欠付款的约定，计算延期支付违约金的起算点应当自该条约定的 15 个工作日届满开始。中国 CSJAKG 集团公司对其发行的 2012 年度第一期中期票据的利息仅逾期 2 天支付，根据两期《募集说明书》的约定，尚未达支付违约金的条件，中国 CSJAKG 集团公司无义务支付违约金。

原审法院和上诉法院均支持了广东 SDNS 银行关于这两个争议点的诉讼请求。

（三）沈某诉 GF 银行上海虹口支行委托理财合同纠纷①

本案系上海市首例明确商业银行在代销金融理财产品时负有消费者适格身份审查义务和风险披露、风险提示义务的生效判决，有力地规范了金融市场服务，具有典型意义。明确金融机构向非专业的普通投资者推介金融理财产品时所应负有的义务，依法保障金融消费者的合法权益。金融机构销售高风险金融理财产品，风险披露须具备“针对性”“充分性”等要素，给予普通投资者在信息告知、风险警示等方面特别保护。同时，投资者个人亦负有审慎注意、风险自负和理性投资的义务，培育理性的金融消费意识，防止产生非理性“亏损托底”预期。

本案中，双方争议焦点在于原告是否属于适格投资者，以及被告是否尽到了信息披露和风险提示的义务。

法院认为，沈某的风险承受能力与诉争基金风险等级相匹配，属于适格投资者，沈某应根据自身能力审慎决策，理性分析判断投资风险，独立承担金融

① 上海市第二中级人民法院民事判决书，（2017）沪 02 民终 9139 号。

投资风险。GF 银行上海虹口支行在向原告推介诉争基金时虽符合投资者适当性原则，但未尽到信息披露和风险揭示的义务，具有相当过错。若 GF 银行上海虹口支行事先充分揭示告知分级基金的风险，则可以保障沈某知情权、选择权和止损权，沈某可能不会购买诉争基金，相应损失亦无从发生，沈某要求 GF 银行上海虹口支行承担相应赔偿责任并无不当。法院综合沈某、GF 银行上海虹口支行双方各自的过错责任程度和市场风险，酌情认定 GF 银行上海虹口支行应当赔偿沈某损失 10 万元。对于沈某主张的利息损失，于法无据，法院不予支持。

上海市虹口区人民法院于 2017 年 7 月 31 日作出（2016）沪 0109 民初 2X028 号民事判决：GF 银行上海虹口支行赔偿沈某损失 10 万元；驳回沈某其余诉讼请求。沈某、GF 银行上海虹口支行不服一审判决提起上诉。上海市第二中级人民法院于 2017 年 10 月 31 日作出（2017）沪 02 民终 9X39 号终审判决：驳回上诉，维持原判。

（四）胡某诉甲银行委托理财合同纠纷①

金融机构向客户销售金融产品时应当遵守投资者适当性原则，如果其没有全面履行风险评级、风险提示等义务，造成投资者损失的，应当承担相应责任。如果投资者在知晓投资风险并承诺自担风险的前提下，自主选择超过其风险承受能力的理财产品发生亏损的，也应自担相应投资风险。

本案争议焦点在于吴某要求上诉人甲银行赔偿损失是否具有请求权基础。

法院认为，涉案理财产品的损失分担应结合双方的过错责任的大小予以综合考量。首先，根据风险评估结果，胡某系稳健型投资者，其风险承受能力属于“保护本金不受损失和保持资产的流动性为首要目标”的保守型投资者。胡某作为具备通常认知能力的自然人，在甲银行履行风险提示义务的情况下，对其从事的交易行为的风险与书面承诺可能的法律后果应属明知。从胡某的投资经验来看，在购买本案系争理财产品之前，其曾经购买与本案系争理财产品风险等级相当的理财产品，并获得盈利，结合胡某曾担任某公司股东及之后从

① 上海市高级人民法院民事判决书，（2016）沪民再 31 号。

事股权投资等风险较高投资行为等情形综合考量，胡某应系具备一定经验的金融投资者，因此对系争理财产品发生亏损的风险应有所预期。在胡某书面承诺愿意自担风险，且无证据证明甲银行存在主动推介行为的情况下，按照“卖者尽责、买者自负”原则，胡某应自担涉案理财产品本金损失的主要责任。其次，甲银行在销售系争理财产品过程中风险提示手续不完备，未充分、完整地履行理财产品的风险提示义务，存在过错，应对本金损失承担相应赔偿责任，鉴于胡某本人对本金损失承担主要责任，甲银行承担的赔偿责任可以适当减轻，应承担40%的赔偿责任。上海市高级人民法院于2019年10月8日作出（2016）沪民再31号民事判决：甲银行赔偿胡某损失72,142.95元，驳回胡某的其余诉讼请求。

四、金融消费保护项下商业银行理财业务风险防控要点

（一）重视消费者金融信息保护

1. 收集消费者金融信息应符合合法、正当、必要原则

《金融消费者保护办法》第29条规定：“不得收集与业务无关的消费者金融信息，不得采取不正当方式收集消费者金融信息，不得变相强制收集消费者金融信息。”如银行提供的App中有“周边游”服务，需要获取的必要信息是消费者位置，但是该程序还请求访问用户的个人微信号，如若用户不提供，程序将拒绝提供服务。如今这样的方式已经受到规制，违反将面临监管部门大额的处罚。

2. 未经消费者允许不得向其发送金融营销短信

《金融消费者保护办法》第30条规定：“银行、支付机构收集消费者金融信息用于营销、用户体验改进或者市场调查的，应当以适当方式供金融消费者自主选择是否同意银行、支付机构将其金融信息用于上述目的；金融消费者不同意的，银行、支付机构不得因此拒绝提供金融产品或者服务。银行、支付机构向金融消费者发送金融营销信息的，应当向其提供拒绝继续接收金融营销信息的方式。”收集消费者的金融信息应采取公开明示的方式，且银行、支付机构向金融消费者发送金融营销信息的，应当向其提供拒绝继续接收金融营销信息的方式，否则会有面临市场监督管理局和金融监管部门的双重处罚的风险。

3. 建立以分级授权为核心的消费者金融信息使用管理制度

根据《金融消费者保护办法的规定》，金融机构需要建立分类分级授权的消费者金融信息使用管理制度，制度的设置应始终符合业务需求和实际需要。消费者金融信息的使用要根据不同部门的实际需求，允许明确合理的访问申请，健全访问权限控制机制以及分级授权审批程序。如实践中常发生的，党群工作部员工能够访问消费者征信信息、供应链贷款开发部员工能够访问消费者的金融消费记录、金融市场部员工能够访问消费者个人财产信息的情况，都属于不合理的数据访问。① 不仅如此，金融机构内部人员对于消费者金融信息的访问和使用也必须通过日志、后台记录方式留痕，严禁私人操作。

4. 不可泄露、非法向他人提供消费者信息

消费者在办理信用卡时填写的个人金融信息，只能用于申请和使用信用卡，不得将此信息提供给保险公司等其他与信用卡使用无关的第三方。《金融消费者保护办法》第 32 条规定："银行、支付机构应当按照法律法规的规定和双方约定的用途使用消费者金融信息，不得超出范围使用。"金融机构如果超出法律法规规定和双方约定的用途使用消费者金融信息，属于严重侵犯了金融消费者权益的行为，必将受到处罚。

（二）夯实合规要求，加强行为规范

1. 严禁强制搭售产品、擅自改变金融服务内容

如今，金融服务方式经过不断创新，线上化程度较高，各类金融 App 上线，成为金融服务的主要渠道。如通过金融软件申请贷款时，平台方通常会默认设置用户同意办理保险模式；购买手机时，平台往往会强迫消费者选择用消费贷款的方式购买手机；在未获得用户同意前提下，将信用卡欠款偿还自动转为分期付款形式……诸如此类的行为违反了《金融消费者保护办法》第 15 条的规定，应当根据该办法第 62 条的规定予以处罚。金融机构在提供服务时应规范内容，不应利用自己的强势地位强迫消费者接受产品或服务。

① 参见孙扬：《〈金融消费者权益保护实施办法〉施行后，这些行为都属于违规了》，载搜狐网 2020 年 9 月 27 日，https：//www. sohu. com/na/421129834_ 116132。

2. 做到及时、真实、准确、全面地披露信息

披露内容包括但不限于对投资风险的描述、产品信息、产品净值、运作情况等，披露状态须持续、及时，披露信息须充分、真实。不仅如此，还可以增加信息告知渠道，商业银行应开辟线下与线上等各种渠道，充分告知消费者产品查询渠道、信息披露渠道及消费者须知事项，切实改善信息不对称的状况，杜绝理财“飞单”的发生，保护投资者的知情权和财产安全权。① 根据《金融消费者保护办法》第 16 条的规定，商业银行需披露八项重要内容，做到及时、真实、准确、全面地向消费者披露信息，其中“贷款产品的年化利率”为本次新增，需要强制展示。

3. 合规使用格式条款

实践中，金融机构一般会通过格式化的合同、条款或者协议，加重消费者责任，减轻或免除己方责任，严重侵犯金融消费者的合法权益。《金融消费者保护办法》第 21 条对此类行为进行了规制，此外还规定了必须用“显著”方式提醒消费者格式条款：“应当以足以引起金融消费者注意的字体、字号、颜色、符号、标识等显著方式，提请金融消费者注意金融产品或者服务的数量、利率、费用、履行期限和方式、注意事项、风险提示、纠纷解决等与金融消费者有重大利害关系的内容。”

4. 规范金融产品或服务的宣传

“金融管制立法应当贯彻对消费者的倾斜保护原则。”②《金融消费者保护办法》新增对“保本无风险”的规制，第 23 条规定：“银行、支付机构在进行营销宣传活动时，不得有下列行为：……（四）明示或者暗示保本、无风险或者保收益等，对非保本投资型金融产品的未来效果、收益或者相关情况作出保证性承诺。”在金融市场普遍不景气的背景下，商业银行为推销理财产品会通过保本承诺来吸引消费者，如宣称预期收益率 4.8%，约定 2 年期还本付息。这种营销方式明示了保本、无风险和保收益，现已被明文禁止，商业银行

---

① 参见姚怡欣：《金融消费者权益保护视角下的商业银行代销业务管理》，载《中国银行业》2019 年第 12 期。

② 参见何颖：《论金融消费者保护的立法原则》，载《法学》2010 年第 2 期。

需要对此有所重视。

（三）优化消费者权益保护机制

1. 建立全流程消费者权益保护机制

《金融消费者保护办法》第9条规定：“银行、支付机构应当建立健全涉及金融消费者权益保护工作的全流程管控机制，确保在金融产品或者服务的设计开发、营销推介及售后管理等各个业务环节有效落实金融消费者权益保护工作的相关规定和要求。”消费者权益保护要从营销向前延展到产品设计开发阶段，向后延展到售后管理阶段。首先，在产品设计环节应坚持“以客户为中心”的理念，以客户消费的习惯及需求为基础，按需建设信贷、理财、电子银行等零售产品，并增加消费者权益保护内容的审核环节；其次，进入营销环节应加强对宣传行为的监管，不得虚假宣传，不得作出保证性承诺；最后，售后管理环节须扩大售后回访的覆盖范围和提高回访频率，必要情况下还可对分支行的行为进行暗访监督。

2. 提升消费者权益保护工作考核比重

根据《金融消费者保护办法》第11条的规定，银行、支付机构开展考核、评价时，应当将金融消费者权益保护工作全面纳入绩效考核机制中，在科学、合理的基础上提升其占比，综合考虑业务合规性、客户满意度、投诉处理及时率与合格率等，不得简单以投诉数量作为考核指标。① 在此基础上对金融消费者权益保护工作专职部门赋予充分的职能与权力，对各职能部门及各营业网点对消费者权益保护工作的支持与配合情况进行全面考核。全面提升银行业金融机构各职能部门与各营业网点开展消费者权益保护工作的积极性与主动性。

3. 健全消费者投诉处理机制

银行、支付机构应积极处理消费者投诉，投诉处理方式应使用便于消费者获取的渠道公示，根据《金融消费者保护办法》第37条的规定，包括但不限于营业场所、官方网站首页、移动应用程序的醒目位置及客服电话主要菜单语

---

① 参见尹蕾：《我国银行业金融消费者保护法律问题研究》，载《吉林金融研究》2015年第5期。

音提示等。在营业区域公示消费者投诉流程，并确保线下投诉通道在工作日顺畅，提供线上投诉通道 7×24 小时不间断的服务，随时受理投诉。除了提供投诉渠道，更要重视的是对投诉的处理。及时为客户提供解决方案，处理成功后建立投诉档案登记并做好统计汇总。根据《金融消费者保护办法》第 36 条的规定，应当按年度向社会发布金融消费者投诉数据和相关分析报告。商业银行应通过投诉数据对原因进行分析，找出各项业务操作、流程管理、服务等环节中的症结所在，以便有针对性地改进服务工作。

近年来金融服务模式经过不断创新，金融消费者的参与度也在不断提高，但我国金融消费者权益保护工作起步较晚，银行业机构及银行从业人员的金融消费者权益保护理念仍有待提升，相关制度建设有待健全。随着我国对于金融消费者权益保护工作的逐渐重视，深入开展银行业消费者权益保护工作势在必行。重视金融消费者权益保护工作有利于我国银行业提升服务水平、降低声誉风险、维护良好形象，促进银行业优质高效发展，提升金融机构的综合实力与市场竞争力，进而构建和谐金融环境。新《金融消费者保护办法》的颁布实施对我国银行业的稳健发展意义重大。

（四）完善金融消费者保护的法律机制

以商业银行理财业务中的债券投资业务为例，当出现公司债券违约事件时，究竟是通过行政权的扩张还是司法手段进行救济，需要通过分析具体情形进行抉择。对于具有严重情节并且触犯刑法的现象，必须通过司法手段进行规制，对于情节不太严重的则可以通过行政手段作出调整。具体法律机制的完善如下：

一是完善“庭外重组”制度。可以将其作为债券违约诉讼的必经司法程序。庭外重组制度借鉴了英美法系的内容，在法庭的主持下，启动违约诉讼之前，债券发行人、持有人及相关参与协商解决问题。当相关利益主体都同意进行庭外债务重组时，将暂停进入破产程序，同时会设置一个重组期限，发行人在这段期限内需要积极筹资以防再次进入破产境遇。

二是要加快建立债券转让市场和流转平台机制。例如，可通过法院拍卖或公开市场流转等方式实现债权债务关系的转移，引入高风险偏好投资者、资产管理公司等专业的市场机构，对发行人主张求偿权利或将违约债券作为交易标的继续流通，进而提高违约处置效率、更好地化解和缓释金融风险。①

三是建立其他主体的责任追究机制。为了保障债券持有人、投资者的合法利益，有必要完善“过错追责”制度。除了要明确承销商的责任追究机制，还细分各类债券市场参与主体的责任，促使发行人、承销机构、中介服务机构等债券市场参与主体提高责任意识，共同营造良好的银行间债券市场环境。同时，债券投资者还应警惕评级高估问题，对相应涉事评级机构保持警惕且继续惩之以“用脚投票”。②

① 参见冯瑶、吴迪：《全国人大代表周晓强：完善债券违约处置的法律机制安排》，载中国金融 2019 年 3 月 7 日，https://www.financialnews.com.cn/zt/2019lh/taya/201903/t20190307_155866.html。

② 参见黄小琳、朱松、陈关亭：《债券违约对涉事信用评级机构的影响——基于中国信用债市场违约事件的分析》，载《金融研究》2017 年第 3 期。

第三章

供应链金融中商业银行相关法律问题

第一节 有关供应链金融的政策、监管制度及司法文件

随着市场竞争的日益加剧，单个市场主体的竞争已经逐渐转化为供应链之间的竞争。核心企业发挥其在供应链中的核心地位，梳理供应链上的信息流、物流和资金流向，整合供应链上的供应商、制造商和销售商，优化产品的成本和生产效率，满足市场需求。而传统商业银行基于融资客户主体开展业务，银行自身传统金融产品大部分需要融资申请人提供合格担保，无法足够满足市场中对产业链和供应链的新发展要求，供应链金融应运而生。

从裁判文书大数据层面，直接以“供应链金融”作为关键字检索案件，力图反推供应链金融案件的全貌，往往会南辕北辙。人民法院裁判文书内明确记载“供应链金融”的案件往往只是以当事人主体企业名称中包含“供应链金融”，而保理、保兑仓、融通仓等银行常见供应链金融业务裁判文书中多数也没有“供应链金融”的表述。综上，机械检索“供应链金融”作为银行供应链金融案件裁判文书的来源，并不能检索出所有的供应链金融案件。除此之外，供应链金融从2008年开始在中央

政策中出现，司法裁判经验还在不断积累。以保理合同纠纷为例，《民法典》保理合同专章在立法过程中参考了大量保理行业自身的意见，并结合保理业务实践经验做了很深入的探讨。不少困扰保理行业发展的问题，通过法学专家和行业深入沟通后，以立法形式进行了明确。所以单纯通过诉讼裁判文书并不能反映供应链金融业务的全貌，需要从供应链金融的具体政策和业态中进行分析。为了便于读者理解，德和衡律师还是将基于以“供应链金融”作为检索词的大数据分析结果。大数据结果如下：

利用“威科先行”数据库，以“供应链金融”为关键词，对2018年1月1日~2021年3月31日裁判文书进行检索，共检索到相关案件640件，其中，2018年182件、2019年250件、2020年193件，2021年15件（见图3-1）。在审理法院的级别方面：基层人民法院占比为68.59%，中级人民法院占比为24.84%，高级人民法院占比为4.38%，专门法院占比为1.25%，最高人民法院占比为0.94%（见图3-2）。在案件审理程序方面：一审案件占比为65.31%，二审案件占比为21.41%，破产案件占比为0.94%，执行案件占比为8.28%，再审案件占比为2.03%（见图3-3）。在地域分布方面：案件数量排名前五位的省区市中，广东的案件数量最多，共计113件，占比为17.77%；上海99件，占比为15.57%；北京79件，占比为12.42%；江苏59件，占比为9.28%；新疆38件，占比为5.97%（见图3-4）。此外，从涉案金额来看：高达29.57%的案件的标的额在100~500万元；其次是标的额在10万~50万元的案件，占比为19.07%；最少的是标的额在5000万元以上的案件，占比仅为3.11%（见图3-5）。

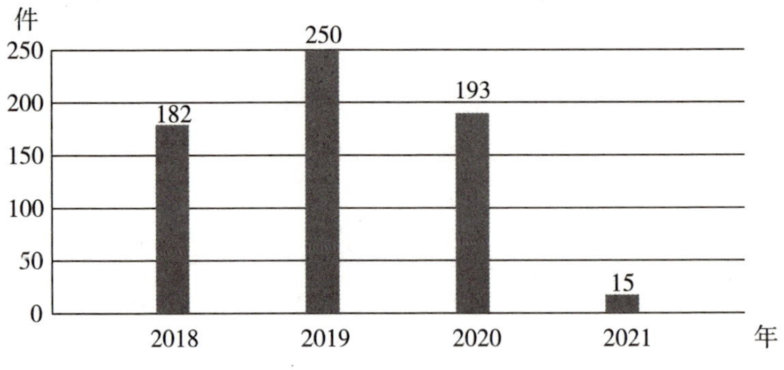

图3-1　案件审理数量年份分布

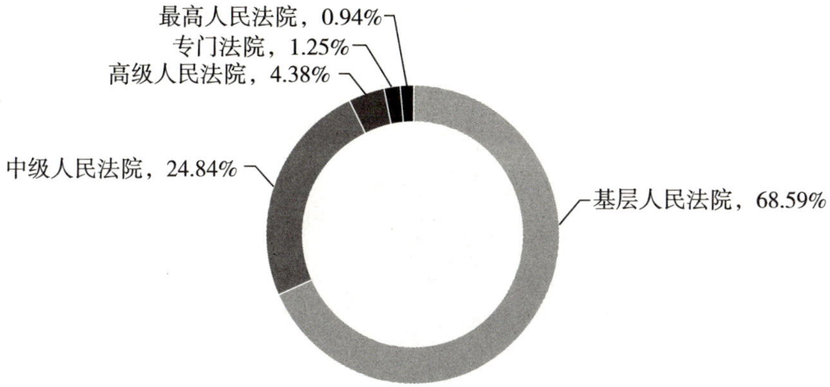

图 3－2　审理法院级别分布

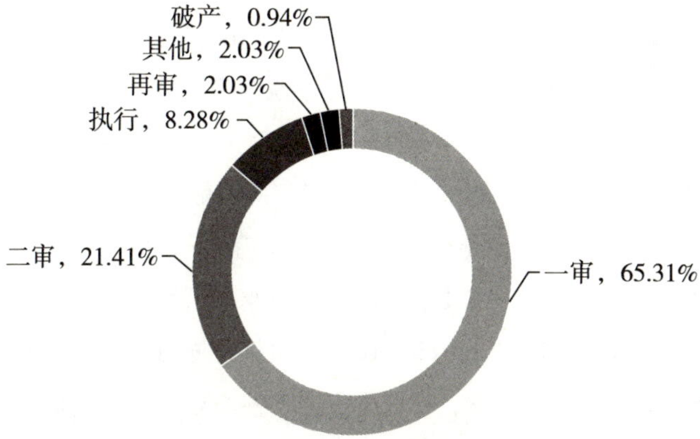

图 3－3　案件审理程序分布

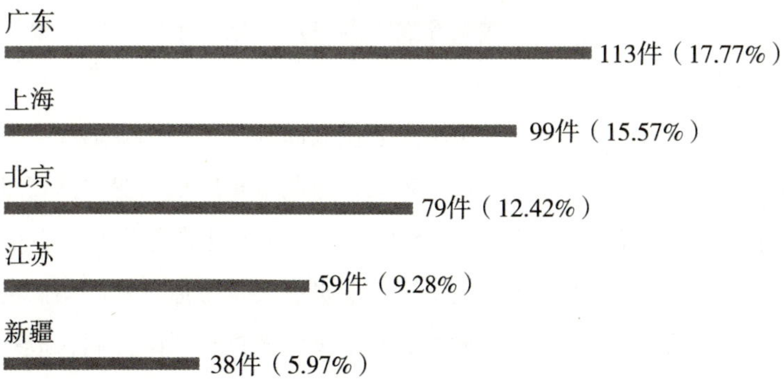

图 3－4　案件主要地域分布

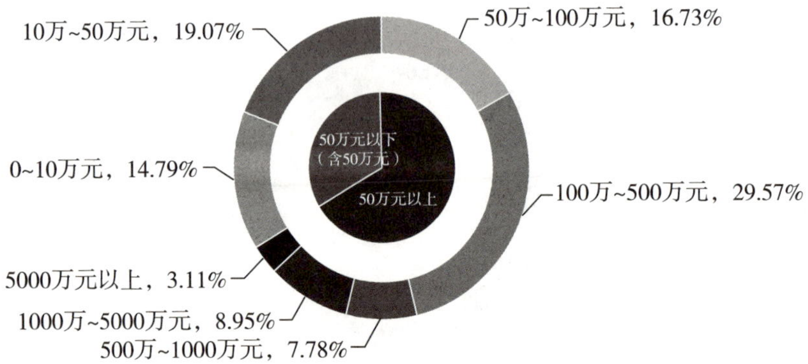

图 3-5　案件标的额分布

统计结果显示，裁判文书记载有“供应链金融”的案件多发生在北上广地区，占比45.47%，其次是江苏、新疆等地。主要是基层人民法院一审案件，案件数量呈现波动，2020年比2019年减少57件，减幅为22.80%。主要为500万元以下标的额的案件。事实上，仅仅应收账款质押纠纷就已经有几万件，以“供应链金融”作为检索词，并不能覆盖所有银行供应链金融业务。理解银行供应链金融业务，需要从供应链金融业态入手。

供应链金融（Supply Chain Finance）立足供应链自身，通过整合梳理供应链上下游企业的金融产品需求，结合供应链上核心企业自身资信实力及贸易流程中的主要交易形式，对接自身合适的金融产品或者研发新的金融产品。对商业银行而言，供应链金融能够帮助商业银行强化自身与银行客户的黏性，优化商业银行金融产品序列，将金融服务深入客户及市场竞争中，提升银行业企业依存度，培育出新的客户群体。

除此之外，由于供应链上的中小企业供应商较多，传统金融机构很难把控这些中小供应商的资信和回款，风险较大，由此带来中小企业“融资难，融资贵”的问题。商业银行开展供应链金融业务，是利用供应链上核心企业的良好资信和回款能力，为供应链上的中小企业提供资金融通。核心企业资信在供应链上进行传导，让银行金融机构立足整个供应链进行风险控制，最终降低中小企业融资成本。

长期以来，供应链金融的概念主要是学术理论和市场总结，业内并无统一的供应链金融概念。2020 年 9 月 18 日，中国人民银行等 8 个部委联合出台《关于规范发展供应链金融支持供应链产业链稳定循环和优化升级的意见》，首次明确了供应链金融的概念："供应链金融是指从供应链产业链整体出发，运用金融科技手段，整合物流、资金流、信息流等信息，在真实交易背景下，构建供应链中占主导地位的核心企业与上下游企业一体化的金融供给体系和风险评估体系，提供系统性的金融解决方案，以快速响应产业链上企业的结算、融资、财务管理等综合需求，降低企业成本，提升产业链各方价值。"

通过分析上述概念可以看出，供应链金融具有产业性、系统性、科学性和需求性（见图 3－6）。区别于传统金融产品主要针对金融产品单个客户自身，供应链金融是从产业整体出发设计供应链金融产品。所谓系统性，是指供应链金融产品不是独立的、割裂的一个或多个创新金融产品，而是一个一体化的金融产品体系和风险评估体系，既包括保理、融通仓、保兑仓等新型金融产品，也能够将传统的金融产品整合在供应链体系中，构建系统性的解决方案。① 所谓科学性，强调了供应链金融的时代属性，之所以当前商业银行供应链金融业务发展迅速，一方面在于国内市场供应链不断整合，市场中存在供应链整体对接金融解决方案的需求。另一方面也伴随供应链底层信息基础设施的建设、金融科技的发展，目前供应链条上的物流、信息流、资金流已经积累大量数据。银行金融机构通过运用金融科技在统计分析学、产业经济学等基础理论的不断深化研究，就大数据分析及区块链等新技术的综合运用，也给银行发展供应链金融提供了科技上的"抓手"。最终，供应链金融的目的在于解决产业链上企业结算、融资、财务管理等综合需求，降低企业成本，为产业链各方面赋能，这也是银行客户能够接受供应链金融业务的底层原因。

① 从本书体例出发，本章重点讨论商业银行金融机构的特殊金融创新产品，银行传统信贷及其他金融模式具体详见本书其他章节。——编者注

图 3－6　供应链金融的特性

一、近期中央有关供应链金融业务的政策

（一）2008 年，中央供应链金融政策制定，最早集中于促进服务业发展

国家长期重视和鼓励供应链金融政策的发展，出台了一系列供应链金融政策和解决方案。据德和衡律师不完全统计，“供应链金融”一词首次在中央部委文件中出现，是在 2008 年的原中国银监会《关于银行业金融机构支持服务业加快发展的指导意见》之中。上述意见第 9 条明确指出：“银行业金融机构应当根据现代服务业企业轻资产、重知识和技术含量、抵押品少等特点，大力开展服务创新。要积极开发新的授信经营模式，转变仅重视抵押品的传统授信经营模式，充分重视企业的现金流和流程监控。探索围绕核心企业、开发上下游企业的全景式供应链融资方式，满足现代服务业对供应链金融服务的需求。”

根据上述意见可以看出，从供应链金融政策制定伊始，银行业金融机构就在国内供应链金融业务发展中居于核心地位。上述供应链金融政策的出台，是对 2007 年 3 月 19 日国务院《关于加快发展服务业的若干意见》在金融领域的一次细化，“引导和鼓励金融机构对符合国家产业政策的服务企业予以信贷支持，在控制风险的前提下，加快开发适应服务企业需要的金融产品”。我国的供应链金融，是为了促进符合国家产业政策的服务业发展，金融机构在其中发挥主要作用。在这个阶段，国家已经认识到传统金融模式重视抵押品的传统授信模式需要更新换代，进而探索建立围绕核心企业、开发上下游企业的全景式供应链融资方式。

（二）2009～2013 年，国家供应链金融政策进一步落地，主要围绕物流行业和特定地域

2009～2013 年，是国家供应链金融政策进一步落地的初创阶段。在中央政策层面，国家颁布了一系列针对特定地域和特定行业的供应链金融鼓励政策，主要在物流和贸易领域。德和衡律师对这段时期国家颁布的供应链金融政策文件梳理如表 3－1 所示。

表 3－1　2009～2013 年国家颁布的供应链金融政策文件

文件名称	颁布机关	文号	施行时间	主要内容
《商贸物流发展专项规划》	商务部、国家发展和改革委员会、中华全国供销总社	商商贸发〔2011〕67 号	2011 年 3 月 14 日	商贸物流发展环境明显改善，各种支持和配套政策日臻完善。 供应链金融创新和贸易融资快速发展，有效缓解了中小企业融资难问题。行业组织开展物流企业信用评级和综合评估工作，推动了物流市场信用体系建设
《关于批复中关村现代服务业试点方案的通知》	财政部、国家发展和改革委员会、商务部、科技部	财建函〔2011〕32 号	2011 年 1 月 1 日	1. 改造提升电子商务和现代物流业。 扩大电子商务模式应用覆盖领域，支持电子商务云服务、移动电子商务应用、社区电子商务示范及发展，培育网络支付、供应链金融、电子商务公共服务平台、电子商务安全认证等新型现代服务业。 2. 培育实施节能环保产业。 鼓励金融机构根据节能环保产业发展的融资需求特点，加强对节能环保的金融创新支持

续表

文件名称	颁布机关	文号	施行时间	主要内容
《广东省建设珠江三角洲金融改革创新综合试验区总体方案》	中国人民银行、国家发展和改革委员会、财政部、国务院港澳事务办公室、原中国银监会、中国证监会、原中国保监会、国家外汇管理局	银发〔2012〕158号	2012年6月27日	加强金融产品与服务创新。 完善财政、税收政策引导下的利益激励机制，切实解决中小企业融资难问题，开展供应链金融模式创新，稳步扩大面向中小企业的集合债、集合票据、短期融资券发行规模
《关于积极推进供销合作社系统开展农村金融服务的意见》	中华全国供销合作总社	供销经字〔2012〕52号	2012年9月12日	密切与金融机构的合作。供销合作社开展农村金融，需要金融机构的支持和帮助。要密切与金融机构的合作，积极落实总社与交通银行、建设银行签订的战略合作协议，发挥社银优势，共同研究开发大型商业银行与供销合作社有效对接、服务“三农”的金融产品，使大型商业银行通过供销合作社的渠道和平台将金融产品和服务延伸到农村。针对系统中小企业多、抵质押物不足、融资需求量大等特点，可尝试与交通银行等进行供应链金融合作（供应链金融是指银行将龙头企业和它的上下游产业联系在一起提供灵活适用的金融产品和服务的一种模式）
《深圳前海深港现代服务业合作区产业准入目录》	国家发展和改革委员会	发改产业〔2013〕468号	2013年3月6日	一、金融业： …… （十五）供应链金融服务 ……

通过上述梳理可以发现，自2009年以来的头五年，中国供应链金融政策还处于初创阶段。虽然当时中央层面尚无系统的供应链金融发展政策，但在供

应链金融发展初期，国家就已经认识到供应链金融对解决中小企业融资有重要的促进作用。有关于供应链金融的政策主要是在特定地域和特定行业推动供应链金融业务的发展，地域集中于一些试点政策区域，行业集中于物流、商品贸易及“三农”领域，这些地域和行业也是未来供应链金融发展的主要着力行业和地域。

（三）2014～2018年，供应链金融蓬勃发展，各种业态不断产生

2014年以来，国内供应链金融业务蓬勃发展，各种业态不断产生。行业中的各种供应链金融新业态也在不断产生，值得行业关注。具体表现在三个方面：

1. 供应链金融首次纳入自律规范指引

2014年中国银行业协会发布《中国银行业贸易金融业务自律规范指引》，明确了供应链金融在银行金融机构产品中的定位。在上述指引中，供应链金融属于银行业贸易金融业务中“其他贸易金融产品和服务”类目，即“供应链金融是面向供应链运作的全过程，应用各种集成式的产品与服务，通过信息共享、协调和组织合作等方式，集成物流、资金流与信息流，从而降低供应链资金运作成本并为供应链创造价值的金融服务模式。简单地说，供应链金融就是银行将核心企业和上下游企业联系在一起，提供灵活运用的金融产品和服务的金融服务模式”。

2. 初步将供应链金融纳入供应链系统政策

区别于以往供应链金融主要散见于特定地域或者特定行业的政策，2017年10月5日，国务院办公厅发布《关于积极推进供应链创新与应用的指导意见》，这是国家首个关于供应链的系统性政策意见。该意见明确了供应链的概念，即供应链是以客户需求为导向，以提高质量和效率为目标，以整合资源为手段，实现产品设计、采购、生产、销售、服务等全过程高效协同的组织形态。在上述意见中，国务院办公厅针对供应链金融提出两点要求：第一，推动供应链金融服务实体企业；第二，有效防范供应链金融风险。随后，2018年4月10日，商务部等部门发布《关于开展供应链创新与应用试点的通知》，将国务院办公厅供应链金融发展上述两点要求进一步细化。具体对比如表3－2所示。

表3－2　供应链金融政策具体规定对应

具体文件	针对要求一：推动供应链金融服务实体企业	针对要求二：有效防范供应链金融风险
《关于积极推进供应链创新与应用的指导意见》	推动全国和地方信用信息共享平台、商业银行、供应链核心企业等开放共享信息。鼓励商业银行、供应链核心企业等建立供应链金融服务平台，为供应链上下游中小微企业提供高效便捷的融资渠道。鼓励供应链核心企业、金融机构与人民银行征信中心建设的应收账款融资服务平台对接，发展线上应收账款融资等供应链金融模式。（中国人民银行、国家发展和改革委员会、商务部、原中国银监会、原中国保监会等负责）	推动金融机构、供应链核心企业建立债项评级和主体评级相结合的风险控制体系，加强供应链大数据分析和应用，确保借贷资金基于真实交易。加强对供应链金融的风险监控，提高金融机构事中事后风险管理水平，确保资金流向实体经济。健全供应链金融担保、抵押、质押机制，鼓励依托人民银行征信中心建设的动产融资统一登记系统开展应收账款及其他动产融资质押和转让登记，防止重复质押和空单质押，推动供应链金融健康稳定发展
《关于开展供应链创新与应用试点的通知》	二、试点城市重点任务 …… （二）规范发展供应链金融实体经济。 推动供应链核心企业与商业银行、相关企业等开展合作，创新供应链金融服务模式，发挥上海票据交易所、中征应收账款融资服务平台和动产融资统一登记公示系统等金融基础设施作用，在有效防范风险的基础上，积极稳妥开展供应链金融业务，为资金进入实体经济提供安全通道，为符合条件的中小微企业提供成本相对较低、高效快捷的金融服务。 …… （四）规范开展供应链金融业务。 有条件的企业可加强与商业银行、平台企业等合作，创新供应链金融业务模式，优化供应链资金流，积极稳妥、依法依规开展供应链金融业务。	二、试点城市重点任务 …… （二）规范发展供应链金融实体经济。 …… 推动政府、银行与核心企业加强系统互联互通和数据共享，加强供应链金融监管，打击融资性贸易、恶意重复抵质押、恶意转让质物等违法行为，建立失信企业惩戒机制，推动供应链金融市场规范运行，确保资金流向实体经济。 五、工作要求 …… （二）加强业务指导和政策支持。 …… 各级人民银行和原中国银监会派出机构要加强对供应链金融发展的指导和监督，研究相关支持政策，对内外资企业和机构一视同仁，营造公平竞争的市场环境。优先支持符合条件的试点企业发行公司信用类债券，提高事中事后风险管理水平，推动供应链金融健康稳定发展

3. 供应链金融资产证券化业态首次出现

随着供应链金融业态的不断发展，针对单笔资产或者单一客户的单笔供应链金融业务不断整合，供应链金融业务日渐系统化、结构化。围绕供应链金融资产搭建的供应链金融资产证券化业务在2016年首发成功。供应链金融资产证券化业务，占比较高的是核心房地产企业针对其供应商的应付账款，融资申请人为房地产企业的供应商，债务人为核心房地产企业。之所以产生此类供应链金融资产证券化模式，原因在于传统房地产企业融资渠道缩紧，而资金方认可房地产企业资信。通过供应链金融模式，一方面将房地产企业供应商应收账款进行打包，解决了房地产企业供应商应收账款到期正常回款的问题；另一方面资金方也看重作为应收账款债务人的房地产企业资信，降低了房地产供应商的融资成本。业内主要几家大型房地产企业，皆通过供应链金融资产证券化优化了自身核心企业现金流，帮助供应链上的供应商获得融资。供应链金融资产证券化业务有多种方式参与，各方架构如图3－7所示：

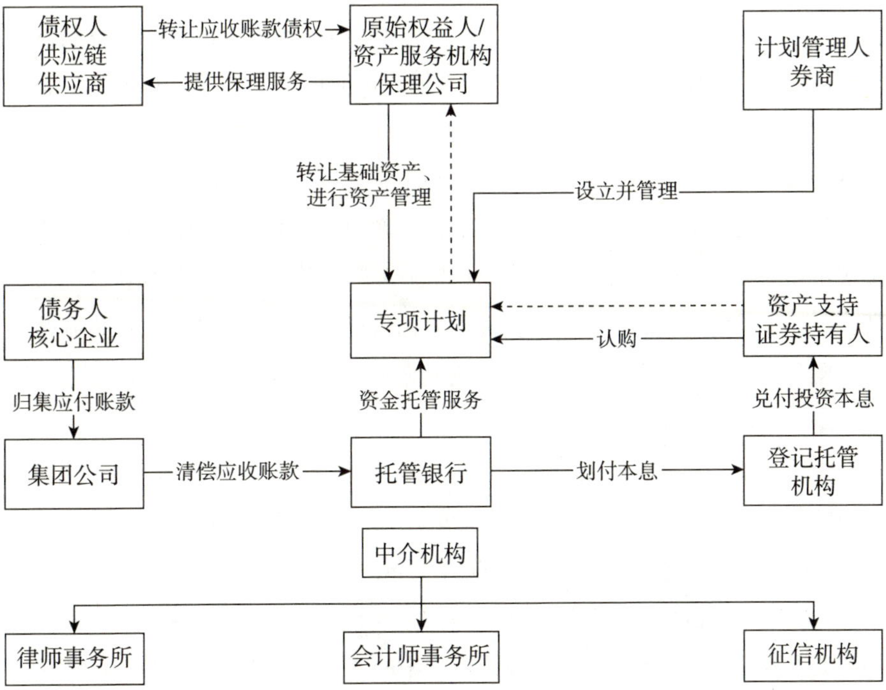

图3－7　供应链金融资产证券化业务各方架构

（四）2019年至今，供应链金融制度化发展，系统性政策不断颁布

2019年至今，我国供应链金融制度进一步深化，有关供应链金融新模式不断创新。2019年7月9日，中国银保监会办公厅印发《关于推动供应链金融服务实体经济的指导意见》，要求银行保险机构加强与供应链核心企业的合作，积极开展基于真实交易背景的供应链金融服务，依托核心企业促进产业链上下游企业资金链畅通。2020年3月26日，中国银保监会办公厅发布《关于加强产业链协同复工复产金融服务的通知》，要求银行业金融机构强化产业链核心企业金融服务。2020年6月工业和信息化部、人民银行等8个部委印发了《关于进一步强化中小微企业金融服务的指导意见》，支持中小微企业开展供应链融资服务，鼓励发展订单、仓单、存货、应收账款融资等供应链金融产品。

区别于以往供应链金融主要涵盖在鼓励发展供应链的有关意见之中，2019年以来，国家出台了一系列直接规定供应链金融的相关政策，供应链金融的系统性政策不断完善。其中，2019年发布的《关于推动供应链金融服务实体经济的指导意见》明确银行保险机构应当依托供应链核心企业，基于核心企业与上下游链条企业之间的真实交易，整合物流、信息流、资金流等各类信息，为供应链上下游企业提供融资、结算、现金管理等“一揽子”综合金融服务。上述意见明确了银行保险机构开展供应链金融的三大基本原则，理顺了供应链金融业务的七大模式，强调了完善供应链业务管理体系应当从加强业务集中管理、合理配置供应链融资额度、实施差异化信贷管理、完善激励约束机制并推动银保合作等方面综合进行，并对供应链金融风险管控和优化供应链金融发展的外部环境首次提出详细意见。

2020年春，疫情对供应链和产业链发展产生了重大影响。国际环境层面，美国发起的贸易纠纷也给国内供应链和产业链稳定带来新的挑战。2020年9月18日，中国人民银行等8个部委联合发布的《关于规范发展供应链金融支持供应链产业链稳定循环和优化升级的意见》，就供应链金融规范、发展和创新提出意见。上述意见规定了供应链金融的各个层面内容，德和衡律师梳理如表3-3所示。

表3-3 《关于规范发展供应链金融 支持供应链产业链稳定循环和优化升级的意见》具体规定

主要内容	具体要求
一、准确把握供应链金融的内涵和发展方向	提高供应链产业链运行效率，降低企业成本
	支持供应链产业链稳定升级和国家战略布局
	坚持市场主体的专业优势和市场定位，加强协同配合
	注重市场公平有序和产业良性循环
二、稳步推动供应链金融规范、发展和创新	提升产业链整体金融服务水平
	探索提升供应链融资结算线上化和数字化水平
	加大对核心企业的支持力度
	提升应收账款的标准化和透明度
	提高中小微企业应收账款融资效率
	支持打通和修复全球产业链
	规范发展供应链存货、仓单和订单融资
	增强对供应链金融的风险保障支持
三、加强供应链金融配套基础设施建设	完善供应链票据平台功能
	推动动产和权利担保统一登记公示
四、完善供应链金融政策支持体系	优化供应链融资监管与审查规则
	建立信用约束机制
五、防范供应链金融风险	加强核心企业信用风险防控
	防范供应链金融业务操作风险
	严格防控虚假交易和重复融资风险
	防范金融科技应用风险
六、严格对供应链金融的监管约束	强化支付纪律和账款确权
	维护产业生态良性循环
	加强供应链金融业务监管

2021年3月，李克强总理在《政府工作报告》中明确提出“创新供应链金融服务模式”，这是供应链金融首次被写入《政府工作报告》。在“两会”

期间，来自银行金融机构、供应链核心企业及政府金融监管人员的多名代表，针对供应链金融提出多份代表意见。各位代表针对供应链金融的提案内容主要是以下四种类型：第一种，以自身所处行业、核心企业为例子，提出立足特定企业发展促进中小供应商融资，提高供应链效率的创新供应链金融模式。第二种，主张将供应链金融与区块链等现代信息技术手段结合，以“供应链金融+科技”模式，促进供应链金融创新。第三种，针对物流、农业、现代制造等国家重点支持领域，发展创新供应链金融业务。第四种，针对目前行业中供应链金融业务模式创新的多业态，建议重视对行业规范的梳理，重视对供应链金融合规及风控的经验总结，提升整个供应链金融行业发展的稳定性。

2021 年 3 月 23 日，国家发展和改革委员会等 13 个部委印发《关于加快推动制造服务业高质量发展的意见》，明确指出在引导金融机构在依法合规、风险可控的前提下，加大对制造服务业企业的融资支持力度，支持符合条件的制造服务业企业开展债券融资，有效扩大知识产权、未来收益权等无形资产质押融资规模，创新发展供应链金融，逐步发展大型设备、公用设施、生产线等领域的设备租赁和融资租赁服务，开发适合制造服务业特点的金融产品，鼓励创投机构加大对制造服务业的资本投入。可见 2021 年《政府工作报告》中有关于“鼓励供应链金融创新”的精神已经开始逐渐落地。

二、各地供应链金融业务相关政策梳理

各地系统性的供应链金融业务政策主要于 2018 年开始出台，以贯彻落实国务院办公厅《关于积极推进供应链创新与应用的指导意见》。截至 2020 年 12 月，已有山西、福建、广东、山东、广西、重庆及贵州等省级区划政府颁布以“供应链金融”为标题的相关文件。除我国港澳台外，国内所有省级行政区划都有出台有关“供应链金融”的相关文件。2021 年，山东、甘肃均已出台本省专门针对供应链金融支持政策。

德和衡律师结合各地区出台供应链金融政策文件数据，统计发现，我国沿海地区省份制定出台供应链金融业务相对较多，内陆省份如四川、河南制定供应链金融政策较多，西部和东北地区省份供应链金融政策制定较少。这也与我国供应链金融产业发展分布情况相类似，供应链金融政策制定较多的省份，当

地的供应链金融发展情况也相对较好。

梳理各地供应链金融业务的有关政策可以发现，各地供应链金融政策有其共性也有其特殊性。共性在于各地对供应链金融业务的政策基本以鼓励促进为主，要求当地在控制风险的前提下，大力推进供应链金融业务的发展。除物流、农业、高新技术等行业普遍得到各省鼓励开展供应链金融业务外，各个省份还结合当地的特色产业及政策鼓励发展有当地特色的供应链金融政策。例如，江西省立足本地发展铜产业的供应链金融业务、广东省专门培育半导体及集成电路战略性新兴产业集群方面发展供应链金融业务。与中央的供应链金融政策一致，各省的供应链金融政策也经历了一个由主要发展供应链业务政策到由供应链政策延展到供应链金融政策，最终编制系统的供应链及供应链金融政策的过程。

三、商业银行供应链金融业务的监管制度

从主体出发，我国的供应链金融业务可以分为银行金融机构开展的供应链金融业务，如银行保理、银行仓单融资；以及非银行的市场主体开展的供应链金融业务，如商业保理、融资租赁等业务。相对而言，银行开展的供应链金融业务监管制度比较完善。人民银行制定供应链金融政策主要是从特定产业发展和促进中小企业融资的角度对各银行金融机构开展供应链金融提出意见。除了上文已梳理的中央层面的供应链金融政策，还有如下中国人民银行政策与供应链金融业务相关（见表3－4）。

表3－4　中国人民银行发布的供应链金融相关政策梳理

时间	制定机构	政策名称	文号
1997年5月9日	中国人民银行	《关于出口保理业务范围的认定和法律适用问题的答复》	银条法〔1997〕23号
2002年8月21日	中国人民银行、原对外贸易经济合作部	《关于进一步加强银贸协作促进对外经济贸易发展的指导意见》	银发〔2002〕257号

续表

时间	制定机构	政策名称	文号
2009年12月22日	中国人民银行、原中国银监会、中国证监会、原中国保监会	《关于进一步做好金融服务支持重点产业调整振兴和抑制部分行业产能过剩的指导意见》	银发〔2009〕386号
2010年6月21日	中国人民银行、原中国银监会、中国证监会、原中国保监会	《关于进一步做好中小企业金融服务工作的若干意见》	银发〔2010〕193号
2010年3月19日	中央宣传部、中国人民银行、财政部、原文化部、国家广播电视总局、原国家新闻出版总署、原中国银监会、中国证监会、原中国保监会	《关于金融支持文化产业振兴和发展繁荣的指导意见》	银发〔2010〕94号
2014年2月13日	中国人民银行	《关于做好家庭农场等新型农业经营主体金融服务的指导意见》	银发〔2014〕42号
2015年12月9日	中国人民银行	《关于金融支持中国（广东）自由贸易试验区建设的指导意见》	银发〔2015〕374号

在2018年4月前，有关商业银行供应链金融业务的监管政策主要由中国人民银行、原中国银监会制定。2018年4月8日，中国银保监会正式挂牌，有关商业银行供应链金融业务层面的监管政策开始由中国银保监会正式制定。以下由原中国银监会或者中国银保监会制定的供应链金融政策均已落地，值得开展供应链金融的银行金融机构予以关注（见表3-5）。

表3-5 原中国银监会、中国银保监会制定的供应链金融政策

时间	制定机关	文件名称	文号
2014年9月12日	原中国银监会	《商业银行内部控制指引》	银监发〔2014〕40号
2004年7月16日	原中国银监会	《商业银行授信工作尽职指引》	银监发〔2004〕51号

续表

时间	制定机关	文件名称	文号
2013 年 7 月 31 日	原中国银监会	《关于加强银行保理融资业务管理的通知》	银监发〔2013〕35 号
2014 年 4 月 3 日	原中国银监会	《商业银行保理业务管理暂行办法》	中国银监会令 2014 年第 5 号
2019 年 5 月 8 日	中国银保监会	《关于开展“巩固治乱象成果促进合规建设”工作的通知》	银保监发〔2019〕23 号
2019 年 12 月 10 日	中国银保监会、商务部、国家外汇管理局	《关于完善外贸金融服务的指导意见》	银保监发〔2019〕49 号
2019 年 12 月 30 日	中国银保监会	《关于推动银行业和保险业高质量发展的指导意见》	银保监发〔2019〕52 号
2020 年 3 月 26 日	中国银保监会办公厅	《关于加强产业链协同复工复产金融服务的通知》	银保监办发〔2020〕28 号
2020 年 5 月 18 日	中国银保监会、工业和信息化部、国家发展和改革委员会、财政部、中国人民银行、市场监督管理总局	《关于进一步规范信贷融资收费降低企业融资综合成本的通知》	银保监发〔2020〕18 号
2020 年 6 月 23 日	中国银保监会	《关于开展银行业保险业市场乱象整治“回头看”工作的通知》	银保监发〔2020〕27 号
2020 年 9 月 14 日	中国银保监会办公厅	《融资性信保业务保前管理和保后管理操作指引》	银保监办发〔2020〕90 号
2021 年 3 月 4 日	中国银保监会、财政部、中国人民银行、国家乡村振兴局	《关于深入扎实做好过渡期脱贫人口小额信贷工作的通知》	银保监发〔2021〕6 号

2018 年以来，很多商业银行的供应链金融业务开展过程中，因为主办人员故意或过失，出现被当地或者上级银监部门处罚的情况。德和衡律师通过梳理，商业银行被处罚的原因主要是银行工作人员没有对供应链基础交易进行完整尽职调查、应收账款存在虚假情况、没有对供应链回款账户进行监管，由此导致重大损失。伴随供应链金融业务的不断深化，行业中也出现以虚构供应链

场景骗取银行金融机构进行融资的案例。如果银行金融机构没有做谨慎核实业务，就会导致供应链金融业务出现风险。德和衡律师建议，商业银行在商业模式设计、业务操作指引、具体实务尽职调查的过程中都需要有合规思维，促进合规建设。

中国银行业协会是中国银行业的自律组织。2009 年 7 月，中国银行业协会印发了《中国银行业保理业务自律公约》。2016 年 8 月，中国银行业协会发布了《中国银行业保理业务规范》，这是银行保理业务的规范指引，对商业银行具有较强参考价值。

四、人民法院有关供应链金融的意见

人民法院有关于供应链金融业务的意见，主要围绕人民法院审理的疑难案例和典型问题制定。作为一类新兴金融模式，各级人民法院对供应链金融案件的经验相对不足，实务中也出现同类型案件不同判决的情况。人民法院认识到了这个问题，从最高人民法院到地方各级法院，以讲话、会议纪要、内部意见、司法观点、典型案例等各种形式，梳理统一各级人民法院对供应链金融案件的审理意见。这些意见与中央的供应链金融政策和商业银行的供应链金融相关监管政策不同，主要是从供应链金融业务模式细节及人民法院司法裁判过程中适用程序法和实体法的争议角度来考虑，值得商业银行予以关注（见表 3 -6）。

表 3 -6　各级人民法院对供应链金融案件的审理意见

发文机关	名称	时间	主要供应链金融相关内容
最高人民法院	认清形势，提高认识，努力实践公正与效率世纪主题，开拓民商事审判工作新局面——全国法院民商事审判工作会议材料	2011 年 11 月 13 日	最高院首次针对非典型担保及出口退税等问题提出司法观点
天津市高级人民法院	《关于审理保理合同纠纷案件若干问题的审判委员会纪要（一）》	2014 年 10 月 27 日	明确了保理法律关系的认定、保理合同的效力、案由的确定、管辖的确定、当事人的诉讼地位、权利冲突的解决、登记公示和查询的效力等问题

续表

发文机关	名称	时间	主要供应链金融相关内容
北京市高级人民法院民二庭	《当前商事审判中需要注意的几个法律问题》	2015 年 5 月	北京法院首个关于涉保理纠纷的审判意见
天津市高级人民法院	《关于审理保理合同纠纷案件若干问题的审判委员会纪要（二）》	2015 年 8 月 12 日	针对应收账款转让、确权，禁止转让，债务人抗辩及保理回款性质认定等实务问题提出意见
最高人民法院	《关于当前商事审判工作中的若干具体问题》	2015 年 12 月 24 日	针对保理合同及保兑仓案件审理提出司法观点
湖北省高级人民法院民二庭	《当前商事审判疑难问题裁判指引（二）》	2016 年 11 月	湖北法院首个关于涉保理纠纷的审判意见
深圳前海合作区人民法院	《关于审理前海蛇口自贸区保理合同纠纷案件的裁判指引（试行）》	2016 年 12 月 22 日	深圳前海是目前国内保理实务最多的地区，深圳前海法院基于自身审判实务，总结其他法院经验，制定指引
最高人民法院	《九民纪要》	2019 年 11 月 8 日	针对保兑仓及刑民交叉案件审理提出司法观点

需要特别提示的是，上述文件均非正式立法文件，受限于地域和效力层级，适用范围相对较窄。伴随《民法总则》（已失效）及《民事诉讼法》等主要民事法律的修订，以往一些法院的相关指引出台，上述文件已经与新修订法律存在冲突。尤其是《民法典》颁行后，这种冲突更加明显，值得行业关注。

相对于系统的法院指引，一些地方的人民法院还将保理等供应链金融司法裁判案例评选为典型案例，同样值得行业关注，包括福建、上海、北京、广东、四川、湖南等地。一些地区人民法院以审判报告的形式对辖区内供应链金融纠纷案件进行调研，如天津市高级人民法院民二庭《天津保理业发展法律问题及对策研究》、江苏省高级人民法院民二庭《国内保理纠纷相关审判实务问题研究》、上海市第二中级人民法院《2013—2015 年保理合同审判白皮书》、上海市浦东新区人民法院《2014—2019 年涉自贸区商业保理案件审判情况通报》、北京市朝阳区人民法院《关于涉保理合同纠纷案件的统计分析》。[①] 这些审判工作报告的发布法院都处于供应链金融业态发展较成熟的地域，相关工作报告总结了一定时期法院审理供应链金融案件的宏观发展情况、中观法院关注问题及微观法院处理思路，值得商业银行关注。

第二节　商业银行供应链金融类型及主要法律问题

一、法律人视角下的供应链金融类型

供应链金融业务具有产业性、系统性、科学性及需求性的特点。金融机构设计一个供应链金融产品往往立足于供应链的实际需求，商业银行整合供应链上的物流、信息流、资金流等综合信息，利用金融科技手段提供系统性的金融解决方案。理解供应链金融，首先要认识供应链金融的类型，而对供应链金融如何进行分类，成为长期以来困扰银行及金融机构实务界及理论界的一个难点。有观点认为，可以将商业银行供应链金融分为针对买方的供应链金融和针对卖方的供应链金融，但因为供应链金融具有系统性，其在解决卖方资金融通的问题的同时，往往也在延长买方的付款期限。供应链金融在给供应商降低融资成本的同时，也增加了核心企业的供应商黏性，所以一个良好运作的供应链金融业务，不只对供应链买方，也会对供应链卖方产生积极作用，需要供应链上买卖双方共同配合，机械区分买方供应链金融模式及卖方供应链金融模式并不科学。

德和衡律师认为，单纯以供应链金融是服务买方还是服务卖方的形式对供应链金融业务类型进行划分，不能反映供应链金融业务的基本形态，不利于认识供应链金融业务的本质，也强行将供应链金融服务主体割裂为单一指向买方或者单一指向卖方。以保理业务为例，由于保理业务的申请人是应收账款债权

---

① 参见李阿侠：《保理合同原理与审判精要》，人民出版社 2020 年版，第 39 页。

人，也就是卖方，由此有观点认为，保理业务就是卖方供应链金融业务。但行业中同样存在围绕买方发起的反向保理业务，由核心企业主动将其供应商推荐给银行金融机构，由买方提前和商业银行约定供应链金融产品的适用场景、交易成本及操作流程，供应商仅是在核心买方要求的基础上向商业银行申请保理业务。广义的供应链金融包括国内信用证融资、独立保函融资、供应链票据贴现、反向综合授信担保等多种类型，只要商业银行的金融产品能够与供应链上的交易主体及其交易流程相结合，就可以将其认定为供应链金融业务。但这种广义的供应链金融业务范围过大，且与本书体例冲突。本书采用狭义的供应链金融类型，即根据商业银行供应链金融产品所对应的主要供应链金融要素，将供应链金融区分为应收账款类供应链金融、预付款供应链金融和存货类供应链金融产品。其中，应收账款类供应链金融主要是围绕供应链上供应商的应收账款债权开展金融业务，主要业务类型为应收账款质押融资及保理业务；预付款融资主要为保兑仓业务；存货类供应链金融主要为融通仓（动产质押融资业务）。

上述业务分类模式主要是从业务模式本身进行分类，而从法律人的视角出发，以供应链金融围绕的供应链资产不同，可以将商业银行供应链金融分为围绕应收账款开展业务的应收账款供应链金融业务、围绕供应链上货物开展业务的供应链金融业务。应收账款融资在银行层面主要表现为围绕应收账款这一金钱债权开展的应收账款质押、银行保理业务。以供应链上货物融资为主的供应链金融以保兑仓、动产质押为主。前者为以应收账款债权为代表的债权供应链金融类型，后者为以动产为代表的物权供应链金融类型。具体分类如表 3－7 所示。

表 3－7　供应链金融分类

以供应链要素划分的供应链金融业务	主要供应链金融类型	德和衡律师视角下的供应链金融
应收类供应链金融业务	应收账款质押融资	债权属性供应链金融业务
	银行保理	
预付类供应链金融业务	保兑仓	物权属性供应链金融业务
存货类供应链金融业务	融通仓	

二、法律人视角下的供应链金融主要法律问题

虽然每种供应链金融业务的类型及交易架构均有所不同，但从商业银行供应链金融业务纠纷争议及商业银行供应链金融实务操作指引层面，可以建立商业银行供应链金融实务操作指引的一般基础逻辑。

首先，商业银行供应链金融业务可以根据其底层基础交易及具体供应链金融业务模式，分为供应链基础交易及供应链金融业务模式两个层面构成，从法律关系的分析路径出发，可以通过分析供应链基础交易层面及供应链金融层面的法律关系主体、法律关系客体及其中法律关系的主要内容，分别梳理出商业银行在对应法律关系要素中的主要操作、关注的主要问题和诉讼实务中容易引发的主要争议问题。德和衡律师梳理商业银行开展供应链金融风控合规问题框架如表 3 - 8 所示。

表 3 - 8　商业银行开展供应链金融风控合规问题框架

两个层面	主要分析要素	主要操作	关注主要问题	诉讼容易引发争议问题
供应链基础交易层面	（主体）卖方、买方、担保方	主体尽职调查	主体是否具有相应资信，相关基础交易是否真实	相关主体对有关基础交易不知情
	（客体）服务、物	客体尽职调查	有关服务及物是否已经产生、履行或者交付，相关客体是否真实	具体基础交易未实际履行或压根不存在
	（权利义务）买卖、提供服务、委托代理、担保等	交易架构梳理，履行证据收集比对	基础交易中各方权利义务约定是否合法合规、明确，是否已经履行	相关交易超出经营范围或者自始不存在，有关主体不承担相应法律责任

续表

两个层面	主要分析要素	主要操作	关注主要问题	诉讼容易引发争议问题
供应链金融业务层面	(主体) 供应链金融业务发起人、融资人、担保人	主体尽职调查及交易结构设计及具体操作	相关主体是否得到授权，交易结构及业务模式是否合法合规	有关主体对相关操作不知情，不承担相关责任；具体交易结构违反法律规定，存在合规性问题
	(客体) 相关融资款、应收账款、存货及其他权利	有关客体是否真实，完整、有效	客体尽职调查并具体操作受让相关客体，或者在其上设立担保等	以相关客体虚假、不完整或者存在其他权利瑕疵拒不承担责任
	(权利义务) 转让债权、提供担保、发放融资、委托代理等	具体业务操作	相关操作是否履行完毕，是否对相关主体发生法律效力	相关主体未实际履行，对特定主体不发生法律效力

其次，针对供应链具体基础交易层面和供应链金融具体业务层面商业银行重点关注的法律问题及在诉讼实务中有关环节暴露的主要风险，虽然供应链金融业务流程有所不同，但其操作是否合规有效的判断原则是一致的，即商业银行在具体操作过程中是否已经履行了供应链金融业务操作过程中的“商业银行审慎核查义务”。

然而，一方面，因为在供应链金融业务中商业银行通常无法参与供应链基础交易过程，只能以第三人的形式对供应链基础交易是否真实、具体履行情况进行调查，无法完全回溯客观真实的具体情况。另一方面，供应链金融业务以供应链基础交易为基础，虽然商业银行可以在供应链金融层面对具体操作进行把控，但供应链基础交易层面主体、客体及其权利义务的具体履行情况也会给供应链金融业务产生影响，所以在商业银行供应链金融业务项下，监管部门和司法机构不能苛责商业银行必须在业务操作过程中完全回归客观真实。商业银行在供应链金融业务操作中达成“谨慎核查义务”即可。

需要特别强调的是，商业银行供应链金融业务的谨慎核查义务虽然没有办法实现客观真实，但也要求商业银行不只对供应链金融业务层面主要的授信额度、放款方式、利息费用及合同签约并贷后管理予以重视，更要针对供应链上的具体业务真实性问题结合供应链基础交易的商业逻辑、市场惯例、交易场景、履约情况等各个方面进行综合考虑，把控供应链基础交易层面的风险。商业银行供应链金融业务的基础就在于供应链基础交易层面，常言道："得供应链，得供应链金融。"商业银行在供应链金融业务中的"谨慎核查义务"应当与供应链基础交易层面的"谨慎核查义务"紧密结合，为后期诉讼风险防控留下"抓手"。

除此之外，在供应链金融业态中，往往还有第三类法律关系参与供应链金融业务，在分析相关供应链金融业务合规及风险管控时，还要关注这一法律关系。即担保增信法律关系，增信措施法律关系并不是供应链金融法律关系体系的必要组成模块，但增信措施法律关系在供应链法律关系体系中同样具有重要地位，其从供应链法律关系体系中产生，附属于供应链金融法律体系中，为供应链金融法律关系体系的顺利运作发挥重要促进作用。对此，德和衡律师建议商业银行审核有关增信措施过程中主要注意以下三点：其一，要审核增信措施提供方提供的增信措施是否合法有效。在《九民纪要》背景下，商业银行有义务审核担保人是否履行完毕其对外提供担保等内部程序。保理、差额补足、债权加入等非典型担保也同样适用《民法典》有关担保制度司法解释。其二，增信措施是否在实质层面有价值，就是要对增信措施的实质价值进行综合评价，审核有关增信措施是否具备保护商业银行的合法权益的能力。其三，增信措施是否在操作层面可履行，就是要保证如果后期发生风险，商业银行能够尽快行使增信权利，保护自身利益。①

最后，上述商业银行供应链金融风控合规操作逻辑框架中提到的诉讼实务中的常见问题，仅是商业银行供应链金融业务在诉讼实体层面存在的问题。在诉讼程序方面，商业银行供应链金融问题还存在供应链基础交易环节的管辖约定与供应链金融层面的管辖约定相冲突问题、供应链基础交易环节或者供应链

① 参见田江涛：《2+1分析法：一种完整发现供应链金融风险的方法》，载微信公众号"保理和供应链法律前沿"2021年2月22日，https://mp.weixin.qq.com/s/bE1c30vUnHV7I7Y-Jh1VUA。

金融具体操作环节涉及刑事犯罪问题是否应当先刑后民处理问题、供应链基础交易主要资产被供应链相关主体及第三方主张权利优先或提起执行异议等程序性问题。德和衡律师梳理如表 3－9 所示。

表 3－9 商业银行供应链金融诉讼涉及问题

诉讼主要问题类型	涉及问题	商业银行应对诉讼策略
供应链金融诉讼实体性问题	相关主体不知情，不承担相应法律责任	相关主体是否确权或接受通知，是否知情
	相关主体未得到授权，法人或者上级公司不承担法律责任	相关主体是否构成表见代理，法人应当担责
	业务本身不合规，不适用具体业务相关具体法规，“名为……，实为……”	具体供应链金融关键要素是否达成，例如保理业务以受让应收账款债权为前提
	供应链金融业务合同无效格式合同条款认定问题	相关供应链金融合同是否为格式合同，如果是，是否提示格式合同接受方注意
	供应链金融机构之间权利优先权问题	具体权利是否存在冲突，如果有，是否存在登记、通知等时点的先后顺序，及具体放款比例等相关要素
	基础交易虚假或实际履行未达成预期	相关责任主体是否向商业银行进行确权，具体业务模式针对实际履行变动情况是否有合同约定
供应链金融诉讼程序性问题	供应链基础交易环节的管辖约定与供应链金融层面的管辖约定相冲突问题	是否有变更相关管辖约定，或者相关主体对新的供应链金融管辖约定是否知情
	供应链基础交易争议与供应链金融争议可否同案审理	原则上供应链金融案件可以和供应链基础交易争议一并审理
	供应链基础交易环节或者供应链金融具体操作环节涉及刑事犯罪问题是否应当先刑后民处理问题	供应链金融民事争议是否与犯罪行为构成“同一事实”
	第三方参与诉讼优先或提起执行异议问题	商业银行享有优先受偿权并有权提起执行异议
	针对印章等关键证据进行鉴定故意拖长时间	相关鉴定是否与案件审理直接相关

第三节　有关债权属性的供应链金融模式及其法律问题

一、债权属性供应链金融整体概念及风控逻辑

（一）债权属性的供应链金融整体概念及其发展趋势

商业银行债权属性供应链金融业务以应收账款供应链金融业务为主。根据国家统计数据显示，截至2020年10月末，规模以上工业企业应收账款16.77万亿元，同比增长15.9%。①应收账款开展供应链金融业务前景广阔。与此同时，这些核心企业背后往往有很多中小微企业供应商，如果能够整合这些核心企业的应收账款，提高核心企业应收账款的流动性，开展应收账款供应链金融业务，就能立足核心企业供应链，解决供应链条上所有中小微供应商的金融问题。中国人民银行、工业和信息化部、财政部、商务部、国务院国有资产监督管理委员会、原中国银监会、国家外汇管理局在2018年就已经发布《小微企业应收账款融资专项行动工作方案（2017—2019年）》，提出："金融机构等资金提供方要积极回应企业通过平台推送的融资需求信息，在做好贸易背景真实性调查基础上，合理确定融资期限和授信额度；加强贷后管理和企业现金流监管，通过平台确定回款路径，及时锁定债务人到期付款现金流。完善应收账款融资规章制度，优化应收账款融资业务流程，改进小微企业应收账款融资风险评估机制。"这也是目前国家针对应收账款融资的供应链金融最完整的概念。

应收账款质押业务是商业银行最早开展的供应链金融业务之一，发轫于商业银行的流动资金贷款业务，但主要结合供应链项下应收账款实际情况进行重新设计，满足供应链上各方的实际需求。2018年1月1日，新修订的《中小企业促进法》正式施行，明确鼓励："支持金融机构为中小企业提供以应收账款、知识产权、存货、机器设备等为担保品的担保融资。"该条文将应收账款

① 参见《2020年1—10月份全国规模以上工业企业利润增长0.7%》，载中央人民政府网2020年11月27日，http：//www.gov.cn/xinwen/2020-11/27/content_5565320.htm。

质押业务，以全国人大立法形式，提升到促进中小企业发展的高度。

以往商业银行开展应收账款融资业务，最大的问题在于部分行业应收账款在基础交易中拖欠屡见不鲜，市场中的核心企业利用自身在市场中的优势竞争地位，故意延后应收账款支付时点，最终导致应收账款到期日无法确定，影响应收账款供应链金融业务的落地。2020 年 7 月 5 日，国务院颁行《保障中小企业款项支付条例》明确规定："机关、事业单位和大型企业不得要求中小企业接受不合理的付款期限、方式、条件和违约责任等交易条件，不得违约拖欠中小企业的货物、工程、服务款项。"由此，围绕应收账款开展供应链金融业务，大有可为。

（二）根据不同应收账款流转模式设计供应链金融风控重点

随着市场经济的发展，买卖双方直接以现金形式进行贸易结算的情况越来越少，行业中以应收账款进行结算，不只是买方有意延长账期，平抑现金流，也有卖方主动参与市场竞争，即买方进行贸易的同时，还提供延长账期的服务。正是基于上述原因，市场中的应收账款伴随商品贸易和服务不断产生。任何交易都不是市场中独立完成的，一级一级的买卖双方进行交易，构成供应链，进而形成产业链。产业链上的上游核心企业如果没有付款，下游的供应商也就无法向其下游进一步付款，应收账款就在供应链中传导。由此可见，应收账款是供应链上的主要资产。图 3－8 为德和衡律师总结核心企业应收账款流转的主要类型，具体而言可以分成以下四种类型。

第一种，核心企业直接对接外部供应商的供应链体系。这些供应商与核心企业并非同一体系，各方法律关系独立，且不存在股权、经营权的控制关系。每一层供应商相互独立，商业银行需要结合每一层供应链具体交易评价风险。随着供应链离核心企业越来越远，风险也逐渐提升。

第二种，核心企业供应商体系与自身集团母子公司体系内外结合的供应链体系。核心企业供应链上的供应商既有与核心企业无关的外部供应商，也有核心企业控制的下游子公司、孙公司作为核心企业供应商。商业银行需要区分核心企业供应商应收账款是在体系内流转还是体系外流转，由此风控模式及风控抓手均有所不同。

第三种，核心企业以分支机构及分公司形式与外部供应商对接。与第二种核心企业子公司作为嵌入核心企业供应商不同，这种模式的核心企业采用分公司作为供应链上的供应商。在这种体系项下，核心企业与分公司及其分支机构为同一法律主体，分支机构不能独立承担法律责任，一律由核心企业承担。商业银行除了需要把控供应链上的内外体系外，还要对核心企业分支机构的真实性及其与核心企业之间的关系进行把控。

第四种，核心企业专门成立财务公司进行财务结算并与供应商发生财务往来。在这种情况下，核心企业将其应收应付统一归财务公司管理。财务公司并不与供应商发生供应链业务上的关系，具体供应链上的商品交易、服务提供等基础交易仍由核心企业具体主体与供应商之间完成。在这种供应链应收账款支付模式项下，商业银行除了需要把控基础交易双方之间的权利义务外，也要及时对财务公司的资信进行审查，并且通过合同约定、发送函件等方式约束集团财务公司的付款履行，保护商业银行在供应链金融业务当中的自身权利。

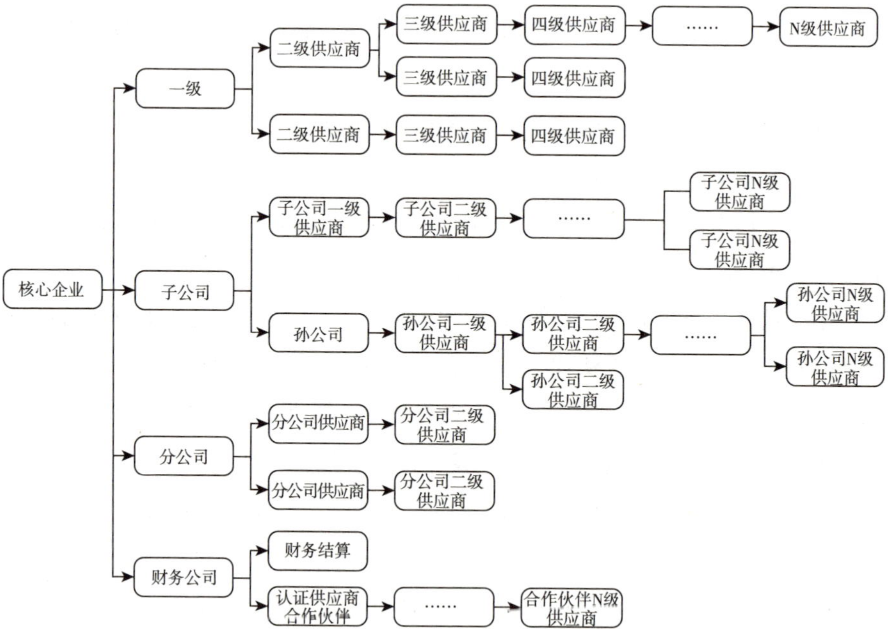

图3-8　核心企业应收账款流转主要类型

二、商业银行应收账款质押的业务模式及法律问题

（一）商业银行应收账款质押业务概念及交易结构

应收账款质押是企业将供应链上合法拥有的应收账款债权出质给银行，由银行为应收账款债权人提供资金融通、协助结算、账款管理等方面综合系统金融解决方案。具体交易结构如图3－9所示。

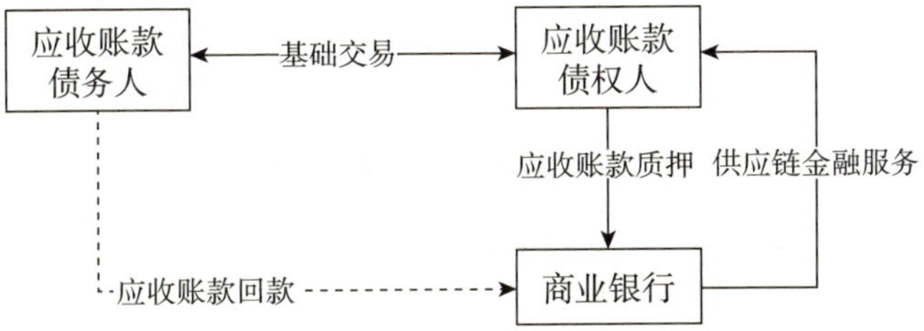

图3－9 商业银行应收账款质押业务交易结构

利用“威科先行”数据库，以“应收账款质押”为关键词、“银行”为当事人，对2018年1月1日～2020年12月31日的裁判文书进行检索，共检索到相关案件1152件，其中，2018年401件、2019年453件、2020年298件（见图3－10）。在审理法院的级别方面：基层人民法院审理的此类案件最多，占比为44.36%；中级人民法院占比为42.19%；高级人民法院占比为10.93%；最高人民法院占比为1.13%；专门法院占比为1.39%（见图3－11）。在案件审理程序方面：一审案件占比为75.09%，二审案件占比为16.23%，再审、执行和其他类案件合计占比为8.68%（见图3－12）。在地域分布方面：山东和广东的案件数量均突破100件，其中山东167件，占比为14.62%，广东139件，占比为12.17%；其次是浙江、湖北、江苏等地，占比分别为6.92%、6.83%、6.65%（见图3－13）。此外，从涉案金额来看：高达36.01%的案件的标的额在1000万～5000万元；其次是标的额在5000万元以上的案件，占比为25.85%；最少的是标的额在50万～100万的案件，占比仅为1.13%，可见此类案件的标的额均较大（见图3－14）。

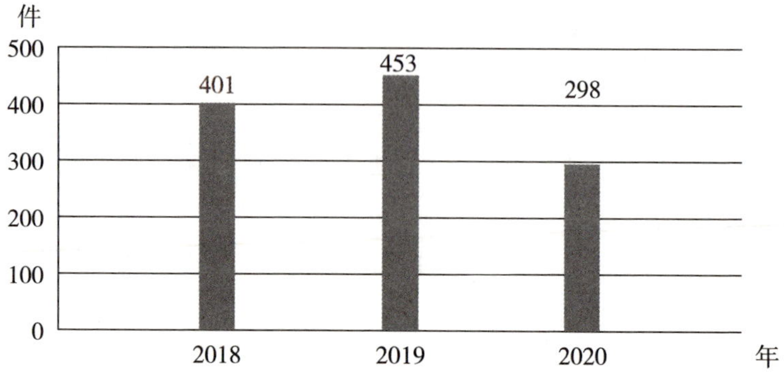

图 3－10　案件审理数量年份分布

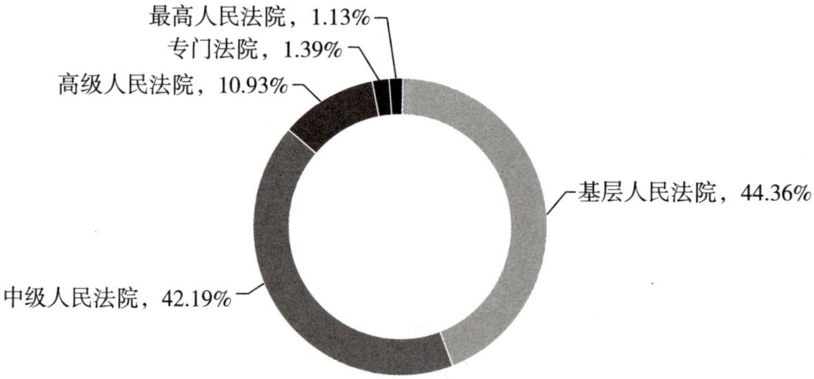

图 3－11　审理法院级别分布

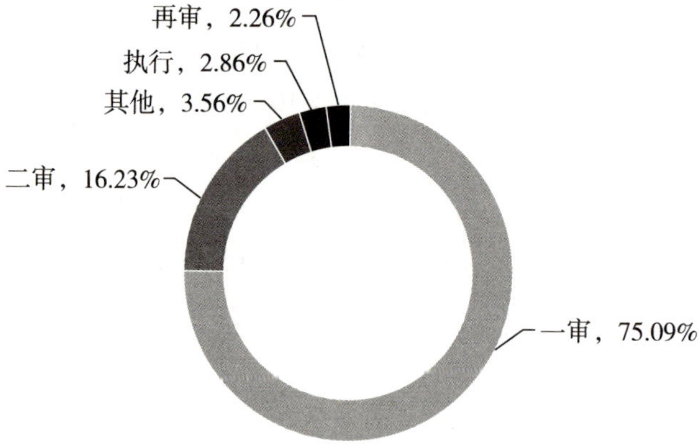

图 3－12　案件审理程序分布

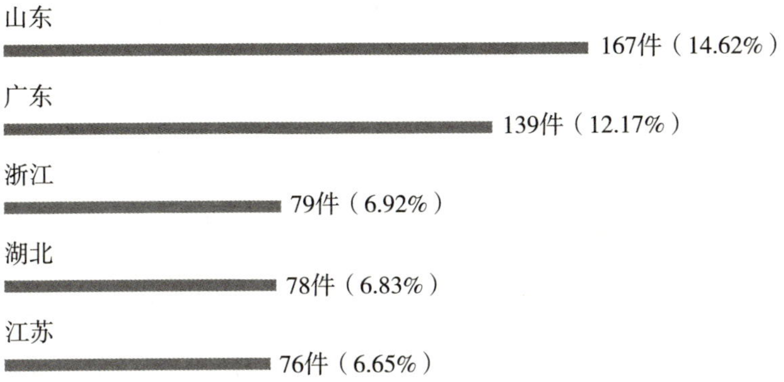

图 3－13　案件主要地域分布

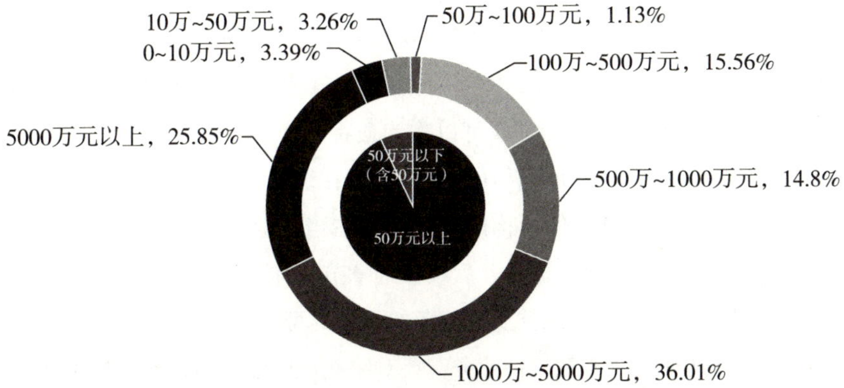

图 3－14　案件标的额分布

（二）开展银行应收账款质押业务的应收账款范围

1. 将有的应收账款可以开展商业银行应收账款质押业务

应收账款质押在立法中首次出现，详见《物权法》（已失效）第 123 条和第 228 条。《民法典》颁行后，有关应收账款质押的规定见于第 440 条、第 445 条。具体规定对比如表 3－10 所示。

表 3 – 10 《物权法》与《民法典》有关应收账款质押规定对比

《物权法》	《民法典》
第 223 条　债务人或者第三人有权处分的下列权利可以出质： …… （六）应收账款； ……	第 440 条　债务人或者第三人有权处分的下列权利可以出质： …… （六）现有的以及将有的应收账款； ……
第 228 条　以应收账款出质的，当事人应当订立书面合同。质权自信贷征信机构办理出质登记时设立。 应收账款出质后，不得转让，但经出质人与质权人协商同意的除外。出质人转让应收账款所得的价款，应当向质权人提前清偿债务或者提存	第 445 条　以应收账款出质的，质权自办理出质登记时设立。 应收账款出质后，不得转让，但是出质人与质权人协商同意的除外。出质人转让应收账款所得的价款，应当向质权人提前清偿债务或者提存

对比《物权法》（已失效）和《民法典》应收账款质押条文，《民法典》将原《物权法》第 223 条第 6 项“应收账款”修改为“现有的以及将有的应收账款”，以明确将来发生的债权可以作为质押的客体。与此同时，应收账款质押登记当前已经和其他动产转让、质押登记在统一平台，《民法典》删去了原《物权法》关于信贷征信机构的表述。而在当前监管环境下，商业银行不能以未来应收账款开展保理业务，后续保理章节将详细论述。

2. 商业银行开展应收账款质押业务的具体类型

商业银行开展应收账款质押业务，要对哪些应收账款可以开展质押业务作出明确。财务上的应收账款内涵和法律上的应收账款概念有所不同。法律上可以质押的应收账款应当参考《应收账款质押登记办法》第 2 条的规定，法律上的应收账款主要是现有和将来的金钱债权，虽然有观点主张收益权不属于应收账款债权，但在《物权法》颁行之前，最高人民法院在《关于适用〈中华人民共和国担保法〉若干问题的解释》（已失效，以下简称《担保法司法解释》）中专门规定，公路桥梁、公路隧道或者公路渡口等不动产收益权可以质押。《物权法》制定过程中，也将公路、桥梁等收费权纳入“应收账款”的概念中。《应收账款质押登记办法》对应收账款的概念进一步明确，票据或其他有价证券产生的付款请求权，以及法律、行政法规禁止转让的付款请求权不属于应收账款债权，也没有将收益权完全排除在外。

目前对应收账款的定义还存在一定争议，立法中对何为确认将有的应收账款，实务中尚存在争议。以合同为基础的金钱债权是否涵盖非因合同产生的应收账款？如建筑工程优先受偿权等法定权利是否可以一并质押？实务和诉讼案例层面尚存在一定争议，需要立法进一步明确。商业银行对风控的要求较高，各个商业银行都制定了自己银行的应收账款质押管理办法。其可开展应收账款质押业务的应收账款范围较《应收账款质押登记办法》中的范围更窄。一般对适用应收账款债权人和债务人的主体资信情况、基础交易履约和应收账款实际情况都有更加明确细致的规定。现德和衡律师列举部分银行开展应收账款质押业务的条件，供读者参考（见表3-11）。

表3-11　银行开展应收账款质押业务列举

要求类目	A银行具体要求
融资申请人	成立时间2年以上、企业主或法定代表人从业经验4年以上、无不良信用记录
应收账款要求	（1）仅接受现存的应收账款质押，不得以将有的应收账款出质，即债权人在产生应收账款的基础合同的义务已经完全充分履行完毕。（2）仅接受全额质押，原则上不接受部分质押。（3）债权人应对应收账款拥有完整、合法、有效的债权，无其他抵质押行为；不存在合同纠纷或其他法律纠纷，产生应收账款的基础合同合法有效。（4）用于设定质押的应收账款必须是依照法律和当事人约定允许转让的；出质的应收账款基础合同中无禁止或限制转让、限制披露、设定抵销权、可延期付款、账户控制等特殊限制约定。（5）应收账款到期日应不晚于所担保债务的到期日
应收账款债务人	债务人资金实力雄厚，具有一定资产规模、现金流量充足，具有较强的付款能力，与债权人有长期合作，过去一年中无因产品，服务质量或履约期限等问题而与债权人发生商业纠纷

（三）《民法典》司法解释有关应收账款质押的规定及其解读

目前，最高人民法院《民法典担保制度解释》已经正式出台，其中也有应收账款质押的内容，同样值得行业关注。德和衡律师进行分析，对相关条文梳理并解读如表3-12所示：

表 3-12 《民法典担保制度解释》具体条文梳理及解读

《民法典担保制度解释》第 61 条	德和衡律师解读
以现有的应收账款出质，应收账款债务人向质权人确认应收账款的真实性后，又以应收账款不存在或者已经消灭为由主张不承担责任的，人民法院不予支持	如果应收账款债务人已经确认了应收账款真实性，商业银行应当保留相关证据，其后否认的，不会得到法院支持
以现有的应收账款出质，应收账款债务人未确认应收账款的真实性，质权人以应收账款债务人为被告，请求就应收账款优先受偿，能够举证证明办理出质登记时应收账款真实存在的，人民法院应予支持；质权人不能举证证明办理出质登记时应收账款真实存在，仅以已经办理出质登记为由，请求就应收账款优先受偿的，人民法院不予支持	如果应收账款债务人没有确认应收真实性，当事人进行应收账款质押登记的时点就特别重要，商业银行应当对现有应收账款出质业务中应收账款的真实性进行严格审查，保留应收账款办理登记时应收账款已经成立的证据材料
以现有的应收账款出质，应收账款债务人已经向应收账款债权人履行了债务，质权人请求应收账款债务人履行债务的，人民法院不予支持，但是应收账款债务人接到质权人要求向其履行的通知后，仍然向应收账款债权人履行的除外	应收账款质押对应收账款债务人生效，应当通知应收账款债务人
以基础设施和公用事业项目收益权、提供服务或者劳务产生的债权以及其他将有的应收账款出质，当事人为应收账款设立特定账户，发生法定或者约定的质权实现事由时，质权人请求就该特定账户内的款项优先受偿的，人民法院应予支持；特定账户内的款项不足以清偿债务或者未设立特定账户，质权人请求折价或者拍卖、变卖项目收益权等将有的应收账款，并以所得的价款优先受偿的，人民法院依法予以支持	不动产收费权及其他将有债权进行应收账款质押的，商业银行应当设立监管专户，商业银行有权就监管专户中的应收账款优先受偿

（四）应收账款质押典型案例——商业银行开展特许经营权收益权质押业务

相对于保理业务，商业银行开展应收账款质押融资业务的经验较为丰富，实务中的主要难点问题在于特定复杂应收账款应当如何认定被告。原因在于，监管规定银行保理不存在开展将有的应收账款做保理的情况，而应收账款质押并不受上述监管政策限定，所以将有的应收账款做质押是银行开展应收账款质押遇到的主要法律问题，本节选择最高人民法院指导案例，即“H银行诉借款人A公司、出质人B公司金融借款合同纠纷案”① 特别进行解读。本案裁判要旨有两点：

其一，特许经营权的收益权可以质押，并可作为应收账款进行出质登记。

其二，特许经营权的收益权依其性质不宜折价、拍卖或变卖，质权人主张优先受偿权的，人民法院可以判令出质债权的债务人将收益权的应收账款优先支付质权人。

法院生效裁判认为：被告借款人A公司未依约偿还原告借款本金及利息，已构成违约，应向原告偿还借款本金，并支付利息及实现债权的费用。出质人B公司作为连带责任保证人，应对诉争债务承担连带清偿责任。本案争议焦点主要涉及污水处理项目特许经营权质押是否有效以及该质权如何实现问题。

1. 关于污水处理项目特许经营权能否出质问题

污水处理项目特许经营权是对污水处理厂进行运营和维护，并获得相应收益的权利。对污水处理厂的运营和维护，是污水处理厂的义务而非权利，所以本案诉讼争议的焦点在于污水处理厂收益权能否质押。

本案诉讼发生于《民法典》生效之前，最高人民法院审理该案时主要参考《担保法司法解释》（已失效）及《物权法》（已失效）相关规定审理本案。《担保法司法解释》（已失效）第97条的规定：“以公路桥梁、公路隧道或者公路渡口等不动产收益权出质的，按照担保法第七十五条第（四）项的规定处理。”既然公路收费权可以进行出质，污水处理收费权同样应当可以出质。与此同时，从性质上看污水处理厂之污水处理收益权虽然属于将有的应收账款债权，但同样具有确定性，并不存在权属不清的情况，属于可以确定的将来应收账款。此处体现了银行应收账款质押业务可以做未来应收账款债权，而保理不可以的特殊性。值得注意的是，在处理本案中最高人民法院法官还参考了国务院办公厅《关于西部大开发若干政策措施的实施意见》等相关供应链产业政策，其中明确规定有还款能力的城市环保项目之应收账款可以进行处置

① 参见最高人民法院指导案例53号（2015）。

发放贷款。这也体现出供应链金融诉讼案件的处理，应收账款所涉及的基础产业政策同样具有特别的参考价值。

2. 关于污水处理项目收益权质权的公示问题

应收账款质权以登记作为生效要件，但污水处理收益权去哪里登记，实务中存在争议，且本案发生于《民法典》颁行前，应收账款统一登记制度尚未设立。操作中，本案采用由C市建设局在《特许经营合同》中盖章的方式进行确权，该行为是否可以认定为登记？最高人民法院认为，登记的目的在于使应收账款质押行为具有外部公示效力，在这种情况下，C市建设局为应收账款债务人，其盖章行为可以视为其对应收账款质押行为作了确认，且污水处理收益权回款有固定路径，未经C市建设局同意，任何当事人不能获得应收账款回款，所以应收账款登记生效。

3. 关于污水处理项目收益权的质权实现方式问题

相对于传统的应收账款债权，可以通过转让的形式实现质权，而污水处理收益权属于将来债权，应收账款债务人后期只要把相应的回款及时支付到质权人账上，并不需要折价变卖。与此同时，多次变更或者拆分污水处理收益权也不利于污水处理机构正常运营，进而影响社会公共利益。由此可以看到，在处理具有公共属性的收益权时，人民法院会结合项目具体的情况来帮助权利人实现收益权。从业务出发，德和衡律师建议，商业银行应当在收益权质押文本中结合项目具体实际情况安排相关质权实现路径。可以采用诸如收益权回购等方式提前进行约定。

（五）应收账款质押业务操作指引

具体到操作层面，应收账款质权作为商业银行供应链金融业务中的从权利，与商业银行提供供应链金融服务所产生的主债权息息相关。应收账款质押一方面给供应链金融主债权实现增加了一层担保；另一方面也通过引入核心买家作为应收账款债务人，其付款能力较强，能够降低供应链金融主债权的融资成本。应收账款质押是商业银行供应链金融方案的重要组成部分。

设立应收账款质押，商业银行应当与出质人签订书面《应收账款质押合同》。具体到产品设计，这个合同既可以是一个独立的《应收账款质押合同》，也可以是记载应收账款质押的主要内容。将相关条款安排到供应链金融业务合同中，或底层供应链业务合同中，例如在一些商业银行 POS 贷业务中，就在《POS 机使用合同》中直接约定未来应收账款质押给银行，并不需要专门签订独立的《应收账款质押合同》。当然，有一些应收账款质押条款需要明确，即相关合同条款中必须有应收账款质押的意思表示。单纯进行应收账款监管或者应收账款转让，并不能体现应收账款质押的意思表示，不构成应收账款质押。合同内容一般包括被担保债权的种类和数额，债务人履行债务的期限，应收账款的名称、数额，担保的范围等。

考虑到供应链金融业务中的应收账款质押，应收账款不只是现有的应收账款，还有可能包括将有的应收账款债权。在将来应收账款的情况下，应收账款的金额、债务人、交易合同依据、履约证明等都有可能无法确定或尚未形成。这种情况下，就需要结合应收账款在供应链上的具体表现情况，选择多个要素尽量确认应收账款的实际情况，尽量满足应收账款的确定性。例如，长期合作关系供应链业务项下的应收账款开展应收账款质押业务，双方长期以来存在合作关系，虽然应收账款的金额及具体交易合同不确定，但可以确定应收账款的债务人。而在门票收费权应收账款质押业务中，虽然知道缴纳门票的游客就是应收账款债务人，但围绕门票收费权做供应链金融，门票收费权是未来游客参观产生的收益，但在当前游客还没有参观，也就无法在开展应收账款质押业务时确定应收账款债务人，只能将基础交易合同及供应链场景明确下来。商业银行必须对应收账款的实际情况进行谨慎性审查，即便是将有的应收账款进行质押，也需要对将有的应收账款情况进行梳理，对将来应收账款的具体情况必须有合理的预计思路，而不能为了融资放款强行扩大将有的应收账款的范围，防止出现将来应收账款预估脱离实际的情况。

应收账款质押设立以应收账款登记为标志，如果单纯订立应收账款质押合同，质权并不当然成立，还需要进行应收账款质押登记。2021 年 1 月 1 日后，国家对动产和权利担保在全国实行统一登记。拟提供应收账款质押之应收账款后，商业银行就应当要求应收账款出质人立即进行应收账款质押登记。不过目前的《应收账款质押登记办法》并未对应收账款应当如何登记进行规范规定，实务中出现了两家金融质押登记同一笔应收账款但表述不一致，所以没有预先发现而引起争议的情况；也有商业银行因为内控制度要求，机械登记应收账款质权，只有在应收账款实际成立甚至发票开出后才进行应收账款质押登记，导致应收账款被其他金融机构抢先登记，影响自身质权实现。所以在新的应收账款质押登记规定下，商业银行需要重新对自身应收账款质押登记操作进行梳理，结合自身供应链金融产品设计，防范因应收账款质押登记内容及操作问题，导致应收账款质押效力产生瑕疵。

应收账款质押合同订立并进行应收账款质押登记后，商业银行就应当对应收账款回款进行监管。操作上可以采用变更监管账号、约定账户共管、银行虚拟户、限制开户取款权限等措施。实务中应收账款质押系担保主债权实现之从权利，由此有部分银行金融机构专注于对主债权回款进行监管，忽视对应收账款本身进行监管，导致应收账款质权虚化。最终应收账款没有成为供应链金融的风控抓手，供应链金融业务还是回到针对融资主体授信，监管融资主体回款的老路中，并没有对供应链及应收账款进行把控，由此引发风险。目前，北京等一些地区正在出台应收账款质押监管的规定，值得行业关注。

三、商业银行保理业务模式及法律问题

（一）商业银行保理业务概念及交易结构

《民法典》第761条规定："保理合同是应收账款债权人将现有的或者将有的应收账款转让给保理人，保理人提供资金融通、应收账款管理或者催收、应收账款债务人付款担保等服务的合同。"根据保理人主体是商业银行还是商业保理公司，可以将保理业务分为银行保理和商业保理。本书主要关注银行保理业务。就法律规范而言，银行保理的监管规定主要有两个：一是原中国银监会《关于加强银行保理融资业务管理的通知》；二是《商业银行保理业务管理暂行办法》。其中《商业银行保理业务管理暂行办法》对银行保理业务的规定更为系统，值得行业关注。

截至2021年4月11日，包括银行保理和商业保理，全国范围内共发生23,879件保理诉讼案件。就法律关系层面而言，商业保理和银行保理并不存在区别，且在核心争议法律问题层面内容基本一致；而且在业务层面也存在商业保理公司向银行开展再保理的形式，所以德和衡律师认为，法律人应当在处

理银行保理案件时，应当既关注银行保理案件，也关注商业保理案件。以下是单独针对银行保理业务的大数据分析。

利用“威科先行”数据库，以“保理、应收账款、－担保理应、－环保理念、－程保理”为关键词、“银行、－商业保理”为当事人、“裁判理由及依据”为搜索范围，对2018年1月1日～2020年12月31日裁判文书进行检索，共检索到相关案件502件，其中，2018年228件、2019年166件、2020年108件（见图3－15）。在审理法院的级别方面：中级人民法院审理的此类案件最多，占比为39.84%；基层人民法院占比为35.46%；高级人民法院占比为20.12%；最高人民法院占比为3.58%；专门法院占比为1.00%（见图3－16）。在案件的审理程序方面：一审案件占比为60.56%、二审案件占比为31.08%、再审案件占比为7.17%、执行案件占比为1.19%（见图3－17）。在地域分布方面：广东的案件数量最多，共65件，占比为13.03%；其次案件数量较多的为山东、湖北、浙江、江苏等地，占比分别为9.22%、7.62%、6.01%、5.41%（见图3－18）。此外，从涉案金额来看：高达46.38%的案件的标的额在1000万～5000万元；其次是标的额在5000万元以上的案件，占比为17.97%；最少的是标的额0～10万元的案件，占比仅为2.32%（见图3－19）。

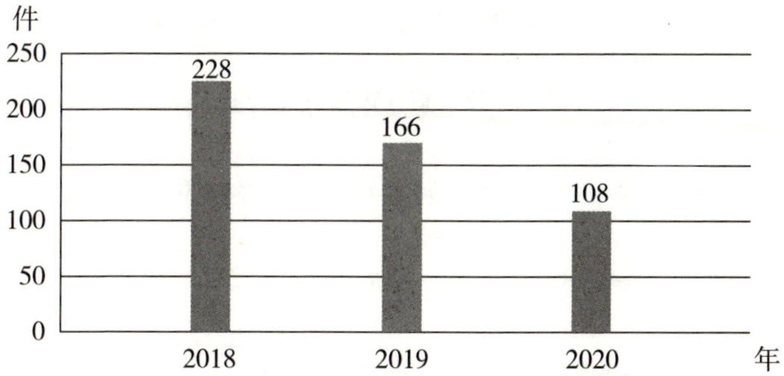

图3－15 案件审理数量年份分布

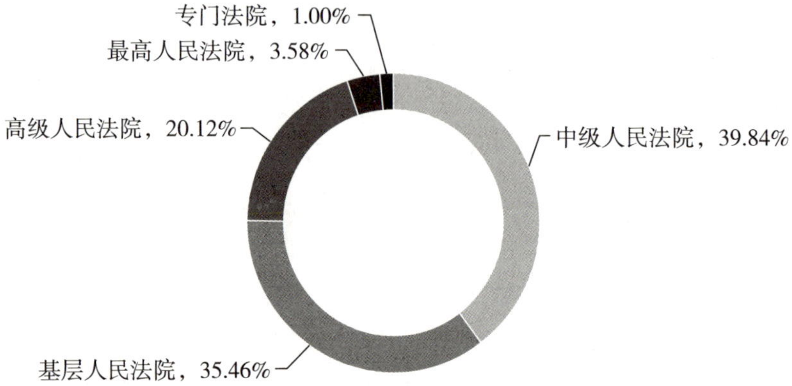

图 3－16　法院级别分布

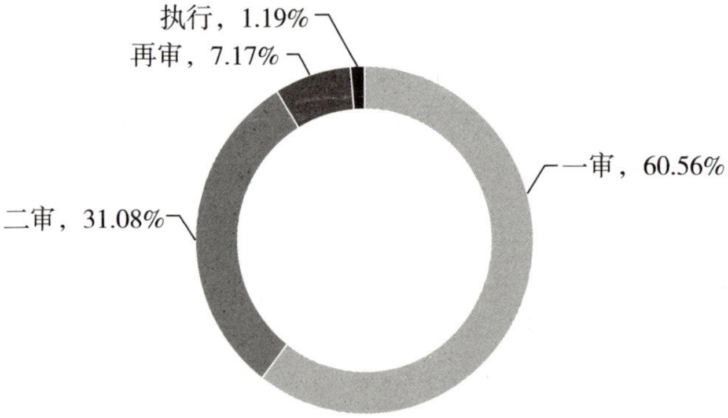

图 3－17　案件审理程序分布

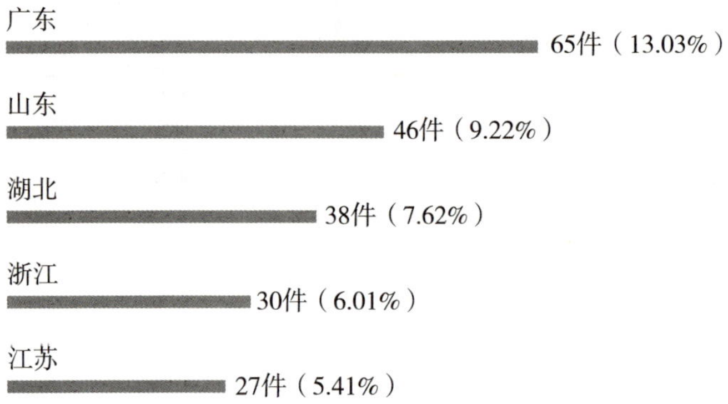

图 3－18　案件主要地域分布

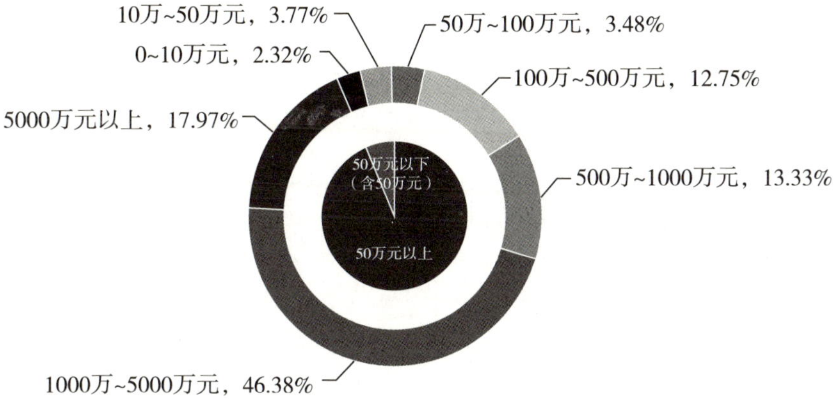

图 3－19　案件标的额分布

由上文数据可知，银行保理发生纠纷的数量不断下降，这与近年来保理合同纠纷大幅上升的趋势大相径庭，原因在于受银行保理相关监管规定及核心企业普遍成立自己的保理公司影响，银行保理业务量最近几年出现下降，由此也引发对应案件发生数量降低，导致银行保理诉讼案件数量逐年减少。相对于商业保理案件主要在基层人民法院审理，银行保理案件主要在中级人民法院审理，两者从交易结构和适用法律层面都不存在较大区别。银行保理案件的地域分布情况和商业保理纠纷普遍分布于我国沿海省份的情况类似。唯一的区别主要在标的额层面，银行保理纠纷虽然数量比商业保理纠纷小，但普遍银行保理纠纷标的较商业保理纠纷标的大得多，一个银行保理业务进入诉讼，其处理过程和结果往往会对整个银行保理业务线产生影响，由此银行保理纠纷同样应当得到商业银行的重视。

《商业银行保理业务管理暂行办法》第 6 条规定："本办法所称保理业务是以债权人转让其应收账款为前提，集应收账款催收、管理、坏账担保及融资于一体的综合性金融服务。债权人将其应收账款转让给商业银行，由商业银行向其提供下列服务中至少一项的，即为保理业务。"区别于《民法典》中保理合同专章规定，《商业银行保理业务管理暂行办法》中银行保理业务的概念将保理业务定义为综合性金融服务。原因在于，目前市场中开展商业保理业务的保理公司虽然隶属中国银保监会管理，但并不属于金融机构或者非金融机构，相关业务是否属于金融服务，实务中还存在争议。但商业银行开展银行保理业务属于金融服务则不存在上述限制，所以银行保理能够被认定为是一类综合性金融服务。具体保理业务交易结构如图 3－20 所示：

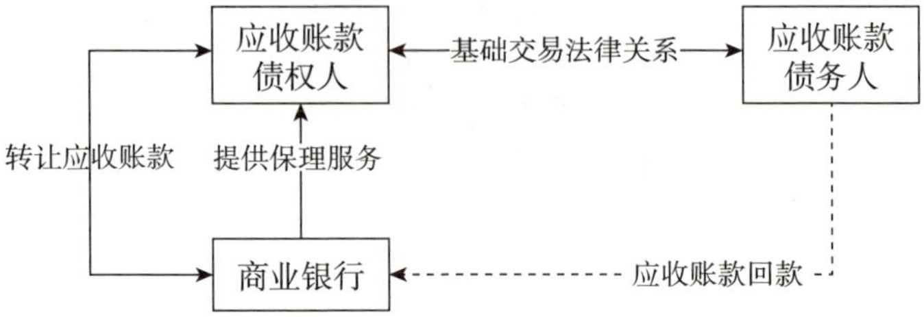

图 3－20　银行保理业务交易结构

（二）开展银行保理业务的应收账款范围

在银行保理业务的概念中，银行保理业务所能开展的应收账款范围并未包括“将有的应收账款”，这也是银行保理和商业保理在业务范围中最大的区别。依据《商业银行保理业务管理暂行办法》第 13 条“商业银行不得基于不合法基础交易合同、寄售合同、未来应收账款、权属不清的应收账款、因票据或其他有价证券而产生的付款请求权等开展保理融资业务”的规定，除了未来应收账款，还有如下应收账款不得开展银行保理业务，见表 3－13。

表 3－13　不得开展银行保理业务的应收账款

应收账款类目	应收账款内涵	德和衡律师解读
未来应收账款	合同项下卖方义务未履行完毕的预期应收账款	未来应收账款不得开展银行保理业务，行业中有对何为“未来应收账款”存在争议。如果没有订立合同，只是凭借财务报表预测的一段时间内应收账款是否属于未来应收账款，能否做银行保理。德和衡律师认为，上述应收账款同样属于未来应收账款。因为如果有签订合同，同时没有履行卖方义务就已经被认定成未来应收账款，则没有签订合同且卖方义务没有履行完毕的应收账款同样属于未来应收账款。反之，如果卖方已经履行完毕，只是没有签订合同，在这种情况下是否可以开展银行保理业务，行业中还存在一定争议

续表

应收账款类目	应收账款内涵	德和衡律师解读
权属不清的应收账款	权属具有不确定性的应收账款，包括但不限于已在其他银行或商业保理公司等第三方办理出质或转让的应收账款。获得质权人书面同意解押并放弃抵质押权利和获得受让人书面同意转让应收账款权属的除外	应收账款权属不清，主要是权利本身有瑕疵，本条主要是防范应收账款出现重复转让，或者一笔应收账款既转让又质押的情况。德和衡律师建议商业银行在开展业务时一定要进行谨慎性审查，针对应收账款的权属情况仔细审查。行业中有观点认为，既然权属不清主要针对权利是否有瑕疵，那么反之应收账款如果债权人不确定，则不在本条所限。德和衡律师认为，上述观点为就理论而谈理论，开展保理业务的前提在于应收账款债权人将应收账款转让给保理人，如果应收账款本身所有权权利人都无法确定，那么申请保理业务的主体也无法确定，也就没有开展保理业务的基础了
因票据或其他有价证券而产生的付款请求权	票据或其他有价证券的持票人无须持有票据或有价证券产生的基础交易应收账款单据，仅依据票据或有价证券本身即可向票据或有价证券主债务人请求按票据或有价证券上记载的金额付款的权利	票据及有价证券不能拿来做银行保理，原因在于我国立法对应收账款的概念本来就不包括票据及其他有价证券的应收账款。行业中有处于“灰色地带”的票据中介直接将票据转让就视为应收账款开展保理业务。德和衡律师认为，如果应收账款转让前债务人以票据形式支付了，则此时开展保理业务应收账款之债已经转化为票据之债，票据不属于应收账款，不能开展保理业务。行业可以参考德和衡编的“先票据，后保理，违法”之口诀

（三）银行保理业务分类及主要问题

《商业银行保理业务管理暂行办法》是国内首个专门针对保理业务并且全国商业银行适用的监管规定，对银行保理乃至全国范围内的保理业务均具有重要指导价值。根据《商业银行保理业务管理暂行办法》，可以将银行保理业务做如下分类（见表 3－14）。

表 3-14　银行保理业务分类

分类依据	业务分类	具体分类标准	德和衡律师解读
基础交易性质，债务人、债权人所在地是否涉外	国际保理	债权人和债务人均在境内的保理业务	伴随供应链业务的发展，买卖双方均在国内，基础交易在国外的，例如境外托盘贸易等，商业银行也应当按照国际保理业务风控标准开展业务
	国内保理	债权人和债务人中至少有一方在境外（包括保税区、自贸区、境内关外等）的保理业务	由于保税区和自贸区的海关、税务及其他工商制度环境与国内其他地区存在差异，其银行保理业务同样属于国际保理业务。商业银行开展保理业务应当注意具体区域的差异化相关规定。目前银行业开展此类保理业务还会和银行现有的外汇结算等业务相结合，给客户提供更多综合供应链金融服务
商业银行在债务人破产、无理拖欠或无法偿付应收账款时，是否可以向债权人反转让应收账款、要求债权人回购应收账款或归还融资	有追索保理	在应收账款到期无法从债务人处收回时，商业银行可以向债权人反转让应收账款、要求债权人回购应收账款或归还融资。有追索权保理又称回购型保理	应收账款是保理业务的第一还款来源，商业银行受让应收账款成为新的应收账款债权人，在应收账款债务人已经收到应收账款转让通知的情况下，债务人应当将应收账款回款向商业银行清偿。如果应收账款到期，商业银行没有收到应收账款回款的，可以向应收账款债务人追偿。如果没有足额清偿，在有追索保理业务项下，商业银行有权将应收账款反转让给应收账款债权人，要求应收账款债权人回购应收账款。 在有追索保理业务中，实务中常见的争议是应收账款债权人是否享有先诉抗辩权、应收账款回购定价权；应收账款反转让后，商业银行是否还有权要求应收账款债务人承担清偿责任；商业银行是否有权同时起诉应收账款债权人及应收账款债务人
	无追索保理	应收账款在无商业纠纷等情况下无法得到清偿的，由商业银行承担应收账款的坏账风险。完全无追索权保理又称买断型保理	无追索保理业务中，商业银行承担责任的前提是应收账款无商业纠纷等情况下客观没有得到清偿，如果基础交易双方对应收账款本身存在争议，商业银行不承担坏账风险担保责任。由此无追索责任条款就属于商业银行无追索保理业务中的重要条款。从商业银行诉讼典型案例出发，德和衡律师建议商业银行应当对相关条款向保理申请人进行强调。尤其是目前《民法典》第 767 条规定，当事人约定无追索权保理的，保理人应当向应收账款债务人主张应收账款债权。并没有明确排除商业纠纷不承担责任的内容。如果商业银行在无追索保理业务项下计划只承担无商业纠纷后的坏账风险，需要在无追索保理业务合同中特别强调

续表

分类依据	业务分类	具体分类标准	德和衡律师解读
按照参与保理服务的保理机构个数	单保理	由一家保理机构单独为买卖双方提供保理服务	单保理是目前行业中主要的保理业务模式，只有一家商业银行对外提供保理服务，风险相对集中，监管部门要求银行承担更多谨慎性审查责任。单保理融资中，商业银行除应当严格审核基础交易的真实性外，还需确定卖方或买方一方比照流动资金贷款进行授信管理，严格实施受理与调查、风险评估与评价、支付和监测等全流程控制
	双保理	由两家保理机构分别向买卖双方提供保理服务	银行双保理起源于国际保理业务，即买卖双方分别有保理商提供服务。目前监管部门认定，除了两家银行分别为买卖一方提供保理构成双保理，买卖双方保理机构为同一银行不同分支机构的，原则上也可视作双保理。商业银行应当在相关业务管理办法中同时明确作为买方保理机构和卖方保理机构的职责。 有保险公司承保买方信用风险的银保合作，视同双保理

除了上述保理业务分类外，行业中还有一类常见的保理业务分类，即以开展保理业务时是否立即将应收账款债权人已经将应收账款转让给保理人的债权转让事实通知给应收账款债务人进行分类。如果立即通知，就是明保理业务，行业中又称为“公开型保理业务”；如果不立即通知，则是暗保理业务，行业中又称为“隐蔽型保理业务”。这种分类模式主要是考虑债权转让必须通知应收账款债务人后，方才对应收账款债务人生效。如果没有及时通知债务人，应收账款债权转让并没有对其生效，债务人另行与债权人达成新的约定或者债务人清偿应收账款的，商业银行只能要求应收账款债权人向其承担法律责任。

除了基于保理业务的分类模式外，行业中围绕供应链上特定应收账款开展标准化保理业务的模式越来越多。例如，物流行业中物流运费保理、干支线物流保理、仓库租金保理，医药领域的药品结算保理、医保补贴款返还保理，电商行业中的电商平台结算保理等都是针对特定应收账款开展的保理业务。这种分类模式是针对开展保理应收账款的具体类目来进行划分。随着银行对产业链研究的加深，对行业中应收账款的认识深化，此类保理业务越来越丰富，越来越多样。

（四）《民法典》有关保理的规定及其解读

保理合同成为《民法典》中新增的一类有名合同，颇受律师同业关注。德和衡律师认为，保理合同能够成为《民法典》新增典型合同，并非只有赖于保理行业专家、领导的推动，其根本原因在于不论从行业发展、监督管理及司法裁判各个方面，都迫切需要保理合同入典。发展保理业务，有利于推进国家供应链、产业链的发展，促进国家做好“六保”“六稳”工作。对于解决供应链上中小企业融资、核心企业供应链黏性不足问题，有着特别重要的意义。正是基于以上原因，立法者将保理合同作为新增“有名合同”进行立法。

1. 《民法典》保理合同规定解决了长期困扰行业发展的很多问题

保理合同是我国《民法典》合同编唯一全新增订的有名合同，足见立法机关对其的重视程度。立法过程中有专家提出保理业务以受让应收账款为前提条件，只要在《民法典》有关债权转让部分特别规定即可，不必在合同编专章进行规定。但立法者考虑《民法典》体例的统一性，并且单独在债权转让条款中进行规定并不能完全解决当前长期困扰保理行业发展和实务中乃至司法裁判的重点难点问题。这些问题包括：如何理解保理业务和保理行业？如何处理应收账款虚假问题？保理人如何进行应收账款转让通知？应收账款转让后，基础交易合同变更如何处理？同笔应收账款多次转让如何认定哪一当事人权利具有优先性？立法中都做了回应。

2. 立法者通过规定保理合同的方式方便行业理解保理业务

立法者通过规定保理合同的形式，可以帮助人们了解立法者对保理业务的认识。《民法典》第 761 条规定：“保理合同是应收账款债权人将现有的或者将有的应收账款转让给保理人，保理人提供资金融通、应收账款管理或者催收、应收账款债务人付款担保等服务的合同。”立法者对保理的认识认可了保理业务以保理人受让应收账款债权人应收账款为前提，为保理人提供资金融通、应收账款管理与催收、债务人付款担保的保理服务。德和衡律师认为：如何评价一项业务是否属于保理业务，只要看该业务是否具备两个要素：一是应收账款债权人将应收账款转让给保理人；二提供了资金融通、应收账款管理或催收、债务人付款担保的保理服务。

3.《民法典》明确规定了几种常见的保理业务模式的具体内涵

我国保理业发展迅速，根据国际保理商联合会（Factors Chain International，FCI）的统计显示，我国保理业务总量已经连续多年居于世界首位。国内保理业务创新模式不断涌现，对市场操作实务及司法应对都提出了重大挑战。在《民法典》立法过程中，明确规定了行业中常见的几种保理合同类型，如根据保理人没有收到回款是否有权向应收账款债权人追索，可以将保理业务分为有追索权保理和无追索权保理。立法者通过规定具体明确了每种保理合同是什么，行业可以倒推每种保理业务类型操作中应当如何处理。分别见于《民法典》第766条、第767条，上文已经进行了论述。

4. 保理业务常见的争议问题，在保理合同章中进行了明确规定

随着保理业务的不断发展，国内保理业务的出险情况也在不断攀升，国内的保理诉讼量和诉讼类型也在不断增长，自2015年起，最高人民法院就在《关于当前商事审判工作中的若干具体问题》中探讨了保理合同纠纷司法审判问题。福建等一些地区的高级人民法院也将法院审理的保理案件选入其年度十大案例。[①] 长期以来，保理是各级人民法院关注的重要问题，人民法院在审理保理合同纠纷过程中也积累了很多经验。《民法典》合同编保理合同专章就是在过去各地法院审理保理合同纠纷过程中总结确定的很多保理合同纠纷争议问题处理经验，给行业带来很多启发。

依据《民法典》第763条的规定，应收账款债务人和应收账款债权人虚构应收账款的，保理人不知情的，应收账款债务人不得以应收账款不存在为由对抗保理人。第764条规定，保理人可以在表明保理人身份并附有必要凭证的情况下向应收账款债务人发出应收账款转让通知。第765条规定，债务人收到应收账款转让通知后，应收账款债权人和应收账款债务人自行变更或终止基础交易合同，对保理人产生不利影响的，对保理人不发生效力。第768条规定，同一笔应收账款订立多个保理合同发生纠纷，多个保理人主张权利的，以登记

① 参见田江涛：《保理案件入选多省高院年度十大案例解读》，载360个人图书馆2017年12月5日，http://www.360doc.com/content/17/1205/12/48909235_710117900.shtml。

顺序为最优先；都未登记，按通知顺序；既未登记也未通知，按照融资款或者服务报酬的比例取得应收账款。

5.《民法典》其他条款规定，也对保理业务发展有重大影响

保理业务以受让应收账款为前提条件，其核心包括受让应收账款和提供保理服务两层要素。不只《民法典》合同编保理合同专章的内容值得保理行业关注，《民法典》中有关于债权转让的条款同样需要行业仔细研读，具体见于《民法典》第545条。对比《合同法》（已失效）中有关于债权转让相关条款内容，《民法典》新增了区分受让债权是金钱债权还是非金钱债权，如果是金钱债权，双方约定不得转让的，不得对抗第三人；如果是非金钱债权，双方约定不得转让的，不得对抗善意第三人。在保理业务中，商业银行没有参与基础交易，只是以第三人身份受让应收账款，显然应收账款属于金钱债权。根据上述条文规定，即便基础交易双方约定应收账款不得进行转让，上述约定不得对抗商业银行。商业银行同样有权基于上述条款对外开展保理业务。所以，《民法典》的上述约定扩大了可以开展保理业务的应收账款范围，即便应收账款在基础交易合同中约定不得转让，上述约定也不能对抗作为第三人开展银行保理业务的商业银行。

（五）《民法典》仍需解决的保理争议内容

虽然本次《民法典》立法保理合同能够成为有名合同，对保理和相关行业都具有特别重大的影响，具有重要的意义。但对有关保理合同专章的部分条款，实务中仍存在一定争议有待解决。针对《民法典》当前立法存在争议内容，德和衡律师提示商业银行可以采取如下措施保护自身权利。

1. 有追索权保理合同明确约定商业银行可同时主张权利条款

《民法典》第766条规定："当事人约定有追索权保理的，保理人可以向应收账款债权人主张返还保理融资款本息或者回购应收账款债权，也可以向应收账款债务人主张应收账款债权。保理人向应收账款债务人主张应收账款债权，在扣除保理融资款本息和相关费用后有剩余的，剩余部分应当返还给应收账款债权人。"在司法实务中，保理人能否同时起诉应收账款债务人和应收账款债权人是保理合同纠纷审理过程中的主要难点。单纯"可以……也可以……"

的表述并无法确定是否可以同时起诉两个主体，容易引发争议，具体如表 3－15 所示。

表 3－15 《民法典》相关规定及分析

序号	《民法典》规定	分析
1	第 688 条第 2 款规定，连带责任保证的债务人不履行到期债务或者发生当事人约定的情形时，债权人可以请求债务人履行债务，也可以请求保证人在其保证范围内承担保证责任	连带保证合同中，权利人有权同时起诉应收账款债务人和应收账款债权人
2	第 752 条规定，承租人应当按照约定支付租金。承租人经催告后在合理期限内仍不支付租金的，出租人可以请求支付全部租金；也可以解除合同，收回租赁物	权利人只能择一起诉

在银行保理业务中，德和衡律师主张商业银行应当对有追索保理业务的性质进行明确，明确约定有追索保理业务项下，商业银行有权选择应收账款债务人还是应收账款债权人要求承担责任，以防出现类似的问题。

2. 无追索权保理合同条款只承担信用风险担保需要特别提示

无追索权保理业务通过《民法典》第 767 条规定的“无追索权保理”业务合同进行规定：“当事人约定无追索权保理的，保理人应当向应收账款债务人主张应收账款债权，保理人取得超过保理融资款本息和相关费用的部分，无需向应收账款债权人返还。”但上述条款表述的无追索保理业务和保理行业以往理解有所不同。上文已述，《商业银行保理业务管理暂行办法》规定商业银行开展的无追索保理业务中，商业银行仅在无商业纠纷等条件下承担信用风险担保责任。只有在完全无追索的所谓“买断性”保理业务中，保理人才承担无条件付款担保责任。《民法典》则一律将无追索保理业务认定为“买断性”保理业务，与商业银行以往的理解不同，建议商业银行及时在自身开展的银行无追索保理业务合同中予以明确约定，并以加粗等形式提示保理申请人注意。

3. 应收账款回款余额根据保理业务类型不同，强制进行规定

债务人清偿应收账款后，扣除保理融资本金、保理融资利息、服务费及其他保理业务应付成本后剩余的应收账款余额应当如何处理，商业银行是否应当

返还应收账款债权人，一直以来都是商务条款。德和衡律师认为，不必再通过立法强制规定。但《民法典》保理合同专章要求有追索权保理合同一律返还应收账款余款给应收账款债权人，无追索权保理合同应收账款余款不必返还，对此实务中存在较大争议。

（六）《民法典》司法解释有关银行保理的规定及其解读

2020 年 12 月 30 日，最高人民法院公布了第一批《民法典》司法解释，其中有不少条文和保理业务紧密相关。这些司法解释规定的内容相当丰富，对保理业务也产生较大影响，其中，有如下内容值得商业银行予以重视（见表 3－16）。

表 3－16 《民法典》司法解释有关银行保理的相关规定

《民法典》司法解释规定内容	德和衡律师解读
《民法典》施行前订立的保理合同发生争议的，适用《民法典》第三编第十六章的规定	《民法典》施行前的银行保理合同发生争议的，适用《民法典》规定
同一应收账款同时存在保理、应收账款质押和债权转让，当事人主张参照《民法典》第 768 条的规定确定优先顺序的，人民法院应予支持	多个商业银行针对同一笔应收账款既有转让，又有质押还有保理的，适用保理合同受让同一笔应收账款优先权的处理办法
在有追索权的保理中，保理人以应收账款债权人或者应收账款债务人为被告提起诉讼，人民法院应予受理；保理人一并起诉应收账款债权人和应收账款债务人的，人民法院可以受理	商业银行有权在有追索权保理业务中同时起诉保理申请人和应收账款债务人
应收账款债权人向保理人返还保理融资款本息或者回购应收账款债权后，请求应收账款债务人向其履行应收账款债务的，人民法院应予支持	应收账款债权人承担责任后，有权要求应收账款债务人向其履行应收账款回款责任
因抵押、质押、留置、保证等担保发生的纠纷，适用《民法典担保制度解释》。所有权保留买卖、融资租赁、保理等涉及担保功能发生的纠纷，适用《民法典担保制度解释》的有关规定	保理作为一类类担保措施，受《民法典担保制度解释》调整，具体而言主要是在有追索权保理业务中的保理申请人之于商业银行之间构成类担保法律关系

（七）应收账款保理的典型案例

截至2021年4月11日，包括银行保理和商业保理，全国范围内共发生23,879件保理诉讼案件，其中银行参与的保理业务共6248件。[①] 虽然从裁判文书总量上，银行保理裁判文书占比逐渐减少，但对比商业保理，银行保理裁判文书普遍标的额较大，有49.55%的银行保理案件的诉讼标的都超过1000万元，值得商业银行关注。与此同时，由于银行保理业务较商业保理业务起步更早，人民法院审理银行保理业务积累了较多的保理业务审判经验，相当多案件都纳入最高人民法院典型案例，或者凝练成司法观点，具体总结如表3－17所示。

表3－17 部分最高人民法院保理典型案例

案号	主要事实及被告抗辩	司法观点
最高人民法院（2017）最高法民再164号	商业银行在开展保理业务时审核了基础交易合同、单据，并要求应收账款转让债务人在《应收账款转让通知书》上确权，应收账款债务人以应收账款不存在为由进行抗辩	双方当事人通谋所为的虚伪意思表示，虚构应收账款骗取商业银行保理融资，在双方当事人之间发生绝对无效的法律后果，第三人不知道双方当事人通谋虚伪表示时，该虚伪意思表示的无效不得对抗善意第三人
最高人民法院（2017）最高法民申3796号	保证人主张多笔保理款存在金额相近，认为银行存在借新还旧，拒不承担担保责任	保证人并未举证证明保理申请人偿还到期保理款的资金直接来源于银行发放的案涉保理预付款，仅以时间存在交叉、金额相近为由主张借新还旧事实的存在，事实依据不充分，不予采信

① 此处数据为德和衡保理和供应链研究中心基于特定检索字段整理而成，部分生效裁判目前尚未上网，所以仅代表当前裁判文书网上的公开保理诉讼案件。

续表

案号	主要事实及被告抗辩	司法观点
最高人民法院（2016）最高法民终759号	商业银行在认可应收账款债务人已提前偿还全部款项、《融资租赁合同》提前终止的情况下，与保理申请人签订《补充协议》，就案涉《保理合同》项下剩余债务的履行达成新的合意，约定应收账款在指定的时间内偿还尚欠款项，《保理合同》项下的全部义务履行完毕。故原审法院认定应收账款不承担偿还尚欠保理款及支付违约金的责任，并无不当	保理银行认可保理申请人已偿还全部款项、达成新的合意，保理合同应认定履行完毕，不能再找应收账款债务人承担责任
最高人民法院（2016）最高法民终322号	应收账款债务人已确认收取了应收账款基础交易合同项下的货物。并且本案涉及的保理业务中，债务人向银行承诺将承担保理合同项下的债务，据此应当认定银行已尽审慎审核义务，债务人拒不承认应收账款	保理业务中，次债务人向银行承诺将承担保理合同项下的债务，银行已尽审慎审核义务，债务人不得抗辩应收账款不存在，仍要清偿应收账款
最高人民法院（2016）最高法民终第578号	债务人以银行与保理申请人串通虚构伪造保理涉及的发票、立项、债务人股东信息等损害应收账款债务人利益为由主张案涉保理贷款合同无效	不能证明保理银行与融资申请人恶意串通损害担保人利益的，融资申请人单方虚构材料或诈骗均不影响保理业务合同的效力
最高人民法院（2017）最高法民申2536号	应收账款债务人主张保理申请人存在犯罪行为，保理申请人以欺诈形式订立保理合同，保理合同无效	保理申请人以欺诈方式与银行签订保理合同，银行未请求变更或撤销的，保理合同仍有效
最高人民法院（2017）最高法民申1222号	由于该合同约定的融资期限届满后，债务人没有将应收账款支付到保理商账户，保理申请人没有清偿保理融资本金，商业银行有权基于受让应收账款，要求应收账款债务人清偿应收账款。如果应收账款到期没有兑付，保理人有权行使追索权	在有追索权保理业务中，如次债务人在约定期限内不能足额偿付应收账款，保理银行有权按照合同约定向债务人追索融资款

与此同时，各地高级人民法院也针对保理业务审理了一批典型案例，对区域保理法律实践具有很强指导价值，德和衡律师总结如表 3－18 所示：

表 3－18 部分地方高级人民法院保理典型案例

类别	事实内容及被告抗辩	裁判观点
上海市高级人民法院 2012 年金融审判十大案例[1]	银行仅将应收账款转让在中国人民银行征信中心应收账款质押登记系统办理了应收账款转让登记。但并未进行应收账款转让通知	保理合同项下应收账款转让应当适用债权转让相关法律进行规制，虽然银行就保理合同项下债权转让登记于中国人民银行登记系统，但登记并不能免除债权转让通知的法定义务。在债务人未收到债权转让通知的情况下，保理合同项下债权转让对债务人不发生效力
福建省高级人民法院 2015 年金融审判十大案例[2]	基础交易应收账款债务人主张涉及刑事犯罪，本案应当驳回起诉	保理申请人虚构应收账款以获取保理融资，虽涉嫌犯罪，但并不影响本案民事纠纷的审理，故无须驳回起诉
广东省高级人民法院 2017 年自贸区司法保障典型案例	保理申请人 X 公司向保理人 P 银行申请融资，并将其对应收账款债务人 Z 公司的应收账款债权转让给该分行，P 银行向 Z 公司的住所地邮寄了《应收账款转让通知书》，网上查询显示 Z 公司收到该邮件。应收账款转让对债务人生效，后保理申请人与债务人做了应收账款对账，应收账款金额与转让应收账款金额之间存在差额，最终，保理申请人 X 公司应银行要求踢死诉讼，主张清偿应收账款，保理人银行以第三人身份参与诉讼	法院在本案中以适用债权转让相关规定为原则，兼顾保理合同特殊性，从合同相对性角度出发，明确了保理申请人将债权转让给保理人后无权再要求购应收账款债务人支付货款。 既然本案为保理申请人作为原告提起，其最终欠款金额已经和应收账款债务人达成一致，所以不应以最早的《应收账款转让登记》所记载的金额为准，保理人可以在其受让的债权数额范围内向购买方主张权利，差额部分应当向保理申请人主张

［1］参见上海市高级人民法院：《2012 年度上海法院金融审判系列白皮书和金融审判十大案例公布》，载人民法院网 2013 年 6 月 9 日，https：//www. chinacourt. org/article/detail/2013/06/id/1012054. shtml。

［2］参见林长生：《福建法院 2015 年度十大典型案件发布法学专家逐一点评》，载凤凰网资讯 2016 年 1 月 8 日，http：//news. ifeng. com/a/20160108/46995511_ 0. shtml。

（八）从实务出发，深入解析有追索银行保理和无追索银行保理的诉讼策略

相对于其他类型的银行业务争议解决，保理业务诉讼相对较少，上一章节德和衡律师整理了目前最高人民法院和各地高级人民法院处理保理纠纷的典型案例，但这些案例从一个侧面或者若干争议焦点表达了目前人民法院处理保理合同纠纷的主要观点。对商业银行来说，银行保理业务一旦涉诉，往往标的额巨大，合规性要求高，对整个供应链金融业务板块都会产生重大影响，因此必须从全局把握保理业务的诉讼策略。《九民纪要》指出，民商事审判要注意树立请求权基础思维、逻辑和价值相一致思维、同案同判思维。因此银行保理诉讼中，银行当事人的诉讼策略中的请求权基础就特别重要。当然，请求权基础并非诉讼律师凭空捏造，而要从商业银行与保理业务申请人签订的合同及相关材料中整理得出，保理律师需要对保理业务文本及业务操作细节都有较强理解。银行保理业务中，以有追索保理与无追索保理业务最为常见，德和衡律师以两个案例出发，分别论述有追索银行保理及无追索银行保理在请求权基础为核心的诉讼策略选择过程中所需要着重考察的内容。

1. 有追索保理业务中，诉讼策略难点在于如何处理“追索权”

有追索保理业务最为特殊之处就在于保理业务之“追索权”，即应收账款到期没有得到清偿或发生其他保理合同约定的情况时，银行有权要求向保理申请人追索，要求其清偿保理融资本息的权利。德和衡律师认为，有追索权保理业务项下，其诉讼策略难点就在于如何处理保理业务之“追索权”。

第一，保理业务中“追索权”并非格式合同中“无效条款”。在最早一批保理诉讼案件中，有当事人主张保理业务中的“追索条款”属于民事法律中规定的格式合同，免除格式合同提供方责任就应当适用《合同法》第 40 条（已失效，对应《民法典》第 497 条）格式合同无效条款。在实务中，保理业务合同普遍由商业银行主动提供，很容易被认定成格式合同。但有追索权保理业务之“追索权”并非不合理地免除或者减轻其责任，加重对方责任而构成的无效合同条款。有追索权保理业务之追索权属于传统保理业务类型中的基本类型，且已经在合同中明确予以约定，无论是最高人民法院处理保理合同纠纷的典型案例——（2017）最高法民再 164 号判决，还是深圳、上海地方法院在

《民法典》施行后的首个典型案例，都为有追索权保理业务纠纷，保理人“有追索条款”并不构成格式合同之无效条款。

第二，保理业务中“追索权”不同等于“应收账款反转让”。保理业务中保理银行既然有权行使追索权，那么银行行使了追索权，应收账款是否就已经发生反转让？银行是否就无权要求应收账款债务人承担清偿应收账款的责任？德和衡律师认为：有追索权保理融资业务是一类非典型性担保，保理申请人申请融资时，还将一笔应收账款反转让给保理人。如果合同约定当事人行使追索权后就不能要求应收账款债务人清偿应收账款，显然不利于商业银行在有追保理业务项下保护自身权利。德和衡律师建议商业银行在《应收账款反转让通知书》中明确约定，只有在保理申请人完整承担了追索责任后，应收账款债权才由保理人反转让到保理申请人名下。与此同时，最高人民法院的判决也认可有追索权保理业务项下应收账款之追索权不等于“应收账款反转让”。理论上，保理业务项下追索权与应收账款债权之间构成间接给付，即只要应收账款债务人没有向保理人偿还应收账款的情况下，保理人享有对债务人的求偿权，也享有对债权人的追索权。保理人行使追索权只是要求保理申请人清偿保理融资本息，并非以保理人将应收账款反转让给保理申请人作为前提条件。应收账款反转让是银行与保理申请人就保理申请人承担完整追索责任后达成的权利安排，并非保理申请人行使追索权的前提条件。

第三，保理业务中“追索权”也是保理融资担保人担保责任之主债权。商业银行在签订保理合同并发放保理融资款后，既因受让应收账款后享有应收账款债权，又因发放保理融资形成保理融资债权。所以保理业务上附着有担保，既有以应收账款债权作为主债权的担保应收账款，又有以保理融资债权作为主债权的担保保理融资，还有既担保保理融资债权又担保应收账款债权的多种担保模式。在这种情况下，保理申请人承担追索责任是否属于保理融资担保人应当提供担保的主债权，实务中存在争议。从合同文本出发，担保合同中一般担保主债权往往是保理融资本金、利息等保理业务合同项下所有债权，当然可以涵盖有追保理业务当中的追索责任。因为保理业务项下之“追索权”就在于要求保理申请人承担清偿保理融资本息的追索责任，所以追索权显然也是保理融资担保人担保责任之主债权。

第四，保理业务中“追索权”可以与其他权利同时行使，不存在履行先后。实务中商业银行在保理业务项下既有要求保理申请人清偿保理融资本息，承担追索责任的权利，又有要求应收账款债务人基于受让应收账款债权，承担应收账款清偿责任的权利，还有要求担保人针对其签订的担保合同所对应的主债权承担担保责任的权利。上述权利之间可否一并主张，各债务人责任是否构成“连带”同时履行，银行可以自由选择。实务中，应收账款债务人先承担应收账款债权后，其余主体再承担责任的权利履行先后顺序。德和衡律师认为，从保护银行利益出发，商业银行在银行保理业务中所取得的各项权利之间，银行应当有权同时要求各个债务人承担其对应的责任，并且有关责任是连带的，并不具有履行的先后顺序，落实到诉讼策略，其表述如表 3－19 所示：

表 3－19　银行要求各个债务人承担对应责任的诉讼策略

诉讼请求序号	被告类型	诉讼请求表述	请求权基础及理论	备注
一	应收账款债务人	要求应收账款债务人在保理融资本息及其他费用（诉讼请求二）范围内清偿应收账款【　】元	保理人基于受让应收账款获得应收账款权利，与此同时，应收账款到期没有清偿	实务中保理人受让应收账款金额一般超额覆盖保理融资，全额起诉增大保理人诉讼成本。当事人有权选择起诉的金额范围
二	保理融资申请人	要求保理融资申请人清偿保理融资本息及其他费用【　】元	保理人发放保理融资款，且应收账款到期未清偿，保理人行使追索权[1]	

续表

诉讼请求序号	被告类型	诉讼请求表述	请求权基础及理论	备注
三	担保人（担保应收账款债权）	要求担保人在诉讼请求一范围内承担担保责任	担保人在其所对应主债权范围内承担担保责任，在《民法典》背景下，根据《民法典担保制度解释》第1条的规定，所有权保留买卖、融资租赁、保理等涉及担保功能发生的纠纷，也可以视为非典型担保，适用该司法解释	保理业务中常见的差额补足、债务承担等规避担保程序的增信方式，也一律适用《民法典担保制度解释》
四	担保人（担保保理融资债权）	要求担保人在诉讼请求二范围内承担担保责任		
五	担保人（既担保应收账款债权又担保保理融资债权）	要求担保人在诉讼请求一、二范围内承担担保责任		

[1] 参见胡颖：《最高院（2017）民再164号案评析：有追索权保理业务法律问题》，载东方财经网2020年1月21日，https：//www. shexiannet. com/article－159870－1. html。

2. 无追索保理业务中，主要诉讼策略难点在于如何处理“无追”

无追索权保理业务项下商业银行确定诉讼策略的首要问题就在于认定商业银行无追索保理业务的性质。上文已述，商业银行开展的无追索权保理业务与《民法典》中规定的无追索权保理业务存在文义上的偏差，主要表现在两个方面：其一，商业银行开展的无追索权银行保理普遍为商业银行只承担信用风险担保责任的无追索权保理业务；其二，商业银行开展的无追索权银行保理在保理申请人承担无追索权责任后，往往还是将剩余应收账款余额返还给保理申请人。因此上述约定与《民法典》第767条“当事人约定无追索权保理的，保理人应当向应收账款债务人主张应收账款债权，保理人取得超过保理融资款本息和相关费用的部分，无需向应收账款债权人返还”的规定存在显著不同，所以处理商业银行无追保理业务，应当优先识别无追索权保理业务是完全无追保理业务还是部分无追保理业务。

（1）完全无追保理业务：商业银行要求应收账款债务人和担保人承担责任。

如果商业银行开展的无追索权保理业务中没有约定商业银行只承担信用风

险担保责任，而是明确约定在任何情况下商业银行均要求应收账款债务人清偿应收账款债权。在这种情况下，商业银行只能要求应收账款债务人和担保人承担担保责任，实务中容易引发争议的问题在于担保合同如果担保的是保理融资本息及其他权利，既然保理人无权向保理申请人主张其清偿保理融资本息，有关担保权利是否存在？德和衡律师认为，在无追索权保理业务中，担保合同中表述主债权为保理融资本息及其他保理合同债权，所担保的主债权应当既包括应收账款债权又包括保理融资债权。原因有两点：第一，保理人基于保理合同既受让了应收账款债权又发放保理融资获得保理融资债权，所以无论是应收账款债权还是保理融资债权均为保理人基于保理合同所取得的债权，担保合同中“保理合同项下所有债权”应当既包括应收账款债权，又包括保理融资债权。第二，即便是无追索权保理业务，保理人同样发放了保理融资款，并非保理融资债权不存在，只是保理融资的清偿方式不包括要求保理融资申请人清偿保理融资，而是以应收账款债务人清偿应收账款的形式清偿应收账款。如果应收账款到期没有清偿，保理融资债权也没有清偿的，担保人同样应当履行担保责任。无追索担保业务项下，应收账款债权也与保理融资债权关联，属于担保人所担保的保理融资本息及其他所有保理合同项下主债权的范围。

（2）部分无追索保理业务中，其诉讼难点在于“无追如何变有追”。

在部分无追索保理业务中，保理人只承担信用风险担保责任，即《商业银行保理业务管理暂行办法》规定的商业银行针对债权人无商业纠纷的应收账款提供约定的付款担保。第一，要求商业银行受让的应收账款债权不存在商业纠纷；第二，要求商业银行承担付款担保以约定为准。如果商业银行保理业务中，应收账款出现了商业纠纷或者保理申请人行为违反了保理合同的约定，商业银行就有权要求保理申请人承担追索责任，即所谓“无追变有追”。从请求权基础角度考虑，“无追变有追”的基础就在于无追索保理业务项下出现了保理人不承担无追索权业务项下债务人付款担保的情况，经常表现为应收账款或基础交易合同出现商业纠纷，应收账款债务人违反了保理合同的约定，在这种情况下，保理人向应收账款债务人行使追索权，构成“无追变有追”。保理人在处理此类保理合同纠纷时，应当准备证据证明保理合同项下已经出现“无追变有追”事由，后续按照有追索权保理合同诉讼策略处理。

（3）买断“保理＋回购”约定需要重视诉讼策略。

需要特别提示行业注意的是，无追索保理业务项下“无追变有追”的操作必须注意债权是否发生转让，并且明确约定清楚保理业务项下追索权和应收账款回款求偿权的关系。实务中有保理银行先与当事人签订买断性保理业务合同，再和当事人签订回购协议，保理银行已经在一个法院追究保理申请人回购责任，胜诉后无法执行，再另行提起要求应收账款债务人承担应收账款清偿责任的，法院认为支持了回购应收账款的诉讼请求保理银行就丧失了应收账款债权的请求权基础，因此保理银行不得再追究应收账款债权债务人的清偿责任。[①] 德和衡律师建议，在此类保理业务项下，保理银行应当明确在合同中约定，保理申请人只有完全承担应收账款回购义务后应收账款债权才发生转让；在诉讼策略准备过程中，建议统一在一个诉讼中将保理申请人和应收账款债务人作为共同被告。

四、商业银行应对应收账款融资的风险与建议

商业银行开展应收账款融资主要有应收账款质押和保理业务两种形式，其核心均为围绕应收账款基础交易中的应收账款对外开展业务，业务风险由以应收账款为代表的基础交易合同法律风险和以具体供应链金融为代表的应收账款质押或者保理合同法律风险两部分构成。相对而言，商业银行普遍有供应链金融标准合同及操作流程，在上述两个层面风险操作相对可控。但《民法典》颁行后，需要对应收账款质押合同及保理合同进行新的修订。由于不同商业银行的合同模板不同，笔者将合同内容分为三类：一类内容，如果没有明确约定就会对应收账款融资合同性质有影响，强烈建议修订；二类内容，如果约定不明确，但只要确实就对应收账款融资合同性质有影响，一般建议修订；三类内容，即便缺失也不会对应收账款融资合同有影响，可不做修订。针对不同合同内容，德和衡律师建议作如下区分，供读者参考（见表3－20）。

① 参见最高人民法院民事裁定书，（2017）最高法民申132号。

表 3－20　针对不同合同内容的区分

具体内容	内容层级	建议形式	常见错误	依据
业务类型	一类内容	应当明确约定所提供的服务为应收账款质押、保理服务	以债权转让或者账户变更等业务操作表述，不体现应收账款质押或者保理服务	保理和质押不是单纯债权转让，应当以书面形式明确表述
服务期限	二类内容	考虑到将有的应收账款和滚动的应收账款池融资业务存在，可以不约定特别明确的服务期限，但一定要有服务期限的条款	没有服务期限的表述	如果没有服务期限，则应收账款供应链金融服务范围无法落实，且不可能存在对应的应收账款债权
基础交易合同情况	二类内容	可以以债务人、交易场景或者一定期限确定基础交易合同的基本情况，但基础交易合同的编号，签约日等有关内容可以在应收账款融资合同中不明确约定	完全不约定基础交易合同	将有的应收账款还未产生，甚至基础交易合同也不存在是开展将有的应收账款融资业务的常见形式
应收账款情况	二类内容	可以以应收账款的产生时点、对应的基础交易合同、对应的债务人或者其他要素确定应收账款的基本情况，但应收账款的金额、到期日、发票号等内容可以在应收账款质押或保理合同中不明确约定	完全不约定应收账款	应收账款是应收账款质押和保理业务的核心和前提条件，如果应收账款不约定，就不存在应收账款质押和保理业务中的应收账款债权转让
服务报酬	三类内容	应收账款质押和保理业务根据整体供应链需求，不在合同中约定具体的报酬，或者不收取报酬	保理业务或应收账款质押业务就一定要有服务报酬	作为一种提升供应链效率的综合商贸工具，商业银行可以单独不在应收账款融资业务中收取报酬
支付方式	三类内容	没有服务报酬的合同内容可以不约定支付方式	业务合同一定要有支付方式	

从应收账款的基础交易出发，德和衡律师认为，商业银行需要重点审查应收账款是否具备开展业务的要求。具体到应收账款，商业银行需要重点审查以

下五种属性：

第一种，应收账款是否合法。如果应收账款本身不合法，则不存在应收账款进行质押或者进行转让的基础。

第二种，应收账款本身是否具有可转让性。无论是应收账款质押还是应收账款转让，其前提条件皆在于债权本身具有可转让性。商业银行开展的应收账款融资业务主要涉及应收账款债权本身，应收账款债权属于一类金钱债权。《民法典》新增了有关债权如果是金钱债权的话，其基础交易双方约定不得转让，不得对抗第三人的规定。商业银行开展应收账款融资业务时就属于第三人，所以其不受基础交易合同应收账款本身是否限制转让影响。但基础交易存在限制转让条款还是会提升保理业务后续发生纠纷的可能性，应收账款本身存在限制转让也会对银行未来要求债务人清偿应收账款产生不利影响，在此提示银行予以注意。

第三种，应收账款本身是否生效。不同基础交易合同中约定了不同的应收账款生效条件，例如买卖合同中货到付款、服务贸易合同中提供服务后付款，均为应收账款生效条款，如果应收账款没有生效，虽然将有的应收账款还是可以一定程度上参与应收账款之质押及非融资性商业银行保理业务，但风控要求高，值得银行业重视。

第四种，应收账款是否具有完整性。在很多业务中，供应链金融申请人申请应收账款时，其应收账款权属已经被其他机构控制，或者应收账款实际不足。例如房地产行业应收账款往往存在开发贷或者约定提前清偿政府费用的情况，开展此类应收账款供应链金融业务时，就应当重新评价相关应收账款的价值。

第五种，应收账款应当具有真实性。真实性是开展应收账款供应链金融的前提条件，也是开展应收账款融资的主要风控难点，需要商业银行采取多种手段予以管控。德和衡律师建议商业银行考虑相关应收账款是否能够通过合同、交易惯例、业务单据进行确认，有关回款账户能否控制。以物流行业为例，物流行业标准化程度较高，物流运输等很多费用都存在服务能力和定价的市场公允价格和标准，熟悉物流行业的商业银行可以围绕这些指标确定未来应收账款的真实性。

综上所述，德和衡律师建议商业银行开展应收账款融资业务时谨慎从业，对应收账款及基础交易环节进行谨慎核查，尤其应当对应收账款供应链金融业务合同签约、应收账款转让或者质押通知应收账款债务人、应收账款确权及应收账款回款等关键环节进行把控，防范应收账款及供应链基础交易环节出现虚假情况。当然，商业银行不能完全保障应收账款没有虚假的情况，但如果商业银行已经达成了应收账款供应链金融谨慎审查义务，仍出现风险的，属于供应链金融业务相关当事人欺诈银行金融机构，商业银行有权要求其承担相应的法律责任。

第四节　有关物权属性的供应链金融模式及其法律问题

商业银行有关物权属性的供应链金融模式主要有两种：一种是基于预付货款的保兑仓交易，另一种是基于存货的融通仓交易（动产质押融资）。本节将对两种融资模式的最新法律规定进行解读，并以典型案例阐释实务中的难点问题，最后总结商业银行在两种融资模式下面临的风险及应对建议。

一、保兑仓交易的业务模式及其法律问题

（一）保兑仓交易的概念及其业务模式

保兑仓交易，是供应链金融的创新金融服务模式，是一种新类型融资担保方式。“保兑仓”，是指以商业银行信用为载体，以商业银行承兑汇票为结算工具，由商业银行控制货权，卖方（或仓储方）受托保管货物，承兑汇票保证金以外金额部分由卖方以货物回购作为担保措施，由商业银行向供应商（卖方）及其经销商（买方）提供的，以商业银行承兑汇票为结算方式的一种金融服务。

保兑仓交易主要有三方合作模式和四方合作模式。三方合作模式，是指处于供应链中的上游供应商（卖方）、下游经销商（买方）和商业银行三方订立合作协议。然后由买方向商业银行缴存一定比例的承兑保证金，申请商业银行

汇票承兑。商业银行承兑，向买方签发以卖方为收款人的商业银行承兑汇票。买方将商业银行承兑汇票交付卖方支付货款。此后，商业银行根据买方缴纳的保证金的一定比例或授信额度向卖方签发提货单或发货指令，卖方根据商业银行提货单或发货指令向买方交付指定数量或金额的货物，买方销售货物回款后，再缴存为保证金。如此循环往复，在全部归还商业银行承兑汇票付款后，保兑仓交易单个流程履行完毕。四方合作模式是在三方合作模式的基础上增加仓储监管方，商业银行与仓储监管方签订仓储及监管协议，卖方按商业银行指令向指定仓库发货，其他交易流程与三方合作模式基本一致。

（二）《九民纪要》有关保兑仓交易相关规定的解读

《九民纪要》有关保兑仓交易的规定共有三条，分别是第68条（保兑仓交易的性质和效力）、第69条（无真实贸易背景的保兑仓交易）和第70条（保兑仓交易的合并审理），下面德和衡律师将逐一进行解读。

1. 保兑仓交易的性质和法律适用问题

保兑仓交易是一系列交易的组合，包括：（1）买方和卖方之间属于买卖合同关系。（2）买方和商业银行之间同时存在以下几种法律关系：①买卖合同项下的委托付款关系，此时商业银行是买方的履行辅助人；②买方和商业银行之间的票据关系，此时买方是出票人，商业银行是承兑人；③买方和商业银行之间的资金关系，本质上是金融借款关系；④买方通过交纳保证金为其借款提供担保，属于保证金质押关系；⑤在卖方根据商业银行的指示将货物交给商业银行指定的当事人监管时，针对该货物可能还涉及质押等担保关系。（3）卖方和商业银行之间也同时存在几种法律关系：①卖方和商业银行之间的票据关系，卖方可请求商业银行付款；②卖方和商业银行之间存在委托关系，商业银行委托卖方向买方放货或将货物交给商业银行指定的当事人监管，以确保其对买方资金债权的实现；③卖方就敞口部分向商业银行承担差额补足责任或货物回购责任，其性质属于保证。（4）商业银行和仓储监管方之间的关系包括委托合同关系和仓储合同关系。

因此，保兑仓交易是买卖合同、金融借贷合同、担保合同、票据关系等多个不同法律关系因共同商业目的及整体交易功能的实现而设立的一体化交易结构，在法律性质上可以理解为合同联立。

依据我国民法学大师史尚宽先生的见解，所谓合同联立，是指数个合同“不失其个性，而相结合”。王泽鉴先生认为，合同联立是指数个（典型或非典型）契约的相互结合。两位民法大师的见解虽稍有差异，但究其根本，大同小异。合同联立与混合合同不同，合同联立存在几个而不是一个合同关系，而混合合同是多个法律关系结合而成的一个合同关系。[①] 区分二者的关键是各合同部分是否可分：各合同部分彼此不可分的，为混合合同；反之，可分的，为合同联立。

就保兑仓交易而言，即便买卖合同因不存在真实的贸易背景而无效，也不影响卖方和商业银行之间的保证关系以及买方和商业银行之间的承兑票据关系，可见三者在彼此之间并非依存关系。此外，保兑仓交易的当事人可以就保兑仓交易中的不同法律关系分别提起诉讼，表明合同之间也是可分的。因此，保兑仓交易的性质应理解为合同联立，而非混合合同。[②]

区分混合合同和合同联立的实益在于，合同联立是数个合同相对松散的结合，一个合同在效力上的瑕疵一般并不影响另一个合同的效力。混合合同则是数个合同紧密结合成为一个整体，一个合同效力上的瑕疵可能影响另一个合同的效力，一个合同的变更、解除也可能影响另一个合同的变更、解除。

关于保兑仓交易中各合同关系的法律适用问题。《九民纪要》认为，应当采用分别适用或类推适用说。所谓分别适用，指的是作为合同联立构成要素的有名合同，适用《合同法》或《民法典》合同编有关有名合同的规定，如保兑仓中买卖双方之间的买卖合同适用有名合同买卖合同的规定；所谓类推适用，指的是作为合同联立构成要素的无名合同，类推适用最相类似的，如保兑

---

① 参见张立琼：《法律技术操作视角下的保兑仓交易解析》，载微信公众号“投资法律技术”2020年4月29日，https：//mp. weixin. qq. com/s/gn5oRaTjiWU7GlDHrXlaRw。

② 《全国法院民商事审判工作会议纪要理解与适用》将保兑仓交易的性质理解为混合合同，有待商榷。——编者注

仓中卖方和商业银行之间的差额补足责任，就类推适用有关保证合同的规定。①

2. 无真实贸易背景的保兑仓交易认定问题

保兑仓交易以买卖双方有真实贸易背景为前提，但在实践中，部分企业为便于融资，借保兑仓交易之名，行借款融资之实。关于在当事人之间的基础关系缺乏真实贸易背景的情况下如何认定合同效力，实践中存在不同的观点。②一种观点认为，应当以商业银行是否知情判断合同效力。如商业银行明知双方并无真实买卖关系仍签署合同，表明其并未受到欺诈，保兑仓交易及货物买卖关系均因构成虚伪意思表示而无效，如无其他合同无效情形，应当认定被隐藏的借款合同有效。另一种观点认为，无论商业银行是否知情，均不影响三方之间的关系。

2019 年 8 月，最高人民法院发布《九民纪要征求意见稿》，认为："如果买卖双方并无真实的货物买卖关系，则该交易属于名为保兑仓交易实为借款合同的行为，要看商业银行是否知情来判断合同效力。如果商业银行对双方并无真实买卖关系知情的，表明其并未受到欺诈，此时保兑仓交易、买卖双方之间的货物买卖关系均因构成虚伪意思表示而无效，被隐藏的借款合同是当事人的真实意思表示，如不存在其他合同无效情形的，应当认定合同有效。将保兑仓交易认定为借款合同关系，不影响卖方和商业银行之间担保关系的效力，卖方仍应承担担保责任。反之，如果商业银行对此不知情的，一般可以认定其因受到欺诈而享有撤销权，并视其是否行使撤销权而作不同处理。"由此可知，《九民纪要征求意见稿》支持第一种观点，以"商业银行对双方并无真实买卖关系是否知情"进行判断，如商业银行知情，被隐藏的借款合同有效；商业银行不知情，该合同为可撤销合同。

但 2019 年 11 月 14 日，最高人民法院正式发布《九民纪要》，对《九民纪要征求意见稿》进行了较大修改，采纳了第二种观点，即无论商业银行是否

① 参见最高人民法院民事审判第二庭：《全国法院民商事审判工作会议纪要理解与适用》，人民法院出版社 2019 年版，第 397 页。

② 参见最高人民法院民事审判第二庭：《全国法院民商事审判工作会议纪要理解与适用》，人民法院出版社 2019 年版，第 398 页。

对双方真实买卖关系知情，均不影响其与买方、与卖方之间关系，隐藏的借款合同有效，卖方应承担担保责任。

无真实交易关系的买卖双方之间签订的买卖合同属于虚伪意思表示，应当依据《民法总则》第146条（已失效，参见《民法典》第146条），认定其为无效。此时，应当依据买卖双方之间的真实意思表示认定双方之间存在的法律关系，卖方通过商业银行承兑汇票向卖方支付货款，通常以融资为目的，故可认定买卖双方之间存在借贷关系。该借贷关系如不存在违反《合同法》第52条（已失效，参见《民法典》第153条、第154条）以及最高人民法院《关于审理民间借贷案件适用法律若干问题的规定》第14条（此处适用的是2015年版，现行2020年第二次修正版为第13条）规定的情形，则不宜否定其效力。虽然买卖双方之间基础交易被认定为借贷，但原则上不影响商业银行通过承兑汇票向买方借款的效力，基于该借款产生的担保关系原则上也不应受到影响。

关于保兑仓合同被认定为借款合同后，其上设立的担保的效力问题。《九民纪要》认为，保兑仓交易涉及三方（或四方）当事人，多个法律关系，其中卖方担保的是买方和商业银行之间的借贷关系，在买卖合同无效不影响买方与商业银行之间借贷关系的情况下，自然不影响卖方为买方债务提供的担保，卖方仍应当承担担保责任。

此外，在认定是否缺乏真实货物买卖交易时，要将其与尚未进行货物交割的行为区别开来。实践中，应当结合货物是否真实存在、货物交易流程的具体进展等因素综合判断是否存在真实交易，不能单纯以尚未进行交货为由认定交易关系不存在。

3. 保兑仓交易的合并审理问题

基于保兑仓交易发生的纠纷可以合并审理。《民事诉讼法》第52条规定了必要共同诉讼和普通共同诉讼两种诉的合并制度。《民事诉讼法解释》第221条增加了基于同一事实发生的纠纷可合并审理的制度。保兑仓交易中，商业银行基于商业银行承兑汇票的授信向买方主张还款责任的同时，可能同时主张：（1）基于卖方的承诺，要求卖方承担担保责任；（2）基于与货物监管人的约定，要求监管人承担违约责任；（3）基于其他担保人的承诺，要求担保人承担担保责任。以上不同主体承担责任的法律依据不同，各自属于不同的法律关系，但均是基于保兑仓交易产生的，属于基于同一事实发生的纠纷，商业银行如对以上不同主体向同一法院提起诉讼，可以合并审理。

保兑仓交易中不同的法律关系是基于同一事实发生的，相互之间关系密切，某一法律关系的审理可能会影响其他主体的利益。如当事人未起诉某一方当事人，该当事人虽没有独立请求权，但案件处理结果可能与其有法律上的利害关系的，人民法院可以依职权追加未参加诉讼的当事人为第三人，以便查明案件相关事实，准确认定责任。

（三）保兑仓交易典型法律问题的实务解析

利用“威科先行”数据库，以“保兑仓”为关键词、“银行”为当事人，对2018年1月1日~2020年12月31日的裁判文书进行检索，共检索到相关案件68件，其中，2018年32件、2019年20件、2020年16件（见图3-21）。在审理法院的级别方面：基层人民法院审理案件的数量占比为26.47%、中级人民法院占比为36.76%、高级人民法院占比为20.59%、最高人民法院占比为16.18%（见图3-22）。在案件审理程序方面：一审案件占比为45.59%、二审案件占比为36.76%、再审案件占比为16.18%、执行案件占比为1.47%（见图3-23）。在地域分布方面：案件数量排名前五位的分别是辽宁10件，占比为14.71%；河北8件，占比为11.76%；山东与福建各6件，占比均为8.82%；江苏与贵州各5件，占比均为7.35%（见图3-24）。此外，从涉案金额来看：高达43.18%的案件的标的额在1000万~5000万元；其次是标的额在5000万元以上的案件，占比为36.36%；最少的是标的额在0~10万元的案件，占比仅为2.27%（见3-25）。

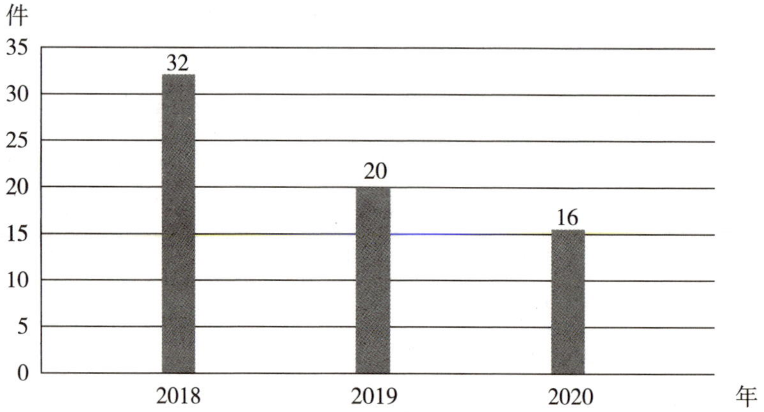

图 3-21　案件审理数量年份分布

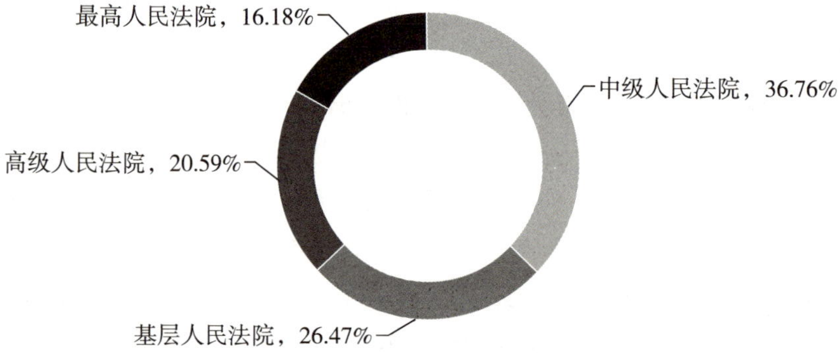

图 3-22　审理法院级别分布

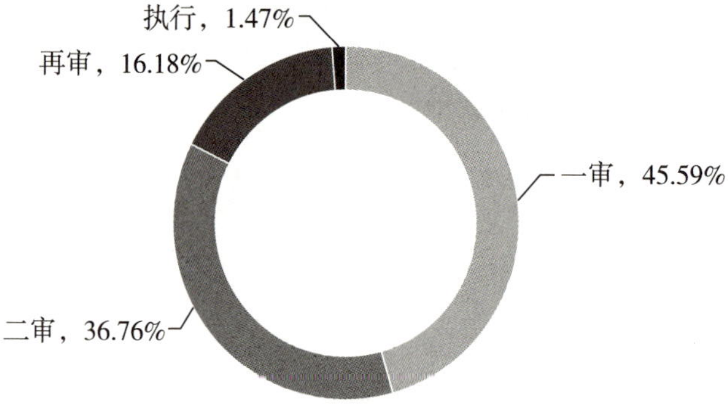

图 3-23　案件审理程序分布

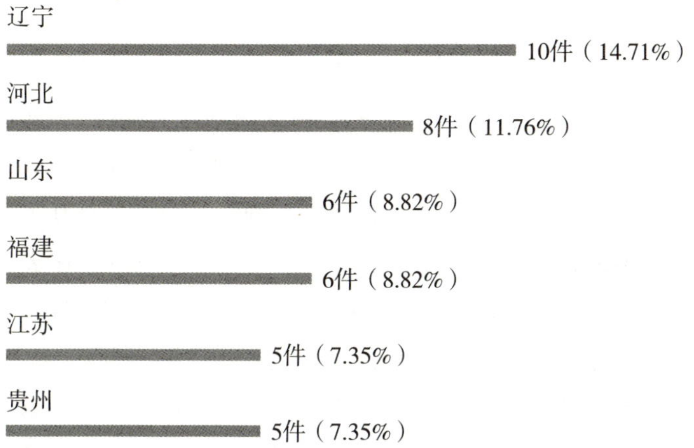

图3-24 案件主要地域分布

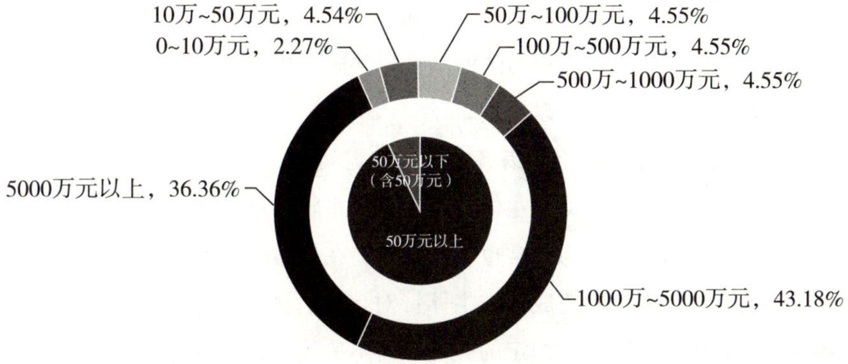

图3-25 案件标的额分布

通过对检索结果的统计分析，德和衡律师总结归纳了近三年银行保兑仓业务纠纷的特征：（1）案件数量呈现逐年递减趋势，其中2019年比2018年减少12件，减幅为37.50%；2020年比2019年减少4件，减幅为20.00%。（2）标的额相对较大，1000万元以上的案件数量占比接近80.00%。（3）地域分布方面，辽宁地区的案件数量较多，占比为14.71%。

通过案例分析，德和衡律师梳理归纳保兑仓业务纠纷主要存在以下典型法律问题。

1. 无真实交易的“保兑仓交易”中卖方责任认定问题

保兑仓交易是以买卖双方有真实贸易背景为前提的，但实践中存在缺乏真实交易的“保兑仓交易”。虽然各方约定的交易方式属于典型的保兑仓交易，但因买卖双方之间没有真实的买卖合同关系，故其买卖合同属于虚伪意思表示，应属无效。此时，各方之间因缺乏真实的交易背景而不能认定为具有保兑仓交易法律关系，但根据各方之间的真实意思表示，可以认定为借款及担保法律关系。

最高人民法院在“晋城某公司与陕西某公司、HF 银行合同纠纷案”① 中，根据晋城某公司与陕西某公司之间不存在真实的货物买卖交易，认定陕西某公司、晋城某公司、HF 银行三方之间不存在真实有效的保兑仓交易法律关系，但基于各方真实意思表示，认定 HF 银行与陕西某公司之间为借款法律关系，晋城某公司为该借款提供担保。该案一审法院陕西省高级人民法院因未能深入探究各方的真实意思表示，其未能对《业务合作协议》的合同性质予以准确认定，错误地认定晋城某公司与陕西某公司共同承担责任，而非担保责任。二审法院最高人民法院对此予以纠正。

2. 多种法律关系并存下交易各方责任认定问题

保兑仓交易项下因各交易主体之间法律关系较为复杂且有部分重合，各交易主体履行协议约定的行为常常也会有重合，在具体履行中若不明确该等行为具体履行的依据，则可能造成他方主体针对该等行为的“回应”义务不一致，尤其是各方实际履行顺序与约定的履行顺序不一致时，更会造成不同审理法院认定的偏差。

在“ZX 银行与张家口某公司、大连某公司等合同纠纷案”② 中，因 ZX 银行未依据《保兑仓协议》约定，先由大连某公司申请提货后再交接承兑汇票，而是在对方申请提货前先行交接了承兑汇票，且亦未言明签发、承兑汇票的行为是基于《保兑仓协议》还是《商业银行承兑汇票承兑协议》，故对其所产生的法律效果产生了不同的理解。如二审法院辽宁省高级人民法院认为，该等签发、承兑汇票行为仅被认定为履行《商业银行承兑汇票承兑协议》的行

① 参见最高人民法院民事判决书，(2019) 最高法民终 1227 号。
② 参见最高人民法院民事裁定书，(2015) 民提字第 16 号。

为，与《保兑仓协议》无关，大连某公司与ZX银行之间系借款法律关系，并非保兑仓交易关系，故而张家口某公司无须承担差额保证责任。而最高人民法院再审认为，ZX银行虽未按照《保兑仓协议》约定先申请提货后交接承兑汇票，但其再审提交的张家口某公司出具的《回执》《授权委托书》等新证据，以及原审未予认证或认证不够全面的《协议书》等证据，可以证明ZX银行签发承兑汇票是基于《保兑仓协议》，故按照该协议约定，张家口某公司应当承担差额保证责任。最高人民法院提审后，撤销二审判决，维持了大连市中级人民法院的一审判决。

该案经过一审、二审、再审才得以最终解决，其主要焦点是ZX银行签发的承兑汇票是否系履行保兑仓协议，张家口某公司是否应对差额部分承担连带保证责任。保兑仓交易项下因各交易主体之间法律关系较为复杂且有部分重合，各交易主体履行协议约定的行为常常也会有重合，在具体履行中若不明确该等行为具体履行的依据，则可能造成他方主体针对该等行为的“回应”义务不一致。因此，商业银行在处理保兑仓交易时，应时刻注意依约履行，并在可能出现歧义或不同理解的情况下，明确其履行依据，避免产生争议。

3. “准保兑仓交易”中回购准备金的法律性质问题

德和衡律师曾代理过两件“准保兑仓交易”案件①，不仅涉及商业银行在供应链金融业务创新过程中面临的产品设计法律风险，还涉及刑民交叉时“同一事实”的认定及其处理原则等法律问题。案件的主要争议焦点包括：（1）5亿元回购准备金的性质是担保法上的保证金还是基于三方贸易融资而作出的特殊安排；（2）《三方合作协议》的效力问题；（3）本民事案件与山东某公司员工和JT银行员工的刑事案件是否涉及“同一事实”，民事案件是否应当中止审理并等待刑事案件的审理结果。

（1）关于5亿元回购准备金的法律性质。

德和衡律师认为，《三方合作协议》系JT银行为山东某公司和淄博某公司之间的购销贸易提供的融资支持，而非为淄博某公司提供的单纯的金融借

① 参见山东某公司与JT银行合同纠纷案，最高人民法院民事判决书，（2018）最高法民终1352号；山东某公司与JT银行合同纠纷案，最高人民法院民事判决书，（2018）最高法民终901号。

款。《三方合作协议》约定的交易模式为：山东某公司向淄博某公司出售货物，JT 银行为他们之间的购销贸易提供贷款融资，代淄博某公司向山东某公司支付 5 亿元货款，山东某公司向淄博某公司交付 5 亿元货物，淄博某公司将用 5 亿元货物销售回款偿还 JT 银行提供的融资款。为保证商业银行融资款的安全回收，当淄博某公司无法偿还融资款时，山东某公司需回购案涉货物，回购款项用于偿还 JT 银行提供的 5 亿元融资款。因山东某公司的回购义务为强制性回购，为保证山东某公司能够履行回购义务，山东某公司需要提前准备 5 亿元回购款项。因该 5 亿元资金专项用于回购案涉货物，为防止山东某公司擅自挪用，故以“回购准备金”的名义存入 JT 银行保证金账户。若淄博某公司到期偿还 5 亿元融资款或者山东某公司用其他自有资金履行回购义务，那么该 5 亿元回购准备金返回山东某公司，如果淄博某公司未能偿还融资款、山东某公司也未履行回购义务，JT 银行有权依据协议约定直接划扣该 5 亿元回购准备金，用以确保山东某公司履行回购义务。

最高人民法院认为，《三方合作协议》是基于贸易融资的特殊性而对三方主体之间权利义务进行的特殊安排，各方主体权利义务具有整体性和关联性，并不能单纯割裂评价和分析某两个主体之间的法律关系和权利义务，故本案不应适用《担保法》（已失效）及其司法解释的规定认定山东某公司的责任（山东某公司主张其签署的《三方合作协议》是对外担保协议，该协议中涉及的回购准备金是担保法上的保证金，其在《三方合作协议》中的地位是担保人，是为 JT 银行和淄博某公司之间的贷款提供保证）。

（2）关于《三方合作协议》效力问题。

德和衡律师认为，《三方合作协议》为 JT 银行、山东某公司和淄博某公司三方当事人设定的权利和义务是相互关联，互为因果关系，是一个不可分割的整体，不能割裂开来分别处理。《三方合作协议》为山东某公司设定的义务并不是担保法上的保证义务，山东某公司并不是担保人，不适用《公司法》第 16 条的规定。在签署《三方合作协议》前，JT 银行依法依规履行了贷前的审查义务、贷后的跟踪监督义务，并且经过了 JT 银行贷审会的审批，JT 银行并不知道存在虚假的贸易背景。《三方合作协议》是各方当事人之间的真实意思表示，不存在《合同法》（已失效）第 52 条规定的无效情形，应属合法有效。

最高人民法院认为，作为《三方合作协议》签约主体一方，JT 银行并不知道基础交易虚假，山东某公司也没有充分证据证明协议各方明知基础交易虚假而导致签订的《三方合作协议》及其他相关协议因此无效，故《三方合作协议》是各方当事人的真实意思表示，合法有效。

（3）关于民事案件是否中止并等待刑事案件审理的问题。

德和衡律师认为，山东某公司员工李某和 JT 银行员工的刑事案件与本案的民事案件不涉及“同一事实”，具体表现为：首先，刑事案件和民事案件的主体不同；其次，刑事案件的受害人和民事法律关系的相对人不是同一人；再次，民事案件争议的事实与刑事案件的要件事实并不相同；最后，民事案件的审理结果不需要以刑事案件的审判结果作为依据。因此，民事案件无须中止以待刑事案件的审理结果。

最高人民法院认为，李某是否构成挪用资金罪及 JT 银行员工是否构成违法发放贷款罪、违法出具金融票证罪均不影响民事案件的审理结果，无须中止民事案件的审理。

此外，由于山东省高级人民法院在一审判决书中在认定《三方合作协议》合法有效的前提下，亦进一步深入分析了即使《三方合作协议》无效也不影响案件的整体审理结果，因此不同意中止民事案件的审理。对此，山东某公司认为山东省高级人民法院在判决中不但认定《三方合作协议》有效，而且还分析了无效的法律后果，属于事实认定不清，并以此作为一个重要的上诉理由。对于山东某公司的该上诉理由，最高人民法院在判决中确认山东省高级人民法院基于合同有效和合同无效的法律后果进行全面论述后，认为本案审理无须等待刑事案件审理结果，并根据本案相关事实认定合同效力及责任，并无不当。

（四）保兑仓业务中商业银行面临的风险与防范措施建议

1. 商业银行面临的风险

相对于传统融资模式而言，保兑仓融资能给商业银行、融资企业和核心企业带来共赢。商业银行通过参与保兑仓融资扩大了业务规模，创造了新的利润增长点。经销商通过保兑仓融资进行融资，有效地解决了以往没有足够的资产抵押担保的问题，快速回收了企业的资金，加速自身资金的周转。供应商扩大了产品的销量，实现了下游融资企业的规模采购，巩固发展了自身的销售渠道，实现了产品的规模销售。但在整个保兑仓业务中，商业银行却承担着最大的风险，主要风险有：

（1）来自供应商的风险。如供应商生产的产品质量、供货不足等问题。

（2）来自经销商的风险。对于经销商的生产经营状况不了解，经销商可能出现不能按期按规定缴纳保证金的情况。

（3）来自整条供应链的风险。供应链从方案的设计到实施，对管理提出了很高的要求，如科学的企业管理制度，企业信用和商誉，完善、可靠的质量保证和技术监督，供产销各环节的无缝对接，突发事件和售后服务的应急预案等，任何一个环节出现纰漏，都会造成商业银行资金风险。

（4）来自供应链交易的真实性风险。由于存在信息不对称的风险，如存在供应商和经销商合谋骗贷的可能性，此时商业银行贷款缺乏物上担保。

（5）来自仓储监管方的风险。监管方监管不力，导致货物缺损、灭失，或未经商业银行允许擅自向经销商放货等。

2. 商业银行的防控措施与建议

（1）建设银企信息平台。保兑仓融资业务是一种集信息流、物流、资金流于一体的现代化融资模式，其中商业银行信息流的掌握尤其重要。商业银行只有充分掌握了供应链上下游企业的经营状况、资产负债和资金流向等信息，才能够做出正确的风险评估。此外，商业银行只有充分掌握了企业的真实经营状况、了解了企业的融资需求，才能够研发出针对性的融资产品，提高商业银行自身的经营水平，才能够有效地控制商业银行的信贷风险。

（2）加强供应链企业，尤其是核心企业的信贷审核。对于商业银行等金融机构来说，应当严格审查企业的经营状况、财务状况和资产信息等。尤其是核心企业的行业地位、发展前景、资产状况、资信状况等相关风险评价指标，以及核心企业的回购能力和下游中小企业的担保能力，应进行全面的审核、评估，只有在满足一系列的商业银行信贷指标的前提下才能进行保兑仓信贷业务。

（3）严格控制保兑仓融资的准入门槛。加强对供应链融资的真实性事前审核，防范核心企业、下游中小企业与物流企业联合骗贷，在供应链融资中始终对整个供应链进行有效监管。

(4) 制定规范化的信贷流程。商业银行在进行保兑仓融资时，应进行一系列的规范化的信贷流程。对整个供应链中的企业，尤其是核心企业进行谨慎严格的风险评估，主要包括对企业所处的行业、市场地位、主要竞争对手、运营模式、资产与财务状况等指标进行评估。当核心企业面临外部经济的变化或政策变动时，应及时分析与控制对供应链企业的信贷。

此外，还需要对整个供应链进行整体评估分析。通过将核心企业与下游中小企业进行整体的评估，分析整个供应链的关联度、稳定性和对其进行整体授信的风险大小，建立一整套供应链的风险评估体系，严格按照商业银行的客户评价体系来考察供应链的融资风险。只有严格、准确评估整个供应链融资的风险，商业银行才能有效地了解保兑仓融资的整体授信的风险大小，才能有效地控制信贷风险；只有严格按照规范化的信贷流程对保兑仓融资进行审核，商业银行才能有效避免融资风险。

(5) 建立风险预警机制，有效地识别供应链融资风险。在进行授信后，商业银行也必须对相关指标进行跟踪、分析，一旦相关指标恶化，商业银行将采取对应的风险防范措施。建立风险预警报告机制，完善各种风险预案。①

二、融通仓交易的业务模式及其法律问题

(一) 融通仓交易的业务模式与质押物形态

1. 融通仓交易的业务模式

供应链下的动产质押融资，又称融通仓交易，是指商业银行等金融机构接受动产作质押，并借助核心企业的担保和物流企业的监管，向中小企业发放贷款的融资业务模式。在这种模式下，金融机构与核心企业签订担保合同或质押物回购协议，约定在中小企业违反约定时，由核心企业负责偿还或回购质押动产。

供应链下的动产质押融资模式是将物流服务、金融服务、仓储服务三者予以集成的一种创新式综合服务，它有效地将物流、信息流和资金流进行组合、

① 参见谢扬帆：《保兑仓票据业务案例研究》，载微信公众号“江西财经大学九银票据研究院”，2020 年 4 月 30 日，https：//mp. weixin. qq. com/s/jseq9Hd_ VtwGo4ej – 8E20g。

互动与综合管理，以达到拓展服务、优化资源、提高经营效率和提升供应链整体绩效以及增加整个供应链竞争力为目的的综合服务。如图 3－26 所示，其具体运作模式为：（1）中小企业向金融机构申请动产质押贷款；（2）金融机构委托物流企业对中小企业提供的动产进行价值评估；（3）物流企业进行价值评估，并向金融机构出具评估证明；（4）动产状况符合质押条件的，金融机构核定贷款额度，与中小企业签订动产质押合同，与核心企业签订回购协议，并与物流企业签订仓储监管协议；（5）中小企业将动产移交物流企业；（6）物流企业对中小企业移交的动产进行验收，并通知金融机构发放贷款；（7）金融机构向中小企业发放贷款。

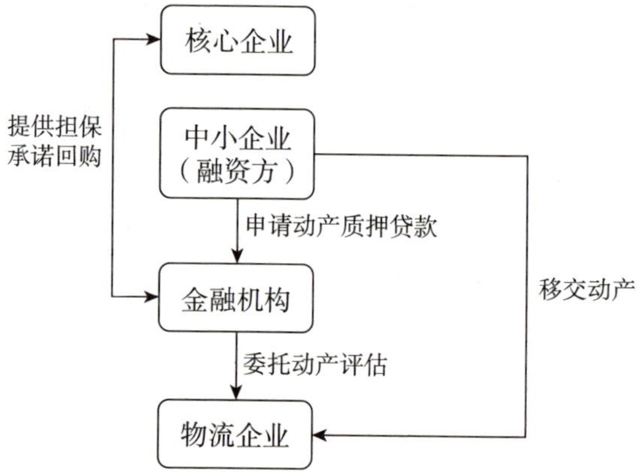

图 3－26　融通仓交易模式

2. 动产质押融资的质押物形态

随着市场竞争和客户需求的发展，供应链下的动产质押融资模式也出现了发展，创新出了动态动产质押业务。动态动产质押较之静态动产质押最大的区别在于：商业银行在动态动产质押中除了对融资企业的货核定质押率，并给予一定比例的授信金额外，还会根据存货的价值核定最低价值控制线，当货物价值在控制线之上时，融资企业可自行向第三方物流企业提出提货或者换货的申请；当货物价值在控制线之下时，融资企业必须向商业银行提出申请，第三方物流企业根据商业银行的指令进行提货或换货操作；而静态动产质押业务，融资企业不得随意提取或更换其已质押给商业银行的货物，除非补入保证金、归还商业银行授信或者增加其他担保。

动产质押还可以仓单质押模式进行操作，仓单可以作为权利凭证进行质押，仓单质押的，质权自权利凭证交付质权人之日起设立。仓单质押一般可以分标准仓单质押和非标准仓单质押两种模式：

（1）标准仓单，是指由期货交易所统一制定的，由期货交易所指定交割仓库完成入库商品的验收、确认合格后签发给货主并在期货交易所注册生效的提货凭证，标准仓单经期货交易所注册后，可用于进行交割、交易、转让、抵/质押和注销等。标准仓单质押，是指商业银行以标准仓单为质押物，给予符合条件的借款人（出质人）一定金额融资的授信业务。

（2）非标准仓单，是指由商业银行评估认可的第三方物流企业出具的，以生产、物流领域有较强变现能力的通用产品为形式表现的权益凭证。非标准单质押，是指商业银行以非标准仓单为质押物，给予符合条件的借款人（出质人）一定金额融资的授信业务。

（二）《九民纪要》有关流动质押的规定及其解读

《九民纪要》第 63 条就流动质押的设立进行了规定，德和衡律师对此解读如下：

流动质押，又称动态质押，是指债务人或第三人为担保债务的履行，以其有权处分的原材料、半成品、产品等库存货物为标的向商业银行等债权人设定质押，由商业银行委托第三方物流企业占有并监管质押财产，质押财产被控制在一定数量或价值范围内进行动态更换、出旧补新的一种担保方式。[①]

我国《物权法》（已失效）规定了浮动抵押，并未规定流动质押。针对流动质押是否属于我国物权法所规定的动产质押类型，以及是否满足动产质押设立的法定要件，存在不同观点。反对流动质押属于动产质权的理由主要有两点：[②]（1）认为流动质押设定于种类物之上，不符合质权标的物特定的要求；

① 参见最高人民法院民事审判第二庭编：《担保案件审判指导》，法律出版社 2014 年版，第 31 页。

② 参见最高人民法院民事审判第二庭：《全国法院民商事审判工作会议纪要理解与适用》，人民法院出版社 2019 年版，第 395 页。

（2）在流动质押中，质押物并未转移占有，往往仅进行观念上的交付甚至可能还由出质人自己占有，不符合设定质权应当交付质押物的要求。

关于流动质押中质押物是否特定化的问题。《九民纪要》认为，质押物特定化的目的在于明确质押物及其担保价值，从而明确动产质权的支配范围。流动质押的质押物可以通过仓库的独立性、货物的区隔化以及最低价值或数量控制等兼有实体特定与价值特定的方式实现存货的明确化、可识别化，从而有效划定质押物的客观范围，不致与非质押物混同，就可实现特定化。① 同时，债权人和债务人通过合意的方式约定流动质押的最低价值或数量限额，亦可实现"价值特定性"。即使质押物因为出货补货而处在不断变动的状态中，也可通过监管人及时更新并报告质押物清单的方式，使质押物始终维持在一个相对清晰、确定的状态，从而满足作为质押物特定化的要求。

关于质押物交付问题。《九民纪要》认为，只要质押物交付质权人占有，即设立动产质权。在流动质押中，质权人通过委托监管人占用质押物，构成间接占有，即完成了动产质权设立要求的交付条件。质押物放置在监管人仓库的，对于质权的设立不存在争议。但对于质押物仍放置在出质人处的情形，质权的设立与否争议较大。此时，既要考察监管协议的约定，还要考察监管人的实际履职情况。监管协议尽管约定监管人系受质权人的委托监管质押物，但有证据证明其并未履行监管职责，质押物实际上仍由出质人管领控制的，应当认为质押物并未实际交付，质权未有效设立。对于出质人和监管人共同占有质押物的，只要监管人系受质权人的委托监管质押物，且进行了实质监管，如质押物出库应征得监管人的同意，即应认定完成了指示交付，流动质押有效设立。

（三）动产质押融资典型法律问题的实务解析

利用"威科先行"数据库，以"动产质押监管人"为关键词、"银行"为当事人，对 2018 年 1 月 1 日 ~2020 年 12 月 31 日的裁判文书进行检索，共检索到相关案件 553 件，其中，2018 年 237 件、2019 年 203 件、2020 年 113 件

① 参见陈本寒：《企业存货动态质押的裁判分歧与规范建构》，载《政治与法律》2019 年第 9 期。

（见图3－27）。在审理法院的级别方面：基层人民法院占比为42.49%、中级人民法院占比为37.07%、高级人民法院占比为12.30%、最高人民法院占比为6.51%、专门法院占比为1.63%（见图3－28）。在案件审理程序方面：一审案件占比为56.24%、二审案件占比为35.44%、再审案件占比为8.32%（见图3－29）。在地域分布方面：案件数量排名前五位的分别是山东110件，占比为20.07%；四川56件，占比为10.22%；江苏53件，占比为9.67%；云南40件，占比为7.30%；湖南39件，占比为7.12%（见图3－30）。此外，从涉案金额来看：高达31.19%的案件的标的额在1000万～5000万元；其次是标的额在100万～500万元的案件，占比为23.40%；最少的是标的额在0～10万元的案件，占比仅为6.65%（见图3－31）。

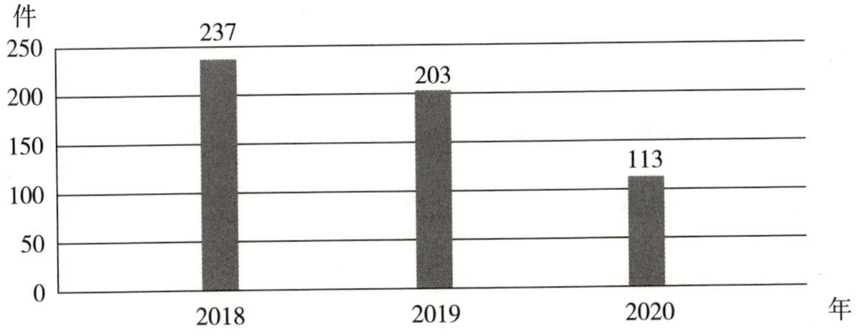

图3－27　案件审理数量年份分布

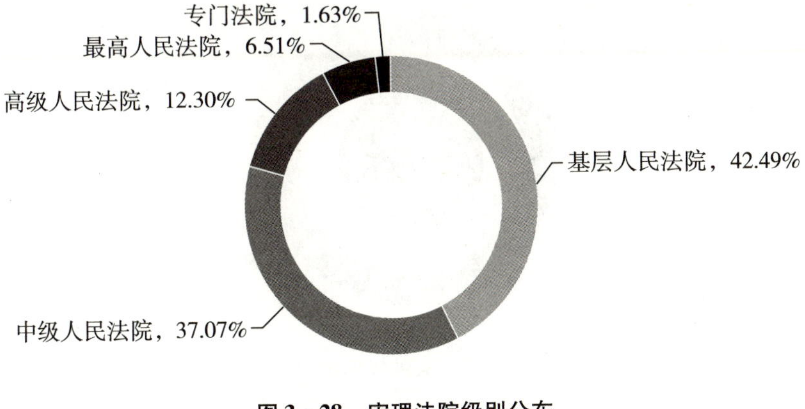

图3－28　审理法院级别分布

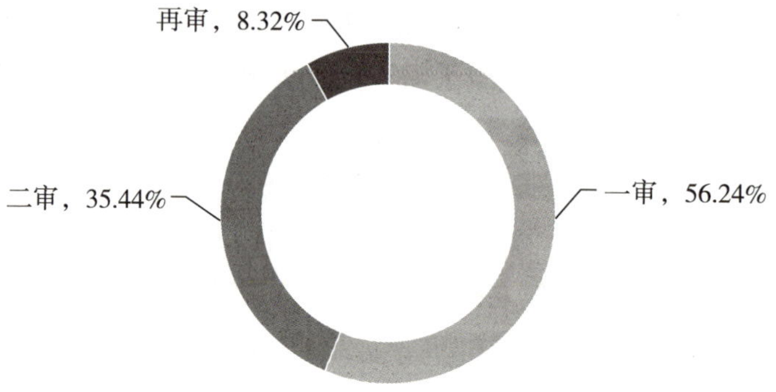

图 3－29　案件审理程序分布

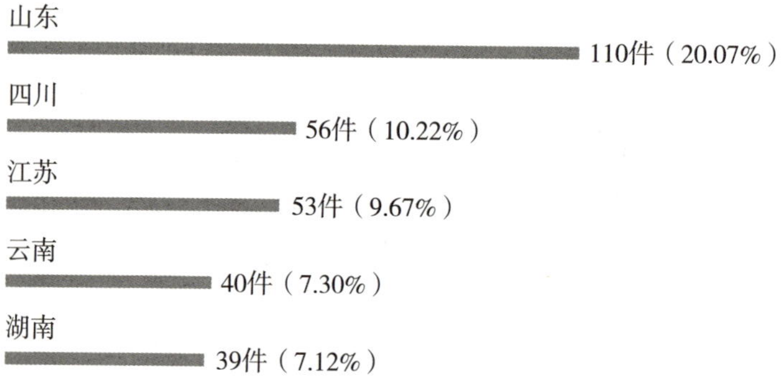

图 3－30　案件主要地域分布

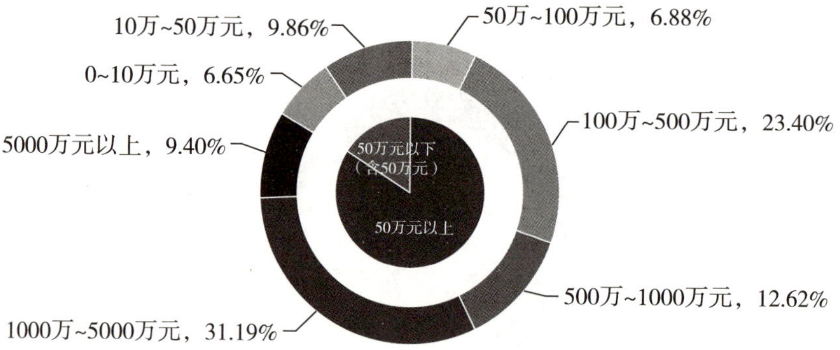

图 3－31　案件标的额分布

通过对检索结果的统计分析，德和衡律师总结归纳近三年银行动产质押融资纠纷呈现的特征如下：（1）案件数量呈现逐年递减趋势，其中2019年比2018年减少34件，减幅为14.35%，2020年比2019年减少90件，减幅达44.34%；（2）标的额相对较大，标的额在1000万元以上的案件占比超过40%；（3）地域分布方面，山东地区案件数量最多，占比超过20%。

通过案例分析，德和衡律师梳理归纳动产质押融资业务纠纷主要涉及以下典型法律问题：（1）质权是否有效设立的问题；（2）质权落空商业银行向监管人追责时，商业银行因其未尽审查义务而担责的问题。

1. 质权是否有效设立的问题

在动产质押融资中，对于质物仍存放在出质人仓库的，商业银行虽已委托物流企业监管质物，且由物流企业与出质人就质物存放的仓库签署了租赁协议，仍存在无法证明质物已交付，致使质权存在未有效设立的风险。

在“DLSY银行与库伦旗某公司、锦州某公司、某物流公司金融借款合同纠纷案”① 中，最高人民法院认定，案涉质物仍由出质人锦州某公司实际控制和支配，并未实现质权人DLSY银行直接或间接的有效控制，因此案涉质权未依法设立。该案中，出质人锦州某公司转移质物，不让监管人入库甚至驱逐监管人，致使质物不受监管人某物流公司的控制，甚至被法院认定质物仍完全在出质人的控制之下。尤其是在监管人某物流公司通过电话、下达《风险告知函》、向“110”报警等形式向DLSY银行告知相关情况的情况下，DLSY银行却未采取任何措施，放任出质人锦州某公司将质物转移，这也是法院最终认定案涉质权未能有效设立的重要原因之一。

因质权的设立是以质物交付质权人占有为生效要件。商业银行在接受大宗商品质押担保时，因其自身缺乏仓储和监管能力而不得不选择第三方物流公司进行监管。如质物实际交由物流公司的仓库监管，则不存在质权是否设立的问题。但如质物仍存储在出质人处，此时出质人是否配合物流公司进行质物交接和监管，则尤为重要。此外，质权人在接到监管人的风险告知时，务必积极采取有效应对措施，以避免质物损失、质权灭失。

① 参见最高人民法院民事判决书，（2019）最高法民终330号。

2. 质权落空商业银行向监管人追责时，因商业银行未尽审查义务而担责的问题

《商业银行法》第36条规定："商业银行贷款，借款人应当提供担保。商业银行应当对保证人的偿还能力，抵押物、质物的权属和价值以及实现抵押权、质权的可行性进行严格审查。"该条款属于概括性、原则性条款，要求商业银行必须对质物的权属和价值进行严格审查，可以说是商业银行的法定义务。

在动产质押融资中，委托第三方物流企业对质物进行监管时，商业银行也应当履行基本的审查义务和注意义务，否则也会因未尽审查义务而承担部分损失的风险。在"天门某公司与TM银行质押监管合同纠纷再审案"[①] 中，最高人民法院判决TM银行未尽审查义务，自行承担损失的60%。该案中，TM银行仅依据出质人HT公司提供的评估报告认定质押稻谷数量，未能对质物进行过磅清点，致使实际交付的质物数量与约定不符，造成TM银行债权未能获得足额清偿，并引发诉讼。该案在一审、二审法院均认定监管人承担全责的情况下，最高人民法院提审并改判监管人承担40%的责任、TM银行承担60%的责任。最高人民法院提审并改判的主要原因是涉案仓库本身就无法存储协议约定数量的质物，可见TM银行在质物交接时未核实质物的数量，而且现有证据不能证实监管人保管的质押物有缺失、短少，进而认定TM银行未尽审查核验义务，对质押物不足额应承担主要责任。天门某公司则应承担次要责任，并酌情承担40%责任。

因此，商业银行在委托第三方在出质人处监管质物时，务必高度重视质物的检验、交付，并做好各类风险预案，确保将有质权的实现。从司法审查的层面，商业银行至少应当做到如下四个方面的审查和注意义务：[②]

（1）审查借款人出质财产权属的来源。包括但不限于动产买卖合同、入库单等交付凭证、打款记录、发票等。该项义务无法委托监管方审查，除自行

---

① 参见最高人民法院民事判决书，(2018)最高法民再97号。

② 参见管金伦：《商业银行大宗动产质押——风险与化解》，载微信公众号"德衡律师集团"2020年8月7日。

审查外，可由法律顾问或者律师等专业人士审查。履行了该审查义务，即便债务人以他人财产出质，法院也有可能认定商业银行善意取得质权，可以有效保护商业银行的债权实现。

（2）对交付监管方的出质财产实物进行价值审查。商业银行并非专业机构，因此可以委托仓储公司对出质财产进行实质性审查，但作为交易的一方，商业银行对仓储监管方仍负有必要的注意义务，例如采取抽检的形式审查质押财产是否与出质人保证的质量、价值吻合。

（3）对监管人的仓储能力进行基本的审查。比如一个只能仓储15万吨煤的洗煤厂，是无法储存20万吨煤的；一个粮仓总共只能储存2万吨玉米，质权人主张设立了4万吨玉米的质押，法院也是不会采信的。

（4）向监管方取得可提取标的物的物权凭证。提单、仓单等物权凭证是主张质权和所有权的有效凭证。在商业银行履行了基本审查义务和注意义务后，法院一般会认定提单、仓单的交付象征着质权的设立。即便质物灭失、质权落空，监管人也应向质权人承担赔偿责任。

（四）融通仓交易中商业银行面临的风险与防范措施建议

融通仓业务模式使得融资企业利用自身的存货质押便获得了短期贷款，填补了流动资金的缺口，同时不影响质押产品的销售；对于核心企业，该融资模式有效地维护了自身的分销渠道，使其稳定、良好的运营，其风险仅仅是在发生最坏情况时将融资企业的质押货物回购。对于商业银行而言，其获得了更多的利息收入和丰富的客户资源。但该融资模式商业银行所面临的风险，除了融资企业的经营状况、核心企业的资信状况、供应链的整体状况外，还有以下特殊的风险控制点：

1. 质押物的选择

质押物是融资企业违约后商业银行减少损失的最为重要的保证，质押物应当具备以下几个特征：

（1）稳定性。作为抵/质押的货物最好具有比较稳定的物理化学特征，不宜接受易碎、易爆、易挥发、易霉变等货物做质押，否则容易造成质押物价值的减损。

（2）流动性。一旦融资企业违约，商业银行需要把质押物进行变卖或拍卖，因此，质押物应当易于转让和出售。

（3）保值性。质押物应当价值/价格稳定，受市场波动的影响较小，货物价值要始终高于贷款的额度。

（4）产权明晰。融资企业提供的抵/质押物应当符合法律规定，允许抵/质押，而且权属清晰，不存在任何争议。

2. 质权的实现

融通仓业务融资与保兑仓业务融资类似，同样针对核心企业和下游企业，但在这种模式中更加强调第三方物流企业的作用，第三方物流企业负责对质押物进行监督管理和评估，有时甚至直接参与贷款授信和风险管理。因此，动产质押融资模式下，第三方物流企业的资信状况和监管能力与该模式下的风险关系巨大。

商业银行在授信审核时应重点审核第三方物流企业的管理运营能力（重点审查出入库程序、规章制度的完善性和执行情况）、规模实力、仓储运输和监管条件、信用记录，与核心企业以及商业银行的业务联系和数据信息共享程度等。

第四章

商业银行票据纠纷中的法律问题

第一节　商业银行最新票据纠纷主要法律问题

票据作为一种支付工具，具有背书转让的流通功能，也独立于基础交易，是民商事交往中最为广泛使用的支付工具。伴随票据的广泛使用，实践中也产生了大量的票据纠纷案件。

利用“威科先行”数据库，以“银行票据纠纷”为关键词进行检索，共检索到2018年1月1日～2021年3月31日相关案件4587件，其中，2018年1298件、2019年1478件、2020年1710件、2021年101件（见图4－1）。在审理法院的级别方面：基层人民法院占比为66.73%、中级人民法院占比为24.44%、高级人民法院占比为6.43%、最高人民法院占比为1.35%，专门法院占比为1.05%（见图4－2）。在案件审理程序方面：一审案件占比为69.02%、二审案件占比为13.39%、执行案件占比为13.84%（见图4－3）。在地域分布方面：案件数量排名前五位的分别是浙江614件，占比为13.40%；江苏512件，占比为11.17%；山东439件，占比为9.58%；宁夏352件，占比为7.68%；河南263件，占比为5.74%（见图4－4）。此外，从涉案金额来看：高达42.19%的案件的标的额在0~10万元；其次是标的额在10万~50万元的案件，占比19.96%；最少的是标的额在5000万元以上的案例，占比仅为3.65%（见图4-5）。

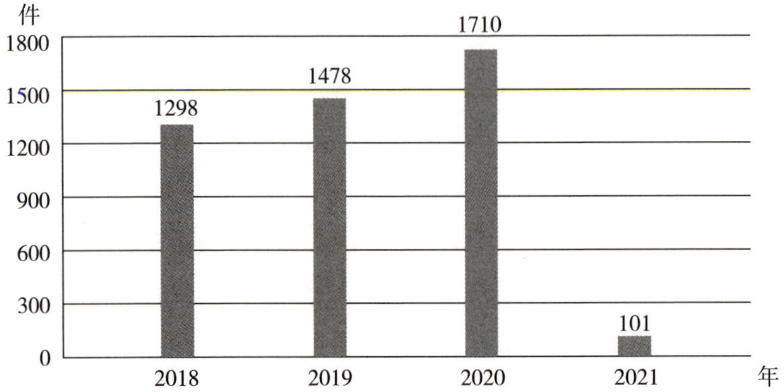

图4-1　案件审理数量年份分布

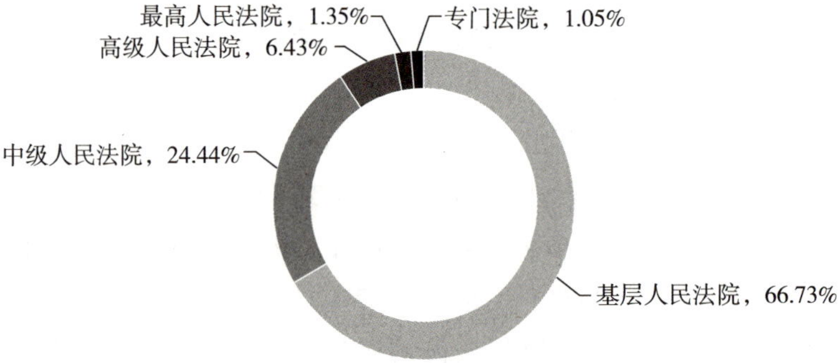

图4-2　审理法院级别分布

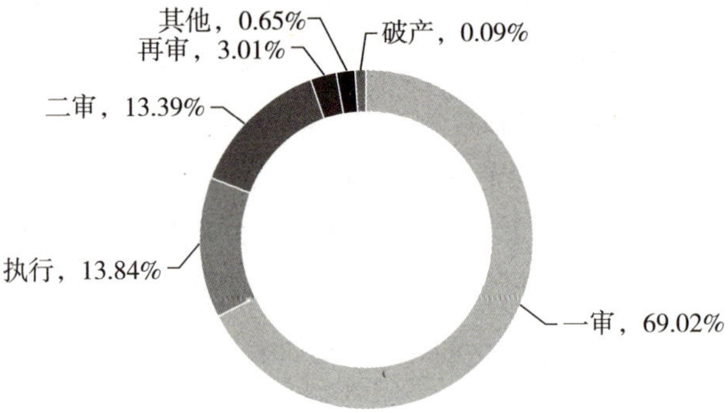

图4-3　案件审理程序分布

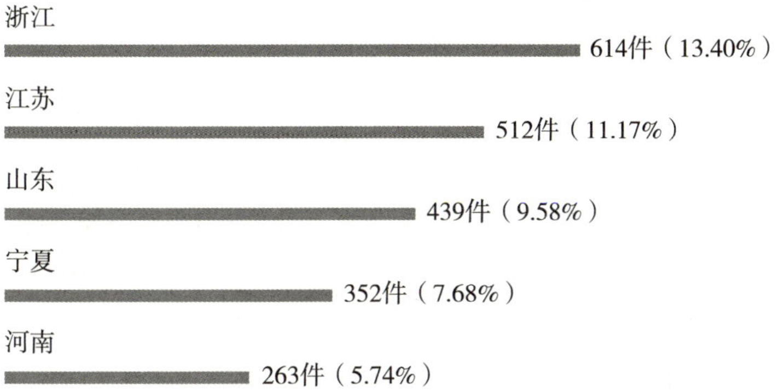

图4－4　案件主要地域分布

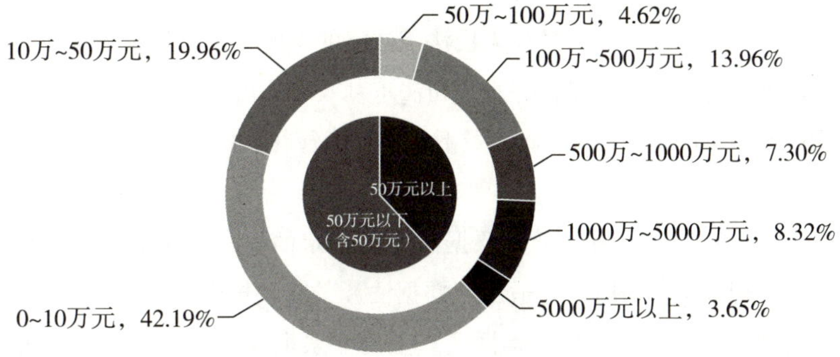

图4－5　案件标的额分布

综上，近四年的银行票据纠纷案件中，从案件数量地域分布来看，江浙地区居多，两地案件数量总和占全国同类案件数量的24.55%，接近1/4；其次为山东、宁夏、河南等地，主要是基层人民法院的一审案件，案件数量呈逐年递增趋势，2020年比2019年多232件，增幅为15.70%，以标的额在50万元以下的案件为主。

对这些案件进行分析，尤其是对争议标的额超过5000万元的大案要案进行个案分析，这些案件往往从程序方面就存在着激烈的抗辩，如争夺有利管辖、以刑民交叉为由要求中止审理，而在实体权利义务上的争议更为激烈，主要涉及付款请求权、追索权票据权利的实现以及商业银行的审查义务等主要问题。

一、票据纠纷管辖与侵权纠纷管辖的冲突与选择

（一）票据纠纷的受理与管辖权一般规定

案件的受理与管辖是处理一个民事案件首先应解决的问题，法律之所以设定管辖权，本身是为了解决各级法院和各地法院案件审理范围和职权分工等程序问题，不会影响当事人实体权利义务。但是考虑地方保护对案件的不利影响，当事人一般会利用管辖权选择对自己有利的法院，尤其是随着审判实践的发展，管辖权错误通常不会被认为是可以启动再审的理由——2015 年 2 月颁行的《民事诉讼法解释》第 381 条规定："当事人认为发生法律效力的不予受理、驳回起诉的裁定错误的，可以申请再审。"删除了管辖权异议裁定可以作为申请再审理由的条款。从最高人民法院法官的态度看，避免地方保护并不是管辖权制度设定的价值考量，并且从司法审判效率的角度看，管辖权异议也不能作为申请再审的理由。[①] 在此背景下，当事人往往会竭尽全力争夺案件管辖权。

所谓票据纠纷，应为由于《票据法》所规定的权利行使引起的纠纷，人民法院在审理该类纠纷时应当适用《票据法》的有关规定。《票据法》所规定的权利有两类：票据权利与《票据法》上的非票据权利。根据《票据法》的规定，票据权利指付款请求权和追索权。非票据权利，主要是基于《票据法》的规定产生但不是由票据行为直接产生的权利，是票据价款以外的债权关系；根据《民事案件案由规定》的规定，非票据权利纠纷有票据交付请求权纠纷、票据返还请求权纠纷、票据损害责任纠纷、票据利益返还请求权纠纷、汇票回单签发请求权纠纷、票据保证纠纷、确认票据无效纠纷、票据代理纠纷、票据回购纠纷 9 类案由。

关于票据纠纷案件的管辖，《民事诉讼法》规定了票据纠纷案件由被告住所地或付款人所在地法院管辖，没有具体的细分。最高人民法院《关于审理票据纠纷案件若干问题的规定》（以下简称《票据纠纷规定》）规定了票据权

① 参见王朝辉：《民事诉讼管辖权裁定不应被再审》，载《人民法院报》2015 年 9 月 16 日，第 7 版。

利纠纷由被告住所地或票据支付地法院管辖，非票据权利纠纷由被告所在地法院管辖。故涉及票据付款请求权纠纷、票据追索权纠纷案件的管辖权由被告住所地或付款人所在地法院管辖；其他纠纷由被告住所地法院管辖。

（二）票据纠纷管辖与侵权纠纷管辖的冲突与选择

根据上述规定，票据纠纷案件的管辖已经有明确的法律规定。但是如前言所述，票据纠纷案件往往涉及多层法律关系。在司法实务中，与票据有关的法律纠纷主要有三种，即权利人基于票据关系（亦称票据法律关系）行使票据权利引发的纠纷、权利人基于《票据法》上的非票据关系行使《票据法》上的非票据权利引发的纠纷、权利人基于民法上的非票据关系（亦称票据基础关系）行使民法上的非票据权利引发的纠纷。具体而言，在票据转贴现法律关系中，各方交易主体既存在票据行为产生的票据法律关系；同时又存在签订转贴现合同产生的合同法律关系。另外，在转贴现过程中，必然存在银行之间的票据流转行为，其间各银行扮演的角色不同，有的银行为直贴行，有的银行为过桥行。银行工作人员可能存在违法或者违规行为，受损失的银行便以该行为与其损失的产生存在因果关系为由主张侵权责任，以各行为人构成共同侵权为由主张承担连带责任，并根据侵权行为结果地为连接点的规定主张原告住所地法院具有管辖权，这样就避开了票据纠纷由票据支付地或者被告住所地管辖的规定，选择对自己有利的管辖。该问题在案件标的额巨大的票据纠纷案件中更为明显。如何确定该类案件的管辖权也是司法实践中一个热点、难点问题。

德和衡律师认为，根据《民事诉讼法》的基本理论，民事案件的管辖权应当按照当事人提起诉讼所主张的法律管辖性质依法确定，结合当事人提交的初步证据，如果能够形成一个可争辩的管辖连接点的事实，即可依据管辖连接点事实所涉的法律关系确定案件管辖；反之则不能。其中关键的因素就是案件焦点，而案件的焦点就是判断原告起诉的请求权基础为何，如果依据的事实是票据行为，主张的权利是票据权利，则由票据支付地或者被告住所地法院管辖；如果依据的事实是票据行为，但并非导致票据权利受损，则构成《票据法》上的非票据权利损害，由被告住所地法院管辖；如果依据的事实与票据行为无关或者不构成《票据法》上的非票据权利，则不适用《票据法》相关管辖原则。

法律关系基于一定的法律事实而发生，票据法律关系是基于票据行为而发生的，但一项票据行为不仅能引起一个票据法律关系，还会涉及《票据法》上的非票据关系和票据基础关系。依据《票据法》的规定，《票据法》上的非票据权利包括票据交付请求权、票据返还请求权、票据损害赔偿请求权及票据利益返还请求权等，其中，针对当事人基于票据损害赔偿请求权提起诉讼，《民事案件案由规定》规定的案由为票据损害责任纠纷，是指票据当事人或者金融机构工作人员因违反规定从事票据行为或者其他与票据有关的行为，给票据当事人或者其他人造成损失而引起的纠纷。在实践中，票据损害责任纠纷主要因伪造变造票据、付款人故意压票、签发空头支票及金融机构工作人员玩忽职守等行为给他人造成损失而引起，由此产生的纠纷才是基于《票据法》上的非票据权利而引起的。如果原告起诉依据的行为系上述行为之一，则应依据票据法律关系确定管辖，即被告住所地；如果原告起诉的依据并非上述行为，则应根据原告所诉的事实确定管辖。当然，一旦法院认定案件为侵权案件，则在实体审理上应严格按照侵权的构成要件进行审理，并结合案件事实确定是否构成共同侵权、是否存在损失，以及损失与原告主张的损害行为是否存在因果关系进行判断。

（三）票据纠纷案件管辖选择与答辩的启示

根据上文分析，在票据纠纷案件尤其是票据损害赔偿责任纠纷中存在与侵权责任竞合的情形，在某些特别的票据交易中，如票据转贴现纠纷中，也存在票据转贴现合同约定管辖与票据纠纷法定管辖的竞合与冲突。作为原告的金融机构，其占有选择管辖的优势，应结合案件具体情况，构建一套对己方有利的请求权基础和事实，提起诉请的事实和理由尽量避开某一特定的票据行为，行权基础并非《票据法》上的票据权利，即付款请求权和追索权，也非《票据法》上的非票据权利，而是基于合同关系或者侵权法律关系所享有的权利，以此避开被告住所地或者票据支付地，选择侵权结果地或者合同约定的管辖。而作为被告的金融机构，无疑需要从案件事实出发，主张原告的请求所依据的事实系基于票据行为引发的纠纷，权利基础为《票据法》上的票据权利和非票据权利，以被告住所地或者票据支付地确定管辖。

二、票据纠纷中的民刑交叉及中止审理

（一）关于票据纠纷民刑交叉的司法实践

票据纠纷案件中经常存在伪造票据、伪造公章、虚假开票、虚假承兑等行为，造成民事案件审理过程中存在刑事案件。在此过程中，基于取证或者拖延诉讼的目的，一方当事人往往会以案件涉及刑事案件为由，主张不属于法院受理范围要求驳回起诉；或者以案件审理需要以另一案件结果为前提为由，要求法院中止审理。以“宁夏宝塔票据案”为例，宝塔石化集团财务有限公司董事长孙某超涉嫌刑事犯罪被捕，各票据持票人向宝塔石化集团财务有限公司追索时，必然涉及刑民交叉问题。持票人行使付款请求权或者追索权时，相关义务主体必然会以案件涉嫌刑事犯罪为由提出抗辩或拒绝付款。① 如果案件当事人提出该抗辩，会对案件产生何种影响？

根据《票据纠纷规定》第74条的规定：“人民法院在审理票据纠纷案件时，发现与本案有牵连但不属同一法律关系的票据欺诈犯罪嫌疑线索的，应当及时将犯罪嫌疑线索提供给有关公安机关，但票据纠纷案件不应因此而中止审理。”但司法实践中，法院对涉及刑事犯罪票据纠纷的处理并不一致，导致司法实践的混乱。以德和衡律师检索到的2020年最新票据纠纷案例为例，在“ZS银行南京分行与徐州某物资公司、南京某电子公司等票据追索权纠纷案”② 中，一审南京市中级人民法院认为：“人民法院作为经济纠纷受理的案件，经审理认为不属经济纠纷案件而有经济犯罪嫌疑的，应当裁定驳回起诉”。二审江苏省高级人民法院认为：“人民法院在案件审理过程中，如果发现公安机关已经就实际用资人、直贴行、出资银行的工作人员涉嫌骗取票据承兑罪、伪造印章罪等立案侦查，一方当事人申请将案件移送公安机关的，因该节事实对于查明出资银行是否为正当持票人，以及参与交易的其他金融机构的

① 参见山西金贝律师事务所：《票据纠纷刑民交叉疑难解析（关注宁夏宝塔票据案）》，载山西金贝律师事务所网2019年4月19日，http：//www.sxjblaw.com/index.php？m = content&c = index&a = show&catid = 28&id = 127。

② 参见江苏省高级人民法院民事裁定书，（2019）苏民终1472号。

抗辩理由能否成立存在重要关联，人民法院应当将有关材料移送公安机关。民商事案件的审理必须以刑事案件的审理结果为依据的，应当中止诉讼，待刑事案件审结后，再恢复案件的审理。案件的基本事实无须以相关刑事案件的审理结果为依据的，人民法院应当继续案件的审理。一审法院以本案必须以相关刑事案件的审理结果为依据、而上述刑事案件尚未审结为由，作出中止审理裁定后，在刑事案件尚未审结的情况下即裁定驳回起诉，存在不当，依法应予纠正，指令南京中院继续审理。”在武汉市中级人民法院审理的“武汉市某五金公司、某汽车公司票据追索权纠纷案”① 中，法院认为：“本案系某五金公司与某汽车公司之间的票据追索权纠纷，属于民事案件。本案争议发生在某五金公司与某汽车公司之间，而刑事案件的主体是孙某等8名犯罪嫌疑人，两者主体不同，且无证据证明民事案件与刑事案件是同一事实，不应当中止本案审理。故本案不应适用先刑后民原则，原审不中止审理符合法定程序。”太原市中级人民法院审理的“云南某物流有限责任公司与山西某能源有限责任公司、山西某商贸有限公司等票据追索权纠纷案”② 中，法院认为：“虽然承兑人宝塔石化集团财务有限公司的有关票据活动涉嫌违法犯罪，但本案是被上诉人与前手之间的追索权纠纷，承兑人并非本案诉讼主体，因此本案与宝塔石化集团财务有限公司涉嫌违法犯罪的票据活动并非同一法律关系。另外，《中华人民共和国民事诉讼法》第一百五十条规定了中止诉讼的情形，其中第一款第五项规定‘本案必须以另一案的审理结果为依据，而另一案尚未审结的’。本案的审理并非必须以赵某涉嫌犯罪案件的审理结果为依据。综上，该案不应中止审理。”可见，司法实践中，对不同主体涉及的犯罪行为，法院的态度并不一致。

（二）中止审理的法律适用

对此，德和衡律师认为，票据纠纷涉及刑事犯罪，首先法院不应以涉及刑事犯罪为由驳回当事人的起诉，当事人的诉权应该得到法院的支持，即使当事人的请求不能得到法院的支持，也应经实体审理驳回当事人的诉请，而不能简单以涉及刑事犯罪为由裁定驳回起诉。其次，该类案件是否中止审理应取决于

① 参见湖北省武汉市中级人民法院民事判决书，(2019) 鄂01民终11374号。
② 参见山西省太原市中级人民法院民事判决书，(2020) 晋01民终5883号。

两点：（1）根据最高人民法院专职委员刘贵祥在《全国法院民商事审判工作会议讲话》中指出的："要根据票据纠纷案件与刑事犯罪是否是同一事实、同一法律关系和同一主体。主要问题在于如何认定'同一事实'。鉴于民事诉讼与刑事诉讼具有不同的职能与程序，分开审理是基本原则，因此要从行为主体、相对人以及行为本身三个方面认定是否属于'同一事实'：一是从行为实施主体的角度判断。'同一事实'指的是同一主体实施的行为，不同主体实施的行为不属于同一事实。要特别注意的是，法定代表人、负责人以及其他工作人员等对外以法人名义从事的职务行为，应当由法人承担相应的民事后果。如果法定代表人、负责人以及其他工作人员构成犯罪，但法人本身不构成犯罪的，鉴于犯罪行为的主体与民事行为的主体属于不同的主体，一般不宜认定为'同一事实'。二是从法律关系的角度进行认定。如刑事案件的受害人同时也是民事法律关系的相对人的，一般可以认定该事实为'同一事实'。实践中，侵权行为人涉嫌刑事犯罪，被保险人、受益人或其他赔偿权利人请求保险人支付保险金；主合同的债务人涉嫌刑事犯罪，债权人请求担保人承担民事责任的，因涉及不同的法律关系，均不属于'同一事实'。三是从要件事实的角度认定。只有民事案件争议的事实同时也是构成刑事犯罪的要件事实的情况下，才属于'同一事实'。如当事人因票据贴现发生民事纠纷，人民法院在审理过程中发现汇票的出票人因签发无资金保证的汇票构成票据诈骗罪，但鉴于背书转让行为并非票据诈骗犯罪的构成要件，因而民事案件与刑事案件不属于'同一事实'。"（2）从民事案件的审理结果是否需要刑事案件的结果入手，如票据追索权案件，跟承兑人的行为无关，承兑人涉及刑事犯罪并不影响票据持有人的追索权，只要票据持有人合法持有票据并且取得拒付凭证，法院就可以继续审理案件。

（三）实践中应当中止审理的情形

实践中，应当中止审理的案件一般包括以下几种情形：

1. 汇票的出票人签章伪造且未背书转让

实践中经常出现出票人的签章系伪造，持票人要求出票人承担票据民事责任的情形。在类似案件中，法院需要审查出票行为是否出票人真实的意思表示，如果出票人已就伪造签章行为进行刑事报案、控告或举报并且案件已经在侦查过程中，法院的认定需要依据刑事案件侦查结果，此时民事案件中止审理是比较稳妥的办法。如果刑事案件认定签章确系伪造，并且在此过程中并不存在表见代表或表见代理，则可驳回持票人的诉请。如果经过侦查，虽然签章系伪造但持票人有充分的证据证明存在表见代理或者其他出票人应当承担责任的情形，则可继续审理，支持持票人的诉请。需要注意的是，如果汇票出票人的签章系伪造，但是该票据已经背书转让，且持票人系善意，该伪造的公章不能对抗其他真实公章效力，则不存在中止审理的适用空间。

2. 票据记载事项被变造

票据记载事项变更，指行为人变造了票据签章或签名以外的事项。票据记载事项被变造并不是票据纠纷案件必须中止审理的理由，如果变造的事项并不影响持票人的实体权利，则当然可以继续审理并据以作出判决。如果变造票据记载事项影响到持票人的票据权利，则法院应中止审理，并根据生效刑事判决认定的变造事实来确定相关主体的责任。

3. 背书人签章被伪造，后手向被伪造者行使追索权

如持票人向背书人行使追索权这一票据权利，而背书人签章涉嫌伪造的，此时法院需要判断被伪造签章的背书人是否有背书真实意思表示，需要根据生效的判决书进行事实认定。同样，如果根据民事案件调查结果，该签章系伪造但不影响背书人承担民事责任，则民事案件无须等待刑事案件的判决结果，法院可径行作出判决，而无须中止审理。另外，如果持票人是向所有的背书人行使追索权，由于其他背书人并不存在签章被伪造的情形，法院也不能因某个背书人的公章被伪造而中止审理。

4. 基础关系主体涉嫌犯罪且案件主体仅涉及该基础法律关系

票据纠纷案件中，持票人主张票据权利，其直接前手可以提出基础法律关系抗辩。如果基础关系主体涉嫌犯罪，如虚假的买卖合同，直接前手并不承担付款义务，且票据纠纷案件主体与基础法律关系主体一致，基础法律关系的侦查结果将决定票据的直接前手是否承担责任，此时法院应中止审理。

5. 持票人涉嫌犯罪且与票据有牵连

此时需要判断持票人如何取得票据，是否存在欺诈等犯罪行为，从而决定

持票人是否享有票据权利，需要以刑事案件结果作为依据，法院应中止审理。

除上述情形外，虽然与票据纠纷案件有牵连但不影响民事案件的审理、与票据纠纷案件非同一法律关系、与票据纠纷案件非同一法律事实、与票据纠纷案件既非同一法律关系也非同一法律事实，或者民事案件的审理结果并不需要以刑事案件的审理结果为依据等情形都不属于应该中止审理的理由。

三、票据付款请求权、追索权与拒付凭证

付款请求权和追索权是持票人向票据债务人请求支付票据金额的权利，票据债务人承担的是绝对的付款责任，只有在特定的条件下才能拒付。《票据法》从保障票据流通、维护持票人合法权益、兼顾付款人利益出发，特别规定了付款人的形式审查义务。

所谓形式审查，是指对票据的外观形式即票据上的记载事项进行审查，而不涉及票据外的其他事实或情况。[①] 付款人的形式审查义务包括对票据本身的形式审查和对持票人的形式审查。对票据的形式审查，是审查票据在形式上是否合法有效，也就是对票据记载事项的审查，如票据本身是不是真实的票据、票据签章是否符合法律法规监管要求。对持票人的形式审查，是审查持票人在形式上是否为合法权利人，也就是对背书连续性的审查。而对于持票人是否为真实的权利人、是否依真实有效的背书而受让票据权利等实质性问题，各国票据法均规定，付款人无须审查。[②] 经过形式审查，若持票人在形式上享有票据权利，付款人应及时足额付款；若存在法定的抗辩事由，付款人应拒绝付款。但《支付结算办法》第 38 条规定："票据债务人对下列情况的持票人可以拒绝付款：（一）对不履行约定义务的与自己有直接债权债务关系的持票人；（二）以欺诈、偷盗或者胁迫等手段取得票据的持票人；（三）对明知有欺诈、偷盗或者胁迫等情形，出于恶意取得票据的持票人；（四）明知债务人与出票人或者持票人的前手之间存在抗辩事由而取得票据的持票人；（五）因重大过失取得不符合《票据法》规定的票据的持票人；（六）对取得背书不连续票据

① 参见汪世虎：《票据法律制度比较研究》，法律出版社 2003 年版，第 429 页。
② 参见汪世虎：《票据法律制度比较研究》，法律出版社 2003 年版，第 430 页。

的持票人。”上述票据债务人拒绝付款的部分情形已经超出了形式审查的范围，加之《票据法》第57条规定：“付款人及其代理付款人付款时，应当审查汇票背书的连续，并审查提示付款人的合法身份证明或者有效证件。付款人及其代理付款人以恶意或者有重大过失付款的，应当自行承担责任。”在此背景下，付款人为了避免因错误付款而自行承担责任，往往以票据存在瑕疵为由拒付。

当遭到拒付时，追索权的行使便成为持票人实现票据权利的最后一道防线。我国《票据法》第61条规定：“汇票到期被拒绝付款的，持票人可以对背书人、出票人以及汇票的其他债务人行使追索权。汇票到期日前，有下列情形之一的，持票人也可以行使追索权：（一）汇票被拒绝承兑的；（二）承兑人或者付款人死亡、逃匿的；（三）承兑人或者付款人被依法宣告破产的或者因违法被责令终止业务活动的。”第62条规定：“持票人行使追索权时，应当提供被拒绝承兑或者被拒绝付款的有关证明。持票人提示承兑或者提示付款被拒绝的，承兑人或者付款人必须出具拒绝证明，或者出具退票理由书。未出具拒绝证明或者退票理由书的，应当承担由此产生的民事责任。”第65条规定：“持票人不能出示拒绝证明、退票理由书或者未按照规定期限提供其他合法证明的，丧失对其前手的追索权。但是，承兑人或者付款人仍应当对持票人承担责任。”因此，付款请求权被称为“第一次请求权”，追索权被称为“第二次请求权”，只有在提示付款被拒付后，才能凭拒绝证明行使对前手的追索权。

司法实践中，存在两大极其有争议的问题，直到目前司法实践中仍存在相互矛盾的判决。一是票据存在瑕疵时持票人是否享有追索权？二是何种拒付凭证才是符合法律规定的拒付凭证，是只要付款人以实际行为表明拒付即可，还是付款人必须出具完备的书面拒付凭证？

（一）票据存在瑕疵时持票人是否享有追索权

《票据法》第31条规定：“以背书转让的汇票，背书应当连续。持票人以背书的连续，证明其汇票权利。……前款所称背书连续，是指在票据转让中，转让汇票的背书人与受让汇票的被背书人在汇票的签章依次前后衔接。”第57条规定：“付款人及其代理付款人付款时，应当审查汇票背书的连续，并审查提示付款人的合法身份证明及有效证件。”根据上述规定，要求付款的票据应当连续；如果不连续，持票人是否不得享有票据权利？对此，理论界存在较大争议，肯定意见认为，如果背书中断后的持票人能够通过证明其为票据的合法权利人或者通过提交证明弥补票据瑕疵——如要求背书不规范的前手出具证明，则背书中断后的持票人或者持有瑕疵票据的持票人仍享有票据权利。否定意见认为，既然《票据法》有明确规定，背书不连续的持票人不得主张票据权利，应以背书连续中断前的最后被背书人为票据权利人，背书中断后的持票人不再享有追索权。经过德和衡律师检索，全国各地法院类似判决基本上都支持背书中断或者背书瑕疵的持票人在能够举证证明其为合法票据持有人或消除票据瑕疵时可以行使追索权。如“广东 NY 银行股份有限公司深圳福田支行、某制药有限公司票据纠纷案”① 中，对于案涉票据第三背书人的财务专用章和法人私章与其出具的证明的公章不一致的问题，被上诉人已经提交了第三背书人黑龙江省某医药有限公司出具的相关证明，足以证明涉案票据背书中签章的真实有效性。“南京某漆业有限公司、中国 GD 银行宁波分行票据付款请求权纠纷案”② 中，原告提交的银行承兑汇票的背书在形式上是连续的，最后被背书人为南京某漆业有限公司。但该承兑汇票存在被背书人填写不规范、骑缝章不清、出现涂改、第一骑缝处粘单撕毁、托收凭证收款人名称与最后背书人不一致等情况，且第 3 次托收时的收款人并非该案原告。后有关背书人和有关公司出具证明，表示上述问题的出现均系其财务人员疏忽造成的。案涉票据上载明的最后持票人为南京某漆业有限公司，经查询企业信用信息，南京某漆业有限公司名称已变更，应认定原告与最后被背书人具有同一性。至此，无其他权利人主张票据权利或票据利益返还权，原告也提交了其获得票据的证据，故应认定原告系案涉票据的最后合法持票人，应享有票据权利。被告应按照案涉汇票的记载事项足额付款。

（二）拒付证明的判断标准

从《票据法》的立法和原理看，拒绝证明的做成和出示是追索权行使必不可少的一步，并且根据最高人民法院的相关司法判决，在拒付追索场合，持

① 参见广东省深圳市中级人民法院民事判决书，（2020）粤 03 民终 19218 号。

② 参见浙江省宁波市鄞州区基层人民法院民事判决书，（2018）浙 0212 民初 15044 号。

票人行使追索权必须具备严格的拒付证明。在最高人民法院审理的“HF 银行青岛分行、XT 银行合同纠纷二审案”① 中，最高人民法院认为：“从票据法的规定看，提示付款是行使和保全票据付款请求权的行为，应具备严格的法律形式，包括必须出示票据交付款人验看、明确要求付款人付款等内容。口头要求或不出示票据而以其他文件要求付款的，不发生票据法上提示付款的法律效力。在拒付追索场合，持票人行使追索权，应当提供被拒绝承兑或者被拒绝付款的有关证明。持票人提示承兑或者提示付款被拒绝的，承兑人或者付款人必须出具拒绝证明，或者出具退票理由书。拒绝付款证明对当事人来说并非无足轻重或可有可无，它对于保护被追索人的再追索权至关重要。因为被追索人在清偿完债务后，只有取得拒绝付款证明等法定证明文件，才能进行再追索，从而保障自己的票据权利。反之，如果在未取得法定证明文件的情况下就允许被追索，则被追索人清偿债务后将无法进行再追索，其利益就得不到应有的保障。从原审查明的事实看，在案涉汇票到期后，XT 银行仅是用大额自由格式报文‘询问’焦作 ZL 银行能否按时付款，并未用专用提示报文‘提示’付款。焦作 ZL 银行有关‘你行支付交易自由格式查询票据，我行未签发，无委托任何银行代签’的回复，既无拒绝履行的明确意思表示，形式上也不符合拒绝证明的要求”。从最高人民法院的态度看，其对拒付证明采用严格审查原则。

虽然《票据法》将拒付证明作出的义务归于付款人，并且明确规定不出具拒付证明应承担相应的民事责任，但是实践中仍不可避免地出现付款人拒不作出拒付证明或者以其他形式的证明代替拒付证明的情形。我国法律对拒绝证明的作用规定得如此苛刻，倘若拒绝证明缺失，合法持票人真的会丧失追索权吗？德和衡律师检索最近的司法案例发现，在实践中有不少法院采取实质拒付的标准判断付款人是否作出拒付证明，以更好地维护票据持有人的追偿权。

1. 出具拒绝证明以及载明拒绝证明应当载明的事项是承兑人或付款人的义务而不是持票人的义务，持票人可以依法取得其他证明

“某煤业有限公司、HR 公司票据追索权纠纷二审案”② 中，河南省三门峡

① 参见最高人民法院民事判决书，(2018) 最高法民终 778 号。

② 参见河南省三门峡市中级人民法院民事判决书，(2019) 豫 12 民终 2432 号。

市中级人民法院认为，关于HR公司能否行使追索权的问题，在案证据能够证实HR公司在汇票到期后向承兑人宝塔石化集团财务有限公司提请付款，但没有拒绝承兑证明。在此情形下，HR公司是否能够行使追索权，应结合相关法律规定综合判断。《票据法》第63条规定："持票人因承兑人或者付款人死亡、逃匿或者其他原因，不能取得拒绝证明的，可以依法取得其他有关证明。"《票据管理实施办法》第27条规定了拒绝证明应当载明的事项。通过分析上述法条规定可知，出具拒绝证明以及载明拒绝证明应当载明的事项是承兑人或付款人的义务，而不是持票人的义务，持票人可以依法取得其他有关证明。本案中，HR公司在汇票到期后向承兑人宝塔石化集团财务有限公司提请付款，承兑人未在法律规定的期限内向HR公司付款，可视为承兑人宝塔石化集团财务有限公司拒绝付款。故HR公司提请承兑付款被拒绝，应认定其行使追索权的条件已经成就。

2. 汇票到期后，付款人长期未依法足额支付票据金额，系以实际行为表明拒绝支付票据款项，持票人可以对背书人、出票人及其他债务人行使追索权

"常熟某公司与重庆LF乘用车有限公司等票据追索权纠纷二审案"① 中，重庆市高级人民法院认为，持票人常熟某公司在汇票到期日向承兑人LF财务公司提示付款后，LF财务公司虽在电子商业汇票系统中签收票据，票据状态为"票据已结清"，但实际并未依法足额付款。案涉票据在电子商业汇票系统中载明的状态与客观事实不符，应当以客观事实来判断LF财务公司是否存在拒付行为。LF财务公司在汇票到期后长期未依法足额支付票据金额，系以实际行为表明拒绝支付票据款项，持票人可以行使追偿权。该案中，法院认为长期不付款表明实际上拒付，采用了比较宽松的实质审查标准。

3. 电子商业汇票系统营业开始时，代承兑人作出拒付应答，并代理签章，应当视为《票据法》第62条规定的拒付证明，持有人有权行使追偿权

"广西ZN公司、湖南GT公司票据纠纷二审案"② 中，湖南省高级人民法院认为："本案中，GT公司出具了2018年7月12日的《电子商业承兑汇票》票样，其上显示的票据状态是'提示付款已拒付'，同时GT公司还提供了其

---

① 参见重庆市高级人民法院民事判决书，(2020) 渝民终501号。

② 参见湖南省高级人民法院民事判决书，(2019) 湘民终1668号。

先后于2018年6月12日、26日通过电子商业汇票系统提示付款，系统于2018年6月26日、7月2日拒付的流水查询，该证据上均有中国JS银行股份有限公司益阳银城支行确认‘该票据在我行网银系统显示已经拒付’并加盖公章，故应当认定GT公司已经提交了涉案汇票被拒绝付款的证明。ZN公司上诉认为GT公司提供的拒付证明不符合法律规定。法院认为，1997年中国人民银行发布的《票据管理实施办法》第二十七条虽然明确了拒绝证明应当包括票据种类及主要记载事项、拒付的事实依据和法律依据，拒付时间、拒付人签章等要件，而涉案拒付证明中没有注明拒付理由，但本案所涉汇票为电子商业汇票，其出票、背书、提示付款等业务都是通过电子商业汇票系统办理，应当适用中国人民银行2009年发布的《电子商业汇票业务管理办法》。根据该办法第六十条第三款的规定，电子商业承兑汇票承兑人在票据到期后收到提示付款请求，且在收到该请求次日起第3日（遇法定休假日、大额支付系统非营业日、电子商业汇票系统非营业日顺延）仍未应答的，接入机构应按其与承兑人签订的《电子商业汇票业务服务协议》进行处理：承兑人账户余额在该日电子商业汇票系统营业截止时不足以支付票款的，则视同承兑人拒绝付款，接入机构应在下一日（遇法定休假日、大额支付系统非营业日、电子商业汇票系统非营业日顺延）电子商业汇票系统营业开始时，代承兑人作出拒付应答，并代理签章。本案系统提示拒付，即是在承兑人未作应答的情况下，因其账户余额不足，由接入机构代为拒付应答。因此，ZN公司的这一上诉理由没有事实和法律依据，依法予以驳回。”

4. 承兑人未在法定期间内付款或者拒绝付款，而是对电子汇票管理系统的指令不予处理，致使票据状态长期处于“提示付款待签收”状态，承兑人至今未向持票人支付任何款项，涉案票据实际上已经被拒付，持票人可以行使追索权

“东阳市BT真空镀膜厂、邯郸市LS公司永年分公司票据纠纷二审案”①中，浙江省金华市中级人民法院认为：“涉案票据到期日为2019年2月14日，然LS公司在提示付款期内通过电子商业汇票系统申请提示付款，票据状态一

① 参见浙江省金华市中级人民法院民事判决书，(2020) 浙07民终1550号。

直为‘提示付款待签收’，依据中国人民银行《电子商业汇票业务管理办法》第六十条规定，可以视同承兑人拒绝付款。”

5. 持票人因其未在提示付款期内发出有效的付款申请，实际上已丧失了向其他前手追索的权利，持票人所提出的其在案涉票据到期日前通过电子商业汇票系统向承兑人发出的提示付款的效力可一直延伸到案涉票据到期后的提示付款期限内的意见，缺乏法律依据

“浙江 DS 公司、LXH 昆山公司票据追索权纠纷二审案”① 中，浙江省嘉兴市中级人民法院认为：“案涉票据为定日付款汇票，LXH 昆山公司作为合法持票人，依法只有在案涉票据到期日（2019 年 5 月 4 日）起的十日内向承兑人宝塔财务公司提示付款，才能产生《票据法》上‘提示付款’的效力。LXH 昆山公司却于案涉票据到期日前的 2019 年 4 月 30 日就通过电子商业汇票系统向承兑人宝塔财务公司发出提示付款申请，在宝塔财务公司对该申请既未付款也未应答的情况下，LXH 昆山公司亦未按《电子商业汇票业务管理办法》第五十九条的规定，在案涉票据到期后的提示付款期内再次向宝塔财务公司发出提示付款申请，故根据前述规定，LXH 昆山公司因其未在案涉票据的提示付款期内发出有效的提示付款申请，实际上已丧失了向除案涉票据出票人、承兑人之外的其他前手进行追索的权利，LXH 昆山公司要求向浙江 DS 公司和上海某公司行使追索权的主张不能成立。LXH 昆山公司所提其在案涉票据到期日前通过电子商业汇票系统向宝塔财务公司发出的提示付款申请的效力可一直延续到案涉票据到期后的提示付款期内的意见，缺乏法律依据，本院不予采信。”

6. 票据被拒绝承兑或者拒绝付款后，持票人未在 6 个月内行使票据权利的应当视为其怠于行使票据权利，因此丧失对其前手的追偿权

“东营市 JZY 公司、东营市 XS 公司票据追索权纠纷二审案”② 中，山东省东营市中级人民法院认为：“根据《票据法》第十七条第一款第一项、第三项的规定：‘持票人对票据的出票人和承兑人的权利，自票据到期日起 2 年……持票人对前手的追索权，自被拒绝承兑或者被拒绝付款之日起 6 个月。’本案

① 参见浙江省嘉兴市中级人民法院民事判决书，（2019）浙 04 民终 3141 号。

② 参见山东省东营市中级人民法院民事判决书，（2019）鲁 05 民终 560 号。

中，JZY公司向XS置业公司行使追索权应自被拒绝付款之日起6个月。被拒绝付款指的是汇票到期后持票人提示付款而未能获得付款的情形。涉案汇票的到期日为2016年11月30日，JZY公司于2016年12月1日提示付款，结合《商业汇票业务管理办法》第六十条第三款第二项的规定，至2016年12月4日JZY公司仍未获得付款时，其应当认识到付款被拒绝。JZY公司应当及时要求承兑人或承兑人的开户行出具拒绝付款证明书并及时行使追索权，但JZY公司在此后6个月内未通过合理努力主张权利，其怠于行使权利情形明显，故JZY公司丧失对其前手的追索权”。

从上述案例可以看出，虽然《票据法》对拒付证明的规定较为苛刻，但司法实践中法院为维护合法持票人的追索权，一般采取宽泛的审查标准，只要付款人实质上构成拒付，且持票人已经提示付款，一般会支持持有人的追索权，但是持有人必须在法定的期限内提示付款，否则将丧失追索权。

四、商业银行在票据纠纷中的审慎经营和审查义务

《票据法》对商业银行的审慎经营和审查义务并无专门条款的规定，有关规定皆散落在《票据法》《支付结算办法》《商业汇票承兑、贴现与再贴现管理暂行办法》的具体条文中，如《票据法》第57条规定：“付款人及其代理付款人付款时，应当审查汇票背书的连续，并审查提示付款人的合法身份证明或者有效证件。”《支付结算办法》第92条规定：“商业汇票的持票人向银行办理贴现必须具备下列条件：……（二）与出票人或者直接前手之间具有真实的商品交易关系；（三）提供与其直接前手之间的增值税发票和商品发运单据复印件。”《商业汇票承兑、贴现与再贴现管理暂行办法》第18条规定：“向金融机构申请票据贴现的商业汇票持票人，必须具备下列条件：……二、与出票人或其前手之间具有真实的商品交易关系”。第19条规定：“持票人申请贴现时，须提交贴现申请书，经其背书的未到期商业汇票，持票人与出票人或其前手之间的增值税发票和商品交易合同复印件。”

司法实践中，一般认定商业银行只需依据《票据法》对票据承担两方面的审查义务：（1）对票据本身的要件审查，包括票据的真伪，票据的法定必要记载事项（票面金额、日期、收款人名称）是否欠缺、是否符合《票据法》

的法定格式样（是否进行了更改，中文大写和数码是否一致），背书是否连续；（2）对直接票据基础关系方面承担法定责任，即根据《票据法》第12条“以欺诈、偷盗、或者胁迫等手段取得票据的，或者明知有前列情形，出于恶意取得票据的，不享有票据权利”的规定承担法定责任，具体的审查标准一般也仅限于形式审查。从上述部门规章也可以看出，办理贴现的金融机构对贴现手续的审查仅限于形式审查，办理贴现的金融机构不应当对交易的真实性负责并承担责任。

德和衡律师对近年来票据权利人以商业银行在票据贴现过程中存在过错为由要求赔偿的案件进行检索发现，法院一般根据商业银行在此过程中是否存在重大过失判断银行是否承担责任。如“方某、中国NY银行义乌针织市场支行票据纠纷二审案”中①，虽然本票上背书人处的签名并非方某本人所签，但是中国NY银行义乌针织市场支行作为付款人依法审查了背书是否连续并审查了提示付款人的合法身份证明或者有效证件，即在案涉本票的兑付过程中，NY银行不存在重大过失，故方某要求NY银行承担赔偿责任没有依据。河北省高级人民法院审理的“某变压器厂、WX信用社票据纠纷案”② 中，法院认为：“票据具有无因性、文义性，票据关系一经成立，即应与票据取得的原因关系相脱离。本案所涉票据形式完备，各项必要记载事项齐全，符合《票据法》的规定，应为有效票据，银行在办理票据贴现时应侧重对票据本身有效性的审查。WX信用社的贴现行为虽有疏忽且存在违规之处，但并不构成《票据法》第十二条规定的重大过失，也不属于《票据法》第一百零四条规定的金融机构工作人员在票据业务中玩忽职守、对违反本法规定的票据予以承兑、付款或者保证的情形。中国人民银行的部门规章、行业规定主要是银行业内管理规范，据此追究WX信用社的民事责任，法律依据不足。”

但是需要注意的是，在最高人民法院发布的公报案例“中国JS银行股份有限公司侯马支行与山西侯马市HF贸易有限公司、侯马市TRH焦铁有限公

① 参见浙江省金华市中级人民法院民事判决书，（2019）浙07民终6214号。
② 参见河北省高级人民法院民事判决书，（2017）冀民终7号。

司、侯马市经济技术开发区CX炉料有限公司票据纠纷案”[①] 中，最高人民法院认为：“关于何为贴现人在贴现中的重大过失，我国票据法及其司法解释未作明文规定。依据法理，一般认为，就票据贴现行为而言，重大过失是指依其工作性质，按照一般的工作规程和工作经验，贴现人稍加合理注意就可以知道票据转让人没有处分权，但因疏忽大意未加注意。本案中，根据监管以及商业银行内部要求，贴现申请人应提供增值税发票或普通发票原件及复印件，但商业银行仍然在贴现申请人未能提交增值税发票原件的情形下办理了贴现，应认定其未按照正常工作规程尽到审查义务，JS银行具有重大过失。此外，国务院《关于国家行政机关、企业、事业单位印章规定》第一部分第（一）条规定，国家行政机关和企业、事业单位、社会团体的印章一律为圆形。因此，作为内资企业，本案所涉银行承兑汇票上的JL公司的印章为椭圆形，明显不符合上述规定……”从而判决银行承担了部分赔偿责任。

第二节　有关票据纠纷最新法律法规、部门规章梳理

一、《民法典》及其相关司法解释对票据的最新法律规定

（一）《民法典》对票据的最新规定

《民法典》共计1260条，分为总则、物权、合同、人格权、婚姻家庭、继承、侵权责任七编，几乎涵盖了民事法律关系的方方面面，是一部“民事权利的宣言书”，也是一部“社会主义市场经济基本法”。然而，票据纠纷虽然属于传统的商事纠纷，综观整个《民法典》，对票据纠纷的规定几乎没有，以“票据”为关键词进行检索，并无相关的条文规定，以“汇票”“本票”“支票”进行检索，也仅有第440条至第442条三个条文。该三个条文主要规范票据作为一种权利可以质押以及质权生效的条件和质权的实现方式，主要是从权

① 参见最高人民法院民事判决书，(2011) 民提字第84号。

利质押的角度出发使担保物权的体系更加完整，而对于《票据法》的其他关键问题，如票据权利、票据行为，《民法典》都未涉及。因此，《民法典》的颁布并未对票据法律规范产生颠覆性的影响，《票据法》以及《票据纠纷规定》仍然是解决票据纠纷的“基本法”。

需要注意的是，虽然《民法典》并未动摇《票据法》的基础，但是票据承兑、贴现、背书等票据行为作为票据法律关系的核心，同样也属于法律行为的一种，受到《民法典》的调整，其中最为典型的就是“通谋虚伪意思表示”。《民法典》第146条规定：“行为人与相对人以虚假的意思表示实施的民事法律行为无效。以虚假的意思表示隐藏的民事法律行为的效力，依照有关法律规定处理。”该条经常适用于票据纠纷，如票据持有人与商业银行以融资为目的进行虚假的贴现，或者商业银行之间以融资为目的而开展的以商业承兑汇票为基础的票据清单交易、封包交易纠纷。2017年最高人民法院作出的“MS银行南昌分行诉江西省某有色金属公司、上海HL公司票据追索权纠纷案”[①]被业界称为“通谋虚伪第一案”，本案基本案情为ZT公司对MS银行南昌分行负有7000余万元的逾期贷款未还，因此该公司的实际控制人同时也是有色金属公司实际控制人的罗某便向MS银行南昌分行金融市场部副总经理严某提出，由有色金属公司向HL公司购买阴极铜，有色金属公司以商业承兑汇票形式支付货款，再由HL公司持该票据向MS银行南昌分行申请贴现，罗某承诺所得贴现款项将用于归还ZT公司的逾期贷款。后有色金属公司作为付款人开具了票面金额为1.1亿元的商业承兑汇票一张，收款人为HL公司，到期日为2013年6月28日。同日，HL公司（贴现申请人）与MS银行南昌分行（贴现银行）、有色金属公司（商票前手持票人）签署《贴现宝合作协议》一份，就案涉商票进行贴现，并进行了背书转让；上述协议签订后，MS银行南昌分行依约办理了商业承兑汇票贴现业务，向HL公司支付了贴现款。HL公司获得贴现款后，部分由ZT公司用于归还MS银行南昌分行逾期贷款，部分用于有色金属公司经营。该商票到期后，有色金属公司未能如期支付票据款项。MS银行南昌分行遂向江西省高院提起诉讼，请求法院判令有色金属公司、HL

① 参见最高人民法院民事判决书，(2017) 最高法民终41号。

公司立即支付票款并承担迟延还款利息、罚息。最高人民法院最后认定："MS银行南昌分行与有色金属公司在本案中的真实意思表示是借款；案涉票据活动是各方通谋虚伪行为，所涉相关民事行为应属无效，MS银行南昌分行依法不享有票据权利；本案应按虚假意思表示所隐藏的真实法律关系处理。"基于该认定，MS银行不能作为票据权利人向HL公司行使追索权，而只能依据真实的借贷关系向借款人有色金属公司主张权利，票据贴现申请人HL公司免责。该案中最高人民法院经过审理调查查明各方真实的意思表示，依据《民法典》第146条之规定认定双方"名为票据贴现，实为借贷"，该案中虽然存在贴现票据行为，但是不适用票据法律关系，商业银行不享有票据权利，不享有票据追索权。

（二）《民法典担保制度解释》对票据质押的新规定

为正确适用《民法典》有关担保制度的规定，最高人民法院于2020年12月31日颁布了《民法典担保制度解释》，该解释第58条规定："以汇票出质，当事人以背书记载'质押'字样并在汇票上签章，汇票已经交付质权人的，人民法院应当认定质权自汇票交付质权人时设立。"该条以《民法典》司法解释的效力层级明确了汇票质权生效的两大条件：一是背书记载"质押"字样；二是汇票必须交付质权人。解决了立法对汇票质押成立相互冲突造成司法实践不统一的尴尬。

在此之前，票据质权的设立呈现二元化的特点。我国的《物权法》（已失效）、《担保法》（已失效）和《票据法》、《票据纠纷规定》均对票据质押作了规定，但其规定并不一致。《担保法》（已失效）第76条规定："以汇票、支票、本票、债券、存款单、仓单、提单出质的，应当在合同约定的期限内将权利凭证交付质权人。质押合同自权利凭证交付之日起生效。"该条明显违反了物权法的基本理论和逻辑，错误地将质权的成立、生效和质押合同的成立、生效混同。为了纠正这一错误，《担保法解释》（已失效）以及《物权法》（已失效）作了修正。《物权法》（已失效）第224条规定："以汇票、支票、本票、债券、存款单、仓单、提单出质的，当事人应当订立书面合同。质权自权利凭证交付质权人时设立；没有权利凭证的，质权自有关部门办理出质登记时设立。”即票据质权的成立需要满足两个条件：一是订立书面质押合同；二是交付票据。

与《担保法》（已失效）和《物权法》（已失效）不同的是，《票据法》及《票据纠纷规定》对票据质押设立做了更严格的设计。《票据法》第35条第2款规定：“汇票可以设定质押；质押时应当以背书记载‘质押’字样。被背书人依法实现其质权时，可以行使汇票权利。”《票据纠纷规定》第54条规定：“依照票据法第三十五条第二款的规定，以汇票设定质押时，出质人在汇票上只记载了‘质押’字样未在票据上签章的，或者出质人未在汇票、粘单上记载‘质押’字样而另行签订质押合同、质押条款的，不构成票据质押。”由此可见，成立票据质押，除了交付票据这一要件外，质押背书要件是必不可少的。因《担保法司法解释》（已失效）与《票据纠纷规定》两部司法解释实施的时间非常接近，并非先后立法，导致了理论与司法实践在票据质押效力上的冲突。部分学者认为，质押背书只是票据质权的对抗要件而非生效要件，《票据法》本身并未规定无质押背书记载质押无效，质押背书仅是表明持票人享有票据权利的直接证据，如果没有质押背书，但有其他证据证明持票人享有票据权利质权应该有效。司法实践中也存在大量无须质押背书就认定质权成立的案例，如“滕州市CJ信用社诉JS银行枣庄市薛城区支行票据纠纷案”。①该案中，洗煤厂以持有的JS银行枣庄市薛城区支行的银行承兑汇票，与CJ信用社签订以汇票为权利质押凭证的质押借款合同，但是该汇票上没有质押背书，仅有“委托CJ信用社收款”的字样。滕州市CJ信用社诉请判令收回贷款JS银行认为汇票上没有记载“质押”字样，而仅有“委托收款”字样，因此不构成有效的票据质押。山东省高级人民法院终审判决该质押有效，理由是背书质押不是设定票据质权的唯一方式，订立质押合同、交付票据也可以设定票据质权。以票据出质的，质押背书是表明票据持有人享有票据质权的直接证据，如果无质押背书，书面的质押合同就是票据持有人证明其享有票据质权的合法证据。在票据持有人持有票据，并有书面质押合同的情况下，应当认定持有人享有票据质权。而大多数学者从票据的无因性、外观性等票据基本特征出

① 参见山东省高级人民法院民事判决书，载《最高人民法院公报》2004年第11期。

发，认为票据记载质押是质权成立的必备要件。既然《票据法》及其司法解释明确需要记载质押背书，那么背书人的签章和质押字样的记载就是法定形式要求，不具备该形式，则质押未成立。

德和衡律师认为，在《民法典担保法制度解释》生效后，物权法和票据法对于该问题的规定已经统一，这个“神仙打架”的问题终于可以盖棺定论。在之后的司法实践中，如未背书质押或者背书质押但持票人未签章或者应为“质押”背书而为“委托收款”背书等情形，都不能认定为质权成立。

二、《九民纪要》对票据的最新法律规定

最高人民法院于2019年11月发布的《九民纪要》共计12部分130个问题，内容涉及公司、合同、担保、金融、破产等民商事审判的绝大部分领域，直面民商事审判中的前沿疑难争议问题，密切关注正在制定修改过程中的《民法典》《公司法》《证券法》《破产法》等法律的最新动态，密切跟踪金融领域最新监管政策、民商法学最前沿理论研究成果。《九民纪要》中涉及金融领域的部分包括金融消费者权益保护、证券、营业信托、财产保险、票据纠纷案件审理5个方面内容，对其实践中存在的争议问题作出明确规定。《九民纪要》虽然不是司法解释，不能作为裁判依据进行援引，但法院尚未审结的一审、二审案件，在裁判文书“本院认为”部分具体分析法律适用的理由时，可以根据《九民纪要》的相关规定进行说理。因此，《九民纪要》中关于票据纠纷的7条规定将对票据纠纷产生重大影响。

（一）合谋伪造贴现申请材料的后果

《九民纪要》第100条规定：“贴现行的负责人或者有权从事该业务的工作人员与贴现申请人合谋，伪造贴现申请人与其前手之间具有真实的商品交易关系的合同、增值税专用发票等材料申请贴现，贴现行主张其享有票据权利的，人民法院不予支持。对贴现行因支付资金而产生的损失，按照基础关系处理。”依据该条规定，贴现行与申请人合谋伪造贴现材料不享有票据权利，而只能按照基础法律关系主张权利，在价值衡量上突破了票据的无因性，而选择持票人取得票据权利必须合法。

我国的《票据法》第 12 条规定："以欺诈、偷盗或者胁迫等手段取得票据的，或者明知有前列情形，出于恶意取得票据的，不得享有票据权利。持票人因重大过失取得不符合本法规定的票据的，也不得享有票据权利。"即故意或者重大过失取得票据不享有票据权利。对于故意，《票据法》规定得比较明确，即以欺诈、偷盗或者胁迫等手段取得票据，或者明知有前列情形，出于恶意取得票据。但对于重大过失，《票据法》并未明确规定。对此，需要结合中国人民银行颁布的《商业汇票承兑、贴现与再贴现管理暂行办法》《支付结算办法》《关于切实加强商业汇票承兑贴现和再贴现业务管理的通知》《关于完善票据业务制度有关问题的通知》等规章进行认定。根据相关要求，贴现行应对申请贴现材料负有审查义务，以确定贴现申请人是否有用以证明其与出票人或其直接前手具有真实的交易关系和债权债务关系的基础交易合同和增值税发票。在此基础上可结合贴现行的主观心态和客观上的审查行为判断贴现行存在故意还是重大过失。如果存在《九民纪要》第 100 条所列的情形，贴现行合谋，或者在贴现行虽然未合谋但明知贴现材料是虚假的情况下仍审核予以通过，则可认定为故意，贴现行基于非法持有票据，不能享有票据权利。

此类案件的难点在于认定是否构成重大过失以及在重大过失的前提下是否适用该条约定。德和衡律师认为，虽然《九民纪要》第 100 条适用的前提是贴现行合谋的故意行为，但是该条适用的法理依据是《票据法》第 12 条规定的票据权利人必须是善意的、合法地持有票据。在《票据法》第 12 条明确规定重大过失同样会导致失去票据权利的前提下，如果是贴现行基于重大过失而未审查出贴现材料虚假，贴现行同样失去票据权利。对于贴现行重大过失的认定，德和衡律师认为应结合中国人民银行监管规定的审查范围和审查边界。根据目前的监管要求，中国人民银行只是要求贴现行审查基础合同和增值税发票，并未要求贴现行审查到货证明、仓储证明或者要求银行必须实地走访等尽职调查手段，在贴现行按照一般的注意义务对基础合同和增值税发票进行查验，未发现足以引起合理怀疑的情形下，就应该认定贴现行不存在重大过失。

（二）民间贴现行为的效力

《九民纪要》第 101 条规定："票据贴现属于国家特许经营业务，合法持票人向不具有法定贴现资质的当事人进行‘贴现’的，该行为应当认定无效，贴现款和票据应当相互返还。当事人不能返还票据的，原合法持票人可以拒绝返还贴现款。人民法院在民商事案件审理过程中，发现不具有法定资质的当事人以‘贴现’为业的，因该行为涉嫌犯罪，应当将有关材料移送公安机关。民商事案件的审理必须以相关刑事案件的审理结果为依据的，应当中止诉讼，待刑事案件审结后，再恢复案件的审理。案件的基本事实无须以相关刑事案件的审理结果为依据的，人民法院应当继续审理。根据票据行为无因性原理，在合法持票人向不具有贴现资质的主体进行‘贴现’，该‘贴现’人给付贴现款后直接将票据交付其后手，其后手支付对价并记载自己为被背书人后，又基于真实的交易关系和债权债务关系将票据进行背书转让的情形下，应当认定最后持票人为合法持票人。”

该条是关于民间贴现效力问题的规定，根据《贷款通则》等部门规章的规定，贴现属于国家特许经营业务，只能由金融机构开展。但实践中存在着大量的民间贴现行为，既冲击了国家的金融秩序又造成大量刑事案件发生。由于票据贴现属于国家特许经营业务，由部门规章规定，该规定的主要目的在于进行金融管理，防范金融风险，为管理性强制性规定，且作出该规定的法律规范的效力层级只是部门规章而非法律和行政法规，不应适用该规定认定该行为无效，故司法实践中存在着民间贴现有效的案例。该条规定解决了司法实践中的争议，认定民间贴现违反了金融秩序，损害公共利益，应为无效，贴现款和票据应当相互返还。但为了维持双方当事人的利益平衡，该条规定如果当事人不能返还票据的，原合法持票人可以拒绝返还贴现款。同时，为了维持票据的无因性和流转，在民间贴现人支付贴现款后又基于真实交易背书转让且后手为合法的持票人的情况下，可以享有票据权利。经过德和衡律师检索相关案例，在该条适用后，司法实践中已经出现多例认定民间贴现无效的案例，如山西省高级人民法院审理的“某汽车销售服务有限公司与白某票据纠纷案”①、安徽省高级人民法院审理的“张某、周某票据损害赔偿责任纠纷再审案”② 等，民间

① 参见山西省高级人民法院民事判决书，(2019) 晋民再 340 号。
② 参见安徽省高级人民法院民事裁定书，(2020) 皖民申 2455 号。

贴现无效将不再产生司法实践争议。

（三）转贴现协议

《九民纪要》第102条规定："转贴现是通过票据贴现持有票据的商业银行为了融通资金，在票据到期日之前将票据权利转让给其他商业银行，由转贴现行在收取一定的利息后，将转贴现款支付给持票人的票据转让行为。转贴现行提示付款被拒付后，依据转贴现协议的约定，请求未在票据上背书的转贴现申请人按照合同法律关系返还转贴现款并赔偿损失的，案由应当确定为合同纠纷。转贴现合同法律关系有效成立的，对于原告的诉讼请求，人民法院依法予以支持。当事人虚构转贴现事实，或者当事人之间不存在真实的转贴现合同法律关系的，人民法院应当向当事人释明按照真实交易关系提出诉讼请求，并按照真实交易关系和当事人约定本意依法确定当事人的责任。"

该条是关于商业银行之间转贴现协议纠纷案由以及法律责任承担的规定。随着票据融资功能的发展，票据在商业银行之间频繁流转，形式上都是通过双方之间签订转贴现协议实现的。但实践中，为了加快票据的流转，很多贴现行并不在票据上进行背书，甚至出现专门的"通道行"，相关主体之间只签订转贴现协议，并不在票据上背书，只是在转贴现协议约定，受让票据方不获付款的，可以向转让方请求给付贴现款以及约定的违约金。作为最后持票人的转贴现行不获付款后，依据转贴现协议的约定向合同相对方主张权利，此时由于相关主体并未在票据上背书成为票据当事人，能否适用票据法律关系处理问题就是实践中急需解决的问题。

根据《票据法》第4条及《支付结算办法》第93条的规定，行为人为票据行为，应在票据上签章，进行转贴现这一票据行为的，应背书转让票据。未进行背书，转贴现合同当事人之间未有效成立票据法律关系。因原告并非基于票据法律关系向被告提起诉讼，而是基于转贴现合同提起诉讼，故双方之间成立的是合同关系。至于双方之间成立的是哪种合同关系，则依据双方当事人之间真实的意思表示认定，即根据《民法典》第146条关于通谋虚伪意思表示的规定，按照隐藏的法律关系认定。

（四）票据清单交易、封包交易案件中的票据权利

《九民纪要》第103条规定："审判实践中，以票据贴现为手段的多链条融资模式引发的案件应当引起重视。这种交易俗称票据清单交易、封包交易，是指商业银行之间就案涉票据订立转贴现或者回购协议，附以票据清单，或者将票据封包作为质押，双方约定按照票据清单中列明的基本信息进行票据转贴现或者回购，但往往并不进行票据交付和背书。实务中，双方还往往再订立一份代保管协议，约定由原票据持有人代对方继续持有票据，从而实现合法、合规的形式要求。出资银行仅以参与交易的单个或者部分银行为被告提起诉讼行使票据追索权，被告能够举证证明票据交易存在诸如不符合正常转贴现交易顺序的倒打款、未进行背书转让、票据未实际交付等相关证据，并据此主张相关金融机构之间并无转贴现的真实意思表示，抗辩出资银行不享有票据权利的，人民法院依法予以支持。"

清单交易和封包交易是商业银行因转贴现业务而最常见的纠纷。在封包交易和清单交易中，票据已经成为纯粹的"融资性票据"，本质上已经演变成商业银行间同业资金拆借的媒介和工具，各方明知票据缺乏真实的基础交易，银行并不对基础合同和增值税发票进行审查，也不在票据上进行背书，甚至一天内票据能流转多次，通过多次流转，商业银行赚取利差。因为当事人缺少背书这一关键的票据行为，当事人之间并不存在票据法律关系，参与交易的主体虽然最后持有票据，但并不享有票据权利，并不能行使票据追索权，而只能依据双方之间签订的转贴现协议主张合同权利。但同时为了维护票据的流转，保护善意第三人的利益，该条仅适用于参与转贴现交易的当事人之间，对于出资银行在取得商业承兑汇票后又将票据转贴现给其他商业银行，持票人向其前手主张票据权利的，法院依法予以支持。

（五）清单交易、封包交易的处理原则

《九民纪要》第104条对清单交易、封包交易的处理原则作出规定："在村镇银行、农信社等作为直贴行，农信社、农商行、城商行、股份制银行等多家金融机构共同开展以商业承兑汇票为基础的票据清单交易、封包交易引发的纠纷案件中，在商业承兑汇票的出票人等实际用资人不能归还票款的情况下，

为实现纠纷的一次性解决，出资银行以实际用资人和参与交易的其他金融机构为共同被告，请求实际用资人归还本息、参与交易的其他金融机构承担与其过错相适应的赔偿责任的，人民法院依法予以支持。出资银行仅以整个交易链条的部分当事人为被告提起诉讼的，人民法院应当向其释明，其应当申请追加参与交易的其他当事人作为共同被告。出资银行拒绝追加实际用资人为被告的，人民法院应当驳回其诉讼请求；出资银行拒绝追加参与交易的其他金融机构为被告的，人民法院在确定其他金融机构的过错责任范围时，应当将未参加诉讼的当事人应当承担的相应份额作为考量因素，相应减轻本案当事人的责任。在确定参与交易的其他金融机构的过错责任范围时，可以参照其收取的'通道费''过桥费'等费用的比例以及案件的其他情况综合加以确定。"

实践中，清单交易和封包交易的参与主体多是商业银行等金融机构，其发起的主体一般是村镇银行、农信社，由该类金融机构作为直贴行背书，使案涉票据进入商业银行间进行流转，再通过过桥行或者其他商业银行流转至出资银行，在此过程中，过桥行和其他商业银行并不在案涉票据上背书，仅签订票据转贴现协议。整个票据的流转过程为实际用资人到直贴行到过桥行到其他商业银行到出资行。如果各方存在真实的转贴现法律关系，资金的流转方向为直贴行到实际用资人、过桥行到直贴行、其他商业银行到过桥行、出资行到其他商业银行，但由于各方在交易时并未背书，甚至并不交付票据，整个票据的流转过程可能是实际用资人直接将票据交付出资行，资金从出资行支付至其他商业银行、再支付至过桥行、再支付至直贴行，最终通过直贴行支付至实际用资人。在此过程中，直贴行只提供银行资质，过桥行只收取通道费，其他商业银行只赚取利差，各方隐藏的法律行为实质上是出资银行和实际用资人之间的借款法律关系。而且，在一些案件中，在实际用资人无力归还款项的情况下，存在着出资银行和实际用资人之间签订还款协议或者增信协议的情况。因此，在处理类似纠纷时，为一次性解决纠纷，出资银行应将实际用资人和参与交易的其他金融机构列为共同被告，实际用资人归还本息，参与交易的其他金融机构按照相应的过错承担赔偿责任。参与交易的各主体构成不真正的连带责任，首先由实际用资人承担还本付息责任，如果出资银行拒不要求实际用资人承担责任，法院可以驳回其诉请，因为在此过程中，实际用资人承担的是第一位的付款责任，其他参与交易的主体承担的是补充性赔偿责任，根据自己相应的过错承担赔偿责任，如“通道费”“过桥费”等。

（六）票据清单交易、封包交易案件中的民刑交叉问题

由于封包交易和清单交易的标的额巨大，动辄上亿元，其中不乏票据中介参与其中，甚至大多数案件的实际用资人就是票据中介，在票据中介占有票据款项时往往构成票据诈骗罪，在此过程中不可避免地出现民刑交叉问题。对此，作为被告的当事人往往会以案件涉及刑事犯罪为由要求驳回原告起诉或者中止审理。对此，《九民纪要》第105条规定：“人民法院在案件审理过程中，如果发现公安机关已经就实际用资人、直贴行、出资银行的工作人员涉嫌骗取票据承兑罪、伪造印章罪等立案侦查，一方当事人根据《最高人民法院关于在审理经济纠纷案件中涉及经济犯罪嫌疑若干问题的规定》第11条的规定申请将案件移送公安机关的，因该节事实对于查明出资银行是否为正当持票人，以及参与交易的其他金融机构的抗辩理由能否成立存在重要关联，人民法院应当将有关材料移送公安机关。民商事案件的审理必须以相关刑事案件的审理结果为依据的，应当中止诉讼，待刑事案件审结后，再恢复案件的审理。案件的基本事实无须以相关刑事案件的审理结果为依据的，人民法院应当继续案件的审理。参与交易的其他商业银行以公安机关已经对其工作人员涉嫌受贿、伪造印章等犯罪立案侦查为由请求将案件移送公安机关的，因该节事实并不影响相关当事人民事责任的承担，人民法院应当根据《最高人民法院关于在审理经济纠纷案件中涉及经济犯罪嫌疑若干问题的规定》第10条的规定继续审理。”

根据该条规定，可以看出对于实际用资人、直贴行、出资银行工作人员涉嫌犯罪的，因刑事犯罪行为对案件的关键问题——如查明出资银行是否是正当的持票人查明——至关重要，法院应当移送刑事案件，并根据案件的处理结果决定是否中止审理。如果必须依赖刑事案件的查明，则法院应当中止诉讼，如果无须依赖公安机关的查明而法院能够自行查明或者刑事案件事实与民事案件责任承担并无关联，法院应当继续审理。而针对其他商业银行工作人员是否构成刑事犯罪，因该节事实不影响当事人责任的承担，法院应当继续审理。

（七）恶意申请公示催告的救济

公示催告程序本为对合法持票人进行失票救济所设，但实践中却沦为部分票据出卖方在未获得票款情形下，通过伪报票据丧失事实申请公示催告、阻止合法持票人行使票据权利的工具。对此，《民事诉讼法解释》已经作出了相应规定。在具体适用时，应当区别付款人是否已经付款等情形，作出不同认定：（1）在除权判决作出后，付款人尚未付款的情况下，最后合法持票人可以根据《民事诉讼法》第223条的规定，在法定期限内请求撤销除权判决，待票据恢复效力后再依法行使票据权利。最后合法持票人也可以基于基础法律关系向其直接前手退票并请求其直接前手另行给付基础法律关系项下的对价。（2）除权判决作出后，付款人已经付款的，因恶意申请公示催告并持除权判决获得票款的行为损害了最后合法持票人的权利，最后合法持票人请求申请人承担侵权损害赔偿责任的，人民法院依法予以支持。

《民事诉讼法》第223条规定了利害关系人可以就恶意申请公示催告申请撤销该判决，但最后持票人能否在这一诉讼中胜诉并不确定，并且诉讼耗时较长，即使胜诉也可能无法救济善意持票人。因此，在除权判决作出后，付款人尚未付款、持票人被拒付时，赋予持票人票据权利救济程序和原因债权救济程序并行，并由最后持票人自己选择权利救济途径，能更好地维护持票人的权利。但实践中应注意避免权利人同时选择两种程序救济而导致双重受偿的问题。在持票人基于基础法律关系主张权利的情形下，相对人另行给付基础法律关系项下对价的，持票人应将票据退还给基础法律关系的相对方。而对于除权判决作出后，付款人已付款的情形，权利人自然无法再要求付款人承担付款责任，此时基于恶意公示催告的申请人损害了最后合法持票人的权利，构成侵权，最后持票人只能基于侵权责任要求承担损害赔偿责任。

三、国务院部门规章对票据的最新规定

2020年12月22日，国务院颁布了《关于实施动产和权利担保统一登记的决定》（国发〔2020〕18号），要求自2021年1月1日起，在全国范围内实施动产和权利担保统一登记。纳入动产和权利担保统一登记范围的担保类型包括：（1）生产设备、原材料、半成品、产品抵押；（2）应收账款质押；

(3) 存款单、仓单、提单质押；(4) 融资租赁；(5) 保理；(6) 所有权保留；(7) 其他可以登记的动产和权利担保，但机动车抵押、船舶抵押、航空器抵押、债券质押、基金份额质押、股权质押、知识产权中的财产权质押除外。根据《民法典》以及《民法典担保制度解释》，汇票可以背书交付设定质押，属于上述决定所列第7项的其他可以登记的动产和权利担保，可以办理出质登记，以更好地维护质权人的合法权利。

为贯彻落实该规定，中国人民银行和国家市场监督管理总局于2020年12月30日发布公告，自2021年1月1日起，中国人民银行征信中心承担四类动产（生产设备、原材料、半成品、产品）抵押的登记工作。当事人应当按照《应收账款质押登记办法》（中国人民银行令〔2019〕第4号发布）、中国人民银行征信中心《动产融资统一登记公示系统操作规则》的规定自主办理涉及四类动产抵押的登记和查询，并对登记内容的真实性、完整性、合法性负责。虽然该公告仅是针对四类动产抵押登记工作，但是从国务院相关规定明确了一些特殊类型的动产和权利担保不纳入统一登记，包括机动车、船舶、航空器抵押，债券、基金份额、股权质押，以及知识产权中的财产权质押来看，汇票质押并不在排除范围之内。因此，票据权利质押登记机构也为中国人民银行征信中心。目前，中国人民银行征信中心已经正式对外提供统一登记服务。动产和权利担保统一登记平台是指根据国务院决定，应用中国人民银行征信中心动产融资统一登记公示系统，在全国范围内实施动产和权利担保统一登记的平台，该平台已于2021年1月1日已经正式运行，为生产设备、应收账款、仓单、融资租赁、保理、所有权保留等动产和权利担保办理统一登记和查询服务。

第三节　2017～2020年有代表性重大票据纠纷案件的启示

一、伪造、变造印章而影响银行责任承担的典型案例

"中国HR资产管理公司河南分公司、JS银行L支行票据回购纠纷、买卖

合同纠纷二审案”。[①] 案情简介：实际用款人C公司因资金紧缺，找到JS银行L支行时任行长黄某，协商由L支行用商业承兑汇票贴现回购的方式融资。黄某在明知L支行无上级银行授权经营商业汇票回购业务的情况，通过伪造公章方式与GS银行H支行签订《回购合同》，约定：GS银行H支行对JS银行L支行所持尚未到期的商业汇票实施限时购买，JS银行L支行于双方约定的时间按票面金额将商业汇票购回。合同签订后，GS银行H支行工作人员将其中4000余万元的贴现款支付给C公司实际控制人。在交易过程中，案涉商业汇票加盖的是黄某保管的JS银行L支行结算专用章，而非《支付结算办法》要求的经中国人民银行批准使用的该银行汇票专用章。GS银行H支行也未向JS银行L支行的上级银行进行核实JS银行L支行是否具有票据转贴现业务资质，也未按规定将《商业承兑汇票查询（复）书》交银行内部或邮电局传递，而是在办理票据回购业务当天交由冒充JS银行L支行工作人员的票据诈骗分子直接加盖伪造的JS银行L支行公章。另外，GS银行H支行违反中国人民银行规定，未将大额贴现款通过人民银行清算资金和转汇，而是将贴现款转入JS银行L支行在中国人民银行之外的商业银行设立的账户内。JS银行L支行取得票据转贴现款后在没有真实贸易背景的前提下，将案涉转贴现款支付给C公司。《回购合同》约定的回购期到期后，JS银行L支行无法向GS银行H支行支付回购票款及利息，被GS银行H支行诉至人民法院。JS银行L支行行长黄某因涉嫌票据诈骗被判刑事责任。GS银行H支行业务人员被判国有企业人员失职罪。

案件的争议焦点主要有两个：(1)《回购合同》的效力如何认定；(2) 行长黄某构成犯罪，JS银行L支行签章系犯罪分子伪造，其应否承担其行长以支行名义与GS银行H支行签订履行《回购合同》而产生的民事责任。法律关系示意见图4-6。

① 参见最高人民法院民事判决书，(2017) 最高法民终313号。

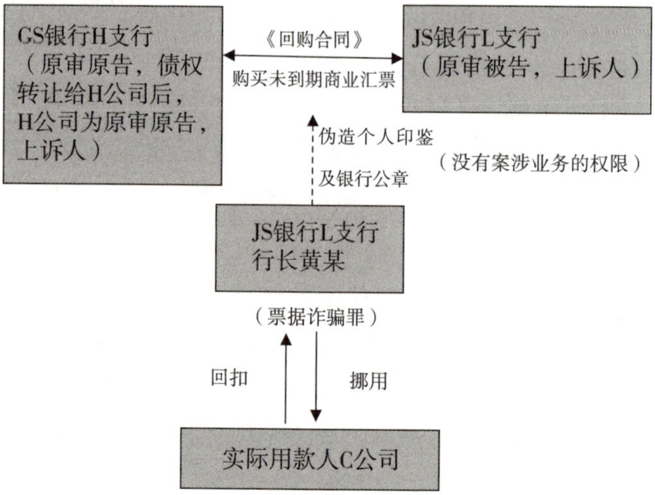

图4－6　本案法律关系示意

一审法院认为，本案系票据回购纠纷，所涉商业承兑汇票是JS银行L支行时任行长黄某与C公司等人串通，为吸收资金和个人谋取好处费，在JS银行L支行经营范围之外，在其上级行没有授权的情况下私自开具的。该纠纷是在该承兑汇票的付款人与JS银行L支行没有真实的承兑业务，与收款人等也没有真实的交易关系的情况下，加盖伪造的JS银行L支行等公章、黄某等私人印章而形成的。在办理上述业务中，黄某在商业承兑汇票上加盖真实的结算专用章，提供真实的组织机构代码证等手续，用于开立JS银行L支行银行账户，骗取GS银行H支行工作人员的信任，与GS银行H支行签订了《回购合同》。黄某的行为系职务行为，其行为后果应由JS银行L支行承担，可以认定JS银行L支行在签订本案两份《回购合同》过程中实施了欺诈行为，该欺诈行为损害的是相对方GS银行H支行的利益；且GS银行H支行的工作人员并未参与票据诈骗犯罪，至于GS银行H支行工作人员张某晖被判国有企业人员失职罪，正是GS银行H支行被骗的结果。案涉合同因欺诈属于可撤销合同，但因GS银行H支行在法定期间内未行使撤销权，案涉《回购合同》已经成立，该合同及其相应票据应当认定有效。关于责任承担，鉴于GS银行H支行在本案承兑汇票签订和履行过程中存在下列违规行为，已经构成过错，应当对其损失承担相应的责任。一是未严格按照《票据支付办法》审查汇票专用章；二是未向 JS 银行 L 支行上级银行核查资质，也未按照规定将《商业承兑汇票查询（复）书》交银行内部或邮电局传递，而是直接交由犯罪分子；三是未将案涉款项按照规定支付至人民银行账户结算，对损失发生也存在过错，故酌定承担损失的 50%。

二审法院认为，黄某代表 JS 银行 L 支行签订《回购合同》的目的显然是为 C 公司骗取银行资金。而对于 GS 银行 H 支行一方，虽然刑事判决认定其工作人员犯国有企业人员失职罪，不存在与黄某等人共同诈骗的主观故意，但是其具有利用银行之间的汇票转贴现业务为他人套取银行资金的意思表示和行为。从刑事判决认定的事实看，5000 万元的《回购合同》签订之后，GS 银行 H 支行工作人员到广东省珠海市将转贴现款 4460 万元的汇票交给 C 公司实际控制人；GS 银行 H 支行在发现该行的转贴现资金并未进入 JS 银行 L 支行大账后，没有选择报案，而是找到黄某要求其在《回购合同》上签字并出具承诺书，要求 JS 银行 L 支行尽快还款。上述事实表明，GS 银行 H 支行签订《回购合同》的目的也并非银行之间合法的票据转贴现，并非为了解决 JS 银行 L 支行头寸不足问题。因此，GS 银行 H 支行与 JS 银行 L 支行均有通过汇票转贴现业务为他人违法套取银行资金的意思表示和行为。依据《合同法》（已失效）第 52 条第 3 项关于“以合法形式掩盖非法目的”的合同无效之规定，本案所涉《回购合同》属于无效合同。关于合同无效后双方的过错，一审已经查明，双方在签订和履行《回购合同》的过程中均有过错，共同导致了 GS 银行 H 支行损失的发生。JS 银行 L 支行的过错主要在于用人不善、印章管理不规范，而黄某的代表行为为信用程度本来较低的商业承兑汇票增加了银行信用，为票据转贴现提供了更高的信用基础；GS 银行 H 支行的过错主要在于未尽到办理票据转贴现业务应有的合理的审查义务。关于损失分担的比例，一审判决酌定为双方当事人平分，符合本案实际情况。

德和衡律师认为，《票据纠纷规定》第 41 条对票据如何进行签章以及不符合要求的签章不发生票据法效力作出明确规定，从该条进行表面的文义解释，最高人民法院的态度是完全把专用章的使用作为绝对要素，规定违反该条的签章为无效签章，出票签章无效直接造成票据无效，所有在票据上签章的人都不承担票据责任。但是，《票据纠纷规定》又在第42条规定，虽然违反第41条规定没有使用规定的印章，使用公章的，签章人仍然承担票据责任。这就造成司法实践中，法律适用出现矛盾之处，例如：支票出票人出票签章与预留印鉴不一致的，该支票无效，除出票人承担票据责任外，其他任何在该支票上签章的，都不承担票据责任。这样的规定显然有违《票据法》的立法本意，阻却票据的流通，意味着票据持有人在接收票据时必须核查签章是否与预留印鉴一致，这会造成交易成本的增加。另外，对持票人而言，去调查也存在着客观上的不能，因为银行不可能出示预留印鉴。若司法实践中严格适用《票据纠纷规定》第41条的规定，无疑对票据的持有人不利。当然，若银行违反规定在应该加盖专用章的情况下却使用银行部门印章代替，由于部门印章不能代表银行，自然不具有《票据法》上的效力，应当认定该签章无效。另外，在票据流转过程中，行为人都是与相对人的工作人员进行业务操作，甚至不排除是与法定代表人或者授权代表进行沟通，在此过程中若出现印章的伪造或者超出授权等问题，票据义务人是否仍承担责任是实践中最容易发生纠纷的环节，影响着双方权利和义务。

该案是一起因票据诈骗而影响民事责任承担的经典案例，既涉及伪造签章又涉及票据签章存在瑕疵是否承担责任的问题，虽然票据回购合同上的公章系伪造，并且上级分行并未授权L支行开展票据回购业务，但是合同签订的经办人为L支行行长，为L支行负责人，根据《合同法》（已失效）第50条的规定："法人或者其他组织的法定代表人、负责人超越权限订立的合同，除相对人知道或者应当知道其超越权限的以外，该代表行为有效。"① 本案一审、二审法院结合对案件事实的认定对合同效力作出了不一致的认定，但是对于L支行行长私盖公章能否引起责任承担问题的态度却是一致的，均认为L行长的行为为职务行为，其行为后果应该由L支行承担。但是在赔偿数额的认定上，依照中国人民银行《支付结算办法》第23条"银行汇票的出票人在票据上的签章，应为经中国人民银行批准使用的该银行汇票专用章加其法定代表人或其授权经办人的签名或者盖章。银行承兑商业汇票、办理商业汇票转贴现、再贴现时的签章，应为经中国人民银行批准使用的该银行汇票专用章加其法定

① 《合同法》（已失效），相关规定参见《民法典》第504条及《九民纪要》第41条。

代表人或其授权经办人的签名或者盖章”的规定，L 支行向 H 支行贴现的商业汇票，应当加盖 L 支行的汇票专用章，而本案 5 张 1000 万元共计 5000 万元承兑汇票加盖的是结算专用章，8 张 1000 万元共计 8000 万元承兑汇票没有加盖 L 支行的任何印章，均不符合上述加盖汇票专用章的规定，H 支行对自身损失的发生也存在一定的过错，酌定承担 50% 的责任。

本案对银行等金融机构的启示尤为明显。第一，合同签章伪造或者相关人员构成刑事犯罪并不是银行免除民事责任的“免死金牌”。为了维持交易的稳定性和公信力，防止虚假公章阻碍正常的商事交往，司法实践更倾向于结合缔约的整个过程以及缔约人是否具有代表权或者代理权来认定合同是否成立。因此，银行应加强对公章以及业务人员的管理：尤其是行长作为法定代表人，对外代表着银行，基于对其身份的信任，相对方完全可以相信其行为能代表银行真实的意思表示，所以，即使存在行长私刻公章的行为，银行也因其职务行为承担相应的民事责任。而对于银行其他工作人员，则需要结合签约时是否对授权进行形式审查、签约地点、往来邮件等缔约细节来审查是否构成表见代理，从而判断银行是否承担相应责任。第二，银行工作人员是否参与到刑事犯罪，对犯罪行为是否明知，将对合同效力产生重大影响。第三，对于银行来说，票据签章符合法律以及监管规定尤为重要，否则将会被认定未尽必要的审查义务和合理的注意义务，从而被认定对损失的发生存在过错而自行承担部分损失。因此，银行作为票据当事人应严格审查票据的签章，对不符合监管要求签章的票据予以拒绝，谨防潜在的法律风险。

二、商业银行票据纠纷项下民刑交叉情况下的合同效力典型案例

“HF 银行股份 Q 分行、XT 银行合同纠纷二审案”① 案情简介：XT 银行与 HF 银行 Q 分行于 2016 年 7 月 28 日签订了《转贴现合同》，向 HF 银行 Q 分行转贴现 13 份票面金额为 6.5 亿元的电子商业汇票，转贴现利率 2.72%。《转贴现合同》签订后，XT 银行依约向 HF 银行 Q 分行支付了 6.3 亿元，HF 银行 Q 分行将 13 份电子汇票背书给 XT 银行。在上述电子商业汇票到期后，承兑

① 参见最高人民法院民事判决书，(2018) 最高法民终 778 号。

行焦作ZL银行未支付任何票面金额。根据《转贴现合同》的约定，若XT银行在汇票到期后没有收足票款，HF银行Q分行保证在收到XT银行的追索通知之日起3个工作日内，将被拒绝付款的汇票金额及迟收利息（按汇票金额日万分之五计算，自到期日或提示付款日起至清偿日止）足额划入XT银行指定账户。但HF银行Q分行至今未支付任何款项。2016年8月11日，焦作ZL银行发布《声明》："近期，我行发现有不法分子通过伪造我行证照和印章的手段，冒用我行名义在其他银行业金融机构开立同业账户，并违法办理签发电票业务。在此，我行郑重声明如下：1. 截至本声明刊发之日，我行从未签发电票，也从未委托他行代理签发电票。2. 不法分子冒用我行名义实施的行为与我行没有任何关系，我行将保留追究其法律责任的权利，也将积极配合有关部门予以严厉打击。"次日，XT银行就13张电子商业汇票分别向HF银行Q分行提出追索，申请备注为票据真实性可疑、追索类型为非拒付追索，追索金额为票面金额。XT银行向河北省高级人民法院起诉主要要求：HF银行Q分行向其支付6.5亿元，并按5‱的标准支付自2017年7月26日起至付清之日止的迟延利息。HF银行对HF银行Q分行所应承担的责任承担补充责任。上海市人民检察院第一分院起诉书指控，被告人崔某、逯某等人通过假冒焦作ZL银行的方式接入中国人民银行电子商业汇票系统，并以焦作ZL银行名义对事先串通好的企业所开具的电子银行承兑汇票进行虚假承兑，再转贴现给其他银行，从而骗取转贴现资金。

案件的争议焦点有三：（1）案件是否因涉及刑事犯罪而应中止审理；（2）《转贴现合同》的效力；（3）HF银行Q分行是否承担回购责任。

一审法院认为，（1）本案纠纷系XT银行与其前手HF银行Q分行之间基于《转贴现合同》产生的民事纠纷，与案外人崔某、逯某等人涉嫌票据诈骗罪被提起公诉形成的刑事法律关系之间并无必然联系，不属于应当中止审理的情形；（2）按照《转贴现合同》的约定和《票据法》的规定，HF银行Q分行应当对其直接前手背书的真实性负责，其辩称签订合同时存在重大误解、所约定的权利义务显失公平的理由不能成立；（3）《转贴现合同》约定：HF银行Q分行保证对电子商业汇票的要式性和文义性、业务资料的合法性和有效性进行了审核和查询，并对贴现的电子商业汇票的贸易背景及相应资料的真实性、合法性、有效性和完整性负全部责任。XT 银行在电子商业汇票到期日若未收足票款，HF 银行 Q 分行保证在收到追索通知之次日起 3 个工作日内，将被拒绝付款的汇票金额及迟收利息（按汇票金额日 5‰计算，自到期日或提示付款日起至清偿日止）足额划入 XT 银行指定账户。据此，在本案电子商业汇票到期后，在 JZG 中旅银行未向 XT 银行支付票面金额的情形下，HF 银行 Q 分行应当向 XT 银行支付汇票金额 6.5 亿元和约定的迟收利息。

二审法院经审理后认为，关于 HF 银行 Q 分行提出的，如果本案对 XT 银行的诉讼请求予以支持，可能会使 XT 银行在得到本案赔偿后再次从刑事案件中获得退赔，从而获得双倍赔偿的主张，法院认为：（1）刑事诉讼中的责令退赔程序解决的是被害人与犯罪行为人之间的财产返还问题，并不影响被害人通过民事诉讼程序向犯罪行为人之外的其他民事主体主张民事权利。至于被害人可能面临的双重受偿问题，可通过执行程序中协调刑事退赔责任与民事责任等方式加以解决，不能以刑事案件尚未审结或执结为由，否定民事诉讼程序正常推进的必要性。更何况本案中 XT 银行是否为崔某、逯某等涉嫌票据诈骗刑事案件的被害人，能否从刑事案件中获得退赔，均未有定论，双方对此也存在争议。在此情况下，HF 银行 Q 分行有关本案应予中止审理的主张因缺乏事实和法律依据，法院不予支持。（2）在案涉汇票承兑行为存在重大瑕疵，而 HF 银行 Q 分行对此又不知情的情况下，其主张对作为《转贴现合同》标的物的汇票存在重大误解，并据此主张《转贴现合同》系可撤销合同，于法有据。但是只有在当事人行使撤销权撤销合同的情况下，可撤销合同才归于无效。本案中，HF 银行 Q 分行并未以诉讼或者仲裁的方式向人民法院主张行使撤销权，故《转贴现合同》依然合法有效，合同双方当事人仍应受合同约束，并承担违反合同的法律责任。（3）根据合同约定，HF 银行 Q 分行承担日万分之五的违约责任的条件是，汇票到期后，经提示付款被拒绝，且取得有关拒绝付款证明。具体来说：一是时间上须是汇票到期。二是须提示付款。从《票据法》的规定看，提示付款是行使和保全票据付款请求权的行为，应具备严格的法律形式，包括必须出示票据交付款人验看、明确要求付款人付款等内容。口头要求或不出示票据而以其他文件要求付款的，不发生《票据法》上提示付款的法律效力。三是须取得有关拒绝付款证明。在拒付追索场合，持票人行使追索权，应当提供被拒绝承兑或者被拒绝付款的有关证明。持票人提示承兑或者提示付款被拒绝的，承兑人或者付款人必须出具拒绝证明，或者出具退票理由书。如果在未取得法定证明文件的情况下就允许被追索，则被追索人清偿债务后将无法进行再追索，其利益就得不到应有的保障。从原审查明的事实看，在案涉汇票到期后，XT 银行仅是用大额自由格式报文“询问”焦作 ZL 银行能否按时付款，并未用专用提示报文“提示”付款。焦作 ZL 银行有关“你行支付交易自由格式查询票据，我行未签发，无委托任何银行代签”的回复，既无拒绝履行的明确意思表示，形式上也不符合拒绝证明的要求，因而不符合《转贴现合同》第 6 条约定的主张违约责任的条件。就此而言，XT 银行依据《转贴现合同》第 6 条的约定要求 HF 银行 Q 分行承担违约责任缺乏事实和法律依据，法院不予支持。

德和衡律师认为，从该案件可以看出，刑事案件对票据法律关系，尤其是行为效力问题，影响巨大。本案中，由于 HF 银行因刑事犯罪对票据承兑存在重大误解，从合同效力上看，该转贴现合同为可撤销合同，但是 HF 银行并未在法律规定的一年内通过诉讼或者仲裁方式提起撤销权之诉，导致转贴现合同效力为有效，从而承担相应责任。如果其能够及时提起合同效力的抗辩，那么其与 XT 银行的基础法律关系就是可撤销的法律关系，其以基础法律关系为由提出票据法律关系的抗辩明显比目前的诉讼策略会更利于实现诉讼目标。另外，本案对承兑行的拒付标准也提出了明确的指导标准，必须是明确的拒付才构成拒付证明。提示付款也应具备严格的法律形式，包括必须出示票据交付款人验看、明确要求付款人付款等内容。口头要求或不出示票据而以其他文件要求付款的，不发生《票据法》上提示付款的法律效力。

通过上述两起刑事案件对票据行为效力的影响可以看出，决定行为效力的关键在于相对方是否对犯罪行为知晓，如果相对方主动参与犯罪行为或者为犯罪行为提供帮助，则构成通谋虚伪意思表示或者恶意串通，票据行为或者合同效力将很有可能被认定为无效。在单方构成犯罪行为时，则取决于相对方对犯罪行为是否明知，如果明知则也可能构成无效；如果其对犯罪行为并不知情，则构成欺诈或者重大误解，属于可撤销的行为，但是需要注意的是，要在法定的期间内行使撤销权，否则仍构成有效的法律行为，仍承担合同约定或者法定的义务。

三、金融机构转贴现交易风险典型案例

“A 银行与 C 银行票据损害赔偿责任纠纷案”[①] 案情简介：2015 年 11 月 5 日，A 银行和 C 银行进行了第一次转贴现交易，C 银行作为申请人，A 银行作为转贴现行，双方签订了转贴现协议，价值 9 亿元。C 银行向 A 银行交付了 9 亿元票据，A 银行向 C 银行付款 9 亿元，取得案涉票据。后为继续融资，A 银行的负责人牟某在未取得票据款，也未在案涉票据背书的前提下，将案涉票据于 2015 年 11 月 10 日交付给了票据中介吴某，要求黄某寻找银行进行转贴现。黄某后联系到 C 银行，C 银行负责人李某同意。在 2015 年 11 月 11 日，吴某将案涉票据送至李某处，李某看到票据为 11 月 5 日同 A 银行交易的票据是同一批票据，便没有验票，当时案涉票据的最后一手背书人显示为 B 银行，由于 B 银行并无资质与 C 银行进行转贴现交易，C 银行便寻找 D 银行为过桥行，与 D 银行签订转贴现协议，将转贴现款支付至 D 银行；D 银行与 B 银行又签订转贴现协议，将转贴现款付至 B 银行同业账户。由于 B 银行的同业账户为票据中介吴某控制，按照正常的流程，吴某控制的账户收到该笔款项后应该将转贴现款支付给 A 银行，但是吴某却私自挪用该笔资金用于投资股票，未支付给 A 银行，后由于投资失败，无法向 A 银行偿还。A 银行报案，吴某以票据诈骗罪被判处无期徒刑，A 银行负责人牟某以受贿罪被判处 5 年有期徒刑。但 A 银行为减少其损失，将 B 银行、C 银行、D 银行都诉至法院，以共同侵权要求三被告对其 9 亿元损失承担连带赔偿责任。其主张的事实依据为 B 银行不具备票据贴现业务资质，违规出租账户，吴某利用该账户收取并转出账户，导致案涉票据贴现款无法收回，故其出租账户行为与票款损失之间存在因果关系，B 银行存在过错，应承担民事赔偿责任；案涉票据与 11 月 5 日交易的票据为同一批票据，C 银行明知该票据属于 A 银行，吴某不是票据权利人也无转贴现人资质、D 银行也并非实际交易方的情况下，按吴某指示将票款支付于 D 银行并倒签转贴现合同，导致票款最终由吴某实际占有，C 银行虚假转贴现行为与票款损失之间存在因果关系，具有重大过错，应承担民事赔偿责任；D

① 参见甘肃省兰州市中级人民法院民事判决书，(2019) 甘 01 民初 442 号。

银行违反监管规定，在B银行并非该批票据权利人和实际交易方的前提下，充当“过桥行”，为吴某的犯罪活动提供了极大便利，与票款损失之间存在因果关系，要求三银行承担赔偿责任。

案件的争议焦点为B、C、D银行是否因侵权责任而应向A银行承担赔偿责任。法律关系示意见图4-7。B、C、D银行的答辩思路是：首先，A银行在2015年11月10日将案涉票据交付给吴某控制的公司后，已丧失对案涉票据的合法权利，对票据不再享有《侵权责任法》（已失效）或其他法律保护的权利，其以票据行为的贴现损失提起本案诉讼没有权利基础和法律依据。A银行的损失是由吴某及其控制的票据中介公司和A银行自己两方面原因造成的，该损失的产生与B、C、D三银行无关。其次，A银行所在地的银保监会已经作出《行政处罚决定书》认定A银行存在以下违法行为：一是票据交易严重违规操作；二是未按规定办理票据背书；三是票据出库逆程序操作；四是票据账实核对流于形式；五是业务制度和内控机制缺失。该损失系A银行自身过错产生。刑事判决也认定吴某和牟某的犯罪行为是造成案涉损失的直接原因，并未追究其他任何银行责任，各银行不存在任何过错。最后，C银行通过真实的转贴现交易从D银行处合法受让案涉票据，已实际受领票据并支付合理市场价款，从未实施任何违法违规行为，不可能侵犯任何人的合法权益，不应承担任何侵权责任。

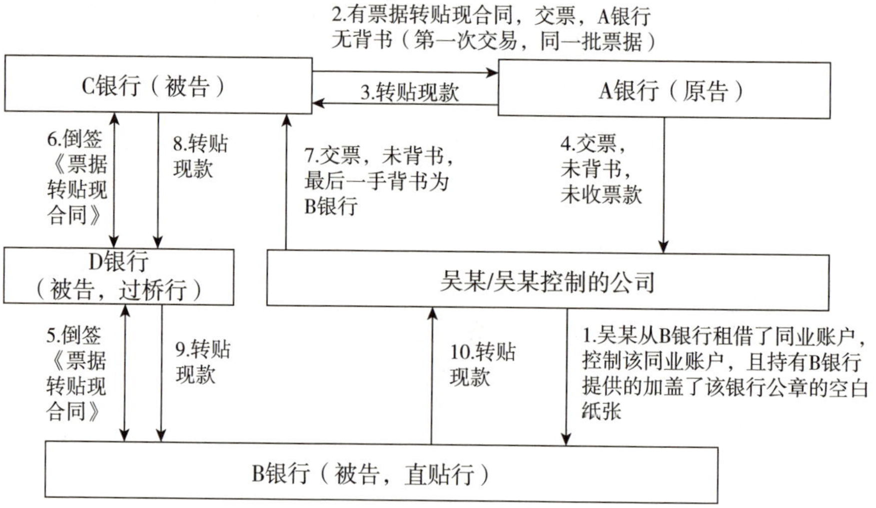

图4-7　本案法律关系示意

法院经一审后认为，本案为侵权责任纠纷。侵权责任能否成立应满足构成要件，即是否存在侵害民事权益之行为、存在受有损害之事实、存在行为与损害之间的因果关系、存在应受责难之过错事由，主张侵权责任成立的一方应对上述要件承担举证责任。关于本案C银行和D银行之间的转贴现交易行为是否认定为侵权行为、是否与损失之间存在因果关系的问题。法院认为，转贴现交易是银行之间融通资金的交易行为，其须符合票据的无因性与银行间资金融通的基本特征。A银行工作人员未背书将案涉票据出库，吴某又假以B银行名义背书，基于上述二行为和票据本身背书情况，D银行与B银行、C银行与D银行签订了《银行承兑汇票转贴现合同》，并均履行对待给付义务。此情形下，案涉票据款与案涉票据均依合同约定在银行间流转。即若无牟某和吴某的侵权行为，则A银行的损失在此时不会发生。此外，原告A银行针对其诉请，并未向法庭举证D银行和C银行在进行案涉转贴现交易之时在主观上存有恶意、案涉票据权利人归属、存在虚假转贴现情形等足以证明待证事项的证据，故无法认定上述主体的转贴现交易行为存在侵权事由，亦无法推定该行为与原告A银行的损失之间存在因果关系，驳回原告所有诉请。

德和衡律师认为，这是一起典型的银行转贴现交易纠纷，最终法院认定A银行损失与直贴行、过桥行以及转贴现行无关，其虽然主张各银行在转贴现的过程中存在众多违规行为，如未在票据上背书、倒签转贴现合同等，但鉴于其在2015年11月5日取得票据后未在票据上背书，票据最后背书人为B银行，C银行与D银行签订转贴现合同，D银行与B银行又签订转贴现合同，款项也是由C银行到D银行，再到B银行，转贴现款已经能够形成闭环。至于吴某掌控B银行的账户导致欠款未回到A银行，各银行并不知情，也未提供帮助，故不应承担责任。A银行主张因其2015年11月5日从C银行处买走案涉票据，故C银行2015年11月11日交易时明知案涉票据属于A银行。该主张与当时票据转贴现交易的交易背景、交易习惯完全相悖，而且与案涉票据的权利外观矛盾。按照当时的交易实际，票据在银行间票据市场上高度流通，同一批票据在一天内转手多家银行是常态。C银行完全有理由相信A银行买走案涉票据后的一周内早已将票据卖出，案涉票据经过了多次买卖后，才又重新流转过来。A银行既不持有票据，又未在票据上背书，不具备《票据法》第31

条规定的票据权利人应有的票据权利外观，因此，C 银行无法预见 A 银行是案涉票据的权利人。A 银行关于 C 银行明知案涉票据属于该行的主张，与事实完全相悖，不能成立。C 银行依法合规地进行交易并获得票据，没有侵犯任何人的合法权益，不应承担任何侵权责任。

结合该起案件，可以注意到金融机构在转贴现交易中存在的风险点：对于 A 银行来说，法院最终以损害结果与危害行为无因果关系为由驳回其诉请，其中最重要的因素为 A 银行的损害实质上是由犯罪嫌疑人的行为造成的，而与其他银行无关。但是从转贴现的交易环节进行分析，最重要的因素是 A 银行在通过转贴现交易取得案涉票据时并未按照银行规定在票据上进行背书，以证明其是票据实际权利人。A 银行的工作人员牟某未取得票据款便将票据交付给犯罪嫌疑人是损失发生的直接原因，但如果牟某在将票据交付给吴某的同时在案涉票据上背书，那对于后手交易的银行来说，其在交易环节就应具有严格的审查义务，审查票据的实际权利人为谁，票据转贴现交易款就应支付给票据实际权利人。由于 A 银行并未在票据上背书，且并未实际持有票据，对于后手交易的 C 银行来说，其只能依据票据上最后一手背书人来确定票据的实际权利人。涉案票据的最后一手背书人显示为 B 银行，而 C 银行通过过桥行 D 银行，最终将票据转贴现款支付给 B 银行，而 C 银行对 B 银行账户被犯罪分子控制这一事实并不知晓，故 A 银行主张 C 银行在此过程中存在过错很难得到法院的支持。其中的关键就在于 A 银行并未在票据上背书，而 C 银行并不知道 A 银行是案涉票据的实际权利人，所以法院驳回了 A 银行的诉请。

反过来再分析 C 银行的行为：C 银行是与过桥行 D 银行签订的转贴现协议，但是在交易过程中，C 银行并未审查 D 银行的背书。案涉票据上并未有 D 银行的背书，这是 A 银行主张 C 银行在转贴现环节违规的主要理由。如果严格审查转贴现交易环节，C 银行的行为确实存在瑕疵，因为转贴现交易环节与票据的背书并不一致。实践中，认定背书的效力一般需要审查票据背书的连续。背书是否连续的判断标准是形式上是否连续，第一个背书人必须是票据的收款人，持票人必须是最后一个记载的被背书人，各背书人之间不能出现断档。即使票据经过多次空白背书，只要持票人将其名字在空白背书处记载，即产生背书连续的效力。此时，C 银行只能主张在银行的转贴现交易实践中，由于票据在一天内要经过多次流转，为了提高效率，便于交易，并不要求中间的交易环节在票据上进行背书，C银行的转贴现行为符合交易惯例，并且C银行的行为构成票据的善意取得，但其中存在较大诉讼风险，其主张有可能不会得到法院的支持，从而根据其过错承担部分的赔偿责任。而如果C银行在转贴现交易中严格遵守规定，要求过桥行D银行在票据上背书，则其不存在任何过错，不存在任何诉讼风险。因此，对于金融机构来说，在转贴现环节中应严格注意操作规范，确保交易背书的连续性，防止因交易环节存在瑕疵而承担巨额赔偿责任。

第五章

商业银行国际贸易融资法律问题研究

随着社会经济的高速发展，为了更有效地利用资金，大宗商品生产企业在国际贸易过程中更倾向于寻求结构型的组合贸易融资方式。在国际贸易融资结构中，提供融资的商业银行会有计划地为有融资需求的企业提供个性化的组合贸易融资方案。这种贸易融资方案通常体现为综合授信的形式，授信的范围主要包括以下国际贸易融资业务：流动资金贷款、提货担保、仓单质押、商业票据贴现、开立信用证、进出口押汇、保理等。在综合授信协议项下，融资银行通常是基于融资企业的申请，同融资企业再另行签订具体的单项融资协议，进行相应的国际贸易融资安排。

近年来，一方面，许多商业银行的国际贸易融资业务在其整个信贷业务中所占的比例在不断提升；另一方面，部分企业在办理国际贸易融资业务前其国际贸易背景的真实性却难以查证。在此种情形下，为该企业提供贸易融资的商业银行在为企业放款后难以做到及时地追踪单证以及该企业的现金流变化，进而导致商业银行不能根据其提供的国际贸易融资产品的特性及时调整风险管理的预警并做出适当的应对等，这些原因都有可能导致商业银行国际贸易融资风险的加重。如果融资企业无法按时实现现金回笼，难以归还商业银行提供的融资款项，将直接导致商业银行的不良信贷产生。2014 年 6 月震惊全国金融领域的“青岛港”仓单重复质押贸易融资骗贷事件给多家商业银行造成巨大的经济损失。该事件不仅涉案金额巨大，而且覆盖面甚广，导致与该事件相关的商业银行的贸易融资贷款不良率大幅飙升。该事件不仅对商业银行国际贸易融资业务的风险管理敲响了警钟，而且间接促使商业银行开始重视对国际贸易融资业务领域的风险防范及管理。①“青岛港”事件的案情大致如下：

DZ 系关联公司作为转口商与境外公司 ZX 澳洲公司签署有色金属进口合同。同时，DZ 系关联公司向 WH 银行申请开立信用证。由于 WH 银行无国际结算资格，其转委托具有国际结算资格的山东某银行代为开立信用证给指定的 ZX 澳洲公司。随后，作为信用证受益人的 ZX 澳洲公司将信用证下全套单据原件（包括以开证行为付款人的汇票、发票、仓单、重量单、质量单、产地证等信用证要求的单据）交境外议付行澳大利亚 XT 银行。澳大利亚 XT 银行向境内开证行山东某银行邮寄交单。开证行在审核单据表面上构成相符交单后，对澳大利亚 XT 银行做出承兑，将于信用证到期时付款。最后，山东某银行将上述单据原件交委托开证行 WH 银行承兑后交付 DZ 系关联公司。议付行澳大利亚 XT 银行付款给境外出口商。②

DZ 系关联公司将收到的信用证下的货物仓单以转口贸易形式卖给自己的境外关联公司香港 GN 公司、NT 公司，这些境外公司以 T/T 付汇方式向 DZ 系关联公司支付货款，完成一个资金循环。

香港 GN 公司、NT 公司又将从 DZ 系关联公司购买的仓单出售给最初向 DZ 系关联公司销售有色金属的 ZX 澳洲公司，ZX 澳洲公司将从议付行获取的信用证下款项在扣除相关费用后支付给香港 GN 公司、NT 公司，经过这样的循环买卖，这些仓单下的货物所有权转移给了最初的卖方，而存在青岛港保税库所有权属于境外卖方 ZX 澳洲公司的货物却根本不动。

此外，青岛 HT 物流公司是 DZ 系关联公司的关联企业，境外卖方 ZX 澳

① 参见张丽娜：《中国银行甘肃省分行贸易融资业务风险管理改进研究》，兰州大学 2020 年硕士学位论文，第 1 页。

② 参见山东省高级人民法院民事裁定书，（2015）鲁民四复议字第 3 号。

洲公司委托青岛 HT 物流公司将仓单下的有色金属存储于青岛 GD 港分公司保税区仓库，新加坡 QQ 仓储公司称租赁青岛港的仓库用于存储货物。WH 银行基于信用证欺诈，以 DZ 系关联公司、ZX 澳洲公司为被告向法院提起信用证欺诈诉讼，请求山东某银行立即中止支付信用证项下的款项。法律关系示意见图 5－1。

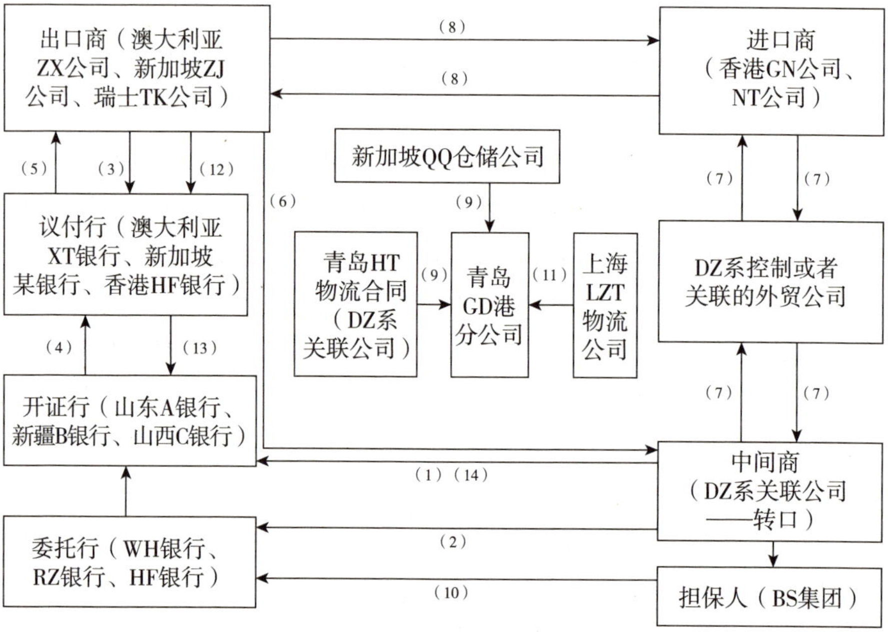

图 5－1　青岛港事件法律关系示意

从图 5－1 可以看出，作为信用证项下议付单据的仓单由新加坡 QQ 仓储公司出具，仓单所代表的氧化铝、电解铜等有色金属存储在青岛 GD 港分公司。资金是顺时针方向外圈流动，从国内到国外再到国内，货物依照双方的约定应当是逆时针向内圈流动，但是货物实际上并未发生流动。在这起国际循环贸易中，仓单的真实性、有效性成为法律焦点问题。①

① 参见蒋琪、王雪虹：《透视“青岛港事件”诉讼井喷》，载《法人》2015 年第 5 期。

第一节 国际贸易融资业务概述

国际贸易融资，是指商业银行对进口商或出口商提供的与进出口贸易结算相关的信用便利或者短期融资，其是以该项国际贸易活动的现金流量作为进口商或者出口商用来履行其同商业银行之间的贸易融资合同的资金来源，以国际贸易结算中的诸如发票、装箱单、提单或者仓单等商业单据或诸如信用证、汇票等金融单据等权利凭证作为进口商或者出口商还款的保证，据此将国际贸易与商业银行的融资业务紧密地组合起来。① 商业银行的国际贸易融资业务在一个国家对外贸易发展中发挥着缓解进口商或者出口商资金压力、降低其财务成本及便利进口商或者出口商对外贸易开展等作用。②

利用“威科先行”数据库，以“国际贸易融资”为关键词、“银行”为当事人，对2018年1月1日~2020年12月31日裁判文书进行检索，共检索到相关案件151件，其中，2018年64件、2019年54件、2020年33件（见图5-2）。在审理法院的级别方面：基层人民法院审理的此类案件最多，占比为60.26%；中级人民法院次之，占比为22.52%；高级人民法院占比为9.93%；最高人民法院占比为4.64%；专门法院占比为2.65%（见图5-3）。在案件审理程序方面：一审案件占比为68.87%，二审案件占比为22.52%，再审、执行和其他类案件合计占比为8.61%（见图5-4）。在地域分布方面：浙江、四川、重庆、江苏、广东这五个省份的案件最多，占比分别为19.33%、17.33%、10.00%、6.67%、6.67%（见图5-5）。这些数据反映了这些省份国际贸易的活跃程度，也显示了国际贸易融资对这些省份国际贸易业务起到的积极促进作用。此外，从涉案金额来看：占比最高的是标的额在1000万~5000万元的案件，占比为22.22%；其次是标的额在10万~50万元的案件，占比为21.37%；最少的

① 参见外汇管理局河北省分局经常项目管理处课题组：《银行国际贸易融资业务发展现状与合规性监管》，载《河北金融》2016年第8期。

② 参见外汇管理局河北省分局经常项目管理处课题组：《银行国际贸易融资业务发展现状与合规性监管》，载《河北金融》2016年第8期。

是标的额在50万~100万元的案件，占比仅为3.42%（见图5-6）。

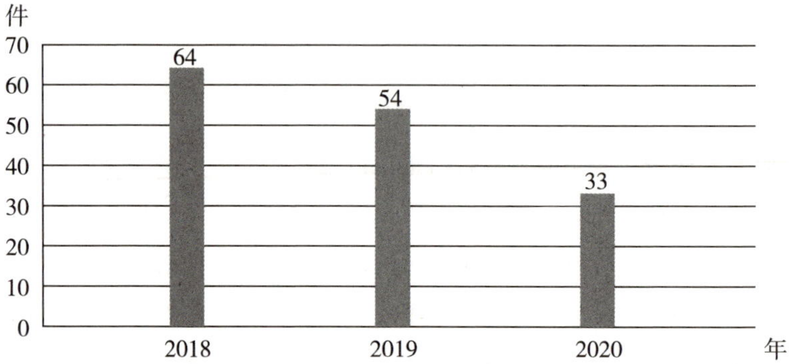

图5-2 案件审理数量年份分布

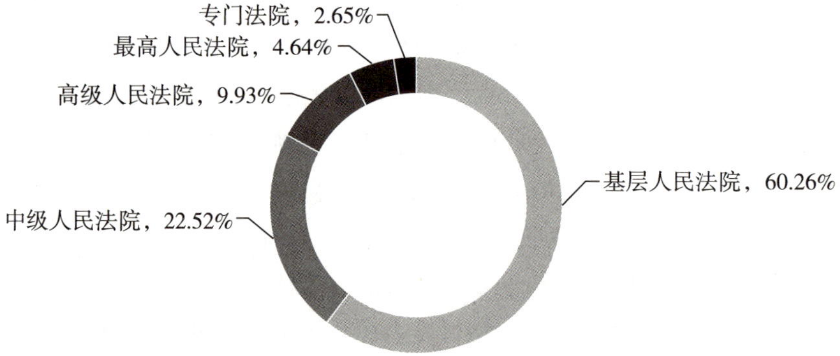

图5-3 审理法院级别分布

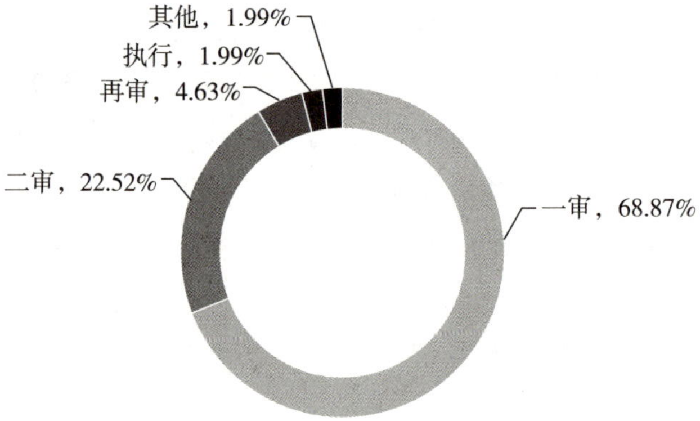

图5-4 案件审理程序分布

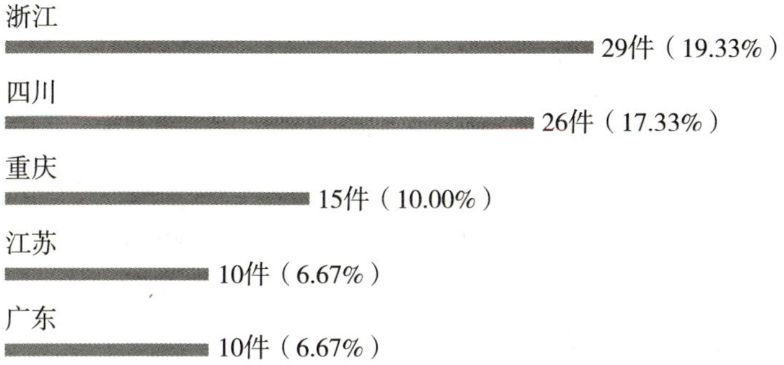

图 5-5　案件主要地域分布

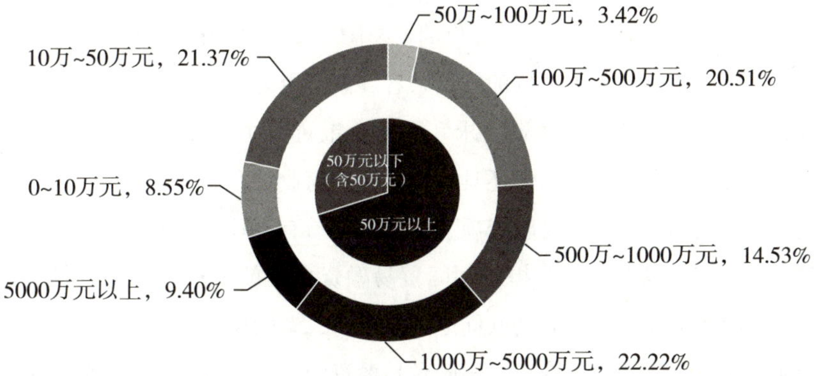

图 5-6　案件标的额分布

一、国际贸易融资的含义

国际贸易融资和国际结算关系紧密，国际贸易融资以真实的贸易背景为前提，依托于国际结算而产生，是融资和结算相结合的产物。[①] 狭义的国际贸易融资，是指商业银行在为进口商或者出口商办理汇款、托收或者信用证项下的国际结算业务时，对进口商或者出口商提供的与国际结算相关的短期和长期的融资便利，其是以该项国际贸易活动的现金流量作为进口商或者出口商履约的资金来源，以结算中的商业单据或者金融单据等权利凭证作为进口商或者出口

① 参见徐捷：《国际贸易融资》，中国金融出版社 2013 年版，第 3 页。

商履约的一项保证。广义的国际贸易融资，是指商业银行对进口商或出口商提供的与进口贸易或者出口贸易结算有关的一切融资活动。除了包括上述狭义的国际贸易融资外，还包括在此基础上产生的各种创新性的融资，比如结构性贸易融资。广义的国际贸易融资主要包括授信开证、进口押汇、担保提货、进口代收押汇、打包放款、出口托收押汇、出口押汇、票据贴现、国际贸易汇款融资、短期信保融资、福费廷和出口保理融资等。[①] 本章项下的国际贸易融资是指狭义上的国际贸易融资。

二、国际贸易融资的主要特点

（一）融资企业对商业银行提供的贸易融资款本息的偿还具有自偿性

从前述有关国际贸易融资的定义来看，国际贸易融资可以帮助进口商或者出口商解决不同情境下的融资需求。同商业银行向企业提供的一般性融资相比，国际贸易融资款本息的偿还具有自偿性。商业银行作为国际贸易融资的借款人，其不仅要对国际贸易融资项下的基本交易有比较深刻的了解，而且还需要其在向进口商或者出口商提供国际贸易融资之前就要进行一定的结构化设计。同一般融资相比，二者的共同之处在于，二者的偿还都是以借款人自身的信用作为担保；不同之处在于，国际贸易融资的偿还主要取决于上游或下游自发货物资金返还下的货物贸易。基于此，商业银行在开展国际贸易融资业务时，更加注重融资企业的价值、货物的价值、货物的数量等，这些直接决定了融资企业在货物销售后能否按时足额偿还国际贸易融资款的本息。

（二）用来融资的国际贸易背景必须真实

贸易背景的真实性是国际贸易融资业务全流程把握的最为重要的关键点。国际贸易融资业务是商业银行对进口商或者出口商开展的一种授信业务。在实践中，大部分提供国际贸易融资的商业银行采用传统授信业务模式，对有融资需求的进口商或者出口商进行授信审批与风险管理，耗费时间长，手续复杂。在发放授信以前，商业银行需深入了解该企业的实际经营情况，分析为该企业

---

① 参见徐捷：《国际贸易融资》，中国金融出版社 2013 年版，第 3 页。

所提供的国际贸易融资产品同该进口商或者出口商用来进行融资的国际贸易方式是否匹配，了解授信审批要求是否与风险管理体制相一致。在授信发放过程中，客户经理是否按照相关的流程做好授信后的管理工作，此环节在一定程度上决定了国际贸易融资的风险管控是否有效。① 基于此，商业银行有必要加大力度监控国际贸易融资业务全流程中可能会产生的风险，确保国际贸易融资业务的真实性、客观性及连续性等，防止企业以虚假的国际交易来骗取商业银行的贸易融资款。

（三）国际贸易融资业务具有相对的连续性

商业银行在国际贸易融资项下对借款人的评估不仅针对个别借款人，还需要关注借款人在货物国际贸易流通过程中的整个过程，以及上游或下游供应链中每个交易对手的信用状况。因此，国际贸易融资业务必须基于对整个国际贸易供应链物流、资金流和信息流连续性的了解，并在此基础上实现充分的监控。②

（四）国际贸易融资项下的融资资金具有封闭性

同传统的流动资金贷款模式相比，商业银行通常会对国际贸易融资项下资金的使用有更为严格的要求，而融资企业亦要严格地遵守商业银行对融资资金使用的特别要求。在融资资金所在的货物流通过程中，涉及的资金流都处于相对封闭的资金圈内，资金相对可控、相对安全。同流动资金贷款相比，国际贸易融资业务项下的资金封闭性具有如下优势：

（1）传统的流动资金贷款业务是以企业生产经营周转为前提和基础，将企业的征信状况作为监管的重点，关注企业债务偿还能力；而国际贸易融资业务是以具有国际贸易背景的交易活动为风险管理的依据，在分析第一还款来源的过程中，对企业的资金流及物流风险等严格监控。国际贸易融资业务审批条件比较宽松，一些信贷资质不佳的企业，也能够借助国际贸易融资业务解决资

---

① 参见外汇管理局河北省分局经常项目管理处课题组：《银行国际贸易融资业务发展现状与合规性监管》，载《河北金融》2016 年第 8 期。

② 参见郭洪燕、张雅婷、陈滢欣：《大数据时代商业银行国际贸易融资及其风险防范探讨》，载《时代金融》2018 年第 12 期。

金短缺的问题。

（2）传统流动资金贷款跟企业的生产经营周期存在紧密的关系，一旦流入企业内部，对其进行监控的难度就会增大，商业银行在授信审批时必须做好贷前准入审核工作；而国际贸易融资业务则因为其具有较强的自偿性特点，同时可以精准监控融资的用途，其周转速率快，流通性强，所以必须要在操作全流程中进行严格的控制。

在这里需要强调的是，因为国际贸易融资与传统流动资金贷款在资金封闭性方面的显著差别，国际贸易融资业务与流动资金贷款风险侧重点也有明显不同。传统的由“资产负债表”展开的流动资金贷款业务，并不会综合客观地去评估借款人融资所隐藏的风险性，而是对借款人的资产负债表更为重视，一般将净资产总额以及资产负债率这两大指标作为衡量的核心标准。所以在风险管理方面以财务报表预测未来一段时间的债务偿还能力，时间上相对滞后，且对企业的具体交易无控制，客观上对贷款风险预警过于滞后。而国际贸易融资业务一般是将具体单笔交易作为提供贷款的前提，将交易事项下的未来现金流或存货等视为偿还负债的主要资金来源。基于此，商业银行在采用风险控制战略举措时，会充分考虑该笔国际贸易融资业务操作流程，还会将其扩展到各个国际贸易环节中，任何业务发生以后，都必须对资金流及物流做好跟踪与监控，从而将信用风险所带来的不良影响控制在最小化，使其转换为对操作流程的监控。因此，为了更好地监管和识别国际贸易融资风险，商业银行主要站在信用风险和操作风险这两大视角上对国际贸易的交易风险进行管理。

（五）国际贸易融资的可选择性

一方面，进口商或者出口商开展的国际贸易模式广泛，会涉及不同的交易对手和不同的结算方式，这就决定了其需要视具体情况来选择使用合适的国际贸易融资产品。另一方面，商业银行亦需要根据进口商或者出口商的申请，审查拟融资交易项下的国际贸易交易背景的真实性与否、贸易流各个环节的连续性，融资企业的资信情况、其上下游具体情况、融资企业的违约成本、金融服务工具的组合应用、融资贷后的管理工作和业务操作手续等情况，来综合评价国际贸易融资项目的可行性，从而更好地进行产品组合及融资企业的筛选，选择适用该企业的最佳国际贸易融资产品。

综合上述国际贸易融资业务的特点可以看出，国际贸易融资业务流程最关键的是要确保各个交易环节的真实性，确保国际贸易融资业务的真实性也就保证了融资的连续性、资金的封闭性，才可以使国际贸易融资的可选择性发挥产品最优化的作用。

三、国际贸易融资业务的类型

（一）进口开证

进口开证，是指商业银行根据进口商的申请，向出口商签发有条件的保证付款的信用证，承诺在信用证有效期限内，凭规定的单据向出口商履行第一性付款责任。开出信用证后，商业银行还为进口商提供信用证修改、审单、付款/承兑等服务。

进口开证的业务优势在于，对进口商而言，其可以利用商业银行的信用改善其在国际贸易中的谈判地位，可以据此争取到比较合理的货物价格。与此同时，进口商还可以通过信用证针对相关的单据和条款进行规定，从而能够有效地控制货权、装船的日期或者期间和货物质量，为从事国际贸易的进口商和出口商解决了在付款和交货上的信任和风险问题，也为双方提供了融资的便利。对商业银行而言，开证行负有第一性付款责任，因为信用证提供的是开证行自己的银行信用，而不是进口商的商业信用。信用证是一项自足文件，信用证凭申请人和开证行之间的开立信用证的合同开立。然而，信用证一经开立，其就是独立于开立信用证的合同之外的契约。信用证业务是纯单据业务，开证行只需要凭借信用证要求的单据处理信用证业务，而不需要理会信用证项下的货物。只要单证一致、单单一致，开证行就必须依据信用证向受益人付款。目前，信用证业务遵循的一般原则为《国际商会跟单信用证统一惯例》（ICC Uniform Customs and Practice for Documentary，以下简称 UCP600）。

进口开证有两种模式：全额保证金开证和授信开证。在全额保证金开证项下，只有作为开证申请人的进口商必须向作为开证行的商业银行缴纳开证金额 100% 的保证金后，商业银行才向其开立信用证。在授信开证项下，开证申请人无须缴纳开证保证金或者无须缴纳开证金额100%的保证金。①

（二）进口押汇

进口押汇，是指商业银行应进口商申请，在其对外付款时向进口商提供的短期资金融通，由进口商按照约定的利率和期限向押汇行还本付息的国际贸易融资业务。根据结算方式的不同，进口押汇可以划分为以下三种类型：信用证项下进口押汇、托收项下进口押汇和汇款项下进口押汇。进口押汇的业务流程如图5－7所示。

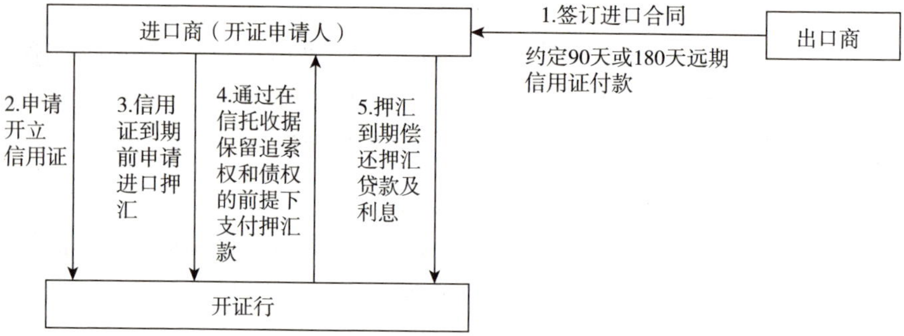

图5－7　进口押汇的业务流程

1. 信用证项下进口押汇

信用证项下进口押汇又被称为进口押汇，是开证行基于进口商的申请而向出口商（受益人）开立的信用证而向进口商提供的一项短期国际贸易融资业务。信用证项下进口押汇使用的场景通常是信用证申请人由于周转困难或资金短缺而不能向开证行付款赎单，不得不以信用证项下进口的货物作为抵押，向开证行申请信用证项下的进口押汇，并在规定的期限内向押汇行偿还贷款本金、利息及费用的一种短期国际贸易融资方式。

信用证项下进口押汇的业务流程大致如下：首先，进口商以书面形式向开证行申请进口押汇额度或单笔进口押汇；其次，开证行批准授信额度或单笔授信后，与进口商签订相关的授信合同；再次，开证行向出口商出具信用证，在收到国外出口商寄来的单据后，办理相关的进口押汇出账和对外付款手续，并

① 参见徐捷：《国际贸易融资》，中国金融出版社2013年版，第41页。

将全套进口单据交付给进口商；最后，进口商进口货物销售款回笼至该押汇行，在国际贸易融资期限内偿还押汇行的押汇本金和利息。

2. 托收项下进口押汇

托收项下进口押汇又称进口代收押汇，是指代收行以包括物权单据在内的进口代收单据为抵押向进口商提供的一种短期融资性垫款。由于所得押汇款项仅限于履行进口代收项下的对外付款，不能入进口商的结算账户而只能使用，因此具有专款专用的特征。①

3. 汇款项下进口押汇

汇款项下进口押汇又称进口 T/T 押汇，是指在汇款贸易结算方式下，进口商将到港的进口货物办理清关手续后，因资金周转困难，向商业银行申请押汇用以对外支付部分或者全部进口货物的货款，待进口货物销售货款回笼之后，由进口商按照约定的利率和期限进行购汇以用来偿还商业银行提供的押汇款的本息的短期融资业务。同托收项下进口押汇一样，进口 T/T 押汇具有专款专用的特点，融资的资金不能进入进口商账户，需要将款项直接汇给出口商（发票开票人）或者出口商在发票上指定的收款人。②

（三）提货担保

提货担保，是指进口商尚未收到信用证项下正本货运单据，但是进口货物已到港口时，为减少货物堆放码头的滞港费用，进口商向商业银行申请开立提货担保函，交给承运人，请求承运人凭借该提货担保函先行放货，待进口商取得正本单据后，再以正本单据换回原提货担保函。该种国际贸易融资方式适用于在进口贸易中因航程过短，货已抵港而单据未到的情况下，应进口商的申请而由商业银行开立提货担保函，交给承运人凭以能够及时提货。该种融资方式既能避免货物压仓、减少货物滞留码头的仓储费，又能使进口商避免因货物行情变化及货物品质变化遭受损失。提货担保的主要特点如下：（1）帮助进口商及时提货报关，避免货物滞港；（2）商业银行信用担保，无须提单提货；（3）提前提货销售，加速资金回笼。提货担保的业务流程如图 5－8 所示。

---

① 参见徐捷：《国际贸易融资》，中国金融出版社 2013 年版，第 72 页。
② 参见徐捷：《国际贸易融资》，中国金融出版社 2013 年版，第 72 页。

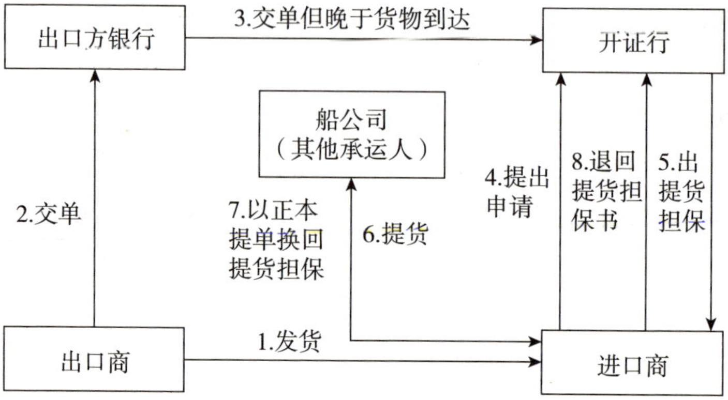

图5－8　提货担保的业务流程

（四）假远期信用证

假远期信用证，是指进出口双方在贸易合同中约定即期交易，货物价格也是以进口商即期付款为基础，但进口商出于融资的需要，开出的信用证要求出口商开立远期汇票，而信用证中开证行承诺或者授权一家指定的商业银行即期向作为受益人的出口商付款，待远期汇票到期时，进口商再向开证行支付款项。远期信用证的业务流程如图5－9所示。

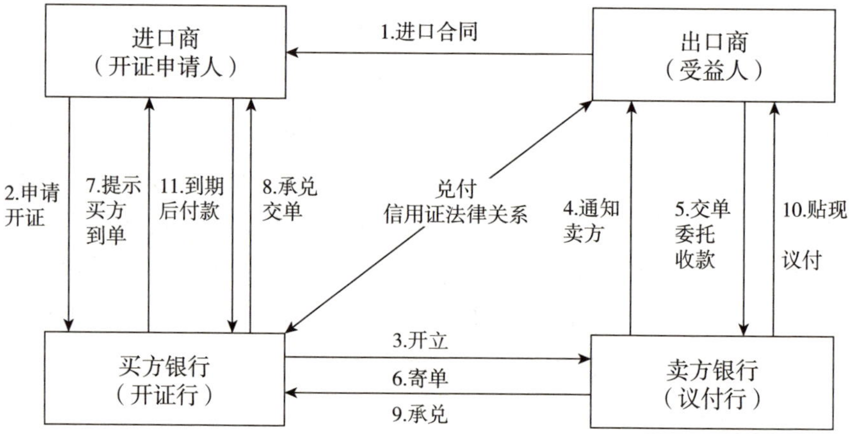

图5－9　远期信用证的业务流程

（五）进口海外代付

进口海外代付又称海外代付或进口代付，是进口信用证/进口代付/汇出汇款项下融资的一种方式。当进口商向商业银行提出信用证/进口代付/汇出汇款押汇需求，而该商业银行亦无外币资金头寸向该进口商提供融资，该商业银行可借助其代理行给予该商业银行的授信额度由其代为提供头寸。代理行将按照该商业银行的指示进行即期付款，待约定到期，进口商偿还该商业银行后，该银商业行再向其代理行偿还头寸。代付业务的业务流程如图 5－10 所示。

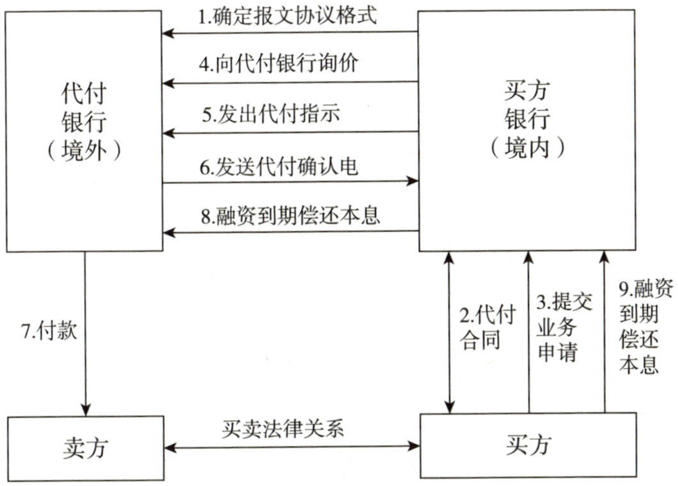

图 5－10　代付业务的业务流程

（六）打包贷款

打包贷款，是指出口商收到国外进口商开来的信用证，因组织该信用证项下出口商品的进货、备料、生产和装运而产生了资金缺口，出口商可凭信用证正本向一家商业银行申请信用证项下打包贷款融资。在货物装运后，出口商到该商业银行办理交单议付手续，收汇后再归还打包贷款。每份信用证项下的打包放款金额一般为信用证总金额的 70% ～80% 。[①] 打包贷款具有如下功能：第一，用于满足出口商在信用证项下备货装运的短期资金融通需求。第二，还款来源为信用证项下出口收汇，有开证行有条件的信用保障。第三，属专项贷款，贸易背景清晰，适合封闭管理。然而，需要注意以下五点：（1）凭已放款的信用证以融资银行为通知行，且融资银行可以议付、付款；（2）信用证

① 参见徐捷：《国际贸易融资》，中国金融出版社 2013 年版，第 119 页。

中最好不含有出口商无法履行的“软条款”；（3）申请打包贷款后，信用证正本须留存于融资银行；（4）正常情况下，信用证项下收汇款须作为打包贷款的第一还款来源；（5）出口商装运货物并取得信用证下单据后，应及时向融资银行进行交单。打包贷款的业务流程如图5-11所示。

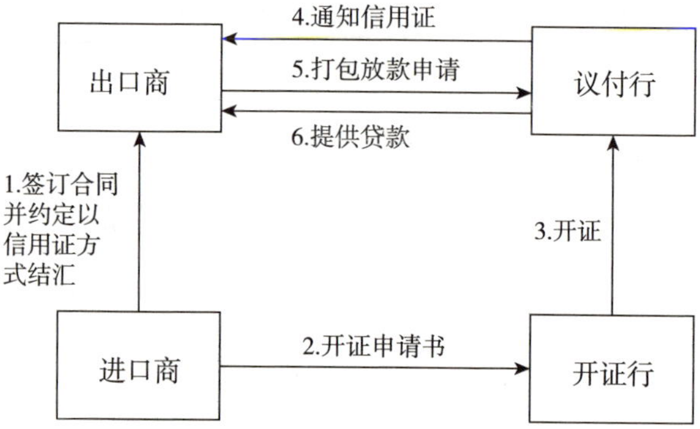

图5-11　打包贷款的业务流程

（七）出口押汇

出口押汇，是指在国际贸易中，依托出口贸易的信用证或者托收结算背景，出口商在货物装运后，将全套出口单据质押给出口地能提供融资的商业银行（押汇行），押汇行在扣除利息及有关费用后将出口货物的货款预先支付给出口商的一种贸易融资。出口押汇是“装船后融资”，用于满足出口商在信用证或托收项下的短期资金融通需求，又可分为信用证项下单证相符押汇、信用证项下单证不符押汇、D/P托收押汇、D/A托收押汇等几类。

出口押汇有以下特点：第一，在进口商支付货款前可提前得到偿付，从而加快资金周转速度；第二，融资手续相对于流动资金贷款等简便易行；第三，可以增加出口商当期现金流，从而改善财务状况；第四，出口商可根据不同货币的利率水平选择融资币种，从而节约财务费用；第五，对于信用证项下单证相符的出口单据，即使出口商尚未在融资银行核有授信额度，也可以办理出口押汇。然而，需要注意的是：（1）融资银行通常为通知行或议付行。（2）信用证项下的押汇申请人应为信用证的受益人。（3）限制其他商业银行议付的信用证无法办理出口押汇。（4）申请信用证下出口押汇，应尽量提交单证相符的出口单据。(5) 如果出口商希望通过出口押汇进行融资，最好避免以下情况：①运输单据为非物权单据；②未能提交全套物权单据；③转让信用证；④带有软条款的信用证；⑤提交存在实质不符点的单据。出口押汇业务流程如图 5－12 所示。

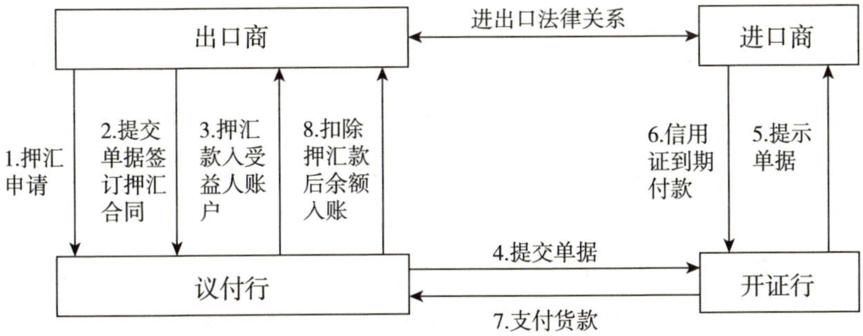

图 5－12　出口押汇业务流程

（八）出口商业发票贴现

出口商业发票贴现，是指出口商发货后，在采用承兑交单（D/A）或赊销（O/A）方式收取货款的情况下，将销售合同项下产生的应收账款转让给融资银行，由融资银行保留追索权地以贴现方式买入出口商业发票项下应收款项，为出口商提供短期资金融通。按是否通知债务人可分为公开型出口商业发票贴现和隐蔽型出口商业发票贴现。然而，需要注意的是：(1) 出口商应提前了解境外进口商付款人的资信情况和履约能力，一旦进口商未按期付款，融资银行将向出口商行使追索权；(2) 融资银行不办理无贸易背景、用于投资目的的票据贴现业务。

总体来说，上述业务类型又可以分为进口贸易融资和出口贸易融资。进口贸易融资中主要为进口押汇，出口贸易融资中主要为出口押汇。基于此，本章主要针对进口押汇和出口押汇中存在的相关法律问题进行研究分析。

第二节　国际贸易进口融资中的主要法律问题

在国际贸易进口融资安排下，融资银行多以货物或货权为核心，重点关注货物和贸易交易的全流程，确保提供的融资款能够基于进口货物本身得以偿还。然而，事实上，在融资企业与融资银行利益平衡与较量的过程中，双方往往因权利义务约定不明确或缺乏相关程序而造成国际贸易融资的问题频发、法律风险突出。近年来，根据法院审理的国际贸易融资案件可以看出，其主要问题与风险表现在：仓单和提单的质押问题、信托收据问题、担保法律问题、法定程序不完备等。鉴于进口贸易融资中最为复杂和问题多发的业务是进口押汇，因此本节主要针对同进口押汇相关的法律问题进行研究分析。

利用“威科先行”数据库，以“进口押汇”为关键词、“银行”为当事人，对2018年1月1日~2020年12月31日裁判文书进行检索，共检索到相关案件537件，其中，2018年237件，2019年172件，2020年128件（见图5-13）。在审理法院的级别方面：基层人民法院审理的此类案件最多，占比为53.82%；中级人民法院占比为33.33%；高级人民法院占比为9.87%；最高人民法院占比为1.86%；专门法院占比为1.12%（见图5-14）。在案件的审理程序方面：一审案件占比为77.47%，二审案件占比为14.15%、再审、执行、破产和其他案件合计占比为8.38%（见图5-15）。在地域分布方面：山东、浙江、江苏、天津、福建这五个省市的案件最多，占比分别为26.27%，23.45%、7.69%，7.50%，5.82%（见图5-16）。这些数据同这些省份有大的港口以及国际贸易比较发达遥相呼应。此外，从涉案金额来看：高达34.48%的案件的标的额在1000万~5000万元；其次是标的额在100万~500万元的案件，占比为19.21%；最少的是标的额在0~10万元的案件，占比仅为4.43%（见图5-17）。

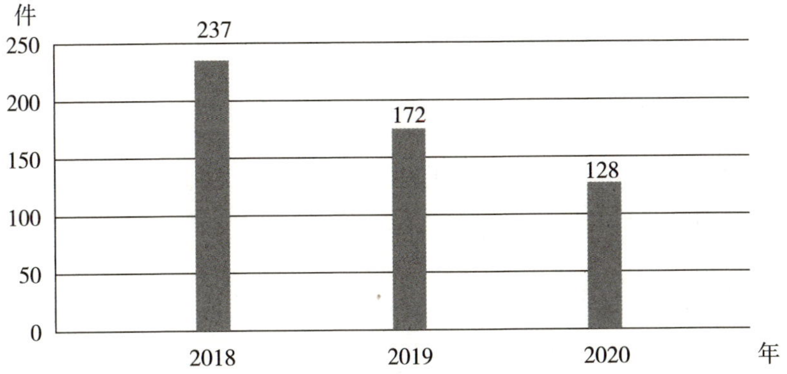

图 5－13 案件审理数量年份分布

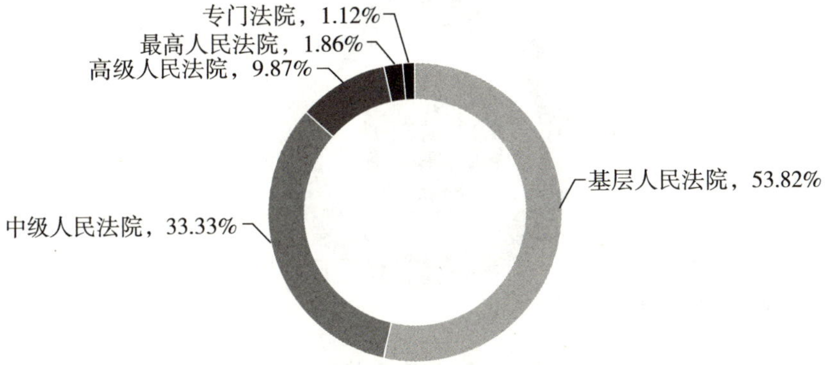

图 5－14 审理法院级别分布

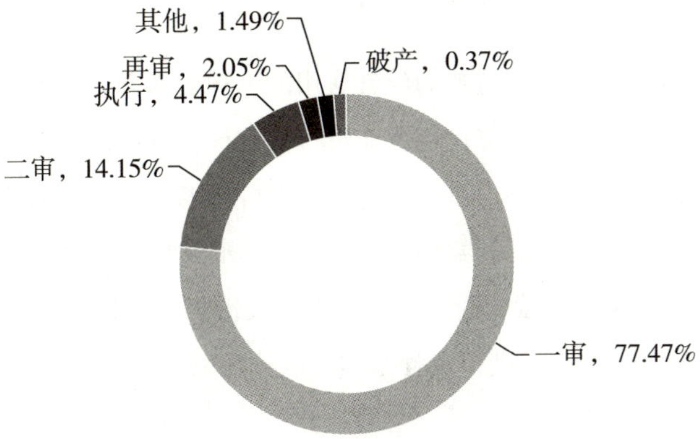

图 5－15 案件审理程序分布

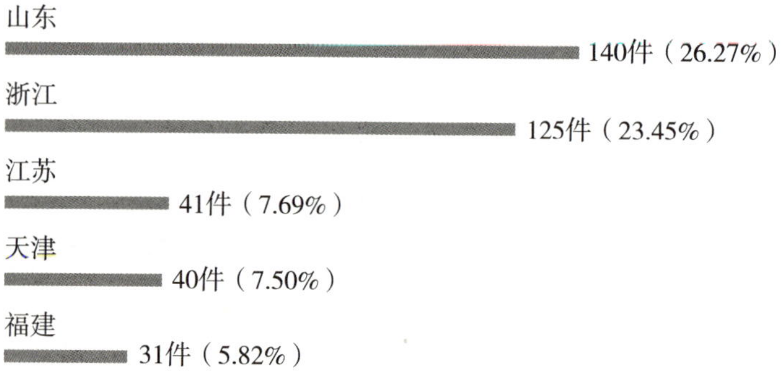

图 5－16　案件主要地域分布

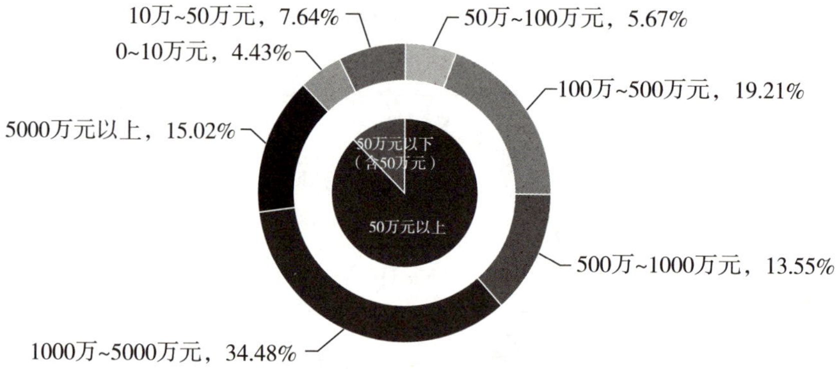

图 5－17　案件标的额分布

一、进口押汇的法律性质

进口押汇是国际贸易中进口商经常使用的一种融资方式，该种方式使国际贸易中的进口商和出口商均能使用商业银行信用代替进口商和出口商自身的商业信用。在国际贸易中，进出口商愿意使用进口押汇的原因在于其能够在充分保护国际贸易各方当事人的利益的同时，大幅降低进出口商进行国际贸易的交易成本。[①] 从法律架构上看，通过浏览国内各大银行官方网站，德和衡律师发现，中国各大银行进口押汇业务流程基本可以分为以下两种模式：（1）进口押

① 参见李金泽：《国际贸易融资法律风险防范》，中信出版社 2004 年版，第 43 页。

汇同信托收据一起使用；（2）进口押汇同信托收据分离。采取“进口押汇＋信托收据”模式的商业银行主要为中国建设银行等；采取“信托收据与进口押汇相分离”模式的银行主要为国家开发银行和中国银行等。总体来说，“进口押汇＋信托收据”模式占据主流。

根据国家开发银行官网的介绍，进口押汇是融资银行基于进口商提供的有效单据和其他凭证而向其提供的一种短期资金融通行为，该融资款项用来帮助进口商支付代收、进口信用证项下货款或者进口汇款。国家开发银行并未明确要求进口押汇需要信托收据。

根据中国银行官方网站上关于进口押汇的介绍，进口押汇，是指在进口信用证或进口代收项下，中国银行基于有效凭证和商业单据代进口商对外垫付进口款项的短期资金融通。按结算方式分为进口信用证押汇和进口托收押汇；按押汇币种分为外币押汇和人民币押汇；按垫付资金来源分为自有资金对外垫付和海外联行垫付（海外代付）。同样，中国银行并未明确要求进口押汇需要信托收据。

根据工商银行官方网站上关于进口押汇的介绍，工商银行提供进口押汇融资是为了解决进口商在信用证或代收项下需要对外付款时的资金周转问题。在办理此项业务时，工商银行要求进口商提交：（1）进口押汇业务协议；（2）信托收据；（3）公司章程、公司董事会决议（如需）、法定代表人证明书及/或授权委托书；（4）进口押汇申请书；（5）工商银行要求的其他资料。据此可知，工商银行明确规定进口押汇需要信托收据。

根据兴业银行官网对进口押汇的介绍，进口押汇，是指应进口商的申请，在进口商提交信托收据及相关进口证明材料的前提下，银行为进口商对外支付进口货款而提供的短期资金融通，并在规定期限内以进口货物生产销售回笼款项作为主要还款来源的一种国际贸易融资业务。进口押汇业务按照结算方式分为进口信用证、进口代收和汇出汇款项下押汇三种。据此可知，兴业银行明确规定进口押汇需要信托收据。

德和衡律师之所以选取上述四家银行，是因为它们分别是国家政策性银行、国有商业银行和股份制商业银行中的佼佼者，比较有代表性。纵观这四家银行的进口押汇业务实践可以看出，进口押汇业务主要涉及以下几个方面的法律关系：（1）进口商和出口商之间的基础进出口贸易法律关系；（2）作为开证申请人的进口商和开证行之间的信用证开证法律关系；（3）开证行和作为信用证受益人的出口商之间的信用证法律关系；（4）作为押汇申请人的进口商和作为押汇银行的融资银行之间的国际贸易融资法律关系。

从法院审理的国际贸易融资案件可以看出，进口押汇的主要法律问题不在于押汇申请人（进口商）不能按约定归还融资银行（押汇银行）对外国银行或者受益人垫付的信用证项下的款项或者向出口商支付的代付款项，而在于融资银行可能会因为设定的担保或者信托收据遭遇法律障碍而无法实现预定的目的。进口押汇通常是进口商资金短缺时的选择，因此一旦进口押汇项下设定的担保或信托收据无法实现既定目的，融资银行可能就会遭受极大的损失。基于此，为了深入分析国际贸易融资业务中进口押汇的法律问题，首先需要深入研究分析进口押汇业务涉及的法律关系的主体、客体和相关内容。

（一）进口押汇法律关系的主体

进口押汇法律关系的主体就是资金短缺的进口商和愿意凭借有效单据或者其他凭证向资金短缺的进口商提供短期资金融通的银行。

（二）进口押汇法律关系的客体

进口押汇法律关系的客体是针对进口货物的专项融资。从上述各银行的官方网站上介绍的实践可以看出，进口押汇法律关系是一种押汇银行向进口商提供短期融资的法律关系，是一种借贷法律关系。押汇银行向进口商提供了一笔贷款，进口商需要在进口押汇协议规定的期限内以约定的方式还本付息。因此，进口商和押汇银行之间的借贷法律关系是进口押汇法律关系的基础法律关系。进口商申请进口押汇的初衷是从押汇银行获得贷款，以便向出口商支付进口货物的货款。银行办理进口押汇的初衷是获得此项业务的手续费及进口押汇款项的利息收入。据此可以看出，进口押汇以单据或者其他凭证所代表的货物销售后的回笼款作为偿还进口押汇贷款的本息的主要来源。

（三）进口押汇法律关系的内容

进口押汇法律关系是附有特殊担保机制的国际贸易融资。[①] 在进口押汇实

① 参见李金泽：《国际贸易融资法律风险防范》，中信出版社2004年版，第45页。

践中，进口押汇申请人需要将能够据以提取货物的单据（提单或者仓单）作为“质押物”（转移占有）或者“抵押物”（不转移占有），以该单据项下货物被销售后的回笼款来归还进口押汇融资款项的本金和利息。据此可以看出，进口押汇与单据及单据项下的货物密切相关，因为进口押汇款本息的归还依赖于单据及其项下的货物。然而，在实践中，不同的押汇银行所采用的担保机制也有所不同，但是大致可以分为以下几种类型：

（1）抵押担保。这种担保机制是进口商将进口货物抵押给银行，银行向进口商提供融资。以进口货物作为抵押物来担保押汇银行对该进口货物具有优先受偿的权利。

（2）质押担保。这种担保机制通过进口商以代表进口货物的单据及单据项下的货物本身向押汇银行出质，来担保押汇款项本息的偿还。

（3）第三人提供担保，包括第三人提供的物的担保或者保证。在进口押汇法律关系中，此种担保机制既可以是连带责任担保，也可以是补充性的一般担保。

在“GDLY公司、HLYD公司与JSGZLW支行等信用证开证纠纷案”①中，进口信用证项下单据的所有权问题对担保机制的构成具有重要影响。在此案中，关于进口押汇法律关系中提单的法律性质，开证行认为提单是所有权凭证，其是提单的合法持有人，故对案涉货物享有所有权。作为进口押汇申请人的进口商也认为提单代表货物的所有权。鉴于其已将涉案煤炭的提单交付给了开证行，因此进口商认为涉案煤炭的所有权已经归属开证行并用于抵偿其拖欠开证行的押汇款项。然而，本案的二审法院认为，提单代表的只是提单持有人享有提货请求权，而不是货物的所有权。因此，提单的交付仅意味着提货请求权的转移，在未将提货请求权转移的事实通知实际占有人的情况下，并不构成提单项下货物的交付。二审法院由此判定本案提单项下涉案煤炭所有权不能归属于开证行。而在再审程序中，最高人民法院认为，提单具有双重属性，其既是一种债权凭证，也是一种所有权凭证。开证行与开证申请人之间的合同所作的约定决定着持有提单的事实是否能代表持有人享有提单项下的货物所有权。

① 参见最高人民法院民事判决书，（2015）民提字第126号。

如果系根据设定权利质权或动产质权的约定，则开证银行/押汇银行是质权人；如果开证银行/押汇银行合法持有的提单是依据转移货物或买受货物所有权的约定而获得的，该提单持有人就是提单项下货物的所有权人。因此，综合考虑本案中开证行和开证申请人之间的初衷和事实情况，最高人民法院认为，本案提单项下涉案煤炭的所有权不属于开证行。基于此，最高人民法院判定既然物权不归属于开证行，开证行和开证申请人通过合同所作约定的初衷是设立提单质押担保。

此外，进口押汇也可以是一种起信托作用的进口贸易融资法律关系。在进口押汇业务中，押汇银行通过信用证、代付等方式代进口商向出口商支付进口货物的货款，从而占有代表货物所有权的单据或者凭证。为了能够及时地提取并处理进口货物，进口商通过信托收据将进口货物的所有权转移给押汇银行。押汇银行将单据交付给进口商以便进口商提货并进行销售。① 在存在信托收据的情况下，一般是把进口商视作押汇银行的受托人，把押汇银行视作为信托财产的委托人，把单据所代表的货物视作信托财产。进口商则是代表银行的利益占有和处置货物。② 此种法律关系是基于《信托法》规定的信托财产相对独立于受托人及受益人享有信托财产的受益权，同时押汇银行对进口货物享有所有权。

在以前述案件为代表的信用证开证纠纷案中，关于信托收据的法律性质，开证行认为具有质押合同的性质。进口押汇申请人认为其将提单及提单项下货物所有权让与开证行，以此作为履行还款义务的担保。该案一审法院认为，信托收据及提单的交付即便具有为本案债务进行担保的含义，其效力也仅限于双方当事人之间，不产生对抗第三人的效力。二审法院认为，信托财产必须是委托人合法所有的财产，从本案《信托收据》的内容看，信托财产为信用证项下涉案煤炭，开证行作为委托人，并未取得涉案煤炭的所有权，因此判定以涉案煤炭作为信托财产的信托并未有效设立。最高人民法院再审认为，从《信托收据》的内容看，本案开证申请人本意在于将提单及提单项下货物所有权

① 参见最高人民法院再审审查与审判监督民事裁定书，（2018）最高法民申 4622 号。
② 参见最高人民法院再审审查与审判监督民事裁定书，（2018）最高法民申 4622 号。

让与开证行，以此作为履行还款义务的担保。《信托收据》所载内容虽然体现了以提单及提单项下货物担保开证行债权的意思表示，但该意思表示是以让与提单项下货物所有权来提供担保，明显区别于动产质押或权利质押，不应作为认定设立提单权利质押的合同依据。

关于进口押汇银行是否享有涉案进口货物的优先受偿权，开证行认为根据双方之间的《信托协议》，该案信用证下的提单实际具有质押的性质，故开证行对提单下涉案煤炭享有优先受偿权。一审法院认为，开证行虽持有提单，但开证行与开证申请人并未就该提单依法定程序设定质押。信托收据及提单的交付即便具有为本案债务进行担保的含义，其效力也仅限于双方当事人之间，不产生对抗第三人的效力。否定开证行对涉案煤炭享有优先受偿权。二审法院认为，出质人如果以间接占有的财产出质的，质押合同应当自书面通知送达占有人的时候视为移交。尽管《信托收据》中存在将处置涉案煤炭的价款用于偿还开证行借款的内容，开证申请人也将提单交付给开证行，但并没有证据证明开证行或开证申请人将涉案煤炭设定质权情况通知承运人，故开证行对涉案煤炭不享有质权。最高人民法院认为，由于提单具有物权凭证属性，开证行行使提单质权的方式与行使提单项下动产质权的方式相同，其对提单项下货物拍卖、变卖、折价后所得的价款享有优先受偿权。[①] 最高人民法院再审中的上述观点完全体现在《民法典担保制度解释》中。《民法典担保制度解释》第 60 条第 2 款明确规定，在跟单信用证交易中，开证行依据其与开证申请人之间的约定或者跟单信用证的惯例持有提单，开证申请人未按照约定付款赎单，开证行主张对提单项下货物优先受偿的，人民法院应予支持；开证行主张对提单项下货物享有所有权的，人民法院不予支持。

在“DYYT 公司、GHQD 支行金融借款合同纠纷再审案”[②] 中，虽然押汇申请人在出具给押汇银行的《信托收据》中约定，自押汇申请人取得该单据之日起至其付清进口押汇本息之日止，该单据及货物所有权属于押汇银行；且押汇申请人作为受托人为押汇银行利益持有信用证项下单据及其所代表的所有

① 参见最高人民法院民事判决书，（2015）民提字第 126 号。

② 参见最高人民法院再审审查与审判监督民事裁定书，（2018）最高法民申 4622 号。

货物。但却未明确约定由押汇银行占有货物单据作为质押。鉴于在实际履行中，第三人已于2015年5月19日~6月6日将涉案信用证项下的进口货物提走，最高人民法院认为，押汇银行在2015年7月8日发放押汇款时并未取得货权单据作为质押。

二、不同担保机制下进口押汇中存在的法律问题

从前文可以看出，抵押、质押、保证及信托收据是进口押汇中存在的基本法律机制。在银行的国际贸易融资业务实践中，银行为了确保自己的债权万无一失，往往倾向于适用多种担保机制来保障进口押汇款项的本金和利息能够顺利收回。这也符合我国《民法典》第387条的精神，即“债权人在借贷、买卖等民事活动中，为保障实现其债权，需要担保的，可以依照本法和其他法律的规定设立担保物权。第三人为债务人向债权人提供担保的，可以要求债务人提供反担保。反担保适用本法和其他法律的规定”。

（一）以抵押作为担保机制的进口押汇

根据我国《民法典》第394条的规定，当设定为债权提供担保的抵押权时，第三人或者债务人不需要将《民法典》第395条列举的财产转移给抵押权人占有。该法律规定使进口押汇融资中使用抵押担保具有以下优点：

第一，进口押汇的核心是押汇银行为因资金短缺而需要临时周转资金的进口商不能按时付款获得代表进口货物所有权的单据时提供债权融资，在进口商偿付融资银行代其向出口商支付的货款前将代表货物所有权的单据释放给进口商提货出售。鉴于在此种情况下，进口商需要以进口货物的销售回笼款作为偿付融资银行提供融资款项的本金和利息的第一还款来源，所以融资银行不可能直接控制进口押汇所针对的进口货物或者单据。此外，基于自身的专业属性，银行不适合作为进口货物的直接处置人。《民法典》关于抵押不需要抵押权人直接占有抵押物的规定符合进口押汇的事实情况，有利于促进国际贸易融资进口押汇业务的顺利开展。

第二，《民法典》的上述规定不要求转移占有抵押物作为抵押权成立的要件。

第三，在抵押关系中，抵押人和抵押权人设定的并不是抵押物所有权的转让，而是针对抵押物的优先受偿权。①

第四，同质押相比，抵押可以避免质押所要求的转移占有质押物作为担保权有效设立的要件。

第五，根据《民法典》第394条、第395条的规定，无论是动产还是不动产，均可以设定抵押。因此，在进口押汇业务中，进口商可以充分地利用能够设定抵押的财产来担保融资。

进口押汇抵押虽然具有上述优点，但是德和衡律师认为其仍然具有以下的法律风险：

首先，根据《民法典》第402~404条的规定，在设定抵押时，如果抵押合同的当事人以《民法典》第395条规定的以建筑物和其他土地附着物、建设用地使用权、海域使用权、正在建造的建筑物之外的动产抵押的，比如以生产设备，原材料，半成品，产品，正在建造的船舶、航空器，交通运输工具或者法律、行政法规未禁止抵押的其他动产设定抵押，当事人可以自愿决定是否办理抵押物登记。在此种情况下，抵押合同效力不受是否办理登记的影响，抵押权自抵押合同生效时设立。然而，在没有办理抵押物登记的情况下，该抵押权不得对抗第善意第三人，即不得对抗正常经营活动中已经支付合理价款并取得抵押财产的买受人。如果一项抵押物上只涉及该抵押项下的债务人和债权人双方当事人，可以不进行抵押物登记。但是，多数情况中，如果一项抵押财产上设定了多项担保权，那么不同的担保权之间的优先顺序关系到各个债权人的债权是否能够得到保障。当债务人在同一个抵押物上设立两个以上抵押权时，以下两个因素决定了不同的抵押权的优先实现顺序：抵押权何时设定和抵押权是否完善。完善抵押权的方式就是向法定的登记机构登记公示。鉴于进口押汇融资款项的发放与单据所代表的进口货物的交付往往存在一定的时间差，导致实践中不利于在进口押汇业务中使用抵押作为担保方式。此外，在实践中，如果押汇银行不重视或者忽视了完善抵押权的登记公示手续，会给押汇银行带来很大的法律风险，可能导致押汇融资款项本金和利息的回收得不到有效的法律

① 参见薛波主编，潘汉典总审定：《元照英美法词典》，法律出版社2003年版，第930页。

保障。此外，根据《民法典》第406条第1款的规定，抵押人转让抵押财产无须通知抵押权人或征得抵押权人同意，即允许抵押人自由转让抵押财产。据此可以看出，《民法典》的该条款规定虽然顾及了抵押人对抵押物的转让自由，但却使得作为抵押权人的融资银行监管抵押物的成本大幅增加，风险显著提升。

其次，作为进口押汇担保的抵押物需要进口商及时提货并进行加工、组装或者销售等处分行为。抵押物存在的状态会因为这些处分行为而受到影响。在《民法典》出台之前的我国立法中，抵押权的追及效力并未得到明确确立。然而，《民法典》却完整地确立了抵押权的追及效力，如《民法典》第406条第1款在明确规定允许抵押财产自由转让的同时亦明确规定抵押权“不受影响”。这也就意味着，在我国现行法律框架下，无论抵押财产辗转落入何人之手，抵押权人在债务人不能清偿债务时，均可追及于该抵押物以实现抵押权。尽管如此，德和衡律师认为，虽然抵押权的效力可以及于抵押物的补偿金或者销售货款，但是却为抵押权的实际实现带来困难，增加了押汇银行实现抵押权益的复杂性和不确定性，带来了一定的法律风险。

最后，在进口押汇实践中，押汇银行为了加强对押汇贷款的担保效果和力度，除了在进口押汇项下的进口货物设定了抵押担保外，还安排了信托收据。根据《民法典时间效力规定》第7条的规定，《民法典》施行前，当事人在债务履行期限届满前约定债务人不履行到期债务时抵押财产或者质押财产归债权人所有的，适用《民法典》第401条和第428条的规定。《民法典》第401条和第428条分别是针对流押条款和流质条款的规定。对于流押条款，我国《物权法》（已失效）第186条明确禁止在被担保的债务履行期届满前抵押人同抵押权人作出如下约定：如果债务人不能按约定清偿其针对债权人的债务，那么作为担保该债务履行的抵押财产的所有权将归属于债权人。在“GDLY公司、HLDY公司与JSGZLW支行等信用证开证纠纷案”中，进口商在向开证行提出开证申请时即提交了《信托收据》，并且约定自该收据出具之日起，开证行即取得上述信用证项下所涉单据和货物的所有权。此操作流程因为违反了我国当时的法律规定而产生无效的法律后果。然而，《民法典》并未直接规定流押条款的效力，也没有沿袭《物权法》（已失效）中禁止流押的表述，而是认为流押条款仍会产生“依法就抵押财产优先受偿”的法律效果，而非直接归于无效。也就是说，在我国现行法律框架下，不再直接认定流押条款无效，而是认定流押条款规定的内容不能实际履行，但抵押依然有效，债权人可以针对抵押财产优先受偿。从解释论上说，《民法典》将应当认为无效的流押条款转化为有效的清算型担保。因此，只要是依法设立的有效抵押权，都可以采用包括折价、拍卖、变卖等方式予以实现，抵押权人享有优先受偿权。然而，需要注意的是，在设立抵押时，应当按照法律规定，在抵押合同中作出明确有效的约定，并按照法律规定办理相关的抵押登记手续，避免出现类似流押条款等内容，以免影响权利的顺利实现或者影响权利实现的瑕疵。

（二）以质押作为担保机制的进口押汇

根据我国《民法典》第440条和第441条的规定，仓单和提单都可以作为权利质押的客体，但是质押有效设立的前提条件是，出质人应当在约定的期限内将代表提单或者仓单的权利凭证交付给质权人。因此，根据我国《民法典》的上述规定，质押权的完善是以质押标的物——仓单或者提单交付给出质人实际占有作为质权的有效设立要件。在进口押汇中使用提单或仓单设定质押的最大优势在于：此类质押能够在提单、仓单等权利单据上直接设定，无须依赖进口押汇质押的权利凭证所代表的标的物，即进口货物的实际到达并交付给押汇银行实际占有。

然而，进口押汇得以开展和运行的机制就是进口商由于资金短缺向押汇银行申请进口押汇融资，押汇银行需要把代表进口货物的权利凭证以及货物，比如海运提单或者仓单以及它们代表的货物，在押汇融资款本息被归还前释放给进口商，从而使进口商能凭借上述权利凭证提货，并进一步处理货物以回笼货款，从而能够按时归还押汇融资款项的本息。因此，在进口押汇中，押汇银行不可能一直占有上述质押物品，无论是提单或者仓单等权利凭证，还是进口货物本身。押汇银行需要将质押物品交付给进口商。根据我国相关法律的规定，押汇银行一旦将质押物品交付给作为出质人的进口商，就立即失去了对质押物品的占有，押汇银行对质押物品的质押权即刻归于消灭。因此，在现行法律框架下，在设计进口押汇融资法律关系时，不能以仓单、提单等权利凭证及其货物作为质押物品来担保押汇银行的债权，除非进口押汇银行能一直占有单据。否则，将会导致该质押权无效或者归于消灭或者无法对抗第三人的法律风险。无论上述哪一种情况，都不利于押汇融资银行顺利地收回押汇融资款项的本金和利息，不利于保护押汇银行的合法权利。

此外，需要注意的是，在《民法典》施行之前，同流押一样，《物权法》（已失效）第211条明确禁止在被担保的债务履行期届满前出质人同质权人约定“债务人不履行到期债务时质押财产归债权人所有”。但在《民法典》施行后，根据《民法典时间效力规定》第7条的规定，《民法典》施行前，当事人在债务履行期限届满前约定债务人不履行到期债务时抵押财产或者质押财产归债权人所有的，适用《民法典》第401条和第428条的规定。《民法典》第428条是关于流质的规定。同流押一样，《民法典》并未直接规定流质条款的效力，也没有沿袭《物权法》（已失效）中禁止流质的表述，而是认为流质条款仍会产生“依法就质押财产优先受偿”的法律效果，而非归于无效。

（三）以信托收据作为担保机制的进口押汇

根据《元照英美法词典》的解释，信托，是指受托人基于委托人/信托人的信任，以名义所有人身份，就委托人/信托人授予的财产为受益人的利益进行处分和管理的行为。信托如要有效设立，必须具备以下条件：（1）委托人/信托人有设立信托的意图并出于合法之目的；（2）受托人系基于委托人/信托人的信任持有信托财产，并负有衡平法上的义务为受益人的利益管理好信托财产；（3）有特定的信托财产，包括动产和不动产，可以实际交付给受托人。①

根据《布莱克法律词典》的解释，信托，是指一项仅能在衡平法上享有的法定所有权归属于另一个人的财产的受益权；受托人应另外一个人——信托人的请求，而为了第三人——受益人的利益而持有的财产利益；为了使一项信托能够有效，该信托涉及的财产必须是特定财产，反映了信托人的意图，并且是为了一个合法目的而设立。主要的信托类型有两种：私人信托和动产信托。②

① 参见薛波主编，潘汉典总审定：《元照英美法词典》，法律出版社2003年版，第1360页。

② See Bryan A. Garner, *Black's Law Dictionary* (Ninth Edition), USA, Thomson West Publishing Co., 2009. p. 1647.

在英语系国家，必须区分“信托”一词是属于广义的信托还是狭义的信托。当由一个人代表另外一个人，或者为了自己利益之外的目的而持有或者管理一项财产时，广义上的信托就产生了。而狭义上或者严格意义上的信托有效成立的前提是：信托的设立人将或者有义务将资产或者资产的收益转移给另外一个人（信托人或者管理人）管理，该信托人或者管理人是以自己的名义为了非个人目的或者自己之外的某个人（受益人）管理上述受托资产。此种意义上的“信托”是广义“信托”的一种。[①] 一些法院和法律学者是从受益人的角度来界定“信托”的含义，认为信托是受益人针对受托人所具有的某种权利，或者受益人针对受托人所具有的某种利益，或者受益人针对信托财产所具有的某种利益。受益人只有在具有所描述的权利或者利益时上述说法才是真的，然而，在实践中信托远远不止受益人的权利或者利益。信托是一项完整的司法设计：与作为信托标的的财产有关的当事人之间的法律关系，包括但不仅限于受托人对受益人和世界上其余的人的义务，而且还包括受益人针对受托人以及世界上其余之人所享有的权利、特权、权力以及豁免。因此，“信托”更恰当的定义是，信托可以是一种具有上述定义中所陈述的某些特征的关系，也可以是涉及该种关系的一种司法设计或者法律创制。[②] 严格传统意义上的信托涉及三个要素：（1）受托人，该人持有信托财产并且为了一个或者多个受益人的利益而处理信托财产；（2）一个或者多个受益人；（3）信托财产。在一个相对全面的意义上，信托目的经常包含在有关信托要素的陈述中。尽管在一份完整的信托中，上述三种要素都要呈现，但是暂时性地缺少上述三个要素中的前两个要素中的一个或者两个并不会损坏信托的效力或者妨碍信托的设立。[③] 此外，信托最大的优点是信托关系中的信托财产具有很强的独立性。

---

① See Tony Honore, *The South African Law of Trusts* § § 1 – 2, at 1 – 3 (3rd ed. 1985), from Bryan A. Garner, *Black's Law Dictionary*, Ninth Edition, USA, Thomson West Publishing Co., 2009, p. 1648.

② See Austin W. Scott & William F. Fratcher, *The Law of Trusts* § 2. 4, at 42 (4th ed. 1987), from Bryan A. Garner, *Black's Law Dictionary*, Ninth Edition, USA, Thomson West Publishing Co., 2009, p. 1648.

③ See *Restatement (Third) of Trusts* § 2cmt. f (2003), from Bryan A. Garner, *Black's Law Dictionary*, Ninth Edition, USA, Thomson West Publishing Co., 2009, p. 1648.

信托收据的概念来源于英美法，建立在英美法完善的信托制度之上。信托收据制度被广泛地应用在英美法系的融资实践中。《布莱克法律词典》对信托收据的定义如下：（1）在《美国统一商法典》颁布之前是一种担保工具，现在被编入《美国统一商法典》第九编，是一个收据，该收据声明货物买方是为了提供融资资金一方的利益而占有货物的。现在通常是指必须由经过备案的融资声明和担保协议构成。（2）是一种为商业交易提供融资的安排，这种安排需要将交易货物的所有权直接从卖方或制造商转移给银行或者提供贷款资金之人。该银行或者提供贷款之人作为货物的所有人把货物交付给代表该银行或者提供贷款之人行事的经销商，当该银行或者提供贷款资金之人的主要权利已经满足时，上述货物的所有权最终回归于该经销商。① 据此可知，信托收据的目的是批发商能够顺利地进行商业交易而提供融资，其由担保协议和融资声明组成，并且该融资声明需要经过适当的备案程序以完善所设定的担保。此外，需要将提供担保的货物的所有权直接从制造商或者卖方转移给提供融资的银行或者其他人。换句话说，在信托收据的情况下，货物的所有权在提供融资的其他人或者银行的债权被满足之前从未归属于批发商。批发商只是代表货物所有人，即提供融资款项的银行或者其他人处置货物。只有在提供融资款项的其他人或者银行的债权被完全偿还后，以上货物的所有权才最终属于批发商。

使用信托收据的原因是当银行已经为其客户购买货物提供融资之后，银行希望在该货物以及在把货物交付给他们的客户之后该货物所产生的收益上能够为银行的融资债权提供担保。在进口贸易融资项下，进口商在付款赎回代表货物的单据时由于临时性资金短缺，向融资银行申请进口押汇。经融资银行审核后同意后，给该进口商提供进口押汇融资的，融资银行代进口商向出口商垫付货款。此时，进出口商之间的基础交易合同法律关系即已履行完毕，从而转化为了融资银行和进口商之间的进口押汇融资法律关系。在进口押汇融资法律关系形成过程中，押汇银行会要求进口商以进口货物、代表进口货物的权利凭证及其处置后的收益作为偿还进口押汇融资款项本金和利息的担保。在进口押汇

① Bryan A. Garner, *Black's Law Dictionary*, Ninth Edition, USA, Thomson West Publishing Co., 2009, p. 1657.

融资中创造信托收据的目的就是迎合这种担保。换句话说，此时信托收据的最主要功能就是既能为需要短期融资的进口商提供融资，又能为该进口押汇融资款项提供担保。

信托收据最早起源于19世纪中期的美国，是由商人在商业交往活动中创造出的，被银行广泛地应用到以商业信用证作为支付结算方式的融资交易活动中，随后也在英国得到了承认和发展。[①] 信托收据制度在英国主要是依赖于惯例和判例法而发展起来的，是建立在债权人合法质权之上的信托安排。最为知名的案例是North Western Bank Ltd. 诉John Poynter，Son & Macdonalds案，本案的主审法官在其判决书中明确指出，为了出售出质人作为质押物出质给质押权人的货物，质押权人当然可以将该货物返还给出质人。出质人是作为质押权人的代理人来销售该货物。在此种情况下，质押权人的担保权丝毫不会受到任何影响。[②] 此案最重要的贡献在于其打破了以往的规则，因为根据以往的规则，质押担保生效的前提条件是质押权人占有质押物，质押权人一旦将质押物交付给出质人占有，质押权就不复存在。[③] 此案判决结果便利了银行在融资过程中的实务操作，为了销售质押物之目的，作为质押权人的银行可以把质押物返还给出质人并委托出质人销售货物，以销售所得收益来归还融资款项。然而在该案中，虽然法院的判决突破性地保护了银行的担保权利，但是银行能够获得担保利益的前提是处置质押物所得的利益独立于出质人自身的财产，并且还需要保证该财产收益未同出质人自身的其他财产混同，并且出质人也没有出现破产的情形。否则，银行的担保权利将会得不到保障或者得不到充分的保护。该案判决出来后，在英国引发了激烈的争论。[④] 需要注意的是，该案的判决只是确立了质押的设立不以质押权人占有质押物为有效要件，但是并未明确此种情况下是否可以对抗第三人。在该案中，为了销售质押物归还所担保的债权，

---

① See Boris Kozolchyk, *Commercial Letter of Credit in the America: A Comparative Study of Contemporary Commercial Transactions*, Mettew Bender & Company Incorporated, 1996, p. 157.

② North Western Bank Ltd. *v.* John Poynter, Son and Macdonalds (1895, A. C. 56).

③ 参见何美欢：《香港担保法》，北京大学出版社1995年版，第482页。

④ 参见刘鑫：《论信托收据法律制度的完善》，载高祥主编：《信用证法律专题研究》，中国政法大学出版社2015年版，第342页。

质押权人把质押物返还给出质人并委托出质人销售质押物，出质人是质押权人的代理人。由此可以看出，此案不是信托关系。

英国的信托收据建立在英美法完善的信托制度之上。信托最大的优点是信托关系中的信托财产具有很强的独立性，这就意味着即使受托人破产，或者受托人的财产同信托财产及其处置后的收益同发生混同，也不会影响到受益人在信托财产上的利益。然而，鉴于英国的信托收据是建立在质押权基础上的信托安排，因此英国法下的信托收据制度具有一个致命的缺陷，那就是缺乏有效的公示。由此导致的后果是付出了对价的第三人可以获得信托财产，融资银行的利益可能因此受损。

美国的信托担保制度由经历了判例法而最终形成了成文法的信托收据、动产信托、设备信托和信托契约书共同构成，并且被统一规定在《美国统一商法典》第九编动产担保交易当中。在美国，信托收据的主要法律特征包括以下几个方面：首先，信托收据项下的信托财产的类型包括货物、单据以及票据；其次，只有出借人与借贷人能当信托收据法律关系的当事人；再次，货物、单据及票据必须由借款人占有；最后，借款人对信托财产的占有必须符合特定目的。① 通过对比可以看出，美国法下的信托收据与英国法下的信托收据已经大不相同，前者要求更加严格，并且以受托人占有信托财产为信托有效的前提。此外，《美国统一商法典》第九编把出质人、让与人、信托收据的受托人统称为“债务人”，把质押权人、担保权人、信托收据的受益人统称为“担保权人”。② 根据《美国统一商法典》第九编的规定，在个人财产上设定一项担保权并使之完善，需要两份文书：担保协议和融资报告。债权人和债务人签订担保协议，约定债务人以某项财产向债权人（担保权人）提供担保。担保协议的目的是在债权人和债务人之间设定担保权利。③ 但是不完善的担保权利

---

① 参见刘鑫：《论信托收据法律制度的完善》，载高祥主编：《信用证法律专题研究》，中国政法大学出版社 2015 年版，第 336～343 页。

② 参见高圣平：《美国动产担保交易法与我国动产担保物权立法》，载《法学家》2006 年第 5 期。

③ 参见宰丝雨：《美国动产担保交易制度与判例——基于美国〈统一商法典〉第九编动产担保法》，法律出版社 2015 年版，第 33 页。

不具有对抗第三人的效力，而申报登记和占有担保物是完善该担保权利的两种主要途径。[①] 融资报告的目的是向后来债权人警示该项财产上已经存在负担，是根据《美国统一商法典》第9－501条要求向相关公权力机构提交的公示文件。融资报告的目的在于使这项担保权利产生对世的效力。[②] 根据《美国统一商法典》第九编的规定，在信用证交易下，只要开证行向受益人支付了信用证项下的款项，无论此时货物的所有权归属于谁，开证行即刻享有信用证项下单据和货物的担保权益。将单据释放给进口商之后，有21天的时间可以让开证行和进口商去完善该担保权益。在该21天的时间里，开证行需要提供融资声明书，并且与进口商签订担保协议和信托收据。在完善上述程序后，开证行在放单后仍然对单据项下的货物享有担保权益。[③] 基于此，在美国，信托收据制度有了合理的可以对抗第三人的公示方法。同时，在美国，信托收据制度成为一种动产担保形式，而不再仅仅是一种信托安排。

虽然我国自2001年1月1日起已经实施了《信托法》，但是对信托收据尚未有关于信托收据的法律界定，只是在实务中被各银行在进口押汇融资业务中广泛使用。然而，各银行在实践中对信托收据的使用却又各不相同。[④] 总之，目前无论是实务界还是理论界，对于信托收据的定义有争议。

德和衡律师现在以进口押汇实践为例，分析以信托收据作为担保机制的进口押汇的法律性质。

首先，“进口押汇＋信托收据”不是以质押为条件的进口贸易融资。其次，“进口押汇＋信托收据”不是以抵押为条件的进口贸易融资。抵押是将该财产作为债权的担保，但是债务人或第三人并不转移对法定财产的占有。抵押权和质押权一样，均属于他物权，即是在他人所有的物上设定的物权。进口押

---

① 参见刘鑫：《论信托收据法律制度的完善》，载高祥主编：《信用证法律专题研究》，中国政法大学出版社2015年版，第344页。

② 参见宰丝雨：《美国动产担保交易制度与判例——基于美国〈统一商法典〉第九编动产担保法》，法律出版社2015年版，第34页。

③ 参见刘鑫：《论信托收据法律制度的完善》，载高祥主编：《信用证法律专题研究》，中国政法大学出版社2015年版，第345页。

④ 参见刘鑫：《论信托收据法律制度的完善》，载高祥主编：《信用证法律专题研究》，中国政法大学出版社2015年版，第338页。

汇业务中申请人未付款前，融资银行可能会因取得物权凭证而拥有了货物的所有权。押汇申请人同银行签订的押汇协议和押汇申请人签具的信托收据都明确规定货物的所有权归属银行。既然物权属于银行，银行不可能再在自己的货物上为自己的债权设定抵押，故不存在申请人将货物抵押给银行的问题，进口押汇不属抵押的法律范畴。最后，“进口押汇 + 信托收据”是一种附信托条件的进口贸易融资行为。凭信托收据释单，即银行凭信托收据将代表货权的单据以信用托管的方式释放给押汇申请人，这是进口押汇的基本做法。信托收据一方面确认了货物的所有权已属银行而非押汇申请人，另一方面确立了押汇申请人与融资银行之间的信托关系，且信托法律特征非常明显。在进口押汇法律关系中，押汇申请人是接受银行的委托，为了银行的利益而按信托收据中的承诺在银行的监控下以自己的名义处理进口货物并及时向银行缴付货款，银行以向押汇申请人提供相应融资服务作为对价。押汇申请人与银行这一合作关系完全符合行纪合同的法律特征：（1）行纪人以自己的名义为委托人办理委托事务；（2）行纪人为委托人的利益办理委托事务；（3）合同标的是行纪人为委托人进行贸易活动；（4）行纪合同是双务有偿合同。但是，银行既保留物权又享有债权的操作会导致法律冲突。从某种程度上说，进口押汇业务属于附信托条件的融资方式存在法律争议。

三、进口押汇无法逾越的法律问题

在现行的进口押汇实践中，由于缺乏相对应的法律规范，各个银行的实际业务流程及操作规范不一，德和衡律师认为，在我国开展进口押汇，容易产生如下几种法律风险。

（一）诉权的行使问题

如前文所述，进口押汇是一种进口贸易融资行为，这决定了在押汇申请人和融资银行间产生的是一般的债权债务关系。同时，根据信托收据和进口押汇协议，如果押汇申请人不能按照约定归还押汇本息，进口货物的所有权就转移给银行，押汇申请人只是作为银行的受托人代理银行处理货物。因此，在押汇申请人遭受重大商业风险处理货物出现重大亏损或者资信较差的情况下，可能会出现押汇申请人到期不能偿付押汇款项或故意逃避银行债务的风险，银行则面临如何行使诉权的问题。

如果基于物权行使诉权，押汇申请人在其信托收据中一般都作出了“本信托收据融资一经终止立即退还所有该货物和/或代表该货物的物权凭证和/或销售货款”的承诺，显然物权属于银行，银行理所当然可以主张物权。一般来说，申请人开证时已向银行缴纳20% ~30%的保证金，如果进口货物在进口押汇申请人处保存完好，主张物权比较有利。一旦债务人面临破产清算而货物尚未处分，银行可以通过主张对进口货物的所有权达到排斥押汇申请人的其他债务人对该货物的请求权而保护特定物权的目的。然而，如果只是单纯主张物权，会受货物受损或货物大幅贬值的风险影响，容易出现物权受损或物权落空的情形。

如果主张物权不利，银行可以直接主张债权。一般情况下，当事人会在进口押汇合同中明确约定，进口商应按进口押汇申请书中列明的还款资金来源及计划在规定的期限内归还全部押汇本息。押汇申请人与银行之间是显而易见的债权债务关系。如果在银行主张债权时，押汇申请人尚未处理完毕进口货物，银行一般要对货物采取保全措施，但对该货物的保全同样存在法律上的风险。如果银行主张保全的是自己的货物，则与其提起的给付之诉相冲突，因此，不能在同一诉讼程序中同时主张债权和物权。如果银行请求对押汇申请人的货物采取保全措施，那么银行就主动放弃了对进口货物的所有权；在此种情况下，如果担保程序不完善或者有瑕疵，也就放弃了对该货物的优先受偿权，进口货物很可能作为一般财产用于债务人清偿债务，银行的物权面临消灭的危险。

在这里，对进口押汇合同之上债权性质的请求权和对物的请求权都是基于押汇融资这一法律事实具有同一目的的两个请求权，可以同时成立。各请求权在目的达成时归于消灭。虽然不能同时行使这两项请求权，但其他请求权的存续并不因这两项请求权中的一项因目的实现之外的原因而灭失受到影响。如一请求权的成立存在障碍或因时效而消灭时，另一请求权仍然存在。但是，不能同时请求这两项权利，因为获得支持后会造成双倍受偿的后果。

（二）物的担保和人的担保问题

在既有物的担保又有人的担保的情况下，保证人应免除保证责任。其理由是，申请人申请押汇时已将进口货物质押给了银行，只是因为银行通过信托收据将货物释放给押汇申请人才使质押权无法落实。根据我国《民法典》第409条的规定，债务人以自己的财产设定抵押，抵押权人放弃该抵押权、抵押权顺位或者变更抵押权的，其他担保人在抵押权人丧失优先受偿权益的范围内免除担保责任，但是其他担保人承诺仍然提供担保的除外。此种情况下，相对担保的押汇款来说，货物的价值已超过押汇款，即质押物的价值超过了保证人担保的金额，保证人应全部免责。如果进口押汇的法律性质非以质押为条件的贸易融资，质押权不成立，该观点站不住脚。如果进口押汇的法律性质系以抵押为条件的贸易融资，抵押成立，该观点成立。

（三）让与担保问题

为了担保债务人向债权人履行债务，当事人约定在债务人清偿债务前，债务人或者第三人将担保标的物的所有权等权利转移给担保权人；在债务人清偿债务后，担保权人再将该担保标的物的所有权归还给债务人或者第三人；在债务人不向担保权人履行到期债务的情况下，[①] 担保权人有权就该担保标的物优先受偿，这就是让与担保，一种非典型的担保物权。[②] 让与担保最早起源于德国判例法，是一种担保物权，后来被引入日本。有观点[③]认为，让与担保制度是经由判例学说所形成的一种非典型物的担保制度，是大陆法系国家在沿袭罗马法上的“信托行为”理论的基础上兼容并蓄日耳曼法上的“信托行为”成分而形成。

随着动产的升值，不占有动产的担保，包括动产抵押、所有权保留和让与担保，已经成为现代社会非常重要的担保方式，发达国家和地区已有较为成功的经验。在《民法典》颁布之前，虽然我国《担保法》（已失效）、《物权法》

---

① 参见杨立新：《后让与担保：一个正在形成的习惯法担保物权》，载《中国法学》2013年第3期。

② 参见王利明、杨立新：《物权法》，高等教育出版社2007年版，第328页。

③ 参见王闯：《让与担保法律制度研究》，法律出版社2000年版，第2页。

（已失效）中均有关于动产抵押的规定，《合同法》（已失效）中也有类似所有权保留的规定，但是这三部法律中却均没有关于让与担保的规定。让与担保从其性质上讲是一种物权，而非担保物权，它实际上是以所有权转让来担保债务的履行。[①] 在前文提到的“GDLY 公司、HLYD 公司与 JSGZLW 支行等信用证开证纠纷案”中，最高人民法院认为，开证行的本意是以进口商让与提单项下货物所有权的形式担保进口押汇项下债权的实现，但是存在以下几个方面的问题：首先，有关合同并未对开证行在诉讼中所称的“以其享有所有权的货物处置价款优先清偿信用证垫款，不足的差额部分再由申请人继续清偿”作出具体明确的约定，因此，最高人民法院认为，开证行的该主张缺乏合同依据。其次，最高人民法院认为，即便这对前一个问题有相应的合同约定，但是我国现行法律没有关于以让与动产所有权担保债权这一非典型担保物权类型的规定。根据我国《物权法》（已失效）关于物权法定原则的规定，此种约定不能产生物权担保的效力。因此，最高人民法院认为，在没有合同依据又没有法律依据的情况下，如果既认定开证行对提单项下货物享有所有权，又认定进口商承担信用证项下全部款项的偿付义务，将导致开证行双重受偿的不合理结果。

在进口押汇中，让与担保是一种附回赎条件的买卖，押汇银行在向暂时性缺乏流动资金的进口商进行押汇融资时，与进口商约定将相关单据的所有权以及向承运人的凭单提货权让与押汇银行。押汇银行不但享有单据以及单据项下货物的所有权，还有权要求进口商按照约定的期限和条件以上述单据项下进口货物处置后的回笼款偿还进口押汇融资款项的本金和利息。

我国《民法典》虽未明确规定让与担保，但通过其第 401 条和 428 条对流押、流质条款的修改，足以产生让与担保的制度效果。此外，《民法典担保制度解释》第 68 条对《九民纪要》首次提出的让与担保制度作了进一步优化、完善。具体表现如下：首先，肯定清算型让与担保。我国现行法律认可让与担保中将财产形式上转移至债权人名下可以实现对债务履行提供担保的功能。其

① 参见孙佩：《国际贸易中信用证结算中融资担保的法律问题》，载《当代法学》2002 年第 12 期。

次，财产权利变动公示具有担保物权效力。这就意味着，让与担保中当事人已经完成财产权利变动公示的，债务人不履行到期债务，债权人可就让与担保财产折价、或以拍卖、变卖该财产所得价款优先受偿。最后，禁止流质、流押，但不影响让与担保的认定。我国《民法典》禁止流质、流押，当事人事前约定财产归属的本质上构成流质、流押，该约定无效。但该约定的无效不影响当事人提供担保意思表示的效力，若财产权利变动已公示，债权人仍可主张对约定财产清算所得价款优先受偿。因此，在我国司法实务中，不应简单地认定让与担保无效，尤其不应依据有关流押或流质之禁止规定认定担保合同无效。即使合同未约定债务不能清偿时具体的清算办法，法院亦可基于《民法典》第401条和428条的规定，认定债权人对相应标的物的优先受偿权。给非典型担保物权——让与担保予以确认，有利于进口商，尤其是中小进口商在国际贸易中的融资需求，不仅有利于促进我国经济的发展和产业升级转型，而且有利于扩大我国的进出口贸易。

四、进口押汇业务流程的法律规制

如前文所述，鉴于让与担保制度目前已经有了法律依据、质押与信托不能够并存，如果质押成立，银行在实务中释放单据给押汇申请人与质权以质押物交付质押权人为设立要件存在矛盾的问题，建议现阶段应当分离使用进口押汇与信托收据，不能将这两个业务产品混淆为一个。叙作进口押汇合同项下放弃提单作为物权担保方式，完善进口押汇产品模式，将开证担保措施延续到押汇业务。如果不愿放弃提单作为物权担保方式，无法逾越权利质押中交付或者登记这些焦点问题。我国《民法典》将提单和仓单明确列入可以出质的财产权利之一。此外，《民法典》明确规定质权自权利凭证交付质权人时设立。在实践中，交付质押物就无法放单以处置货物，所以质押不成立。只能完善信托、保留物权，放弃押汇、放弃债权，主要是完善登记制度，港口提单、仓单、存货统一登记制度。

如果不能改变现有业务流程，应当进一步完善现有押汇与信托相结合融资产品项下的相关合同条款，从条款设计方面尽可能降低风险，主要包括以下几点：（1）关于物权与债权问题，建议签署放弃双倍受偿承诺书。（2）关于物的担保与人的担保问题，建议在处理货物归还押汇款项不足部分承担连带责任。（3）关于货权控制与保障保留条款，建议控制货物出仓与货款交接，进口押汇业务中货物或货权在流程中是分离的，货物的占有和处分由进口商进行。无论是押汇银行拥有货物，还是拥有对货物的担保物权，无论是银行自行对货物监管，还是委托第三方单位实现输出监管，货物本身的价值都直接关系押汇风险的实现。货物本身的毁损、灭失、价值贬损等风险，都可以通过商业保险的形式转嫁。而目前商业保险公司产品的丰富程度和服务质量的急速提高，银行与保险公司的互利合作，无疑成为转嫁风险、实现对押汇流程有效控制的最佳选择之一。[①]

总之，对于进口押汇业务流程之完善可以分三步：第一步，应当放弃单据作为物的担保方式，完善押汇流程；第二步，保留单据作为物的担保方式，完善信托流程；第三步，尽可能完善现有“押汇 + 信托”机制项下合同条款。因此，基于以上分析，德和衡律师认为：（1）在我国目前立法和司法实践中，在进口押汇业务中使用信托收据会产生提单下货物所有权混乱的问题。如果所有权归属银行所有，信托权成立。（2）如果所有权归属进口商所有，抵押或者质权成立。这两者并列使用会存在法律层面的冲突，因此，在实践中部分银行，比如中国银行，已经通过信托收据与进口押汇的分离使用来避免出现上述法律风险。然而，中国银行的进口押汇业务是对信用证开证业务的延续，信用证项下进口押汇并不以信用证项下的单据质押作为担保措施，而是延续进口商在申请开证时采取的担保措施。前文所述，最高人民法院再审的“GDLY 公司、HLYD 公司与 JSGZLW 支行等信用证开证纠纷案”认定在建行不放单的情况下，质押权成立；但从业务本质看，这是一种动产所有权转移的担保融资。（3）在银行放单情况下，德和衡律师建议信托倾向成立，但是质押不成立。如果信托收据与进口押汇并列使用，会存在重大法律风险。

① 参见李玫：《大宗商品融资风险研究》，载《市场周刊》2013 年第 8 期。

第三节 国际贸易出口融资中的主要法律问题

国际贸易出口融资中最主要的是出口押汇，出口押汇已经在银行国际业务中得到了广泛开展。然而，到目前为止，国内外并没有关于出口押汇的准确界定，也没有专门的法律制度可以用来规范出口押汇。在银行业实践中，各银行对于出口押汇的理解和操作并不一致；在司法实践中，法院的观点也存在一定差异。信用证项下出口押汇和托收项下出口押汇是出口押汇的两种主要形式，区别在于：信用证项下出口押汇中押汇银行收款的对象是开证行，只要出口商用来叙做押汇的信用证项下的单据与信用证规定的条款相符，押汇银行就可以向开证行索偿押汇信用证项下的款项，可以用索偿的款项清偿出口商的押汇融资款项，押汇银行收回押汇融资款的风险相对较低；而托收项下的出口押汇中押汇银行收款的对象是进口商，进口商的商业信用低于银行的银行信用，进口商支付货款的能力和意愿都会影响押汇银行收回押汇款项，风险相对较大。基于此，在银行实践中，银行更倾向于做信用证项下出口押汇业务。因此，本节针对信用证项下出口押汇进行研究，对其他出口贸易融资不做赘述。

虽然作为一种实务，信用证项下出口押汇已经成为我国各大银行广泛开展的业务，然而无论是UCP600还是我国的法律，均没有对出口押汇的含义进行规定，银行业对此也没有一致的制度设计和安排。英美法系也不存在关于信用证项下出口押汇的概念，只有议付的概念。在国际惯例上，（出口）押汇和议付是同一个概念，两者的英文都是“Negotiation”。“出口押汇”一词的来源至今尚无准确的定论。我国香港特别行政区的词典或者其他可供参考的文献中均没有“押汇”一词。在香港银行界，银行在跟单信用证及托收项下向进口商及出口商提供的贸易融资均被称为“押汇”，类似押汇融资业务中的“押汇”和“议付”都是用同一个英文“Negotiation”来表示。①

① 参见秦宏昌：《出口押汇的法律问题研究》，载《金融理论与实践》2006年第1期。

《布莱克法律词典》对"Negotiation"的解释是：通过交付或者背书将票据进行转让，受让人获得该票据需要支付价值、出于善意，并且不知道该票据存在相互冲突的权利请求或者抗辩。① 而根据 UCP600 的规定，"Negotiation"，是指在相符交单的情况下指定银行购买汇票及单据或者购买单据的行为。一家指定银行如果要获得议付行的地位，必须满足以下四个条件，缺一不可：第一，该银行必须是信用证项下的指定银行；第二，该银行必须实施了预付或者同意预付信用证项下款项给受益人的行为；第三，该行为必须是在确认相符交单的前提下实施的；第四，预付或者同意预付的时间节点必须是在该银行应当从开证行获得偿付的银行工作日当天或者之前。② 由此可见，我国香港特别行政区银行业实务中的押汇和议付从 UCP600 的角度理解都是支付对价购入票据，二者被视为同一概念。此外，并不区分进口押汇和出口押汇，统一被冠以"押汇融资"之名。鉴于找不到国外与"押汇"相对应的书籍和论述，有一些学者认为，"出口押汇"是中国特有的，是源于我国银行实践中的一个概念。③

然而，从"ZS 银行与 AHJS 公司、ACME POWER INTERNATIONAL TRADING LIMITED、HZ 银行信用证欺诈纠纷案"④ 和"DY 银行与 DL 公司信用证纠纷申请再审案"⑤ 中可以看出，我国银行在办理信用证项下议付结汇业务时，并不是按照国际惯例审单付款，而是在出口商填写银行印制的"出口押汇申请书"并签订"押汇协议"后才付款。这些书面文件一般都载有银行因押汇而议付或贴现出口商所签发的汇票，如遇付款人拒付或破产重整时，出口商愿意偿还该押汇款项等条款。在我国，信用证项下出口押汇是银行在信用证业务的操作过程中，将国际上通行的议付作了变通后而出现的一个概念，是我国及部分地区银行业务实践中特有的概念，和国际上通行的"议付"既有区别又有联系。本节将以信用证项下出口押汇作为研究的重点，在研究信用

---

① See Bryan A. Garner, *Black's Law Dictionary*, Ninth Edition, USA, Thomson West Publishing Co., 2009, p. 1137.

② 参见苏宗祥、徐捷：《国际贸易结算》，中国金融出版社 2015 年版，第 576 页。

③ 参见秦宏昌：《出口押汇的法律问题研究》，载《金融理论与实践》2006 年第 1 期。

④ 参见安徽省高级人民法院民事判决书，(2015) 皖民二终字第 00737 号。

⑤ 参见最高人民法院民事裁定书，(2014) 民申字第 680 号。

证项下出口押汇实务操作的基础上，结合国内外的相关法律规定、国际惯例、国内外法院的判决和司法实践中的观点，对信用证项下出口押汇国际贸易融资中的法律问题做一系统研究和分析。

利用“威科先行”数据库，以“出口押汇”为关键词、“银行”为当事人，对2018年1月1日~2020年12月31日裁判文书进行检索，共检索到相关案件584件，其中，2018年共计255件，2019年共计173件，2020年共计156件（见图5-18）。在审理法院的级别方面：基层人民法院审理的此类案件最多，占比为57.88%；中级人民法院次之，占比为30.82%；高级人民法院占比为8.73%；专门法院占比为1.71%；最高人民法院占比为0.86%（见图5-19）。在案件的审理程序方面：一审案件占比为68.32%，二审案件占比为16.10%，再审、执行、破产和其他案件合计占比为15.58%（见图5-20）。在地域分布方面：浙江、山东、广东、北京、江苏这五个省市的案件最多，占比分别为23.57%、18.89%、11.27%、10.57%、8.84%，这同这些地区有较大的港口以及国际贸易比较发达有关（见图5-21）；此外，出口押汇案件的涉案标的额相对来说比较大，29.21%的案件的涉案标的额都在1000万~5000万元以上，26.05%的案件的标的额在100万~500万元，最少的是标的额在0~10万元的案件，占比为3.95%（见图5-22）。

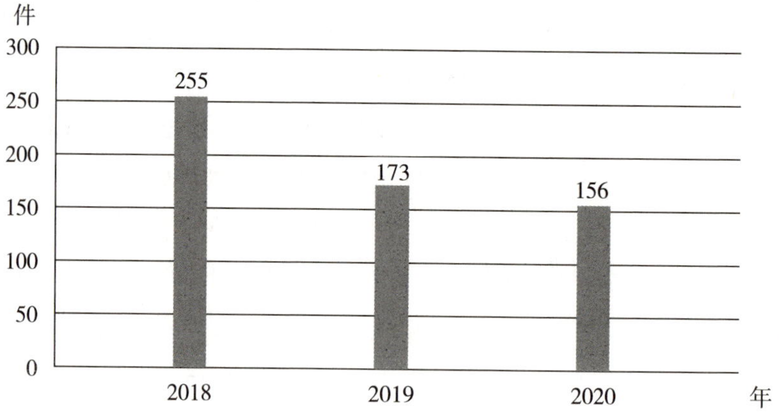

图5-18 案件审理数量年份分布

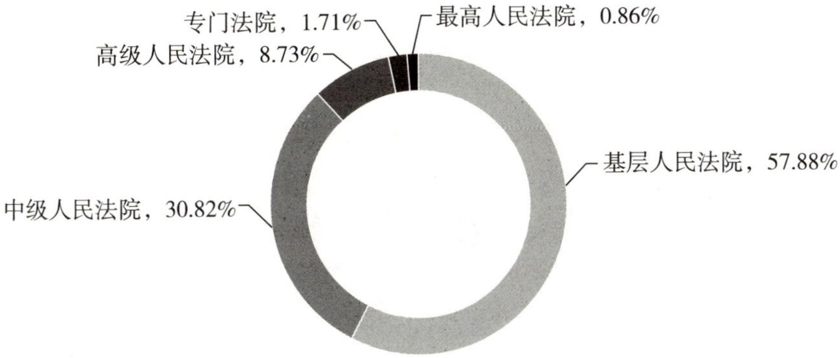

图 5-19　审理法院级别分布

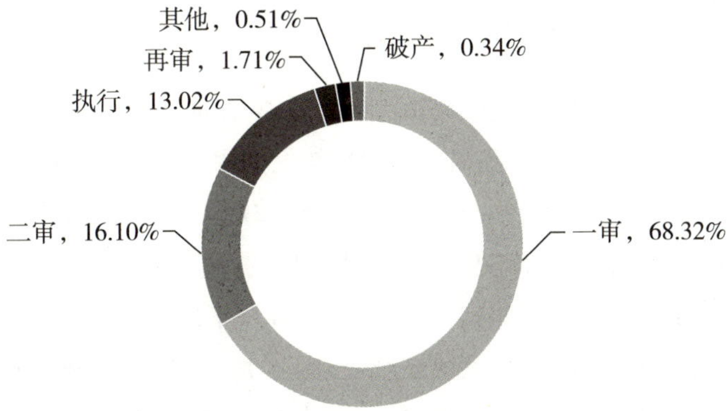

图 5-20　案件审理程序分布

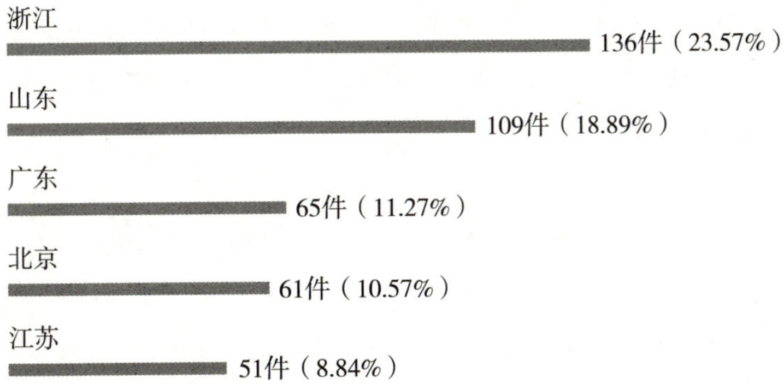

图 5-21　案件主要地域分布

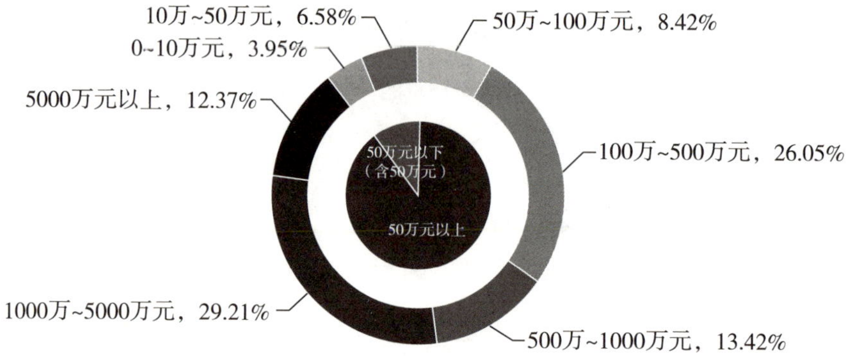

图 5-22 案件标的额分布

一、信用证项下出口押汇的界定

信用证项下出口押汇是国际贸易中比较常见的一种短期融资方式，但UCP对此并未有任何规定。我国现行的法律框架内尚无关于信用证项下出口押汇的法律规范，各大银行也未形成统一的操作规程。①有观点认为，出口押汇是指在国际贸易中依托出口贸易的信用证或者托收结算背景，一般包括信用证项下出口押汇和托收项下出口押汇。②信用证项下出口押汇，是指出口商凭借进口商银行开来的信用证将货物装船发运后，按照信用证的要求制作出口单据，随后向其往来银行提交上述单据。该银行以出口单据所代表的应收账款作为质押，或者以信用证项下有关汇票/出口单据所代表的物权作为质押，通过参照信用证票面金额以全额或者一定比例垫付给出口商，然后向开证行交单索汇，并将收回的款项归还上述垫付押汇款本息，同时对出口商保留追索权的一种短期出口贸易融资银行行为。同其他融资方式相比，出口押汇是一种“装船或者发货后的融资”。

（一）银行实务界对于信用证项下出口押汇的界定

关于信用证项下出口押汇的含义，综观银行界的实务，有以下几种：

① 参见尤杰、周学：《信用证项下出口押汇的法律风险及控制》，载《农业发展与金融》2011年第3期。

② 参见徐捷：《国际贸易融资——实务与案例》，中国金融出版社2013年版，第138页。

1. 一种以信用证项下单据作抵押担保、保留追索权的贸易融资银行为

根据中国银行官方网站的介绍，信用证项下出口押汇，是指在出口商发货并按照信用证的要求向银行提示单据后，以上述出口单据作为抵押，银行提供融资的行为。《中国银行国际结算业务基本规定》认为，信用证项下出口押汇是以完备正确的货运单据作抵押，在收到开证行支付的货款之前，向出口商融通资金的业务活动。该规定要求出口押汇的申请人应为跟单信用证的受益人。根据该规定，中国银行提供的信用证项下出口押汇业务具有以下特点：（1）凭出口商提供的信用证项下完备正确的货运单据作抵押；（2）出口商应与银行签订出口押汇总质押书，以保证在出口单据因单证不符或其他原因此遭拒绝付款或承兑时，立即偿还押汇银行垫款的本息或各项费用；（3）一般情况，叙做信用证项下出口押汇融资业务时，要求出口商提交的单据与信用证的规定相符，但并不绝对排除叙做信用证项下不符单据出口押汇业务；（4）银行对出口商保留追索权，但是该银行是承兑银行、付款银行、承兑行除外。

关于信用证项下出口单据在出口押汇业务中的作用，《中国银行国际结算业务基本规定》中使用的中文词语是“抵押”；中国银行总行删除了上述规定中使用的抵押一词，并且也未使用“购入或买入”“质押”等措辞；中国银行纽约分行使用的英文单词是“mortgage”，而“mortgage”在《元照英美法词典》中的中文含义是抵押和抵押权。[①] 总体来说，中国银行是将信用证项下相符或存在不符点的单据作为抵押担保，而不是质押担保，将信用证项下出口押汇视为是一种以信用证项下单据作为抵押担保，并保留对出口商具有追索权的贷款融资银行为。

2. 一种以信用证项下全套单据作为质押担保的贸易融资银行为

根据工商银行总行官网对出口押汇/贴现业务的描述，信用证项下出口押汇，是指在出口商向工商银行提交信用证项下全套单据之后，如果出口商需要资金融通，工商银行可以凭借出口商提交的上述单据做质押担保，为出口商办理信用证出口押汇融资。据此可以看出，工商银行总行是把信用证项下出口押汇视为以信用证项下全套单据作为其向出口商提供融资贷款的质押担保。

---

① 参见薛波主编，潘汉典总审定：《元照英美法词典》，法律出版社2003年版，第930页。

根据工商银行黑龙江省分行官网对出口押汇业务的介绍，出口押汇是以出口商的全套货运单据作为质押担保而向出口商提供的一种短期融资银行为，叙做信用证项下出口押汇的单据可以是与信用证的规定相符的单据，也可以是与信用证的规定存在不符点的单据。但是，在存在不符点的情况下，需要事先收到开证行或保兑行同意接受不符点的电文或者出口商在工商银行核有授信额度的情况下，才可以叙做信用证项下出口押汇。

根据民生银行总行官网介绍，出口押汇是以信用证项下出口单据项下收汇权利作质押，向出口商提供的保留追索权的短期融资。①

根据中信银行官方网站上的介绍，中信银行从事出口押汇业务时，会要求出口商与中信银行签订《出口押汇合同》，同时签订《担保合同》（若有）；出口商向中信银行提交《出口押汇申请书》，同时提交全套出口单据；中信银行对申请进行审核批准后，向出口商发放出口押汇融资款项。此外，如果是限制其他银行议付的信用证、单证不符的出口单据办理出口押汇，须占用出口商在中信银行的授信额度。中信银行提供的信用证项下出口押汇贸易融资服务具有以下特点：（1）申请出口押汇贸易融资业务的出口商需要提供全套货运单据作为质押标的物；（2）押汇行保留向出口商的追索权；（3）既提供凭相符单据的出口押汇，也提供凭存在不符点的单据的出口押汇，区别在于后者需要占用出口商在中信银行的信用额度。

3. 一种购买信用证项下跟单汇票、保留追索权的贸易融资银行为

根据工商银行深圳市分行官网对出口贸易融资业务——出口押汇的介绍，开证申请人应向银行提供以下文件和资料：出口押汇申请书、信用证正本、信用证项下所要求的全套单据、需提供的其他资料。在办理信用证项下出口押汇时，出口商必须填写质押书，确认除非开证行拒付属押汇银行的过失，否则，银行对单据、汇票拥有所有权和处理权，以及对出口商拥有追索权。此外，针对单证不符或单单不一致、信用证限制议付、开证行、付款行所在地政局动荡或发生战争、开证行资信不佳或经营作风恶劣且非工商银行代理行、索汇线路迂回曲折、提单预借或倒签、押汇行为保兑行或付款行等情况，一般不叙做信

① 参见张晓妩：《议付与出口押汇之辨》，载《中国外汇》2016 年第 1 期。

用证项下出口押汇。据此可以看出，工商银行深圳市分行叙做的信用证项下出口押汇具有以下特点：(1) 通过购买信用证下的跟单汇票向出口商提供融资；(2) 以信用证正本和信用证项下所要求的全套单据作为出口押汇融资的质押物；(3) 在开证行拒付不是由于押汇银行自身的过失造成的情况下，押汇银行对单据、汇票拥有所有权和处理权，以及对出口商拥有追索权；(4) 一般情况，叙做信用证项下出口押汇融资业务时，要求出口商提交的单据与信用证的规定相符，但并不绝对排除叙做信用证项下不符单据出口押汇业务。

综上所述，可以看出如果叙做信用证项下出口押汇的信用证是自由议付信用证，此时会涉及两种法律关系：一种是议付行在信用证下与作为受益人的出口商、开证行之间的法律关系；另一种是兼有议付和押汇双重身份的银行议付和买入了出口商提交的以开证人为付款人的跟单汇票而产生的票据关系。兼具议付和押汇双重功能的银行由于对信用证项下跟单汇票的提前付款（买入）而同时成为一家合格的议付行和票据法上的正当持票人。该议付兼押汇银行取得了票据法上赋予持票人的两种权利：向开证行的付款请求权和向作为汇票出票人的出口商的追索权。在这种情况下，除非开证行承兑了汇票，否则汇票的主债务人是出口商而不是开证行。但是，由于还存在信用证关系，在相符交单的情况下，该议付兼押汇银行同时取得了议付行的地位，从而拥有向开证行索偿的权利，开证行此时负有向该议付兼押汇银行承担绝对付款的责任。此种情况下，票据关系和信用证关系交缠在一起。鉴于工商银行深圳分行一般不做单证不符或单单不一致、信用证限制议付的出口押汇，可以看出工商银行深圳市分行对信用证项下出口押汇的界定实质上是指信用证议付。此外，关于“要求出口商必须填写质押书，确认除非开证行拒付属押汇银行的过失，否则，银行对单据、汇票拥有所有权和处理权”的规定，由于押汇银行购买的是信用证项下的跟单汇票，其对汇票拥有所有权和处理权毋庸置疑，但是其不能再作为质押书中的质押标的；质押书的标的只能是信用证项下跟单汇票之外的其他代表货权或者其他权利凭证的单据，根据前述有关法律禁止“流质”的规定，押汇银行不能在开证行拒付时直接拥有对质押物的所有权。

4. 一种买入信用证项下全套出口单据的贸易融资银行行为

农业银行印发的《国际贸易融资业务信贷管理暂行办法》将“出口押汇”

界定为，出口商将信用证项下的全套出口单据提交农业银行，由农业银行买入单据并将净额预先付给出口商的一种融资方式。据此可以看出，农业银行是通过购买出口商向其提交的信用证项下的全套出口单据来向出口商提供的一种短期贸易融资银行为。此外，综上所示，建设银行海外分行，比如胡志明市分行也是采用此种方式开展信用证项下出口押汇业务。农业银行总行官网未对信用证项下出口押汇含义作出具体界定，只是简单描述了信用证项下出口押汇的运作流程与方法，未对出口押汇的性质特点作出界定。

根据招商银行官方网站上对招商银行信用证业务全程陪护企业国际贸易的介绍，招商银行既可凭相符单据向出口商提供信用证项下出口押汇贸易融资，也可以凭存在不符点的单据向出口商提供信用证项下出口押汇贸易融资。区别在于：如果出口商向招商银行提交的单据属于单证相符、单单相符的情况下，出口商不需要提供担保和抵押就可以获得招商银行提供的出口押汇融资；如果出口商提交的单据存在不符点，出口商需要向招商银行申请授信额度。

根据中国银行总行官网上对出口押汇产品的介绍，信用证项下出口押汇中可以分为信用证项下单证相符出口押汇和信用证项下单证不符出口押汇两种类型。中国银行总行并未明确表示其是在以信用证项下的单据作为抵押、质押还是购买了上述单据的基础上提供的出口押汇融资。

上述表述体现了相关银行对信用证项下出口押汇性质和特定的基本认识和界定，与 UCP600 项下议付的界定是基本相同的。但是，在此观点下，押汇银行由于买入的是信用证项下全套出口单据而成为提单所有权人，而提单代表货物，相应的，押汇银行也就成为货物所有权人。既然押汇银行是货物所有权人，在出口商和进口商未支付与提单项下货物有关的费用时，比如出口商未支付或者全部支付提单项下货物的运输费用，那么押汇银行承担货物运输的费用就顺理成章。①

5. 一种购买信用证项下单据支持的应收账款、保留追索权的贸易融资银行为

在中国银行马来西亚分行的官方网站上，出口押汇是指中国银行（马来

① 参见林建煌：《出口押汇到底是什么》，载《中国外汇》2012 年第 1 期。

西亚）有限公司从出口商那里购买出口信用证项下由银行承付的未到期债的请求权。如果开证行未支付即期信用证项下的款项或到期日未支付远期信用证项下的款项，中国银行（马来西亚）有限公司保留对出口商的追索权。“出口押汇和贴现”产品旨在满足即期/远期信用证项下出口企业的短期融资需求。由此可见，中国银行马来西亚分行是通过购买出口信用证项下由银行承付的未到期债的请求权的方式来向出口商提供贸易融资，其对出口商保留追索权。

根据兴业银行官方网站的介绍，信用证项下出口押汇，是指在出口商发货后，出口商向银行申请信用证项下出口押汇，银行应出口商的申请，在其提交全套出口单据、贸易合同和相关出口证明等材料的情况下，向出口商发放贷款，给予出口商有追索权的短期资金融通，并以信用证项下相应的出口收汇款项作为第一还款来源保障的贸易融资业务。押汇银行在扣除贷款本息后剩余款项划拨给出口商。

6. 用议付替代信用证项下出口押汇

根据建社银行印发的《贸易融资额度管理暂行规定》，建设银行取消了贸易融资业务中“押汇”的提法。理由是“押汇”一词在我国法律中没有明确的定义，虽然各银行都在使用，但一旦与客户发生纠纷，法院往往难以界定押汇业务的性质，从而导致对银行不利的判决。而议付和贷款在法律和国际惯例中都有明确的定义，有利于明确银行与客户间的权利义务。因此，根据各种贸易融资业务的实际性质，建设银行在该通知中将出口押汇、出口托收押汇和进口押汇三种业务分别更名为议付、出口托收贷款和信托收据贷款。由此可以看出，建设银行用议付取代了信用证项下出口押汇。此外，德和衡律师搜索建设银行国内网站，并未发现有关出口押汇业务的任何介绍。

但是，建设银行海外分行，比如胡志明市分行还是会叙做信用证项下出口押汇。根据建设银行胡志明市分行官网的介绍，其提供最高为信用证交单金额的 100% 的议付或押汇。该行认为，议付是在单证相符的情况下，在占用代理行金融机构额度的前提下支付对价的包买单据融资银行为。在信用证项下单据相符或虽单证不符但开证行已确认同意接受不符点的情况下，该行办理的议付只占用开证行金融机构额度，不占用出口商的额度，也无须出口商提供额外担保；在单证不符或虽单证相符但开证行在该行没有金融机构额度或金融机构额度不足的情况下，需要出口商在该行有授信额度才可以办理议付。该行认为，无论是议付还是信用证项下出口押汇，都是在交单后将出口单据项下应收货款先行解付给客户，然后凭单据向开证行索汇的融资银行为，一般均保留追索权。据此可以看出，建设银行胡志明市分行是通过购买信用证项下的单据（相符单据或者存在不符点的单据）来向出口商提供的保留追索权的融资银行为。此外，建设银行胡志明市分行提供的议付和出口押汇本质上是一样的，区别仅在于出口押汇需要出口商提供保证。

总体来说，建设银行是将信用证项下出口押汇视为议付。然而，建设银行的这种概念表述将二者混为一谈，实质上，议付与出口押汇有着本质上的区别的。德和衡律师将在下文中对此加以详细论述。

综上所述，不难看出，各家银行都在其信用证项下出口押汇业务介绍中强调，该行提供的信用证项下出口押汇业务是为出口商提供的一种短期资金融通行为。中国银行总行在其官网上有关信用证项下出口押汇的表述中删除了《中国银行国际结算业务基本规定》和中国银行纽约市分行官网的介绍中“银行凭出口商提供的信用证项下完备正确的货运单据作抵押”中的“抵押”一词，并且在其官网的英文表述中一律使用“Export Bill Purchase”一词。中国银行总行在对信用证项下出口押汇的表述中，既没有使用质押、抵押，也没有使用买入或购买等措辞。一些银行把信用证项下出口押汇视为基于信用证项下出口单据质押或抵押而发生的借贷关系，在此种情况下，押汇银行享有的只是担保上的权利；一些银行则把信用证项下出口押汇视为信用证项下的议付来操作，实际上却是混淆了信用证议付与信用证项下出口押汇的概念；还有一些银行把信用证项下出口押汇视为是买入信用证项下全套单据、汇票或者单据支持的应收账款，从而可能成为所有权人。

这几种不同的操作方式下各方的权利义务关系有所不同，具体分析如下：(1) 将信用证项下出口押汇视为附有担保（无论是抵押还是质押）的借贷关系。如中国银行的抵押说，工商银行、民生银行、中信银行的质押说。如果把信用证项下出口押汇视为借贷关系，押汇银行作为担保权人，有权在出口商不按期还款时实现担保权。在银行的信用证项下出口押汇业务操作中，银行往往只要求转移票据（汇票和单据）占有，而不要求进行票据质押背书。这样一来，作为担保权人的银行就无法行使票据权利，即无权以自身名义要求付款人或者开证行承兑或者付款。（2）将信用证项下出口押汇当作一种通过买入信用证项下全套单据或者单据所支持的应收账款①或者信用证项下的跟单汇票进行的融资银行为。（3）将信用证项下出口押汇视为议付，如建设银行。如果把信用证项下出口押汇视为议付关系，由于议付本质上是银行买入信用证项下单据并给付对价的买卖行为，押汇银行在议付后对出口单据就享有了所有权。如果押汇银行交单相符而国外开证行不按期支付出口票据项下款项，根据信用证相关国际惯例，押汇银行有权以自身名义向开证行索偿。当然，如果所议付的单据中包含跟单汇票，基于票据法，在遭到开证行拒绝承兑或付款时，押汇银行还有权以正当持票人的身份向作为跟单汇票的出票人，即出口商追索。（4）只强调信用证项下出口押汇是一种融资银行为，但是并未明确信用证项下单据的作用是抵押、质押还是买卖。

信用证项下出口押汇的确体现了出口商和押汇银行之间借贷和担保的关系，但是每个银行都对本行从事的信用证项下出口押汇业务分别作出了特别的表述，不再强调抵押、质押、议付、买入单据等关系，而是强调其是一种短期融资关系，特别是中国银行马来西亚分行、工商银行深圳市分行、农业银行、兴业银行在信用证项下出口押汇中使用的是“购买”，有意与 UCP600 议付中“purchase”相一致。值得注意的是，无论把信用证项下出口押汇视为借贷关系还是议付关系，在押汇银行向国外付款人或者开证行索汇遭到拒付或拒绝承兑时，押汇银行都有权要求出口商偿还相应的押汇款项和相应的利息、手续费等。德和衡律师认为，应当分析出口押汇的具体行为来决定其法律性质，其既可以是以单据/汇票（如有）质押为担保物权的借贷行为，与融资人产生债权债务法律关系，并产生对单据的用益物权的法律后果；也可以是议付行为，核心是符合 UCP600 关于议付定义下的买卖单据及票据的买卖行为，非借贷资金行为。

（二）司法实践对信用证项下出口押汇的界定

在“ZS 银行与 AHJS 公司、ACMEPOWER INTERNATIONAL TRADING

---

① 参见孙一城、蒋琪：《出口押汇与信用证项下议付之“旋转门”》，载《法人》2017 年第 8 期。

LIMITED、HZ银行信用证欺诈纠纷案”① 中，一审法院安徽省合肥市中级人民法院认为，所谓信用证项下出口押汇，是指在信用证项下，由出口地银行以全套货运单据及汇票为质押品向出口商提供资金融通的一种银行业务。二审法院安徽省高级人民法院认为，UCP600没有对信用证项下出口押汇作出规定，出口押汇是国内银行在实践中形成的概念，意指受益人向往来银行递交信用证要求的单据，该银行将款项垫付给受益人，然后向开证行寄单索汇以回收款项归还押汇款本息并保留追索权的一种短期出口融资业务，其本质是以受益人在信用证项下的付款请求权作为质押而进行的融资借款，往来银行通常按照票面金额的80%～90%向借款人（受益人）放款。由此可以看出，一审和二审法院均认为信用证项下出口押汇是一种以信用证项下单据或者信用证项下的付款请求权作为质押担保的借贷关系，不同点在于一审法院认为质押的标的物是信用证项下的单据，二审法院认为质押的标的物是信用证项下的付款请求权。

本案一审法院认为，在判断信用证项下出口押汇能否构成信用证议付时，需结合案件事实综合认定该行为是否符合UCP600中关于信用证议付的构成要件。UCP600关于“议付”的定义明确了议付是对票据及单据的买入行为。一审法院认为，本案中的《出口押汇申请书》等证据约定了融资的金额、期限、手续费、逾期利息和复息、以信用证项下单证作为担保、以信用证项下回笼款项归还押汇本息及相关费用等，从上述约定来看，涉案的出口押汇业务实质上是一种融资法律关系，即银行为出借人、出口商为借款人，而信用证项下的单据仅仅是该融资法律关系中的一种担保。作为出借人的出口押汇银行在本案中的出口押汇行为并非针对票据的买入行为。

在押汇银行是否能够取得议付行地位这个问题上，二审法院同意一审法院关于“议付”的标准。二审法院认为，在判断押汇银行是否为涉案信用证的议付行时，须根据UCP600第2条和第14条的规定进行审查。在本案中，涉案信用证为自由议付信用证，根据UCP600第2条关于“指定银行”的规定，押汇银行可以成为涉案信用证的指定银行；出口商向押汇银行提示了信用证要求的全套单据，押汇银行在收到单据后5个工作日内进行了审单并且确认单单

① 参见安徽省高级人民法院民事判决书，（2015）皖民二终字第00737号。

相符、单证相符，符合 UCP600 第 14 条 b 款关于指定银行审单期限的规定；押汇银行向出口商放款是在开证行承兑信用证项下的汇票以后、汇票到期日之前，付款金额亦是扣除正常议付手续费用后的金额，其国际结算远程通信系统中亦将该笔业务记载为议付，符合 UCP600 第 2 条的规定。因此，二审法院认为押汇银行对涉案信用证的操作满足了 UCP600 第 2 条关于议付的条件，其可以取得涉案信用证的议付行地位。由此可见，根据二审法院的观点，如果信用证项下出口押汇中的押汇银行符合信用证议付行的标准，信用证项下出口押汇就自动转换为了信用证议付。

在“DY 银行与 DL 公司信用证纠纷申请再审案”① 中，《出口押汇申请书》载明是申请办理有追索权出口押汇业务。对于该《出口押汇申请书》的法律性质，最高人民法院在再审裁定书中认为本案所涉信用证载明为自由议付。受益人向押汇行提交的申请书名称为《出口押汇申请书》，但从其内容看，受益人的真实意思是请求押汇银行购买信用证项下的单据。押汇银行也实际购买了该信用证项下的单据，且出具的《结算通知书》中载明扣除的费用是“信用证议付手续费”。押汇银行的行为完全符合 UCP600 关于议付的规定，因此，押汇银行在本案所涉信用证法律关系项下是议付行。该判决明确表明《出口押汇申请书》并不影响对押汇银行兼具议付行身份的定性。

（三）理论界对信用证项下出口押汇的界定

1. 质押说

该学说认为，信用证项下出口押汇是银行向出口商提供的一种质押担保融资银行为，即银行凭信用证受益人提供的信用证项下的单据或单据所支持的应收账款作质押，在收到开证行支付的货款之前向出口商提供的资金融通行为。具体来说，该学说认为，信用证项下出口押汇，是指在国际贸易中依托出口贸易的信用证背景，出口商凭借信用证将货物装船后，按照信用证的要求制作出口单据，随后向其往来银行提交上述单据。该银行或以出口单据所代表的货权，或以出口单据所代表的应收账款，或以信用证项下的汇票作为质押，全额

① 参见最高人民法院民事裁定书，（2014）民申字第 680 号。

或者一定比例垫付给出口商，然后向开证行交单索汇，并将收回的款项归还上述垫付押汇款本金和利息。同时，银行对出口商，即出口押汇申请人保留追索权的一种短期出口贸易融资银行为。[①] 简言之，该种学说认为，信用证项下出口押汇属于贷款行为，[②] 是一种以信用证项下单据、汇票、货运单据、单据所支持的应收账款或所代表的货权为质押的借贷法律关系。

2. 抵押说

该学说将信用证项下出口押汇看作一种附有抵押担保的融资银行为。具体来说，是指银行凭借作为信用证受益人的出口商提交的信用证项下的单据作抵押，在收到开证行支付信用证项下款项之前，向出口商进行的资金融通行为。抵押说与质押说一样，将信用证项下出口押汇的法律性质定性为附有抵押担保的贷款行为。如前所述，以《中国银行国际结算业务基本规定》和中国银行纽约市分行的界定为代表。

然而，根据我国《民法典》《民法典担保制度解释》《元照英美法词典》对抵押和抵押权的规定和解释，抵押是指债权人在债务人为担保债务的履行而提供但不转移占有的财产上设定的优先受偿权。关于抵押权的性质，早期的普通法认定，抵押物所有权应先让给债权人。如果债务人按照约定履行债务，抵押关系消灭，抵押物所有权转让失效。如果债务人不能按照约定履行，抵押物即全归债权人。但是，由于抵押物的价值一般都会大于债务，衡平法认为此种做法对债务人不公平，抵押关系设定的并不是抵押物所有权的转让，而是对抵押物的优先受偿权。[③] 由此可见，"不转移抵押财产的占有"是抵押的一个典型特征。

在信用证项下出口押汇中，作为信用证受益人的出口商在申请叙作出口押汇时需要将全套单据交付给押汇银行，押汇银行需要凭此单据向开证行索偿，据此可以看出，这一行为并不符合英美法和我国现行法律框架下有关抵押的特征和内涵。此外，根据我国《民法典》对可以作为抵押财产的范围所作的规

---

① 参见苏宗祥、徐捷：《国际贸易结算》，中国金融出版社 2015 年版，第 576 页。

② 参见最高人民法院中国应用法学研究所编：《人民法院案例选编》，中国法制出版社 2002 年版，第 268 页。

③ 参见薛波主编，潘汉典总审定：《元照英美法词典》，法律出版社 2003 年版，第 930 页。

定，汇票、提单和仓单等票据或单据不能成为抵押的标的物，不能当作抵押财产。因此，信用证项下出口押汇业务中要求出口商将全套单据交付给银行的行为，与其说是将信用证项下单据抵押给押汇银行，毋宁说是将单据所代表的权利质押给银行，作为银行提供的出口押汇融资款本息偿还的担保。

3. 购买说

质押说是学术界的主流观点，认为其中的“押”字指的是单据质押。但是持购买说观点的学者却对质押说进行了反驳，认为该观点存在缺陷，理由是如果信用证项下出口押汇是以单据质押作为基础，在进行深入解释的时候会遇到一系列无法解释的障碍，比如追索权。其认为追索权只适用于买卖关系，不适用于借贷关系，因为借贷本来就是要归还的，不存在追索的问题。因此，据此而提出了一种新的观点，认为信用证项下出口押汇既不是主流观点中的借贷关系，也不是英文用语中的“买单”关系——通过购买信用证项下的单据而以单据直接支持出口押汇融资，而是一种买入单据支持的未来账款的行为。①据此可以看出，购买说认为，信用证项下出口押汇是指应作为信用证受益人的出口商申请，一家银行在扣除出口押汇的相关费用后给付对价买入相符单据或者不相符单据支撑的应收账款的一种融资银行为，包括 UCP 下的议付行为和狭义的出口押汇行为。

狭义的信用证项下出口押汇仅限于开证行未接受的不符点单据，或者非信用证项下指定银行，或者非指定议付信用证，此时只是利用了信用证项下单据的控货功能。该学说认为，实务中的信用证项下出口押汇是指狭义的出口押汇行为，不包括 UCP 下的信用证议付行为。该学说认为“信用证项下出口押汇是属于买入应收账款的融资银行为”不但可以很好地解释追索权的问题，还能很好地解释信用证项下出口押汇商业风险的承担问题。该学说认为，信用证项下出口押汇是一种买卖关系，是押汇银行提前买入信用证项下单据所支撑的未来应收账款。需要注意的是，此处的单据包括相符单据和不符点单据，押汇银行包括指定行和非指定行。押汇银行由于买入了信用证项下单据所支持的应收账款而成为应收账款的所有人。同时，押汇银行在该买卖关系中保留了针对

① 参见林建煌：《品读信用证融资原理》，中国民主法制出版社 2011 年版，第 217～218 页。

出口商，即应收账款卖方的追索权。该追索权可以保证押汇银行在向主债务人收取信用证项下款项遭到拒付时转向出口商追回押汇款。该学说认为，鉴于押汇银行只是买入了信用行项下单据所支撑的应收账款，因此押汇银行不必对作为质押或者留置标的单据所对应的货物价值波动承担商业风险。① 这也是该学说区别于把信用证项下出口押汇视为买入信用证项下单据的重要地方。在后一种观点中，押汇银行由于买入的是信用证项下的单据而成为单据，比如提单，所代表的货物的所有权人。在此情况下，押汇银行能够收回的款项会随着单据项下货物价值的波动而波动。此外，还可能会产生其他需要由押汇银行支付费用的情况，比如货运运费或者滞港费等。

然而，关于“追索权”的问题，根据《元照英美法词典》的解释，在债权债务关系中，追索权是指在主债务人违约时，除以抵押财产清偿贷款外，贷款人还有权要求以借款人或者担保人的个人财产清偿贷款。据此可以看出，认为追索权“只适用于买卖关系，不适用于借贷关系”的观点站不住脚。

4. 议付说

该学说认为，信用证项下出口押汇是指保留追索权的一种短期出口融资业务。② 该学说认为，信用证项下出口押汇就是信用证议付，由被授权议付的银行对汇票或票据付出对价，仅审核单据而未付出对价并不构成议付。如议付行受到开证行拒付，议付行可向受益人追索垫付的款项（除非议付行对该信用证已经作出了保兑）。③ 这是因为银行对汇票及其他单据支付了对价，符合信用证议付的标准，认为信用证项下出口押汇比较规范的中文表述就应该是议付。④ 还有学者建议在实践中直接明确信用证项下出口押汇就是信用证议付，⑤

① 参见林建煌：《品读信用证融资原理》，中国民主法制出版社 2011 年版，第 218 ~ 219 页。

② 参见张岳令：《信用证项下进口押汇法律问题研究》，大连海事大学 2012 年博士学位论文，第 9 页。

③ 参见孙佩：《国际贸易中信用证结算中融资担保的法律问题》，载《当代法学》2002 年第 12 期。

④ 参见杨红、沈秋红：《国际信用证项下押汇业务的法律问题》，载《金融理论与实践》2004 年第 3 期。

⑤ 参见何波：《论信用证押汇的法律问题》，载《人民司法》2004 年第 3 期。

或者认为应当将二者等同或视为等同对待。①

综上所述，质押说是理论界和实务界的主流观点。该观点从根本上排斥了押汇申请人的信用证项下的议付行地位。抵押说与我国《民法典》相关规定相悖，不具有现实意义。购买说的核心是购买应收款项的融资银行为。议付说更加具备理论意义与现实意义。德和衡律师认为，在一项国际货物买卖交易中，出口商和进口商都要承担不同种类的风险，就连为本项交易提供国际贸易融资的银行也不能幸免。在很大程度上，这些风险是商业领域的自然风险。对于信用证项下出口押汇是购买或者买入信用证项下的单据或者单据所支撑的应收账款，还是以信用证项下全套单据或者单据所支撑的应收账款或者所代表的货权/货物做质押或者抵押的贷款，这些区别对于需要以信用证作为融资工具从银行获得融资款的出口商，以及以获得利润为目的的银行来说都是非实质性的，只是实务操作方面的安排和价值取向不同而已。因此，德和衡律师认为，信用证项下出口押汇是作为信用证受益人的出口商以信用证作为工具向金融机构进行的国际贸易融资，质押说和议付说都具有存在的必要和现实意义，不必非作出一个“非黑即白，非此即彼”的决断。

二、信用证项下出口押汇的法律性质

根据本章第一节银行实务界、理论界以及司法实践中对信用证项下出口押汇的各种界定和描述，德和衡律师将其糅合之后分作以下几种观点逐一进行分析，总结几种观点的异同，界定信用证项下出口押汇的法律性质。

第一种观点②认为，信用证项下出口押汇是一种附有特殊担保机制的、保留追索权的、与信用证议付密切联系的独立于信用证法律关系的借贷法律关系。银行为了押汇和议付的安全性，通常将押汇银行和议付行的地位统一起来，押汇的完成标志着议付行法律地位的取得。从实质上讲，信用证项下出口押汇是一种融资，无论从法律规定还是从约定上来讲，借款人均负有偿还借款的义务。当然，这种融资是与信用证的国际贸易结算功能结合在一起的。

① 参见李金泽：《国际贸易融资法律风险防范》，中信出版社 2004 年版，第 94 页。
② 参见李金泽：《国际贸易融资法律风险防范》，中信出版社 2004 年版，第 94 页。

第二种观点[①]认为，信用证项下出口押汇是一种借贷与担保相结合的融资手段，是与议付截然不同的质押借贷法律关系。该观点认为，押汇银行向作为信用证受益人的出口商提供的融资行为是一种借贷关系，这种借贷是以作为信用证受益人的出口商提供的信用证项下全套单据作质押担保为基础的。如果作为信用证受益人的出口商不能如期偿还银行提供的贷款，则押汇银行可以对作为信用证受益人的出口商根据质押关系对押汇银行控制的质押物主张优先受偿权。该观点认为议付是关于信用证项下汇票和单据的买卖关系，和信用证项下出口押汇的法律性质截然不同。

第一种观点和第二种观点的主要区别在于它们对信用证项下出口押汇和议付之间关系的定性方面有着相反的看法。第一种观点是把信用证项下出口押汇等同于议付，第二种观点认为信用证项下出口押汇是一种借贷关系，而议付是一种买卖关系。

第三种观点认为，广义上的信用证项下出口押汇是指银行应作为信用证受益人的出口商的申请，在扣除押汇利息后给付对价买入相符单据或者不相符单据所支撑的应收账款的一种融资银行为，包括信用证议付和信用证项下出口押汇。该观点认为，议付利用了信用证的控货功能和担保功能。控货功能体现在议付行所议付的单据往往代表货权或者货物财产权利。担保功能体现在开证行在开证之时对相符交单的一种确定的事先付款承诺。该观点认为，实务中的信用证项下出口押汇应当是狭义的出口押汇，仅限于不符点单据，或押汇银行不是信用证项下的指定行，或者押汇的信用证是非指定议付信用证。此种情况下的信用证项下出口押汇只是利用了信用证项下单据的控货功能，在叙做信用证项下出口押汇时已经失去了开证行事先付款承诺的保护。

该观点和前面两种观点的区别主要在于：（1）该观点认为，无论是信用证项下的议付还是出口押汇，都是一种购买信用证项下单据所支撑的应付账款的融资银行为，而不是借贷行为；（2）该观点认为，议付是广义上信用证项下出口押汇的一种。如果是相符交单，则是议付；如果是不符点交单，则是狭

① 参见徐冬根：《银行信用证议付及其追索权的法学解读》，载《上海财经大学学报》2007年第3期。

义上的信用证项下出口押汇。换言之，广义上的信用证项下出口押汇包含议付；（3）该观点认为议付和狭义上的信用证项下出口押汇可以相互转化。比如，对于议付来说，议付行正是基于其认为单据相符才叙做议付，但是鉴于开证行和议付行在信用证法律关系下的审单义务是相互独立的，在开证行审单后发现议付行提交的其认为相符单据是存在不符点单据的情况下，广义上无不符点的信用证项下出口押汇，即议付就会转化为狭义上的不符点出口押汇。此外，在早交单的情况下，不符点随着时间的流逝会转化为相符单据。此种情况下会发生从最初的狭义的信用证项下出口押汇转化为议付。①

对于上述区别，“购买或者买入信用证项下的单据或者单据所支撑的应收账款”与“以信用证项下全套单据或者单据所支撑的应收账款或者所代表的货权/货物做质押或者抵押的贷款”从表面看截然不同，前者是买卖关系，拥有的是所有权；后者是附有担保的借贷关系，享有的是优先受偿权。德和衡律师却以为，上述区别都是非实质性的。信用证项下出口押汇是银行的一项国际贸易融资业务，而国际贸易融资业务又是银行拓展国际市场的重要契机，有助于增强银行在同业中的竞争力。然而，由于诸多的信用证国际贸易融资产品具有很强的技术性，并且其中的许多问题涉及跨国经营的特殊风险，除了一些不具有强制执行力的国际惯例外，国内相关的法律法规和金融规则很少涉及。国际贸易融资本质上是一种民商事法律关系，遵循禁止权力滥用、意思自治等私法原则。

具体到信用证项下出口押汇，押汇银行和作为信用证受益人的出口商在不违背贸易融资本质的前提下的业务操作，比如是借贷关系还是买卖关系，押汇银行享有的是质押权还是拥有所有权，在经济人理性假定、利益追求最大化的情形下，尊重当事人意思自治。押汇银行能够接受信用证项下出口押汇业务安排背后的风险并加以防控，对维持信用证作为一种廉价和高效的贸易融资工具的地位②和发展，并无坏处。在做信用证项下出口押汇业务时，银行必须注意

① 参见林建煌：《品读信用证融资原理》，中国民主法制出版社 2011 年版，第 218～211 页。

② 参见吴兴光、蔡红、刘睿、盛琨：《“美国统一商法典”研究》，社会科学文献出版社 2015 年版，第 313 页。

把握好包括法律风险在内的各种风险，充分设计理想而有效的担保措施来防范、控制和规避风险。对于信用证项下出口押汇实务操作中与质押等民事法律规则不适应的情况，应当在法律制度设计层面予以回应和确认，而不宜一味规避。

三、信用证项下出口押汇与议付的比较分析

前面已经论述了信用证项下出口押汇的起源，在国际上能够对应的是信用证议付，但又不等于议付，是我国银行界实务操作中在信用证议付基础上演化出的一种国际贸易融资业务。在我国信用证融资业务中，很少有银行在信用证受益人交单时就愿意为出口商办理议付，一方面是因为议付一般不能向受益人追索，另一方面是因为国内银行缺乏对于开证行信用的评价机制，不敢贸然地对出口商办理信用证议付。但是，在实践中，出口商在从交单后到收到信用证项下款项之前往往需要银行给予融资支持。鉴于实际上开证行很少有倒闭、破产或者无理拒付的情况，对于出口商而言，其并不在意银行对其享有追索权。换句话说，对于信用证贸易融资，银行看重的是追索权和能不能安全地收回押汇款项的本息；而出口商不看重信用证融资业务中银行对其享有追索权，出口商看重的是能不能尽快从银行融资。因此，我国银行对出口商提供的信用证融资通常使用信用证出口押汇，而使用议付的不多，以信用证项下出口押汇代替国际上惯用的议付。① 鉴于信用证项下出口押汇和议付有着很深的渊源和密切的联系，有必要结合《关于审核跟单信用证项下单据的国际标准银行实务》(International Standard Banking Practice for the Examination of Documents Under Documentary Credits，以下简称 ISBP)、UCP600 等国际惯例的规定、法院的判决、银行实践以及各方观点来对二者之间的联系和区别进行深入探讨和分析，以期探析其中存在的法律风险和缺陷，希冀能够为完善信用证贸易融资方面的立法提供些许建议。

（一）法律性质之比较

德和衡律师认为：信用证项下出口押汇所构建的法律关系既可以是一种借

① 参见苏宗祥、徐捷：《国际贸易结算》，中国金融出版社 2015 年版，第 576 页。

贷和担保相结合的融资手段，是一种附有担保权的债权债务关系或者质押借贷关系，也可以是信用证项下单据、单据所支撑的应收账款或者汇票的买卖关系。但无论是哪一种法律关系，都适用当事人选择的某一国家的国内法律。由于信用证项下出口押汇面临跨国问题，如果当事人没有选择适用的法律或者虽然选择了适用某国法律，但是该国法律没有明文规定，会妨碍受案法院或者仲裁机构“依法”裁决，也会进一步影响我国银行对信用证项下出口押汇法律后果的可预见性。此外，信用证项下出口押汇涉及的当事人只有押汇行和作为信用证受益人的出口商。

议付信用证赋予议付行购买或者给付价值来获得由受益人出具的单据或者汇票，并把信用证项下要求的这些单据或者汇票以自己的名义提交给开证行以便开证行到期付款。[①]与延期付款信用证的情形不同，议付行不需要等到信用证到期就可以向受益人付款。议付的精髓是议付行可以购买信用证受益人提示的单据。[②] 因此，议付是一种信用证法律关系[③]，是汇票和单据或者单据的买卖关系[④]，遵循 UCP 国际惯例的相关规定。惯例没有规定的，则由当事人选择特定国家的法律来进行补充。在议付信用证法律关系中，议付行履行的是议付行为，开证行履行的是兑付行为。在信用证法律关系中，兑付行没有追索权，而议付行有没有追索权要看议付信用证上是否明确标注是否有追索权。通常情况下，议付行对受益人不享有追索权。[⑤] 议付会涉及议付行和受益人、议付行和开证行和/或其他指定行，它们之间的法律关系受 UCP 和一国的信用证法律调整。

正如上文所述，德和衡律师认为：（1）没有必要对信用证项下出口押汇的法律性质下一个非此即彼的定义，鉴于其是一种商事法律关系，遵循私法自

---

① See A. Malek, D. Ques, R. Jack, *Documentary Credits: The Law And Practice of Documentary Credits Including Standby Credits and Demand Guarantees*, Bloomsbury Professional, 2009, p. 135.

② See Banque Nationale de Paris v Credit Agricole Indosuez [2000] SGHC 117.

③ 参见李金泽：《国际贸易融资法律风险防范》，中信出版社 2004 年版，第 102 页。

④ 参见徐冬根：《银行信用证议付及其追索权的法学解读》，载《上海财经大学学报》2007 年第 3 期。

⑤ 参见苏宗祥、徐捷：《国际贸易结算》，中国金融出版社 2015 年版，第 576 页。

治原则。(2) 发生纠纷的时候，根据当事人的约定和事实情况进行具体判断。如果押汇银行和出口商之间是附有质押担保的借贷法律关系，押汇银行是债权人，出口商是债务人，二者之间的权利和义务受合同法调整。(3) 押汇银行向开证行或者其他指定行交单索偿的行为本质上是其作为出口商的委托代理人，向开证行、其他指定行或者出口商收款，并对该收回的款项享有优先受偿权。(4) 如果信用证项下出口押汇是信用证项下单据、单据所支撑的应收账款或者汇票的买卖关系，是把信用证项下单据或者单据所支撑的应收账款或者汇票转让给了押汇行，此时出口商是应收账款的转让人，押汇银行是受让人和债权人，开证行或者其他指定行或者进口商是主债务人。(5) 当主债务人拒付时，押汇银行可以向作为单据或单据所支撑的应收账款的转让人或者汇票的出票人的信用证的受益人的出口商行使追索权。

(二) 融资款项性质之比较

正如前文所述，关于信用证项下出口押汇中的押汇款项的法律性质，有观点①认为，是银行提供给押汇申请人的借款；有观点②认为，是买入或者购买信用证项下单据或者单据所支撑的应收账款或者汇票的对价，据此可以获得单据、单据所支撑的应收账款或者所代表的货物或汇票的所有权。关于信用证议付中支付的款项，有观点③认为，是议付行完成议付行为的对价，买入了单据；有观点④认为，和信用证项下出口押汇付款的性质一样，是买入了信用证项下单据所支撑的应收账款；还有观点⑤认为，支付价值和买入二者本质上是同源的，对其进行区分是徒劳无益的。在议付中提前支付款项是获得议付行地位，向偿付行行使索偿权利的前提条件。善意地进行议付的议付行还可以受到信用证欺诈例外的例外原则的保护。

德和衡律师认为，没有必要对信用证项下出口押汇支付的款项的性质和议

---

① 参见李金泽：《国际贸易融资法律风险防范》，中信出版社2004年版，第94页。

② 参见林建煌：《品读信用证融资原理》，中国民主法制出版社2011年版，第217～218页。

③ 参见李金泽：《国际贸易融资法律风险防范》，中信出版社2004年版，第102页。

④ 参见林建煌：《品读信用证融资原理》，中国民主法制出版社2011年版，第218页。

⑤ 参见陶铸：《论信用证的议付》，载高祥主编：《信用证法律专题研究》，中国政法大学出版社2015年版，第62页。

付中的支付款项的性质相比较，并作出一个唯一的定论。尽管 UCP600 并未对“购买”一词进行界定，但是其意味着购买者获得了汇票和/或单据中所包含的利益，与之相对的是买方仅仅转递了汇票和/或单据，但是并不拥有这些汇票和/或单据中包含的利益。

此外，我国《民法典》第5条和第6条规定，民事主体从事民事活动，应当遵循自愿原则和公平原则。按照民事主体自己的意思设立、变更、终止民事法律关系，合理确定各方的权利和义务，确保权利和义务的平衡。我国民事立法秉持民商合一的传统，我国民商事领域的基本规则亦为商事活动提供了基本遵循原则。鉴于出口押汇是一种商事法律关系，遵循私法自治原则。发生纠纷的时候，根据当事人的约定和事实情况进行具体判断。比如，在银行实务中，有的银行强调其只对符合条件的出口商进行融资，申请出口押汇的出口商是信用证的受益人，相符交单，信用证是自由议付信用证或者非限制性议付信用证，押汇金额是提交单据金额的100%，其尽合理谨慎的义务审核了单据，在拿到开证行承付的信用证项下款项后归还其垫付的资金，然后将余款解付给出口商。在此种情况下，可以判断银行的意思是做信用证议付，而不是像出口商提供贷款。名义上是信用证项下出口押汇，实质上是信用证议付。此时，信用证项下出口押汇所支付的款项和信用证议付中支付的对价本质上是相同的，没有任何区别。可以按照信用证法律关系来处理信用证项下出口押汇法律关系。

但是，在其他情况下，比如押汇银行提供的押汇金额是提交的单据上金额的一定比例、提交的单据存在不符点、押汇银行是非指定银行或者不具有议付行的资格、押汇银行未按照 UCP600 的规定合理谨慎地履行审单义务，要根据出口协议中双方当事人的约定来确定其所支付的押汇款是质押贷款还是买入信用证项下单据或者汇票或单据所支撑的应收账款或者货物财产权。据此可以知道支付款项的银行享有的是债权和质押权，还是对单据的所有权。鉴于信用证项下出口押汇可以适用于单证不相符、单单不相符的单据，而议付一般仅限于单单相符、单证相符的单据。① 据此可以判断，信用证项下出口押汇包含了信用证议付。

① 参见苏宗祥、徐捷：《国际贸易结算》，中国金融出版社2015年版，第576页。

（三）审单责任之比较

信用证项下出口押汇中的押汇银行不负审单责任，即使押汇银行作为指定议付行在审单上存在过错，其仍然可以基于押汇协议要求作为信用证受益人的出口商归还押汇款项或者行使质押担保权来或者首先受偿。但是，在信用证议付法律关系下，根据 UCP500 第 10 条对议付的定义，议付，是指被授权议付的银行必须给付对价才能获得汇票和/或单据。仅仅审核单据但未给付对价，不能构成议付。而 UCP600 对议付的定义是，指定银行在相符交单下，在其应获偿付的银行工作日当天或之前向受益人预付或者同意预付款项，从而购买汇票（其付款人为指定银行以外的其他银行）及/或单据的行为。

产生的争议在于，如果支付了对价，而未履行审单义务，是否构成议付。一种观点①认为，此种情况构成议付，理由是鉴于指定行审单和开证行审单是相互独立的，指定行是以自己的名义进行的审单，即使指定行履行了审单义务，认为是相符单据而给付了对价买入了汇票（其付款人为指定银行以外的其他银行）及/或单据，也可能会出现被开证行认为单据不符的情况，此时指定行审单或不审单的后果是一样的，认为指定行是否审单对是否构成议付并不重要。因此，如果指定行在出口商相符交单时提供了融资，其有没有履行审单义务并不妨碍指定行议付行地位的获得。

尽管 UCP500 和 UCP600 均未专门规定议付行的义务，但是综观 UCP 关于议付的界定和初衷，德和衡律师认为，审单义务和通知义务是议付行应当承担的两项主要义务。信用证议付下议付行的权利或者议付行地位的认可应当与审单义务直接联系起来。未按照 UCP 的要求履行审单义务，银行的议付行地位的认可和议付行权利的实现都会受到影响。我国司法实践亦是如此认为，比如在“ZS 银行与 AHJS 公司、ACME POWER INTERNATIONAL TRADING LIMITED、HZ 银行信用证欺诈纠纷案”② 中，法院在判断押汇银行是否能够获得议付行地位时，重点考察了押汇银行是否履行了审单义务，把押汇银行的审单

① 参见陶铸：《论信用证的议付》，载高祥主编：《信用证法律专题研究》，中国政法大学出版社 2015 年版，第 62 页。

② 参见安徽省高级人民法院民事判决书，（2015）皖民二终字第 00737 号。

义务视为押汇银行获得议付行地位的一个重要条件。

德和衡律师认为：（1）审单义务是信用证法律关系下对议付行的一个要求，是指定银行能够获得议付行地位的一个前提条件。在信用证法律关系中，作为开证行的指定行，议付行如果想要获得 UCP 和国内法律赋予议付行的权利，比如享有向开证行的求偿权和信用证欺诈例外的豁免等，其有责任和义务向开证行负有合理谨慎审单的诚信义务。（2）如果其没有履行审单义务，即使其履行了信用证项下议付行应当履行的其他所有义务，其也不能获得议付行地位，该行为也不属于信用证项下议付，是一种信用证项下出口押汇。

（四）拒付后救济手段之比较

在信用证项下出口押汇中，在银行实务中，押汇银行往往会保留对出口商的追索权。也就是说，押汇银行并不会因为享有对信用证项下单据的质押担保权就放弃了对出口商的追索权。在开证行拒付后，押汇银行可以先向出口商行使追索权。比如，在“DL 公司与 Hana Bank 信用证纠纷案”① 中，法院认为，（2014）大刑二初字第 34 号刑事判决书所确认的议付行（出口押汇银行）员工赵某晗、于某平及陆某的证人证言证实信用证项下存在的问题是注意到了的，但因为出口商（出口押汇申请人）交单表面相符，且并无违反 UCP600 审单的相关规定，② 押汇银行才进行了议付。且上述议付行为也被最高人民法院（2014）民申字第 680 号民事裁定书所确认合法有效。据此，押汇银行的议付行为系善意，依据 UCP600 及最高人民法院《关于审理信用证纠纷案件若干问题的规定》的规定，开证行本不应终止议付，而应向议付行继续议付。但因议付行与出口商签有《出口押汇申请书》，并约定“如开证行拒付，HFD 公司（押汇申请人）保证向 DY 银行（押汇行/议付行）全额偿还本案所涉信用证项下的融资金额，并承担由此产生的所有利息和费用”，押汇银行据此同时享有向开证行或出口商/押汇申请人追索议付款的选择权。在押汇银行选择向出

① 参见北京市西城区人民法院民事判决书，（2015）西民（商）初字第 06132 号。

② 议付，是指指定银行在相符交单下，在其应获偿付的银行工作日当天或之前向受益人预付或者同意预付款项，从而购买汇票（其付款人为指定银行以外的其他银行）及/或单据的行为。——作者注

口商行使索款权并执行回款的情形下，其合法权益已得到有效保护，其无权再向开证行索款。而开证行在出口商存在信用证欺诈的情形下，亦无义务继续议付款项。即便出口商不构成信用证欺诈，但因（2014）大刑二初字第34号刑事判决书中已判令“违法所得继续追缴，并依法返还被害单位”，作为“被害单位”的出口商的合法权益已得到了救济。根据民法中的可期待利益以及补偿性原则，出口商亦不能要求开证行向其重复付款。据此，出口商要求开证行支付议付款的诉讼请求无事实法律依据。① 在出口商无法或者不愿意偿还押汇款项的情况下，押汇行可以依法行使质押担保权。然而，关于议付，鉴于UCP并未就议付行遭到拒付时是否享有针对受益人的追索权进行规定，在信用证议付法律关系中，议付行遭到拒付后的救济比信用证项下出口押汇要复杂得多。有观点②认为，有追索权的信用证必须在信用证中明确载明“有追索权”这样的字句。还有观点③认为，通常情况下，议付行对受益人不享有追索权。议付行在拒付后需要根据具体情况行使票据上的追索权，或者在议付的是不要求提交汇票的单据且信用证上没有明确表示有追索权的情况下，议付行不享有针对受益人的追索权。但是无论有没有追索权，议付行都享有质押担保权。此外，在出现信用证欺诈例外、开证行拒付的情况下，议付行可以主张其是善意议付行，可以得到信用证“欺诈例外”的例外原则的保护。

四、我国信用证项下出口押汇法律风险问题

我国银行界普遍存在的信用证项下出口押汇业务在本质上属于信用证的一种融资方式，其操作产生于银行实务，是为了代替国际上惯用的议付④，有其存在和发展的合理性，特别是对于银行有效地规避和转移风险有其独特的功效。然而，不可否认的是，目前的这种设计与我国现行法律制度、司法实践以及UCP600等国际惯例的规定存在不一致，甚至相抵触的地方。现以我国立法、司法实践以及UCP600等国际惯例的规定为基础，分析我国信用证项下出

① 参见北京市西城区人民法院民事判决书，2015年西民（商）初字第06132号。
② 参见李金泽：《国际贸易融资法律风险防范》，中信出版社2004年版，第103页。
③ 参见苏宗祥、徐捷：《国际贸易结算》，中国金融出版社2015年版，第576页。
④ 参见苏宗祥、徐捷：《国际贸易结算》，中国金融出版社2015年版，第576页。

口押汇的法律风险以及存在的问题。

（一）我国现行法律制度对信用证项下出口押汇的影响

同国际上惯用的信用证议付相比，我国信用证项下出口押汇最具特色的地方是，其不但可以适用于单证相符、单单相符的情况，还可以适用于信用证项下单据存在不符点的情况；而且其主合同，即押汇协议附上了“保留追索权”和“以信用证及其项下全套单据或者单据所支撑的应收款项或单据所代表货权做质押或者抵押”作为收回押汇款的有效保障。但是这种设计在我国目前的法律制度下存在如下法律风险和问题：

1. 担保权的有效性及对外抗辩效力

如果押银汇行和出口商在信用证项下出口押汇协议中约定，以信用证及其项下全套单据或者单据所支撑的应收款项或单据所代表货权做质押或者抵押，那么抵押或质押法律关系是否有效并具有对外的抗辩效力，需要满足一定的条件，否则不但不能实现预期的效果，还会导致一定的法律风险和问题。应以信用证项下出口押汇关于担保权的设计理念为基础，分析其在我国现行法律制度中存在的法律风险和问题。

关于权利质押，根据我国《民法典》，信用证项下的汇票、提单和单据所支撑的应收账款都可以成为质押权的标的物，都属于权利质押。我国《民法典》亦规定了设立质押权或者质权的形式要件和生效要件，即质押合同或者质权合同必须以书面形式订立，且以出质人把质押物或质押财产交付给质权人时生效。这些规定不但适用于动产质押，还适用于权利质押。关于应收账款的质押，根据我国《民法典》和《应收账款质押登记办法》第 2 条、第 4 条、第 8 条的规定，以应收账款出质的，质权自信贷征信机构办理出质登记时设立。但是应收账款不包括因票据或其他有价证券而产生的付款请求权，应收账款质押的登记机构是中国人民银行征信中心，由质权人办理质押登记。

此外，在《民法典》施行前，根据《担保法司法解释》（已失效）第 98 条的规定，以没有背书记载“质押”字样的票据出质对抗善意第三人的，法院不予支持。但是，我国法律对于提单和信用证的质押是否适用前款规定，或者完善其质押权的登记机构，均没有明文规定。在《民法典》实施后，根据

《民法典担保制度解释》第58条的规定，以汇票出质，出质人或者质权人以背书记载“质押”字样并在汇票上签章，汇票已经交付质权人的，法院应当认定质权自汇票交付质权人时设立。根据《民法典担保制度解释》第60条的规定，德和衡律师认为，法院应当依照《民法典》关于质权的有关规定处理提单的质押问题。

2. 出口押汇协议中的“所有权”保留条款的效力及法律风险

押汇银行为了能够有效地控制融资风险，会在其同出口商签订的押汇协议中约定一些条款。比如上文所述，工商银行深圳市分行在叙做信用证项下出口押汇业务时，要求出口商必须填写质押书，确认除非开证行拒付属押汇行的过失，否则，工商银行深圳市分行对信用证项下单据、汇票拥有所有权和处理权，以及对出口商拥有追索权。根据我国《民法典》第428条和《民法典担保制度解释》第68条的规定，上述银行实务中设计的转移所有权特殊保障条款或者要求违反了我国《民法典》《民法典担保制度解释》的禁止性规定，是流质条款，将导致该约定无效。需要注意的是，该约定无效并不影响当事人有关提供担保的意思表示的效力。其法律后果是，当事人已经完成财产权利变动的公示，如果押汇人不履行到期债务，押汇行请求对该财产享有所有权的，法院不予支持；债权人请求参照《民法典》关于担保物权的规定对财产折价或者以拍卖、变卖该财产所得的价款优先受偿的，法院应予支持；债务人履行债务后请求返还财产，或者请求对财产折价或者以拍卖、变卖所得的价款清偿债务的，法院应予支持。

3. 追索权及其法律风险

如前所述，国际上通行的信用证议付在我国之所以被信用证项下出口押汇替代或者避开，是因为后者可以约定押汇行对出口商在信用证项下款项被开证行拒付的情况下有追索权，而议付在信用证关系下是否有追索权不明。追索权是票据法概念，而非信用证法律调整范围。银行的这种设计主要是为了将信用证项下出口押汇与议付和买断票据的福费廷相区别。从现有的设计来看，如果当事人在押汇协议中的初衷是把该融资行为视为属于附有质押担保的借贷关系，就不存在单据、汇票或者单据所支撑的应收账款的买卖关系，因此也没有必要强调追索权。相反，在此种情况下，追索权条款容易带来如下法律风险：

会将单据、汇票或者单据支持的应收账款的质押担保视为一种保留追索权的买卖关系，从而将信用证项下出口押汇的质押担保借贷关系的融资属性误解为信用证议付中支付对价的行为。

（二）我国信用证下出口押汇在 UCP600 下存在的法律风险问题

我国信用证项下出口押汇与信用证议付有着密切的联系，再加上《信用证司法解释》是在《民法通则》（已失效）、《合同法》（已失效）、《担保法》（已失效）、《民事诉讼法》等法律的基础上，参照国际商会《跟单信用证统一惯例》等相关国际惯例，结合审判实践而制定。同时明确指出，如果当事人没有约定的，适用国际商会 UCP600 或者其他相关国际惯例，因此，我国信用证项下出口押汇直接受到 UCP600 的影响。主要表现在以下几个方面：

1. 信用证项下出口押汇中的押汇银行能否取得议付行的地位

从信用证项下出口押汇的特征以及银行实务来看，在信用证为限制议付信用证的情况下，不是任何可以叙做押汇的银行都能够成为合格的议付行。在实践中，不是议付行的通知行应出口商申请叙做信用证项下出口押汇也是很自然的事情。我国司法实践也肯定了信用证项下押汇银行并不必然就是议付银行。

根据 UCP600 第 2 条和第 12 条 a 款，议付作为支付行对汇票和单据/或者单据的购买，产生汇票和/单据的所有权转移的法律后果。出口押汇银行不必然取得议付银行的地位，享有议付银行的权利、义务，它的权利义务由押汇协议约定。司法实践中，在“AX 银行信用证再审案”① 中，法院认为，指定议付行 AX 银行的行为在性质上构成议付。

押汇银行获得议付行地位的好处在于当发生信用证欺诈时，善意的押汇银行可以获得信用证“欺诈例外的例外”原则的保护。押汇银行只有成为议付行，才可以获得国内法对于议付行的权利保护，比如，信用证欺诈例外的例外原则对善意第三人的保护。根据最高人民法院《信用证纠纷规定》第 10 条的规定，“议付行善意地进行了议付”构成信用证欺诈例外的例外。2009 年最高人民法院《关于当前人民法院审理信用证纠纷案件应当注意问题的通知》第 3

① 参见最高人民法院民事裁定书，（2013）民申字第 1231 号。

条和《信用证纠纷规定》第10条规定的目的在于保护善意第三人，在存在信用证欺诈的情况下，如果没有善意第三人存在，即使开证行或者其指定人、授权人已经对信用证项下票据善意地作出了承兑，也不属于信用证欺诈例外的例外情形。根据上述规定，法院在审理涉及信用证止付案件中，不仅会审查开证行是否已经对信用证项下票据善意地作出了承兑，而且还要审查本案是否存在善意第三人。对信用证议付行来讲，其已经在止付令作出之前按照相关国际惯例的规定议付了信用证向下的所有款项，如果开证行所在国家法院最终判决终止支付信用证项下款项，开证行不负有向议付行偿付议付款项的责任，议付行则面临着需要向受益人追偿的法律风险。合格议付以及议付行地位成为实务中经常争议法律问题，不能取得议付行地位意味着不能成为信用证法律关系中的善意第三人，在遭遇信用证欺诈时就不能得到信用证项下“欺诈例外的例外”的司法保护。比如在“JH公司与PD银行信用证欺诈纠纷案”① 中，其中的一个焦点问题就是议付银行是否进行了善意的议付。江苏省无锡市中级人民法院认为，议付行知悉该欺诈行为，据此发出了止付令，判决开证行不得支付信用证项下款项。江苏省高级人民法院维持了无锡市中级人民法院的止付令，但是认为议付行是否善意议付及开证行是否善意地对汇票进行付款的问题需要进行实体审理。在实体审理过程中，无锡市中级人民法院判决欺诈属实，但是议付行在议付汇票时构成善意议付。由此可见，在遭遇信用证欺诈时押汇行具有议付行身份具有十分重要的意义。

当然，如果当事人在信用证项下出口协议中约定，押汇银行垫付的押汇款的用途是购买信用证项下汇票或单据，或单据所支撑的应收账款，只要信用证项下的单据中包含有汇票，不能取得议付行地位的押汇银行可以从《票据法》中寻求正当持票人或善意持票人的法律保护。

2. 押汇银行和议付行之间的权利义务关系

尽管在信用证项下出口押汇实践中会发生押汇银行和议付行统一的情况，但是在押汇银行不能获得议付行地位时，信用证项下出口押汇和信用证议付属于两种不同的法律关系，押汇银行和议付行是不同法律关系的主体，享有的权

① See（2017）HKCA 51；CACV14/2016（3 February 2017）.

利和义务并不相同，不能将二者一视同仁。在狭义的信用证项下出口押汇业务中，押汇银行的权利和义务是根据押汇银行和出口商之间的出口押汇协议来确定的，同时还要受到该协议中选择适用的国家的国内法的约束，并不必然受UCP600的调整。此种情况下，押汇银行不是信用证项下的当事人，出口押汇法律关系也不能根据UCP600的规定进行调整，押汇银行和出口商之间的权利义务与信用证法律关系不发生任何联系。押汇银行的义务是按照其与出口商之间的押汇协议的约定向出口商垫付押汇款，以及从开证行收到款项后在扣除押汇款、押汇利息以及相关手续费或者其他费用后将余款解付给出口商。押汇银行享有的权利是按照约定收回押汇款本金、押汇利息、其他手续费，享有以信用证项下单据或者单据所支撑的应收账款或者汇票作为质押的质押权或者上述标的物的所有权，如约定保留追索权，还享有追索权。在开证行拒付的情况下，行使相应的权利。

信用证项下议付行的权利义务是根据UCP600进行调整的。UCP600虽然对议付行的权利和义务作了一般性规定，但是也遗留了一些问题由信用证适用的准据法解决，这种遗留问题给议付行和作为信用证受益人的出口商的行为的后果增加了不确定性。

此外，关于议付行在UCP600项下的义务，议付和出口押汇中商业银行支付的款项之间的关系，前文已有论述，此处不再赘述。

信用证项下出口押汇是一项具有中国特色的信用证国际贸易融资实践，鉴于叙做该项融资业务的商业银行风险偏好和能够且愿意承担的风险各不相同，出于不同的考虑而导致该项业务设计目标比较复杂，进而使银行业务人员和申请此项业务的出口商对其理解和把握均有一定的难度。我国现行法律制度上没有专门针对信用证项下出口押汇的法律法规，法院对此项业务的解读也存在一定的难度，从而导致司法裁决的不一致和不协调问题。甚至在司法实践中，部分法院采取了回避的态度，不针对信用证项下出口押汇的法律性质做评论。在订立协议时，押汇银行出于自身利益的考虑，尽可能地把能够想到或者利用的权利都规定在协议中，然而，这样做的结果是各种权利可能会发生冲突或者与我国现行的法律制度相抵触。在发生纠纷时，押汇银行和申请融资的出口商都会对押汇协议做有利于自己的解释，最常见的就是针对该融资协议是信用证议付还是出口押汇进行争论。

随着我国金融市场国际化不断深化，“一带一路”倡议向纵深方向推进，在国际舞台上发挥着越来越重要的作用，我国银行叙做的信用证项下出口押汇业务及其操作规则会遇到越来越多的挑战。比如，“一带一路”沿线既有大陆法系和英美法系国家，又有信奉伊斯兰法律等政教合一的国家，还有一些国家的法律同时融合了这几种法系的特征。各国法律制度差异很大，对于从事国际贸易融资活动的出口商而言是很大的挑战。要解决上述问题，既需要完善国内有关国际贸易融资方面的法律，又需要完善相关的国际惯例，比如修订UCP600，发布UCP700等，当然，还需要从事国际贸易融资业务的商业银行在实务操作中进行内部的协调。

（三）信用证项下出口押汇业务流程的法律规制

如前文所述，鉴于信用证项下出口押汇不能当然地取得议付行地位，信用证项下出口押汇业务中单据及汇票质押应当履行交付或背书记载，否则无法对抗第三人。然而，在实务中，单据、票据只交付，不做背书记载；部分出口押汇合同中所有权保留条款与《民法典》中禁止的“流质条款”相矛盾；部分出口押汇合同中追索权保留条款成为多余等情况仍然十分常见。德和衡律师建议，在信用证项下出口押汇业务中，银行可以采取以下措施减少法律风险：（1）为了取得议付行地位，将出口押汇、出口票据贴现均以信用证项下单据及票据买卖方式——议付完成，并且，符合UCP600第2条关于议付定义之规定。如果不能取得议付行地位，就不能作为信用证当事人受到欺诈例外的司法保护，因此，不提倡视为借贷行为的出口押汇。（2）视为借贷方式的出口押汇应当进一步完善担保程序，即信用证项下单据应当完成交付，汇票（如有）应当完成背书记载质押字样。（3）合理运用《民法典》赋予的不安抗辩权、代位权和撤销权制度，有效化解金融风险。即使签订了出口押汇合同，但有证据表明押汇申请人经营状况严重恶化、转移财产或抽逃资金以逃避债务、丧失商业信誉或出现其他可能丧失履行债务能力的情况，银行可及时行使不安抗辩权，中止向押汇申请人提供货权提单或采取其他补救措施。若押汇申请人怠于行使其到期债权，对银行造成损害的，银行可向法院请求以自己的名义代位行使债务人的债权。如果发现押汇申请人放弃其到期债权或无偿、低价转让货物，对银行造成损害的，银行也可在有效期内请求法院撤销其行为，及时行使撤销权，以维护自身利益。

值得注意的是，无论把信用证项下出口押汇视为借贷关系还是议付关系，在押汇行向国外付款人或者开证行收款遭到拒付或拒绝承兑时，都有权要求出口商偿还相应的押汇款项。德和衡律师认为，应当分析出口押汇的具体行为来进一步决定其法律性质，可以是以单据/汇票（如有）质押为担保物权的借贷行为，与融资人产生债权债务法律关系，并产生对单据的用益物权的法律后果；也可以是议付行为，核心是符合UCP600关于议付定义下的买卖单据及票据的买卖行为，非借贷资金行为。

综上所述，德和衡律师认为：（1）信用证项下出口押汇是一种民商事法律行为，在我国相关法律制度空白的现实环境中，尊重当事人的自主意思表达是最为合理的选择。对于商事中的规则，不应是排除异己和歧视，而是给予更多的认可与规范。(2) 叙做信用证项下出口押汇业务的银行为了能够有效地防范和规避法律风险，增强信用证项下出口押汇业务的可预见性，应根据自己银行本身的风险偏好和抗风险能力设计出合适的条款，既能保障以最低的成本有效地安全第一收回押汇款，又能在发生纠纷时保障自己的合法权益。

第六章

跨境贷款法律问题研究

第一节　有关跨境贷款的政策、监管制度及法律文件

跨境贷款典型的表现方式主要是银团贷款。银团贷款，又称辛迪加贷款（Syndicated Loan），是指由两家或两家以上商业银行基于相同贷款条件，依据同一贷款合同，按约定时间和比例，通过代理行向借款人提供的本外币贷款或授信业务。简言之，多家商业银行参与向同一借款人或多位借款人发放贷款系银团贷款。同时，根据参与主体是否涉外，可以将银团贷款分为国际银团贷款和国内银团贷款。随着中国经济的发展，中国企业“走出去”的日益增多。而由于境外相对低廉的融资成本，中国企业在境外的融资需求亦逐年增多。通过境内外联动银团，跨境向借款人发放贷款成为多数“走出去”企业首选的融资方式。这一模式的基本结构如图6-1所示。

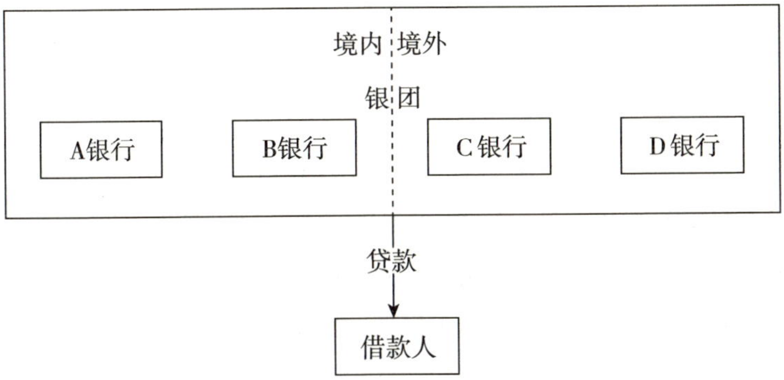

图 6－1　银团贷款模式基本结构

资料来源：优维金融空间。

除如图 6－1 所示之外，还可引入自贸区双向资金池的结构，实现借款人集团境内外企业成员之间的人民币双向资金归集。即借款人集团在自贸区内及境外分别设立子公司 1 和子公司 2，由境内商业银行与境外商业银行联动筹组跨境银团，由子公司 2 作为境外银团的借款人。

作为跨境贷款的增信措施，商业银行或借款人一般都通过跨境担保等多种增信措施担保跨境贷款项下本金和利息的按时足额偿还。跨境担保是跨境融资中非常重要的风险缓释措施。国家外汇管理局 2014 年 5 月 12 日发布的《跨境担保外汇管理规定》（以下简称《跨境担保规定》）第 3 条将跨境担保分为内保外贷、外保内贷和其他形式跨境担保三种类型。内保外贷，是指担保人注册地在境内、债务人和债权人注册地均在境外的跨境担保。外保内贷，是指担保人注册地在境外、债务人和债权人注册地均在境内的跨境担保。其他形式跨境担保业务，是指除了内保外贷与外保内贷之外的其他跨境担保业务，由于跨境担保类型繁多，且不具有统一性，因此，将上述两类跨境担保业务之外的其他业务统一列为其他类。跨境直贷业务是跨境担保融资中其他形式跨境担保融资类型中的一种。它从属于跨境担保融资业务，且有着自己的特点。跨境直贷业务，是指境内申请人要求境内商业银行向境外商业银行进行担保，以境内借款人为被担保人，用于担保境内借款人向境外商业银行举借外债直接汇入境内开展企业正常经营活动，并到期向境外商业银行按时还款的担保类业务。

一、跨境贷款的大数据分析

尽管新冠肺炎疫情影响了中资企业“走出去”，2020 年上半年中国借款人银团发行量对比去年同期下降 42%，但中资银行在中国企业境外银团贷款市场所占份额显著上升至 64%，为 2012 年第一季度以来最高。中国是最早进入并走出新冠肺炎疫情大流行的国家，因此中国的银行对疫情下银团融资的情况更清楚，也更愿意开展业务。具体数据如图 6－2 所示。

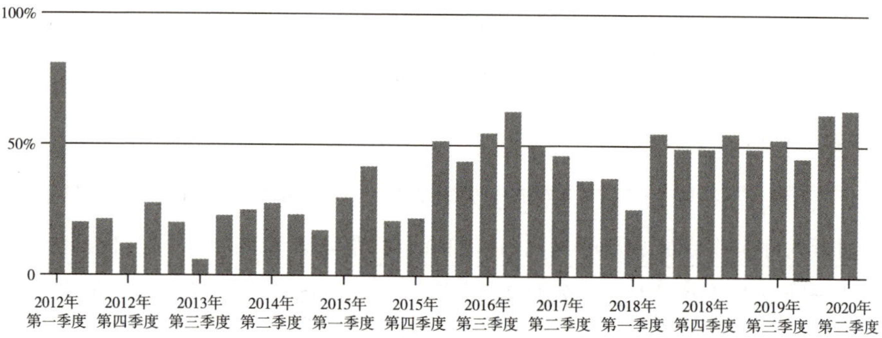

图 6－2　中资银行在中资公司境外银团贷款中的年度占比

资料来源：彭博汇编数据基于披露了银行贷款承诺的交易。

注：2020 年数据为 1 月 1 日至 6 月 18 日。

国内方面，2020 上半年，受到新冠肺炎疫情冲击，诸多公司出现营运困难、现金流断裂等问题，导致债务偿还压力大、财务健康状况下降，叠加银团牵团流程由于隔离措施而阻碍重重，银团发行量出现了下滑。与此同时，企业的融资需求也十分强烈，尤其是部分受疫情影响较大的行业，如餐饮、出行等。2020 上半年，餐饮行业的贷款发行量在市场总体的占比达到 2019 年的 3 倍，上升为 2.3%，出行行业，如酒店、文旅等企业的贷款发行量则较去年翻倍至 4%。随着国内国际疫情的缓解，生产生活的恢复，2021 年的贷款发行量将会进一步提升（见图 6－3）。

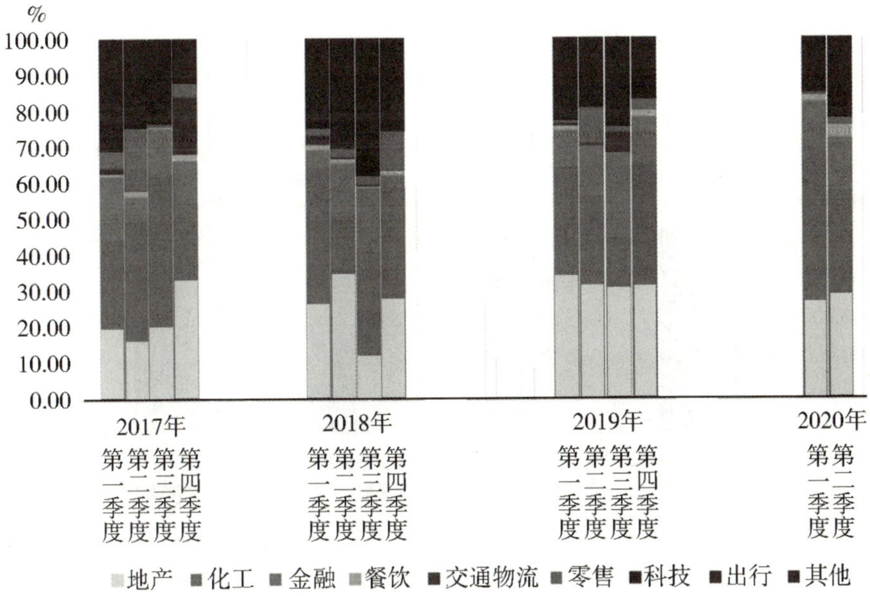

图 6－3 国内借款人行业分布与贷款比重

资料来源：彭博。

海外方面，由于海外新冠肺炎疫情仍未得到控制，外围环境的不确定性因素仍保持高位。在此背景下，2020 年 3 月 20 日公布的新增银行贷款基准利率（Loan Prime Rate，LPR）意外地保持不变，一年期 LPR 维持在 4.05%，5 年期 LPR 维持在 4.75%，部分原因是政策利率自 2020 年 2 月以来未出现下降，从侧面反映贷方利润率的压力较大。但就在同一个星期，中国人民银行已通过中期借贷便利往市场注入约 140 亿美元，折合近 1000 亿元人民币，提供流动性。综合来看，中国人民银行的政策空间较海外仍有巨大优势（见图 6－4）。

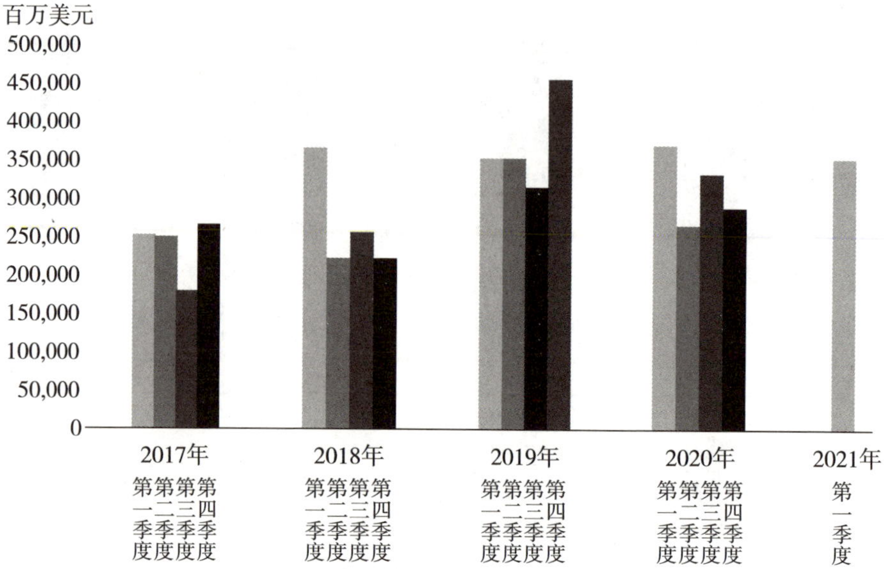

图 6－4　中国借款人银团历年发行量

资料来源：彭博。

二、银团贷款的规范性法律文件

现行法律和行政法规中，包括《商业银行法》在内，并没有特别针对“银团贷款”的法律条文规定。1997 年 10 月 28 日，中国人民银行发布的《银团贷款暂行办法》（银发〔1997〕415 号）属于部门规章性质，该办法于 2012 年 1 月 4 日废止。

2011 年 8 月 1 日，原中国银监会出台了修订后的《银团贷款业务指引》（银监发〔2011〕85 号），该指引是目前为止涉及银团贷款最重要的规范性法律文件，详细规定了银团贷款中从银团成员、银团贷款的发起和筹组、银团贷款合同、银团贷款管理到银团贷款收费等各项内容。前文中，银团贷款及银团成员行的基本概念和表述皆来自该文件。

中国银行业协会作为专门的行业协会，制定过多个关于银团贷款的文件。其中，2006 年 3 月 8 日，制定了旨在推动银团贷款业务发展、分散和防范授信风险、促进同业合作、维护银团贷款市场秩序的《银团贷款合作公约》；2010

年 11 月 1 日，制定了旨在促进银团贷款业务、规范参与各方的行为、推动参与方之间的合作、推进银团贷款业务操作的标准化、维护银团贷款市场经营秩序的《银团贷款参与各方行为规范》；2012 年 4 月 26 日，制定了旨在为明确银团贷款代理行职责义务、指导银团贷款代理行操作、优化银团贷款贷后管理、防范和化解金融风险的《人民币银团贷款代理行操作指南》；2015 年 10 月 1 日，制定了旨在规范和完善银团贷款业务收费行为的《银团贷款中间业务收费行为自律公约》，前文中，银团费用的名称和类型均来自该文件中表述。此外，中国银行业协会制定了多个版本的《银团贷款合同示范文本》，最新版本是于 2018 年 1 月 29 日印发的《银团贷款合同示范文本》（2017 年版）及配套文件，对银团贷款业务的规范发展起到了非常重要的作用。

国际层面，目前全球国际信贷市场主要形成了三大框架文本体系，分别是英国贷款市场协会（Loan Market Association，LMA）、亚太贷款市场协会（Asia Pacific Loan Market Association，APLMA）、美国银团及贷款交易协会（Loan and Syndicated Transaction Association，LSTA）制定的框架文本，其中 LMA 和 APLMA 的适用范围较广，全球认可度高。APLMA 文本仿照 LMA 文本制定，绝大多数内容相同，细微差别在于文本分类标准不同，LMA 文本按照投资等级、杠杆、不动产金融、发展中市场等分为 24 套框架文本，准据法以英国法为主，而 APLMA 则按照英国法、新加坡法和我国香港特区有关法律划分为 10 套框架文本，APLMA 的准据法选择上更为多样。与此同时，国际金融公司（International Finance Corporation，IFC）和欧洲复兴开发银行（European Bank for Reconstruction and Development，EBRD）的 B Loan 参与协议在市场上也具有一定影响力。

中资银行在“走出去”的过程中，不可避免地要参与国际金融市场，特别是国际银团贷款市场的竞争，与国际同业在竞争中合作，或在合作中竞争。中资银行应该借助 LMA 等协会成立多年来积累的丰富经验、搭建的平台和网络，以及适用不同场景需求的各类完善的协议文本，为我所用，以在“走出去”的过程中少走弯路、少交学费。要充分利用这些平台的资源，更好地学习同业先进的经验和做法，使自身的专业能力在实践中不断得到磨炼和提高，专业性向纵深发展。

三、跨境担保监管体系

我国在涉及跨境的担保领域一直有着较为严格的管理。自1981年《外汇管理暂行条例》（已失效）实施以来，我国先后经历了外汇担保、对外担保和跨境担保的外汇管理变革进程。

在2014年6月之前，我国对外担保采取的是批准生效制，主要的法规依据是中国人民银行发布的《境内机构对外担保管理办法》（已失效）和国家外汇管理局发布的《境内机构对外担保管理办法实施细则》（已失效）。《境内机构对外担保管理办法》（已失效）第17条规定："担保人未经批准擅自出具对外担保，其对外出具的担保合同无效。担保人未经批准擅自出具对外担保或者担保人出具对外担保后未办理担保登记的，由外汇局根据情节，给予警告、通报批评、暂停或者撤销担保人对外担保业务。"也就是说，根据上述规定对外担保未经批准的，担保合同无效。《境内机构对外担保管理办法》（已失效）所称的对外担保，指"中国境内机构（境内外资金融机构除外）以保函、备用信用证、本票、汇票等形式出具对外保证，以《中华人民共和国担保法》中第三十四条规定的财产对外抵押或者以《中华人民共和国担保法》第四章第一节规定的动产对外质押和第二节第七十五条规定的权利对外质押，向中国境外机构或者境内的外资金融机构承诺，当债务人未按照合同约定偿付债务时，由担保人履行偿付义务"。

2014年5月19日，国家外汇管理局发布了《跨境担保规定》及其操作指引（汇发〔2014〕29号文），自2014年6月1日起施行。与此同时，包括《境内机构对外担保管理办法实施细则》《关于境内机构对外担保管理问题的通知》在内的12项对外担保的相关规范性文件（以下统称"对外担保规定"）废止。相较于"对外担保规定"，不再聚焦于境内机构对外担保，而是适用并规范所有形式的跨境担保，并根据担保当事各方的注册地，将跨境担保分为内保外贷、外保内贷和其他形式跨境担保三种类型。《跨境担保规定》已成为目前认定跨境担保合同效力的法规依据，将之前使用的"对外担保"这一术语用"跨境担保"代替，《跨境担保规定》所称的跨境担保，是指"担保人向债权人书面作出的、具有法律约束力、承诺按照担保合同约定履行相关付款义务并可能产生资金跨境收付或资产所有权跨境转移等国际收支交易的担保行为。”《跨境担保规定》还规定“按照担保当事各方的注册地，跨境担保分为内保外贷、外保内贷和其他形式跨境担保。内保外贷是指担保人注册地在境内、债务人和债权人注册地均在境外的跨境担保。外保内贷是指担保人注册地在境外、债务人和债权人注册地均在境内的跨境担保。其他形式跨境担保是指除前述内保外贷和外保内贷以外的其他跨境担保情形。”也就是说，按照目前的规定，跨境担保分为内保外贷、外保内贷和其他形式的跨境担保三种。跨境担保整体涵盖的交易范围要比之前的对外担保宽泛。历次跨境担保外汇管理政策要点参见表6－1。

表6－1　历次跨境担保外汇管理政策要点

相关政策	担保主体	担保额度	事前备案/审批模式	履约处置模式
《境内机构提供外汇担保的暂行管理办法》（1987年发布，已失效）	（1）法定经营外汇担保业务的金融机构； （2）有外汇收入来源的非金融性质的企业法人	（1）金融机构提供的外汇担保总额和其对外债务总额累计不超过自有外汇资金的20倍； （2）非金融机构提供的外汇担保总额不得超过其自有的外汇资金	境内机构出具担保后10天内赴当地外汇管理部门备案	担保人应按担保合同履行担保义务。担保人履行担保义务后，有权向债务人进行追偿
《境内机构对外提供外汇担保管理办法》（1991年发布，已失效）	（1）经批准有权经营外汇担保业务的金融机构； （2）有外汇收入来源的非金融性质的企业法人	同上	事前审批，事后登记：境内中国工商银行等7家银行对外提供的借款担保以及其他金融机构和非金融性质的企业法人对外提供的外汇担保需外汇管理局审批。担保人出具担保后，应到所在地外汇管理部门办理担保登记手续	同上

续表

相关政策	担保主体	担保额度	事前备案/审批模式	履约处置模式
《境内机构对外担保管理办法》(1996年发布，已失效)/《境内机构对外担保管理办法实施细则》(1997年发布，已失效)	(1)经批准有权经营对外担保业务的金融机构(不含外资金融机构); (2)具有代位清偿债务能力的非金融企业法人，包括内资企业和外商投资企业	金融机构的对外担保余额、境内外汇担保余额及外汇债务余额之和不得超过其自有外汇资金的20倍。非金融企业法人对外提供的对外担保余额不得超过其净资产的50%，并不得超过其上年外汇收入	(1)对中资银行对外出具的融资保证、融资租赁保证、补偿贸易项下的现汇履约保证和超过1年(不含1年)的延期付款保证、非银行金融机构和非金融企业法人出具的对外保证实行逐笔审批; (2)对中资银行对外出具的非前款所述对外保证按照资产负债比例进行管理	担保人履行对外担保义务，应当经所在地外汇局核准。经营外汇业务的金融机构凭外汇局核准件办理对担保履约项下的售汇及付汇手续
《境内外资银行外债管理办法》(2004年发布)	境内外资银行可对外提供担保，按对外担保进行管理	境内外资银行可对外提供担保，按对外担保进行管理	境内外资银行可对外提供担保，按对外担保进行管理	境内外资银行可对外提供担保，按对外担保进行管理
《关于调整境内银行为境外投资企业提供融资性对外担保管理方式的通知》(2005年发布，已失效)	(1)经批准有权经营对外担保业务的金融机构(含外资金融机构); (2)同《境内外资银行外债管理办法》	银行对外担保余额、境内外汇担保余额及外汇债务余额之和不得超过其自有外汇资金的20倍;为一家企业法人的外汇放款余额、外汇担保余额(按50%计算)及外汇投资(参股)之和不得超过其自有外汇资金的30%	(1)银行为境外投资企业提供融资性对外担保可在余额指标范围内，自行办理; (2)银行提供非融资性对外担保保持资产负债比例管理; (3)境内银行为境外投资企业之外的客户提供融资性对外担保、非银行金融机构和非金融企业法人出具的对外保证需逐笔报外汇局审批	银行为境外投资企业提供的融资性对外担保如需履约，应到所在地外汇局按规定办理核准手续。境外投资企业的境内母公司或其他反担保人向境内银行提供的反担保履约不需外汇局核准

续表

相关政策	担保主体	担保额度	事前备案/审批模式	履约处置模式
《关于境内机构对外担保管理问题的通知》(2010年发布，已失效)	境内银行、非银行金融机构、企业	(1)单家银行和非银行金融机构的余额指标原则上不得超过其本外币合并的实收资本或营运资金的50%，或者其外汇净资产；(2)担保人为企业时，其净资产与总资产的比例原则上不低于15%，外汇局为企业核定的余额指标或逐笔核准的对外担保余额不得超过其净资产的50%	(1)境内银行提供融资性对外担保实行余额管理；(2)对非银行金融机构和企业提供对外担保以逐笔核准为主，具备一定条件的可以实行余额管理	银行提供融资性和非融资性对外担保，若发生对外履约，可自行办理对外担保履约项下对外支付。非银行金融机构和企业发生对外担保履约，须向所在地外汇局逐笔申请核准
《跨境担保外汇管理规定》(2014年发布)/《跨境担保外呼管理操作指引》(2014年发布)	境内银行、非银行金融机构、企业、个人	内保外贷和外保内贷方面：(1)取消内保外贷业务额度限制；(2)外保内贷担保履约形成的对外负债，其未偿金额不得超过上年度末经审计的净资产数额。其他形式的跨境担保；(3)可自行签订跨境担保合同，无额度限制	(1)担保人签订内保外贷合同后，应按规定办理内保外贷登记；(2)境内债务人从事外保内贷业务，由发放贷款或提供授信额度的境内金融机构向外汇局集中报送外保内贷业务相关数据	内保外贷、外保内贷和其他形式的跨境担保：可自行办理履约事宜，然后办理对外债权或外债登记

资料来源：邢华、蒋峰：《我国跨境担保外汇管理的政策演变、当前热点和应对政策》，载《中国城市金融》2018年第1期。

《跨境担保规定》最重要的影响是规定了事后监管的管理手段，取消了所有的事前审批，以登记为主要的管理手段。同时，除了内保外贷和外保内贷之外的其他跨境担保都不需要再进行外汇登记。在《跨境担保规定》颁布之后的几年间，国家外汇管理局相继颁布了一系列与之相关的管理规定，进一步规范和完善跨境担保登记操作，主要有：2015 年发布的《关于对部分非银行机构内保外贷业务实行集中登记管理的通知》，2017 年发布的《关于进一步推进外汇管理改革完善真实合规性审核的通知》、《关于完善银行内保外贷外汇管理的通知》，2018 年联合原中国保监会发布的《关于规范保险机构开展内保外贷业务有关事项的通知》，以及 2020 年发布的《关于优化外汇管理支持涉外业务发展的通知》。

第二节　银团贷款热点问题研究

一、基准利率转换问题

2017 年 7 月，英国金融行为监管局（Financial Conduct Authority，FCA）宣布 2021 年年底后不再强制要求报价行继续提供伦敦同业拆借利率（London Inter－bank Offered Rate，LIBOR）① 报价，因此 LIBOR 无法继续于 2021 年年底后存在。中国、美国、欧盟、英国、日本及瑞士等国家和地区相继成立各类项目组，开展相关改革工作（见表 6－2）。

表 6－2　各国家和地区成立项目组情况

日期	成立项目组情况
2016 年 12 月	日本无风险利率研究小组（The Japanese Study Groupon Risk Free Rates）选定东京隔夜平均汇率（Tokyo Overnight Average Rate，TONAR）作为日元 LIBOR 的替代利率

① LIBOR 是短期利率的基准利率，目前由洲际交易所（Intercontinental Exchange，ICE）管理。LIBOR 是计算衍生产品、债券、贷款等产品（如抵押贷款和助学贷款等）利率时应用最广泛的基准利率之一。

续表

日期	成立项目组情况
2017 年 2 月	瑞士国家工作组（The Swiss National Working Group）选定瑞士隔夜平均利率（Swiss Average Rate Overnight，SARSON）作为替代利率
2017 年 5 月	英国的英镑无风险参考利率工作组（Working Group on Sterling Risk – Free Reference Rates）选定英镑隔夜指数均值（Sterling Overnight Index Average，SONIA）作为英镑 LIBOR 的替代利率
2017 年 6 月	美联储选定 SOFR（Secured Over night Financing Rate）作为 LIBOR 的替代利率
2018 年 9 月	中国外汇交易中心推出中国版离岸美元报价和成交价，分别称作境内美元同业拆放参考利率（CFETS Interbank Reference Offered Rate，以下简称 CIROR 报价）和境内银行间美元拆借加权成交利率（CIROR 成交价）。目前，境内美元货币资金基本以 CIROR 为基准，而其他美元类资产负债仍多以 LIBOR 为基准
2019 年 10 月	欧洲央行开始公布欧元区新的隔夜无抵押基准利率（Euro Short – term Rate，ESTR），即 STR 作为 LIBOR 的替代利率

LIBOR 等商业银行同业拆借利率被广泛应用于国际金融市场中①，其落幕也会导致国际金融市场中涉及以该等利率计息的文件及交易进行修订及重整。仅就国际贷款市场而言，相关机构已经发布若干指引，指导金融机构稳步进行相关利率改革。由于本次改革不仅涉及法律条款的修改，而是必然会开启贷款人和借款人对计息方式、费用收取等商业问题的谈判，甚至同时触发被融资工程项目文件条款。因此，该等问题应引起贷款人和借款人的高度重视。

（一）国际融资市场的应对实践

目前在国际融资市场上，除非涉及美国相关方或者由美国相关州法律管辖的贷款协议，否则比较常见为采用 LMA 发布的英国法管辖的贷款协议作为模

① LIBOR 是国际间最重要和最常用的市场利率基准之一。它影响大量利率期货、工商业贷款、个人消费贷款、住房抵押贷款、互换和期货合约、大宗商品、衍生品以及其他交易。美国商品期货交易委员会（U. S. Commodity Futures Trading Commission，CFTC）的数据显示，全球有约 800 万亿美元的证券或贷款与 LIBOR 有联系。LIBOR 甚至影响着各国家和地区央行对货币及经济政策的判断，如瑞士央行等将货币政策目标直接盯住 LIBOR，确保基准利率围绕 LIBOR 在一定范围内波动。

板为基础草拟贷款协议，在亚太地区，则比较常见采用 APLMA 发布的英国法/我国香港地区有关法律管辖的贷款协议作为模板。就本次基准利率转换事宜而言，LMA 和 APLMA 均采用以无风险利率（Risk - Free Rate，RFR）[①] 代替银行同业拆借利率（Interbank Offered Rates，IBOR）[②] 的方式分别发布了下述协议讨论稿：

（1）利率转换协议（Rate Switch Documentation）讨论稿：其为一份“一步到位”的贷款协议，即在 2021 年 IBOR 仍然存在的这段时间，贷款协议基准利率仍然沿用 IBOR，但是一旦发生了贷款协议项下的利率触发事件（比如，相关 IBOR 不复存在，相关 IBOR 管理者公开声明利率已经不再具有相关市场代表性，各方协商同意），则使用相关 RFR，并在协议里面列明了 RFR 的计算方式。

（2）无风险利率贷款协议（RFR Facility Documentation）讨论稿：其为一份直接使用无风险利率的贷款协议，未提及任何 IBOR 相关条款。

（3）LMA 发布了一份建议在现有贷款协议中加入/新签署的贷款协议中加入替代利率条款（Replacement of Screen Rate Clause）的指引，并在 2020 年 2 月 28 日开始发布的 IBOR 贷款协议模板中加入了该条款。该条款的意图与上述前 2 项直接代替的方式不同，其仅仅在贷款协议中加入了一个条款，该条款主要意思为如果发生了利率触发事件，则借贷双方需要就该等事件进行谈判并修订协议。德和衡律师贷款项目中曾见到有部分商业银行加入了该等条款，并加入了更加细致的规定（比如，如果借款人不同意新的利率则可以提前还款）；有部分商业银行也会通过加入本替代利率条款，将未来该决定利率的事项从需要全体贷款人同意的事项改为仅需要多数贷款人同意的事项。

中国人民银行于 2020 年 8 月 31 日针对该等 LIBOR 退出市场及替代机制等

---

① RFR 是基于真实银行现金交易计算的无风险利率，体现实际交易成本，具有后顾性（back - looking rate），一般为隔夜利率。由于其基于对市场上真实交易的统计，因此无法在当天统计出，该等 RFR 通常在当日结束或者下一个工作日发布。

② 目前，国际信贷市场上，采用浮动利率计息的贷款多采用 IBOR 作为基准利率，其中美元和英镑贷款常采用的基准利率为伦敦银行间同业拆借利率（LIBOR），欧元则可以使用 LIBOR 或者欧元银行间同业拆借利率（EURIBOR）。

问题发布了《参与国际基准利率改革和健全中国基准利率体系》白皮书，明确基准利率转换将借鉴国际共识和最佳实践。

目前，中国人民银行以及中国人民银行成立的相关专门工作组也正在积极讨论针对现有合同以及新签合同的处理方法，并在适当的时机发布给各个金融机构。虽然中国人民银行暂未提供具体转换方案，但从白皮书可以看出中国人民银行拟遵循国际惯例，完成本次国际基准利率改革。

就中资商业银行而言，本次改革截至目前仍是等待中国人民银行发布更多指引并更新其计息系统及处理方式，但是由于本次改革需要在2021年底前甚至更早前完成，且涉及的业务量非常庞大，贷款人和借款人应开始着手学习市场上相关经验，并针对现有合同和新签合同的利率问题进行商业考量（甚至考虑是否从浮动利率转为固定利率）。

就现有合同来说，可以考虑：（1）签订修订协议加入上文所述的替代利率条款，但这同时意味着在2021年年底仍然需要再次就利率问题签订修订协议，因此可能更适合本来协议需要就其他事项进行修订，替代利率条款直接被加入该等修订协议中的情况；（2）利率转换条款（也即发生触发事件，直接适用RFR）；（3）其他认为合适的条款。

就未来新签合同来说，虽然目前商业银行可能仍然采用仅在现有贷款协议模板中加入上文所述的替代利率条款，但这无法从根本上解决2021年年末之前仍然需要针对利率再次签订修订协议的问题。建议商业银行尽快开始探讨和考虑签订利率转换协议，甚至无风险利率贷款协议的可能性。

就具体融资项目，如特许经营权协议、PPP协议等项目协议而言，项目融资文件中利息或者利息计算方式的改变从合同上讲应需要特许经营权授予方或其他相对方的同意。因此，借款人方不仅要考虑融资文件项下条款的变更，更需要考虑该等融资文件的变更是否构成项目项下相关需要政府方或者其他方同意的事项。

（二）LIBOR的改革影响

2021年3月5日，FCA表示，2021年12月31日，将停止公布英镑、欧元、瑞士法郎和日元的LIBOR，以及一周和两个月期的美元LIBOR。

市场参与者应考虑在与 LIBOR 挂钩的合同中，FCA 的最新公告是否构成 LIBOR 提前停用触发事件或停用触发事件。若当事方在合同中引入了 APLMA 或 LMA 建议的利率转换条款，则以上 FCA 公告很可能构成一项“利率转换触发事件（Rate Switch Trigger Event）。这意味着，合同中的利率将在作为基准利率的相关期限的 LIBOR 停止发布或因其他原因无法获得之日（或在合同中约定的更早的时间）转换为基于 RFRs 计价。银团贷款的代理行应注意，其管理的合同项下的某些通知义务可能已经被触发。

国际互换及衍生工具协会（International Swaps & Derivatives Association，ISDA）也确认，FCA 公告是 LIBOR 2020 年 IBOR 备用方案议定书（LIBOR 2020 IBOR Fallbacks Protocol）项下的指数停用事件（Index Cessation Event）。结果是 FCA 公告锁定了彭博社针对英镑、美元、欧元、瑞士法郎和日元 LIBOR 利率的息差调整（spread adjustment）的定价。对于已经加入以上议定书的客户，其签署的 ISDA 合同将在 LIBOR 停用时自动转换到替代利率。

另一方面，诸多项目的项目合同本身相关费用的计算机制，比如违约利息，就援引了相关 IBOR，如果该等 IBOR 进行改革，那么该等项目合同自身也需要进行相应修改。

从商业角度看，融资文件中计息方式的变更很大可能会影响项目的财务模型，因此，相关项目协议中的财务模型亦可能需要变更，这同时又可能触发贷款协议项下的财务模型相关条款。

（三）国内商业银行的应对措施建议

LIBOR 替代改革已经进入倒计时，我国商业银行需积极关注包括我国在内的主要国家和地区的改革进展，分析关键性影响，并结合自身实际情况制定有序详尽的应对计划。

1. 提前准备，梳理 LIBOR 相关金融产品及客户清单

统筹管理涉及 LIBOR 相关部门，尽早梳理各部门以 LIBOR 为定价基准的存量业务以及利益相关方，积极从前端实际操作人员获取操作困难点等相关信息，分析 LIBOR 市场萎缩对公司存贷款、债券和利率衍生品业务的影响。研究并定期发布 LIBOR 和替代利率市场运行情况，并对业务所受影响进行量化

分析。对于新合同或金融产品可明确备选参考利率，保证过渡期结束后合同的执行以及交易的继续，避免估值混乱等问题。

2. 做好沟通和协调工作，提升客户的接受度

做好与客户、监管机构和行业协会等的沟通和协调，循序渐进，提升客户的接受度。可积极配合监管机构共同培育新基准市场，针对不同类型客户，制定不同的宣传、培训和教育方案，提高市场对新利率的接受程度。提升客户对以新基准定价的产品，合同文本条款的修订等工作的认可程度。协助金融机构客户完善其内部管理流程和系统以满足新基准利率。

3. 强化跟踪研究，防范各类风险

主要外币的基准利率变化，将给境内商业银行的外币管理带来挑战。重点关注主要经济体基准利率改革进展，构建风险管理框架，防范各类风险。一是加强对国际基准利率替代的算法进行研究，结合业务制定基准利率转换计划，防范转换期间流动性供需错位带来的利率风险和流动性风险。二是强化预案管理，提升合规风险防范水平。提前安排业务系统梳理和改造，对集团及海外机构的管理框架进行定期审查，及时修补管理漏洞，对操作风险点进行预判和加强管理。提前与客户沟通协调，提供多种方案以修改未到期合同，避免因沟通不畅而造成的声誉风险。三是多措并举，提防离岸风险向在岸传导。全球利率替代期间，离岸金融市场出现流动性危机，甚至局部金融危机的可能性较大。这类风险往往通过资本项目开放、信息传导等渠道将海外金融市场风险传导至国内，威胁国内金融稳定。在此情况下，需要加强动态监测、完善预警机制、做好压力测试、制定应急预案等多措并举，防范离岸金融风险向在岸市场的传导。

二、国际银团贷款资产转让问题

在国际银团贷款业务中，银团贷款的一级市场关闭后，就转入二级市场交易。未能参加一级市场银团贷款的商业银行可在二级市场上从参加一级银团贷款的商业银行手中买入，参与该银团贷款。贷款持有人通过二级市场转让资产主要是出于以下原因：资产组合管理需要；资本调节需求；对特定客户授信风险的调整与规避。如为前两种原因，则银团贷款资产转让并非由于资产质量的

恶化，而是由于持有机构的主动调节所致，此类二级市场转让为正常贷款的交易，买入机构并不需要对资产质量特别关照；若是上述第三种原因造成的信贷资产转让，则为不良贷款转让，欧美信贷二级市场已形成专门的不良信贷资产市场及门类。

国际银团贷款交易二级市场实务中，最为重要的是信贷资产转让的法律形式，以最常见的英国法为例，资产转让交易的形式主要有贷款更新（Novation）、转让（Assignment）及参与（Participation）三种，其中转让又分为法定让与（Legal Assignment）、衡平让与（Equitable Assignment）两类；参与则可分为融资性暗转（Funded Sub - participation）以及非融资性暗转（Non - funded Sub - participation，或称风险参与，Risk Participation）两类。在实务中，由于参与的交易形式无须通知和取得借款人的同意，交易过程相对快捷，故采用融资性暗转（Funded Sub - participation）形式进行交易的最多。

经过20多年的发展，LMA的二级市场银团贷款参与协议文本不断完善，规范着市场参与者的操作。与此同时，IFC和EBRD的B Loan参与协议在市场上也具有一定影响力。

LMA是一个协会组织，会员众多，使用其协议文本的商业银行也很多，银团贷款金额巨大；而IFC和EBRD只是两个国际性的金融机构，参与合作的商业银行门槛较高、数量较少，且金额也小很多。两者看起来似乎没有可比性，但无论是LMA的参与协议，还是IFC和EBRD的参与协议，对协议的当事方来讲都是一对一的关系。虽然在具体项目中协议的具体条款会有不同，但这两种协议都是市场上被广泛认可接受并使用的协议，均具有代表性。下面就以LMA的融资性参与协议与IFC和EBRD的B Loan参与协议为蓝本，来比较分析两者的异同。

（一）买方（受让人/参与方）的类别

LMA参与协议的参与方可以是投资银行或商业银行等银行类机构，也可以是对冲基金、养老基金、私募股权基金，或是专业贷款经纪公司等非银行类机构。LMA参与方的类别和范围要远远大于IFC和EBRD的参与方，准入门槛较低。

IFC 和 EBRD 的参与方只能是银行，而且必须是合格的银行。所谓合格的银行，根据 IFC 和 EBRD 的定义，首先不能是政府机构，例如，出口信贷机构或其他政府或准政府机构或多边机构，必须至少有标普、穆迪或惠誉的长期外币投资级评级，不能是在借款人注册的、国家注册的金融机构或是总部设在借款人注册国家的金融机构，也不能是在项目所在国的金融机构。但是，没有投资级评级或是没有评级的商业银行，仍有机会通过 IFC 或 EBRD 个案评估的方式参与 B Loan 贷款。这体现出了 IFC 和 EBRD 在选择合作伙伴时的高标准和严要求。

（二）与银团贷款合同和借款人之间的关系

LMA 参与协议是一个独立于银团贷款协议和借款人以外的协议，主要体现在以下方面：参与方与除卖方以外的其他银团贷款的贷款银行没有任何关系；参与方与借款人也没有关系；借款人不对参与方履行任何银团贷款协议下的责任和义务；借款人只对作为银团贷款商业银行之一的卖方承担银团贷款协议下相应的责任和义务。此外，在银团贷款协议和有关法律法规允许的情况下，协议的任何一方都可以提出使参与方升格（Elevation）成为所参与的那部分银团贷款的贷款行。

就 IFC 和 EBRD 的参与协议而言：IFC 和 EBRD 作为借款人的唯一账面贷款人（Lender of Record）与借款人签约，提供资金（A Loan 和 B Loan）；IFC 和 EBRD 通过融资参与的方式与合格的银行（参与方）签订参与协议，由参与方提供 B Loan；借款人只与 IFC 或 EBRD 签约；借款人知晓参与方对 B Loan 的参与；借款人在履行借款协议中对 IFC 和 EBRD 的责任和义务时也就是在履行对参与方的责任和义务。

（三）让渡（Assignment）与转让（Transfer）

1. LMA 参与协议

协议双方都可以让渡其权利；协议双方都可以通过签署变更协议（Novation Agreement）转移和解除其权利与义务；协议中的一方在让渡或转让时须先取得另一方的同意；卖方对参与方提出的让渡或转让不得无理拒绝，除非承接的一方信誉有问题，或是无法做出《雇员退休收入保障法案》（Employee

Retirement Income Security Act，ERISA）陈述。

2. IFC 和 EBRD 的参与协议

IFC 和 EBRD 明确表示，邀请参与方参与贷款的初衷是参与方须出于自持的目的，而不是为了转卖或分销的目的才参与贷款的；如果参与方要处置（转卖、让渡、分销、分割、转让等）B Loan 贷款，须事先取得 IFC 和 EBRD 的同意；没有 IFC 和 EBRD 的同意，参与方不得对所参与份额另外取得担保或保险。在下述情况下 IFC 和 EBRD 可以拒绝参与方的处置请求：（1）参与份额全部提款前；（2）贷款处置的承接方不是合格的金融机构；（3）所处置的份额不是全部的参与份额或是承接方不止一个。参与方下述处置行为无须取得 IFC 和 EBRD 的同意：（1）参与方把参与的份额处置给其不在项目借款人所在国注册或不在项目所在地的分支机构；（2）参与方把份额处置给其他参与方或该参与方的不在项目借款人所在国注册或不在项目所在地的分支机构；（3）参与方从合格的金融机构取得对所参与份额的担保或保险。参与方须与承接方须签署变更协议（Novation Agreement）转移和解除其权利与义务，方能进行相应处置。

（四）银团贷款管理中的同意、修改与放弃

1. LMA 参与协议

在未取得参与方同意的情况下，卖方不得采取会导致下述情况的行为：（1）使参与方所参与部分的付款日期、款项金额或币种出现变动；（2）利息金额减少或是借款人的任何费用支付减少；（3）释放参与方参与部分的任何保证、担保或抵押品；（4）对贷款协议条款进行任何修改与放弃，且这些修改或放弃需取得银团贷款协议下所有贷款人的同意。

2. IFC 和 EBRD 的参与协议

在没有取得参与方同意的情况下，IFC 和 EBRD 不得采取以下行为：（1）改变借款人对 B Loan 的付款责任、付款日期和付款币种，除非贷款协议中另有规定；（2）在 B Loan 付款日期确定后改变付款日期；（3）修改、释放或放弃任何实质性的担保或延后任何担保登记的截止时间；（4）修改、放弃或同意任何会实质性导致参与方利益受损的约定。

（五）适用法律与纠纷的解决

1. LMA 参与协议

其适用英国法，英国法院有非专属管辖权来裁决与融资性参与协议有关的纠纷。

2. IFC 和 EBRD 的参与协议

EBRD 参与协议适用英国法，由伦敦国际仲裁法院（London Court of International Arbitration，LCIA）以联合国国际贸易法委员会（United Nations Commission on International Trade Law，UNCITRAL）的仲裁规则来裁决与 B Loan 参与协议有关的纠纷；IFC 参与协议适用美国纽约州法律。

三、银团贷款纠纷争议问题及司法认定标准

（一）银团贷款诉讼主体

在借款人出现违约需要提起诉讼时，由牵头行、代理行或是参加行各自、分别还是一并作为诉讼主体没有法律明文规定。实践中，按照意思自治的原则，有下述三种方式确定适格的诉讼主体。

第一种，银团贷款合同中牵头行、代理行及参加行等贷款人共同作为原告，各自按照银团贷款合同约定提出诉讼请求。

例如，在“GS 银行、上海 NCSY 银行股份有限公司诉上海某置业有限公司等金融借款纠纷案”① 中，GS 银行和上海 NCSY 银行同时作为原告，分别向借款人主张各自发放的贷款本息及违约金等，最终法院支持了两家商业银行的全部诉讼请求。

第二种，银团贷款合同约定代理行作为诉讼主体。有一部分《银团贷款合同》中对于诉讼主体有明确约定，即代理行职责为当银团会议决议决定通过诉讼追究借款人的违约责任时，由代理行负责全权代理银团各贷款人向借款提起诉讼。在这种情况下，参加行提起诉讼，将被法院认定不符合诉讼主体不适格。

---

① 参见上海市高级人民法院民事判决书，（2018）沪民初 3 号。

在“安徽某农村商业银行诉安徽某国际大酒店、陈某借款合同纠纷案”[①]中，该农村商业银行是银团贷款的参加行，在借款人安徽某国际大酒店逾期偿还本金和利息时，单独提起诉讼要求法院判决《银团贷款合同》及偿还拖欠本息。法院经审理认为，该农村商业银行作为《银团贷款合同》贷款人成员，在签订《银团贷款合同》的同时与各贷款人签订了《银团内部合作协议》，其中第 12 条约定：“任何银团成员对借款人提起和进行任何争议解决法律程序的权利应当通过代理行组织进行，……”故农商行作为原告提起本案诉讼主体不适格，依法应当驳回其起诉。

第三种，银团会议方式确定具体商业银行作为诉讼主体。某种意义上，银团会议是银团的最高权力机构，银团会议由全部银团参加行（贷款人）组成，负责协调贷款人之间的协作事宜，协商确定银行贷款的重大事项，确定具体商业银行作为主体提起诉讼也是重大事项之一。

在“CDB 银行诉某生物公司等金融借款纠纷案”[②]中，CDB 银行和某农村商业银行通过银团会议纪要的形式决议由 CDB 银行代表银团采取向法院起诉或其他合法措施收回债权。北京市第四中级人民法院认定，上述会议纪要符合《合同法》（已失效）第 396 条和第 397 条关于委托关系的规定，即“委托合同是委托人和受托人约定，由受托人处理委托人事务的合同，委托人可以特别委托受托人处理一项或者数项事务，也可以概括委托受托人处理一切事务”，故 CDB 银行有权向法院起诉有事实和法律依据。

综上所述，德和衡律师认为，若银团成员行之间对于向借款人提起诉讼持一致意见，诉讼主体的确定并不是个难点问题，要么委托代理行直接诉讼，要么同时作为诉讼主体提起诉讼，诉讼主体资格都会获得法院认可。反之，若银团成员行之间就是否起诉未能达成一致，特别是参与行希望采取诉讼尽快清收，而牵头行或者代理行希望采取与借款人协商时，就会出现这个矛盾，建议可以在银团贷款商业银行间协议条款中进一步明确，这样可以平衡牵头行、代理行和参与行之间利益，避免银团成员行之间发生争议。

---

① 参见铜陵市铜官区人民法院民事判决书，（2019）皖 0705 民初 657 号。

② 参见北京市第四中级人民法院民事判决书，（2019）京 04 民初 198 号。

（二）银团贷款提前到期的问题

银团贷款期限较长，借款人出现违约情形往往并不是发生在银团贷款到期后，而是在履行银团贷款合同过程中。对此，银团成员行会在《银团贷款合同》中约定“贷款提前到期条款”，又称“加速到期条款”，在借款人出现特定情形且贷款尚未到期时，通过代理行宣布贷款提前到期并要求借款人提前偿还全部本金和利息。在银团贷款合同纠纷案件中，商业银行是否有权宣布提前到期以及到期时间的确定，经常是各方争议的焦点问题。

1. 贷款提前到期的情形

实践中，银团成员为控制贷款风险，在与借款人签订的《银团贷款合同》中约定商业银行可以单方宣布提前到期相关情形，主要分为三类：

第一类，实质性违约或者根本违约情形。比如付款违约，即借款人没有按照本合同约定的金额、币种、支付方式和时间支付到期应付的任何款项；挪用贷款，即借款人没有按照本合同约定的用途使用任何一笔贷款资金。

第二类，交叉违约情形。比如交叉违约，借款人没有清偿到期应付的任何负债，这里的债务是指除《银团贷款合同》以外的任何债务；涉及重大诉讼和仲裁案件，借款人因其他债务原因作为被告或者被申请人涉及诉讼和仲裁的。

第三类，预期违约情形。比如清算及破产事件，借款人已经启动或被启动任何停业、解散、清算、破产、重整、和解、整顿或类似程序；财务状况严重恶化，如借款人无法正常兑付公司到期债券，或者现有资金已经无法支持正常经营活动等情况。

上述三类情形发生时，法院通常考虑《银团贷款合同》中是否有明确约定，以及相应事实是否发生，若商业银行提出贷款提前到期符合合同约定且有事实依据，法院会判决支持商业银行主张宣布贷款提前到期并要求借款人偿还全部借款本金和利息诉讼请求，故本文中对此类案件不再特别列举。

2. 贷款提前到期的时间问题

由于提前宣布到期的权利是银团成员行根据《银团贷款合同》约定获得的单方行使的权利。司法实践中，法院将这种权利性质认定为“形成权”，即指当事人一方可以以自己单方的意思表示使法律关系发生、变更或消灭的权利。形成权是以商业银行将提前到期的意思表示到达借款人时发生贷款提前到期法律效力。

在“GD银行公司诉上海某文化传媒公司金融借款合同纠纷案”① 中，法院认定GD银行向借款人上海某文化传媒公司发出《提前到期告知函》后，在该公司收到告知函之日就发生贷款提前到期的效力。

综上所述，德和衡律师认为，司法实践中，虽然一般认可商业银行有权依据合同约定和事实情况行使贷款提前到期的权利，但是，也有不少专家学者和法官主张有必要规范商业银行行使贷款提前到期的权利，主要理由是商业银行往往利用其强势地位，在贷款合同中扩大“提前到期条款”适用的情形，使得提前到期条款可以轻易成就，导致借款人预期的借款期限利益落空，客观上存在权利和义务不相符的情况，造成银行与企业间的矛盾。为此，对于借款人轻微逾期偿还本息，或者逾期金额显著小于应付金额的情况，德和衡律师不建议商业银行直接行使贷款提前到期的权利。

（三）银团贷款银团费用的问题

在一些银团贷款合同纠纷案件中，借款人会认为商业银行不应该在收取借款利息的情况下，额外收取银团费用。事实上，根据原中国银监会《银团贷款业务指引》的相关规定：银团贷款收费，是指银团成员接受借款人委托，为借款人提供银团筹组、包销安排、贷款承诺、银团事务管理等服务而收取的相关中间业务费用。收费标准应当由银团成员和借款人协商并在《银团贷款合同》或费用函中载明，可以包括安排费、承诺费、代理费等，收费应当遵循“谁借款、谁付费”的原则，由借款人支付。由此可见，银团成员行根据角色不同，收取相关费用是有法律依据，符合行业惯例。

在“JS银行诉内蒙古某公司金融借款合同纠纷案”② 中，法院认定：“JS银行分行、某公司与MS银行所签《银团贷款合同》第二十条约定，借款人应当向银团支付银团费用。银团费用包括安排费、代理费、参加费和承销费。其中，借款人应向JS银行支付2160万元。因此，JS银行向某公司收取银团费用

① 参见上海金融法院民事判决书，（2019）沪74民终92号。
② 参见最高人民法院民事判决书，（2018）最高法民终422号。

不违反行业规范，亦有合同依据。”

另外，中国银行业协会《银团贷款中间业务收费行为自律公约》亦有规定：银团贷款收费是银团借款人在贷款利息之外支付的费用，计为借款人的综合融资成本，并纳入商业银行中间业务收费管理。银团开展过程中因提供顾问、咨询等其他服务而需要收取的合理费用，由提供该服务的金融机构与借款人根据市场原则协商确定。

在“ZG银行诉淄博某物流有限公司、山东某物流有限公司金融借款合同纠纷案”① 中，借款人提出《银团贷款合同》中费用的安排一项未填写数额，但其实际支付了605万元的费用，应从本金中扣除。对此，ZG银行作出说明，该费用是银团贷款参与费用，该部分费用向借款人发函，告知在融资过程中作为银团参与行承担了部分工作，借款人须向参与行支付商业银行贷款参与费用，借款人同意并接受参与费用函的条款并支付费用。法院审理后认为，该部分费用与借贷关系无关，不属于贷款合同贷款本息内容，不支持借款人提出的抗辩。

第三节 跨境担保政策与实践解析

一、2014年后重要政策分析

2014年6月1日《跨境担保规定》的实施，取消了内保外贷的审批环节、担保额度控制，以及担保人和被担保人财务指标及股权关联等限制性条件，便利了内保外贷业务的开展。根据《跨境担保规定》的规定，商业银行自身的内保外贷业务无须到外汇局逐笔办理登记，商业银行内部尽职审查通过后，通过资本项目信息系统向外汇局报送担保数据，外汇局进行事中事后核查和检查。

为引导境外资金有序流入，2017年1月，国家外汇管理局发布《完善真实性合规性审核通知》，其中也涉及内保外贷业务政策的部分调整，主要是允

① 参见山东省淄博市中级人民法院民事判决书，(2019)鲁03民初131号。

许内保外贷项下主债务资金以外债和直接投资等方式调入境内使用，从而突破了《跨境担保规定》有关内保外贷资金不得回流的政策限制。同年4月，国家外汇管理局发布的《完善真实合规性审核通知政策问答》中进一步明确，内保外贷主债务资金回流不包括证券投资形式的回流；担保履约币种与担保币种原则上应保持一致；商业银行发生担保履约时，商业银行不得使用反担保人资金履约，应先使用自有资金履约；担保履约后造成本外币资金不匹配需要结售汇的，需经所在地外汇局备案后才能办理结售汇相关业务。

截至2017年，《跨境担保规定》发布后3年多的管理实践发现，有些商业银行放松了内保外贷业务的真实性、合规性审核，出现了一些异常履约的情况。如果管理不慎，内保外贷履约可能演变为跨境套利以及境内主体向境外转移资产的渠道之一。3年中，外汇管理局依法处罚了一些境内机构的违规担保行为，2017年12月1日，又集中通报了4家商业银行因违规办理内保外贷业务被处罚的典型案例，其中存在的问题主要是被保人主体资格不合法、存在履约倾向、对主债务资金未能进行有效监督等。

为引导内保外贷业务的健康有序发展，支持真实合规的投融资活动，针对前期在商业银行内保外贷业务核查和现场检查中发现的一些突出问题，国家外汇管理局于2017年发布了《完善内保外贷通知》，以进一步完善内保外贷业务的管理。

《完善内保外贷通知》主要涉及两个方面的内容，一是重申和强调《跨境担保规定》《完善真实合规性审核通知》的有关管理要求，二是加强履约环节的管理。

（一）《完善内保外贷通知》重申的内容

《完善内保外贷通知》共11条，其中部分条款是对《跨境担保规定》《完善真实合规性审核通知》的重申，部分条款是以规范性文件形式取代《完善真实合规性审核通知政策问答》，以提示商业银行合规办理内保外贷业务，并规范依法行政。

1. 债务人主体资格的审核

《完善内保外贷通知》第1条要求商业银行在办理内保外贷业务时，审核债务人主体资格的真实合规性，并留存审核材料被查。此条在《跨境担保规定》第12条中也有明确，即要求审核债务人主体资格是否符合相关法律法规。但实际业务中，不少担保人对境外债务人主体资格的合法性并没有给予足够重视或存在误解，认为债务人（被担保人）的主体资格合法性就是其是否在注册地合法注册登记。但是，仅审核这一点是不够的，还要按照穿透管理的原则，审核到最终投资主体，即无论被担保人是否通过若干层架构设立，都要穿透到被担保人的最终投资主体是谁，是否为我国境内的机构或个人。根据现行规定，如果境内机构或境内个人进行境外投资，只有到外汇管理局办理境外投资外汇登记后，被担保人才具备主体资格的合法性。实践中发现，为最终投资人是境内机构或个人、且未办理过外汇登记的境外机构办理内保外贷业务的违规行为发生频率较高。当然，经过穿透审查后，被担保人的投资主体为境外机构或境外个人的，虽然不存在境外投资外汇登记的问题，但是，《跨境担保规定》规定的内保外贷业务的商业合理性、主债务的用途或基础交易的真实性合法性、履行倾向性及是否存在潜在冲突等仍需一一审查。

根据现行规定，境内机构境外投资须遵守发展和改革委员会、商务部门及外汇管理局的管理要求。外汇管理局对境外投资登记的要求是，境内机构到境外投资的第一层（最终层）登记，如果是境内机构在境外设立企业后再从事投资的情形，今后的再投资无须再登记。然而，国家发展和改革委员会和商务部门对于境内企业的再投资的管理要求有所不同，国家发展和改革委员会于2014年发布的《境外投资项目核准和备案管理办法》第2条规定，投资主体以提供融资或担保等方式通过其境外企业或机构实施的境外投资项目纳入发改委核准或备案的范围，而商务部同年发布《境外投资管理办法》第25条规定，企业投资的境外企业开展境外再投资，在完成境外法律手续后，企业应当向商务主管部门报告。因此，即使境外再投资无须外汇登记，境内机构是否在发展和改革委员会及商务部门办理过境外再投资的备案或报告，也是判断被担保人主体资格是否合法的标准之一。

需要指出的是，境内自然人的境外直接投资尚未开放，国家发展和改革委员会并不批准或办理境内自然人境外直接投资备案。根据国家外汇管理局《关于境内居民通过特殊目的公司境外投融资及返程投资外汇管理有关问题的通知》（汇发〔2014〕37 号）的规定，外汇管理局可以对符合规定的境内自然人境外设立特殊目的公司并返程投资办理外汇登记，自 2015 年 6 月 1 日开始，此项登记也下放到商业银行直接办理，外汇管理局保留补登记环节。

2. 重申或微调相关条款

《完善内保外贷通知》第 2 条共有 6 款，基本是《跨境担保规定》相关条款的重申或微调。

第 1 款与《跨境担保规定》第 4 条第 1 款基本一致，《跨境担保规定》的表述是不得虚构贸易背景进行套利，《完善内保外贷通知》调整为不得构造交易背景进行套利，比之前的“贸易背景”有所扩展。因为从管理实践看，涉嫌内保外贷资金用途违规的不仅是贸易背景下的套利，也存在非贸易甚至是资本项目交易背景的套利，而且有的交易本身是真实的，但却有意构造出一个交易链条，如利用关联公司之间的交易进行套利。

第 2 款规定，未经外汇管理局批准，内保外贷项下的主债务资金不得直接或间接以证券投资方式调入境内使用，此条在《跨境担保规定》第 11 条第 2 款中已有表述，且在《完善真实合规性审核通知政策问答》第 9 个问题中已明确。

第 3 款至第 5 款与《跨境担保规定》操作指引第一部分内保外贷外汇管理的第 4 条第 3 款的内容完全一致。其中，第 3 款涉及主债务资金用于股权投资的，须符合境内相关部门关于境外投资的规定，企业的境外投资管理职能部门主要是发展和改革委员会和商务部门，原中国银监会、原中国保监会（现为中国银保监会）、中国证监会等部门承担各自审批的金融机构的境外投资管理。当然，无论是哪个部门审批或备案的境外投资，都需要办理外汇登记。

第 4 款规定，为境外发债担保的，被担保人应由境内机构直接或间接持股。这一规定与《跨境担保规定》操作指引第一部分第 4 条第 3 款部分一致，即保留了发债担保的被担保人须是直接或间接“走出去”的企业的要求，其他类型的发债担保均不能操作，但取消了《跨境担保规定》对于“境外发债资金只能用于境外投资项目、不得调入境内使用”的要求。实践中，境外发债可以采取两种模式：一种是境内机构在境外直接发债，另一种是通过境外设立的子公司在境外发债，境内母公司提供担保。其中，第二种模式非常普遍，发债资金调入境内使用的需求也很强烈，而国家发展和改革委员会2015年发布的《关于推进企业发行外债备案登记制管理改革的通知》（发改外资〔2015〕2044号），也已明确发债资金可调入境内使用。因此，《完善内保外贷通知》适应形势需要和企业需求，未再重申发债资金只能在境外使用的要求。

3. 细化履约倾向审核

《完善内保外贷通知》第3条对履约倾向性审核要求进行了细化，从四个方面提示了履约倾向审核的风险点和具体操作：

（1）签约环节要判断债务人是否具备足够的清偿能力或可预期的还款资金来源，如果债务人不能提供债务偿还能力的证明，则不得办理担保；如果债务人的经营状况恶化、负债率过高，商业银行要谨慎为其办理担保业务。在操作上，商业银行可通过审查债务人的财务报表及未来可带来现金流的交易合同等落实此条要求。

（2）判断主债务合同与声明的借款用途是否存在不一致。

（3）判断是否存在通过担保履约提前偿债的意图。

（4）判断担保人或反担保人是否存在过恶意履约或债务违约的前科。

4. 将政策问答转变成规范性文件

《完善内保外贷通知》第2条第2款、第5条及第7条的规定是将《完善真实合规性审核通知政策问答》转变成规范性文件。

《完善真实合规性审核通知政策问答》放开了主债务资金以外债或直接投资等形式回流境内，但在政策问答中已说明证券投资回流除外。《完善内保外贷通知》第2条第2款再次进行了明确。但证券投资如何界定，如境外红筹上市公司的私有化、以战略投资为目的定向收购或充当基石投资人角色等进行境内公司境外上市股票的买卖是否属于证券投资回流范围，都有待政策层面的明确。

《完善内保外贷通知》第5条规定，担保履约币种与担保合同币种保持一致，防范跨币种担保套利，这在《完善真实合规性审核通知政策问答》第二期的问题13中也已明确。第7条即《完善真实合规性审核通知政策问答》第二期的第12个问题，要求商业银行履约时需先使用自有资金，履约后的结售汇要先在外汇局办理备案。

（二）涉及政策调整的内容

《完善内保外贷通知》与政策调整相关的内容主要是针对业务中发现的问题或管理的薄弱环节而制定的，主要涉及以下三条：

第4条，是要求审查押品来源是否符合行业主管部门的规定、反担保资金是否合理合法、反担保规模是否与其财务规模相适应。一方面，在管理实践中发现，个别反担保人或申请人向商业银行申请担保时，使用的并非自身的财产，而是第三方提供的资金或其他押品，存在合规风险。如果第三方直接提供担保或反担保缺乏商业合理性，而后通过为具有商业合理性的反担保人提供押品的方式，由后者通过商业银行办理内保外贷，并以内保外贷履约途径转移资产到境外，这就明显存在违规。另一方面，企业作为反担保人，其财务规模如净资产等与其反担保规模是否匹配也是关注点，此要求与押品的审核要求也有一定关系。反担保人的反担保规模远超出其净资产，而商业银行愿意接受并对外出具保函，说明可能存在其他来源的押品或担保，对于此类不匹配的情况，商业银行需要提供合理性解释。在实际操作中，商业银行可通过审核反担保人的财务报表等数据来判断反担保规模是否合理。此外，对于反担保人的反担保规模增长较快或发生过履约以及多次展期等情况的，商业银行也应予以关注。

第6条是对建立内保外贷履约风险的评估制度的规定。对于主债务在1年内到期的，应按季度评估履约风险，并及时向所在地外汇管理局报告。

第8条是加强担保履约的管理。一是要求企业作为担保人或反担保人发生履约的，履约额纳入企业境外放款额度登记和管理。根据《关于进一步明确境内企业人民币境外放款业务有关事项的通知》（银发〔2016〕306号）的规定，企业本外币境外放款余额之和不得超过企业上年度经审计财务报表净资产的30%。《完善内保外贷通知》将企业担保履约额也纳入境外放款额度管理，将会对那些意图通过担保履约渠道进行资产转移的企业形成威慑。《完善内保外贷通知》并未明确对于超过境外放款额度的企业如何处罚，德和衡律师建议，可比照外保内贷的管理思路，对于合规的履约，允许其先行对外履约付款，履约后外汇管理局进行核查，对于对外放款及担保履约之和超出企业净资产30%的部分，在进行处罚后予以对外债权登记。当然，对于发现存在违规情节要发生履约的，商业银行应尽可能通过合法手段中止履约。对于违规担保履约的，要追究商业银行及反担保人的责任，涉嫌犯罪的，还要追究刑事责任。二是企业成为最终债权人的，在履约时应向企业出具提示函，提示企业在担保履约之日起15个工作日内办理对外债权登记，在债权回收之日起15个工作日内，办理对外债权的还贷登记手续。德和衡律师认为，商业银行可在发生担保履约后，以书面方式通知反担保人办理对外债权登记，以分清责任。

二、未经备案登记的跨境担保合同效力问题

内保外贷及外保内贷两种类型的跨境担保发生履约后将新增我国的对外债权或对外债务，纳入外汇管理局登记和统计的范围，因此目前国家外汇管理局对内保外贷及外保内贷实行登记管理。而其他形式跨境担保无须登记，除另有规定外，可自行签订跨境担保合同。①

关于跨境担保合同未经备案登记的效力问题，可以将我国的态度大体分成三个阶段：(1) 在《跨境担保规定》发布之前，主要采无效说。如果担保合同未能取得外汇主管机关的审批或登记，则在司法实践中，法院或商事仲裁机构一般会认定担保合同无效。(2) 在《跨境担保规定》发布之后，有效说得到司法实践的接受，在司法实践中既存在有效认定，也存在无效认定，尚未达成共识。(3) 随着2021年1月《民法典》以及《民法典担保制度解释》的适用，有效说有待达成共识。

在《民法典》及《民法典担保制度解释》出台之前，主要有如下几项规定：(1) 国务院颁布的《外汇管理条例》，属于法规层级。该条例规定了应当到外汇管理机关办理登记，违反的给予行政处罚。但该规定并没有明确规定批准登记后担保合同生效。(2) 最高人民法院颁布《担保法解释》（已失效），其第6条规定："有下列情形之一的，对外担保合同无效：（一）未经国家有关主管部门批准或者登记对外担保的；……" (3) 《合同法解释一》（已失

① 参见优维金融空间：《未经备案登记的跨境担保合同效力之案例分析》，载微信公众号"国际业务"2020年10月15日，https://mp.weixin.qq.com/s/sp5v9-1xA98y5Dg0kezoJg?。

效）第9条则规定，“……法律、行政法规规定合同应当办理登记手续，但未规定登记后生效的，当事人未办理登记手续不影响合同的效力”。

关于外保内贷的规定，主要体现在《跨境担保规定》及其附件，共计55处提及“外保内贷”一词。该规定由国家外汇管理局发布，不属于法律、法规，不涉及强制性规定。该规定第29条规定：“外汇局对跨境担保合同的核准、登记或备案情况以及本规定明确的其他管理事项与管理要求，不构成跨境担保合同的生效要件。”该规定明确，跨境担保的监管规定不是担保合同生效的前置条件。即使未遵守该规定，也不影响担保合同效力。

国家外汇管理局有关负责人就《跨境担保规定》答记者问中也称：“……充分尊重上位法、国际惯例和市场需求，将外汇管理与跨境担保交易合同的有效性判定‘脱钩’。外汇局基于国际收支统计法定职责的汇兑登记，在目的和效力上均不同于行业主管部门的确认登记，不作为担保生效或对抗第三人的要件。”

然而，虽然国家外汇管理局已表示“将外汇管理与跨境担保交易合同的有效性判定‘脱钩’”。但最高人民法院自从2000年发布《担保法解释》（已失效）以来，从未修订过任何内容。因此，从效力上来说，《担保法解释》适用优先，审判实践中还有可能按照《担保法解释》（已失效）第6条第1项的规定判断跨境担保合同的效力，商事仲裁裁决也往往比照执行。不过，自《跨境担保规定》发布后，实践中最高人民法院以及地方人民法院对跨境担保效力问题的观点却偶有突破。以下德和衡律师选取几个较为典型的案例进行阐述。

（一）最高人民法院关于株式会社 J&D IB 申请承认国外仲裁裁决一案请示的答复①

该案中，最高人民法院的意见是：“根据你院请示所述事实，案涉担保人田某某、田某于2011年2月7日签订了《收购及经营爱得百货项目相关（先行贷款）连带保证合同书》。该两担保人作为中国公民在对外提供担保后，未

① 参见最高人民法院民事判决书，（2016）最高法民他38号。

按国家外汇管理局的相关规定办理境外担保的批准及登记手续。你院认为，田某某、田某的对外担保行为，违背了我国行政法规关于外汇管理政策的强制性规定，进而认为承认及执行案涉大韩商事仲裁院于2015年2月2日作出的第14113－0021号仲裁裁决，违反了我国公共政策。但田某某、田某的对外担保行为，并不违反我国法律、行政法规的强制性规范；本案仅为个案，承认及执行案涉仲裁裁决不应认定为违反我国公共政策，何况田某某、田某作为担保人在承担担保责任后，依法可向相关主债务人主张权利，其合法权益可以通过另循法律途径获得保护。”

在该批复中，最高人民法院认为担保人的对外担保行为并不违反中国的法律、行政法规的强制性规范，同时认为，该案仅为个案，承认及执行案涉仲裁裁决不应认定违反中国公共政策。

（二）CC控股公司与CD中德公司合同纠纷案[①]

CC控股公司与CD中德公司、HX银行CD分行签订的案涉《监管协议》是各方真实意思表示，合同内容合法，不违反我国法律、行政法规的禁止性规定，应合法有效，对各方当事人均具有约束力，各方均应依约履行。对于中德西拉子公司关于《监管协议》未向相关部门登记，应属无效的抗辩理由，本院认为，由于我国实行外汇管制，对外担保是产生外债的途径之一，《最高人民法院关于适用〈中华人民共和国担保法〉若干问题的解释》第六条规定了对外担保未经有关主管部门批准或登记无效，其立法本意是为了维护社会经济秩序和保护社会公共利益。但随着涉外金融贸易业务的发展，我国已取消涉外担保合同的登记生效要件，2014年国家外汇管理局发布施行的《跨境担保规定》，明确外汇管理部门对跨境担保合同的核准、登记或备案等外汇管理要求，不构成跨境担保合同生效要件。在此背景下，未经批准的跨境担保行为实质上不会涉及国家外汇管理秩序，并不构成对我国社会公共利益和社会经济秩序的违反，涉案担保合同不宜再被认定为无效，故CD中德西拉子公司称《监管协议》未向相关部门登记，应属无效的抗辩理由不能成立，法院不予

① 参见四川省高级人民法院民事判决书，(2019）川民初41号。

支持。

（三）JT银行股份有限公司HK分行、奥宏玛航运（香港）有限公司、陈某等船舶营运借款合同纠纷案①

在该案判决书中，浙江省高级人民法院认为："由于我国实行外汇管制，对外担保是产生外债的途径之一，我国《担保法解释》第六条规定了对外担保未经有关主管部门批准或登记无效，其立法本意是为了维护社会经济秩序和保护社会公共利益，但改革开放以来我国外汇管理制度是沿着人民币走向自由兑换这一路径而开始演变历程的，实行人民币资本项目自由兑换是外汇体制改革的目标。随着我国经济体量和国际资本流动规模的增大，2014年国家外汇管理局发布施行的《跨境担保外汇管理规定》及《国家外汇管理局关于的通知》，明确外汇管理部门对跨境担保合同的核准、登记或备案等外汇管理要求，不构成跨境担保合同生效要件。在此背景下，未经批准的跨境担保行为实质上不会涉及国家外汇管理秩序，并不构成对我国社会公共利益和社会经济秩序的违反，涉案担保合同不宜再被认定为无效。"

（四）丁某民等与杭州HN进出口有限公司保证合同纠纷案②

法院认为，2000年实施的《担保法司法解释》③第6条规定，未经国家有关主管部门批准或者登记，为境外机构向境内债权人提供担保的，对外担保合同无效。2008年修订的《外汇管理条例》规定，国务院外汇管理部门及其分支机构依法履行外汇管理职责，负责本条例的实施。提供对外担保，应当向外汇管理机关提出申请，由外汇管理机关根据申请人的资产负债等情况作出批准或者不批准的决定，国家规定其经营范围需经有关主管部门批准的，应当在向外汇管理机关提出申请前办理批准手续。2014年国家外汇管理局发布《跨境担保规定》，按照担保当事各方的注册地，跨境担保区分为内保外贷、外保内贷和其他形式跨境担保。境内机构提供或者接受除内保外贷和外保内贷以外的其他形式跨境担保，在符合境内外法律规定和本规定的前提下，可自行签订跨

① 参见浙江省高级人民法院民事判决书，（2017）浙民终716号。
② 参见北京市高级人民法院民事裁决书，（2020）京民申901号。
③ 已失效，参见《民法典》第388条。

境担保合同，除外汇局另有明确规定外，担保人、债务人不需要就其他形式跨境担保到外汇局办理登记或备案。

根据以上对相关监管规则及案例的分析，实践审判案例总体对未履行在外汇管理局备案或登记程序不影响跨境担保合同的效力存在更多支持性案例。

《民法典》生效后，根据《民法典》第1260条之规定，《担保法》同时废止。2020年12月31日，最高人民法院发布了《民法典担保制度解释》，该解释未对跨境担保合同的效力问题作出任何规定。这意味着2021年1月1日后发生的跨境担保项下境内担保审批或登记与担保合同效力之间的关系就不再是一个问题了，即未经审批或登记不再是判断跨境担保合同效力的标准之一，外汇管理与跨境担保交易合同的有效性判定彻底"脱钩"。

然而，从履约角度，《跨境担保规定》第6条规定："境内机构办理内保外贷业务，应按本规定要求办理内保外贷登记；经外汇局登记的内保外贷，发生担保履约的，担保人可自行办理；担保履约后应按本规定要求办理对外债权登记"。如果未办理登记，《跨境担保外汇操作指引》明确，非银行机构提供内保外贷后未办理登记但需要办理担保履约的，担保人须先向外汇管理局申请办理内保外贷补登记，然后凭补登记文件到商业银行办理担保履约手续。外汇管理局在办理补登记前，应先移交外汇检查部门。综上，德和衡律师认为无法完成跨境担保备案登记，将对担保提供方履约构成实质障碍。且依据《跨境担保规定》第31条的规定，未按该规定办理跨境担保业务的，可能受到外汇管理局的行政处罚。

《外债登记管理办法》第27条规定："有下列情形之一的，依照《外汇管理条例》第四十八条进行处罚：……（五）违反外债登记管理规定的。"《外汇管理条例》第48条规定："有下列情形之一的，由外汇管理机关责令改正，给予警告，对机构可以处30万元以下的罚款，……（五）违反外汇登记管理规定的……"

《跨境担保外汇管理操作指引》规定："七、……（二）有下列情形之一的，按照《条例》（注：《外汇管理条例》）第四十三条处罚：……5. 违反《规定》（注：《跨境担保外汇管理规定》）第十七条规定，未经批准，债务人、债权人超出范围办理外保内贷业务的……"《外汇管理条例》第43条规定：

"有擅自对外借款、在境外发行债券或者提供对外担保等违反外债管理行为的，由外汇管理机关给予警告，处违法金额30%以下的罚款。"

金融机构在开展外保内贷业务中，应当严格遵守相关监管规定，避免受到行政处罚。特别是一些非银行金融机构，集中报送的渠道尚不畅通，也未实质办理相关登记手续。倘若因此被处以违法金额30%的罚款，未免得不偿失。

综上所述，德和衡律师建议为避免履约障碍及相应处罚，跨境交易业务中，建议将担保人完成外管备案登记设置为交易合同的必要前提条件，以保障债权人权益。

三、内保外贷业务开展的合规要点

内保外贷在支持中国企业"走出去"的过程中，帮助企业收购具有技术优势、销售渠道、品牌影响等的境外标的，解决了跨境并购中的融资难、融资贵问题。但对于商业银行而言，在执行《跨境担保规定》《完善真实合规性审查通知》《完善内保外贷通知》时，应注意以下几点，以免办理内保外贷业务时出现违规：

（一）严格审核境外投资是否符合国家政策导向

如果内保外贷资金用于并购境外企业的股权，需要审核投资行为是否符合国家关于境外投资的相关政策导向，特别是应严格遵守《关于进一步引导和规范境外投资方向的指导意见》（国办发〔2017〕74号）的相关规定。商业银行应重点支持境内有能力、有条件的企业，积极稳妥地开展境外投资活动，具体包括：有利于"一带一路"建设和周边基础设施互联互通的基础设施境外投资；能带动优势产能、优质装备和技术标准输出的境外投资；与境外高新技术和先进制造业企业的投资合作；稳妥参与境外油气、矿产等能源资源勘探和开发；扩大农业对外合作，开展农林牧副渔等领域互利共赢的投资合作；商贸、文化、物流等服务领域的境外投资。对于该指导意见中明确的限制类领域，原则上不予协助办理跨境并购业务；如确须办理，应从严调查，确保业务手续完备、依法合规。对于禁止类领域的跨境并购业务，不能以任何形式参与或办理。

（二）确保跨境并购业务审批手续齐备

国家发展和改革委员会、商务部和国家外汇管理局是境外投资审核的关键部门，境内并购方直接开展的跨境并购项目实施前，需经过发展和改革委员会核准或备案同意。对于境内非金融机构开展的跨境并购，还需报送商务部门进行核准或备案。属于核准、备案管理范围的跨境并购项目，境内并购方在未取得有效核准文件或备案通知书之前，无法办理外汇管理相关手续，商业银行也不能办理相关资金结算和融资业务。如果涉及跨境投资并购的主体为国有企业，还需获得国有资产监督管理委员会的批准。此外，《对外投资备案（核准）报告暂行办法》（商合发〔2018〕24 号）规定，境内投资主体以兼并、收购及其他方式在境外设立企业前，需报送商务主管部门、金融管理部门履行备案或核准手续，并向上述主管部门定期报送关键信息。因此，商业银行在为客户办理跨境并购项下内保外贷前，并购方企业应取得发展和改革委员会、商务部门的对外投资审批手续。当然，如果在业务审查审批时企业尚未取得相关证明文件也无妨，在开立融资性保函或备用信用证前完成相关审批手续即可。

（三）严格审核跨境并购项下内保外贷的真实合规性

主体资格、并购交易背景和资金用途，是内保外贷真实合规性审核的主要内容。首先，应加强对跨境并购主体资格的审核，依据《关于完善银行内保外贷外汇管理的通知》（汇综发〔2017〕108 号）的要求，重点审核内保外贷债务人的设立是否符合境外投资的管理规定，以及是否通过了发展和改革委员会、商务部等境外投资主管部门的审核。这将为内保外贷业务的稳健开展竖起第一道风险屏障。其次，应对并购交易背景进行核实，即内保外贷项下的资金应用于并购方在境外支付并购交易交款及相关费用，不得用于支持并购方从事并购业务范围以外的任何交易，更不得构造交易背景进行套利或进行其他形式的投机性交易。最后，应对资金用途进行严格审核。应依据《关于进一步推进外汇管理改革完善真实合规性审核的通知》（汇发〔2017〕3 号）的规定，在为客户办理境外直接投资登记和资金汇出手续时，除要求客户向商业银行提交相关审核材料外，还应提供投资资金来源与资金用途的情况说明，以及董事会决议、合同或其他真实性证明材料。跨境并购交易背景的真实性审核十分重要，商业银行可通过投资意向书、并购信息备忘录、股权购买协议等文本来印证交易的真实性。

（四）加强还款来源和担保履约可能性的调查

在办理内保外贷时，商业银行应切实加强对第一还款来源和担保履约可能性的审核，不得在明知或者应知担保履约义务确定发生的情况下签订跨境担保合同。其重点要关注“履约倾向存疑”的内保外贷交易，加强对债务人本身的经营状况、负债率以及历史上是否存在恶意履约不良记录等方面的考虑。如果内保外贷业务接受反担保的，还应对反担保资金来源及其合理性等进行审核。对于债务人还款资金来源不明的，或虽然还款来源明确但付息性债务过高的，应审慎办理内保外贷业务。在为客户办理跨境并购项下内保外贷时，应重点关注标的公司自身现金流或分红对境外贷款本息偿付能力的影响、目标公司的资产负债表等财务数据。若此部分现金流难以覆盖贷款本息，应考虑通过并购方企业境外可调配的综合现金流进行还款，或者依赖于企业境外发债、公开上市等再融资渠道募集资金来归还部分贷款。

（五）加强存续期管理，避免发生担保履约

商业银行完成内保外贷业务之后，应做好存续期管理。对于自身提供的、主债务合同将于一年内到期的内保外贷业务，应按季度进行履约风险评估，避免发生实质性担保履约。对于内保外贷业务发生担保履约的，最终成为对外债权人的境内担保人或反担保人，应当按规定办理对外债权登记。企业作为担保人或作为商业银行内保外贷业务的反担保人发生担保履约的，履约额应纳入该企业境外放款额度进行登记和管理。在上述案例中，商业银行发放境外贷款后，应做好境外偿债现金流的资金归集，要求客户按季还款，避免发生技术性违约。

第七章

商业银行境内债务境外追索法律问题

随着中国高净值人群海外移民、资产境外转移，和国内企业扩大海外投资的趋势增强，商业银行往往遇到债务人/被执行人境内无资产、财产而主要资产在境外的问题。境外追索债务，不同于境内的债务追索，难处在于债务人海外财产的定位、跨法域债务的确认、强制执行的操作涉及不同国家（地区）间的法律规定，以及与之相关的国际公约及国际条约的运用。考虑到各国家（地区）的基本情况、司法机制及法律制度的不同，虽然各国家（地区）在承认与执行外国民商事判决时均比较谨慎，但是该种承认与执行的行为在推进跨境司法合作、节省诉讼资源，降低交易成本方面影响深远，未来定会成为国际司法协作的新趋势。本章将针对商业银行对境内形成的债务进行境外追索的相关法律及实践问题作出探讨。

本章第一节着重于讨论债务境外转移的主要方式，及采用国内进行争议解决而国外法院承认和执行与在国外直接进行争议解决程序进行海外资产追索两种手段的不同：资产转移的主体不同，方式也有所不同，财产追索的难度也会不同；同时，商业银行应充分考虑个案情况，对追索财产的手段进行选择。该节以美国为例，重点介绍在美国通过诉讼程序进行财产追索涉及的具体法律制度。第二节分别阐述诉讼、仲裁和调解在债务追索中的优势，以及相对应的三个公约:《选择法院国际公约》（The Hague Convention on Choice of Court Agreements，以下简称《法院公约》)、《承认及执行外国仲裁裁决公约》（The New York Convention on the Recognition and Enforcement of Foreign Arbitral Awards，以下简称《纽约公约》）和联合国《关于调解所产生的国际和解协议公约》（United Nations Convention on International Settlement Agreements Resulting from Mediation，以下简称《新加坡调解公约》）的适用性。第三节着重介绍美国、英国及我国香港特区三个资产转移热门国家地区涉及财产追索的法律制度及案例评析。

第一节　债务境外追索概述

一、债务境外转移的主要方式

随着我国企业“走出去”政策的逐步推进，国际贸易、跨境投资逐渐成为常态，跨境资产流动越来越普遍。面对层出不穷的资产转移手段，目前，我国在境外财产追索、债务执行层面的立法尚不完善，未能提供足够的法律保障，反而为债务人的资产境外转移提供了土壤。商业银行在与债务人签订协议之前，在某种程度上可以通过要求债务人就其持有的资产类型披露财产信息、提供担保等方式获取其财产线索，但最终追索债务的难度取决于债务人资产转移的手段以及转移后的财产类型。在恶意逃避债务的情况下，债务人有可能通过极其隐秘甚至违法的手段，包括通过虚假贸易或金融交易、地下钱庄和境外赌场洗码等手段向境外转移资金，并且将该部分资金通过境外的经营或买卖活动改变资产的形态并赋予其合法的形式。

（一）以境外置业方式进行资产转移

境外置业作为近年来逐渐发展起来的热门投资渠道，我国暂未出台对其的专门立法。境外置业是对于进行境外房地产交易、租赁境外土地或房屋等一系列活动的总称；常见的境外置业可分为住房置业、商铺置业、产业置业（如别墅、公寓、商铺、写字楼、种植园、农庄、酒店等）三种类型。根据中国房地产数据研究院的分析显示，房产投资者主要集中在国内高净值人群中，包括企业主、炒房者、职业股民，这些高净值人群正在逐渐将投资方向转向境外地产，有的购房者为了旅游自住或享受留学教育的目的，也有部分购房者是为之后的移民做准备。

如果在追索财产时请求以债务人的境外不动产抵债，商业银行需要获得境外不动产登记在债务人名下的信息，否则就需要证明债权人将资金改变为不动产的资金链，举证难度较大。

（二）境外购买理财保险

境外保险是备受境内投资者青睐的另一个投资项目，因其“境外性质”及高度私密性，也成为部分债务人逃避债务风险的选择之一。境外保险一般是美元储蓄保单，可以给投保者的投资提供长期的稳定回报率。被保者或保险收益人在出险理赔或者保险到期后所获得的资金是保险金，它不属于遗产，因此不用交遗产税，且不属于可强制执行的财产；而在保险未到期时被保险人支付的保险金额不属于理赔金额，在保险公司作为善意第三人时保险金会成为保险公司的财产，如果保险公司不配合追索行动，极难进行财产追索。专业精英人士或私营企业主一般喜欢用境外保险来理财，这些人士在经营过程中，很多是靠债务杠杆撬动财务资产的，并且会涉及较为复杂的三角债务关系。如果投保人发生意外身故，其生前留下的债务很容易引发纠纷，多数债权人也会向其子女主张债权。在人身保险金被认定为遗产，并用于清偿债务或者赔偿的情况下，一些债务人会选择通过投保一份具有理财功能的境外保险，作为有效转移财产、躲避债务的手段之一。近年来，由于《金融账户涉税信息自动交换标准》在我国内地和香港特别行政区落地，加之换汇政策的收紧及在香港支付保险金方式的限制，内地高净值人士前往香港购买保险的数量较少，且债权人更易收集债务人保险类型的资产信息。

（三）设立境外公司、购得境外企业股权

境外股权投资，指通过投资取得境外被投资企业的股份，包括收购境外的私人企业及公众公司。由于收购境外私人企业的股权价值由交易主体协商确

定，而无公允的参考价值，因此在交易主体串通的情况下，收购境外私人企业股权较其他情况更容易实现大额资产海外转移。收购公众公司，即通过二级市场大量购买并持有我国香港地区或美国等上市公司的股票。

除了上述境外股权投资外，部分债务人还会选择通过设立境外关联公司的方式实现资产转移。一般债务人会在境外（往往是“税收天堂”，如英属维尔京群岛、开曼群岛等）设立一个公司，通过签署国际货物买卖协议的方式与其控制的国内公司进行大量的关联采购，从而将资金转移出境。这种转移方式往往隐蔽且难以追查，特别是离岸公司具有保密性高、无周年申报、无审计要求等特殊性，商业银行很难掌握离岸公司的资产信息。

值得注意的是，2018 年 9 月中国建立了与 56 个国家和地区的共同申报准则（Common Reporting Standard，CRS）信息互换机制，即使债务人拒绝提供离岸公司的账户资料，但其拥有的离岸公司的境外托管机构、存款银行以及债务人个人的境外开户银行，也会遵照 CRS 的申报规则将离岸公司及其背后的中国股东的境外存款和托管账户信息交换回中国税务机关。[①] 这就给追索离岸公司股东债权提供了可行之路。此外，商业银行可以根据债务人财产所在地的法律向当地法院申请信息披露令、第三方信息披露令、冻结令等，以便追索财产。例如，在英国和爱尔兰等英美法系地区，债权人可以通过向法院申请人第三方披露令，（the Norwich Pharmacal Order）请求案涉公司的注册代理人披露相关资料。在 2020 年 3 月 10 日“K 及 S 诉 Z 及 Z 案”[②] 的裁决中，格合德·沃尔班克（Gerhard Wallbank）法官判决债权人可以基于三个理由向英属维尔京群岛法院单方面申请第三方披露令以获得救济，即支持外国诉讼程序、支持外国仲裁裁决，协助执行财产冻结令。

（四）设立离岸信托，实现利益传承

信托是兼备财产转移与财产管理的一种资产管理方式，其本质是委托人将信托财产的利益赋予受益人，同时向受托人转移财产并由受托人对财产进行管

① 参见欧阳甘芬、熊定中：《刺破 VIE 面纱：境外追索债权新途径》，载微信公众号“高杉LEGAL”2020 年 6 月 10 日，https：//mp. weixin. qq. com/s/yDV7 –6K4mZEYr5ScQ312dw。

② See K&S *v.* Z&Z，BVIHCM（COM）2020/0016.

理，在某种程度上保障了信托财产独立性。一旦信托设立，无论委托人的生活和家庭关系发生怎样的变动，如离婚、破产或死亡，信托内的财产都将会独立存在。此外，委托人还可对不同的受益人设定不同的传承条件，以确保信托财产能够按照委托人在设立信托时的原始意愿被分配到不同的受益人手中。

离岸信托，是指在离岸属地成立的信托，因其特定的属地对信托的定义或法条有相对宽松或特别的政策，且具备相对的隐蔽性，使离岸信托具有了隔离财产、合理避税、财产传承等特点。对于企业经营者设立的股权信托而言，好的信托架构的设立也能实现高效、平稳的家族股权转移和管理，避免股权结构变动，实现股权利益传承。

（五）案例评析

因中国境外上市公司往往具有复杂的债权债务关系，且国内企业利用法律手段穷尽追索债务逐渐成为商业习惯，昔日离岸公司的传统架构一定程度上实现的债务风险隔离的功能正在逐渐被削弱。以债权人提出达到证明标准的证据以及充足的财产线索为前提，某些国家或地区的法院（如美国、英属维尔京群岛）通常倾向于承认和执行外国法院的判决，以协助境外债权人对境内财产的合法追索。① 2020 年 1 月 28 日，英属维尔京群岛高等法院对“兴业金融租赁有限责任公司诉邢利斌案”② 就承认中国人民法院生效判决作出决定。最高人民法院对该案曾经作出过三份民事判决书③，但由于被告人一直被羁押在中国境内，同时涉及跨境执行问题，导致原告对被告享有的超过 3 亿元的到期债权无法实现；最终，原告兴业金融租赁有限责任公司根据相关规定向中国香

① See Peter Tyers - Smith, Timothy P., de Swardt, Merrick Ricardo Watson, *The Asset Tracing and Recovery Review: British Virgin Islands*, The Asset Tracing and Recovery Review - 8th Edition, p. 240 (2020).

② See Industrial Bank Financial Leasing Co., Ltd. *v.* Xing Libin, BVIHC (COM) 0032 of 2018.

③ 参见兴业金融租赁有限责任公司诉山西楼俊集团担炭沟煤业有限公司、山西联盛能源投资有限公司等（融资租赁合同纠纷案），最高人民法院民事判决书，（2014）民二终字第 204 号；兴业金融租赁有限责任公司诉山西楼俊集团泰业煤业有限公司、山西联盛能源投资有限公司等（融资租赁合同纠纷案），最高人民法院民事判决书，（2014）民二终字第 203 号；柳林县浩博煤焦有限责任公司、山西联盛能源投资有限公司融资租赁纠纷案，最高人民法院民事判决书，（2016）最高法民终 286 号。

港特别行政区高等法院申请司法协助，成功冻结了 Firstwealth Holdings Ltd. 一家由被告邢利斌投资并 100% 控股的注册在英属维尔京群岛的公司的账户，并借此阻止被告进一步转移资产。该公司名下包括大量的港股股票、香港银行存款，以及一处位于香港的房产。英属维尔京群岛高等法院法官阿德里安·杰克（Adrian Jack）作出判决，同意委任衡平接管人接管上述英属维尔京群岛公司股份以实现相关资产的执行。本案中，法官选择任命接管人接管公司股份、重组董事会、自行清算并分配资产变价款的方式使公司资产变现，最终实现执行目的，主要考虑申请人没有提供有力的证据证明英属维尔京群岛公司与被执行人邢利斌之间存在人格混同，因此接管人无权直接处置英属维尔京群岛公司名下的任何资产；同时英属维尔京群岛高等法院掌握的有关英属维尔京群岛公司名下的资产信息是不对称的，如果采用司法强制执行的方式就可能导致股份被迫大幅折价变卖。

在“ZG 银行广东省分行开平支行原行长许某凡等人特大贪污挪用案”[①]中，ZG 银行在案发后立即采取行动，分别在我国香港特别行政区、[②] 美国加利福尼亚州、[③] 加拿大不列颠哥伦比亚省、瑞士等地提起民事诉讼，并且首先针对被发现的涉案资产向当地司法机关申请民事禁止令或冻结令，冻结主要犯罪嫌疑人及其亲属在我国香港特别行政区的资产大约 140, 000 万港元，在美国和加拿大的资产总值约 10, 806 万美元；随后，ZG 银行通过民事诉讼取得了关于上述资产归属于 ZG 银行的司法认定，从而获得财产返还的司法裁决，并实际收回了大部分资产。该案件首先在国内通过刑事诉讼程序获得生效判决，并在案涉财产所在国家及地区通过民事诉讼程序成功追索被贪污挪用财产，对商业银行就债务人进行海外债务追索的具体思路具有一定的参考价值。

参考上述案例，对于中国债务人在全球范围内进行财产追索，商业银行可以在我国人民法院起诉债务人取得生效判决后，根据判决向债务人所在地或财

---

① 参见鞠文杰：《境外犯罪资产追回的国际私法问题》，载《黑龙江工业学院学报（综合版）》2018 年第 18 期。

② See Bank of China *v.* Kwong Wa Po and Others, ［2005］ HKCFZ 562.

③ See United States *v.* Chao Fan Xu et al. 2013 WL 28392 U. S. Court of Appeals 9th Cir, 2013).

产所在地法院申请承认和执行生效判决；同时，如下文所列出的，如果商业银行在境外获得生效判决，原则上也可以依据国际法以及中国国内民事诉讼法上的互惠原则，向中国法院申请寻求互惠救济，以承认和执行境外判决。自然的，在实践中商业银行应首先依据与相对方约定的争议解决方式进行财产追索，并根据个案情况（如与债务人约定的争议解决方式、债务人财产状况等）制订追索计划。

二、债务境外追索的两种路径

（一）境内纠纷解决及境外承认与执行

面对在中国境内产生债务的债务人为逃避债务而将资产转移至境外的情况，商业银行可在境内通过三种纠纷解决机制，即诉讼、仲裁、调解，获得生效法律文书或具有法律效力的文书后，向债务人财产所在地法院申请承认与执行。这种路径具有以下潜在优势：在境内法律程序作为追索资产的“主战场”时，诉讼/仲裁阶段程序较为便利，具体因素包括但不限于相对方财产线索较易掌握、对境内财产申请临时保全措施较为便利，及更容易成功后向相对方送达法律文书；同时，双方的债务产生于国内，所依据的合同、与案件相关的事实多数发生在国内，法律关系形成所依据的准据法也是国内法，由国内的争议解决机构对债权债务关系进行认定更加合理，也符合国际上认可的“方便管辖原则”。

随着“走出去”、“一带一路”倡议的广泛开展，我国与其他国家间的经济活动越发频繁，涉外类型的民商事纠纷也随之增多。生效法律文书的跨国承认与执行问题也受到重视，我国不仅在《民事诉讼法》中对外国法院判决的承认与执行问题作出详细规定，还积极通过与其他国家和地区订立双边或多边协议、参加国际条约等方式推动国家间及区际生效法律文书的承认与执行。能够预见的是，在不久的将来，商业银行依据个案因素在全球范围内进行财产追索将会随着国内法律的完善而变得更为容易，如可在其他国家和地区对债务人当地的子公司提起民事诉讼并获得胜诉判决后，对注册在国内的母公司主张承担债务。本章第二节将对不同生效法律文书在境外承认与执行的主要依据进行详细介绍，第三节将就国内生效法律文书在重点国家和地区的承认与执行问题作出讨论，因此在此处不再做展开论述。

（二）境外纠纷解决——以美国法财产追索制度为例

与前述境内纠纷解决后境外承认与执行的方式相对的，是完全的境外纠纷解决，即在境外的财产所在地直接进行诉讼、仲裁、调解，并依据相关生效法律文书径直向财产所在地法院申请执行。而三种手段中最值得关注的是境外诉讼，由于境外诉讼涉及受案国家和地区的具体规定，在此以作为热门海外资产转移地的英美法系国家——美国为例，讨论在境外直接以诉讼方式追索债务的法律制度。

1. 对债务人进行财产调查，掌握财产线索

境外诉讼需要消耗大量的时间和经济成本，因此在诉前对债务人的境外资产，特别是受案地的资产情况进行调查就尤为必要，如通过财产所在州的公开数据库查询债务人及关系人的登记注册、纳税、破产等公开信息；对债务人的个人、直系家庭成员、实际控制的企业组织、远亲、合伙人及其律师、会计师进行调查；通过司法审计分析债务人的会计账簿和凭证。根据通过上述调查手段获取的信息，绘制债务人的生意、家庭、个人和执业关系网；确认债务人最有可能的财产藏匿地；制定最容易确定的财产线索；确定债务人资产已知的最后控制人。通过对债务人银行和投资账户、不动产、飞机、船舶和车辆、仍在运作的企业、其他有形或无形资产的信息的调查，对债务人的资产及诉讼成本作出理性评估。若在公开信息中无法查出债务人的资产线索，也可以向潜在的财产所在地法院申请信息披露令。

在对债务人的资产有了相对全面的掌握后，才能对下一步的债务追索方式作出选择。但正如上文提到的，债务人转移资产的方式直接影响财产调查的难度，对应地，转移方式极为隐秘的债务人财产会给债权人带来较高的调查费用及当地律师的服务费用，成为影响商业银行选择追索债务方式的关键因素之一。

2. 向法院申请资产冻结令

资产冻结令是普通法系中常见的禁令形式（injunction），是阻止被申请人资产流失的一种临时禁令。一旦被申请人的资产被冻结，就意味着该资产不得再被转移、处置等。资产冻结令属于英美法系中财产保全制度的一种。在大部

分类型的民事诉讼中，当事人通常都可以申请资产冻结令。申请资产冻结令的最重要条件是，被申请人的资产需要存在可能灭失或减少的风险，而被申请人资产的流失会直接导致胜诉方即使胜诉也很难依据生效法律文书找到可供执行的财产。取决于美国不同州的州法律，资产冻结令的申请流程会有变化，难度也有所不同。

在仲裁案件中，虽然仲裁庭也有权作出资产冻结或资产披露令，但申请人仍然需要向法院申请将仲裁庭作出的命令转为法院禁令，因为通过这样的方式，禁令才能够被保障执行，由公权力机关形成的阻吓力，具体表现在对债务人在当地施加压力、使债务人因应诉的律师费出现经济问题等，才会发生作用。

3. 申请适用“刺破公司面纱”制度

“刺破公司面纱”制度是针对法人或公司股东利用公司有限责任原则进行欺诈、投机等经济活动，严重损害诚信债权人的利益的行为而设立的。美国作为判例法国家，“刺破公司面纱”制度虽然在不同时间跨度上被法院多次适用，但美国法律并未就此将其写入成文法，这就赋予了法官较大的自由裁量权。法官在考量是否适用“刺破公司面纱”制度的时候一般会考量，公司是否存在欺诈、不法行为，以及是否由于自然人或法人控制公司造成公司与个人或企业的独立地位不复存在。在美国，各州法院在审理“刺破公司面纱”案件时经常结合多项考量标准来判断是否“刺破公司面纱”，包括“案件整体判断标准”“双重判断标准”“工具性标准”等。

美国法院在审理“刺破公司面纱”案件时主要考虑的是案件整体的情况：（1）利益和所有权的结合是否导致公司和股东的单独性丧失；（2）如果公司的行为被视为公司的单独行为，那么就会造成一个不公平的结果。另一个判断标准是“工具性标准”，即审查公司是不是该公司股东或该公司母公司的一种工具，或仅仅是“另一个自我”，如果法院认定存在上述情形，那么“刺破公司面纱”制度将被适用，有利于商业银行对利用公司独立法人地位和股东有限责任的规定逃避债务的债务人在当地进行财产追索。

4. 提起欺诈性转让诉讼

美国于2014年7月通过《统一可撤销交易法》（Uniform Voidable Transactions Act)，作为规制欺诈性转让的专门法案，明确了各种可由债权人主张撤销的欺诈性转让行为，包括真实欺诈和推定欺诈两大类。真实的欺诈，是指债务人实施的任何具有真实的阻碍、延缓或者欺骗债权人意图的财产转让行为。推定欺诈，是指债务人实施财产转让行为未取得合理对价，并且债务人：(1）在实施了转让行为后剩余的财产对于其正在从事或者将要从事的事业来说是不合理的匮乏；(2）可以预见其不能清偿到期债务；(3）债务人在实施转让行为时处于资不抵债的状态或者由于该转让行为导致其发生资不抵债的状态，以及债务人在资不抵债的情况下对内部人清偿债务，且该内部人有合理理由相信债务人处于资不抵债的情况。《统一可撤销交易法》已在美国45个州（包括特拉华州和纽约州）通过，对欺诈性转让行为表现形式的界定是非常全面且具体的；除此之外，债务人若有其他恶意转移财产的情形，债权人也可以通过恶意财产转移、不当得利等判例法法律对债务人提起诉讼。①

但是在国际民商事诉讼中，美国法院对原告选择法院有一定的限制：当法官知道诉讼标的物系源于发生在外国的行为时，有可能会援引“不方便法院”原则不受理案件。“不方便法院”原则是指，如果存在对诉讼同样具有管辖权的可替代法院，则原法院可以以自身属不方便法院为由，依职权或根据被告的请求作出自由裁量而拒绝形式管辖权。在债务、证据材料或证人主要产生在国内、债务人及债务人财产在境内的情况下，国外法院便有可能考虑上述因素，依职权或者基于债务人的请求作出自由裁量而拒绝行使管辖权。在境外进行财产追索中，考虑外国法院有可能根据这一原则拒绝受理，在选择起诉法院时，不仅应当考虑起诉地法院对有关财产采取法律措施和执行司法裁决的便利性，还需要考虑诉讼地的当事人与有关民事诉讼请求及相关法律关系之间的关联度。商业银行及代理律师应当根据境外及境内的法律制度决定债务人最容易被判定承担民事返还义务的追索思路。

在美国提起仲裁或和对方调解，主要取决于商业银行和债务人之间是否对争议解决有具体的约定，如有类似约定，商业银行可按照对应的当地法律、争

① 参见花文静：《美国〈统一欺诈转让法〉中的债权人保护研究》，安徽大学2017年硕士学位论文，第7页。

议受理机构对债务人进行债务追索；在美国进行调解和仲裁与在其他国家进行调解和仲裁之间的差别，与上文境内和境外诉讼追索财产的差别无实质性不同，本节不做详细讨论。

第二节 债务全球追索的三种方法及对应公约的适用

一、以诉讼进行债务全球追索

（一）诉讼在债务境外追索中的优势

诉讼作为最传统和常见的商事争议解决机制，其优势不言而喻，通过权威的司法机关对涉案当事人的权利和义务作出判决，该判决不仅具有既判力，而且具备执行力。执行力，是指在一定条件下，债权人可以请求享有国家执行权的机关采取强制执行措施，迫使拒不履行已确定义务的债务人履行义务的效力。

特别是对于国际商事判决来讲，商业银行在一国获得对纠纷的生效判决后，如何保障该份判决能够顺利地在财产所在地获得承认和执行，直接关系商业银行的合法权益能否得到实现的问题。为了解决这一问题，各国首先在国内立法上对外国民商事生效判决在国内的承认和执行作出规定，例如，我国《民事诉讼法》第281条规定："外国法院作出的发生法律效力的判决、裁定，需要中华人民共和国人民法院承认和执行的，可以由当事人直接向中华人民共和国有管辖权的中级人民法院申请承认和执行，也可以由外国法院依照该国与中华人民共和国缔结或者参加的国际条约的规定，或者按照互惠原则，请求人民法院承认和执行。"但每个国家的立法内容及实际施行各有千秋，各国对非国内判决或裁决的承认和执行标准难以统一，也对不了解当地法律的外国当事人造成了一些障碍。由此，《法院公约》的出现就显得尤为重要，对民商事判决的跨国执行问题的解决具有重大意义。

（二）《法院公约》主导下的民商事判决的跨境承认与执行

2005 年，海牙法院颁布《法院公约》。《法院公约》是第一个全球性的管辖权和判决公约，作为国际民事诉讼法上的里程碑式的国际公约，为生效判决的跨境执行提供了强有力的保障。它确立了承认与执行当事人双方约定诉讼法院的争议解决方式，就法院的选择、其他法院的义务和承认及执行法院判决制订了明确而详尽的规则，并能在一定程度上限制平行诉讼的出现。截至 2021 年，缔约并批准通过《法院公约》的缔约国有英国、丹麦、黑山、墨西哥、新加坡和欧盟各成员国；尽管中国于 2017 年签署加入《法院公约》，但尚未正式通过批准；本节旨在对公约的适用性及条款效力作出讨论，并希望对我国正式加入《法院公约》后商业银行进行债务追索的实务起到抛砖引玉的作用。

《法院公约》对处于缔约国家的合同方具有明确且具有唯一管辖权的法院的作用，即合同方在协商公约的适用范围内事项时可依据《法院公约》书面约定唯一具有管辖权的法院，所选法院必须受理案件、任何其他法院必须不予受理案件、所选法院的判决可在其他公约国内批准并执行。《法院公约》的适用不受“实际联系原则”的限制，即不要求当事人协议选择的法院应当与当事人之间的争议存在实际联系，缔约国明确声明保留的除外。

1. 适用条件——案件的国际性

《法院公约》第 1 条第 1 款明确规定了公约的适用范围：国际案件、排他性选择法院协议、民商事事项。关于案件的“国际性”，公约在第 1 条第 2 款作出解释：除非当事人均是同一缔约国的居民，且当事人的关系和与争议有关的其他所有因素仅与该国有联系，则均可以判定案件是国际性的。换言之，无论该国法院是否为被选法院，也无论该国法院是否有合法管辖权，也不考虑被选法院位置这一因素。该条直接排除了国内案件的适用。但《法院公约》对“国际性”的排除性界定并不禁止缔约国法院对其他缔约国国内案件的管辖。

公约在第 1 条第 3 款从对判决的承认与执行角度定义了“国际性”。如果要一个缔约国内法院承认与执行的是境外的判决，那么该案件就具备“国际性”。同时公约第 20 条又允许缔约国作出限制承认与执行的声明，即对于外国法院作出实质属于本国内国案件的判决，该国法院可以拒绝承认与执行。

2. 适用条件——判决的民商事性质

与类似公约一致，《法院公约》也将判决的类型限定在了“民事或商事”案件，这样约定的目的是将公法和刑法排除在外。但从其中第2条第5款的规定来看，如果政府代表或者任何代表政府的个人作为合同一方时（如行政法纠纷、海关纠纷等），所产生的诉讼并不被公约所排除。

3. 公约的排除适用情形

《法院公约》选择以穷尽式列举的方式对一些特别事项排除了公约的适用。在公约第2条内，将不适用的事项分款列举。其中，第1款对消费者合同、雇佣合同排除了公约适用。第2款中共列举了16项排除事项，主要涉及传统家庭法律问题，以及各国法律中所公认涉及专属管辖的法人的能力、不动产权及其租赁、因合同关系纠纷产生的反垄断问题、核损害赔偿责任和公共机构注册的效力的排除；运输问题及反托拉斯问题也不适用于该公约；人身伤害及因非合同关系引起的有形财产损害或侵权也不在公约适用范围之内；关于知识产权相关的案件，公约排除了版权和邻接权之外的其他知识产权的有效性以及非因合同引起的对版权及邻接权以外其他知识产权的侵权案件。第3款规定，如果上述排除事项是作为先决或程序性问题而非诉讼标的或案件实质纠纷，此类诉讼仍在公约适用范围之内（但对于该先决性问题的判决仍不能依据《法院公约》得到承认或执行）。第4款将仲裁及与仲裁有关的诉讼排除在外。第5款、第6款对政府豁免问题作出了规定。但对于国家主权的豁免，政府作为协议的一方当事人并不是当然地排除公约适用，但公约的适用也不会影响国家自身及其财产的豁免权。

4. 拒绝承认与执行判决的一般理由

在公约第9条中，列举了7种可以拒绝承认与执行缔约国判决的情形，但这7项理由并不是穷尽式列举，在公约的其他条款中也规定了可以拒绝的理由。而对于这7项理由，公约的措辞是“可以”而不是“应当”，这就给予受案法院相对宽松的裁量权，法院可以自行判断此类判决是否可在本国得以承认与执行。海牙法院订立《法院公约》的初衷在于通过加强不同国家的司法合作，促进国际贸易和投资，以至于《法院公约》在条款适用性上与《纽约公约》较为相似：这7项理由主要涉及协议无效、当事人缺乏订立合同的能力、送达程序缺陷、程序上的欺诈、公共秩序保留、与被请求过的判决冲突、与外国判决冲突。可以发现，第 9 条 f 和 g 项都涉及判决的冲突或不一致。其中 f 项主要针对的是被请求国法院作出的判决与被要求承认的判决不一致的情形。在这种情况下，公约赋予了被请求国法院优先权益，无论被请求国的判决是否优先于其他国家法院作出的判决，都可拒绝承认和执行该判决，而且判决无须诉因相同；g 项是针对依据《法院公约》作出的外国判决与非依公约作出的外国判决的冲突，被请求国法院可以在以下四种情形下拒绝对依公约作出的外国判决的承认与执行：（1）依法院公约所作的判决必须后于相冲突的判决；（2）当事人必须相同；（3）诉因必须相同；（4）相冲突的判决必须满足在被要求国承认的必要条件。这样的规定，也是为了保障《法院公约》的稳定性及适用的广泛性。

从总体上看，《法院公约》更有利于目前在国际贸易和投资领域处于优势方的西方发达国家，这也有可能是仅有少数国家批准该公约的原因；但我国批准《法院公约》的必要性及可行性也是毋庸置疑的。批准《法院公约》，有助于弥补目前我国判决在域外承认与执行方面的制度性缺憾，在高度保障当事人意思自治原则时，在缔约国之间为商事银行在国际贸易或投资事宜方面建立高效便利的争议解决机制，也增强当事人参与国际民商事交往的积极性。[①] 诚然，我国立法和实践与《法院公约》还存在若干差异，但尚不存在通过保留或声明条款不能调和的冲突和矛盾，批准《法院公约》后，在国内进行民商事诉讼将成为商业银行进行全球财产追索不可忽略的途径之一。

二、以仲裁进行债务全球追索

（一）仲裁在债务境外追索中的优势

国际商事仲裁充分满足了国际商事纠纷解决的实际需求，面对商事主体的复杂性和跨境交易的多样性，仲裁因具有终局性、保密性以及国际通行性而备受青睐，且能在很大程度上尊重当事人自治原则的同时保障裁决的公正和独

① 参见刘仁山：《我国批准〈选择法院协议公约〉的问题与对策》，载《法学研究》2018 年第 4 期。

立。仲裁庭在经当事人选择仲裁员组庭后，即根据案涉交易的事实以及准据法进行审理。仲裁的裁决类似诉讼程序中的判决，具备终局性和执行力，且在《纽约公约》缔约国下均可被承认并执行。

1. 国际商事仲裁的自主性

从形式上来看，仲裁与诉讼最为相似。而仲裁以充分尊重当事人的意思自治为基础，是否选择仲裁以及仲裁机构的选定、仲裁员的指定、仲裁地和仲裁语言的确定、仲裁程序的确定、提交仲裁的争议范围、仲裁的法律适用，是否和解等，均优先由当事人自行决定，当事人可以对仲裁程序起支配作用，对争议的解决也可发挥最大的影响，[①] 使仲裁程序较为灵活。这在诉讼中是难以实现的。

2. 国际商事仲裁的专业性

民商事争议特别是国际民商事争议常常涉及较复杂的法律、经贸和技术问题。而仲裁员并不像法官一样是一个固定群体，仲裁员通常是来自各行各业的专家、学者、律师，并经仲裁机构承认其专业性后委任组成。对于某些专业问题，由专业人士参与案件的审理将使案件的认定更具专业性，也更有利于争议的公平解决。

3. 管辖权的确定性

一个国际性的案件，经常出现管辖权冲突问题，当事人在订立跨国合同时很难预料如出现争议哪个国家法院应有管辖权，但又对对方国家的法院缺乏信任，即使协议约定了管辖也会发生判决的执行等问题。在合同中加入仲裁条款或订立仲裁协议，则可较好地解决这一问题，排除法院管辖权而确立仲裁管辖权，确保一旦发生争议时不会面对管辖权的冲突，或出现平行诉讼等难题。[②]

仲裁裁决一旦作出，除了部分程序性的理由外，基本上可得到世界上多数国家的承认和执行。仲裁得以成为国际商事纠纷解决的热门机制，与《纽约公约》的贡献密不可分。

---

① 参见宋连斌：《仲裁理论与实务》，湖南大学出版社 2005 年出版，第 158 页。

② 参见《国际商事仲裁的优势与局限性》，载法律快车网 2010 年 4 月 20 日，lawtime. cn/info/guojizhongcai/guojizhongcaiguanxia/20100420164. html。

（二）《纽约公约》主导下的仲裁裁决跨境承认与执行

《纽约公约》自1953年被首次提出至2018年已有159个成员国，随着国际商事往来的不断发展及国际商事仲裁制度的完善，相信未来将会有更多的国家加入。《纽约公约》的出现是国际私法历史上具有里程碑意义的事件，它不仅对仲裁裁决在世界范围内的执行提供有力保障，同时也对各个国家的仲裁立法进行了协调。

1. 《纽约公约》的适用范围

《纽约公约》中对外国仲裁裁决的界定规定在公约第1条，包含了“地域标准”和“非内国裁决”两个标准。其中“地域标准”是界定外国仲裁裁决的主流标准，即“在申请承认及执行地所在国以外之国家领土内作成者”；同时“非内国裁决”标准也成为对公约适用范围的补充，即“申请承认及执行地所在国认为非内国裁决者，亦适用之”。“非内国裁决”的加入，扩大了公约的适用范围。而关于如何界定“非内国裁决”，公约赋予了执行国法院充分的自由裁量权。这一概念的加入，也体现了公约对于不同国家立法和司法实践的尊重。

但从我国现有立法来看，由于中国法律中没有“仲裁地”的概念，而是用“选定的仲裁机构”作为判断仲裁裁决国籍，甚至认定仲裁裁决效力的标准。在这种情况下，当外国仲裁机构在中国作出仲裁裁决时，按照“仲裁机构”标准，该裁决将被认定为外国裁决；如果依据公约中的“地域标准”，该裁决又属于中国裁决。这种冲突就使“非内国裁决”标准的引入尤为必要。

实务中，2009年的“德高钢铁公司诉宁波工艺品进出口有限公司合同争议案”① 成为我国法院首例承认与执行外国仲裁机构在我国作出的仲裁裁决的案例。2003年1月，德高钢铁公司与宁波工艺品进出口有限公司签署了买卖合同。其中的仲裁条款约定为：“一切因执行合同或与本合同有关的争议，应提交设在中国北京的国际商会仲裁委员会，按照《联合国货物销售公约》进行仲裁。”争议发生后，德高钢铁公司按照合同约定将双方争议提交到国际商

① 参见浙江省宁波市中级人民法院民事裁定书，（2008）甬仲监字第4号。

会国际仲裁院进行仲裁，最终于 2007 年 9 月获得了 14006/MS/JB/JEM 裁决。德高钢铁公司于同年 12 月向宁波市中级人民法院申请承认与执行该仲裁裁决。在判决书中，法官阐述了其观点："《纽约公约》第 1 条第 1 款规定的适用范围有两种情形……这里所指的是'非内国裁决'是相对'申请承认及执行地所在国'而言的。本案并非我国国内裁决，应当适用《1958 年纽约公约》。综上，本案不存在拒绝承认和执行所涉仲裁裁决的理由……"

2. 《纽约公约》的保留情形

保留，是指"缔约一方在签署、批准或加入某个条约时，为排除或更改条约中某些规定对该国的效力所作的单方面声明"。[①] 保留在一定程度上允许缔约国对《纽约公约》条文作出调整性的适用，以避免与其本国法中核心的原则相冲突。

《纽约公约》在第 1 条第 3 款中规定了两种保留选择：互惠保留和商事保留。所谓互惠保留，即缔约国可以选择仅就另一公约缔约国作出的裁决进行承认与执行，而对于非缔约国裁决的承认与执行予以拒绝。"魏茨曼科学研究中心诉内司吉恩案"[②] 中，美国法院拒绝承认列支敦士登的仲裁裁决的理由就是，在申请执行时（2002 年）列支敦士登尚不是《纽约公约》的缔约国。但一国声明互惠保留并不意味着非公约缔约国作出的裁决完全无法在公约缔约国得以执行，而是无法依照公约来实现执行。在这种情况下，仲裁裁决的执行可以通过其他途径来获得，例如执行国的国内法或 1927 年《日内瓦关于外国仲裁裁决执行的公约》等。

而另一种"商事保留"，即允许缔约国规定公约仅适用于其国内法规定中的商事关系。这一保留对于许多大陆法系国家而言尤为必要，这些国家在国内法中区分了商事和非商事关系，如果没有商事保留，那么公约很可能无法顺畅地实现执行。如在"荷兰穆勒公司诉美国案"[③] 中，法院因认为救捞美国军舰的行为不属于商事关系的范畴而拒绝执行案涉仲裁裁决。

---

① 王虎华：《国际公法学》（第 3 版），北京大学出版社 2012 年版，第 126 页。

② See Weizmann Institute of Science *v.* Neschis, 299 F. Supp. 2d 234 (S. D. N. Y. 2002), XXVIII Y. B. Com. (Arb. 2003).

③ See BV Bureau Wijsmuller *v.* United States 487 F. Supp. 156 (S. D. N. Y. 1979).

3. 拒绝救济的理由

(1) 公共政策。

与《法院公约》以及下文中的《新加坡调解公约》类似,《纽约公约》也在第5条第2项中规定,承认或执行的仲裁裁决不得有违承认或执行地所在国的公共政策。通常国际商事仲裁中的公共政策可分为国际公共政策和国内公共政策,国际公共政策是指国际社会普遍认可的公共政策,《纽约公约》中也是采用的这一概念,这样的解释也能在某种程度上防止承认与执行地国法院对公共政策的随意解读。

"Hemofarm DD. MAG 国际贸易公司苏拉么媒体公司与济南永宁公司合资合同纠纷案",[①] 就是我国法院在内部报告制度实施以来,以违反我国公共政策为由而拒绝承认与执行的外国仲裁裁决第一案。在本案中,Hemofarm DD、MAG 国际贸易公司与济南永宁公司就成立合资公司签订协议,约定争议事项由国际商会国际仲裁院仲裁。2002~2003年,永宁公司因租赁纠纷起诉合资公司,并对其相关资产进行了保全。2004年,Hemofarm DD、MAG 国际贸易公司向国际商会国际仲裁院提起仲裁。仲裁庭认为,我国法院作出的财产保全裁定是导致合资公司遭受损失的最直接原因,且永宁公司作为仲裁条款的签署人,无视条款的约束直接向中国法院起诉并申请财产保全的行为也不具备正当性。最终,经最高人民法院审查,国际商会国际仲裁院组成的仲裁庭对案件的审理超出了当事人仲裁条款约定的范围。同时,在我国法院已经对该纠纷作出裁判的情况下,仲裁庭的再次审理侵犯了我国的司法管辖权,构成对我国公共政策的违反,继而不予承认和执行该仲裁裁决。[②]

(2)《纽约公约》中的穷尽列举。

在《纽约公约》第5条中明确列举了仲裁裁决不予承认和执行的具体情形:当事人不具完全行为能力、仲裁协议无效、仲裁范围超出当事人的约定、程序不正当、裁决无拘束力,以及事项不可仲裁性且违反执行地公共政策。其

---

① See Hemofarm DD, MAG International TradeCompany Ltd., Suram Media Company Ltd. v. Jinan Yongning Pharmaceutical Corporation Ltd., ICC Case No. 13464/MS/JB/JEM.

② 参见最高人民法院《关于不予承认和执行国际商会仲裁院仲裁裁决的请示的复函》[(2008)民四他字第11号]。

实一国法院在承认与执行阶段的权限是比较有限的，法官并不能审查仲裁裁决在事实或法律上是否正确，而只能审查仲裁双方在裁决过程中是否存在对一方不公平的现象。

此处值得一提的是，超出仲裁当事人约定的裁判并非完全无法得到承认与执行，如果“超裁”部分可以与未“超裁”部分相分离，那么法院可以对未“超裁”部分进行承认与执行。在“美国GMI公司与芜湖公司冶炼厂、芜湖恒鑫铜业公司买卖合同纠纷仲裁案”中，仲裁协议的签署方为美国GMI公司与芜湖冶炼厂，仲裁庭却将芜湖恒鑫铜业公司列为当事人，超出了仲裁范围。最高人民法院依据《纽约公约》有关规定对仲裁庭作出的裁决进行了审查，对于涉及美国GMI公司与芜湖冶炼厂之间争议作出的裁决与“超裁”部分可以进行分割，因此决定对未“超裁”部分予以承认与执行。①

三、以调解方式进行债务境外追索

（一）调解在债务境外追索中的优势

多元化的争议解决机制的引入，在很大程度上优化了纠纷解决的效率，使当事人可以根据实际情况作出选择。争议解决时间和程序的简化，也在一定程度上促进了国际商事活动的发展。但随着商事仲裁程序日益复杂化，仲裁费用的上升也成为部分当事人对国际商事仲裁望而却步的原因之一。因此，国际商事调解机制的建立健全就成为备受关注的议题，各国的司法改革中也越来越重视调解在解决商事纠纷中的作用。

1. 国际商事调解的自主性

国际商事调解充分体现了争议当事人的意思自治，当事人可自行协商确定与纠纷有关的程序和实体条件，在不违反法律强制性规定的情况下，对程序和实体规范作出灵活变通。调解通常是被动发起的，需要双方有相关协议的约定。即使是在调解过程中，调解员也发挥着主持人或者润滑剂的作用，为双方营造良好的谈话氛围，而并不能对双方的合意的达成施加过多的干涉。在多数

① 参见最高人民法院《关于美国GMI公司申请承认英国伦敦金属交易所仲裁裁决案的复函》[（2003）民四他字第12号]。

情况下，调解员往往不会帮助起草协议，也不会在和解协议上签名，调解协议的达成还是以当事人各方的意愿为准。[①] 这也为调解增加了许多不确定性，一旦当事人在调解过程中反悔，那么本轮工作将前功尽弃，一切需要推倒重来。

2. 国际商事调解的非对抗性

调解的另一优势就是有效地避免当事人之间的冲突。诉讼、仲裁本质上是当事人之间的博弈，双方当事人激烈对抗，过程结束后难以恢复到原有商业合作的状态；而调解系各方基于对自身利益的考量，在尊重对方意愿的同时作出适当的妥协和让步。在这种争议解决方式下，当事人之间的冲突感和对抗性将会减弱，在各种资源中寻求与自身利益的齿和及最佳匹配，当下的争议和分歧可以在更大领域的合作、谈判中消弭，[②] 也不会出现缠讼的不良后果，无胜败之分将在很大程度上维护当事人之间的友好关系。

此外，虽然在《纽约公约》的规范下，仲裁裁决的承认和执行已经在国际上形成了相对规范和统一的制度，但是当事人在约定仲裁协议的过程中，也会越来越多地将判决和裁决的域外执行问题作为一个重要考量因素。各国也经常在跨国判决及裁决的执行中以公共秩序保留原则为由拒绝承认和执行该生效文书，以争夺对该案的管辖权。与严格的程序规定相比，调解有效地避免了这种内在与外在的对抗性，解决纠纷的柔和方式也更能适应当事人解决商事纠纷的需求。

3. 国际商事调解的保密性

与国际商事仲裁类似，国际商事调解中的保密性也是当事人选择这种方式解决争议的一个不可忽视的原因。“保密原则是调解的生命价值”，[③] 在国际商事往来中，当事人之间的商事纠纷可能由多种原因引发，在调解过程中无法避免地会涉及一方或各方的商业秘密或其他不便透露的信息。而国际商事调解机

---

① 参见赵云：《〈新加坡调解公约〉：新版〈纽约公约〉下国际商事调解的未来发展》，载《地方立法研究》2020 年第 5 卷第 3 期。

② 参见杜军：《我国国际商事调解法治化的思考》，载《法律适用》2021 年第 1 期。

③ 中国国际贸易促进委员会、中国国际商会调解中心：《中国商事调解理论与实务》，中国民主法制出版社 2002 年版，第 42 页。

制为当事人提供的安全保密的环境，在很大程度上打消了许多商事主体的顾虑。此外，许多商事主体出于对自身名誉的维护考量，为避免大众对于涉诉公司的疑虑，也会将调解作为优选的争议解决方式。

但由于国际商事调解缺乏程序保障，通过国家立法规定直接对法院主持之外的调解协议予以执行的总体还不多，和解协议能否顺利执行也成为很多当事人对调解持观望态度的一个重要原因。《新加坡调解公约》便在这样的大背景下应运而生。

（二）《新加坡调解公约》主导下的国际和解协议的执行

在《新加坡调解公约》形成前，调解协议如果需要跨境执行，有的国家当事人可以通过本国法律以提起仲裁或诉讼的方式将协议转化为具有强制执行力的仲裁裁决或法院裁判文书，然后利用《纽约公约》等双边或多边条约实现调解协议的执行。联合国国际贸易法委员会（United Nations Commission on International Trade Law）认为，应拟订一部调解协议可执行性公约，以便以与《纽约公约》促进仲裁发展同样的方式鼓励调解。与《纽约公约》不同，《新加坡调解公约》并未要求当事人在进入调解程序前达成调解协议，这也是基于调解自愿性的考虑。同时，在实践中，调解机构也不需要审查和解读调解协议的内容，使调解更加容易实施。此外，在《纽约公约》中，超过仲裁协议约定事项的仲裁裁决被列为不予承认和执行的情形之一。而在《新加坡调解公约》的框架下，当事人可以在调解员的主持下就需要解决的争议事项进行一并商谈，不必受到协议的约束。这就使得在沟通过程中不断被发现的新问题也可以适时地得到讨论，赋予调解更多灵活性和变通性。

1. 协议的“国际性”问题

《新加坡调解公约》主要适用于具有国际性要素的和解协议，在该公约中将规范客体称作“国际和解协议”（International Settlement Agreement）。对于“国际性”的界定，《新加坡调解公约》的规定是相对宽松的，即只要当事人的营业地位于不同国家或者和解协议涉及的其他国家，均可被认定为满足“国际”的要素。

2. 公约适用的排除情形

正如上文提到的，《新加坡调解公约》与《法院公约》在不适用范围方面有较高程度的相似性，排除消费者保护、雇佣劳务、抚养、婚姻、继承等纠纷的适用。这些负面清单项目的共性是涉及内容与当事人一方的重大利益或者人身权益息息相关，而与普通商事纠纷无关。同时，这些权利关系各方存在内在的不对等性，这也使上述纠纷需要通过更加严厉的司法权保障弱者的利益。

还有一类不适用的情形，是对相邻争端解决机制的礼让。《新加坡调解公约》第1条第3款规定，对于当事人在法院、仲裁机构或判决执行过程中达成的和解协议不适用本公约。但为保障当事人寻求救济的机会，对于由某些法官或仲裁员参与的调解活动而达成的和解协议，不能仅因为有法官或仲裁员的参与“被记录”（recorded）就排除公约的适用。此类情况的阐明对于实践的意义是值得关注的，根据《民事诉讼法解释》第148条的规定：“当事人自行和解或者调解达成协议后，请求人民法院按照和解协议或者调解协议的内容制作判决书的，人民法院不予准许。”这就会造成当事人达成的和解协议无法按照诉讼中获得的生效文书进行执行，而如果在国际商事纠纷中因为法院的参与无法适用《新加坡调解公约》，当事人达成的和解协议便无法保障执行。

3. 公约的保留情形

《新加坡调解公约》第8条第1款第1项规定，公约当事方可以声明“对于其为一方当事人的和解协议，或者对于任何政府机构或者代表政府机构行事的任何人为一方当事人的和解协议，在声明规定的限度内，本公约不适用。”也就是说，以一国政府机构为商事主体签订的和解协议，可以通过缔约国声明保留。其实，这一目的的实现也可以通过援引国家主权豁免制度来实现，不需在通过公约保留声明。

4. 拒绝执行的理由

《新加坡调解公约》第5条可将拒绝执行的理由概括为两大类：第1款的规定是被申请执行人可以向执行机关提出的抗辩；第2款是执行机关可以主动拒绝该和解协议的执行的情形。而具体来说，第1款的规定可分为与当事人有关，即当事人的行为能力、调解员的不当影响等；与调解协议有关，即调解协议适用的法律不具约束力或终局性、本身无效或失效、内容可被修改、已被履行。而公共政策保留是国际公约中常见的规定，由于各国文化上的差异，各国对公序良俗的定义也有所不同，公共政策保留在尊重各国国家管理和民族风俗的基础上实施和解协议的最大保障。

虽然我国是第一批《新加坡调解公约》的缔约国，但我国调解制度的相关规定，尤其是在调解协议效力的问题上与《新加坡调解公约》的条约存在本质冲突：我国调解体系并无专门的商事调解制度，商事调解只能依附人民调解而存在，故国内上市调解协议与人民调解协议一样，并不具有执行力和终局力，需要司法确认赋予其执行力。支撑商事交易的当事人选择调解作为争议解决方式的原因是极强的商业逻辑——省钱、省时、高效，但按照国内现行规定，如《人民调解法》、最高人民法院《关于人民调解协议司法确认程序的若干规定》的规定，当事人在调解后需要申请司法确认及强制执行，且反悔一方可以转而向法院起诉，使商事调解在国内完全失去了其程序优势。① 同时，考虑商事调解的成功与否主要取决于双方的共同意愿，调解程序对债务人恶意向海外转移资产的情况起到的作用微乎其微。

第三节　重点国家和地区的债务追索实践分析

一、美国的债务追索实务

（一）民商事判决在美国的承认与执行

美国在承认与执行外国法院判决方面具有非常悠久的历史，美国成立后不久，其就迎来了第一个外国海事案件判决的承认案件。② 由于美国并未正式通过与任何国家签订关于承认或执行境外法院判决的多边或双边条约，美国法院

① 参见赵泽慧：《〈新加坡调解公约〉的衔接困境与突围——从调解协议效力的冲突切入》，载《商事仲裁与调解》2020 年第 4 期。

② 参见孙劲：《美国的外国法院判决承认与执行制度研究》，中国人民公安大学出版社 2003 年版，第 158 页。

承认与执行外国法院判决主要依据本国不同州的判例法。[①] 值得注意的是，尽管美国在2009年签署加入《法院公约》，但至今仍未对该公约进行批准生效。如果美国批准了《法院公约》，那么该公约将会在其包含的事项中就承认及执行外国判决的事宜上优先于美国各个州的法律。在仲裁裁决的承认与执行方面，主要是依据《纽约公约》、《联邦仲裁法》（Federal Arbitration Act）及州法律进行。美国的司法环境极其支持以仲裁、调解等替代争议解决方式解决民商事纠纷，法院对执行仲裁裁决持有非常开放、包容的态度。下面主要就美国就外国判决的承认与执行的立法及相关实务问题进行探讨。

1. 美国法执行制度简述

美国是普通法系国家，在成文法和判例法相冲突时原则上应优先适用成文法。有关外国法院判决在美国境内的承认和执行问题，美国同样同时存在判例法和成文法。在成文法方面，美国统一州法律全国委员会全国会议（National Conference of Commissioners on Uniform State Laws）和美国律师协会（American Bar Association）于1962年制定了《统一外国金钱判决承认法案》（Uniform Foreign Money – Judgments Recognition Act，以下简称《1962年承认法案》）。但该法不是美国的联邦立法，仅具有示范法的效果。只有该法案被各州编纂入民事诉讼法后，才具有实践指导意义；且它被各州采纳的速度相当缓慢，直至2021年全美也只有30余个州根据《1962年承认法案》制定了州法律。2005年对《1962年承认法案》进行了修订，并将英文全称改为Uniform Foreign – country Money Judgments Recognition Act（以下简称《2005年承认法案》），修订后的内容在以下几点与《1962年承认法案》有所不同：

（1）明确指出被美国宪法赋予了完全信任和尊重的州法院判决不适用于该法案；

（2）增加了申请人承担证明外国判决应适用该法案的责任；

（3）增加了申请人承担举证证明判决应得到承认与执行的责任，而被申请人承担举证证明判决存在拒绝情形的责任；

① 参见钱颜：《中国判决在美执行须把握互惠原则》，载《中国贸易报》2019年9月30日，第6版。

（4）将外国法院判决的承认申请分为两类，第一类是为了执行的承认申请，当事人必须先向美国法院提起诉讼以便获得判决的承认，第二类是在一项待决诉讼中的承认申请，法院会将该承认申请视为当事人的反诉；

（5）增加了外国法院判决的申请执行时效，如果外国法院判决在其作出国不再具有强制执行力，则在美国也不具有强制执行力；如果该作出国没有规定判决申请执行的时效期间，则自判决在作出国生效15年后，其在美国不再具有强制执行力。①

直至2021年5月，美国有20多个州根据《2005年承认法案》修改了其州法律。

2. 执行制度的审查方式

美国各州对外国法院判决的审查区分了金钱判决与非金钱判决两种，对于非金钱判决，往往只进行形式审查；而对于金钱判决，采纳《2005年承认法案》的各州进行形式审查，未采纳的则进行实质审查，即当事人需要向美国法院重新提起诉讼。

3. 执行申请的受理范围

根据目前的判例，在美国获得承认与执行的判决主要是确认身份关系的判决和金钱判决。按照美国《冲突法第二次重述》［Restatement（Second）of Conflict of Laws］的规定，判决的类型主要包括民商事、劳动和婚姻家庭的相关判决、裁定、命令、禁令和决定；《对外关系法第三次重述》［Restatement（Third）of the foreign Relations Law of the United States］第481节也规定，向美国申请承认与执行的外国法院判决的种类包括金钱判决、确认人身身份的判决，以及决定财产权益的判决；②《2005年承认法案》将除税收、罚金、惩罚、内国判决之外的金钱判决作为可以申请承认与执行的内容，而其他的非金钱给付类的民商事判决不能够依据该法案向美国法院提出申请。

① 参见曹文辉：《中美承认与执行外国法院判决制度比较研究》，广西大学2013年硕士学位论文，第10页。

② 参见孙劲：《美国的外国法院判决承认与执行制度研究》，中国人民公安大学出版社2003年版，第18页。

4. 执行申请提交法院

由于美国对于外国法院判决的承认与执行没有统一立法，因此在实践中，如果一项法律纠纷同时符合美国州法院的管辖范围和联邦法院的管辖范围，那么当事人可以自行选择申请法院。根据《美国宪法》（United States Constitution）第 3 条第 2 款第 1 项的规定，美国联邦法院对以下内容享有管辖权：司法适用的范围应涵盖本宪法、合众国法律和合众国已缔约的和即将缔约的条约之下发生的一切涉及普通法及衡平法的案件；一切有关大使、公使及领事的案件；一切有关海上裁判权及海事裁判权的案件；合众国为一方当事人的争议；州之间的诉讼；州与其他州公民之间的诉讼；两州公民之间的诉讼，以及一州或其公民与外国政府、公民或其属民之间的诉讼；《美国法典》（United States Code）第 28 卷司法机构和司法程序第 85 章第 1332 条第 a 款第 2 项规定，联邦地区法院对争议价值或总额超过 75,000 美元（不包括利息、诉讼费用）的且属于一州公民与外国公民或臣民之间发生的民事诉讼案件享有管辖权。因此，实践中很容易出现联邦与州的管辖权相重合的情况。根据美国民事诉讼法中的移送规则，对于联邦法院和州法院都具有管辖权的案件，如果州法院已经受理了承认与执行外国法院判决的申请，但被告提出移送联邦法院审理，该案还是可以向联邦法院移送。①

美国是多法域国家，各个州的法律规定不尽相同，法律体系异常庞杂；中国法院的判决要在美国获得承认和执行，需要完成大量的专业法律工作内容。美国当地的执业律师也要按不同的州和法域取得该州的职业资格后方可在该区域内执业。一个中国法院的生效判决能否在美国获得承认和执行、需要向哪个州以及什么级别的美国法院提出申请、申请时需要提交什么材料等工作，都需要具备丰富法律实务操作经验的专业法律人士完成。

5. 执行制度——互惠原则

互惠原则（Principle of Comity）是根据国际礼让学说发展而来的，它是国

---

① 参见李响：《美国民事诉讼法的制度、案例与材料》，中国政法大学出版社 2006 年版，第 76 ~ 77 页。

家主权独立和平等的反映。[①] 互惠原则主要指的是当被申请国与他国之间未缔结有关国际、区域或双边条约时，被申请国可依据互惠原则对该国法院判决进行审查；如果判决作出国存在拒绝认可被申请国法院判决的情形，则被申请国可以缺乏互惠关系为由拒绝承认与执行该国法院判决。例如1895年的“希尔顿诉盖约特案”[②] 中，在一家法国公司对两名美国公民的诉讼中，法国法院对两名美国公民作出一项金钱判决。法国公司向美国法院申请承认与执行过程中，美国联邦最高法院以美国法院的判决在法国还需要接受实质审查为由，拒绝承认与执行该判决。但随着国际贸易的发展和此类案件的增多，美国司法部在实践中越来越倾向于否定“希尔顿诉盖约特案”中所确认的互惠原则，因为过于狭隘的互惠原则实质上阻碍了美国法院判决在外国获得承认与执行。从保障美国法院判决的域外执行效力的角度，目前美国法院所采用的做法是——只要外国法院的判决是确定的、已经过终审的、可执行的，那么就对之予以承认与执行（每个州的法院的具体做法可能会有不同）。[③]

（二）案例评析

1. 三联实业公司诉罗宾逊公司案

此案是中国法院判决在美国承认与执行的比较经典的案例。1994年2月24日，经罗宾逊公司介绍，三联实业公司与卓诚公司（罗宾逊公司的亚洲代理经销商）在中国宜昌签订了买卖合约。按照合约，三联实业公司购买罗宾逊公司R－44直升机一架，加上在中国的安装和试飞费，总计29.3万美元。1994年3月22日15：45，该R－44直升机进行首次载客，但这架崭新的直升机在起飞6分钟后便坠毁。三联实业公司向美国法院提起诉讼，罗宾逊公司则直接以方便调查取证为由，认为此案应由中国法院管辖。审理此案的美国加利福尼亚州（以下简称加州）洛杉矶县高等法院以“不方便法院”原则，驳回了三联实业公司的起诉。

---

① 参见杜涛：《互惠原则与外国法院判决的承认与执行》，载《环球法律评论》2007年第1期。

② See Hilton *v.* Guyot 159 U. D 113（U. S. Supreme Court 1895）.

③ 钱锋：《论外国法院民商事判决的承认与执行研究》，对外经济贸易大学2007年博士学位论文，第10页。

2001年1月14日，湖北省高级人民法院受理此案，并于2001年3月25日根据我国《民事诉讼法》以及《关于向国外送达民事或商事司法文书和司法外文书公约》第5条第1款向罗宾逊公司通知了庭审日期，罗宾逊公司未出席庭审。湖北省高级人民法院于2004年12月作出（2001）鄂民四初字第1号判决，认定本次事故是由于罗宾逊公司R-44型直升机的质量瑕疵造成的，并支持三联实业公司的大部分诉讼请求。三联实业公司随后向美国法院申请承认与执行该份判决，加州中区法院于2009年6月2日和3日对该案进行了审理。罗宾逊公司以其未在中国的司法系统中获得公平正当的对待作为抗辩理由，审理法官认为“该中国判决是中国法律体系下终局性的、结论性的和可执行的”，对该判决予以承认。随后，罗宾逊公司向美国联邦上诉法院第九巡回法庭提起上诉。2011年3月，该法庭驳回了罗宾逊公司的上诉请求。最终其于2011年6月底履行了判决中的相关赔款义务。

如前所诉，美国大部分州都已将《承认外国金钱判决统一法案》纳入其州法律，在采用《承认外国金钱判决统一法案》的各个州的法律中，外国金钱判决必须遵循严格的质询才能像本地判决一样得到承认或执行。被告对外国金钱判决提出异议一般不会针对赔偿责任，而是针对判决是否符合《承认外国金钱判决统一法案》列举的正当程序要求。在上述案件中，加州法院认定了中国法院的金钱判决是终局性的、结论性的、可执行的判决，且程序正当。该判决并无《承认外国金钱判决统一法案》中不予承认的强制性条件，应当被按照美国国内金钱判决来执行。此外，在美国承认外国金钱判决的通用原则为“不歧视任何原管辖权”，因此，该中国判决最终获得了美国法院的承认。

2. 尖山光电公司破产案

尖山光电公司是浙江省海宁市的重点光伏企业，由11家法人企业和15位自然人股东投资设立，注册资本共计3.6亿元人民币。浙江省海宁市农村信用社对该公司及其三个子公司享有到期债权本金1.1亿元人民币未获清偿。海宁市农村信用社于2013年11月5日以“债务人存在巨额金融债务，已资不抵债、不能清偿到期债务”为由向法院申请对债务人进行破产重整。法院依法受理了海宁市农村信用社的申请并指定尖山工作清算组担任债务人的破产重整管理人。本案先后有119位债权人申报了33.2亿元人民币的债权，最终被确认的债权总额为17.3亿元人民币。

由于债务人在美国拥有大量的破产财产，管理人决定向美国寻求司法救济。2014年7月11日，管理人任命了一位“指定受权人”，并聘请美国律师向位于新泽西州的美国联邦破产法院提交了《承认外国主要程序和提供救济和帮助》的申请动议书。动议书中阐明，该中国破产案属于美国《破产法》定义的“外国主要程序”，中国的“指定受权人”是符合美国《破产法》定义的“外国代表”，且本案的中国法院文书齐全。2014年8月12日，美国新泽西州破产法院法官伯恩斯（Gloria M. Burns）签署命令，批准正在我国浙江省海宁市中级人民法院进行破产重整程序的尖山光电公司代表人提交的申请，承认该程序为美国《破产法》第15章意义上的“外国主要程序”，并给予相应的破产保护和救济措施。法官命令立即提供相应的美国司法救济：“根据联邦破产法典第362条，第1519（a）（1）条和第1521（a）条的规定，所有的债权人和企业债权人，从现在起被禁止推进执行一切针对债务人的或债务人在美国境内人任何财产的判决或执行令；并被禁止从事任何占有、控制、移转、处分或设限于债务人在美财产的行为；或未经本庭允许，进行任何针对债务人及其资产的其他行为。任何正在进行中的移转、设限、处分债务人在美资产及其相关收益均暂停实施，直至法院签发相关指令。”

二、英国（英格兰及威尔士地区）的债务追索实务

除了适用《法院公约》之外，在英国（英格兰及威尔士地区）承认并执行境外判决，依境外判决的来源国不同，共有4种不同的机制：

（1）源自苏格兰及北爱尔兰的判决：英国本土民事诉讼程序，由英国《民事诉讼法》（Civil Procedure Rules）及1982年《民事管辖权及判决法》（Civil Jurisdiction and Judgments Act 1982）组成；

（2）源自欧盟国家及欧洲自由贸易协会成员国的判决：由《布鲁塞尔重建法规》（Recast Brussels Regulation）为首的欧盟法案；

（3）源自其他英联邦国家的判决：由1920年颁布的《执法法》（Administration of Justice Act 1920）、1933年颁布的《境外判决（互惠执行）法》（Foreign Judgments（Reciprocal Enforcement）Act 1933）为首的成文法；

（4）其他国家和地区的判决：适用由英国本土判例法组成的法律规定。

由于中国尚未正式通过《法院公约》，目前阶段中国境内产生的判决需要通过英国判例法的规定获得承认和执行。根据英国判例法的相关规定，境外判决须首先获得承认后才能进一步申请执行；若要获得承认，判决应满足以下条件：①该判决具有终局性。如果待申请承认与执行的外国法院判决正处于上诉中，英国法院很可能会中止程序来等待上诉结果。[①] ②该判决的性质为金钱判决，但不涉及税务、罚款或其他金钱处罚。这表明在普通法下，禁令、临时命令以及外国法院作出的特定履行或者驳回诉讼请求等判决，只能获得承认而不能够被执行。③该判决作出系基于已证或无争议的事实，且符合既判争议点禁反言原则。[②]

只有在根据英国法的规定下，最先作出判决的法院对案件有管辖权时，该判决才能被承认和执行，即通常情况下原受理法院必须根据国际私法（属地管辖原则或自愿管辖权）受理案件：[③] 如果债务人身处原受理法院的管辖区域内，则会视为该法院具有属地管辖权；如果债务人对受理法院的管辖表示同意，或自愿出庭，则会视为该法院具有自愿管辖权。在"宁波市江东杰茂进出口有限公司诉英国 UG 公司案"中[④]，由于缺乏足够的证据——中国没有就被告本人缺席、被告律师出席应诉能否被视为自愿管辖的法律规定——证明被告债务人没有出庭应诉，法院驳回了被告债务人不予执行中国法院判决的即判判决申请；但由于该案件的事实同样不能证明被告自愿出庭应诉并给予受理法院自愿管辖权，英国商事法庭判令原告支付 10 万英镑保证金作为继续受理执行外国判决的条件。根据英国《民事管辖权及判决法》第 33 条的规定，债务人如果在原案件程序中对法院的管辖权提出异议，不视为债务人同意受理法院对案件具有管辖权。

在判例法机制下，债务人可基于下列理由阻却判决的承认与执行：（1）外

① See Midtown Acquisitions LP *v.* Essar Global Fund Ltd. [2017] EWHC 519 (Comm).

② See The Sennar No. 2 [1985] 1 WLR 490.

③ See Adams *v.* Cape Industeies Plc. [1990] 1 Ch. 433.

④ See Ningbo Jiangdong Jiemao Import & Export Co. Ltd. *v.* Universal Garments International Ltd. [2017] 11 WLUK 660.

国法院判决不具有终局性和结论性。具有终局性的判决是指在判决作出国法院具有终局性且不会再被重审。（2）外国法院对双方当事人不具有管辖权。作出判决的外国法院只有根据英国国际私法原则对当事人有管辖权时，该外国法院作出的判决在英国才可获得执行。（3）该判决违反英国的公共政策。（4）该判决违反英国法确立的实质正义或自然法原则。例如，被告未被通知原审程序（这种情况下作出的判决就成了缺席判决）或者未被给予公平的机会进行聆讯。（5）判决经由欺诈作出。（6）判决的承认与执行将违反英国1998年《人权法案》（European Convention on Human Rights）。（7）判决旨在对债务人施加罚款或者罚金。（8）之前存在一个由具有管辖权的外国或者英国法院作出的且与待执行判决相冲突的判决，被申请人可在承认与执行外国法院判决的程序中提出上述抗辩事由。

由英国商事法庭审理的“荷兰西特福船运公司诉ZG银行案”中①，英国法院承认了案涉中国法院就原告涉嫌合同欺诈的判决。原告荷兰西特福船运公司（以下简称船东）在中国荣成市西霞口船厂（以下简称船厂）订造两艘船舶，被告ZG银行为船厂向船东提供还款保函。之后，船东主张船厂未能及时交船并要求退还款项。船东根据船舶建造合同的约定对船厂提起仲裁并取得有利的仲裁裁决。继而，船东要求ZG银行履行还款保函下的担保责任，并对ZG银行在英国法院提起了诉讼。与此同时，船厂在中国法院对船东和发动机的生产商提起共同侵权之诉，主张船东协助发动机的生产商向船厂提供二手有瑕疵的发动机，构成欺诈。在中国法院的诉讼中，船东提出管辖权异议（直到最高人民法院），但没有成功。船东之后就实体问题提出了全部抗辩，但山东省高级人民法院二审认为，船东和发动机生产商构成欺诈，判决两侵权人共同赔偿船厂各项损失共计约1.27亿元人民币。接下来，ZG银行在英国的诉讼中，援引中国法院对船东欺诈认定的判决，主张解除其在还款保函下的责任，这就涉及英国法院对中国判决的承认问题。

根据英国法院的判决，在英国法下，外国法院的承认和执行应从两方面考虑：第一，根据英国《民事管辖权和判决法》，可否认为船东接受了中国法院

① See Spliethoff's Bevrachtingskantoor BV *v.* Bank of China Ltd.［2015］EWHC 999（Comm）.

的管辖？第二，如果船东接受了中国法院的管辖，英国法院是否应对外国判决作全面评估、决定是否承认和执行外国判决？英国法院是否应根据公共政策拒绝承认和执行判决（因为中国法院诉讼程序违反了仲裁庭作出的禁诉令）？在英国普通法下，承认外国法院判决的一个根本要求是外国法院应该具有案件的管辖权。本案中，英国法院认为：在船东穷尽救济对中国法院的管辖权提出异议但失败后，其对案件实体问题提出全面抗辩的行为，可视为已经接受了中国法院的管辖；英国法院不应对中国判决进行广泛的评估审查。第三，因为船东接受了中国法院的管辖，所以违反禁诉令也不构成对公共政策的违反。在考虑了上述因素后，英国法院决定承认中国法院的判决。

但问题是，即便英国法院承认了中国法院在船舶建造合同下对船厂欺诈的判决，是否可以免除 ZG 银行在还款保函下的责任？英国法院认为，还款担保函具有无条件担保性质、是独立的，ZG 银行在还款保函下的担保责任是首要的，即使买方和卖方之间存在任何纠纷（包括主张对象涉嫌欺诈），也不影响担保方的责任。

截至 2021 年 6 月，英国脱欧条款仍不够清晰和明确。但是，可以肯定的是，英国有关外国法院判决的执行制度将会改变。英国在经过过渡期、正式退出欧盟后，欧盟其他国家法院作出的判决在英国的执行将不再受前文所述欧盟层面法律制度调整，但现阶段暂时无法确定英国脱欧对其判例法机制的影响。

三、我国香港特别行政区的债务追索实务

（一）民商事判决在香港的认可与执行

作为我国的特别行政区，香港实行与内地不同的法律制度，故而产生了生效法律文书跨法域认可与执行的问题。在“一国两制”的大背景下，内地与香港特别行政区在民商事判决的认可与执行方面存在一些不同。香港属于普通法系地区，以判例为依据，以成文法为补充；内地属中国特色社会主义法律体系，以成文法为依据，裁判需要依据明确的法律条文作出，而类似案件的判决仅作为法官判案的参考。这就导致两地法官在案件审理过程中的审判思路、切入角度、法律依据等很多方面有所不同。近年来，两地司法机关积极推动立法，加强司法合作，司法机关签署八项司法协助安排的举措，无疑释放出今后

内地人民法院判决在香港特别行政区法院得到承认将成为常规的信号，商业银行在香港特别行政区追索财产时将更加高效便捷。

2019 年 1 月 18 日，最高人民法院副院长杨万明、香港特别行政区律政司司长郑若骅共同签署了《关于内地与香港特别行政区法院相互认可和执行民商事案件判决的安排》（以下简称《民商事判决互认安排》）。本安排是继 2008 年《关于内地和香港特别行政区法院相互认可和执行当事人协议管辖的民商事案件判决的安排》（以下简称《协议管辖判决互认安排》）、2017 年《关于内地与香港特别行政区相互认可和执行婚姻家庭民事案件判决的安排》后，内地与香港特别行政区在判决互认领域签署的第三份安排，不难看出《民商事判决互认安排》对适用判决的范围进行了很大的拓展。《民商事判决互认安排》对 2006 年签署的《协议管辖判决互认安排》作出了以下突破性的改动，虽然其尚须经最高人民法院发布司法解释和香港特别行政区完成有关内部程序后，由双方公布生效日期，但两地法院 90% 左右的民商事案件判决将有望在施行后得到相互认可和执行。①

1. 判决终局性实践问题

此前香港特别行政区法院拒绝认可与执行内地判决的原因之一，便是如何定义内地判决是否具有“终局性”。终局性问题的产生源于“JY 银行诉陈某君案”：② 法官在不予认可和执行该案的内地判决时认为，由于内地法院再审制度的存在，使法院保留了在重审中改变原判结果的权利，这就使判决始终具有被改变的可能性，而不能认定案涉判决具有“终局性”。而香港特别行政区采用的是 19 世纪英国上议院沃特森法官在“努维永诉弗里曼案”③ 中确立的终局性的标准，即将判决的终局性作为认可与执行外国判决的前提条件。以“JY 银行诉陈某君案”为先例，“终局性”问题不断被香港特别行政区法院援引作为拒绝认可与执行内地判决的主要理由。

《民商事判决互认安排》在解决判决的终局性问题上具有实质性的突破。

---

① 参见新华社：《内地与香港特区签署相互认可和执行民商事案件判决安排》，载中国人民政府网 2019 年 1 月 18 日，http：//www. gov. cn/xinwen/2019 – 01/18/content_ 5359053. htm。

② See Chiyu Banking Corp Ltd. *v.* Chan Tin Kwun（1996）HKCFI 418.

③ See Nouvion *v.* Freeman［1889］15 App. Cas. 1.

在第 1 条中明确了其适用范围为民商事案件生效判决，一改在《协议管辖判决互认安排》中“具有执行力的终审判决”的措辞。同时在第 4 条第 1 款中对生效判决的含义进行了解释：“在内地，是指第二审判决，依法不准上诉或者超过法定期限没有上诉的第一审判决，以及依照审判监督程序作出的上述判决。”这就将认可和执行的内地判决的范围确定下来，也推翻了香港特别行政区一直以来坚持的“确定性”“不可变性”的标准。

2. 适用范围的实践问题

《民事商判决互认安排》在适用范围上的突破主要有三点：首先，适用的民商事案件包括了非金钱判项以及刑事案件中的民事赔偿部分；其次，不再要求具有书面管辖协议；最后，对法院层级也不作限制。这就使得可以获得认可与执行的内地民商事判决的范围得到扩大。

3. 管辖权的实践问题

香港特别行政区在民商事管辖权上一般采取的是“实际控制原则”，分为对人诉讼和对物诉讼。在对人诉讼中仅要求被告在香港特别行政区并且能完成有效送达；在对物诉讼中，只需要案涉标的物出现在香港特别行政区。而内地法院管辖权的一般原则是“原告就被告”，依据被告的住所地或经常居住地来确定管辖法院。这就使两地在管辖权问题上存在较大差异，同时在特殊管辖及专属管辖方面也有所不同。

为了解决两地在管辖权问题上的差异，以保障民商事判决被认可和执行，《民商事判决互认安排》中对管辖权制定了明确的判断标准：首先，肯定了被告住所地法院的管辖权；其次，同时明确合同履行地、侵权行为地等与案件有实际联系的所在地法院也具有管辖权；最后，保留了《协议管辖判决互认安排》中关于不得违背执行地关于专属管辖的规定这一消极要件。如此一来，极大地减少了香港特别行政区协议管辖判决互认法院在审理类似案件时对于管辖权的审查工作，也减少了关于管辖权问题的抗辩比例，使判决被认可和执行的成功率得到提高。

（1）申请认可和执行的程序和方式。

根据《民商事判决互认安排》第 7 条第 2 款的规定，在香港特别行政区申请对内地生效判决的认可与执行需要向香港特别行政区高等法院提出。若当事人向两个以上有管辖权的人民法院提出申请的，由最先立案的人民法院管辖。

针对在内地和香港特别行政区之间发生的民商事判决的认可与执行所需的材料，《民商事判决互认安排》作出明确的要求，具体包括：申请书（需包括当事人基本情况、请求事项和理由、判决是否已在其他法院申请执行以及执行情况）；经作出生效判决的法院盖章的判决副本；作出生效判决的法院出具的证明书，证明该判决属于生效判决，判决有执行内容的，还应当证明在原审法院地可以执行；判决为缺席判决的，应当提交已经合法传唤当事人的证明文件，但判决已经对此予以明确说明或者缺席方提出认可和执行申请的除外；身份证明材料。由此可见，《民商事判决互认安排》对申请认可和执行的材料并未作严苛要求，其目的还是促进两地相互认可和执行，以节省两地不必要的司法浪费。

（2）不予认可和执行的情形。

《民商事判决互认安排》在第 12 条至第 15 条中对不予认可和执行的情形作了规定，大致可分为以下几类：

第一，违反公共秩序原则的判决。例如第 12 条中规定："香港特别行政区法院认为认可和执行内地人民法院判决明显违反香港特别行政区法律的基本原则或者公共政策的，应当不予认可和执行。"大多数类似协议中都将公共秩序原则作为审查域外法院判决是否可得到认可与执行的前提条件。公共秩序保留的主要目的是保护被请求执行判决的国家（地区）的利益，主要涉及国家法律的基本原则、国家主权、社会公共利益等方面。

第二，通过欺诈所取得的判决在承认和执行中是被绝对禁止的。《民商事判决互认安排》在第 12 条第 3 款作出规定，以欺诈方法取得的判决则应当不予认可和执行。欺诈是英美法系国家在公共秩序之外的一个重要的拒绝承认与执行域外生效判决的抗辩理由。此处所指的欺诈，一般是指程序上的不正当性，在受案法院无法对该份申请认可和执行的判决进行全面实质审查的情况下，程序欺诈就成为不可容忍的抗辩理由。在大陆法系国家，此类欺诈一般被列为公共秩序范畴。

第三，程序上的正当性是另一个较为严格的审查内容。在《民商事判决互认安排》第 12 条第 2 款中规定："依据原审法院地法律，被申请人未经合法传唤，或者虽经合法传唤但未获得合理的陈述、辩论机会的。”在认可与执行域外法院判决案件中考虑诉讼程序的公正性主要是关注败诉方的诉讼权利能否得到有效的保障。

第四，被请求方已经受理了同一争议案件，或已就同一争议案件作出判决、仲裁裁决，或已认可其他地区就同一争议作出的判决、仲裁裁决的情况下，不予认可和执行该判决是基于对被请求法院司法主权的保护。被请求法院已经受理或已经对同一争议作出判决，则应当尊重被请求法院的生效判决；另外，根据“一事不再理”原则，既然一个争议事项已经作出最终的判决，无须再就同一问题进行重复审判，这既避免了司法资源的浪费，也有效地限制了当事人通过平行诉讼谋取不正当利益。

（二）仲裁裁决在香港特别行政区的认可与执行

内地与香港特别行政区相互执行仲裁裁决方面，在香港特别行政区回归前都是依据《纽约公约》来执行的。在1997年后，内地与香港特别行政区之间仲裁裁决的认可与执行不再适用《纽约公约》，而是最早由1999年通过的《关于内地与香港特别行政区相互执行仲裁裁决的安排》（以下简称《相互执行仲裁裁决安排》）替代。另外，自2003年施行《内地与香港关于建立更紧密经贸关系的安排》后，内地与香港特别行政区在贸易、投资、服务等方面产生大量的交互，商事纠纷随之增多，因此仲裁裁决的相互认可与执行便成为一个重要的问题。

1. 仲裁裁决的范围和管辖法院

根据《相互执行仲裁裁决安排》的规定，香港特别行政区法院同意执行内地仲裁机构按《仲裁法》作出的裁决；内地法院同意执行在香港特别行政区按照香港特别行政区《仲裁条例》作出的裁决。《相互执行仲裁裁决安排》在第1条和第2条中规定了受案法院的范围：“在内地或者香港特别行政区作出的仲裁裁决，一方当事人不履行仲裁裁决的，另一方当事人可以向被申请人住所地或者财产所在地的有关法院申请执行。”“上条所述的有关法院，在内地指被申请人住所地或财产所在地的中级人民法院，在香港特区指香港特区高等法院。”但对于申请执行的法院，申请人可以选择上述其中一个法院申请执行，不得分别向两个或两个以上的法院提出执行申请。只有一地法院执行不足以偿还被申请人执行人的全部债务时，可就不足部分向另一地法院申请执行。

2. 申请认可与执行的程序性要求

商业银行向有关法院申请认可与执行仲裁裁决时，应提交以下文书：执行申请书、仲裁裁决书、仲裁协议。执行申请书应以中文提出，裁决书或仲裁协议没有中文译本的，申请人应提交正式证明的中文译本。执行申请书应当载明下列事项：（1）申请人或被申请人为自然人的，应载明姓名、地址；（2）申请人或被申请人为法人或其他组织的，应付提交企业注册登记的副本，申请人是外国籍法人或其他组织的，应当提交相应的公证和认证资料；（3）申请执行的理由与请求内容，被申请人的财产所在地及财产状况；（4）申请人申请执行内地或香港特别行政区仲裁裁决的期限依据执行地法律有关时限的规定。有关法院接到申请人申请后，应当按照执行地法律程序处理及执行。

3. 不予认可与执行的情形

《相互执行仲裁裁决安排》在第7条中规定了可不予认可与执行的仲裁裁决的情形，其主要内容也涉及程序的正当性、仲裁裁决是否超裁、仲裁裁决未生效等方面。与前述《纽约公约》的内涵和保护对象基本相似，在此不做赘述。

4. 仲裁程序中申请保全

2019年4月，最高人民法院与香港特别行政区政府签署《关于内地与香港特别行政区法院就仲裁程序相互协助保全的安排》（以下简称《仲裁程序保全安排》）。《仲裁程序保全安排》旨在就保全方面将香港特别行政区仲裁程序与内地仲裁程序类似对待，内地仲裁程序的当事人亦可向香港特别行政区法院申请强制令以及其他临时措施；同时，支持香港特别行政区仲裁当事人向内地人民法院申请保全。该安排对保全的具体程序，如申请保全的程序、保全的范围、香港仲裁程序的界定、保全申请的处理等作了全面规定。[①] 根据香港国际

① 参见杨利：《最高法院发布内地与香港法院就仲裁程序相互协助保全安排》，载百度新闻2019年9月26日，https：//baijiahao. baidu. com/s？ id = 1645728889093171575&wfr = spider&for = pc。

仲裁中心（Hong Kong International Arbitration Centre，HKIAC）2019 年以来公布的官方数据，自《仲裁程序保全安排》于 2019 年 10 月 1 日生效以来，已收到 37 份申请，财产保全申请总金额达 125 亿元人民币，涉及内地 17 个不同的中级人民法院。其中 34 份为财产保全申请、2 份为证据保全申请、1 份为行为保全申请；前述 34 份财产保全申请中，至少有 24 份申请已获得内地法院批准，总价值近 100 亿元人民币。

在仲裁裁决作出前，在香港特别行政区进行的仲裁案件可以向内地的被申请人住所地中级人民法院、财产所在地中级人民法院、证据所在地中级人民法院申请保全措施；在内地进行的仲裁案件可向香港特别行政区高等法院申请临时措施，实现财产和证据的保全。

（三）在香港特别行政区申请执行的常见资产类别

在判决、裁决获得香港特别行政区法院的认可后，申请强制执行成为另一个债权追索的关卡。在申请强制执行前，商业银行需要了解债务人在香港特别行政区的资产状况以选择不同的执行程序。商业银行可通过公开查册或聘请调查公司进行资产调查，还可向法院申请强制披露令来要求银行、会计师等第三方披露债务人的资产状况。值得注意的是，由于香港特别行政区银行和其他金融机构对客户信息和个人数据保护很严，调查机构可能也很难获得完整的财产信息。通常可以调查的资产包括：

（1）银行/证券公司账户：如果商业银行所依据的内地生效判决已在香港特别行政区成功登记，那么其可以向香港特别行政区法院提出第三债务人申请，请求银行或证券公司把债务人在香港特别行政区的银行或证券公司账户中的余款直接支付给商业银行。

（2）上市公司股票：香港特别行政区《证券及期货条例》第 15 部对披露权益制度作出了详细规定，能让投资者查询到控制或有能力控制上市公司的股份权益的人士，及可能会因为涉及上市公司的关联交易而受惠的人士。如果被申请执行的债务人在香港特别行政区公司持有股票，那么商业银行可以针对其持有的股票向香港特别行政区法院申请押记令及出售令，强制证券公司出售相关股票，以完成对债务人的付款义务。

(3) 房产：香港特别行政区的房产登记可以通过公开渠道查询，即商业银行可以向土地注册处查询债务人的房产信息。商业银行需要掌握对方财产具体地址后才能在土地注册处进行查询，但实践中可委托调查公司用被调查人或公司名称查找不动产信息。除了需要获得不动产的相关信息外，商业银行还需要了解该不动产的市场价值。如果被执行人在香港特别行政区拥有房产，则商业银行可向法院申请对相关房产的押记令及出售令，可以通过拍卖的形式获得清偿。①

(四) 案例评析

1. ZG 银行诉杨某案②

2016 年 4 月 29 日，香港特别行政区高等法院原讼庭就 ZG 银行（在内地以 ZG 银行日照分行名义提起诉讼）诉杨某案作出判决。该判决是公开报道中看到的第一例内地诉讼进行中的原告在香港特别行政区申请资产冻结令获得成功的案件。

2015 年，ZG 银行在山东省高级人民法院、日照市中级人民法院对包括被告在内的几方提起借款合同纠纷诉讼，并在上述法院就被告的若干资产申请冻结。内地诉讼过程中，原告根据香港特别行政区《高等法院条例》第 21M 条，于 2015 年 7 月 24 日取得了香港特别行政区法院原讼法庭颁发的资产冻结令（以下简称禁制令），禁止被告处分在香港特别行政区的价值 5 亿元人民币的资产。在该冻结令届满时，原告向香港特别行政区法院申请延长冻结令的期限，被告则申请解除该禁制令。

本案中的主要争议焦点为双方之间的协议是否选择内地法院作为管辖法院，以及内地法院作出的判决是否为不可推翻的最终判决。由于本案发生在《民商事判决互认安排》出台之前，关于内地裁决终局性的问题还是当时香港特别行政区认可和执行内地判决的一个重要阻碍，但随着《民商事判决互认

---

① 参见焦黄诗允、程珂：《近期成功在香港登记及执行内地法院判决的案例分享》，载 LEXOLOGY 网 2020 年 4 月 20 日，https：//www. lexology. com/library/detail. aspx？ g =291c31db –4dcf –483e –9d02 –e2889d8e5cf9。

② See Bank of China Limited *v.* Yang Fan（HCMP 1797/2015）.

安排》的生效，如前所述，该问题将在很大程度上得到解决。而本案的另一个问题是对于“排他管辖协议”的认定。本案采取了排他管辖协议从宽解释的立场，将内地排他管辖协议的范围作了扩大。根据《内地判决（交互强制执行）条例》第5（2）（b）条的规定，内地民商事判决在香港特别行政区认可与执行的条件之一是存在“选用内地法院协议”。法庭指出，本案的一个核心问题是管辖协议是否明确指出内地法院享有排他性管辖权，因为在合同中对管辖权的约定为“依法向有管辖权的人民法院起诉”。法官从本案中协议签署的背景进行了分析：当事人均为内地当事人，原告、借款人的居住地均在内地并从事相关经营活动，而被告的居住地也在内地。合同的签订地、履行地、违约地均在内地，且合同约定适用内地法律。基于以上背景，本案选择在内地以外的法院诉讼毫无意义且会增加当事人的诉讼成本，因此法庭认为本案的管辖协议构成排他管辖协议。

2. GS银行佛山南海支行诉佛山市瑞丰石化公司案①

2019年3月14日，香港特别行政区法院原讼法庭对GS银行佛山南海支行（以下简称南海支行）诉佛山市瑞丰石化公司申请执行内地判决一案作出判决，驳回被告提出的内地法院判决登记作废申请。南海支行于2012年6月19日在佛山市中级人民法院获得胜诉判决，判令佛山市瑞丰石化公司及其他被告支付南海支行3500万元人民币、根据《民事诉讼法》第229条支付双倍利息等。香港特别行政区法院原讼法庭认为，根据《内地判决（交互强制执行）条例》第5条的规定，南海支行可以对内地判决进行登记，南海支行作为GS银行的分公司，可以作为诉讼当事人申请登记；同时，依照《内地判决（交互强制执行）条例》对内地判决申请登记，仅需要进行形式审查。

从实践角度出发，一般的借款协议纠纷在香港特别行政区申请承认及执行判决难度不大，但金融机构出具的《综合授信额度合同》《贷款合同》《保证担保合同》往往没有《内地判决（交互强制执行）条例》规定的排他性管辖的表述，从而导致申请存在一定的难度。但从上述“ZG银行诉杨某案”开

① See Foshan Nanhai Branch of Industrial and Commercial Bank of China Ltd. *v.* Foshan Ruifeng Petroleum and Chemical Fuel Co. Ltd. ［2019］2 HKLRD 478.

始，近年香港特别行政区法院又有对该条进行扩大解释的判例；[①] 因此在《民商事判决互认安排》还未正式生效前，非借款合同纠纷的判决是否能得到香港特别行政区法院的认可及执行，仍需要代理律师对法院认可非排他性管辖的可能性作出判断。

① See Industrial and Commercial Bank of China（Asia）Ltd. *v.* Wisdom Top International Ltd. 2020 WL 18230（CFI）.

第八章

破解金融债务逃废的方法论

第一节　金融逃废债务的情形

所谓金融逃废债务，是指债务人及其关联方通过融资方式套取金融机构资金后，以表面合法的手段拖延、逃避债务履行。中国银行业协会在《“逃废银行债务机构”名单管理办法》第7条、第8条中分别罗列了债务人和债务人关联机构逃废银行债务的几种认定标准。其中第7条所规定的“债务人逃废银行债务行为”包括：(1) 以改制、重组、合并、分立、增减注册资金、解散、破产以及抽逃、隐匿、转移资产等方式，损害银行债权的；(2) 通过非正常的相关交易抽逃资金、转移利润、转移资产，损害银行债权的；(3) 以多头开户、转户等方式，蓄意逃避债权银行对贷款的监督，致使银行贷款本息难以收回的；(4) 故意隐瞒真实情况，提供虚假、产权不清的担保，或恶意拒绝补办担保手续的；(5) 不经债权银行同意，擅自处置银行债权的抵（质）押物（权），损害银行债权的；(6) 隐瞒影响按期偿还银行债务的重要事项和重大财务变动情况，致使银行债权处于高风险状况的；(7) 拒不执行人民法院和仲裁机构已生效的法律文书，继续拖欠银行债务的；(8) 不偿还债务又拒不签收银行催债文书的；(9) 具有其他恶意逃废银行债务行为的。其中第 8 条规定的“债务人关联机构逃废银行债务行为”包括：(1) 签订担保合同，但不履行法律规定、合同约定的担保义务，拒绝承担担保责任的；(2) 与债务人恶意串通，通过改制、重组、合并、分立、增减注册资金、解散、破产以及抽逃、隐匿、转移资产等方式，损害银行债权的；(3) 滥用股东地位和对债务人的控制地位，恶意抽逃出资、转移债务人资金、财产，削弱债务人偿债能力的；(4) 具有其他帮助债务人恶意逃废银行债务行为的。

德和衡律师认为，中国银行业协会罗列的前述若干情形虽较为详细，但具体手段还是局限于债务人及其直接关联企业内部的隐瞒、欺骗金融机构、拒绝司法执行的行为。实务中，金融逃废债务的情形千变万化且日新月异，债务人或其关联机构往往借助更多表面合法的“外衣”或者法律制度的不完备，达到“技术逃废债务”的不法效果。德和衡律师根据律所常年处理金融债权清收业务的实务经验，进一步总结出如下企业金融逃废债务的常见情形。

（一）利用地方保护主义规避债权清收

企业类金融债务人本身往往属于资金实力相对雄厚的企业，可能会在各地进行投资并且拥有资产。同时，企业类债务人大多与地方政府部门、企业等保持良好的关系而具备强大的社会资源。债权人向债务人所在地提起诉讼或者向被执行人所在地申请强制执行可能会遭受因地方保护主义造成的拖延或者阻挠，如地方政府、不动产登记中心、银行等为保护地方企业拒绝配合外地债权人进行财产调查等。

（二）债务人财产被多重查封、执行工作久拖不决

企业类债务人一般会同时向多个金融机构寻求融资，并可能存在较多民间借贷，一旦发生结构性的风险，债务人的资产不可避免地会被多个债权人多重查封冻结，致使后续执行工作久拖不决。一般会有以下几种情况：(1) 因债务人负债累累，在发生可能导致债务违约的相关事件后第一时间被银行宣布贷款提前到期而被诉，从而导致财产被多轮查封；(2) 债务人在明知无法按期偿还债务的情况下，故意通过关联方率先起诉并首封财产，阻挠轮候查封的法院执行。

（三）股东/实际控制人瑕疵出资

被执行人的股东/实际控制人利用《公司法》项下法人人格独立的原则，通过抽逃出资等方式逃避执行的做法在实务中相当普遍。常见情形包括：（1）股东认缴未实缴出资，或者在缴纳出资款之后又与公司签署《退还出资款》进行“退股”；（2）将未实缴的股权全部转让给第三方以逃避股东责任；（3）在债务发生后通过股东会决议的方式推迟注册资本金缴纳期限等。

（四）债务人恶意转移财产

债务人怠于主张对次债务人的债权或者向第三人恶意转移财产的情况在实务中非常常见，具体表现为：（1）债务人基于利益关系或碍于情面，怠于向其上下游交易对手（次债务人）主张债权；（2）债务人故意放弃到期的债权，或者无偿转移财产，损害债权人利益；（3）债务人以低于市场交易价或者政府指导价的70%出让财产，或者以高于市场交易价或者政府指导价的30%收购他人财产；（4）债务人与交易对手恶意串通，采取“解除合同”“债权债务抵销”等方式逃避债务。

（五）以犯罪手段逃废债务

商业银行债权清收过程中可能会遇到债务人采取的逃废债务的方式涉嫌犯罪的情况，其行为包括但不限于：（1）债务人在办理贷款业务的过程中虚构资料骗取贷款；（2）债务人在签约以及履约过程中存在伪造公章、挪用资金等犯罪行为；（3）在判决生效后，债务人恶意转移资产、拒不履行法律文书确定义务等。

此外，还有很多企业通过“假破产”、向境外转移资产等方式达到恶意逃废债的目的。商业银行不良资产的清收处置，是一场债权人与债务人之间的“斗法”博弈。日渐缜密的法律在其中扮演着双刃剑的角色。债务人一方绞尽脑汁通过地方保护、拖延程序、转移资产、借助破产“金蝉脱壳”等方式极尽逃废债务之能事；债权人一方则不惜上穷碧落、掘地三尺，依托诉讼执行等法律手段破解金融债务逃废难题。本章旨在从商业银行权益保护的角度出发，通过公证债权文书强制执行、查封顺位协调、追加被执行人、代位权与撤销权、刑事维权等手段，探讨破解金融逃废债务的方法论。

第二节　公证债权文书的强制执行

一、公证债权文书强制执行制度概述

（一）公证债权文书强制执行制度变迁

利用“威科先行”数据库，以“公证债权文书”为关键词、“银行”为当事人，对2018年1月1日~2020年12月31日裁判文书进行检索，共检索到相关案件22246件，其中，2018年5708件、2019年7847件、2020年8691件（见图8-1）。在审理法院的级别方面：基层人民法院占比为80.00%、中级人民法院占比为9.93%、专门法院占比为8.74%、高级人民法院占比为1.28%、最高人民法院占比为0.05%（见图8-2）。在案件审理的程序方面：执行案件占比为93.58%、一审案件占比为4.58、二审案件占比为1.55%、再审案件占比为0.17%、其他案件占比为0.12%（见图8-3）。在地域分布方面：案件数量排名前五位分别是四川4343件，占比为21.38%；陕西3084件，占比为15.19%；内蒙古2009件，占比为9.89%；山东1392件，占比为6.85%；新疆1386件，占比为6.82%（见图8-4）。此外，从涉案金额来看：占比最高的是标的额在10万~50万元的案件，占比为34.51%；其次是标的额在100万~500万元的案件，占比为18.86%；最少的是标的额在5000万元以上的案件，占比为2.53%（见图8-5）。

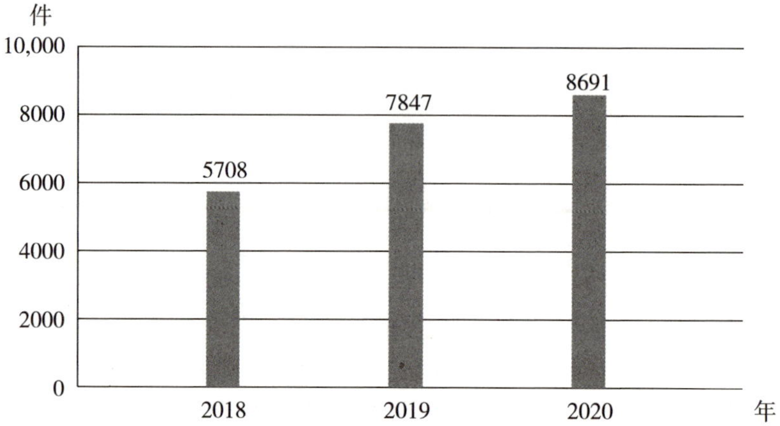

图8-1 案件审理数量年份分布

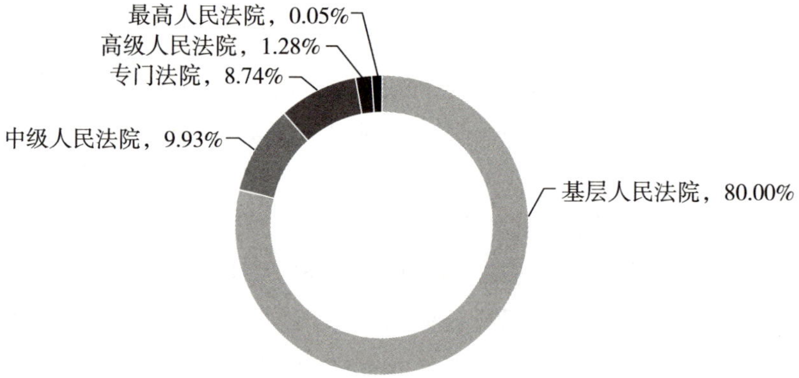

图8-2 审理法院级别分布

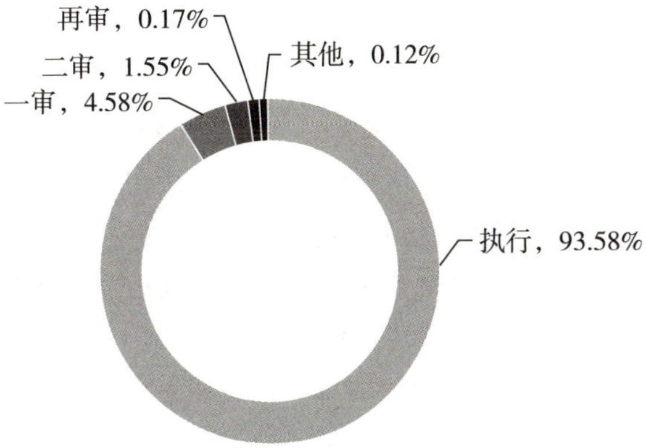

图 8－3　案件审理程序分布

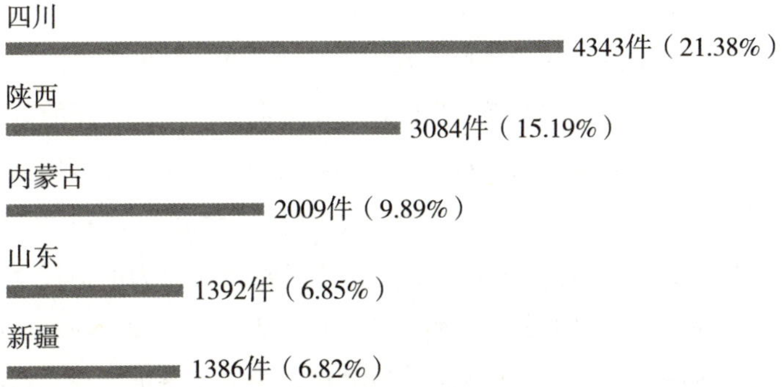

图 8－4　案件主要地域分布

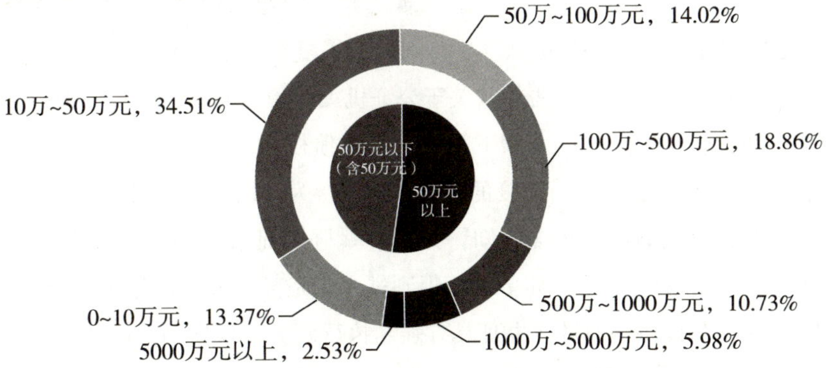

图 8－5　案件标的额分布

综上，2018 ~ 2020 年与银行公证债权文书有关的案件中，地域分布前几位分别为四川、陕西、内蒙古、山东、新疆，其中四川的案件数量占全国同类案件数量逾 1/5，审理法院主要为基层人民法院。93.58% 的案件可以在执行程序中解决。案件数量呈逐年递增趋势。可见，实务中公证债权文书强制执行越来越成为银行采用的打击金融逃废债务的主要方法。考虑借款合同与公证债权文书的强制执行制度的高度契合性，就案件数量而言，商业银行采用公证债权文书强制执行仍有非常大的发展空间。

公证债权文书（以下简称赋强公证）的强制执行制度，指的是公证机关在法律规定的范围内对债权债务双方之间以给付为内容并载明债务人愿意接受强制执行承诺的债权文书予以公证，在债务人不履行或不适当履行的情况下，人民法院可以依申请对债务人强制执行的制度。

赋强公证的强制执行制度散见于我国《公证法》《民事诉讼法》以及相关司法解释中。其中《公证法》第 37 条第 1 款规定："对经公证的以给付为内容并载明债务人愿意接受强制执行承诺的债权文书，债务人不履行或者履行不适当的，债权人可以依法向有管辖权的人民法院申请执行。"《民事诉讼法》第 238 条第 1 款规定："对公证机关依法赋予强制执行效力的债权文书，一方当事人不履行的，对方当事人可以向有管辖权的人民法院申请执行，受申请的人民法院应当执行。"分别从"公证"与"执行"两个维度搭建起赋强公证的强制执行制度。继 20 世纪 80 年代最高人民法院、司法部相继颁布《关于执行〈民事诉讼法（试行）〉中涉及公证条款的几个问题的通知》（已失效）和《关于已公证的债权文书依法强制执行问题的答复》（已失效）之后，2000 年 9 月 1 日最高人民法院、司法部《关于公证机关赋予强制执行效力的债权文书执行有关问题的联合通知》（以下简称《赋强债权文书执行联合通知》）发布实施，对赋强公证强制执行制度的公证和执行行为予以较为系统的规范。

《赋强债权文书执行联合通知》之后，赋强公证强制执行制度从司法解释、部门规章、行业协会规定等方面得到进一步完善。司法部实施《公证程序规则》、中国公证协会通过《办理具有强制执行效力债权文书公证及出具执行证书的指导意见》，以及最高人民法院颁布《关于公证债权文书执行若干问题的规定》（以下简称《公证债权文书执行规定》），对赋强公证涉及的内涵和外延、申请与执行程序予以夯实细化。

针对实务中各地出现的有争议的疑难问题，司法部屡次以发函批复形式进行释明。例如2005年司法部办公厅《关于被公证机关依法赋予强制执行效力的债权文书可诉性问题的函》，反对某地方法院一方面接受债权人赋强公证文书强制执行的申请，另一方面受理债务人针对同一案件的诉讼并直接判决债权文书无效的做法，并建议“债权人对公证机关依法赋予强制执行效力的债权文书，未在申请执行期限内向人民法院申请执行，无论其在申请执行期限内还是申请执行期限届满后向人民法院提起诉讼的，人民法院均不予受理”，对赋强公证文书的可诉性予以否定。2006年司法部《关于经公证的具有强制执行效力的合同的债权依法转让后，受让人能否持原公证书向公证机构申请出具执行证书问题的批复》，针对赋强公证债权文书发生债权转让的情况，在征求最高人民法院意见的情况下明确批复“债权人将经公证的具有强制执行效力的合同的债权依法转让给第三人的，受让人持原公证书、债权转让协议以及债权人同意转让申请人民法院强制执行的权利的证明材料，可以向公证机构申请出具执行证书”。

（二）赋强公证强制执行的具体内容

根据最高人民法院、司法部的上述规定，赋强公证的强制执行制度可分为“办理公证”“申请执行证书”“申请强制执行”三个阶段。

1.“办理公证”阶段

此阶段一般发生在债权债务关系刚刚建立之时或债务履行完毕之前，由债权债务当事人双方自愿向公证机构申请作出，如涉及第三方担保，担保人同样应当向公证机构申请并作出愿意接受强制执行之承诺。可以办理赋强公证的债权文书应当具备的条件包括：（1）债权文书具有给付货币、物品、有价证券的内容；（2）债权债务关系明确，债权人和债务人对债权文书有关给付内容无疑义；（3）债权文书中载明债务人不履行义务或不完全履行义务时，债务人愿意接受依法强制执行的承诺。由于赋强公证完成后，一旦债务人不履行或不适当履行债务，法律将赋予债权人跳过司法审判程序，就公证债权文书直接申请法院强制执行的权利，在法定情况下债务人无法再通过另行起诉寻求救济。因此，赋强公证特别强调债务人接受强制执行的自愿性。公证书未载明其接受强制执行之承诺、债务人未亲自或委托代理人到场办理公证等造成债务人接受强制执行承诺瑕疵的事项，将会作为后续法院驳回执行申请、不予执行公证债权文书的法定理由。

2. “申请执行证书”阶段

此阶段发生在债务违约之时，由债权人向办理公证的原公证机构提出申请。公证机构收到债权人申请后，在签发《执行证书》之前将审查如下内容：(1) 债务人不履行或不完全履行的事实确实发生；(2) 债权人履行合同义务的事实和证据，债务人依照债权文书已经部分履行的事实；(3) 债务人对债权文书规定的履行义务有无疑义。由于该阶段一般只有债权人单方申请并提供审查证明材料，且债务人已违约，较难要求债务人配合公证机构的审查工作。因此公证机构在该阶段的审查方式相对灵活，包括但不限于向公证书中载明的债务人地址发信函、给债务人打电话核实等。

3. “申请强制执行”阶段

此阶段一般发生在债权人取得执行证书之后。债权人持公证债权文书、执行证书等材料可以向有管辖权的法院申请强制执行。有管辖权的法院包括被执行人住所地或者被执行的财产所在地人民法院，并参照法院受理第一审民商事案件级别管辖的规定确定具体受案法院。在管辖法院的选择上，赋强公证强制执行发挥出更为灵活的优势。由于不存在所谓“一审法院”，如果被执行人在不同地方拥有多个可供执行财产时，各地方法院享有针对全案的同等的执行管辖权，而不受是否为“主要财产所在地”的限制。

二、赋强公证是商业银行打击逃废债务的法律手段

《赋强债权文书执行联合通知》第 2 条列举了公证机关赋强公证的债权文书范围，其中第 1 项即为借款合同。由于金融借贷合同属于典型的以给付货币为内容、债权债务关系清晰的合同，金融借贷案件与赋强公证强制执行制度具有天然的契合性。借助赋强公证的高效性、管辖法院灵活性等特点，金融债权清收工作可以实现效益的最大化。

首先，赋强公证制度具有极高的债权清收效率。赋强公证强制执行省略了

民事诉讼的一审、二审程序，以及过程中的举证质证、公告送达、开庭审理等环节。在债务人违约的情况下，商业银行通过公证处审查后即可取得《执行证书》，并申请强制执行，“放弃诉权是强制执行公证制度的价值所在”。[①] 相比烦琐的诉讼程序，赋强公证强制执行大大缩减了债权清收的时间，有利于商业银行快速实现债权清收。

其次，赋强公证在执行管辖上具有较高灵活性。如上所述，赋强公证的强制执行可由被执行人所在地或被执行人财产所在地法院管辖，如果被执行人当地可能存在地方保护主义问题，债权人可以基于便于执行、效率执行的原则，选择异地执行法院，以公证债权文书结合异地强制执行的方式，破除地方保护，实现债权快速清收。

三、实务指引

（一）商业银行业务合同在赋强公证制度下的适用性

1. 授信合同

授信合同是银行与借款人之间就未来特定用途的融资所需借款额度、利率等事项予以提前约定的合同。虽然授信合同不完全等同于借款合同，但由于授信合同具备借款合同的基本特征，且借款合同属于《赋强债权文书执行联合通知》规定的可以办理赋强公证债权文书的范围，实务中公证机构一般会接受为授信合同办理赋强公证。

但是需要注意的是，授信合同在订立之时，债权金额并未确定，若严格按照《赋强债权文书执行联合通知》的要求，其并非属于“债权债务关系明确，债权人和债务人对债权文书有关给付内容无疑义”的情形。因此，“确立授信协议与具体业务协议的涵盖关系就有利于回应这一质疑”，[②] 商业银行在与借款人订立授信合同时，可以考虑约定授信合同项下的具体业务协议（包括但不限于借款合同、借据等）是授信合同的一部分，同时在办理赋强公证时，进

① 参见邱星美：《强制执行公证问题研究》，载《政法论坛》2011 年第 5 期。

② 江梅、姚晓波：《强制执行公证视角下的授信合同审核要点》，载《中国公证》2020 年第 4 期。

一步要求公证员在证词中列明授信合同与具体业务协议之间的关联关系。由于授信期限不必然等于贷款期限，在债务履行过程中如存在债务人逾期还款等构成授信合同提前到期的情况，商业银行应切记履行必要的债务提前到期通知程序，否则在申请执行证书时公证机关可能会以债务人享有贷款期限利益为由，认定自合同约定的贷款期限到期日起算逾期还款的罚息、违约金等。

2. 担保合同

虽然担保合同不属于《赋强债权文书执行联合通知》第 2 条所列的公证机关赋予强制执行效力的债权文书的范围，早年不少地方判决中还因为“担保合同能否由公证机关赋予强制执行效力”的问题发生争议。但结合最高人民法院《关于人民法院办理执行异议和复议案件若干问题的规定》第 22 条第 2 款“人民法院受理担保债务的执行申请后，被执行人仅以担保合同不属于赋予强制执行效力的公证债权文书范围为由申请不予执行的，不予支持”的规定，司法审判中已普遍认可公证机关有权赋予担保合同强制执行效力，且进一步明确了公证债权文书仅对担保债务赋予强制执行效力而未涉及主债务的（即主债务未办理公证），债权人有权仅针对担保债务申请强制执行。

3. 非标业务合同

非标业务合同以“收（受）益权转让”为核心，虽然交易架构的设计较为复杂，但依然具有融资的本质。由于非标业务合同包括信托受益权转让合同、特定资产收益权转让合同、股权收益权转让与远期回购合同等，均具有双务合同的特征，实务中公证机关和法院在审查时可能会认为其不属于可以办理赋强公证的合同范围，也存在大量案例中债务人抗辩该类合同不属于可以办理赋强公证的范围。

在“青岛 BE 公司、青岛 QZ 公司与 ZX 信托有限责任公司执行复议案”[①]中，最高人民法院避开了对《特定资产收益权转让合同》能否办理赋强公证作出认定，但认可了当事人之间基于《特定资产收益权转让合同》项下签署的《支付协议》办理赋强公证的做法。在“HX 国际信托有限公司、JH 公司、

① 参见最高人民法院执行裁定书，（2012）执复字第 1 号。

广州 XH 公司公证债权文书执行复议案”[①] 中，广东省高级人民法院认可了《股票收益权转让合同》办理赋强公证的效力，支持债权人强制执行债务人支付“行权费”“违约金”，并进一步指出在执行程序中，能够根据执行证书确认的计算方法计算出明确的金钱给付数额不属于“给付内容不明确”的情形。

（二）执行管辖是否必须以“主要财产所在地”法院确定

最高人民法院于 2018 年 9 月 30 日发布的《公证债权文书执行规定》第 2 条确定了赋强公证强制执行的管辖原则，即由被执行人所在地或被执行的财产所在地人民法院管辖。此后暂没有在法律及司法解释层面上对于被执行人“所在地”以及是否需要区分“主要财产所在地”“非主要财产所在地”作进一步明确规定。从《民事诉讼法》的管辖地确定原则来看，当事人有权选择任一有管辖权的法院提起诉讼或申请执行，但实务中法院对于管辖权的审查往往还会考虑到“便于执行”“有利执行”的原则，不排除部分法院在执行立案时以“非主要财产所在地”为由拒绝立案或被执行人提出管辖权异议。

德和衡律师率先尝试在“非主要财产所在地”法院申请立案，破解“主要财产所在地”存在地方保护主义的难题。在债权人申请执行的“山西 LS 公司等赋强公证强制执行案”[②] 中，德和衡律师即向北京市高级人民法院申请立案，保全了债务人位于山西、海南等地的资产。在债权人申请执行的“陕西 XM 公司、AW 公司赋强公证强制执行案”[③] 中，债务人与保证人为榆林当地社会资源丰富的龙头企业，主要财产均在陕西省榆林市。如选择在陕西当地立案，存在较大的地方保护主义风险。德和衡律师遂以保证人名下持有鄂尔多斯市某公司的股权为由，将鄂尔多斯市作为赋强公证被执行人“财产所在地”，向鄂尔多斯市中级人民法院申请执行立案，通过鄂尔多斯市中级人民法院前往榆林市保全债务人、保证人名下财产。债务人、保证人迫于司法保全的压力向债权人履行了债务。在德和衡律师代理的“某信托公司与柳州 ZL 公司等赋强

① 参见广东省高级人民法院执行裁定书，（2020）粤执复字第 401 号。
② 参见北京市高级人民法院执行裁定书，（2014）高执字第 60 号。
③ 参见内蒙古自治区鄂尔多斯市中级人民法院执行裁定书，（2015）鄂执字第 432 号。

公证强制执行案"[①] 中，德和衡律师向福建省高级人民法院申请立案，保全了债务人位于广西的财产。

以上均为德和衡律师在承办赋强公证强制执行案件中，灵活采用"非主要财产所在地"结合"异地强制执行"的方式，取得了良好债权清收效果的典型案例。

其后，最高人民法院在"HADM 有限公司、HAJS 有限公司等与 ZT 信托有限公司执行异议复议案"[②] 中作出了"部分财产所在地或者部分被执行人住所地法院，可以取得执行案件全案管辖权"的司法认定，在法律、司法解释未作进一步明确规定的情况下，对各地法院以及后续案件有较强的指导意义。值得关注的是，在上述案件中，债权人采取了取巧的做法：在贷款敞口风险发生时，由债权人的员工单方（未知会其他债务人的情况下）与债权人签署保证合同，为涉案债权提供连带责任保证，并办理赋强公证，其后一并申请出具执行证书。通过增加不同住所地的被执行人的方式扩大执行案件管辖权的选择范围。虽然该做法不具有太大的借鉴意义，但是也充分说明了赋强公证强制执行手段在管辖法院选择上的灵活性，商业银行可以在该类业务中选择于己有利的管辖法院，破除债务人所在地可能存在的地方保护主义障碍。

实践中，商业银行提供贷款往往要求债务人及其关联方包括但不限于上下级企业、股东、实际控制人等提供担保，因而对于商业银行而言，被执行财产（银行存款、股权等）以及被执行人所在地的选择范围相对一般民间借贷债权人更大一些。为避免后续因执行管辖权发生争议，在办理贷款业务之前，银行业务部门可以综合比对债务人及其担保人的财产所在地与住所地，选取有利于后续执行的法院，并在办理强制执行公证的时候，在公证书中约定执行管辖法院，杜绝后续债务人提出执行管辖异议的空间。

（三）办理了赋强公证之后债权人是否还能另行起诉

赋强公证的可诉性问题一直是个有争议的话题。2008 年最高人民法院发布《关于当事人对具有强制执行效力的公证债权文书的内容有争议提起诉讼

① 参见福建省高级人民法院委托执行函，（2015）闽委执字第 1 号。

② 参见最高人民法院执行裁定书，（2017）最高法执复 12 号。

人民法院是否受理问题的批复》，否定赋强公证债权文书的可诉性，并指出，只有在公证债权文书确有错误，人民法院裁定不予执行的情况下，当事人、公证事项的利害关系人可以就争议内容向人民法院提起民事诉讼。最高人民法院在2014年颁布的《关于审理涉及公证活动相关民事案件的若干规定》第3条第2款规定："当事人、公证事项的利害关系人对具有强制执行效力的公证债权文书的民事权利义务有争议直接向人民法院提起民事诉讼的，人民法院依法不予受理。但是，公证债权文书被人民法院裁定不予执行的除外。"也进一步申明最高人民法院对于赋强公证债权文书不可诉的观点和立场。

上述司法立场在2018年之后有所松动，在2018年颁布的《公证债权文书执行规定》中，最高人民法院分别在第22条、第23条与第24条中承认了债务人、债权人与利害关系人针对赋强公证所涉民事争议的诉权。具体而言，债务人在诉请"不予执行公证债权文书"时，同时就公证债权文书涉及的民事权利义务争议提出诉讼请求的，人民法院可以在判决中一并作出裁判；债权人、利害关系人可以在"公证债权文书载明的民事权利义务关系与事实不符"或"经公证的债权文书具有法律规定的无效、可撤销等情形"下就赋强公证文书所涉民事争议直接提起诉讼。但是前述《公证债权文书执行规定》的规定并未完全统一司法立场，在2020年新修订的《关于审理涉及公证活动相关民事案件的若干规定》中，最高人民法院继续保留了第3条第2款中关于赋强公证不可诉的态度。

司法实践中，在2018年最高人民法院没有规定赋强公证不可诉的例外情形之前，部分法院（包括最高人民法院）同样存在允许债权人就公证债权文书直接起诉的判决。在"广某某、何某某等与伍某民间借贷纠纷再审案"①中，最高人民法院表示，赋强公证的强制执行制度为当事人之间纠纷的解决以及权利救济提供了一条便捷的司法救济途径，但并不等于有关具有强制执行效力的公证债权文书产生的纠纷排除了人民法院的受理以及裁判。同时值得注意的是，最高人民法院以一方当事人提起诉讼、另一方当事人应诉答辩未异议为

① 参见最高人民法院民事裁定书，（2018）最高法民申3723号。

由，认为受案人民法院获得了管辖权。类似的裁判思路也出现在其他案件中。① 除上文引述的少数案例之外，大部分法院遵循着赋强公证不可诉的原则，在债权人未向公证处申请出具执行证书以及法院裁定不予执行之前，如债权人直接向法院提起诉讼的（其出发点往往是为了增加公证书之外的被告主体或增加利息、违约金等），法院通常倾向于裁定驳回起诉。②

（四）赋强公证强制执行如何进行财产保全

关于赋强公证执行的财产保全问题，我国现行法律及司法解释并未作专门的规定。我国财产保全的制度中只有诉前保全与诉中保全两种模式。由于赋强公证的强制执行具有越过诉讼、仲裁程序的特征，实务中，债权人为避免债务人转移财产，通常采用诉前保全模式，在申请公证处签发执行证书的同时或之前一并向法院申请诉前保全，待取得执行证书并申请正式执行立案时，再将诉前保全转为执行中保全，实现程序的衔接。

需要注意的是，根据《民事诉讼法》第 101 条的规定，采取诉前保全措施后，债权人需要在 30 日期限内提起诉讼，否则人民法院将解除保全。根据德和衡律师的实务经验，在资料齐备的情况下，公证处一般可以在收到债权人的申请后 15 日到 1 个月内完成核查并出具执行证书。但由于时间较为紧迫，建议银行债权人在申请执行证书之前与公证处充分沟通，以确保流程的快速实现。

（五）债权转让后受让人能否基于原来的赋强公证文书申请强制执行

根据司法部在 2006 年作出的《关于经公证的具有强制执行效力的合同的债权依法转让后，受让人能否持原公证书向公证机构申请出具执行证书问题的批复》的规定，司法部对于赋强公证发生转让后，受让人持原公证书向公证机构申请执行证书持肯定态度。根据《民法典》的相关规定，债权人将债权

① 参见最高人民法院民事裁定书，（2018）最高法民申 292 号。该案中，最高人民法院认为，“JX 实业公司仅对本案诉讼地域管辖提出异议，并未对诉讼方式解决纠纷提出异议，可视为其接受法院诉讼管辖”。

② 参见湖北省高级人民法院民事判决书，（2019）鄂民终 232 号；最高人民法院民事裁定书，（2020）最高法民申 2943 号；山西省高级人民法院民事判决书，（2019）晋民终 743 号。

转让给第三人的事实通知债务人即发生债权转让之效果，而无须征求债务人的同意。因此从法律逻辑上讲，赋强公证债权文书的债权人依法将债权转让给第三人后，第三人当然地享有原债权人的权利，包括在债务人违约的情况下申请执行证书以及申请强制执行。

在实务中，部分公证机构在债权受让人持原公证债权文书申请执行证书时，会对债权转让的真实、合法性予以审查，甚至有些公证机构为限制债权人任意转让债权而在公证书的强制执行条款中约定原债权文书发生展期或转让时，各方应就债权展期或转让协议重新办理赋强公证，未重新办理则原本的强制执行承诺自动失效。对于前述情况，由于部分当事人在办理公证阶段并不会认真审查公证处提供的“格式条款”，后续发生债权转让后相应需重新办理公证的约定，将导致受让人在申请执行证书时遭遇障碍。

德和衡律师认为，虽然公证处设置“重新办理条款”的做法与司法部的批复精神相悖，但由于赋强公证的强制性源自债务人作出愿意接受强制执行之承诺，如果缺乏债务人自愿的意思表示，公证处也较难径行出具执行证书。为保障债权人的合法权益并能最大限度发挥赋强公证强制执行制度高效的优势，债权人在办理公证之时需要特别注意避免“重新办理公证”条款。商业银行在转让不良资产的时候也应当密切关注公证书中是否存在“重新办理公证”的条款。

第三节　财产查封处置顺位之协调

一、财产查封处置顺位协调的法律制度概述

财产查封处置顺位的协调，指的是在债务人的财产被多个法院/多个案件查封的情况下，由于查封顺位在前的案件有可能因为审理程序较慢未能及时进入执行程序，或首封法院不属于主要财产所在地、首封法院不便于执行，或首封案件不享有优先权等情况而导致执行或分配程序面临巨大障碍，甚至因为多个法院之间缺乏统一协调、调度而导致执行案件陷入僵局。前述情况在债务人

存在大量对外融资借贷的情况下尤为显著。一旦债务人出现违约风险，金融机构往往立即启动清收手段或宣布债务提前到期而导致债务人相继陷入多起案件及多重轮候查封之中。对于多个法院查封导致被执行财产难以处置的实务难题，最高人民法院于2016年实施的《关于首先查封法院与优先债权执行法院处分查封财产有关问题的批复》（以下简称《处分查封财产问题批复》）对首封处置权与优先受偿权协调问题给出了答案，即首封法院享有查封财产的处分权。但如果享有优先权的债权在其他法院已经进入执行程序，并且首封法院自首先查封之日起已超过60日而没有就该查封财产发布拍卖公告或者进入变卖程序的，优先债权执行法院可以要求将该查封财产移送执行。如果首封法院和优先债权执行法院就移送查封财产发生争议，可以逐级报请双方共同上级指定该财产的执行法院。共同上级将根据首封法院所处的诉讼阶段、查封财产的种类及所在地、各债权数额与查封财产价值之间的关系等案件具体情况确定，如认为由首封法院执行更为妥当，也可以决定由首封法院继续执行，但应当督促其在指定期限内处分财产。同时，如果查封财产移送优先债权执行法院处分，而首封债权尚未取得生效判决，有权要求优先债权执行法院按照首封债权的清偿顺位预留相应份额。

《〈关于首先查封法院与优先债权执行法院处分查封财产有关问题的批复〉的理解与适用》（以下简称《〈处分查封财产问题批复〉的理解与适用》）认为“首先查封法院与优先债权执行法院财产处分权冲突涉及的问题很多，情形复杂，如果全部厘清后予以规定，尚需时日，不利于及时解决实践中的突出问题。为了及时指导实践，《批复》仅就处理该问题的一般规则、程序衔接及争议协调予以规定，以有限的条文，简单明快地解决实践中的主要问题”。①显然，最高人民法院的《查封批复》仅简单地解决了首封（普通债权）法院与优先债权执行法院之间的协调问题，而暂未涉及实务中债务人财产多重查封的其他问题，例如首封和轮候查封均为普通债权的法院之间相互协调的问题，或者首封案件虽为普通债权但不适宜移送优先债权法院执行的情况等。对于同

① 刘贵祥、赵晋山、葛洪涛：《〈关于首先查封法院与优先债权执行法院处分查封财产有关问题的批复〉的理解与适用》，载《人民司法（应用）》2016年第19期。

为普通债权的查封处置协调问题，司法实务中，一般参照最高人民法院《关于人民法院办理财产保全案件若干问题的规定》（以下简称《财产保全规定》）第21条予以处理。

在最高人民法院上述协调首封法院与优先债权执行法院查封财产处置权的规定的基础上，部分地方法院相继出台协调首封与轮候查封均为普通债权的相关规定。其中，江苏省高级人民法院发布《关于首查封与轮后查封均为普通债权的法院之间协调处置权相关事项的通知》，明确首封法院自执行立案之日起90日内未发布拍卖公告或进入变价程序的，轮后查封法院可以商请移送处置权；福建省高级人民法院发布《关于首先查封与轮候查封均为普通债权的法院之间协调移送处置权处理意见》，规定首封法院自查封之日起超过60日未发布拍卖公告的，轮候查封法院可以商请移送处置权。

2019年以来，地方法院根据司法实务进一步对财产查封处置顺位的协调问题予以细化。广东省高级人民法院与深圳市中级人民法院相继出台《关于优先债权执行法院与首先查封保全法院协调处分查封财产的工作指引》和《关于印发〈我市法院间首先查封案件与优先债权执行案件处分查封财产有关问题的意见（试行）〉的通知》。广东省高级人民法院在上述协调指引第2条中列举了首封法院向执行法院移交财产的“例外情形”，包括：（1）保全法院已受理就查封财产提出的案外人执行异议，且该异议或相应的异议诉讼尚未审结；（2）保全案件的债权性质优先于执行债权或与执行债权为同一受偿顺序的债权；（3）执行债权的优先权仅及于保全查封财产的其中部分，且与其他部分因客观事实或法律规定不能分别处置；（4）其他不应移送执行的情形。深圳市中级人民法院在上述查封意见第4条对于首封法院认为不宜向抵押权案件法院移送财产的情形规定得更为翔实：（1）抵押财产仅占不动产部分份额，首封案件执行法院拟就不动产整体进行处分的；（2）同一不动产存在两个以上优先权，且首封案件为在先顺位优先权的；（3）抵押财产仅对应双拼房产中的一个不动产证号，与另外一个不动产证号在格局上难以区分的，首封案件执行法院拟将两个不动产证号对应的房产一并处分的；（4）在房、地分开登记的地区，抵押财产仅为地上建筑物或者土地使用权，首封案件执行法院拟将地上建筑物及土地使用权合并处分的；（5）首封案件执行法院已启动抵押物的评估、拍卖、变卖工作的；（6）抵押房产的所有权或者土地使用权存在争议，正在等待异议审查或另案诉讼结果的；（7）首封法院认为不宜移送处分的其他情形。可见，关于财产查封、处置的协调规范必然会随着实务发展而越发细致、翔实。

二、财产查封处置顺位协调是商业银行打击逃废债务的法律手段

通过上级法院、同级法院之间依据法定的规则协调债务人财产查封、执行的顺位，对于商业银行权益保护的益处是显而易见的。实务中，商业银行的债务人往往也是资产较雄厚的企业。该等企业债务人为抢占市场、扩大生产，经常需要以多倍杠杆寻求各种渠道的融资。一旦资金链断裂，引发系统性的债务危机，难免在瞬息间遭遇债权人的轮番起诉、保全、执行。因此，解决债务人的财产查封、处置的协调问题，一直是困扰着包括商业银行在内的广大金融机构债权人的难题。

首先，财产查封处置顺位协调规则有利于破解执行僵局。对于因首封法院诉讼进展缓慢、怠于处置债务人财产等原因导致的执行僵局，《处分查封财产问题批复》以及相应的财产查封处置顺位协调规则为商业银行债权人提供了一条打破僵局的路径。

其次，如果商业银行享有抵押权、质权等优先受偿权，在案件进入执行程序后，只要首封法院自首封之日起60日内未就查封财产发布拍卖公告或者进入变卖程序，商业银行可以通过其执行法院根据《处分查封财产问题批复》的规定出具《商请移送执行函》或报请共同上级法院指定执行等方式，争夺查封财产的处置权。

最后，即便商业银行对于债务人享有的仅为普通债权，如果能够对债务人的财产进行首封的，根据《处分查封财产问题批复》第3条第3款的规定，有权要求优先债权执行法院在财产变价后按照首封债权的清偿顺位，预留必要份额。

三、实务指引

（一）查封处置顺位协调的实务操作规则

《处分查封财产问题批复》第1条，最高人民法院概括总结了优先债权执

行法院与普通债权首封法院协调查封、处置顺位的“四要件”，分别为：（1）优先债权已经被生效法律文书所确认；（2）优先债权已经进入执行程序；（3）首封法院首先查封财产超过了60日；（4）首封法院尚未就该查封财产发布拍卖公告或者进入变卖程序。

在“GS银行申请执行海南LS公司执行案件与青岛中院诉讼保全案件执行争议纠纷协调案”[①]中，因HX银行与海南LS公司等金融借款合同纠纷案中，HX银行申请青岛市中级人民法院首先查封了案涉项目土地。但在青岛市中级人民法院就相关案件作出裁判后，HX银行始终没有申请法院强制执行。与此同时，GS银行在取得海南省高级人民法院生效判决确认其对案涉项目土地享有抵押权后，申请海南省高级人民法院与青岛市中级人民法院、山东省高级人民法院协调取得案涉项目土地处置权未果，最后通过报请共同上级最高人民法院协调解决。在该案中，最高人民法院即依据《处分查封财产问题批复》的规定最终指定由优先债权执行法院海南省高级人民法院负责处置案涉项目土地，破解了执行僵局。

在首封法院与轮候查封法院均为普通债权法院的情况下，由于不存在优先债权与普通债权之间的价值衡量问题，实务中部分法院会根据《财产保全规定》第21条的规定，再参考《处分查封财产问题批复》第4条“共同的上级法院根据首先查封债权所处的诉讼阶段、查封财产的种类及所在地、各债权数额与查封财产价值之间的关系等案件具体情况，认为由首先查封法院执行更为妥当的，也可以决定由首先查封法院继续执行”的规定进行综合分析，以确定最有利于快速处置财产、保障债权人合法权益的法院作为执行法院。

在“BH银行申请执行香格里拉县YS公司与西安中院执行争议纠纷协调案”[②]中，海南省高级人民法院即根据“被保全财产的种类及所在地”“各债权数额与被保全财产价值之间的关系”“BH银行（首封债权人）虽已申请执行，但鉴于其与YS公司（债务人）存在展期协议，YS公司仍有可能会以此为由提出执行异议、复议等，执行程序仍然会被继续拖延”三方面因素综合

① 参见最高人民法院执行决定书，（2016）最高法执协5号。

② 参见最高人民法院民事决定书，（2017）最高法执协34号。

考虑，以利于债权人权利的维护和执行程序的推进为出发点，最终确定将案件移送轮候查封的普通债权法院执行。归纳而言，法院内部协调确定是否移送执行的考量因素包括：法院所处的诉讼阶段、财产的种类与所在地、债权数额的大小。一般来说，如果法院所处阶段更接近执行拍卖程序、查封的财产处于法院当地以及债权金额更大的法院更容易获得财产处置权。前述考量因素本身也会作为普通债权首封法院向轮候查封的优先债权执行法院移送执行的例外情形。

（二）哪些债权属于“优先债权”

《处分查封财产问题批复》对于“优先债权”的定义是“对查封财产有顺位在先的担保物权、优先权”。而《〈处分查封财产问题批复〉的理解与适用》进一步细分为以下几种情形：（1）抵押权所担保的债权，此为司法实务中最常见的需要与普通债权首封法院协调的优先债权；（2）承包人对于建设工程款的优先受偿的权利；（3）其他担保物权担保的债权和其他优先权保障的债权，如质权、留置权和船舶优先权所担保的债权。对于“股东的优先购买权”“承租人优先购买权”等虽然属于具有债权性质的“优先权”，但是由于没有保障债权获得优先受偿的担保属性，一般不认为是《处分查封财产问题批复》所指的“优先债权”。

对于商业银行而言，由于其往往享有抵押、质押等增信措施，在发生查封处置顺位协调相关问题时，要充分利用作为优先债权人的优势，争取申请执行的受案法院获得财产处置权，破除逃废债务行为。

（三）首封债权与轮候查封债权均为普通债权时，首封债权受偿应否得到特殊对待

关于查封顺位的协调，最终需要解决的仍是受偿问题。在司法实务中，享有担保物权的债权人优先获得受偿是法律制度的基本要求，对此不存在争议。但在首封债权与轮候查封债权均为普通债权，且被执行的债务人的财产不足以清偿全部债务的情况下，是否应当给予首封债权特殊对待（同样赋予首封债权人首先获得清偿的权利，或优先清偿一定比例），则是实务中尚未定论的难题之一。

根据最高人民法院2008年版的《关于人民法院执行工作若干问题的规定（试行）》［以下简称《执行工作规定（试行）》］第88～96条的规定，执行工

作中视情况采取“先到先得”与“按比例分配”两种模式。具体而言：多份生效法律文书的多个金钱债务的普通债权人对同一被执行人申请执行，按照执行法院采取执行措施的先后顺序受偿（先到先得）；一份生效法律文书确定的多个普通债权人对同一被执行人申请执行，按债权比例受偿（按比例分配）；被执行人为企业法人而财产不足以清偿全部债务时，以破产程序受偿（按比例分配）；被执行人为公民或其他组织而财产不足以清偿全部债务时，以参与分配的方式受偿（按比例分配）。总结来说，即债务人财产足以清偿全部债务时，债权人先到先得；债务人财产不足以清偿全部债务时，以破产/参与分配等方式按照债权比例清偿。

前述规定未对采取首先查封措施的普通债权人予以特殊对待，不利于鼓励债权人在债务人违约时快速采取司法手段维护自身权益。因而在实务中有些执行法院往往以相对灵活的手段给予首封债权人一定比例（如20%）优先受偿的权利。但是该做法缺乏明确的法律依据，在理论与实务界均难以得到普遍支持。“执行分配方案中考虑被告的首封权益而对其优先分配20%，虽实践中有的地方法院亦是这样操作的，但国家和上海市并未对此出台相关的法律法规，因此系争分配方案并无充分的法律依据，应当依法予以调整。”①

2021年1月1日施行的修正后的《执行工作规定（试行）》进行了修改，删除了原第89条关于被执行人为企业法人而财产不足以清偿全部债务时以破产程序受偿的规定，以及原第90条关于被执行人为公民或其他组织而财产不足以清偿全部债务时以参与分配的方式受偿的规定；保留了原第88条“多份生效法律文书确定金钱给付内容的多个债权人分别对同一被执行人申请执行，各债权人对执行标的物均无担保物权的，按照执行法院采取执行措施的先后顺序受偿。多个债权人的债权种类不同的，基于所有权和担保物权而享有的债权，优先于金钱债权受偿。有多个担保物权的，按照各担保物权成立的先后顺序清偿。一份生效法律文书确定金钱给付内容的多个债权人对同一被执行人申请执行，执行的财产不足清偿全部债务的，各债权人对执行标的物均无担保物

① 李剑：《首封债权人不必然比轮候查封债权人优先受偿》，载《人民司法（案例）》2015年第18期。

权的，按照各债权比例受偿”作为修正后的《执行工作规定（试行）》的第55条。结合2020年修正的《民诉法解释》第508条依然保留着对公民与其他组织财产在不足清偿所有债务的场合由债权人参与分配规定的情况，似乎从最高人民法院司法解释层面并不承认首先查封债权人的“优先受偿权”。2021年5月11日，最高人民法院发布《关于“对〈民事诉讼法〉司法解释疑问”的回复》，对《执行工作规定（试行）》《民诉法解释》中对执行阶段的债权受偿顺序的规定进一步梳理。上述意见并不涉及查封顺序是否影响清偿顺序的问题，在被执行人资可抵债的情况下，普通债权按照进入执行程序的顺序先到先得；在资不抵债、申请参与分配的情况下，普通债权按照债权比例平等受偿。因此，关于首封的债权人是相对于其他轮候普通债权人优先受偿，还是共同按债权比例受偿的问题，仍有待后续立法与司法实践予以进一步界定。

（四）如何善用“为首先查封债权预留相应份额”的法律规则

《处理查封财产问题批复》第3条第3款规定：“首先查封债权尚未经生效法律文书确认的，应当按照首先查封债权的清偿顺位，预留相应份额。”在首封法院依法向优先债权执行法院移送查封财产处置权后，如果首封法院尚未作出生效裁判文书的，应当按照首封债权的清偿顺位预留相应份额。这一规定体现了人民法院适当保护首封债权的一贯思路，其立法目的是鼓励债权人积极行使诉讼、保全的权利，尽快推进债权清收程序。实务中，部分债权人甚或执行法院容易忽略该条规定，或者在实际操作中对于“相应份额”的确定发生争议。根据德和衡律师处理案件的经验，商业银行如能善运上述法律规定，即便没有优先权也可以在一定程度上实现部分清偿。

首先，商业银行应确保快速、精准保全，以取得首封债权人地位。根据最高人民法院《关于人民法院民事执行中查封、扣押、冻结财产的规定》第7条第2款的规定：“查封、扣押、冻结已登记的不动产、特定动产及其他财产权，应当通知有关登记机关办理登记手续。未办理登记手续的，不得对抗其他已经办理了登记手续的查封、扣押、冻结行为。”除了登记的不动产、有限责任公司股权、银行账户等常规财产外，商业银行应该特别关注某些特殊财产的保全手续，例如冻结股东持有的非上市股份有限公司的股份应当向该股份有限公司送达协助执行通知书并通知工商部门协助备案；冻结高速公路收费权、采矿权等特殊权利财产，应当向行政主管部门送达协助执行通知书，否则可能无法产生保全的法律效果。在德和衡律师承过的一起代表某商业银行冻结高速公路收费权的案件中，由于在先采取保全措施的另案法院仅向高速公路管理局送达协助执行通知书，而德和衡律师所代理的商业银行申请执行法院向当地交通运输厅送达了协助执行通知书，虽然送达时间在后，但由于精准保全而取得了对抗其他法院的首封效果。

其次，商业银行应当通过申请其执行法院，以问询、发函等方式充分介入取得处置权的优先债权执行法院的执行程序中，从财产评估、财产拍卖程序、执行款分配方案等方面情况，并书面通知优先债权执行法院以财产处置价款清偿优先债权后按照商业银行的债权金额予以全额提存——或直接将剩余执行款移交给商业银行的执行法院。德和衡律师代理的商业银行债权清收案件中不乏通过前述手段实现部分清偿/减少损失的案例。

当然，运用“为首先查封债权预留相应份额”的规则应建立在债务人的财产足以清偿优先债权的情况下，在“ZX银行、东莞SY公司企业借贷纠纷执行复议案”① 中，广东省高级人民法院认为，“执行法院在对案涉商铺作出以物抵债处理后仍不足清偿本案优先债权，故执行法院没有预留执行款项给复议申请人并无不当”。

第四节　追加、变更被执行人

一、追加、变更被执行人法律程序

利用“威科先行”数据库，以“追加变更被执行人”为关键词、“银行”为当事人，对2018年1月1日～2020年12月31日裁判文书进行检索，共检索到相关案件120件，其中，2018年21件、2019年51件、2020年48件（见

① 参见广东省高级人民法院执行裁定书，(2017) 粤执复283号。

图8-6)。在审理法院的级别方面：基层人民法院占比为46.67%、中级人民法院占比为43.34%、高级人民法院占比为8.33%、最高人民法院占比为0.83%、专门法院占比为0.83%（见图8-7)。在案件审理程序方面：执行案件占比为94.17%、一审案件占比为3.33%、二审案件占比为2.50%（见图8-8)。在地域分布方面：案件数量排名前五位的分别是广东22件，占比为18.49%；河北15件，占比为12.61%；河南12件，占比为10.08%；山东9件，占比为7.56%；浙江7件，占比为5.88%（见图8-9)。此外，从涉案金额来看：标的额在500万~1000万元的案件占比为50.00%、标的额在10万~50万元、0~10万元的案件均占比为25.00%（见图8-10)。

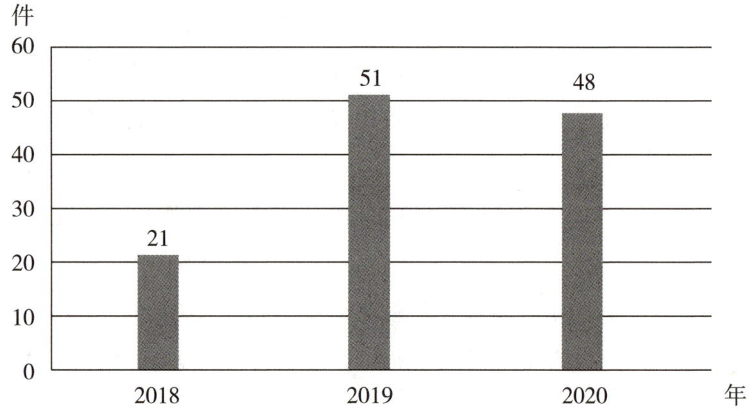

图8-6 案件审理数量年份分布

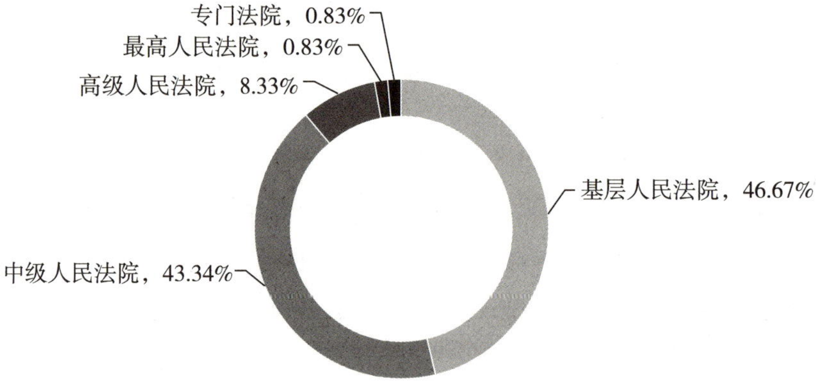

图8-7 审理法院级别分布

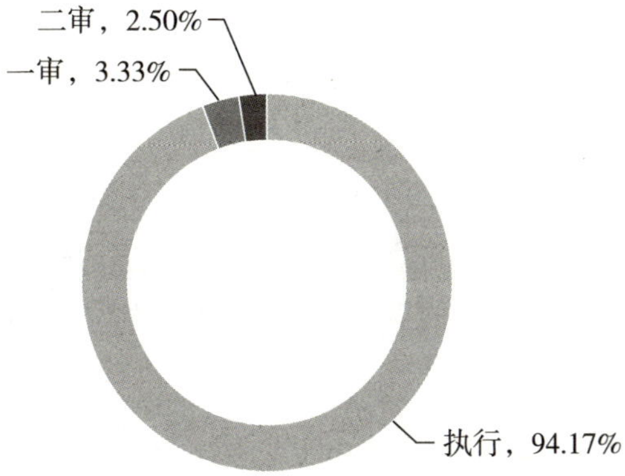

图 8－8　案件审理程序分布

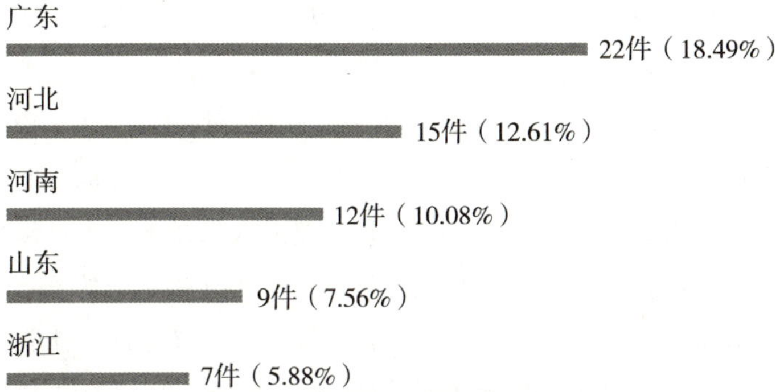

图 8－9　案件主要地域分布

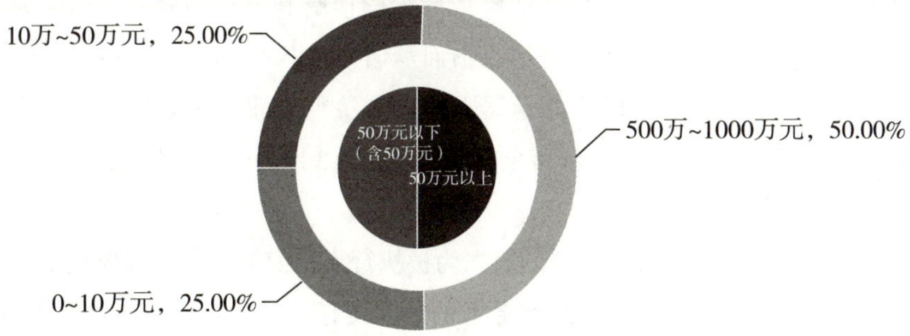

图 8－10　案件标的额分布

综上，2018～2020年的有关银行追加、变更被执行人的案件中，地域分布前几位为广东、河北、河南、山东、浙江。审理法院主要是基层人民法院，94.17%的案件为执行案件。2019年的案件数量较多，比2018年多30件，增幅明显，高达142.86%，而2020年比2019年仅少3件案件，减幅为5.88%。

可见，实务中变更、追加被执行人逐渐成为银行采用的打击金融逃废债务的主要方法。鉴于法律上对于变更、追加为被执行人的情况有明确限定，因此该类案件的数量相对较少。

根据最高人民法院《关于民事执行中变更、追加当事人若干问题的规定》（以下简称《执行变更、追加规定》）以及《公司法》司法解释、《执行工作规定（试行）》等相关规定，对债务负有连带责任的主体，即便该主体的责任未经诉讼审判程序予以确认，执行法院也可以在法定情形下依法变更、追加其为被执行人，以保障债权人的债权得以清偿。其中，当债务人是企业时，针对下列对象，债权人可以在执行程序中直接申请法院追加被执行人，而无须另行提起诉讼程序：（1）个人独资企业的投资人；（2）合伙企业的普通合伙人与未按期足额缴纳出资的有限合伙人；（3）企业法人未缴纳或未足额缴纳出资的股东、出资人或依《公司法》规定对该出资承担连带责任的发起人，以及抽逃出资的股东、投资人；（4）公司未依法履行出资义务即转让股权的原股东；（5）一人有限责任公司中无法证明自己财产独立于公司的股东；（6）未经清算即办理注销登记，导致公司无法进行清算的有限责任公司股东、股份有限公司董事和控股股东；（7）企业解散后无偿接受其财产的股东、出资人和有关部门；（8）办理企业注销登记时书面承诺对被执行人债务承担连带责任的第三人；（9）向执行法院书面承诺自愿代被执行人履行生效法律文书确定的债务的第三人；（10）依行政命令以无偿调拨、划转方式取得被执行人财产的第三人。

实务中，申请追加瑕疵出资的股东为被执行人是商业银行实现债权的常见手段。追加瑕疵出资的股东承担债务人的还款责任，一般需要具备如下要件：（1）被执行人财产不足以清偿生效文书确定的债务，包括客观上无任何被执行财产、有财产但被豁免执行（如职工养老金、住房集资款等）、有财产但是难以变现（如难以变卖的工业原料等）、有财产但是因其他机关在先查封而无法处置（如公安机关扣押）；（2）追加对象为被执行人的股东，包括法人、其他组织和自然人；（3）股东存在瑕疵出资的事实，如股东认缴未实缴出资，直接修改认缴注册资本金数额，或者在缴纳出资款之后又以与公司签署《退股协议》或解除认购合同等方式进行“退股”等；（4）承担责任的方式为限额责任，即在出资不实的范围内（第三人以行政命令无偿调拨、划转方式取得财产的，则以其接受的财产范围为限）。

此外，追加被执行人配偶、执行程序中自愿代偿债务的第三人等方式也是引起实务界广泛关注与讨论的手段。

二、变更、追加被执行人是商业银行打击逃废债务的法律手段

首先，变更、追加被执行人制度可以突破原有债务人范围，将存在出资瑕疵的股东或其他负有连带清偿义务主体增加为债务承担主体，提高商业银行债权获偿的可能性。同时也有利于打击、杜绝部分企业债务人的股东利用法人独立人格与有限责任制逃避债务的行为。

其次，变更、追加被执行人提高了债权清收的效率。商业银行在申请执行债务人财产的过程中，如发现债务人的股东、出资人存在法定的出资瑕疵事由，无须另行起诉，而有权在执行程序中直接依法追加相关责任主体作为被执行人，大大提高了债权清收的效率。

三、实务指引

（一）公司负债后以股东会决议方式延长出资期限，能否追加股东为被执行人

公司负债后，无论其债务履行期限是否已经届满，如公司的股东以股东（大）会决议的方式延长股东缴纳出资的期限——企图以延长后的股东出资期限利益对抗债权人的债权，其行为具有明显的逃避债务的恶意——在证据充分的情况下，已有大量审判实例支持债权人在执行程序中申请追加股东为被执行人。

在“JG 信托公司申请追加南某某、许某某为其与浙江 YX 公司营业信托

纠纷案被执行人案"[①] 中，北京市高级人民法院认为，南某某、许某某、台州SX担保公司、浙江ZZ担保公司等优选公司（债务人）的股东作出关于申请延迟缴纳注册资金的股东会决议，并通过了公司章程修正案，将除首期出资2000万元外的3000万元的出资期限从2014年10月15日延迟至2032年10月15日。在客观上对浙江YX公司资本充实造成了妨害，并损害了JG信托公司基于南某某、许某某公示的承诺和浙江YX公司的注册资金数额而产生的信赖利益，有违诚实信用原则，构成出资不实。在浙江YX公司已经法院生效裁定认定无财产可供执行的情况下，JG信托公司以南某某、许某某出资不实，应在设立公司时的未实缴出资额范围内承担责任的主张应当得到支持。

在"鲍某某等与北京某石油科学研究院案外人执行异议之诉案"[②] 中，北京市高级人民法院认为，中石大公司（债务人）在与债权人签订合同、形成债权债务关系之后，召开股东会、修改章程，延长股东鲍某某的出资期限，并增加鲍某某认缴的出资额，"中石大公司股东对公司章程的修改，其效力不应及于第三人"，从而判决股东应在原认缴未实缴出资额范围内对公司债务承担责任。

需要注意的是，上述案例属于股东以股东会决议延长出资期限的方式逃废债务的情形，对于商业银行而言，该种出资瑕疵所需的股东会决议、公司章程等证据较易通过查询债务人工商内档的方式获取，在举证上难度较小。实务中存在股东实缴出资后又通过其他方式抽回出资的做法，外部债权人由于不掌握公司财务资料，在该情形下会面临一定程度的举证困难。因此，从商业银行权益保护出发，建议在贷款发放前以及贷后管理过程中注意收集或要求债务人提供财务账册资料或落实财产报告制度、密切关注债务人资本充实情况。

（二）不存在股东恶意延长出资期限的情况下，能否主张公司（债务人）股东的出资义务加速到期

股东出资义务是否可以加速到期一直存在争议，原因在于公司法律制度本

---

① 参见北京市高级人民法院执行裁定书，(2016) 京执复106、107号。

② 参见北京市高级人民法院民事判决书，(2018) 京民终583号。

身具有的契约型、自治性。股东同意在多长期限内缴纳完毕出资，是股东与股东之间、股东与公司之间的内部约定，归属于股东与公司意思自治的范畴。在不损害公司外部债权人合法权益的前提下（换个角度来说即不影响公司对外的责任承担能力的情况下），股东享有缴纳出资的期限利益。因此，公司股东的出资义务能否被公司债权人主张加速到期，本质上是股东出资期限利益保护与外部债权保护的平衡问题。

在《九民纪要》发布之前，实务中主要根据《企业破产法》第35条"人民法院受理破产申请后，债务人的出资人尚未完全履行出资义务的，管理人应当要求该出资人缴纳所认缴的出资，而不受出资期限的限制"的规定，在破产程序中明确排除股东出资期限限制。但是对于"非破产程序"下能否主张股东出资义务加速到期，由于缺乏明确的法律依据，理论上学者各执一词，实务中也存在不同的判决。"支持说"认为，股东权利"因其获取具有无对价性及付外部性，故"对其保护不应该绝对化""公司并非免除股东出资义务，而是指在公司经营未因股东出资不到位而受到影响时，股东可以在既定未来出资期限缴纳认缴出资。如果公司经营发生重大变化，资本的短缺已然影响公司内部运营以及对外偿债能力，那么公司可以解除股东出资期限，收回赋予股东的出资期限利益，向股东主张出资债权，请股东履行出资义务"。①"支持说"的着眼点在于对股东出资期限利益的保护不应绝对化，股东享受出资期限利益的根本前提在于不能利用公司法人格独立以及股东有限责任的制度来逃避债权，在公司经营发生重大变化，即公司的现有资产已明确不足以清偿对外负债或者严重影响其正常的经营能力的时候，无论是公司，还是作为代位权人的公司债权人，理应有权催缴出资。"否定说"认为，公司债权人基于公司公示信息对于股东认缴未实缴出资的情况有所预期，基于风险自担的原则，不应在公司负债时主张股东出资期限加速到期。同时，股东出资期限在破产程序之外加速到期，缺乏明确的法律依据。德和衡律师注意到，实务中也存在公司的债权人将股东与公司作为共同被告的个案，请求未届出资期限的股东对公司的负债承担

① 陈妮：《非破产下股东出资期限利益保护限度实证研究》，载《法学评论》2020年第6期。

责任，如在“上海XT国际贸易公司与上海HY投资管理公司、徐某某等股权转让纠纷案”① 中，一审法院认为，“认缴制下公司股东的出资义务只是暂缓缴纳，而不是永久免除，在公司经营发生了重大变化时，公司包括债权人可以要求公司股东缴纳出资，以用于清偿公司债务”，并判令未届出资期限的股东对公司的负债承担补充赔偿责任。

《九民纪要》出台后，最高人民法院对股东出资加速到期的问题给出了一定答案，即原则上保护股东在注册资本认缴制下的期限利益，债权人不能请求未届出资期限的股东在未出资范围内对公司不能清偿的债务承担补充赔偿责任。在两种特别情况下可以突破股东的出资期限利益：一是公司作为被执行人的案件，法院已穷尽执行措施无财产可供执行，公司已具备破产原因但不申请破产；二是公司债务产生后，股东以股东会决议或其他方式延长股东的出资期限。在前述两种情况下，债权人可以主张被执行人股东的出资义务提前到期。

（三）追加被执行人配偶的问题

追加被执行人配偶的做法在实务中虽然存在一定的差异化裁判倾向，但是近年来法律、司法解释层面已经逐渐明确了保守的态度，即债权人应在诉讼程序中将债务人配偶列为被告，而非在执行程序中直接追加被执行人。

早年存在部分法院依据最高人民法院《关于适用〈中华人民共和国婚姻法〉若干问题的解释（二）》（已失效）第24条裁定追加未具名举债的配偶（配偶一方未在债权债务文件中签字确认或事后追认）为被执行人②的做法，但最高人民法院后续颁布的《关于依法妥善审理涉及夫妻债务案件有关问题的通知》第2条“未经审判程序，不得要求未举债的夫妻一方承担民事责任”，以及《关于审理涉及夫妻债务纠纷案件适用法律有关问题的解释》（已失效）第3条“夫妻一方在婚姻关系存续期间以个人名义超出家庭日常生活需要所负的债务，债权人以属于夫妻共同债务为由主张权利的，人民法院不予

① 参见上海市普陀区人民法院民事判决书，(2014)普民二（商）初字第1582号。该案判决由于一审原告在二审中申请撤回起诉而被二审法院撤销，但作为一种司法裁判倾向的体现，其说理部分仍具有较高的参考价值。

② 参见最高人民法院执行裁定书，(2015)执复字第3号。

支持”的规定，均倾向于保护未具名举债配偶一方的程序权利和实体权利，基本明确了未经实体审判，不得直接在执行程序中追加被执行人配偶的裁判思路。

同时，在执行规范层面，虽然最高人民法院《关于依法制裁规避执行行为的若干意见》第20条规定：“有充分证据证明被执行人通过离婚析产、不依法清算、改制重组、关联交易、财产混同等方式恶意转移财产规避执行的，执行法院可以通过依法变更追加被执行人或者告知申请执行人通过诉讼程序追回被转移的财产。”但该意见提供了“变更追加被执行人”或“告知申请执行人起诉”两种途径择一，没有明确授予申请执行人追加被执行人配偶的权利。再根据最高人民法院《关于在执行工作中规范执行行为切实保护各方当事人财产权益的通知》第2条第3款“在执行程序中直接变更、追加被执行人的，应严格限定于法律、司法解释明确规定的情形。各级人民法院应严格依照即将施行的《最高人民法院关于民事执行中变更、追加当事人若干问题的规定》，避免随意扩大变更、追加范围”的要求，结合《执行变更、追加规定》中并未规定申请执行人可以基于债务产生于债务人婚姻存续期间而追加其配偶为被执行人的情形。债权人如想在执行程序中申请追加被执行人未具名举债的配偶，将陷入缺乏实体依据与程序依据的困境。

即便有上述规定，学界对于能否追加被执行人配偶一直存在探讨。学界普遍认可如能在执行程序追加被执行人的配偶，有利于降低执行难度、增加可供执行财产。有学者认为，法院应当具有在执行阶段追加被执行人配偶的权利，其关键的制度设计在于完善实体上的正当性与程序的保障性。例如“执行法院追加配偶时应通过公开听证程序进行，对实体事项进行实质审查，赋予相关主体以参与权及辩论权，还应充分保障配偶的异议权，赋予其提出案外人执行异议之诉的权利”。① 也有学者反对在执行程序中追加被执行人配偶的做法，但在被执行人配偶承认执行债务是夫妻共同债务或申请执行人在另案中获得针对该配偶的执行依据的情况下，追加被执行人不存在法理障碍。在此情况下，有学者建议“执行机构可以参考督促程序的原理，在审查申请执行人提供有关

① 张海燕：《执行程序中被执行人配偶追加问题研究》，载《当代法学》2019年第1期。

证据材料的基础上，向被执行人配偶发出追加其为被执行人的裁定书，被执行人配偶对该裁定书没有提出异议的，执行机构可以据此对其采取强制执行措施，但被执行人配偶在规定期限内提出异议的，执行机构不得对该异议进行实质审查，告知申请执行人另案处理，该裁定书自始不发生法律效力”。①

第五节　代位权与撤销权

一、代位权、撤销权适用规则以及《民法典》的调整

（一）代位权、撤销权的适用

根据合同的相对性原则，合同的权利义务仅能约束签署合同的当事人，原则上不得约束合同外第三人的权利义务。作为合同相对性原则的例外，我国法律设置了债权人的代位权和撤销权制度。

债权人代位权，指的是因债务人怠于行使其到期债权，对债权人造成损害的，债权人可以向人民法院请求以自己的名义代位行使债务人的债权（该债权专属于债务人自身的除外），即债权人可以以自己的名义直接起诉债务人的债务人（次债务人），要求次债务人向债权人承担还款义务。

利用“威科先行”数据库，以“代位权”为关键词、“银行”为当事人，对2018年1月1日~2020年12月31日的裁判文书进行检索，共检索到相关案件2315件，其中，2018年562件、2019年1079件、2020年674件（见图8-11）。在审理法院的级别方面：基层人民法院占比为54.86%、中级人民法院占比为37.80%、高级人民法院占比为4.71%、最高人民法院占比为2.03%、专门法院占比为0.60%（见图8-12）。在案件审理程序方面：一审案件占比为54.64%、二审案件占比为36.29%、执行案件占比为6.61%、再审案件占比为1.94%、其他案件占比为0.52%（见图8-13）。在地域分布方面：案件数量排名前五位的分别是四川752件，占比为32.67%；广东243件，

① 黄忠顺：《变更追加连带责任主体为被执行人的类型化分析》，载《法治研究》2020年第3期。

占比为10.56%；山东203件，占比为8.82%；江苏185件，占比为8.04%；浙江96件，占比为4.17%（见图8－14）。此外，从涉案金额来看：占比最高的是标的额在0～10万元的案件，占比为26.58%；其次是标的额在10万～50万元的案件，占比为22.53%；最少的是标的额在5000万元以上的案件，占比为3.95%（见图8－15）。

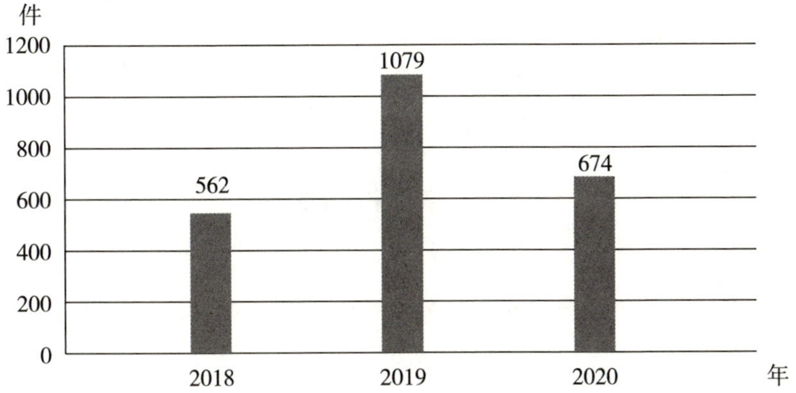

图8－11　案件审理数量年份分布

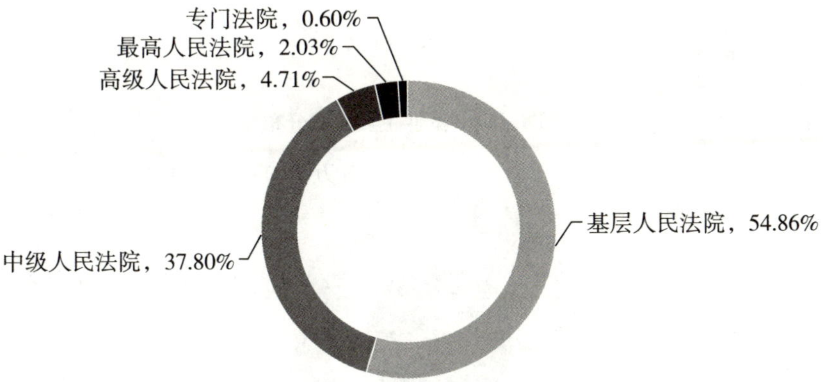

图8－12　审理法院级别分布

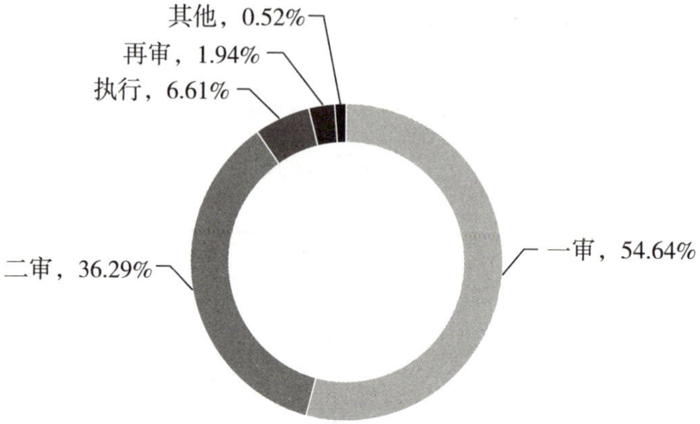

图 8－13　案件审理程序分布

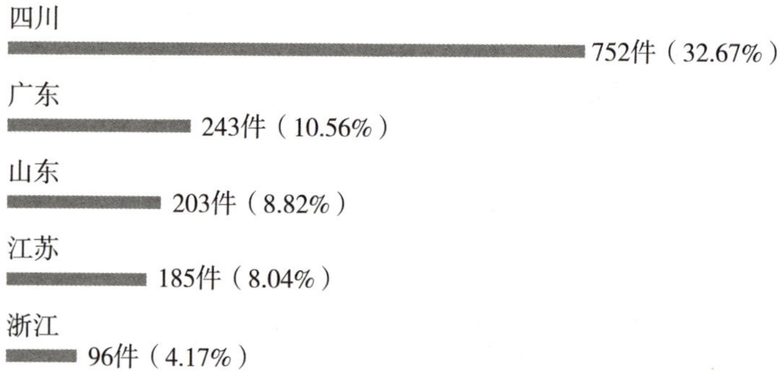

图 8－14　案件主要地域分布

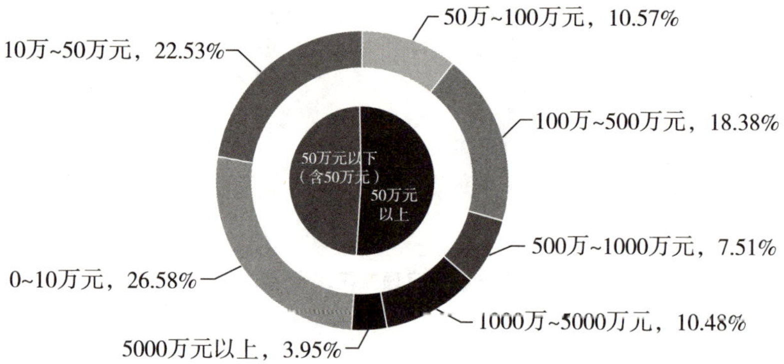

图 8－15　案件标的额分布

综上，2018～2020年的有关银行代位权的案件中，地域分布前五位为四川、广东、山东、江苏、浙江。审理法院主要是基层人民法院，54.64%的案件为一审案件。近三年的案件数量起伏较大，2019年的案件数量呈顶峰，比2018年多517件，增幅为91.99%，比2020年多405件，减幅为37.53%。

债权人撤销权，指的是因债务人放弃其到期债权，或者无偿转让财产对债权人造成损害，或者债务人以明显不合理的低价转让财产对债权人造成损害，并且受让人知道该情形的，债权人有权请求人民法院撤销债务人的行为。

利用“威科先行”数据库，以“撤销权”为关键词、“银行”为当事人，对2018年1月1日～2020年12月31日的裁判文书进行检索，共检索到相关案件共计4016件，其中，2018年1193件、2019年1398件、2020年1425件（见图8－16）。在审理法院的级别方面：基层人民法院占比为49.80%、中级人民法院占比为39.67%、高级人民法院占比为8.17%、最高人民法院占比为2.04%、专门法院占比为0.32%（见图8－17）。在案件审理程序方面：一审案件占比为47.59%、二审案件占比为36.83%、再审案件占比为7.59%、执行案件占比为4.18%、其他案件占比为3.81%（见图8－18）。在地域分布方面：前五位分别是浙江522件，占比为13.02%；河南420件，占比为10.48%；山东415件，占比为10.35%；江苏350件，占比为8.73%；广东281件，占比为7.01%（见图8－19）。此外，从涉案金额来看：占比最高的是标的额在0～10万元的案件，占比为29.25%；其次是标的额在10万～50万元的案件，占比为24.56%；最少的是标的额在5000万元以上的案件，占比为2.93%（见图8－20）。

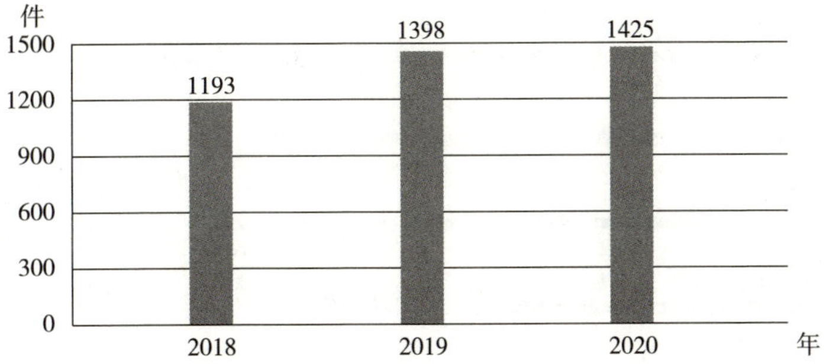

图8－16　案件审理数量年份分布

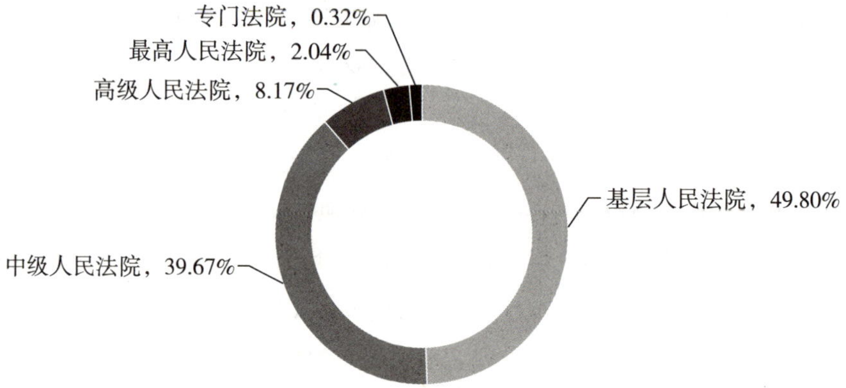

图 8－17　审理法院级别分布

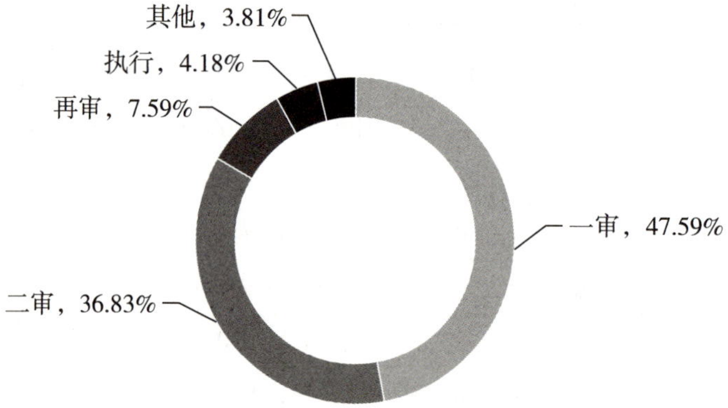

图 8－18　案件审理程序分布

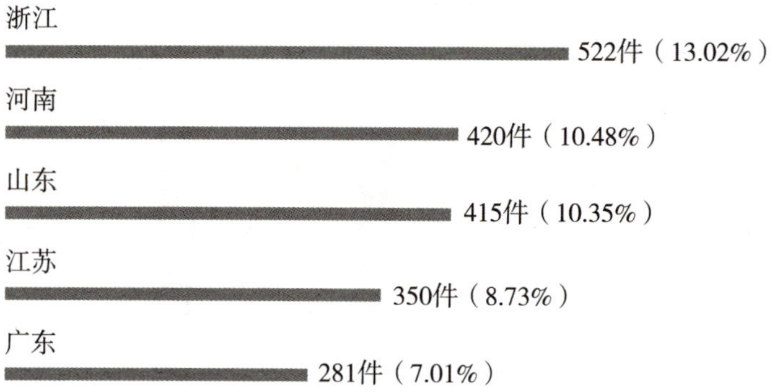

图 8－19　案件主要地域分布

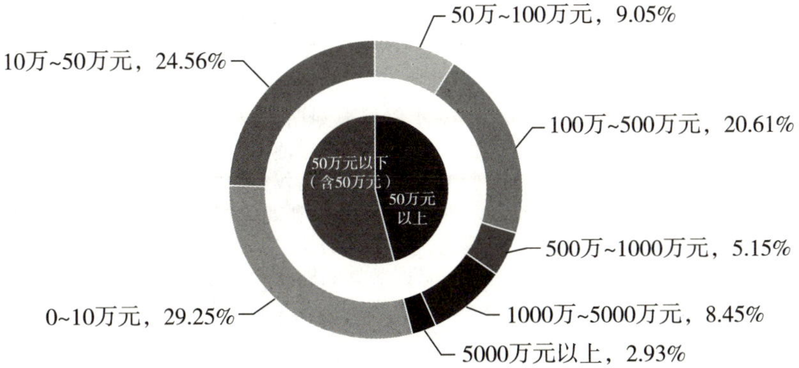

图8－20　案件标的额分布

综上，2018～2020年的有关银行撤销权的案件中，地域分布前五位为浙江、河南、山东、江苏、广东。审理法院主要是基层人民法院，47.59%的案件为一审案件。近三年的案件数量逐年增加，2019年比2018年多205件，增幅为17.18%，2020年比2019年多27件，增幅为1.93%。

根据上述统计数据可知，债权人代位权与撤销权两种制度在实务中被银行广泛使用，以应对债务人恶意转移资产逃避债务的行为。在债务人出于各种考虑不便起诉上下游企业的情况下（如债务人碍于合作关系不愿得罪交易伙伴等），商业银行可与债务人协商取得债务人与其上下游企业的交易文件，直接通过行使代位权的方式向上下游企业追偿。此举可以一并消灭债权人与债务人、债务人与次债务人之间的债权债务关系，实现诉讼效益最大化。同时，如存在债务人不当处分自身财产、影响自身清偿能力的情况，商业银行可以提起债权人撤销权诉讼，撤销债务人不当处分财产的行为。

（二）《民法典》对代位权、撤销权制度的调整

与《合同法》（已失效）相比，《民法典》除在体例上于第三编第一分编对代位权、撤销权制度以“合同的保全”进行了专章规定外，在内容上也进行了细化与变更，两者的主要区别如表8－1、表8－2所示。

表 8－1　代位权适用规则的变化

项目	《合同法》及司法解释	《民法典》
行使情形	债务人怠于行使到期债权对债权人造成损害的。	1. 对于债权人到期债权而言，其代位权行使前提为，债务人怠于行使其债权或与之有关的从权利，影响债权人到期债权实现的。 2. 对于债权人未到期债权而言，其代位权行使前提为，债务人的债权或者与该债权有关的从权利存在诉讼时效期间即将届满或者未及时申报破产债权等情形，影响债权人债权实现的。
法律后果	经人民法院审理后认定代位权成立的，由次债务人向债权人履行清偿义务，债权人与债务人、债务人与次债务人之间相应的债权债务关系即予消灭。	人民法院认定代位权成立的，由债务人的相对人向债权人履行义务，债权人接受履行后，债权人与债务人、债务人与相对人之间相应的权利义务终止。债务人对相对人的债权或者与该债权有关的从权利被采取保全、执行措施，或者债务人破产的，依照相关法律的规定处理。

由此可见，《民法典》一方面扩大了可代位行使的债务人权利范围，在第535条、第536条将非专属于债务人的债权从权利也纳入了代位权的行使范围，这一规定更有利于维持债务人的责任财产范围，从而更好地保障债权人的合法权益。另一方面，亦对债权人未到期债权的保护作了规定，即在第536条通过列举的方式，明确在债权人债权到期前，如发生影响债权人债权实现情形的，其可以代位向债务人的相对人请求其向债务人履行、向破产管理人申报等。该条规定的目的在于维持权利状态，保障债权人的权利不受到损害。

表 8－2　撤销权适用规则的变化

项目	《合同法》	《民法典》
行使情形	1. 放弃到期债权，对债权人造成损害的。 2. 无偿转让财产对债权人造成损害的。 3. 以明显不合理低价转让财产，对债权人造成损害且受让人知道该情形的。	1. 放弃债权、放弃债权担保、无偿转让财产。 2. 以明显不合理低价转让、以明显不合理高价受让或为他人债务提供担保。 3. 恶意延长其到期债权履行期。
法律后果	依法撤销的，该行为自始无效。	债务人影响债权人的债权实现的行为被撤销的，自始没有法律约束力。

《民法典》通过第538条、第539条对债务人行为增加了放弃债权担保、为他人债务提供担保以及恶意延长到期债权履行期的情形，并分别规定了相应债权人撤销权的行使条件。一方面，第538条规定的是可撤销的债务人实施的无偿处分自己财产的行为，此时，无论相对方主观上是否知情均允许债权人行使撤销权，同时该条亦将撤销权行使范围扩大至债务人放弃债权担保、恶意延长其到期债权履行期的情况。另一方面，第539条将债务人以明显不合理价格转让/受让财产的行为、为他人债务提供担保的行为纳入债权人可撤销的债务人有偿行为之中的同时，亦明确规定“债务人相对人知道或应当知道”这一撤销权行使主观要件。

二、债权人代位权、撤销权制度是商业银行打击逃废债务的法律手段

债权人代位权与撤销权制度在《民法典》中合称“合同的保全”，是我国法律提供给债权人用以突破合同相对性直接打击债务人放弃债权、转移财产等逃避债务行为的法律手段。商业银行在债权清收过程中可以充分利用该法律手段，维护自身合法权益。

首先，合同的保全制度赋予商业银行打击债务人向关联方转移财产的行为，使合同外第三方主体直接向商业银行承担还款责任，或者将已转移至合同外第三方主体名下的财产返还至债务人名下，以恢复债务人的偿债能力。

其次，在能够与债务人协商，得到债务人一定程序配合的情况下，如债务人名下确无可供偿债的资产，又囿于原有的合作关系，或者诉讼成本过高等原因不便于起诉次债务人或第三方，代位权、撤销权诉讼提供了破局的合法合理手段。这种情况下，商业银行可以行使代位权直接起诉债务人的次债务人，而不必然需要将债务人列为第三人，无须债务人与次债务人直接对簿公堂；或者行使撤销权撤销债务人与第三人之间已有的不公允交易行为。前述做法均有利于增加商业银行债权清收可能性。

三、实务指引

（一）代位权、撤销权行使的法律要件分析

1. 代位权成立的法律要件

根据《合同法》（已失效）与相关司法解释，结合《民法典》对于代位权的相关规定，法院判断债权人代位权诉讼是否被支持，主要审查以下要件：（1）债权人对债务人享有合法债权；（2）债务人对次债务人的债权已到期；（3）债务人怠于行使其到期债权损害了债权人的利益；（4）债务人的债权不专属于自身享有。其中，债权人举证的难点在于证明“债务人怠于行使到期债权”与自身债权无法得到清偿之间存在因果关系。而债务人与次债务人之间的债权债务关系是否清楚结算完毕或存在争议，不影响法院审理债权人代位权诉讼——次债务人对债务人的抗辩可以在代位权诉讼中向债权人提出，由法院一并审理。

在“山西LX公司与XD公司、HC公司债权人代位权纠纷案”① 中，浙江省高级人民法院从XD公司（债权人）享有的涉案债权的真实合法性、涉案债权是否确认到期、债务人HC公司是否怠于行使到期债权、HC公司与LX公司之间的债权债务是否已经到期几方面审查债权人代位权的要件是否成立，且未采纳LX公司关于债务人与次债务人之间合同解除与债务抵销的抗辩理由，并最终判令LX公司在对HC公司的欠款范围内向XD公司清偿债务。

在“HD山东公司、深圳HW公司债权人代位权纠纷案”② 中，次债务人HD山东公司抗辩其与债务人沈阳HC公司之间因存在另案诉讼、仲裁纠纷，债权债务数额尚不确定为由提出抗辩。山东省高级人民法院审查认为，HD山东公司对沈阳HC公司的未付货款数额远远大于深圳HW公司（债权人）的诉讼请求数额。无论是案外人在杭州市中级人民法院提起的诉讼还是HD山东公司向银川仲裁委员会提起的仲裁，事实上使沈阳HC公司与HD山东公司之间的债权债务数额具有不确定因素，但皆不影响本案的审理，本案也无须以另案

---

① 参见浙江省高级人民法院民事判决书，（2019）浙民终978号。
② 参见山东省高级人民法院民事判决书，（2019）鲁民终2485号。

或仲裁案件的审理结果作为裁判依据，因另案或仲裁案件的审理结果产生的相关问题，可在执行阶段一并协调解决。

2. 撤销权成立的法律要件

根据《合同法》（已失效）及相关司法解释，债权人撤销权的要件包括：（1）债务人有不当处分财产的行为，如放弃到期债权，或无偿转让财产，或以不合理低价转让财产且受让人知道该情形，或放弃未到期的债权或者放弃债权担保，或恶意延长到期债权履行期；（2）债务人的行为对债权人造成了损害；（3）受让人无法依据“善意取得”原则依法取得财产所有权。

在“上海 XBD 公司与 ZX 银行、SN 公司、上海 HL 投资中心、上海 YT 公司债权人撤销权纠纷案”① 中，债务人 SN 公司将其名下持有的上海 YT 公司 65% 的股权转让给上海 HL 投资中心，上海 HL 投资中心再将合计持有的上海 YT 公司 70% 的股权转让给上海 XBD 公司，因两次股权转让行为均存在款项回流、付款时间与协议约定不一致等瑕疵。浙江省高级人民法院终审认为，SN 公司与上海 HL 投资中心均未对相关款项的流转及回转作出合理说明，亦未提供证据证明该次股权转让的真实性。根据民事证据高度盖然性的规则，有理由相信该次股权转让非真实交易，应予撤销。针对第二次股权转让行为，付款日期与付款时间均与协议约定不一致，上海 XBD 公司未能提供其他证据证明已经实际支付股权转让款，其所提出系善意取得涉案股权的主张难以支持，并最终判令支持 ZX 银行的撤销权主张。

需要注意的是，债权人撤销权问题很容易遇到第三人提出的“善意取得”抗辩。由于“善意取得”本身具有中断物权返还请求权的法律效果，在超过两次的财产转让行为中，如出现受让人善意取得的情况，债权人通过撤销权使得特定财产恢复到债务人名下的目的将难以达成。对于两次以上的财产转让行为，虽然实务中不乏支持债权人在同一个案件中一并诉请撤销两次以上财产转让行为的判决（如上文引述案例）。但如果债务人向第三人转移财产后，第三人再以公允价格继续向其他受让人转移财产，其他受让人得以主张其“不知情”从而善意取得涉案财产。在此情况下，债权人则只能要求债务人、第三人

① 参见浙江省高级人民法院民事判决书，（2016）浙民终 499 号。

承担相应的赔偿责任。

（二）代位权与主管/管辖条款冲突的问题

代位权制度也叫债权人代位权诉讼制度，在我国《合同法》（已失效）所确立的制度体系中，代位权必须通过诉讼方式予以行使。根据《合同法》（已失效）第73条第1款的规定："因债务人怠于行使其到期债权，对债权人造成损害的，债权人可以向人民法院请求以自己的名义代位行使债务人的债权，但该债权专属于债务人自身的除外。"结合最高人民法院《关于适用〈中华人民共和国合同法〉若干问题的解释（一）》（已失效，以下简称《合同法司法解释一》）第14条、第16条的相关规定，代位权诉讼应以债权人为原告、以次债务人为被告、以债务人为第三人（非必须）提起诉讼，并由被告住所地人民法院管辖。在代位权诉讼遭遇主管/管辖条款约定的情形下，具体而言包括债务人与次债务人约定了非次债务人所在地的管辖法院、债权人与债务人之间存在仲裁条款及/或债务人与次债务人之间存在仲裁条款等，则会出现代位权诉讼与主管/管辖条款冲突的难题。

究其原因在于，《合同法解释一》（已失效）第18条规定，在代位权诉讼中，次债务人对债务人的抗辩，可以向债权人主张（《民法典》第535条第3款亦有类似规定）。前述"对债务人的抗辩"从规范角度当然应当包括实体上与程序上两方面内容，因此在债权人提起代位权诉讼后，如存在主管/管辖条款冲突情形，次债务人很可能会以此为由提出主管权或管辖权异议。

目前，对于上述问题并无进一步具体规定，地方各级法院也存在不同的判决，对此问题尚未达成共识。有学者单就代位权与仲裁协议之冲突问题提出，如债务人与次债务人存在仲裁协议，可以考虑认可债权人代位提起仲裁的做法。"认可债权人代位行使仲裁申请权既满足了次债务人的程序选择权，又减少了债的履行环节，有利于实现纠纷的一次性解决和节约司法资源"。[①] 德和衡律师认为，前述债权人代位行使仲裁申请权的做法虽然化解了次债务人对于程序选择权之异议，但会导致代位权行使方式与法律规定方式明显相悖，即

---

① 参见袁大川：《论仲裁协议与代位权行使的冲突：现实困境与化解路径》，载《文化学刊》2020年第12期。

便在《民法典》生效后《合同法》相关司法解释关于代位权诉讼的管辖条款已经失效，但《民法典》第535条依然明确规定债权人行使代位权的方式应当是“向人民法院请求”。代位权制度作为突破合同相对性的特殊制度，在法无明文规定的情况下，不应当做过分扩充性解释。

相比之下，德和衡律师倾向于认为，发生代位权诉讼与主管/管辖条款冲突情形时，按照法定的“代位权诉讼以被告住所地人民法院管辖”确定管辖法院似乎更能满足该制度设立的逻辑自洽性。首先，代位权制度本身是对于合同相对性的突破，是法定优先于意定的体现。代位权人（债权人）与次债务人之间本无合同或侵权上的民事法律关系，只是由于在特定情形下（即债务人消极行使权利致使债权人权利受损）法律赋予债权人越过债务人向次债务人起诉的权利。因此代位权诉讼突破了债权人与债务人之间的合同关系，自然也突破了债务人与次债务人之间的合同关系，不能仅仅因为任何两方之间存在不一样的主管/管辖条款而阻碍该法定权利的行使。其次，代位权制度从诉讼模型上系以债权人为原告（以自己的名义）、以次债务人为被告的诉讼，是对债权人实体权利救济而创设的债权人与次债务人之间的新的法律关系。两者之间并无管辖条款约束，因而《合同法》（已失效）司法解释中明确规定以被告住所地法院管辖与《民事诉讼法》的一般管辖原则并不冲突。最后，《民法典》中将代位权的对象由“到期债权”扩展到“债权或者与该债权有关的从权利”，而不仅仅是“债权的从权利”，包括“请求其向债务人履行、向破产管理人申报或者作出其他必要的行为”，已突破了“合同关系”的范畴（需要指出的是，《企业破产法》第21条关于人民法院受理破产申请后，有关债务人的民事诉讼，只能向受理破产申请的人民法院提起的规定，本身同样是法定优先于意定的体现），“合同关系”中的主管/管辖条款制约代位权行使显然不符合该制度的立法目的。

不过，伴随《合同法》以及相关司法解释的失效，《民法典》并未明确规定“代位权诉讼以被告住所地人民法院管辖”，关于代位权诉讼的管辖问题，有待后续立法以及司法实践进一步厘清和细化。

（三）债权人撤销权与第三人撤销之诉的区别与关系

如上文所述，债权人撤销权是法律赋予债权人突破合同相对性原则，对债务人与第三人之间的不公允交易的“合法干涉”。而第三人撤销之诉，是指第三人对诉讼当事人之间的诉讼标的享有独立请求权，或者虽然没有独立请求权但是与案件处理结果有法律上的利害关系，因不可归责于本人的原因未参加诉讼，但有证据证明已生效的法律文书内容确有错误，损害其合法权益，而向作出该生效法律文书的法院提起的诉讼。第三人撤销之诉中的“第三人”指的是《民事诉讼法》第56条所规定的“有独三”和“无独三”。债权人撤销权来源于《合同法》（已失效）与《民法典》的规范，第三人撤销之诉来源于《民事诉讼法》的规范。债权人撤销权属于实体权利，债权人得以撤销债务人与第三人之间影响其债权实现的行为，而第三人撤销之诉属于程序权利，第三人撤销的对象是原被告之间发生效力的判决书、裁定书、调解书。

《九民纪要》第120条指出，第三人撤销之诉的第三人一般不包括债权人。但是“因债务人与他人的权利义务被生效裁判文书确定，导致债权人本来可以对《合同法》第74条和《企业破产法》第31条规定的债务人的行为享有撤销权而不能行使的”，债权人可以提起第三人撤销之诉。虽然《合同法》（已失效）与《民法典》所规定的债权人撤销权的对象并未排除债务人基于生效裁判文书（如达成民事调解书）予以确定以明显不合理的低价转让财产、以明显不合理的高价受让他人财产或者为他人的债务提供担保等的情况，但是在司法实务中，一旦债务人的行为经生效裁判文书予以确认，债权人在不撤销该裁判文书的情况下撤销债务人行为的难度非常大。因此，根据《九民纪要》第120条的规定，第三人撤销之诉是债权人针对债务人以生效裁判文书的合法形式逃避债务、损害债权人利益的情况的一种特殊救济机制。

第六节 刑事追诉的程序

一、刑事控告程序

涉及商业银行的争议解决，及时借助刑事诉讼途径确保商业银行合法权益得到有效保障，这一重要的权利维护方式不容忽视，实践中已经被不少商业银行广泛运用，并取得显著的效果。刑事控告是一种较为笼统的表述方式，《刑事诉讼法》规定任何单位和个人发现有犯罪事实或者犯罪嫌疑人，均有权利也有义务向公安机关、人民检察院或者人民法院报案或者举报；如果是被刑事犯罪侵害的，被害人对侵犯其人身、财产权利的犯罪事实或者犯罪嫌疑人，其有权向公安机关、人民检察院或者人民法院报案或者控告，这里的被害人也包括单位，不仅仅是指自然人。实践中，商业银行是刑事案件的被害单位的案例比比皆是。

利用“威科先行”数据库，以“银行”为当事人，对2018年1月1日～2020年12月31日裁判文书进行检索，共检索到相关案件933件，其中，2018年127件、2019年345件、2020年461件（见图8－21）。在审理法院的级别方面：基层人民法院占比为94.96%、中级人民法院占比为4.61%、高级人民法院占比为0.43%（见图8－22）。在案件审理程序方面：一审案件占比为93.89%、二审案件占比为4.07%、再审案件占比为0.86%、其他案件占比为1.18%（见图8－23）。在地域分布方面：排名前五位的分别是，广东200件，占比为21.44%；浙江127件，占比为13.61%；湖北73件，占比为7.82%；河南68件，占比为7.29%；山东55件，占比为5.89%（见图8－24）。在案由分布方面：侵犯财产罪的案件数量为332件，占比为39.71%；妨害社会管理秩序罪的案件为268件，占比为32.06%；破坏社会主义市场经济秩序罪的案件为124件，占比为14.83%；危害公共安全罪的案件为83件，占比为9.93%；侵犯公民人身权利、民主权利罪的案件为20件，占比为2.39%；贪污贿赂罪的案件为9件，占比为1.08%（见图8－25）。

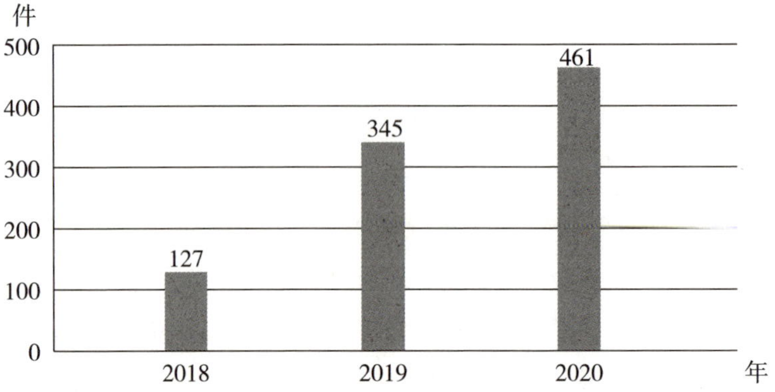

图 8－21　案件审理数量年份分布

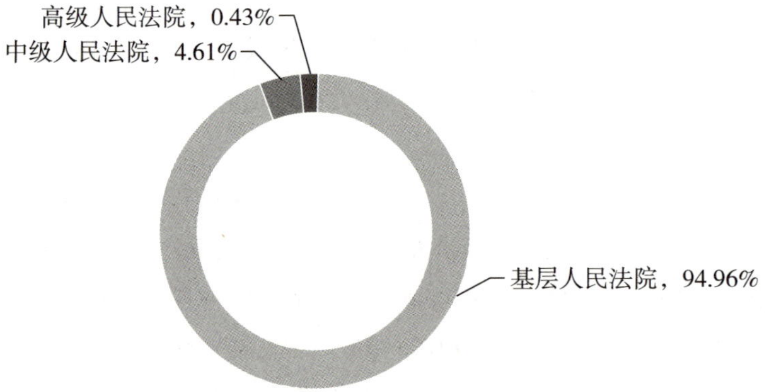

图 8－22　审理法院级别分布

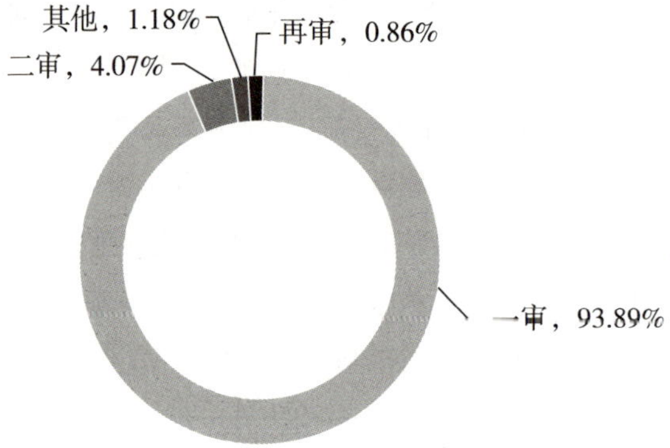

图 8－23　案件审理程序分布

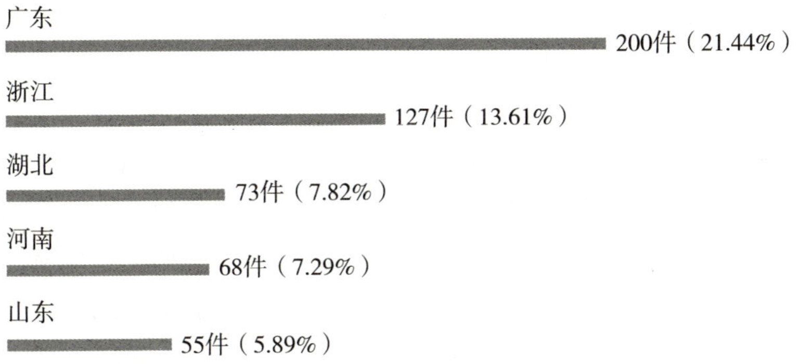

图 8－24　案件主要地域分布

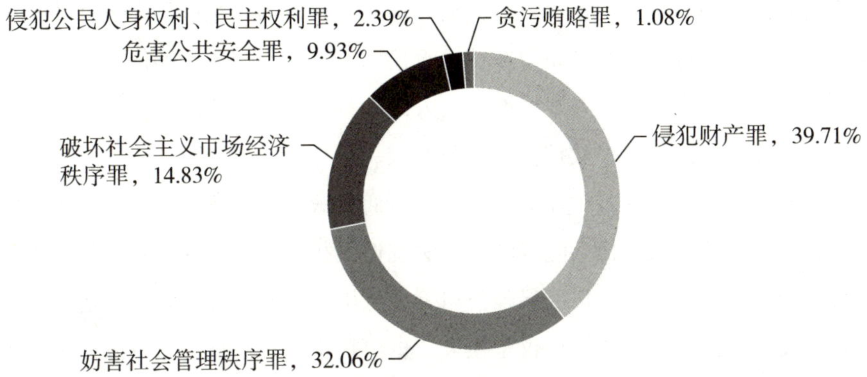

图 8－25　案件审理案由分布

（一）举报、报案和控告的区别

这三种可能启动刑事侦查程序的方式，在实践中表现出细微的不同，主要特征如下：

刑事报案，是指任何人发现犯罪事实后，向公安机关、人民检察院或者人民法院报告请求调查处理的行为，报案人一般为偶然发现犯罪行为或事实，但报案人往往并不知道犯罪行为系何人所为，无法明确指出犯罪嫌疑人。

刑事举报，是指与案件无直接利害关系的其他知情人向公安机关、人民检察院或者人民法院反映涉嫌犯罪的事实和犯罪嫌疑人的行为，举报人往往能够指出明确的犯罪嫌疑人。

刑事控告，是指受犯罪行为侵害的受害人或其法定代理人、近亲属为了维护被害人及其近亲属的合法权益，向公安机关、人民检察院或者人民法院反映案件情况，并要求追究其刑事法律责任的行为。

通过上述分析和对比可以看出，在刑事法律程序中，举报、报案和控告的明显区别之处在于：报案一般是针对犯罪事实的发生，报案材料提供的案件事实往往不能明确指出犯罪嫌疑人；而举报内容不仅有犯罪事实的发生，通常还具体指明了犯罪嫌疑人。控告和举报两者的区别在于主体不同，即控告是由遭受犯罪行为直接侵害的被害人提出，而举报一般是由与案件直接无利害关系的单位或者个人提出。

司法实践中经常遇到的情况是企业或者公民到公安机关控告，而到人民检察院或者人民法院控告的情况较为少见，这主要是因为大量的刑事案件侦查权属于公安机关，特别是经济犯罪案件，直接到公安机关控告能够促使公安机关启动刑事侦查程序，提高办案效率，而人民检察院和人民法院的主要职能不是侦查，因此，实践中大多数控告是到公安机关进行。

在商业银行涉及的各项业务之中，任何商业银行及负责人均有权要求公安机关、监察机关、人民检察院或者人民法院追究相关责任人的刑事责任，以维护自身合法权益，证券公司、保险公司等金融机构也不例外。如前所述，启动侦查机关立案侦查的方式不仅仅是控告，也包括报案和举报，之所以使用刑事控告，仅为下文的表述方便。

（二）刑事控告的注意事项

商业银行通过刑事控告以启动刑事侦查以维护自身的合法权益，以下几个方面值得注意。

1. 刑事控告必须实事求是

如果银行选择以刑事控告的方式维护自身的合法权益，则必须确保控告的内容实事求是。这里的实事求是，并不要求对控告事项的任何环节均有证据予以证明，毕竟有些案件事实的相关证据，作为被害单位的银行是无法提取的。但是，即使没有证据的事实，在刑事控告时也不能捏造事实或伪造、变造证据，捏造事实或者伪造证据实施的刑事控告，可能导致侦查机关错误启动刑事追诉程序，也可能导致无罪的人受到刑事追究，社会危害性是不言而喻的。对控告人来讲，通过捏造事实或者伪造证据进行刑事控告的，也可能涉及自身涉嫌刑事犯罪而被追究诬告陷害罪的刑事法律责任。

2. 刑事控告应当注意案件管辖

随着经济社会的发展进展，涉及商业银行的案件往往不再局限于一个地区，跨省、市的案件时有发生。值得注意的是，刑事案件的管辖与民商事案件的管辖规则完全不同，民商事诉讼案件中的被告住所地、合同履行地等，并不必然成为刑事法律上的管辖“连接点”。一般情况下，对刑事案件有管辖权的是犯罪地的侦查机关、人民检察院和人民法院，包括犯罪行为地的和犯罪结果地的，商业银行业务中涉及的刑事案件也不例外。之所以强调一般情况下，是要特别排除有些案件存在指定管辖或专属管辖的情况，例如涉及证券、期货类的刑事犯罪案件。如果通过刑事诉讼程序维护商业银行的合法权益，则准确判断、识别案件的管辖地尤其重要，直接影响犯罪行为是否能够及时被查处，进一步影响商业银行及其他当事人的经济损失能否及时挽回。

退一步而言，理论上讲银行无论在哪里控告，公安机关、人民检察院或者人民法院都应当受理，这是《刑事诉讼法》的规定。但是在司法实践中，特别是涉及经济类犯罪案件中，如果控告人到一个无管辖权的机关进行控告，会直接影响侦查机关立案侦查与否以及立案侦查的速度，可能会导致案件无法及时进入刑事侦查程序，错过案件最佳的侦查、抓捕和追赃挽损的机会。商业银行希望侦查机关及时介入而追赃挽损的，准确分析案件并找准相应的管辖机关，是维护商业银行等被害单位合法权益的第一步，也是极为重要的一步。

3. 刑事控告不同于民事起诉

刑事控告和民事起诉所依据的法律不同，且针对的案件性质不同。商业银行在启动刑事控告之前应当注意到刑事控告之后，诉讼程序的进行不再受制于控告人的意见。刑事侦查是国家追诉刑事犯罪的一项侦查活动，可能因为控告人的控告行为而发现线索，但控告人无法左右程序的启动或者停止。相反，民事起诉后，如果原告不想通过诉讼实现权利保障，或者是有其他情形出现，其可以撤回起诉以终结已经启动的民事诉讼。对比而言，如果基于通过控告以“吓唬”“威慑”“警告”他人，这种考虑难以得到法律的支持，最终也可能

"搬起石头砸自己的脚"。此外，任何刑事控告都不需要控告人交纳费用，但民事起诉则不同，原告需要交纳相应的诉讼费、保全费。

二、刑事诉讼的阶段

在商业银行涉及的争议解决案件之中，有必要认识一下刑事控告启动之后刑事诉讼各个阶段的职能。

（一）受理和立案

我国《刑事诉讼法》第二编第一章对立案进行了详细的规定，其中第110条第3款规定："公安机关、人民检察院或者人民法院对于报案、控告、举报，都应当接受。对于不属于自己管辖的，应当移送主管机关处理，并且通知报案人、控告人、举报人；对于不属于自己管辖而又必须采取紧急措施的，应当先采取紧急措施，然后移送主管机关。"此处的接受，就是司法实践中的受理。然而，侦查机关的受理，不等同于侦查机关的立案，其间存在的差异表现在以下几个方面：

（1）侦查机关受理的案件，并不一定是要启动侦查。只有当侦查机关受理的案件符合刑事立案标准和条件的，侦查机关才会启动刑事侦查活动。

（2）针对单位和公民个人的刑事控告，公安机关不是必须进行立案侦查，只有达到刑事立案追诉标准的，才会进行立案侦查。但是，对任何形式的控告，侦查机关（以及其他司法机关）均必须受理，不得拒绝受理案件。

（3）任何一级公安机关和公安机关的派出机构（派出所）均可以受理案件，但是如果要启动刑事侦查的立案，则必须由县（市）一级的公安机关才可以进行。

所以，如果商业银行选择以刑事控告方式追究相关责任人员的刑事法律责任，有必要充分、清晰地认识刑事受理和立案的区别，误将公安机关的受理理解为立案，可能导致经济损失无法及时挽回。

（二）刑事侦查

刑事侦查是公安机关、人民检察院对已经立案的案件，依照法定程序，收集证据，证实犯罪、查获犯罪嫌疑人及在侦查中对犯罪嫌疑人采取必要的强制措施的诉讼活动。刑事侦查的方式包括：讯问犯罪嫌疑人，询问证人，勘验、检查，搜查，查封、扣押物证、书证，鉴定，技术侦查、通缉以及对犯罪嫌疑人适用刑事强制措施，在破解金融债务逃废案件过程中，侦查机关的立案侦查离不开银行的支持和配合，涉及金融逃废债务案件的大量书证、电子数据往往在银行都有留存；而且，银行对这类债务的发生情况、履行情况均有系统的掌握，银行对刑事侦查工作的支持尤其重要。在刑事侦查中，任何人均有义务配合侦查机关的侦查活动，侦查机关对之讯问或者询问时，均有义务如实陈（供）述相关的案件事实，协助侦查机关查明案件事实，正确适用法律。

从刑事侦查的范围看，刑事侦查活动是开放的，即刑事侦查活动重点围绕立案的事项展开，但不完全局限于刑事立案的事项。也就是说，侦查机关在侦查过程中，如果发现新的犯罪线索的，可以突破原来的立案事项，展开相关的刑事侦查活动。因此在实践中，我们能够看到立案时涉嫌某一项罪名的案件，在案件移送审查起诉时可能并不是一项罪名，而是多项罪名；或者涉案的数额发生较大的变化（增加或者减少）。即使在商业银行作为刑事控告人的金融类刑事案件中，刑事控告人也无法控制侦查机关最终的侦查方向和侦查范围，影响侦查方向和侦查范围的往往是事实和证据。

（三）审查起诉

审查起诉，是指人民检察院对侦查机关或者监察机关移送的案件依法审查的阶段，审查起诉由检察机关负责。检察机关审查起诉必须查明：（1）犯罪事实、情节是否清楚，证据是否确实、充分，犯罪性质和罪名的认定是否正确；（2）有无遗漏罪行和其他应当追究刑事责任的人；（3）是否属于不应追究刑事责任的；（4）有无附带民事诉讼；（5）侦查活动是否合法。审查起诉的结果包括三类：一是提起公诉；二是决定不起诉；三是退回补充侦查。三者要求的标准不同，此处不再赘述。

检察机关审查起诉的案件既包括侦查机关侦查终结移送审查起诉的案件，也包括监察机关调查结束移送审查起诉的案件，对两类案件的审查起诉，在本质上不存在区别，只是针对案件的性质和种类不同。当然，针对监察机关移送审查起诉的案件而言，检察机关在进行审查起诉之前，需要对监察机关所实施留置的被调查人是否逮捕作出审查决定。

2020年7月22日，最高人民检察院专门下发《关于充分发挥检察职能服务保障“六稳”“六保”的意见》，根据最高人民检察院的指导意见，当前人民检察院在审查起诉过程中，会充分考虑企业“融资难”“融资贵”的实际情况，注意从借款人采取的欺骗手段是否属于明显虚构事实或者隐瞒真相，是否与银行工作人员合谋、受其指使，是否非法影响银行放贷决策、危及信贷资金安全，是否造成重大损失等方面，合理判断其行为危害性，不苛求企业等借款人。对于借款人因生产经营需要，在贷款过程中虽有违规行为，但未造成实际损失的，一般不作为犯罪处理。这是当前在审查起诉阶段的重要刑事政策。

（四）审判阶段

刑事审判阶段，也是社会公众所知道或接触最多的一个阶段，这一阶段的法庭审理往往公开进行，只有少数案件的法庭审理是不公开的，例如，涉及国家秘密、商业秘密和个人隐私的刑事案件。商业银行业务相关的金融刑事案件，绝大多数是公开开庭审理。

刑事审判主要是通过法庭审理，认定被告人是否有罪，以及如果有罪的前提下，如何认定罪名并进行量刑处罚。简言之，刑事审判解决的是定罪量刑的问题。值得说明的是：人民法院的审判工作围绕检察机关的指控内容（或者自诉人的起诉内容），即所审理案件事实是检察机关在《起诉书》中所明确指控的涉嫌犯罪的案件事实，在罪名方面，又不局限于检察机关提起公诉的罪名。人民法院经过法庭审理，可以对检察机关指控的罪名予以变更或者减少（不予认定），但人民法院变更罪名的，应当就变更后的罪名听取控、辩双方的意见，以充分保障被告人所享有的辩护权，确保司法公正。

中国共产党十八届四中全会明确提出，要“推进以审判为中心的诉讼制度改革，确保侦查、审查起诉的案件事实证据经得起法律的检验。”这一内容实际上从顶层设计的角度指出，我国刑事司法改革应以“以审判为中心”这一总体目标展开。最高人民法院《关于全面推进以审判为中心的刑事诉讼制度改革的实施意见》明确要求“坚持程序公正原则，通过法庭审判的程序公正实现案件裁判的实体公正。发挥庭审在查明事实、认定证据、保护诉权、公正裁判中的决定性作用，确保诉讼证据出示在法庭、案件事实查明在法庭、诉辩意见发表在法庭、裁判结果形成在法庭”。因此，刑事审判阶段的法庭审理活动，对刑事案件最终的定罪、量刑无疑具有极为重要的决定意义。

（五）刑事执行阶段

刑事执行阶段，是指刑事裁判生效以后，对生效裁判所确定的法定义务执行落实到位。与商业银行相关的刑事案件，涉及生命刑（死刑）的可能性较小，多是自由刑（无期徒刑、有期徒刑、拘役）以及缓刑的执行，以及对财产刑的执行。具体可以归纳为以下几个方面：

1. 执行启动主体多样化

所谓执行启动主体的多样化，是指刑事裁判的执行与民商事案件不同，有一些刑事判决的执行是基于被害人的申请，这类案件往往有明确的刑事被害人，且被害人的经济损失在判决生效后未能及时挽回，在此情况下，被害人为挽回经济损失而申请人民法院启动执行程序，如贷款诈骗、合同诈骗案件。还有一些案件是人民法院的审判庭移交执行机构执行，即刑事裁判生效之后，无被害人申请执行，而由刑事审判庭移交执行机构进入执行程序，如贪污受贿案件、走私类犯罪案件。当然，也存在个别当地政府等部门协调进入执行程序的案件，如污染环境以及其他具有公益性质的刑事案件。总之，刑事裁判执行的启动主体多样化。

2. 执行方式多样化

从执行内容上看，执行的内容包括没收违法所得、没有个人全部财产、追缴赃款赃物、追缴罚金。与民商事案件不同的是，刑事执行面临的被执行人往往被羁押，甚至被执行死刑，无法取得被执行人的配合是极常见的状态，也有不少案件是被执行人根本不愿意配合执行。从财产范围上看，刑事案件执行的财产不限于被告人个人的财产，即使不在被告人名下但系违法（犯罪）所得的也在人民法院的执行范围之列，但进行判断甄别不是一项简单的工作。对执行到位的财产，应当及时变现发还被害人，这些在不同类的刑事案件中存在不同的操作方式。

在刑事诉讼的整个过程中，不乏犯罪嫌疑人、被告人（单位）主动赔偿被害人，或者向司法机关退赃，以争取得到依法从轻处罚的机会，这也是被害人挽回经济损失的主要方式之一，但这种方式并非刑事案件的执行，毕竟刑事执行以存在刑事生效裁判文书为前提。

第七节　商业银行刑事维权的应用

2020 年 12 月 16 日 ~18 日，中央经济工作会议提出“金融创新必须在审慎监管的前提下进行”。金融创新是金融机构在市场中能够占据一席之地所必须重视的，创新是生命力、创新是发展动力，只有创新才能让金融机构顺应市场、顺应时代，立于市场竞争的不败之地。P2P 互联网金融平台“潮起潮落”“哀鸿遍野”，相当一部分 P2P 互联网金融平台的归宿是“爆雷”，继而进入刑事诉讼程序，企业的经营者最终被刑事追诉。金融创新与刑事法律不是天然的平行线，而是有这样或者那样的关联性，这些关联性既包括金融创新中商业银行工作人员本身构成犯罪，也包括他人实施刑事犯罪而侵害商业银行的利益；还有极少见的一类案件，商业银行成为单位犯罪的主体被追诉乃至最后被人民法院判刑。商业银行在不同的刑事案件中的角色、作用不尽相同，因为现实经济生活的丰富性、多样性，尚无法完全归纳列举，但大多数刑事案件都不是纯粹的刑事法律问题，而会涉及多方面的民商事法律问题。从程序和实体上充分认识刑民交叉问题的应对和处理方式，对商业银行而言，极具现实必要性。

一、刑事维权方式的及时应用

陈瑞华教授提出：“在公司、企业成为被害人的案件中，律师作为诉讼代理人，只要成功地说服侦查机关作出立案的决定，说服检察机关作出批准逮捕的决定，说服侦查机关将案件移送审查起诉，或者说服检察机关作出提起公诉的决定，那么，案件就可以在刑事追诉的轨道上向前迈进，被害人的合法权益也就有希望得到有效的维护。”① 在打击金融逃废债务的背景之下，作为被害

① 陈瑞华：《律师刑事控告业务的发展趋势》，载《中国律师》2018 年第 9 期。

单位的商业银行，这一观点仍然可以参照适用。近些年，确实存在大量的企业（包括上市公司）遭受刑事犯罪侵害后，通过刑事控告而成功维护自身合法权益的情况，其中不乏一些商业银行。结合刑事控告一些成功的实践经验，德和衡律师提出如下值得商业银行在维权中注意的事项：

（一）刑事维权应当以事实为根据

这一问题在前面已有述及，此处有必要再作强调。《刑事诉讼法》规定刑事诉讼必须以事实为根据，以法律为准绳。企业向公安机关、检察机关或者监察机关提出控告的，应严格以事实为根据，确保所提出、陈述的内容都有事实作为根据，而不能捏造事实。捏造事实而提出控告的，不仅是对被控告人合法权益的侵害，也难以使侦查机关立案侦查，甚至还可能给控告人自身带来刑事法律风险。《刑法》第 243 条规定“捏造事实诬告陷害他人，意图使他人受刑事追究，情节严重的”构成诬告陷害罪。商业银行通过刑事渠道维权也必须坚持这一原则，即实事求是，以客观事实为根据，依法维护自身合法权益。

（二）刑事维权应当使用真实证据

事实是证据的内容，证据是事实的载体；事实靠证据展现，证据又依赖事实支撑。刑事诉讼的证据包括：物证，书证，证人证言，被害人陈述，犯罪嫌疑人、被告人供述和辩解，鉴定意见，勘验、检查、辨认、侦查实验笔录，视听资料、电子数据。这几类证据中，企业向侦查机关控告时往往会使用上述证据中的第 2 种和第 3 种（例如书证、被害人陈述、证人证言），或者更多，刑事诉讼中所有据以立案、逮捕、起诉以及判决的证据都应当是查证属实的证据，即证据的真实性必须得到保证。如果企业控告时提供的证据在关联性上存在问题，可能不会产生副作用，但如果其提供的证据真实性上存在问题，则可能引发刑事风险。除前述的诬告陷害罪之外，还可能涉及妨害作证罪。所以，商业银行在刑事控告中要使用真实证据，不能伪造证据。

（三）刑事维权应当正确认识刑事程序

刑事诉讼是保证准确、及时地查明犯罪事实，正确应用法律，惩罚犯罪分子，保障无罪的人不受刑事追究，尊重和保障人权，保护公民的人身权利、财产权利、民主权利和其他权利的一种公权活动。简言之，刑事诉讼是国家追诉刑事犯罪的活动，其不同于任何私权的行使。侦查机关、检察机关以及人民法院进行刑事诉讼活动的依据在于事实和法律，控告人或者被害人的态度是刑事诉讼的参考因素，但不是决定刑事诉讼进程的根本原因。如果商业银行指望公安机关"教训"一下被控告人，实现某种经济利益的目的之后再控制刑事诉讼程序的进程，是绝无可能的，侦查机关不是任何企业（无论大小）的"家丁"，也不会听从任何企业基于经济目的而"指挥"。所以，商业银行刑事控告要正确认识刑事程序，按法律程序办事。

（四）刑事维权不能僵化固守刑法理论

理论来源于实践，但理论往往高于实践；反之，实践是理论的基础，实践远比理论要丰富。刑事法律在应用过程中，理论和实践尚存在一定差距。理论上可以构成犯罪的，侦查机关未必立案侦查（并非不应当立案），例如，被控告人移民到国外而无法及时到案、职务侵占案中立案前已经赔偿经济损失的、诈骗案件中仅提供事务性帮助且未获得经济利益的、敲诈勒索案件中的未遂者、行贿犯罪案件中数额不大且主动配合调查者等一些轻微的案件。僵化固守理论，则难以理解司法实践，在侦查立案环节体现尤其明显。所以，商业银行选择刑事控告维护权益要深入实践，僵化固守理想状态下的理论，无法及时解决实际问题。

（五）刑事维权应当正确选择罪名

在刑事控告中，对被控告人涉嫌犯罪的罪名要尽量准确。因为商业银行的调查能力有限，不可能完全精准地提出控告罪名，这种情况并不少见，也可以理解。但应当注意尽量选择准确的罪名，提供有效的证据，这能够极大程度上促使侦查机关立案，提高立案侦查的可能性。将多项涉案事实、罪名混在一起，再融入道德方面的评价甚至丑化，会影响侦查机关立案的可能性。特别是在经济类犯罪案件中，例如内幕交易案、对违法票据承兑保证付款案、为亲友非法牟利案等，认定标准复杂；普通的盗窃案、故意杀人案、故意毁坏财物案则不存在这些问题。所以，商业银行在涉及经济犯罪案件的控告时，应当正确选择罪名，不要"一锅炖""一锅烩"。

（六）刑事维权应当正确选择管辖

刑事案件由犯罪地的公安机关管辖。如果由犯罪嫌疑人居住地的公安机关管辖更为适宜的，可以由犯罪嫌疑人居住地的公安机关管辖。犯罪地包括犯罪行为发生地和犯罪结果发生地。商业银行进行刑事控告的，应当按照上述要求，尽量到犯罪行为发生地和犯罪结果发生地的侦查机关控告，提高侦查机关立案的可能性。全国各地随处控告，或者到其他机关（如人民法院、检察机关）控告，也并非法律所禁止，但会影响控告的效果，甚至会导致案件错过最佳时机。刑事案件发生后，迅速控制犯罪嫌疑人并及时查封、扣押、冻结与案件有关的财产，都很重要，追赃挽损的机会稍纵即逝。商业银行进行刑事控告，要正确选择管辖，随处控告、随意控告的方式皆不可取。

二、“刑先民后”的传统思维应当破除

受我国传统社会意识的影响，权利意识、民主意识发展是一个循序渐进的过程。在相当长一段时期内，在公权与私权并行的情况下，司法机关优先选择公权，在现实法律生活中也仍然有不少人认为应当“刑先民后”。随着法治社会的进步和发展，所谓的“刑先民后”已经越来越受到各种质疑。2021 年 1 月 1 日实施的《民法典》更是将民事权利的法律保护推向一个新的高度，全社会对民事权利的关注和保护，也必将迎来一个对民事权利保障的新高峰。

不可否认，“刑先民后”确实具有多方面的积极意义。因为刑事诉讼程序有侦查机关这种公权的强力介入，提取证据的来源广、方式多，在诉讼方式、证明标准等方面的要求也都高于民事诉讼，刑事诉讼对犯罪事实的认定可能会影响民事诉讼对民事要件事实的认定，从而影响民事责任的确定。因此，当刑事案件与民事案件相竞合或存在内在联系时，先进行刑事诉讼，再进行民事诉讼，可以有效防止重复按照不同的标准调查同一事实，有效节约司法资源。从案件结果看，可以保证民事判决的准确性和稳定性，防止因在刑事诉讼中发现新的证据而推翻原民事裁判结果，而因不同法律体系的协调配合导致民事案件启动再审程序。

可问题是：“刑先民后”从来都没有成为一项司法原则，充其量是一种案件的处理方法。最高人民法院《关于在审理经济纠纷案件中涉及经济犯罪嫌疑若干问题的规定》第 11 条规定：“人民法院作为经济纠纷受理的案件，经审理认为不属经济纠纷案件而有经济犯罪嫌疑的，应当裁定驳回起诉，将有关

材料移送公安机关或检察机关。”这一规定强调了刑事的优先性，但难说是对“刑先民后”原则性的确认。该规定第12条规定：“经过审查，认为确有经济犯罪嫌疑的，应当将案件移送公安机关或检察机关，并书面通知当事人，退还案件受理费；如认为确属经济纠纷案件的，应当依法继续审理，并将结果函告有关公安机关或检察机关”。也就是说，其实并非限定于“刑先民后”，而是区别对待、具体问题具体处理，因案不同、因案而异。所以说，“刑先民后”不是一项司法处理原则。

《九民纪要》第128条规定：“同一当事人因不同事实分别发生民商事纠纷和涉嫌刑事犯罪，民商事案件与刑事案件应当分别审理”，并且最高人民法院极为细致地对各种情形进行了列举。《九民纪要》要求：“人民法院在审理民商事案件时，如果民商事案件必须以相关刑事案件的审理结果为依据，而刑事案件尚未审结的，应当根据《民事诉讼法》第150条第5项的规定裁定中止诉讼。待刑事案件审结后，再恢复民商事案件的审理。如果民商事案件不是必须以相关的刑事案件的审理结果为依据，则民商事案件应当继续审理。”可见，依据最高人民法院的最新指导精神，也一样是要以案件的事实关联程度来判定是否需要先中止民事诉讼。

因此，“刑先民后”的固有思维应当破除，否则，可能影响商业银行通过刑事程序维护自身合法权益的可行性以及有效性。

三、刑事合规的重要性不容忽视

自2020年3月开始，最高人民检察院在广东深圳南山、宝安，上海浦东、金山，江苏张家港，山东郯城6家基层检察院开展企业合规改革第一期试点工作。开展试点的检察机关对民营企业负责人涉经营类犯罪，依法能不捕的不捕、能不诉的不诉、能不判实刑的提出适用缓刑的量刑建议。2021年3月8日，在十三届全国人大四次会议上，最高人民检察院张军检察长专门报告了这项工作，得到全国人大代表、全国政协委员的充分肯定。4月8日，最高人民检察院启动了第二期企业合规改革试点工作，第二期改革试点范围较第一期有所扩大，涉及北京、辽宁、上海、江苏、浙江、福建、山东、湖北、湖南、广东等十个省（直辖市）。对商业银行而言，通过对司法实践中的案例研究对比，可以发现，大量的刑事法律风险存在于商业银行的日常管理中，及时发现是可以避免，或者说是可以有效及时处理的。因为合规制度的缺乏，导致最终相关银行高级管理人员被司法机关立案侦查，并被限制人身自由，对银行带来不可估量的损失，而且可能影响商业银行的信用。因此，商业银行作为大型企业，应当建立完善、高效的企业刑事合规审查机制，设立专门的刑事合规审查部门，或者借助外部刑事合规的专业团队实现刑事方面的业务审查，以防范商业银行可能遇到的刑事法律风险，同时也为了避免商业银行受到刑事犯罪的严重侵害。

当前商业银行的法律治理中，商业银行对民商事法律风险、行政法律风险的重视程度普遍高于对刑事法律风险的重视程度，主要表现在：

第一，商业银行及其法务部门侧重于对民商事法律风险的防范和化解，在审查合同、签订合同、参与谈判、内部规章制度的制定等方面，均形成一系列的制度。

第二，商业银行及其法务部门没有刑事风险防范的明确职责要求，即不在日常法律服务范围之内，未能形成有效的法律风险防控机制。

第三，商业银行及其法务部门缺乏妥善应对（急）刑事法律风险的经验和技能，无法及时处理刑事法律风险。

刑事法律风险与民商事法律风险在处理方式上确实存在诸多的不同，因此，商业银行应当注重对刑事法律风险的分类防范。

第八节　商业银行及工作人员涉及刑事问题的分类探讨

一、关于主体身份的探讨

（一）违法发放贷款案中，如何区分单位犯罪与自然人犯罪

银行或者其他金融机构的工作人员违反国家规定发放贷款，数额巨大或者造成重大损失的，构成违法发放贷款罪。违法发放贷款罪是常见、高发罪名，

这种犯罪可以由银行或者其他金融机构的工作人员构成，也可以由单位构成，即单位犯罪。那么，在违法发放贷款案件中，如何区分单位犯罪与自然人犯罪呢？

我国《刑法》第30条、第31条规定了单位犯罪负刑事责任的范围和处罚原则，具体在司法实践中，往往从以下几个方面予以区分：

1. 是否体现单位意志

单位决策机构产生单位意志，指使、安排具体的部门或者工作人员实施相关的行为，单位成员在单位业务活动中依据决策机构的决定实施的行为，属于单位行为。单位的意志，往往表现为单位的决策程序，按照单位的决策程序实施，这是与自然人盗用单位名义或擅自以单位名义进行的犯罪重要区别之处。单位领导或者一般工作人员未经单位决策机构批准、同意而实施的犯罪行为，往往无法认定为单位犯罪，而成立自然人犯罪。具体到贷款发放过程中，关键看是否为银行的信贷审批机构及负责人的行为，是否可以体现单位的整体意志；如果是个人绕开单位的决策程序，则难说这种行为体现单位意志。

在"NY银行会理县支行专职信贷经办人员赵某林涉嫌违法发放贷款案"①中，四川省会理县人民法院审理认为：被告人赵某林作为原NY银行会理县支行工作人员，违反法律规定，在贷前调查、贷时审查、贷后检查过程中未严格依法履行职责，违反国家规定发放贷款2.518亿元，造成至案件审理时尚有贷款本金元6640万余元及利息未收回，其行为构成违法发放贷款罪。被告人赵某林作为银行信贷专职人员，其违法发放贷款的行为并未经单位集体决定或者由单位负责人决定实施，赵某林实施违法发放贷款的行为并未体现单位的意志，其违法发放贷款行为属个人行为，故赵某林实施违法发放贷款的行为属个人犯罪。

所以说，在商业银行涉及的刑事案件中，是否体现单位意志，是区分单位犯罪与自然人犯罪的重要标准之一。

2. 是否为了单位利益而实施

在单位犯罪案件中，通过犯罪行为获得的违法所得往往归属于单位，即因犯罪行为所产生的非法收益，受益对象是本单位；或者没有能够实际获得违法

---

① 参见四川省会理县人民法院刑事判决书，(2019)川3425刑初86号。

所得，但整个行为的目的是使单位获得经济利益。在自然人犯罪中，犯罪行为实施后的违法所得归属于自然人个人所有。这一标准，比是否属于单位意志的判断更为直观、容易一些。

在“LS信用联社涉嫌违法发放贷款罪案”① 中，吉林省梨树县人民法院审理认为：LS信用联社是集体所有制金融机构，其为了转制成农商行，为了单位的利益，经党委会研究决定并经贷款审批委员会讨论违法发放贷款121笔，金额达58，500万元，是集体意志的体现，是单位犯罪。

3. 是否以单位的名义实施

简言之，单位犯罪必须是以单位名义实施，而个人犯罪既可能以个人名义实施，也可能以单位的名义实施，所以说以单位名义实施，并不一定是单位犯罪。最高人民法院《关于审理单位犯罪案件具体应用法律有关问题的解释》第3条规定：“盗用单位名义实施犯罪，违法所得由实施犯罪的个人私分的，依照刑法有关自然人犯罪的规定定罪处罚。”商业银行发放贷款没有以个人名义实施的，全部体现为银行发放贷款，所以在违法发放贷款案件中，这一标准往往不具有直接的区分意义。

在司法实践中，区分单位犯罪与自然人犯罪的参考依据在于是否体现单位意志、是否为单位利益而实施、是否以单位的名义实施，当然，这些判断标准都应当在具体的案件中结合具体的事实和证据认定。涉嫌违法发放贷款的案件中，最终法院认定为单位犯罪还是自然人犯罪，既影响具体法律责任的承担，也会间接影响商业银行的商业信用和社会公众的认可度，是一个不容忽视的重要问题。

（二）银行工作人员，在哪些情况下构成非法经营同类营业罪

近年来，随着金融创新的不断深入和发展，诸多新型金融业务不断出现，如各类互联网金融平台的融资、ICO虚拟货币业务等。一些银行工作人员在正常工作之外，参与一些新型金融业务，或者参与一些与本职工作无直接关系的传统金融业务，这些行为与非法经营同类营业罪的界限何在？

---

① 参见吉林省梨树县人民法院刑事判决书，（2019）吉0322刑初71号。

按照我国《刑法》第165条的规定，国有公司、企业的董事、经理利用职务便利，自己经营或者为他人经营与其所任职公司、企业同类的营业，获取非法利益，数额巨大的，则成立非法经营同类营业罪。具体到商业银行工作人员，是否构成非法经营同类营业罪，可以从以下几个方面分析。

1. 工作人员所在的银行是否系国有商业银行

非法经营同类营业罪打击的犯罪主体局限于国有公司企业的董事、经理，非国有的商业银行工作人员则不在此罪的打击范围之内。那么，国有公司、企业是否包括国有控股的商业银行？

一种观点认为：国有公司、企业是指财产完全属于国家的从事生产、经营活动的经济组织，包括两个以上国有投资主体设立的有限责任公司和国有独资公司，国家控股、参股公司不属于国有公司。理由是：国家控股、参股公司融入了社会其他成分的资本，无论国有资产所占比例多高，都存在非国有经济成分，因而都不是真正意义上的国有公司，如果认定为国有性质，则否认了其他经济成分的存在。另一种观点则认为：国有公司、企业除包括国有独资企业外，还应包括国有控股的公司和企业。①

德和衡律师认为：如果将此处的国有公司、企业仅仅理解为国有独资公司、企业，不符合刑法的立法本意。理由包括：第一，国有资本参与社会经济方式多样，无论是国有独资还是国有控股，均是国有资本行使控制权的一种方式，相应所涉及的企业也应当属于国有公司、企业。第二，如果将国有公司、企业限定为国有独资公司、企业，难免给国家控股公司、企业的高级管理人员规避法律，利用经营管理职权进行恶意竞争，留下法律的漏洞，违背立法的精神。因此，在国有控股商业银行中，董事、经理非法从事同类营业活动的，也可以构成非法经营同类营业罪。当然，关于国有参股的企业如何认定，亟待有关司法解释的明确规定，否则可能导致司法实践的混乱。

2. 工作人员的具体职务

刑法所要求的犯罪主体是国有公司、企业的董事、经理，然而，具体到商

---

① 参见史展：《非法经营同类营业罪主体范围的界定》，载中国法院网2004年12月9日，https://www.chinacourt.org/article/detail/2004/12/id/143050.shtml。

业银行而言，副经理可以吗？银行的理财经理、大堂经理可以吗？首先，关于董事的理解，应当不存在争议。其次，经理在《公司法》中有明确的规定，如“有限责任公司可以设经理，由董事会决定聘任或者解聘。经理对董事会负责，行使下列职权……公司章程对经理职权另有规定的，从其规定。经理列席董事会会议”。根据这一规定，由董事会决定的经理应当不包括分公司经理、项目经理或者理财经理。最后，《刑法》既然限定于公司的董事、经理，如果扩大理解为其他各种业务经理，则直接导致非法经营同类营业罪的主体不限于公司的高级管理人员，甚至可以扩展至国有公司、企业的一般员工，毕竟不少银行中业务员也称为经理，特别是理财业务板块。所以说，《刑法》所规定的董事、经理，不应当包括银行的理财经理、业务经理。

3. 工作人员在银行业务之外所从事的业务种类

所谓的同类营业，是指与工作人员本身所从事的银行业务属于同一类。此处的同类，是指经营业务领域的相类似，实质意义上看是银行工作人员所从事的业务类似，这里既不要求是同一种业务，这样限制了同类业务的范围；也不能要求与其所从事的正常工作仅具有关联性，这样则会扩大打击范围，毕竟对关联性的理解和认识可能极为宽泛，应当坚守刑事法律的确定性。举例来讲，如果国有银行的董事、公司在社会上从事互联网金融业务吸收存款、发放贷款，则可能构成非法经营同类营业罪，至于此罪与非法吸收公众存款罪存在竞合，则应当从一重罪处理。此外，经营同类营业应当具备经营行为，是一种表面上看正常的商事经营活动，如果不考虑经营者的主体身份，则完全是一种正常的商业经营活动，这也区别于贿赂法律关系。贿赂关系中，并不存在实质的经营活动，或者说经营活动仅仅是一种幌子，其实际上并不开展商事活动，仅仅依赖于权钱交易的非法利益关系。

在“中国GS银行江苏省分行个人金融业务部副总经理及消费信贷业务部副总经理谢某娟涉嫌受贿罪案”① 中，江苏省常州经济开发区人民法院审理后认为：非法经营同类营业罪是行为人利用职务便利，自己经营或为他人经营与其所任职公司、企业同类的营业，主要是通过竞业经营来获取非法利益，侵犯

① 参见江苏省常州经济开发区人民法院刑事判决书，(2018) 苏0492刑初116号。

的是国有公司、企业的管理秩序、公平竞争的经济秩序及经济利益，而受贿罪是行为人利用职务便利，索取他人财物，或者非法收受他人财物，为他人谋取利益，侵犯的是国家工作人员职务行为的廉洁性。被告人谢某娟也是以银行工作人员的身份、在其职责范围内参与该笔贷款业务的协调、撮合等工作。HS公司并不是通过经营行为获取了涉案800万元，且GS银行江阴支行、GS银行常州分行按合同约定足额收取了相关中间费用，并无经济利益损失。综上，被告人谢某娟的行为不符合非法经营同类营业罪的特征。最终该院判决谢某娟的行为构成受贿罪，而不构成非法经营同类营业罪。

（三）银行工作人员与外部人员共同实施的犯罪，如何定性

二人以上共同故意实施的犯罪是共同犯罪，在共同犯罪中，可能出现银行工作人员与外部人员共同实施的犯罪，在这类案件中，如何定性？

1. 如果行为触犯不同的罪名，则分别定罪

在共同犯罪中，银行的工作人员和外部人员实施行为不同，触犯不同的罪名，则应当分别定罪处罚。例如：外部人员实施行贿（对非国家工作人员行贿）而银行工作人员受贿（或者非国家工作人员受贿）；另外较为常见的是银行工作人员违法发放贷款而外部人员实施骗取贷款行为，这些情况都应当按照各自的行为分别定罪处罚。浙江省杭州市中级人民法院审理的“浙江MT商业银行股份有限公司杭州萧山支行彭某媛、沈某军、谢某萍等人涉嫌违法发放贷款以及杭州JX纺织有限公司法定代表人蒋某飞等人骗取贷款案”① 中，最终法院分别以违法发放贷款罪和骗取贷款罪进行判决。

2. 如果行为触犯同一罪名，则应当具体问题具体分析

如果银行工作人员与外部人员的行为触犯的不是多个罪名，而是一个罪名。第一种情况下，如果罪名是一个确定且不存在争议的，则按照该一个罪名直接认定，如银行工作人员与外部人员共同实施贷款诈骗罪，则直接按照贷款诈骗罪定罪处罚。第二种情况下，如果罪名是一个，但可能不同，则需要判断哪个起主要作用、哪个起次要作用，进而判断如何定罪，如银行工作人员与外

① 参见浙江省杭州市中级人民法院刑事裁定书，（2018）浙01刑终1018号。

部人员共同窃取银行的资金，是盗窃罪，还是贪污罪（或者职务侵占罪）？擅自将客户资金挪出使用后无法偿还，是诈骗罪，还是挪用资金罪？这时，便需要研究哪个行为人起主要作用，按照起主要作用的行为人所构成罪名进行认定。

二、关于行为的定性及对民事案件影响探讨

（一）银行工作人员利用自己的身份吸收理财资金不入账的行为如何定性

开始探讨之前，先看一个近期发生的真实案例：张某在担任 MS 银行北京某支行行长期间，自 2013 年以来，以高息为诱饵，诱骗被害人签订虚假的理财产品购买或转让协议，并将购买或受让虚假理财产品的钱款转入其控制的个人银行账户，骗取 147 名被害人共计 27.46 亿余元。张某将骗取的钱款用于购买房产、汽车、奢侈品，向个人、企业支付额外的存款好处费。肖某身为 MS 银行北京某支行分管个人理财业务的副行长，明知张某向被害人转让的理财产品存在不规范之处，仍帮助张某向被害人推销理财产品，违反规定未将客户资金存入银行理财金账户，并在理财产品转让协议上伪造出让人签名，加盖张某指使该支行员工何某（已判刑）伪造的 MS 银行北京某支行储蓄业务公章，致使客户资金脱离银行监管。肖某参与销售理财转让产品 13.8 亿余元，最终给被害人造成巨额经济损失。2017 年 4 月 12 日，张某接受 MS 银行调查期间，张某、肖某指示该支行员工删除张某、肖某、其他员工电脑中涉及虚假理财产品的相关内容数据，转移张某、肖某处的虚假理财合同、销售记录和伪造的储蓄业务公章。北京市第一中级人民法院判决：张某犯合同诈骗罪，判处无期徒刑，剥夺政治权利终身，并处没收个人全部财产；肖某犯合同诈骗罪，判处有期徒刑 10 年，剥夺政治权利 2 年，并处罚金人民币 10 万元。一审宣判后，检察机关提出抗诉，张某、肖某均提出上诉。北京市高级人民法院审理后，维持对张某的定罪、量刑，但改判肖某为吸收客户资金不入账罪，判处有期徒刑 9 年，并处罚金人民币 9 万元。目前，该判决已经生效。[①]

在上述案件中，MS 银行北京某支行原行长张某的法律责任应当如何认

① 参见北京市高级人民法院刑事判决书，(2020) 京刑终 96 号。

定，应从以下三个方面深入分析：

1. 张某的行为构成吸收客户资金不入账罪

关于吸收客户资金不入账罪，其主体限定为银行或者其他金融机构的工作人员，单位也可以成为本罪的主体。上述案例中，张某毫无疑问符合这一主体要件。

从客观方面来看，这一罪名的成立要求行为人“采取吸收客户资金不入账的方式，将资金用于非法拆借、发放贷款，造成重大损失的行为”。吸收客户资金不入账，是指不记入金融机构的法定存款账目，使资金脱离金融机构的控制范围。本案中，张某向投资人承诺高息，取得投资人的信任之后，利用投资人的信任，将投资人的资金转入其个人实际控制的银行账户。从实际效果上看，投资人购买理财或者受让理财的资金并没有实际进入银行控制的账户之中。因此，张某的行为构成吸收客户资金不入账罪。

2. 张某的行为不构成职务侵占罪

《刑法》第 271 条第 1 款①规定：“公司、企业或者其他单位的人员，利用职务上的便利，将本单位财物非法占为己有，数额较大的，处五年以下有期徒刑或者拘役；数额巨大的，处五年以上有期徒刑，可以并处没收财产。”从上述案例来看，张某的身份符合职务侵占罪的主体身份，值得说明的是，MS 银行并非国有独资银行，不属于《刑法》意义上的国有公司。从其职务来看，张某具有相应的职务便利，即作为支行行长而成立职务侵占罪的条件。但是，没有入账的资金是否属于本单位财物呢？答案应当是否定的。投资人的资金没有进入 MS 银行的账上，也谈不上张某侵害了其所在单位的财物所有权。从这个方面来看，张某的行为显然不构成职务侵占罪。

3. 张某的行为构成合同诈骗罪

合同诈骗罪，是指以非法占有为目的，在签订、履行合同过程中，采取虚构事实或者隐瞒真相等欺骗手段，骗取对方当事人的财物，数额较大的行为。本案中，张某在与理财投资人签订合同过程中，没有明确告诉投资人资金进入其个人实际控制的账户，让投资人误以为资金完全进入银行的系统；相反，如

① 本案中适用的是 2017 年修正的《刑法》。

果张某如实告知投资人，则投资人基于风险控制考虑，可能不会选择这种投资理财活动。此外，张某的身份对投资人来讲也具有极大的迷惑性，很容易让投资人无法区分是张某个人的行为还是一种职务行为，而且张某的行为发生在其担任 MS 银行某支行行长期间。再结合其他证据来看，张某将投资人的资金用以个人购置房产、车辆等物品，而完全脱离银行的监管范围，所以说张某具有非法占有的主观目的。综合来看，张某的行为应当构成合同诈骗罪。

最后，张某的行为既符合吸收客户资金不入账罪的构成要件，也符合合同诈骗罪的构成要件，属于手段行为与目的行为之间的相互牵连，按照我国刑法的理论，按照其中的一个重罪处罚，即合同诈骗罪。

（二）银行分支机构的负责人构成合同诈骗罪，银行是否承担赔偿责任

银行工作人员在从事业务活动中实施犯罪行为，如其行为构成表见代理，则应认定银行与投资人之间合同成立；反之，不能认定银行与投资人之间存在合同关系，银行不应承担合同责任。在银行工作人员实施的犯罪活动中，如投资人存在过错，则不能认定银行工作人员行为构成表见代理。前述案件中，因张某的犯罪行为的最直接原因是其诈骗他人财物的主观犯罪目的，张某的主观过错明显，其行为不构成表见代理，也无法将其行为完全认定为银行的行为。银行与投资人之间未成立委托理财合同关系，无须承担合同责任。张某的行为之所以能顺利实施，主要原因在于其系银行工作人员；另外，其他工作人员的配合，主要因为张某系银行分支机构的负责人，具有一定的影响力、控制力。这些情况的存在，以及理财投资人损失的发生，与银行对其工作人员监管不力、管理混乱密不可分，故银行在本案中具有明显过错。

银行对于其工作人员实施犯罪不承担合同责任情形下，如银行有明显过错，且该过错行为与投资人损失之间有因果关系的，银行对其过错所造成损失，应承担赔偿责任。鉴于此，前述案件中，MS 银行于 2017 年 5 月 ~ 2019 年 4 月，代为赔付绝大部分投资人的经济损失。

如果投资人有过错的，可减轻银行赔偿责任。对于投资人是否存在过错，可从其是否尽到一般的注意义务进行分析。在银行正常业务中，基于对银行的信赖，投资人只需尽到一般注意义务即可。其实，银行理财业务，特别是高回

报的银行理财业务，投资人应当有更加高度的注意义务。具体到本案中，从目前公布的裁判文书所列的查明事实来看，尚难看出理财的投资人未尽注意义务；投资人是否存在过错，凭目前信息难以准确判断。

通过本案可以看出：在防范金融风险的同时，商业银行加强对内部工作人员的管理尤其重要，而且制度的设立不在于有规定、有依据，而在于扎扎实实落到实处，得到基层分支机构的真正实施。前述案例中，MS 银行北京某支行缺少的不是管理制度，而是因为管理制度在这个分支机构的负责人面前“形同虚设”，才导致不仅该支行行长张某本人，还包括副行长肖某等一起涉入这一宗重大的金融犯罪案件，最终给商业银行和无数家庭造成巨大的现实危害。

（三）何种程度的“欺骗手段”可以认定为骗取贷款罪

开始探讨之前，先介绍一个德和衡律师承办的具体案例：① 山东省某机械制造有限公司在杨某军等人的安排之下，伪造公司资产负债表等财务报表，并伪造该公司与江苏某机械科技有限公司、深圳某机械设备有限公司的买卖合同等贷款资料，以该公司为借款人向 JS 银行申请并取得贷款 8000 万元。该笔贷款发放至该公司的账户之后，在没有真实交易的情况下，利用其他公司的账户多次转账，最后汇到该公司的另外一家关联公司的账户，用于归还 NY 银行与 HF 银行的贷款。类似上述情况的贷款共七宗，涉及 PF 银行、JS 银行、GD 银行、HF 银行、DY 银行等金融机构。最终法院判决：山东省某机械制造有限公司通过提供虚假的财务报表、伪造购销合同、谎报贷款用途等方式以本公司或其下属公司的名义多次骗取银行或者其他金融机构贷款，共计 11.18 亿余元，情节特别严重，破坏了金融管理秩序，依法判决骗取贷款罪成立。

骗取贷款罪，是指以欺骗手段取得银行或者其他金融机构贷款，给银行或者其他金融机构造成重大损失的行为。但是，目前没有司法解释规定“欺骗的手段”都包括哪些，因此在司法实践中留下诸多的争议，成为金融刑事案件乃至整个刑法适用过程中，争议最大的罪名之一。

通过国内类似案例来看，法院裁判所依据的标准也多有不同，何种程度的

① 本案系笔者办理的一宗案件，判决书未录入裁判文书网。

“欺骗手段”可以认定为骗取贷款罪？

严格意义上来讲，任何伪造贷款材料、虚构贷款用途、签订虚假合同、虚构抵押物、冒用他人抵押物的行为，都是一种欺骗行为，都属于使用“欺骗手段”。但是，将所有的欺骗手段全部予以追诉、打击，也不符合刑法的立法目的，毕竟从刑法犯罪的成立看，只有严重侵犯社会秩序的行为才可以纳入刑法的评价范围。诚如张明楷教授所言：“能够不使用刑罚，而以其他手段也能达到保护法益的目的时，则务必放弃刑罚手段。况且，适用刑法的代价十分昂贵，对违法行为尽量适用其他法律，对国家与个人都会利多弊少。”① 由此来看，不应该将所有存在欺骗手段的贷款申请行为都作为犯罪而进行全面打击。

对于骗取贷款罪的欺骗手段应达到何种程度，方可以认定为骗取贷款罪的欺骗手段？司法理论界有三种意见：第一种意见认为，应达到致使金融资产造成严重损失的程度；第二种意见认为，应达到使金融机构陷入错误认识，并实施相应放贷行为的程度；第三种意见认为，应达到使金融资产处于无法收回的高度风险的程度。这三种意见，代表实践中的三种观点，在司法实践的个案中均可以找到相应的适用。

骗取贷款罪中的骗取行为必须达到一定的欺诈程度，不应该理解为一般意义上的骗取行为。由于商业银行等金融机构办理贷款业务手续烦琐，贷款申请人为顺利获得贷款审批而提供不真实或有瑕疵的资料，已是司空见惯的现象，如夸大自己公司的经营情况等，这个单纯无法认定为犯罪行为，欺骗手段的严重程度与金融机构的错误认识和放贷行为之间存在的因果关系是认定罪与非罪的关键。只有行为人的欺骗手段足以导致金融机构陷入认识错误并基于此错误认识而发放贷款，才达到骗取贷款罪的入罪要求。反之，如果金融机构并非基于行为人欺骗手段，而是基于其他原因发放贷款，即便该贷款处于无法收回的巨大风险，欺骗手段仍未达到骗取贷款罪的入罪要求。有贷款申请人在申请贷款过程中所实施的欺骗行为达到引起银行工作人员陷入错误认识的程度，才能称之为骗取贷款罪中的骗取行为。

① 张明楷：《刑法学》，法律出版社2016年版，第55页。

（四）如何认识骗取贷款罪的入罪标准

最高人民检察院、公安部《关于公安机关管辖的刑事案件立案追诉标准的规定（二）》第27条规定："以欺骗手段取得银行或者其他金融机构贷款、票据承兑、信用证、保函等，涉嫌下列情形之一的，应予立案追诉：（一）以欺骗手段取得贷款、票据承兑、信用证、保函等，数额在一百万元以上的；（二）以欺骗手段取得贷款、票据承兑、信用证、保函等，给银行或者其他金融机构造成直接经济损失数额在二十万元以上的；（三）虽未达到上述数额标准，但多次以欺骗手段取得贷款、票据承兑、信用证、保函等的；（四）其他给银行或者其他金融机构造成重大损失或者有其他严重情节的情形。"然而，这些追诉标准因使骗取贷款罪入罪"门槛"极低而在实践中引发极大的争议，如以欺骗的手段取得贷款100万元以上这一条件，在当前经济社会中极具有普遍性。真正落实这一追诉标准，恐怕会涉及大量的企业或者民营企业经营者。最高人民检察院《关于充分发挥检察职能服务保障"六稳""六保"的意见》中明确提出："在办理骗取贷款等犯罪案件时，充分考虑企业'融资难''融资贵'的实际情况，注意从借款人采取的欺骗手段是否属于明显虚构事实或者隐瞒真相，是否与银行工作人员合谋、受其指使，是否非法影响银行放贷决策、危及信贷资金安全，是否造成重大损失等方面，合理判断其行为危害性，不苛求企业等借款人。对于借款人因生产经营需要，在贷款过程中虽有违规行为，但未造成实际损失的，一般不作为犯罪处理。对于借款人采取欺骗手段获取贷款，虽给银行造成损失，但证据不足以认定借款人有非法占有目的的，不能以贷款诈骗罪定性处理。"最高人民检察院的这一指导意见，是实质上对现行骗取贷款罪追诉标准的修改和否定。

《刑法修正案（十一）》将《刑法》第175条之一的入罪标准从"给银行或者其他金融机构造成重大损失或者有其他严重情节的"修改为"给银行或者其他金融机构造成重大损失的"，使骗取贷款罪完全成为一个结果犯，要求必须是金融机构存在实质的经济损失才可能构成这一犯罪，从根本上否定了上述规定的四项追诉标准，随着刑事立法的变更，建议最高人民检察院、公安部及时修订对骗取贷款罪的追诉标准，以适应刑法适用的具体需要。

（五）银行工作人员对“欺骗手段”明知，贷款申请人是否仍然成立骗取贷款罪

在骗取贷款案件中，存在一些银行工作人员对欺骗手段是明知的，但故意装作不知道而继续协助办理贷款业务，这种情况并不少见。如果银行工作人员对欺骗手段是明知的，这种情况是否影响贷款申请人构成骗取贷款罪呢？司法实践中存在较大的争议，一种观点认为：欺骗手段的严重程度与金融资产处于无法收回的高度风险之间存在的因果关系，不受银行工作人员是否知情所影响；即使其是知情的，也不排除骗取贷款罪的成立。贷款等金融资产本身具有风险属性，故而金融机构构建了一套较为完备的风险控制机制，将贷款等金融资产置于可控的风险之下。因此，只有行为人的欺骗手段突破了金融产品的风险底线，置金融资产于不可控的高度风险之中，威胁到金融信用体系以及金融机构和社会大众的资产安全，该欺骗手段才达到需要刑法进行规制的严重程度——即便这种高度风险并未导致实际损失。反之，即使行为人的欺骗手段使得金融机构陷入错误认识并因此发放贷款，但未使该金融资产处于无法收回的高度风险之中，则该欺骗手段未达到入罪所要求的严重程度。比如，行为人在虚构贷款理由的同时提供了真实足额的抵押，即使该抵押最终因不可抗力等非借款人原因贬值或者灭失，造成贷款无法收回，行为人的欺骗手段仍不应视为使贷款处于无法收回的高度风险之中。

另一种观点则认为：被欺骗对象非基于错误认识而发放贷款，欺骗行为与取得贷款及造成的损失之间不存在直接因果关系。银行工作人员明知贷款人提供的申请材料虚假，明知贷款人实施了欺诈行为，为了本单位利益，其在没有受到欺骗、陷入错误认识的情况下作出放贷决定，由于贷款人取得贷款的结果不能归因于其欺诈行为，系金融机构真实意思的表示，故贷款人不构成骗取贷款罪。当然，贷款人和银行工作人员如有内部勾结，则可以考虑以违法发放贷款罪等其他罪名来认定。

德和衡律师赞同上述第二种观点。理由如下：第一，欺骗行为人的存在是真，但如果银行不是基于认识错误而处分财产，则谈不上所谓“骗取”，也就不存在骗取贷款罪。第二，银行或者银行工作人员的知情，直接否认了骗与取之间的因果关系，使两者之间不再具有必然的因果关系。进一步而言，如果具

体承办业务的工作人员知情，即使其不向银行进行汇报，也完全可以认定银行是知情的。毕竟，银行工作人员的行为是一种职务行为，非个人行为。第三，银行工作人员对欺骗的知情，使案件的后果发生具有多种因素所导致，不能完全归咎于贷款申请人，单纯有贷款申请人的行为，未必能够取得银行贷款，这种情况下认定罪名成立，有失公平。

所以，如果参与办理贷款的银行工作人员对贷款申请人使用欺骗手段是知情的，则难以认定骗取贷款罪的成立。

（六）在骗取贷款案件中，商业银行的损失如何挽回

在司法实践中，涉及骗取贷款刑事案件中，商业银行的经济损失的挽回主要有以下几种途径：

第一，犯罪嫌疑人、被告人主动退赃退赔，取得被害单位的谅解，以获得司法机关从轻处罚，这是商业银行挽回经济损失的途径之一。

第二，在犯罪嫌疑人、被告人不愿意退赃退赔，或者无能力退赃退赔的前提下，侦查机关查封、扣押、冻结的与案件有关的财物，最终经人民法院审查认定，向商业银行发还，以弥补其经济损失。

第三，商业银行通过民事诉讼主张权利，并成功追回财产。这种情况也较为常见，但是这种方式有一定的局限性，即往往应当在刑事案件立案侦查之前实现损失追回，否则，一旦刑事案件立案的，人民法院民事审判机构可能会拒绝立案，而要求商业银行到公安机关报案处理。当然，也存在民事起诉后公安机关立案侦查的，在这种情况下，可能会发生民事诉讼中止审理的效果，这种情况在实践中存在较多的争议，不同的案件中呈现出不同的形式，需要具体问题具体分析。

第四，还存在一种不普通的处理方式。在个别案件中，为防止系统性风险的发生，在一家企业骗取多家银行贷款时，在企业及企业负责人被公安机关采取强制措施后，地方政府或者金融管理部门出面组成工作小组，协调其他经济主体介入，通过租赁、限期经营等方式维持企业，并对金融机构的贷款进行代偿。这种代偿不是无条件的，往往是以贷款申请人的其他权利让渡为前提条件，但这也是一种商业银行挽回经济损失的一种不常见的方式。

骗取贷款罪是近年高发罪名，不少金融机构成为骗取贷款罪的被害单位，蒙受经济损失；从另一方面来看，骗取贷款罪被民营企业经营者广为诟病。作为金融机构，有效防范骗取贷款罪之害的方式除了严格进行贷款审核之外，还有必要考虑贷款考核指标的设定以及贷款程序、条件是否合理，只有从根本上建立适应市场需求的贷款申请、审批以及风险防范机制，才是防范此类刑事风险的制胜之道。单纯指望从严打击，以刑法震慑而以图避开此类法律风险，最终只能是徒劳的。

（七）对会计师事务所的询证业务回函是否属于刑法意义上的金融票证

在山东省桓台县人民法院审理的“JT 银行 QD 某支行原行长戚某等违规出具金融票证、违法发放贷款案”① 中，法院认为：《刑法》第 188 条以列举的形式明确了资信证明系违规出具金融票证罪的犯罪对象。被告人戚某为迎合李某 2 增加公司账目存款余额，顺利通过会计师事务所审计的目的，在明知银行已经依规定出具询证函的情况下，指使被告人费某某“想想办法”。被告人费某某在银行已经如实出具询证函的情况下，接受被告人戚某指使，出具与第一次询证函内容完全相反、违背客观事实的询证函。依据该询证函，会计师事务所为 DY 集团出具的审计报告中将 5 亿元计入“银行结余及现金总数里”。询证函实质起到了资信证明的作用。JT 银行办（2008）12 号、“531” 文件均规定：“各行在出具资信证明或询证函时，应据实填写有关信息，并对资信证明和询证函内容的真实性、合规性和完整性负责。”中国人民银行办公厅《关于银行现金解款单、对账单、银行询证函性质认定事宜的复函》（厅便函［2003］8 号）、中国人民银行《关于银行询证函性质认定相关情况的复函》（银函［2018］26 号）所载内容并不矛盾，不影响认定询证函属于刑法意义上的资信证明。

上述案件中，判断商业银行出具的询证函与前款所列举的保函、票据、存单、资信证明之间是否存在包含与被包含关系，成为案件的核心问题之一。生效的刑事判决认为，银行询证函属于金融票证。德和衡律师对此持不同观点。

---

① 参见山东省桓台县人民法院刑事判决书，（2018）鲁 0321 刑初 160 号。

首先，根据罪刑法定的刑法基本原则，犯罪行为的界定、种类、构成条件和刑罚处罚的种类、法定刑的设计，均由法律加以规定，对于刑法分则没有明文规定为犯罪行为的，不得定罪处罚。换言之，只有立法机关制定的成文法才能规定犯罪构成要件和对应的刑罚。在我国的立法体例中，体现为只有全国人民代表大会及其常务委员会制定的法律能够规定犯罪的构成要件和刑罚，只有最高人民法院和最高人民检察院出具的司法解释属于有权解释，能够对刑法的适用问题进行解释，并成为司法机关予以定罪量刑的有效依据。银行询证函与《刑法》第188条所列举的资信证明之间的关系，显然属于犯罪构成要件进一步理解和认定的问题。在这一问题上，中国人民银行办公厅的厅便函［2003］8号和中国人民银行的银函［2018］26号复函作为内部文件，既不属于国务院及其组成部门制定的规范性文件，也不属于有权解释，是否能够作为刑事案件的裁判依据，值得商榷。其次，刑事诉讼中的司法判断是一项具体适用法律规范的活动，在认定本案中银行询证函的具体性质时，司法机关应当根据各银行的具体规定，询证函的业务类别和具体功能进行判断，毕竟，这才是商业银行员工入职培训、日常操作的执行细则，让商业银行工作人员越过其案头经常查阅的操作细则，而去掌握中国人民银行办公厅内部的复函文件，有强人所难之虞。

（八）商业银行工作人员涉嫌犯罪，是否导致贷款合同、担保合同无效

商业银行工作人员涉嫌犯罪，是否直接影响到贷款合同、担保合同的效力，是一个值得探讨的问题。类似的问题在其他案件中也一样存在，例如，在合同诈骗案中，双方的合同有效吗？在保险诈骗中，保险合同效力如何？还有，在非法吸收公众存款、集资诈骗的刑事案件中，各类理财合同、借款合同或者投资合同的效力如何？事实上，上述问题具有高度的相似性。囿于本书的研究的重点是商业银行的有关法律问题，故下文仅针对商业银行业务中商业银行工作人员涉嫌刑事犯罪是否影响合同效力进行分析。

1. 司法实践中的不同认定

（1）最高人民法院在“山东DY公司与JT银行青岛分行、JT银行青岛市

北第一支行及一审被告山东 HTJN 公司合同纠纷案”[1] 中认为，违法发放贷款罪主要涉及银行工作人员在发放贷款过程中是否违反国家金融管理制度问题，是否违反金融行政管理性规定，并不当然影响民商事合同的效力。违规出具金融票证案所涉事实为 JT 银行一方出具询证函的行为，该行为发生在涉案《三方合作协议》签订以及贷款发放之后，并不影响《三方合作协议》的效力。

（2）福建省高级人民法院在“PA 银行福州分行、兴源 LT 集团公司与福建省 CFSY 公司、青岛 YCWZ 公司、吴某、余某金融借款合同纠纷案”[2] 中认为，兴源 LT 集团公司提供广饶县公安局《立案决定书》，决定对吴某合同诈骗案立案侦查，吴某系本案债务人 CFSY 公司的法定代表人。本案借款担保纠纷与吴某的经济犯罪嫌疑系不同的法律关系，可以分开审理。三份《最高额保证担保合同》均还约定，只要主合同项下债务未完全清偿，甲方即有权要求乙方就债务余额在上述担保范围内承担担保责任。

（3）最高人民法院在“JT 银行贵州省分行与被申诉人 ZG 银行湖北分行以及一审被告、二审被上诉人湖北 QGJK 公司、天津经济技术开发区 NDJJ 集团公司信用证及担保纠纷案”[3] 中认为，虽然没有充分的证据证明湖北 QGJK 公司与 NDJJ 集团公司共谋并构成信用证诈骗犯罪，但湖北 QGJK 公司作为货物进口方，在没有真实货物进口情况下，向 ZGYH 湖北分行申请开立信用证；在信用证项下单据均系伪造的情况下，在承付进口单据确认书上明确表示“同意承兑，并同意到期付款”，构成民事欺诈行为。根据《民法通则》（已失效）第 58 条第 1 款第 3 项的规定，一方以欺诈的手段使对方在违背真实意思的情况下所为的民事行为无效。因此，湖北 QGJK 公司向 ZG 银行湖北分行申请开立信用证的民事行为应被认定为无效。

2. 判断合同效力的根本法律依据在于《民法典》

（1）民法的精神在于保护交易、促进交易，因此，民法对合同无效的认定极为慎重，这一思想也体现在《民法典》之中。《民法典》取消《合同法》

---

① 参见最高人民法院民事判决书，（2018）最高法民终 901 号。

② 参见福建省高级人民法院民事判决书，（2016）闽民终 837 号。

③ 参见最高人民法院民事判决书，（2018）最高法民再 401 号。

（已失效）认定无效合同的情形，规定“行为人与相对人恶意串通，损害他人合法权益的民事法律行为无效”“行为人与相对人以虚假的意思表示实施的民事法律行为无效”。当然，《民法典》还规定了其他情形下的无效法律后果，此处不再展开，但可以看出《民法典》对合同无效的认定较为严格。

（2）刑事犯罪与合同有效之间并不矛盾。行为人的行为构成刑事犯罪，并不必须导致相关联的经济合同无效。只有行为人的行为导致合同在签订、履行过程中具备《民法典》所规定的无效情形时，才会认定合同的无效。有观点认为，一个行为不可能既是犯罪，又是合法的合同关系，事实的确如此。犯罪活动的非法性与正当合同关系的合法性之间相互排斥，但是一个合同行为往往不是犯罪行为的全部，或者说仅仅是犯罪行为中的一个环节，甚至很小的一个环节，这种情况下则应另当别论，进行具体问题的具体分析。例如，在骗取贷款案件中，只有当签订贷款合同的行为本身属于“行为人与相对人恶意串通，损害他人合法权益的民事法律行为无效”方可认定为贷款合同无效；否则，不宜因为关联案件存在刑事犯罪活动而一概否认贷款合同和担保合同的效力。

（3）刑事犯罪与合同效力在责任承担方面并不矛盾。刑事犯罪的法律后果是责任人承担刑事责任，也包括其通过犯罪活动获得的非法收入都应当被追缴，这是刑法的基本规定，不因合同有效与否而改变。即无论合同是否有效，犯罪行为所获得的非法收入都应当被追缴。按照相关的民商事法律，合同效力无论有效与否，均存在相应的民事法律责任承担方式。在各自的法律责任承担范围内，两种法律发挥着不同的社会调节功能，并不必然排斥。

刑事案件中对案件事实的查明，是民商事案件处理案件的重要参考，但刑事案件对证据的采信、事实认定所依据的刑法、刑事诉讼法，裁判规则和证据标准与民商事案件并不相同。没有理由认为刑事犯罪所涉及的案件事实一定会被民商事案件所排斥，这也并非民商事法律的立法本意，类似的事实认定方法与裁判规则，在其他类似案例中也时有呈现。此外，也有实际案例充分说明，刑事案件的审理并不必然优于民商事案件，“刑先民后”并非适用于所有的刑民交叉案件，具体案件的关联性还要看具体案件的事实和证据，以正确处理。本章前面已有论述，此处不再重复。

随着社会经济发展，特别是新技术的应用（互联网技术、云计算、区块链等），涉及商业银行的刑事争议解决问题仍然将不断在司法实践领域呈现，在这一过程中，刑事法律无论是实体法还是程序法也都一样在完善和发展。作为司法实践一线的执业人员，德和衡律师将继续关注商业银行涉及的刑事争议解决的方方面面，以期能够及时为社会、为委托人提供高效、有价值的法律服务。

第九章

商业银行反规制问题研究

近年来，商业银行国际金融业务的风险早已不限于传统安全的范畴，除了传统的交易风险，也涉及诸多国际金融制裁风险。同时，将非法收入合法化的洗钱风险也让开展国际金融服务的商业银行面临着诸多新的挑战。本章将对商业银行开展业务时面临的可能导致国际金融制裁的相关规制进行介绍，分析商业银行应对规制现状中的不足，并进一步针对中国商业银行提出法律上的应对措施，以期能够对中国商业银行在当前背景下维护自身权益有所裨益。

“规制”，即“regulation”，是指通过制定和实施规则而实现对经济生活的调整和管理的这一总体。① 所谓规制，一方面是“规”，“经国序民，正其制度”，国家对经济以及社会生活的干预是需要通过法规制度来实现的，所以制定相应的规则是“规制”中不可或缺的部分。另一方面是“治”，“法规制度的生命力在于执行”，在制定了相应的法律制度后需要通过实施和执行来实现对经济生活的治理。因此，规制也要求行政机关通过执法来实施规则，即通过监管机关对监管对象进行监察、督促、

① 参见韩龙：《规制与监管：美国金融改革方案对金融法品性的再证明——解读美国金融改革方案之法学理念与基础》，载《河北法学》2009 年第 11 期。

组织、协调、控制等，来保证其守规经营。就商业银行而言，“反规制”时也要从这两个方面入手，既要时刻关注并理清国际与国内的“规”，也要针对实践中的“治”及时采取相应的措施。

第一节 商业银行国际金融制裁

2020年，美国财政部将我国新疆生产建设兵团列入“特别指定国民”名单（Specially Designated Nationals and Blocked Persons List），[①] 随后又宣布对我国香港特别行政区行政长官林郑月娥等多名我国内地及香港特别行政区官员实施制裁。[②] 国际金融制裁成为一个不可回避的问题。本节将从近年来国际金融制裁案例引入，对国际金融制裁及当今世界上主要国家和国际组织的金融制裁规制体系进行介绍。

一、近年来对商业银行金融制裁的案例

（一）“英国阿拉伯商业银行案”

1. 案件基本情况[③]

2019年9月17日，美国财政部海外资产控制办公室（The Office of Foreign Assets Control of the US Department of the Treasury，OFAC）宣布，因蓄意违反《苏丹制裁条例》（Sudan Sanctions Regulations，SSR）的规定，对英国阿拉伯商业银行有限公司（British Arab Commercial Bank，BACB）处以400万美

① See Executive Office of the President，*Blocking the Property of Persons Involved in Serious Human Rights Abuse or Corruption*，The Office of the Federal Register（Dec. 26，2017），https：//www. federalregister. gov/documents/2017/12/26/2017－27925/blocking－the－property－of－persons－involved－in－serious－human－rights－abuse－or－corruption.

② 参见《美国制裁香港特区行政长官林郑月娥》，载凤凰网2020年8月7日，https：//news. ifeng. com/c/7ykg2B6Y3Mm。

③ See *Settlement Agreement between the U. S. Department of the Treasury's Office of Foreign Assets Control and British Arab Commercial Bank Plc.*，U. S. Department of the Treasury（Sep. 17，2019），https：//home. treasury. gov/policy－issues/financial－sanctions/recent－actions/20190917_33.

元罚款。根据 OFAC 公布的调查结果，2010 年 9 月 21 日 ~2014 年 8 月 27 日，BACB 代表至少 7 家苏丹金融机构（包括苏丹中央银行）办理了 72 笔与苏丹有关的大宗资金交易，金额总计 1.907 亿美元。按照 OFAC 处罚原则，上述行为可被处以 2.2884 亿美元罚款。经与英国审慎监管局（Prudential Regulation Authority，PRA）协商，为避免该行面临破产风险，同时鉴于该行明确表示已停止违规行为并签署和解协议，最终减轻处罚至 400 万美元。本案由 OFAC 调查并予以处罚。笔者从公开信息没有查到美国司法部等对 BACB 提起刑事调查。经与 BACB 当地监管机构（PRA）协商，OFAC 判定 BACB 应当支付 228,840,000 美元的罚金。根据 OFAC《经济制裁执法指南》（Economic Sanctions Enforcement Guidelines）的规定，在考虑以下因素之后，OFAC 对罚金金额作出调整，最终达成4,000,000美元和解金额，且 BACB 在达成和解协议后 5 年内应履行和解协议中所承诺的合规义务的和解协议。①

与 OFAC 的和解协议显示，根据 OFAC《经济制裁执行指南》（31C. F. R）Part 501，app. A. 的一般要件，结合相关事实和情况，OFAC 考虑加重处罚的主要原因有：第一，该行长期无视美国制裁，蓄意通过美国金融体系为涉及苏丹的资金转移提供便利；第二，该行忽略警告信号，本应该合理地注意到其行为已违反美国法律（如该行应了解美国当局对欧洲银行涉及其他从事类似行为的相关制裁违规执法行动）；第三，该行高级管理层一些人员明知故犯，参与并主导了这些明显违规的行为；第四，该行多年来通过美国金融体系处理了明显违反《苏丹制裁条例》的美元交易，给苏丹带来了可观的经济利益，严重损害了美国制裁计划及其相关政策目标的完整性。

OFAC 考虑减轻处罚的主要原因有：第一，OFAC 在明显违规的交易发生之日前的 5 年内未向 BACB 发出过罚款通知书或违规裁定；第二，BACB 提供了很多为其提供美元账户服务的外国金融机构重要的调查线索；第三，BACB 与 OFAC 就这些明显违规行为的调查进行了全面合作；第四，BACB 向 OFAC

① See *Settlement Agreement between the U. S. Department of the Treasury's Office of Foreign Assets Control and British Arab Commercial Bank Plc.*, U. S. Department of the Treasury (Sep. 17, 2019), https://home. treasury. gov/policy - issues/financial - sanctions/recent - actions/20190917_ 33.

表示，其财务状况不佳，无法承受大额的民事罚款；第五，BACB 向 OFAC 表示，已针对违规行为采取了一些补救措施，包括 2014 年年底起彻底退出苏丹市场、聘请新的高级管理人员（包括新的首席执行官、首席财务官、首席运营官、首席风险官、首席合规官和内部总法律顾问等）以及对合规项目进行改进，并通过集中化团队更新其反洗钱和制裁有关的流程和程序。

在本案中，BACB 实际经营地位于英国伦敦，在美国未设立办事处或代表处，其行为并未真正触及“长臂管辖”。此外，上述交易并未经过美国金融系统处理，只是通过 BACB 内部账簿进行了记账处理，相关对手方在美国金融机构开立了美元清算账户，因此违反了 OFAC 制裁原则——“禁止包括美国金融机构在内的美国人士处理此类交易”。如 BACB 于 2006 年在一家位于欧洲的非美国金融机构开立并启用了一个美元账户，而该金融机构位于一个常年进口苏丹石油的国家，其开立账户的目的是服务于涉及苏丹的款项支付。BACB 通过电汇将美元资金转入该账户，随后，该欧洲商业银行根据 BACB 的指示将美元通过美国境内的银行体系支付至涉及包括苏丹金融机构和个人在内的账户。经调查，此类交易行为在 BACB 长期存在，主要原因是该行高级管理层及合规部门认为，所有涉及苏丹的美元交易都是在非美国金融机构且在美国境外进行处理的，就可以规避美国金融制裁管理政策部门的监测和监管。

2. 案件涉及的法律

本案违反美国《苏丹制裁条例》。① 同时，美国总统也不断签署行政法令对该制裁内容予以调整。具体立法变化情况如下：②

1997 年 11 月 3 日，时任美国总统克林顿签署第 13067 号行政命令（Exec-

① See Foreign Assets Control Office, *Sudanese Sanctions Regulations*, Federal Register (July. 1. 1998), https://www.federalregister.gov/documents/1998/07/01/98 - 17538/sudanese - sanctions - regulations.

② See Industry and Security Bureau, *Implementation in the Export Administration Regulations of the United States' Rescission of Sudan's Designation as a State Sponsor of Terrorism*, Federal Register (Jan. 1. 2021), https://www.federalregister.gov/documents/2021/01/19/2020 - 29037/implementation - in - the - export - administration - regulations - of - the - united - states - rescission - of - sudans.

utive Order 13067，EO 13067）①，规定：（1）禁止美国主体从/向苏丹进出口商品或服务或者促成此类业务；（2）禁止美国主体履行支持苏丹工业、商业、公用事业或政府项目的任何合同，包括融资合同；（3）禁止美国主体向苏丹政府提供信贷或贷款；（4）禁止美国主体从事涉及从/向苏丹运输货物的交易；（5）禁止苏丹主体或在苏丹登记的船舶或飞行器为进出美国的货物提供运输服务；（6）禁止被授权主体在美国境内销售曾在苏丹停留的任何空运货物；（7）禁止美国主体或美国境内的主体进行规避或试图规避该命令中禁令的交易。

1998 年 7 月 1 日，OFAC 颁布《苏丹制裁条例》以落实第 13067 号行政命令。此后，该条例被多次修改，以落实美国对苏丹经济制裁所涉的其他行政命令。

2006 年 10 月 13 日，小布什签署第 13412 号行政命令（EO 13412）②。该行政命令规定：（1）对苏丹政府实施冻结制裁；（2）禁止美国主体从事有关苏丹的石油或石化行业的交易（包括但不限于油田服务与石油或天然气管道）；（3）禁止任何美国主体开展规避或试图规避该命令中禁令的交易。但该行政命令中的任何规定均不禁止由美国政府或联合国雇员开展的涉及官方业务的交易或者由新闻采访机构正式雇佣的从事新闻活动的人员在苏丹进行的交易。

2017 年 1 月 13 日，时任美国总统奥巴马签署第 13761 号行政命令（EO

① See Industry and Security Bureau, *Implementation in the Export Administration Regulations of the United States' Rescission of Sudan's Designation as a State Sponsor of Terrorism*, Federal Register (Jan. 19, 2021), https://www.federalregister.gov/documents/2021/01/19/2020-29037/implementation-in-the-export-administration-regulations-of-the-united-states-rescission-of-sudans.

② See The White House, *Blocking Sudanese Government Property and Prohibiting Transactions With Sudan*, Federal Register (Nov. 5, 1997), https://www.govinfo.gov/content/pkg/FR-1997-11-05/pdf/97-29464.pdf.

13761)。[①] 奥巴马认为，由于苏丹政府的积极举措，EO 13067 与 EO 13412 所依据的情形已发生重大变化。为使苏丹政府维持与加强此类积极举措，该行政命令规定自 2017 年 7 月 12 日起撤销 EO 13067 的第 1 条与第 2 条以及 EO 13412 的全部规定，前提是在该日期之前进行的审查符合特定标准。2017 年 7 月 11 日，时任美国总统特朗普又签署第 13804 号行政命令（EO 13804），[②] 以延长 EO 13761 规定的审查期至 2017 年 10 月 12 日。

2017 年 10 月 11 日，经与美国财政部部长、美国国家情报局长及美国国际开发署署长协商，美国国务卿于《联邦公报》（Federal Register）上发表通知，认定苏丹政府的举措符合 EO 13761 的要求，因此撤销 EO 13067 的第 1 条与第 2 条以及 EO 13412 的全部规定，《苏丹制裁条例》也因而自美国联邦法规中被移除。

值得注意的是，美国关于苏丹宣布的国家紧急状态并未终止，且针对苏丹达尔富尔地区的制裁仍然有效。

3. 案例评析

本案彰显出使用复杂支付结构以试图规避美国经济制裁的风险。这包括使用大宗融资等相关手段，以达到协助美国制裁对象处理资金，或处理涉及美国制裁目标的资金的目的。这易触发美国的单边金融制裁。这种第三方制裁反映出 OFAC 以下观点：与美国的敌人进行交易的外国商业银行，不得从美国的金融体系中获益；大宗资金交易是代理银行业务的重要组成部分，但 OFAC 仍将致力于确保此类资金运作结构不会成为美国制裁目标间接进入美国金融体系的途径。同时，根据上述苏丹制裁的描述内容可知，美国针对苏丹地区实施了一

---

① See Executive Office of the President, *Blocking Property of and Prohibiting Transactions with the Government of Sudan*, Federal Register (Oct. 17, 2006), https://www.federalregister.gov/documents/2006/10/17/06-8769/blocking-property-of-and-prohibiting-transactions-with-the-government-of-sudan.

② See Executive Office of the President, *Recognizing Positive Actions by the Government of Sudan and Providing for the Revocation of Certain Sudan-Related Sanctions*, Federal Register (Jan. 18, 2017), https://www.federalregister.gov/documents/2017/01/18/2017-01197/recognizing-positive-actions-by-the-government-of-sudan-and-providing-for-the-revocation-of-certain.

级制裁，而并未开展次级制裁，故本案反映的是 OFAC 禁止美国主体（根据美国法律组建的实体及其非美国分支机构或实际位于美国境内的主体，抑或无论在何处或受雇于何处的美国公民和永久居民外国人）直接或间接与被制裁的主体进行交易。但正如本案所反映的，即使资金交易主体为非美国金融机构，且交易过程不经过美国金融系统，但涉案资金流转的环节涉及美国金融机构与金融系统，也可能被 OFAC 判定为直接或间接出口美国金融服务，从而构成一级制裁美国连接点。①

（二）“英国巴克莱银行案”

2016 年 2 月 8 日，OFAC 宣布与巴克莱银行（Barclays Bank Plc）达成和解协议。巴克莱银行同意就 159 项明显违反《津巴布韦制裁条例》（Zimbabwe Sanctions Regulations）的行为，支付 2, 485, 890 美元罚款。这不是巴克莱银行因第一次因为违反制裁法律受罚，早在 2010 年，其就因为类似的原因受到美国监管机构的处罚。

1. 案件基本情况②

巴克莱银行于 1690 年成立，是全球规模最大的商业银行及金融机构之一，总部设于英国伦敦。巴克莱银行以英国为中心，在其他许多国家设有分行，是一家影响巨大的跨国商业银行。受津巴布韦当地管制的限制，巴克莱银行的津巴布韦分行无法遵守美国相关制裁法律。因此，从 2006 年开始，巴克莱银行在英国的机构开始筛选涉及津巴布韦分行及分行客户的跨境交易，这一程序依赖于津巴布韦分行的电子客户记录和文件。津巴布韦分行引入了一个电子客户系统，将客户的信息以电子格式保存。但该系统有一些缺陷，比如无法筛选出最终受益人。巴克莱银行后来发现了这一缺陷并试图解决，但没有成功。由此，银行未能获得有关津巴布韦分行客户的最终受益人的信息，英国的机构也未能对这部分信息进行审查。2008 年 7 月 25 日，OFAC 根据美国总统指令，

---

① 参见蔡开明：《美国金融制裁洞察丨案例分析：英属阿拉伯商业银行违反美国〈苏丹制裁条例〉一案》，载搜狐网 2020 年 7 月 28 日，https：//www. sohu. com/a/410257759_ 610982。

② See *Release of Civil Penalties Information – Barclay's Settlement*, U. S. Department of the Treasury（Aug. 18, 2010）, https：//home. treasury. gov/policy – issues/financial – sanctions/recent – actions/20100818.

将津巴布韦工业发展公司（Industrial Development Corporation of Zimbabwe，IDCZ）列入制裁名单。但是，巴克莱银行津巴布韦分行仍然与三家由 IDCZ 直接或间接控制的公司维持着美元业务往来。由于系统存在缺陷，津巴布韦分行和英国巴克莱银行都没有发现这一问题。直到 2012 年，美国金融机构阻止了巴克莱纽约银行代表这三家公司之一进行的四笔资金转移。2008 年 7 月 ~ 2013 年 9 月，巴克莱银行共处理了 159 笔相关交易，总金额为 3, 375, 617 美元。另外，从 20 世纪 90 年代中期到 2006 年，巴克莱银行明知或故意为古巴、伊朗、利比亚、苏丹及缅甸的银行以及被 OFAC 制裁的个人或机构提供美元交易服务。为此目的，巴克莱银行采取了多种方式，如隐藏客户名称、篡改交易信息、经巴克莱银行内部账户过渡等，以隐藏资金的真实来源。

本案由美国国家税务局刑事调查处（Internal Revenue Service Criminal Investigations）华盛顿分部、联邦调查局纽约分部负责调查。纽约县地区检察长办公室和美国司法部也展开了联合调查。联邦储备银行纽约分行、纽约州银行局、OFAC 等也都参与协助了调查。① 本案事实较为简单且仅涉及民事责任，由 OFAC 调查并予以处罚。笔者从公开信息没有查到美国司法部等对巴克莱银行提起刑事调查。美国执法机构的民事和刑事调查也常有分开进行的例子，如荷兰银行（ABN AMRO N. V.）因违反美国制裁法律，在 2005 年被处以民事处罚。2010 年 8 月 16 日，美国司法部在哥伦比亚地区法院对巴克莱银行提起刑事诉讼。最终巴克莱银行与美国司法部及纽约州纽约县检察长办公室达成认罪协议，同意缴纳罚款 2. 98 亿美元，推迟刑事诉讼。② 此外，巴克莱银行也与 OFAC 达成和解协议，同意支付 1. 76 亿美元。联邦储备委员会和纽约州银行局向巴克莱银行发出停止和终止命令，要求该行提高内部合规措施，但没有作出其他处罚。

---

① See Office of Public Affairs, *Barclays Bank PLC Agrees to Forfeit $298 Million in Connection with Violations of the International Emergency Economic Powers Act and the Trading with the Enemy Act*, Department of Justice (Feb. 18, 2017), https://www.justice.gov/opa/pr/barclays-bank-plc-agrees-forfeit-298-million-connection-violations-international-emergency.

② See *Order of Assessment of a Civil Monetary Penalty and Monetary Payment*, U. S. Department of the Treasury (Dec. 19, 2005), https://home.treasury.gov/policy-issues/financial-sanctions/recent-actions/20051219a.

2. 案件涉及的法律

本案事实比较简单，巴克莱银行违反了《津巴布韦制裁条例》。第13469号行政命令（EO13469）将IDCZ列入制裁名单中。根据OFAC的规则，由被制裁机构直接或间接持有50%以上所有权的机构，即使不在制裁名单之列，美国金融机构也不得与其开展业务。本案中，巴克莱银行未能发现客户的最终受益人，违规处理了大量交易。

巴克莱银行与OFAC的和解协议显示，OFAC根据《经济制裁执行指南》第三章的规定，考虑了如下加重处罚的因素：（1）尽管巴克莱银行意图遵守美国的制裁法律，但仍存在很多违规线索的情况，依然未能采取适当的措施；（2）银行内部多名业务人员及高管实际知道或有理由知道存在违规行为；（3）巴克莱银行处理了159笔转账，总计约3,375,617美元，损害了美国制裁津巴布韦的目标；（4）巴克莱银行本身是一家成熟的全球性大型金融机构。①

OFAC还考虑了如下减轻处罚的因素：（1）巴克莱银行过去五年没有受到过处罚通知或发现违规的通知；（2）对违规行为采取了补救措施；（3）积极配合OFAC的调查。

3. 对本案的分析

首先，本案提示了关注OFAC制裁名单的重要性，尤其是“50%所有权的规则”。很多被纳入制裁名单中的个人和机构可能在全球不断移动，无论他们在哪，美国公民或机构都不能与他们发生贸易关系。而为被制裁人直接或间接持有50%或以上所有权的机构，即使不在制裁名单中，也在制裁范围之内。这是特别需要注意的。其次，这是巴克莱银行第二次因违反美国制裁法律受到美国监管机构的处罚。第一次是在2010年。但OFAC并没有在和解协议中提及之前的处罚，也未因此而加重对巴克莱银行的处罚。除了巴克莱银行，还有其他商业银行比如渣打银行、汇丰银行等不止一次因违反美国反洗钱、制裁法律而受到处罚。最后，从20世纪90年代中期到2006年，巴克莱银行明知或故意为

① See *Release of Civil Penalties Information – Barclay's Settlement*, U. S. Department of the Treasury（Aug. 18, 2010）, https://home.treasury.gov/policy-issues/financial-sanctions/recent-actions/20100818.

古巴、伊朗、利比亚、苏丹及缅甸的商业银行以及被 OFAC 制裁的个人或机构提供美元交易服务。为此目的，巴克莱银行采取了多种方式，如隐藏客户名称、篡改交易信息、经巴克莱银行内部账户过渡等，以隐藏资金的真实来源。

通过上述案例可以看出，以美国金融制裁为代表的国际金融制裁风险往往会带来巨额的罚金，甚至可能将金融机构拖入漫长的诉讼，这对开展国际金融业务的商业银行提出了巨大的挑战和更高的要求。因此，商业银行应当正视以美国金融制裁为代表的国际金融制裁风险。而商业银行要做好反规制，首先要理清国际金融制裁的相关规制。

二、金融制裁

（一）金融制裁的类型和常见手段

有学者认为，金融制裁作为经济制裁的重要手段之一，是使被制裁国承受经济压力的方式之一，金融制裁的核心在于阻碍金融流动和冻结被制裁方的资产。① 从实施主体来看，金融制裁可分为单边金融制裁和多边金融制裁。单边金融制裁，是指一个国家或地区单方面发动并实施的金融制裁，最常见的是美国或者欧盟的单边金融制裁。多边金融制裁，是指数个国家、地区或国际组织共同发动并实施的金融制裁。从被制裁对象来看，可以分为初级制裁和次级制裁。初级制裁也叫直接制裁，是指制裁方的制裁行为直接作用于被制裁方的制裁行为。次级制裁也叫二级制裁，是指制裁方基于初级制裁，对违反其限制同被制裁方进行金融业务要求的第三方主体施加的制裁行为。②

国际金融制裁主要是与“金融”相关的“制裁”。其主要依托金融力量，从上述案例和以往实践可以得出，常见的手段主要包括以下五种：③

1. 冻结或没收资产

冻结受制裁对象处于美国或由美国人士控制或管辖的资产，有时也会联合

① Gary Clyde Hufbauer et al., *Economic Sanctions Reconsidered*, 3rd Edition, Peterson Institute for International Economics, 2007, p. 7.

② See Scott Maberry, *Overview of US Economic Sanctions*, International Trade, p. 17 (2008).

③ 参见徐以升、马鑫：《金融制裁的手段及金融制裁核心特征》，载《国际融资》2020 年第 11 期。

其他国家共同冻结上述对象的国外资产。这是金融制裁最常用的手段之一。一般情况下，冻结资产的实施往往在情报部门和金融机构中运作。美国财政部下属的情报部门首先会搜集“有可能对美国国家安全、外交政策和经济行为”造成危害的对象名单，该名单每周进行更新。并要求金融机构在与客户进行交易时，将两者相比对。一旦二者吻合，金融机构将按照要求立即冻结该账户。不过，在这种情况下，银行并不拒绝客户存款，而是禁止该客户进行提款或者向外转账等操作。银行被要求在10个工作日内将资产冻结详细报告上交至OFAC。为保障这一手段得到执行，银行如果未上报或不实上报，将面临5万~100万美元不等的罚款，以及对当事人最高12年的监禁。①

2. 施加财政制裁

冻结或取消被制裁国预期应得的双边援助款项，或者国际机构的商业、信贷融资，以及禁止第三方对被制裁国家或实体的投资。②

3. 切断获取美元的和使用美元的渠道

一方面，美国可以通过自身金融力量截断其他国家或受制裁实体获取美元的渠道，这一向是美国金融制裁的重要手段；另一方面，美国可以通过自身在国际金融体系中的巨大影响，要求独立的国际金融组织机构如环球同业银行金融电讯协会（Society for Worldwide Interbank Financial Telecommunications，SWIFT）和纽约清算所银行同业支付系统（Clearing House Interbank Payment System，CHIPS）等停止对被制裁国或受制裁实体提供美元结算和其他服务。从美国实施过的金融制裁来看：第一，美国金融制裁往往不是孤立进行的，会结合政治对抗、贸易制裁、长臂管辖等进行。第二，SWIFT和CHIPS是美国金融制裁的主要工具。第三，SWIFT和CHIPS的制裁效果不同，仅使用CHIPS制裁会切断制裁对象获取和使用美元的渠道，但对方还可以使用SWIFT与其他国家/地区进行非美元交易，使用SWIFT制裁工具则会切断制裁对象与全球金融体系的联系。美国利用SWIFT和CHIPS对其他国家或地区进

---

① 参见徐以升、马鑫：《金融制裁的手段及金融制裁核心特征》，载《国际融资》2020年第11期。

② 参见徐以升、马鑫：《金融制裁的手段及金融制裁核心特征》，载《国际融资》2020年第11期。

行金融制裁情况见表9-1。

表9-1 美国利用SWIFT和CHIPS对其他国家/地区进行金融制裁情况

制裁国家/地区	制裁前情况	制裁工具	制裁过程简介	涉及中国情况
朝鲜	美朝政治对立	CHIPS SWIFT	制裁焦点不是朝鲜，而是与朝鲜有关系的金融机构。利用SWIFT和CHIPS系统锚定与朝鲜有资金往来的金融机构并将其列入“黑名单”	中国澳门HY银行被列入制裁名单
伊朗	美伊政治对立、贸易割裂	CHIPS SWIFT	先是CHIPS制裁，切断其获取和使用美元；之后SWIFT制裁，切断其与全球金融系统的联系	中国KL银行被列入制裁名单
俄罗斯	美俄因克里米亚问题对抗	—	没有使用CHIPS和SWIFT制裁工具，但是在SWIFT系统加强了对俄罗斯相关交易的审核	

资料来源：新华社、21世纪经济报道、兴业证券经济与金融研究整理。

4. 禁止同第三方进行金融往来

金融制裁实施国通常会禁止全球的金融机构与被制裁对象进行融资、贷款等金融业务的往来，从而达到切断被制裁国资金供应、扰乱被制裁国金融体系的作用。有时其还可以通过要求作为第三方的国际机构参与制裁。该手段在近年来使用较多，如在“澳门汇业银行案”① 和“法国巴黎银行案”② 中尤为凸显。前文所列举的两个案例中也都涉及这一手段的运用。

5. 针对银行体系制裁

金融制裁实施国往往更加针对被制裁国的银行体系进行制裁，从而增加被

① See Department of the Treasury, *Amendment to the Bank Secrecy Act Regulations—Imposition of Special Measure Against Banco Delta Asia SARL*, Federal Register (Feb. 8, 2018), https://www.fincen.gov/sites/default/files/shared/finding_banco.pdf.

② See United States District Court Southern District of New York, *STATEMENT OF FACTS*, Department of Justice (June 30, 2014), https://www.justice.gov/sites/default/files/opa/legacy/2014/06/30/statement-of-facts.pdf.

制裁国工商业的资本使用成本。被制裁国因制裁而导致的银行紧缩，会在一定程度上对其国外投资和对外贸易产生负面影响，并最终将负面影响传导至被制裁国的国内经济。

（二）金融次级制裁

金融次级制裁以直接制裁为基础，其目的是保证初级制裁的有效性，因此次级制裁同时具备了金融制裁和次级制裁的双重特征。直接制裁的有效性除了取决于发起制裁方的实力及被制裁方对制裁方的依赖度外，也取决于国际社会的配合，如果第三方不配合直接制裁，第三方不仅可能成为制裁方在被制裁方的经贸替代方，直接制裁的效果也会大打折扣。因此，只有争取更多的制裁实体才能使制裁发生制裁方所期待的效力。综上，次级制裁就是迫使第三方参与制裁方的直接制裁，进而使单边制裁事实上变为影响更大的多边制裁。同时，次级制裁针对的对象是不特定的第三方。正如上面的案例所体现的，虽然次级制裁的目标是制裁直接制裁的被制裁方，但次级制裁实际是为了增强直接制裁的有效性，而在一定程度上将制裁对象扩大到了任何与被制裁方相关的第三方主体。次级制裁针对的对象阻止不特定第三方与被制裁方金融往来的制裁手段包括前述的五种主要金融手段，即冻结资产、施加财政制裁、切断获取美元的渠道、禁止金融交易、制裁第三方银行系统。

另外，发起的主体大多是在国际社会具有权威性或影响力的国家或国际组织。就国际组织而言，其自身就具有多边的性质，因此，其发起的直接制裁就是多边实施的制裁，没有必要再用次级制裁保证其有效实施。而对于国家来说，其发起的制裁是国内制裁域外适用的一种强制行为，这就要求制裁方拥有强大的金融实力。所以，在实践中只有美国这样具有强大金融实力的国家才有能力、影响力有效发起次级制裁。

三、联合国安理会决议下的金融制裁

《联合国先章》（Charter the United Nations）第 2 条第 4 款规定，国家在解决争端时，禁止使用“Threat or Force”，其中“force”既可以指强制，也可以指武力。1970 年联合国大会一致通过了《关于各国依联合国宪章建立友好关系及合作之国际法原则宣言》（Declaration on Principles of International Law Concerning Friendly Relations and Cooperation among States in Accordance with the Charter of the United Nations），其中第1条原则就是“各国不得使用威胁和武力原则”。《联合国宪章》第41条还规定，“安全理事会得决定所应采武力以外之办法，以实施其决议，并得促请联合国会员国执行此项办法”。其中就包括局部或全部停止经济关系的措施。可见包括金融制裁在内的非武力强制并未被包括《联合国宪章》等国际法所禁止。同时，关于金融制裁的细致规则广泛体现在联合国的相关文件中，主要包括：《联合国反腐败公约》（United Nations Convention Against Corruption）、《打击跨国有组织犯罪公约》（U. N. Convention Against Transnational Organized Crime）、《联合国禁毒公约》（United Nations Drug Conventions）、《与犯罪收益有关的洗钱、没收和国际合作示范法》（Model Legislation on Laundering, Confiscation and International Cooperation in Relation to the Proceeds of Crime）和联合国安理会的“制裁决定”以及一些软法，如反洗钱金融行动特别工作组（Financial Action Task Force on Money Laundering，FATF）的“40+9项”建议。这些都为联合国安理会项下的金融制裁提供了国际法基础。

另外，在安理会决议下的国际金融制裁体系中我们不能忽视一个国际组织——“埃格蒙特集团”。这是一个由166个金融情报机构（Financial Intelligence Unit，FIU）组成的统一机构，是各国金融情报机构之间的非政府国际组织。这一国际组织主要具有两大职能：一方面，埃格蒙特集团严格定义和评估了金融情报机构，认为金融情报机构需要具备收集金融信息、分析金融信息、分发金融信息和分析结果、情报交流四项基本功能。另一方面，该组织为安全交流专门技术和金融情报提供了一个平台，以打击洗钱和资助恐怖主义行为。埃格蒙特集团作为一个“软法”性质的组织，其所提供的相关信息在联合国框架下的金融制裁机制中起着不可忽视的作用。因为不是所有的争议都能实现完全的跨国取证，所以以情报引导取证就显得十分重要。而该组织直接涉及程序法相关问题，其情报交流机制事关调查取证、情报引导取证。

四、美国单边金融制裁规制

美国并不存在一部单一的金融制裁法案。为对外实施金融制裁，美国不断颁布各种法律法规，逐步形成了一个由多个国会立法、总统行政命令、政府部门规章等组成的复杂法律体系。目前，美国的金融制裁法律体系主要由三部分组成：第一部分，美国国会有关国家安全、对外政策等的立法。1977 年《国际紧急经济权力法》（International Emergency Economic Power Act of 1977）与 1976 年《国家紧急状态法》（National Emergencies Act of 1976）是美国金融制裁的核心法律，美国的对外金融制裁多数是根据这两部法案作出，都授权政府主管机关采用行政命令的方式针对特定对象实施金融制裁措施，同时，为上述"特定对象"的认定确定法律标准或者法定条件。[①] 此外，还包括 2001 年出台的《爱国者法》（USA PATRIOT Act of 2001）等补充性法案。第二部分，美国国会针对具体国家或事件颁布的诸多特定制裁法律，如美国在乌克兰问题上对俄罗斯，及其对伊朗、朝鲜、利比亚、叙利亚、苏丹等国的制裁法令中多包含金融制裁的内容。第三部分，美国总统、财政部等机构基于前述法律颁布的行政命令与规章。

（一）国会有关国家安全、对外政策等的金融制裁立法

1. 1917 年《与敌国贸易法》

1917 年《与敌国贸易法》（Trading with the Enemy Act of 1917）在"一战"背景之下出台，其后经过多次修订，至今依然有效。其立法目的是限制美国与被确定为敌对国的国家进行贸易。该法案第 5（b）条规定，在战时，非经美国总统许可，任何实体或个人都不得与美国的敌对国进行贸易往来或者为其提供帮助，敌对国对美国的贸易、投资等也将受到限制。[②] 1950 年朝鲜战争爆发后，美国总统宣布国家进入紧急状态。美国财政部根据《与敌国贸易法》精神制定了《外国资产管理条例》（Foreign Assets Control Regulations），对朝

① 参见黄风：《美国金融制裁制度及其对我国的警示》，载《法学》2012 年第 4 期。
② 参见唐婧：《美国的金融制裁与应对》，载《中国金融》2019 年第 14 期。

鲜进行全面制裁。[①] 此外，美国还曾根据该法案先后对德国、古巴等国家实施制裁。1976 年《国际紧急经济状态法》颁布后，依据《与敌国贸易法》作出的制裁项目有效期仅至 1978 年；之后，由美国总统决定是否延期，每次延期一年。[②] 2008 年，时任美国总统布什宣布终止对朝鲜实施《与敌国贸易法》后，古巴是目前仅剩的一个在该法案下受美国制裁的国家。

2. 1945 年《联合国参与法》

1945 年《联合国参与法》（United Nations Participation Act of 1945）的立法目的是规范美国加入新成立的联合国及其相关机构的程序，也是美国实施金融制裁的重要法律渊源。其第 5 条规定，“当联合国安理会根据《联合国宪章》第 41 条，为实施其决议而决定采取措施，并促请美国实施该措施时，总统可以发布命令、制定规则或条例，通过其指定的机构采取必要的措施，以调查、规制或断绝任何外国或外国国民或在该外国的人员同美国或其管辖下的任何人或涉及到美国管辖的任何财产之间的全部或部分经济关系、铁路、海运、航空、邮电、无线电及其他通讯往来”。[③] 根据这一规定，美国为执行联合国安全理事会决议可以实施金融制裁。

美国较少援引《联合国参与法》对他国进行单边金融制裁。该法案曾被援引用于制裁南罗德西亚，后在南罗德西亚形成新的国家津巴布韦后撤销制裁。该法案还曾被美国援引用以参加联合国针对伊拉克、利比亚、南斯拉夫等的制裁中。[④]

3. 1976 年《国家紧急状态法》

1973 年，美国参议院组成国家紧急状态特别委员会，调研当时还在实施的国家紧急状态项目，由此促成了 1976 年《国家紧急状态法》的出台。[⑤] 该法案扩大了国会权力，对美国总统宣布进入紧急状态的权力进行限制，对总统宣布国家进入紧急状态作出了许多程序性要求。《国家紧急状态法》规定，经

---

① 参见刘建伟：《美国金融制裁运作机制及其启示》，载《国际展望》2015 年第 2 期。
② 参见刘勇：《美国经济制裁的法律分析》，苏州大学 2009 年硕士学位论文，第 20 页。
③ 参见黄风：《美国金融制裁制度及其对我国的警示》，载《法学》2012 年第 4 期。
④ 参见刘勇：《美国经济制裁的法律分析》，苏州大学 2009 年硕士学位论文，第 25 页。
⑤ 参见刘勇：《美国经济制裁的法律分析》，苏州大学 2009 年硕士学位论文，第 20 页。

国会一致通过，可终止总统宣布的国家紧急状态。此外，在宣布紧急状态后的6个月内，以及在紧急状态期间的之后每一个6个月期限内，国会需投票决定是否终止紧急状态。总统需在宣布紧急状态后的每6个月期限结束后的90天内，向国会提交开支报告；在紧急状态终结后的90天内，总统需提交开支的最终报告。

4. 1977年《国际紧急经济权力法》

1977年《国际紧急经济权力法》授予美国总统广泛的权力，其经颁布后取代《与敌国贸易法》，成为美国总统宣布进入紧急状态进行金融制裁的主要法律依据。该法案规定，“当美国的国家安全、外交政策和经济遭受严重的外来威胁时，如果总统针对此项威胁宣布国家进入紧急状态，总统有权针对有关外国或外国人采取各种经济制裁措施，其中包括禁止与其进行外汇交易、禁止任何金融机构向其实行支付或者信贷、没收其在美国辖区内的财产等”。[①] 美国依据该法案实施了大量的制裁措施。

《国际紧急经济权力法》总共只有8个条款，在授予总统权力的同时也作出了限制性规定。法案第1701（b）款规定，总统宣布国家进入紧急状态时，须存在来自美国国外的不一般和不寻常的威胁。此外，当出现新的威胁时，总统需宣布新的紧急状态。第1703条规定，在可能的情况下，总统在宣布紧急状态之前应咨询国会。此外，总统应在宣布紧急状态后立刻向国会提交报告，说明进入紧急状态的原因等，并在之后的每6个月内提交阶段报告。

5. 2001年《爱国者法》[②]

在“9·11”事件后颁布的《爱国者法》以防止恐怖主义为立法目的，是目前美国利用金融制裁手段打击国际恐怖主义的重要法律依据。法案第106条规定，“即使总统没有宣告或者不必宣告国家进入紧急状态，当美国成为武装敌对行动指向对象或者成为外国袭击对象时，美国可以针对敌对事件、受袭事件对外国、外国组织或个人实施金融制裁”。[③] 法案第311条禁止外国金融机

---

① 参见黄风：《国际金融制裁法律制度比较研究》，载《比较法研究》2012年第3期。

② 《爱国者法》第215条已于2015年修订。

③ 参见叶文辉：《美国对外金融制裁的运作机制及启示》，载《金融教学与研究》2015年第4期。

构在美国开设或保留代理账户。同时，该法案还赋予美国总统在认定国家已经或即将遭受恐怖主义袭击时，不仅可以冻结，还可以没收有关人员的金融资产的权力。① 这些条款成为美国单方面实施金融制裁的新依据。

6. 每年颁布的《国防授权法》

《国防授权法》（National Defense Authorization Act）是美国规范国防经费预算以及具体国防职权行使的法律，每一财政年度由国会通过。每年的《国防授权法案》内容都会进行调整，其中常有许多与金融制裁紧密相关的条文，是美国金融制裁法律依据的重要补充。例如，2013 年《国防授权法》涉及对伊朗金融制裁的内容。② 2019 年 6 月美国参议院通过的 2020 年《国防授权法》中包含制裁朝鲜的内容，意图通过制裁与朝鲜有业务往来的任何金融和商业机构，打击朝鲜的非法金融网络。这一法案目前尚未通过美国的立法程序正式生效，后续还可能进行诸多修订，但值得关注。③

（二）针对特定国家主体或事件的制裁法案

美国还针对不同的被制裁国出台了诸多专门的制裁法案，多与金融制裁密切相关。美国对许多国家实施了制裁措施，如美国在乌克兰问题上对俄罗斯的制裁，以及其对伊朗、朝鲜、古巴、利比亚、叙利亚、苏丹等国的制裁。④ 相关制裁法案繁多，包括制裁古巴的 1996 年《赫尔姆斯—伯顿法》（Helms – Burton Act）以及制裁俄罗斯、伊朗、朝鲜三国的 2017 年《以制裁反击美国敌人法案》（Countering America's Adversaries Through Sanctions Act）等，其中以制裁伊朗的法案为多。美国制裁伊朗的法案包括：1996 年通过的《伊朗利比亚制裁法案》（Iran Sanctions Act of 1996，又称《达马托法案》）、2006 年《伊朗利比亚制裁法案》（后更名为《伊朗制裁法案》）、2010 年《全面制裁、问

---

① 参见陈宇曈、成弋威：《美国金融制裁的法律分析与风险防范》，载《金融监管研究》2017 年第 1 期。

② 参见陈宇曈、成弋威：《美国金融制裁的法律分析与风险防范》，载《金融监管研究》2017 年第 1 期。

③ 参见刘相文、Graham Adria、王晶涛、王涛：《美国参议院通过涉朝金融制裁法案：〈布林克法案〉要点解读》，载中伦律师事务所网 2019 年 9 月 6 日，http：//www. zhonglun. com/Content/2019/09 – 06/1901489250. html。

④ 参见叶文辉：《美国金融制裁的运作机制及启示》，载《青海金融》2015 年第 7 期。

责、撤资伊朗法案》(Comprehensive Iran Sanctions, Accountability and Divestment Act of 2010)、2011 年《减少伊朗威胁和叙利亚人权法案》(Iran Threat Reduction and Syria Human Rights Act)、《2012 年财政年度国防授权法案》(National defense Authorization Act For Fiscal Year 2012)、2013 年《伊朗自由与反扩散法案》(The Iran Freedom and Counter – Proliferation Act) 等。①

(三) 有关金融制裁的总统行政命令、财政部规章

《国际紧急经济权力法》《爱国者法》等法案在金融制裁方面授予了美国总统极大的自由裁量权。总统可以发布行政命令对某一个国家、其国民或实体进行金融制裁。历届美国总统针对对外制裁发布了大量的行政命令,其中多有涉及金融制裁的内容。以对俄罗斯制裁为例,2014 年奥巴马签署了 13660 号总统行政令,依据《国际紧急经济权力法》对俄展开制裁。3 月 17 日奥巴马以 13661 号总统令的方式将主要制裁对象指向俄罗斯,多名俄罗斯官员由此被列入制裁名单中。3 月 20 日,奥巴马签署 13662 号令对俄罗斯金融、能源、金属矿业、工程、国防及相关物资等行业进行行业制裁。② 美国针对伊朗制裁发布的总统令更是多达几十个。

总统发布行政命令对外进行金融制裁的权限也会受到诸多限制。《国家紧急状态法》《国际紧急经济权力法》等都对总统实施金融制裁的权限作出了一些限制性的规定,包括程序上的要求。此外,美国国会可以通过立法,直接实施金融制裁。根据美国的立法程序,国会通过的法案必须得到总统签署后方可生效,但即使总统拒绝签署,如果国会以 2/3 以上多数否决总统的否决,则该法案依然可以生效并予以实施。

(四) 财政部发布的制裁名单

美国财政部作为金融制裁的执行机构,其下属的 OFAC 负责发布和更新制裁名单。OFAC 基于不同的制裁项目和制裁法律,将违反同类制裁规定的不同主体列入一个制裁名单中,并对这些主体采取同样的制裁措施。OFAC 负责公

---

① 参见杨永红:《次级制裁及其反制——由美国次级制裁的立法与实践展开》,载《法商研究》2019 年第 3 期。

② 参见姜毅:《解析美国对俄制裁新法案》,载《俄罗斯东欧中亚研究》2018 年第 1 期。

布和更新多个制裁名单，其中“特别指定国民”名单、“561 外国金融机构”名单（The List of Foreign Financial Institutions Subject to Part 561 List）和“行业制裁识别”名单（Sectoral Sanction Identifications）与金融制裁密切相关。

“特别指定国民”名单主要依据《与敌国贸易法》《国际紧急经济权力法》等法律授权制定，包含为目标国家所控制或代表目标国家的个人和公司，也包含一些制裁项目中确定的、不以国别来区分的个人、群体、机构如恐怖分子或毒贩。对纳入名单内的人，美国实行封锁，禁止入境、冻结资产并禁止与美国人交易。①“561 外国金融机构”名单是 OFAC 针对伊朗进行金融制裁的特殊名单，规定了境外金融机构禁止协助伊朗实体进行交易的条件与标准。当境外金融机构被列入该名单，将被禁止或严重限制在美国开立代理账户。“行业制裁识别”名单则是为俄罗斯专门制定，原则上不冻结清单上实体的资产，不完全禁止但是限制交易。②

为配合清单制裁，OFAC 也会颁发一些指令或规定。例如，为指导对“行业制裁识别”名单内企业的制裁，OFAC 先后发出四份指令，对俄罗斯相关行业的具体制裁措施作出了明确的规定。③

五、欧盟等其他国家和地区的金融制裁规制

欧盟与美国作为当今世界实施经济制裁的两大主要力量，对世界各国频繁地运用着这一制裁手段。1980～2014 年，欧盟自主制裁占世界非执行联合国制裁的 36%，成为仅次于美国（36.9%）的第二大制裁发起者。④ 金融制裁作为最严厉的经济制裁形态，也是欧盟所最常采用的经济制裁手段之一。欧盟的金融制裁主要分为执行联合国安理会制裁决议而实施的制裁（包括联合国的

---

① 参见美国财政部网：https：//www. treasury. gov/resource－center/faqs/Sanctions/Pages/faq_lists. aspx#18.

② 参见方建伟、张国勋、宇文沛：《复杂国际形势下 OFAC 经济制裁要点及中国企业对策建议》，载中伦律师事务所网 2019 年 9 月 23 日，http：//www. zhonglun. com/Content/2019/09－23/1439060717. html。

③ 参见姜毅：《解析美国对俄制裁新法案》，载《俄罗斯东欧中亚研究》2018 年第 1 期。

④ 参见孟刚、李思佳：《欧盟经济制裁及其对中国的启示》，载《财经法学》2020 年第 4 期。

制裁和附以更严格措施的联合国制裁）以及在安理会没有采取行动或者无法达成制裁合意时，欧盟自主发起的单边制裁。① 欧盟发起制裁所遵循的法律依据主要包括以下几项。

（一）《马斯特里赫特条约》

《马期特里赫特条约》（Treaty of Maastricht）第60条赋予欧盟针对第三国实施金融或财政制裁的权限。② 随后，2009年《里斯本条约》（The Lisbon Treaty）将该条约重新打包成为《欧洲联盟运作条约》（Treaty on the Functioning of the European Union），并对欧盟实施国际金融制裁制度进行了重新设计。该条约以第215条取代第60条和第301条。按照新条款，欧盟理事会采取的经济制裁措施（如资产冻结和出口禁令）需要根据新设立的欧盟外交事务和安全政策高级代表以及欧盟委员会的联合提案单独实施立法，同时还有将所采取的措施通知欧洲议会的义务。③ 欧盟各成员国将金融制裁的权力明确让渡给欧盟，从而保证欧盟通过共同外交与安全政策将其成员国的自主对外金融制裁权集中起来，欧盟及其成员国借此将对外金融制裁的威慑力逐步加强，扩大了欧盟及其成员国其在非欧盟成员国的影响。④

（二）《欧盟限制措施（制裁）的实施和评估指南》⑤

欧盟于2003年首次通过《欧盟限制措施（制裁）的实施和评估指南》［Guidelines on the Implementation and Evaluation of Restrictive Measures（sanctions）］，并在2005年、2009年、2012年、2017年和2018年分别进行了审查

---

① See *European Union sanctions*, European Union External Action Service（Mar. 17, 2021）, https://eeas.europa.eu/topics/common-foreign-security-policy-cfsp/423/european-union-sanctions_en.

② 参见顾婷：《欧盟对外制裁制度的法律解析——从〈罗马条约〉到〈里斯本条约〉》，载《欧洲研究》2013年第3期。

③ See *EU Restrictive Measures*, Council of the European Union（Apr. 29, 2014）, https://www.consilium.europa.eu/uedocs/cms_data/docs/pressdata/EN/foraff/135804.pdf.

④ 参见甘井鹏、陆宁：《欧盟对外经济制裁政策评析》，载《经济问题探索》2009年第10期。

⑤ See European secretariat, *Sanctions: how and when the EU adopts restrictive measures*, Council of the European Union, https://www.consilium.europa.eu/en/policies/sanctions/.

和更新，该文件为欧盟对外经济制裁政策的有效实施提供了政策性的指引，旨在提高欧盟对外经济制裁的实施效果。该文件规定了欧盟采取自主制裁措施的主要步骤，明确了法律文书中关于制裁措施实施的共同定义，其附件中对制裁实施过程中不同参与者的分工与作用也进行了明确。欧盟还规定了有效实施金融制裁的标准措施，为有效实施制裁措施提供可适用的法律依据。

（三）《关于使用限制措施（制裁）的基本原则》①

2004 年，欧盟政治和安全委员会制定的《关于使用限制措施（制裁）的基本原则》［Basic Principles on the Use of Restrictive Measures（Sanctions）］确定了制裁措施的基本原则，其中包括：如何制定制裁措施、制裁措施的适用以及如何控制制裁措施带来的影响。该规定重申了欧盟在自主实施国际社会认可的对外经济制裁的同时会严格配合并执行联合国安理会确定的制裁措施。其中确定的欧盟对外经济制裁原则主要包括：第一，制裁措施的实施尽可能地减少对非目标国家、实体和个人的不利影响，尊重人权、民主与法治；第二，制裁措施的实施有明确的范围，武器禁运、签证禁令和冻结资产可作为实现制裁目标的方式；第三，重申了将履行安理会制裁决议的承诺，保证按照国际法原则实施自主制裁。

（四）欧盟委员会《受欧盟金融制裁的个人、团体和实体综合清单》②

“共同外交和安全政策目标”，特别是防止资助恐怖主义的行为的发生的目标，要求欧盟正确地实施金融制裁。在欧盟，实施金融制裁既是公共部门的义务也是私营部门的义务。因此，欧盟信贷部门联合会建立了综合制裁清单数据库，即《受欧盟金融制裁的个人、团体和实体综合清单》（Consolidated list of persons，groups and entities subject to EU financial sanctions）。随后，该数据库被交由欧盟委员会管理，欧盟委员会负责综合制裁清单的维护并根据需要更

---

① See *Basic Principles on the Use of Restrictive Measures（Sanctions）*，Council of the European Union（June 7，2004），https：//data. consilium. europa. eu/doc/document/ST－10198－2004－REV－1/en/pdf.

② See *Consolidated list of sanctions*，European Union External Action Service（Aug. 18，2015），https：//eeas. europa. eu/topics/common－foreign－security－policy－cfsp/8442/consolidated－list－sanctions_ en.

新对其进行更新。

六、其他国际组织的金融制裁规制

世界贸易组织（World Trade Organization，WTO）规则所确立的法律关系主体和对象的特殊性决定了WTO规则主要适用于主权国家之间，而为了平衡特定情形下WTO自由贸易与国家经济主权方面的冲突，在WTO规则中规定了一些“例外”条款。根据WTO规则，在履行市场准入的前提下，成员被允许为了人权保护、国家安全、清洁环境及资源的最佳利用而设置一定的非关税壁垒，如“安全例外条款”允许WTO各成员为维护国家安全，在某些情况下可以采取必要行动，对其他相关成员不履行WTO所规定的义务。①

在WTO规则的例外规定②中，一般例外和安全例外尤为重要，并分别在《服务贸易总协定》（General Agreement on Trade in Services，GATS）、《与贸易有关的知识产权协定》（Agreement on Trade - Related Aspects of Intellectual Property Rights，TRIPs）等协议中都有体现。1994年《关税与贸易总协定》（General Agreement on Tariffs and Trade，GATT1994）第20条③和GATS第14条④均为一般例外条款，规定只要所采取的措施不在情况相同的成员间造成武断或不公平的歧视，且不对国际贸易（包括服务贸易）构成变相限制，则任何成员可为共10个项目或缘由采取必要的贸易保障措施。GATT1994第21条和GATS第14条之二均为安全例外条款。根据这两项条款，WTO成员可以保护国家基本安全利益及根据《联合国宪章》维持国际和平与安全为目的采取相关保障措施，如不提供或公开会危及基本安全利益的任何资料；对军火、核

---

① 参见况腊生、郭周明：《当前国际经济制裁的法律分析》，载《国际经济合作》2019年第3期。

② 包括一般例外、安全例外、国际收支保障例外、非歧视性原则例外、外汇安排例外、紧急措施例外及边境贸易、关税同盟和自由贸易区的例外。

③ See *General Agreement on Trade in Services*, World Trade Organization, https://www.wto.org/english/docs_e/legal_e/26 - gats_01_e.htm#articleXX.

④ See *GATT documents*, World Trade Organization, https://www.wto.org/english/docs_e/gattdocs_e.htm.

材料及可用于军事目的的物资及相关服务实施贸易控制等。①

七、制裁对商业银行的影响

（一）客户身份审核难度上升

商业银行在经济制裁中受到的影响直接体现在业务范围上。首先，除了联合国决议中列明的被制裁者外，中国的商业银行还要密切关注 OFAC 更新的“特别指定国民”名单等制裁清单，对交易中涉及制裁的客户进行检查，这加大了商业银行的运营成本。虽然联合国制裁决议中的名单和“特别指定国民”名单均对被制裁的个人和实体的相关情况作了相应的说明，如补充说明被制裁的个人和实体的曾用名、假名和地址等，但由于实践中被制裁方往往会采取身份造假等制裁规避措施，商业银行在现实交易中即使采取实质性审查来进行客户身份识别，也难以完全将被制裁的个人和实体排除交易对象的行列。其次，金融制裁的规制都为商业银行设立了报告义务，要求商业银行在开展业务时要向监管机构上报涉及被制裁方账户等信息。但同时，由于国际金融制裁的不确定性，这会造成同商业银行对客户信息保密义务的冲突，当客户的信息安全长期得不到相应的保护时，将会动摇客户对某一商业银行的信心，破坏商业银行的信誉，阻碍商业银行的发展。最后，由于互联网金融的快速发展，商业银行日常业务运营中越来越多地需要以互联网为依托来提供金融服务。在此背景下，大量的业务会在线上完成全部的操作流程，而商业银行的风控则高度依托大数据建模，这极大地增强了金融违法活动的隐蔽性，也使商业银行对客户进行实质性审查的难度急剧增加。

（二）业务规模受到限制

在“澳门 HY 银行案”中，美国财政部于 2005 年 9 月称“朝鲜及其代理机构从事大量非法活动，包括贩卖毒品、假货、假钞等，并通过中国澳门特别

---

① 参见况腊生、郭周明：《当前国际经济制裁的法律分析》，载《国际经济合作》2019 年第 3 期。

行政区的金融机构进行洗钱”。[①] 并冻结了朝鲜在该行的2500万美元。引发了澳门居民在HY银行的存款挤兑，该银行1/3的存款在短时间之内就被取走。尽管没有收到美国的明确要求，我国澳门特别行政区政府随后自动接管了HY银行并冻结了朝鲜存放在该银行的2400万美元资金。[②] 2007年美国财政部发布最终决定，对澳门HY银行施以制裁措施，禁止美国金融机构与澳门HY银行的任何交易往来。由于在开展国际金融业务时一般作为国际制裁中的第三方，商业银行往往会面临着同制裁方做生意还是同被制裁方进行金融业务往来的次级制裁威胁。因此，从某种程度上讲，与被制裁方有直接或间接关联的金融活动都存在极大的“违法”风险，开展国际金融业务的商业银行为避免来自制裁方的惩处，常常放弃涉被制裁国的业务，自觉履行制裁下的义务。

随着中美大国博弈在金融领域升温，美国考虑使用美元在国际支付中的关键作用来制裁中国居民、公司和金融机构。美国金融制裁可能采取的方式是“点状攻击”，即对中国企业和金融机构进行制裁。可能采取的措施是假借其他理由（如国家安全、恐怖主义等理由），对中国企业、金融机构进行长臂管辖，对相关中国企业、金融机构进行制裁，将之列入SWIFT或CHIPS黑名单。美国切断CHIPS可能会导致如下结果：被制裁国无法兑换美元。从美国对朝鲜、伊朗金融制裁的情况来看，CHIPS制裁会切断被制裁对象获取和使用美元的渠道，这意味着跨境交易不能基于美元，但可以用其他货币替代，比如欧元或人民币。而美国切断SWIFT则可能导致如下结果：被制裁国任何货币都将无法兑换。SWIFT制裁会切断制裁对象与全球金融体系的联系，使所有跨境交易信息传递受阻，这意味着基于美元、欧元甚至是本币的交易会全面受阻，参与全球经济金融活动将会受到较大限制，负面影响更大。目前中国已经建立了人民币跨境支付系统（Cross - border Interbank Payment System，CIPS），CIPS系统是清算支付系统，在一定程度上可以作为应对CHIPS制裁的备选方

---

① See Department of the Treasury, *Amendment to the Bank Secrecy Act Regulations—Imposition of Special Measure Against Banco Delta Asia SARL*, Federal Register（Sep. 20，2005），https://www.fincen.gov/sites/default/files/shared/finding_banco.pdf.

② 参见叶文辉：《美国金融制裁运作机制及对我国的启示》，载《华北金融》2015年第6期。

案，但 CIPS 也是靠 SWIFT 提供金融报文传递服务，SWIFT 的可替代性更低。所以，鉴于美国强大的金融实力，面对其制裁手段和巨额罚金甚至是长久的诉讼风险时，无论是被制裁方还是第三方往往都没有很有效的反制措施。

综上，在可能遭受巨额罚款且缺乏对抗能力的情况下，各商业银行的业务范围势必大幅度缩小，以顺应制裁方的利益取向，避免制裁风险。

（三）不可抗力风险增加

制裁背景下不可抗力风险存在于金融活动开始后的全过程。从“英国阿拉伯商业银行案”可以看出，美国制裁项目可能会由于政策原因不断变化，但 OFAC 的执法活动并不以制裁项目是否现行有效为标准，OFAC 可以对企业过去的违规行为进行追溯调查和处罚。① 另外，制裁本身易受国际形势的影响，其往往涉及政治因素，常被以美国为代表的某些国家作为对外政策工具。因此，制裁的实施往往充满变数。正如前文“英国巴克莱银行案”所展示的，尽管商业银行在开展业务前对客户身份和交易的合法性做了调查，在业务开展的过程中，一旦客户被列入制裁名单，必然会导致相关交易无法继续进行，除了将遭受商业利益的损失外，商业银行还可能因未尽审慎监管的义务而被相关部门处罚。虽然在特定条件下商业银行对被制裁客户可以主张不可抗力部分或全部免除责任，但处罚和“违规”记录也将会对商业银行的信誉产生影响，因而造成的潜在损失难以估量。

（四）衍生诉讼风险严峻

如“伍尔兹诉 ZG 银行案”，是以恐怖主义活动的受害者及其家属为主的利益受害者起诉涉嫌为恐怖主义提供金融服务或资金支持的金融机构，要求民事赔偿。由于案件的跨国性较强，往往涉及复杂的取证和管辖争议，加之恐怖主义活动造成的严重创伤和舆论压力，被告金融机构几乎均以败诉告终。案件的影响不仅在于高额的民事赔偿金，还在于“恐怖主义金融服务提供者”的认定将对被告的国际业务造成多方面的困扰，潜在损失难以估量。

---

① 参见蔡开明：《美国金融制裁洞察丨案例分析：英属阿拉伯商业银行违反美国〈苏丹制裁条例〉一案》，载搜狐网 2021 年 1 月 19 日，https：//www. sohu. com/a/410257759_ 610982。

该案中，ZG 银行因为实施爆炸袭击的恐怖组织提供金融服务而被列为共同被告。2015 年 1 月，美国纽约州南区联邦地方法院公布终审判决，支持原告诉讼请求。① 尽管 ZG 银行再三否认其存在为恐怖组织提供服务的行为，但该案的结果所导致的经济和声誉的双重损害仍然对 ZG 银行产生了严重的影响。此类风险的规避和应对，一方面，需要通过商业银行本身的合规建设来防范；另一方面，在业务的国际化拓展中，国家层面的制度保障和规则指引也是必不可少的。

正如前文提到的国际金融制裁除个别国家因纯粹的政治因素或政治性制裁（如反扩散等）而发起外，主要是针对洗钱或恐怖融资等方面的不法活动。虽说洗钱、恐怖融资和核扩散之间存在着目的、形式等方面的差别，但其核心都是需要通过资金的融通来实现其不法目的。在这过程中不法分子往往会借助诸如搭建复杂的公司股权结构，资金跨境转移，利用金融工具、互联网等较为共通的隐蔽手段。

第二节　商业银行反洗钱规制

一、洗钱与恐怖融资内容概述

（一）洗钱的历史演进

早在 20 世纪 20 年代，美国芝加哥等城市的犯罪团体为了使犯罪所得转变为合法收入，通过开设洗衣店的方式在营业收入中混入非法所得并纳税，非法收益就变成了合法收入，这是最早的“洗钱”的由来；② 此后，20 世纪 50 年代，美国黑手党和专业金融专家合作，就毒品的走私、分销和洗钱问题达成协议，制定了国际贩毒运作的操作细则，从此洗钱从原始的隐瞒“黑钱”转变

① See Wultz I, 811 F. Supp. 2d at 847 [quoting Curley v. AMR Corp., 153 77F. 3d 5, 12 (2d Cir. 1998)].

② 参见白建军：《金融犯罪研究》，法律出版社 2000 年版，第 528 页。

为有组织、有分工的犯罪团伙，并逐渐呈现专业化和行业化特征；[①] 20世纪70年代，时任美国总统尼克松因“水门事件”下台，政府部门在调查中发现其竞选团队将某些非政治捐款通过洗钱转变为合法财产，此后“洗钱”作为法律用语被公众所知晓。

在中国，洗钱也完成了从无到有、从少到多的渐进发展过程。改革开放以前，中国采取计划经济发展模式，整个金融体系均在国家监控下，与国际交流不多，经济发展相对缓慢，经济领域犯罪较少，基本不存在洗钱犯罪，我国1979年《刑法》也未曾制定关于洗钱的犯罪。至20世纪80年代，随着改革开放的推进，经济模式开始从计划经济向市场经济转变，随着对外开放的进程逐步加快，国际犯罪也逐渐向国内渗透，走私贩毒、贪污受贿、黑社会等犯罪开始在国内出现，我国开始出现了洗钱。而洗钱活动反过来助长了腐败、走私、黑社会、金融诈骗等严重犯罪，对社会经济秩序产生了严重的干扰。随着经济社会的不断发展，尤其是加入反洗钱金融行动特别工作组（Financial Action Task Force on Money Laundering，FATF）后，我国对洗钱活动的打击力度也在不断加强。

（二）洗钱的定义

巴塞尔委员会《防止银行系统用于洗钱的目的》（Prevention of Criminal Use of the Banking System for the Purpose of Money – Laundering）中对洗钱作出了定义，即金融机构可能被利用为犯罪资金的转移或存储中介，犯罪分子及其同伙利用商业银行系统将资金从一账户向另一账户支付和转移，以掩盖款项的真实来源和受益人的所有权关系，或者利用商业银行系统提供的安全保管服务存放款项，此即为洗钱。[②]

洗钱需要通过复杂的步骤才能达到非法变合法的目的，通常来说，洗钱分为三个阶段：（1）处置阶段（Placement），处置是洗钱活动的开始，洗钱者将非法收益与合法收益进行混合，如存入银行，转换为票据、国债、股票等形式，为转变非法属性提供条件，是洗钱活动的基础；（2）离析阶段（Laye-

① 参见邵沙平：《联合国禁毒公约与跨国洗钱的法律控制》，载《法学家》1997年第2期。
② 参见陆凌云：《我国商业银行反洗钱的法律规制》，载《知识经济》2009年第10期。

ring)，离析是洗钱活动的核心步骤，洗钱者利用复杂的手段混淆非法收益与合法收益的概念，掩盖非法收益的来源，使犯罪所得和合法财产难以分辨；（3）归并阶段（Integration），归并是洗钱的最后环节，洗钱者在经过处置和离析以后，将拥有合法外观的非法所得转移到无关联的个人或机构的账户下，重新流入社会。

（三）洗钱的常用手段及影响

洗钱活动的手法非常复杂、多样，一般来说，处理洗钱活动的组织或个人首先通过各种名义将非法所得收集，然后通过一系列的转账和交易，以合法的名义将被清洗过的资金汇入彼此不相关的账户下，由于洗钱的每笔金额都不大，往往还涉及跨国交易，或利用某些国家和地区的秘密账户规定，政府对洗钱的调查取证十分困难。常见的洗钱活动有以下几种。

1. 现金走私

现金走私是最原始的洗钱方式，洗钱者将现金通过运输工具、身上私藏或夹带在行李中等方式流入其他国家，流出的现金就已完成了洗钱。各国严格限制进出境所携带的现金额的目的就在于此。某些地下钱庄或黑市通过专门跑腿的“水客”少量多次地将现金通过边境口岸偷运出境，再以货币兑换的方式存入外国银行达成洗钱的目的。现金走私不易留下交易线索，不在金融系统内留下过多交易记录，并且现金走私的方式多样、转移随意，所以执法机关很难追查到资金流向。据美国股票经纪人贝尔福特所著自传《华尔街之狼》中的描述，他为了达成洗钱的目的，哄骗其妻子的婶婶在瑞士银行开户，再由其亲友将现金通过各种方式运往欧洲，从而完成洗钱活动。

2. 通过空壳公司洗钱

空壳公司，是指公司没有实际经营、没有经营地址或没有员工的虚假公司，因为空壳公司的隐秘性，其常被利用于虚假交易、向境外转移赃款。近年来，随着工商注册等手续的简易化，空壳公司设立成本低、手续简单，洗钱者通过冒名开户、伪造法人及注册地址等方式虚设公司进行非法资金的转移，通过虚开增值税发票、虚假交易，或进行显失公平的交易、伪造营业收入，将犯罪所得变成合法的公司收入。网络赌博等非法平台通过空壳公司与众多个人、公司账户虚假交易，将非法所得资金进行转移。

3. 购置房产、艺术品、证券等有形物和无形物

洗钱者将非法收入直接用于购置房产、高价值的古玩、艺术品、贵金属、国债、证券等，然后出售，套取现金存入商业银行，将非法所得转变为合法收益。在房地产领域，洗钱者用非法资金大量购置地产、商铺，经过一段时间的沉淀再变卖房产以回收资金；在艺术品领域，洗钱者与拍卖行、中介机构可能存在恶意串通的行为，通过指示特定人员参与拍卖并拍下艺术品，再从拍卖行收回资金从而实现洗钱；在金融领域，通过购置国债、证券等金融产品，洗钱者在一定期限后出售产品即可实现非法所得的“洗白”，还可以实现非法财产的保值增值。

4. 利用投资洗钱

洗钱者通过国内外投资、兴建地产、实业项目、公益项目等方式，虚构财务报表，投资合法生意的真实目的是将赃款混入公司合法收入、将非法收入直接存入公司的合法账户，为非法收入披上合法外衣。通过投资开设现金流量高的合法公司、实业项目来掩盖非法目的，在合法的外表下从事贩毒、黑社会、走私、金融诈骗、网络赌博等犯罪行为，将非法所得划入公司正常经营名目下，实现洗钱的目的。一般的洗钱活动往往要付出一定的洗钱成本，但投资洗钱不仅省去了中间成本，还可能通过项目开发实现非法所得的增值，更符合洗钱者的需求。

5. 利用互联网、虚拟货币洗钱

互联网在为人们带来生活便利的同时，也带来了洗钱的风险。洗钱者利用网上银行、网上赌博等方式转移赃款，或通过购入卖出虚拟货币的方式将赃款转入转出。互联网先天具有隐蔽性、匿名性、即时性，给执法部门的监管造成了困难，也给洗钱提供了便利，互联网支付、网上赌博、众筹融资、小额贷款等网上交易平台对资金的来源和用途审核力度不足，洗钱者利用管理漏洞将非法所得虚拟化，再由其他洗钱者以多种灵活方式取出，实现了非法所得的合法化。新兴的虚拟货币是洗钱的绝佳帮手，如比特币是全球流通可兑换的电子虚拟货币，隐蔽性很强且难以监管，洗钱者以非法所得购买比特币后，可在国内外与他人交易，交易所得即转变为合法的收入。

6. 保险洗钱

保险洗钱，是指以保险服务为渠道，将非法所得通过投保、理赔、退保等方式合法化。洗钱者通过不良退保、超额缴费、保险金领取、保单转让、保单抵押等多种方式进行洗钱，且洗钱手段灵活多变，难以追查。在中国保险业，未到期的保单可以申请退保，洗钱者以非法所得进行投保，购买大额保单，在保险到期前申请退保，就可以获得保险公司提供的退保支票，掩盖该笔资金的非法属性。

洗钱活动是国际社会重点打击的犯罪。首先，洗钱为经济社会发展带来负面影响，为国家造成经济虚假繁荣的假象，对经济预测和财政调配产生严重影响；其次，洗钱无一例外与犯罪活动紧密相连，因为只有非法资金才有洗钱的必要，如毒品、走私、诈骗、贪污贿赂、恐怖活动、偷税漏税等犯罪行为，都是严重的危害社会秩序、损害人民人身财产安全的行为，需要国家严肃处理；最后，洗钱活动影响了金融市场的稳定，损害了市场经济的有效运作，增加了金融机构的运营风险，对银行业和其他金融行业造成了恶劣影响。

（四）恐怖融资的定义

恐怖融资，是指恐怖组织使用、募集、吸收资金或以资金形式资助恐怖活动的犯罪活动。恐怖组织通过合法身份，如慈善机构、合法经营、自筹资金等形式将资金注入恐怖活动和招募恐怖分子中，为国际社会带来了严重不安定因素。恐怖融资作为跨国际犯罪，给社会造成了极大恐慌，造成了大量的人员伤亡和财产损失，对世界经济和国家主权都构成了严重威胁。

（五）恐怖融资与洗钱的异同

恐怖融资与洗钱有着难舍难分的联系，可以说恐怖融资就是洗钱的一种方式。首先两者都是通过混淆、掩盖非法所得，实现流入资金的合法化，脱离各国政府和执法部门的监管；其次，恐怖融资与洗钱都需要经过复杂的手段让非法资金重新回到违法者手中，为其所用。2001 年 FATF 会议上指出，一切向恐怖主义提供资金的行为都属于洗钱，无论其来源从形式上看是否合法。

作为具有关联性的两种犯罪活动，恐怖融资的洗钱目的、手段与一般洗钱活动有明显的区别。首先，资金来源不同。恐怖融资的资金来源不如一般洗钱的上游犯罪那么多，因各国对恐怖活动的打击力度极大，恐怖组织平常会保持谨慎低调的状态，通过合法的外衣获得资金的支持，而洗钱活动一般都具有上游犯罪活动。其次，获取资金的目的不同。洗钱的目的是将“黑钱”转化为合法财产，其主要动因是对高额收入的渴望，而恐怖融资一般具有非经济目的，可能存在政治、宗教、传播等其他目的，恐怖活动中洗钱只是实现非经济目的的手段。最后，洗钱的手段不同。目前洗钱主要是通过金融机构或互联网支付等方式，而恐怖融资通常以合法的外衣缓慢地向境外转移资金，或通过非汇款手段运输现金。

二、中国及主要国际组织和国家对洗钱活动的监管要求

（一）中国反洗钱相关立法

中国对反洗钱的监管立法始于1990年，全国人民代表大会常务委员会通过了《关于禁毒的决定》（已失效），对毒品犯罪中涉及的洗钱行为进行了规定，这也是中国第一次通过立法形式对洗钱进行了明文规定。此后中国不断颁布一系列新的反洗钱立法，通过对国际条约的法律移植和借鉴，持续完善监管机制，将反洗钱监管纳入国际反洗钱系统中来。2003年颁布的《金融机构反洗钱规定》（已失效）在立法层面上明确商业银行反洗钱的定位，建立了中国人民银行反洗钱局和反洗钱监测分析中心监测和打击洗钱活动。《关于进一步加强金融机构反洗钱工作的通知》《关于完善反洗钱、反恐怖融资、反逃税监管体制机制的意见》《法人金融机构洗钱和恐怖融资风险管理指引（试行）》等众多法律法规从客户身份识别、资料保存、合规监管、可疑交易报告、风险管理等方面对金融机构提出了详细的规制要求和法律依据。2021年1月26日，中国人民银行反洗钱局制定的《法人金融机构洗钱和恐怖融资风险自评估指引》要求法人金融机构为本机构洗钱风险管理工作提供必要基础和依据，以确保反洗钱资源配置、洗钱风险管理策略、政策和程序与评估所识别的风险相适应。2020年5月25日，在十三届全国人民代表大会第三次会议上，全国人民代表大会常务委员会委员长栗战书在《全国人民代表大会常务委员会工作报告》中提出，目前《中国人民银行法》《商业银行法》《反洗钱法》等重要金融法律立法明显滞后于监管需要，接下来将以《反洗钱法》修改为主线，

全面完善反洗钱制度体系，强化监管力度，充分发挥反洗钱调查和监测分析工作优势，积极打击洗钱及相关犯罪活动。①

近年来，随着中国新兴金融业务、金融平台规模的扩大，跨境资金流动的规模和频次也在极速增加，对洗钱和恐怖融资活动的防范难度在不断增加，而与之对应的反洗钱防控尚缺乏完备系统的监管措施。为进一步防范洗钱、恐怖融资和跨境资金非法流动风险，接轨国际监管标准，促进金融机构不断提升反洗钱合规和风险管理的水平，2021 年 1 月 20 日，中国人民银行、国家外汇管理局联合发布《银行跨境业务反洗钱和反恐怖融资工作指引（试行）》。本指引对银行业的反洗钱、反恐怖融资提出了以下要求：首先，银行需要进一步强化风险识别、评估和规范，以风险评估为前提、以风险管理为核心，从“合规为本”转向“风险为本”，通过采取符合客户风险等级的尽职审查，提高反洗钱防控能力；其次，以结果为导向，要求银行根据自身实际情况决定风险管理的方式，针对不同风险等级的业务采取相对应程度的风险监管；再次，要求银行的反洗钱、反恐怖融资监管贯穿整个业务流程，全周期监控跨境业务；最后，加强内控合规体系建设，建立健全完善的反洗钱监管制度，及时纠错，不断提升跨境反洗钱、反恐怖融资的工作能力和水平。

2012 年生效的《打击洗钱及恐怖分子资金筹集（金融机构）条例》为我国香港特别行政区反洗钱活动作出了明确的指引，通过与国际标准不断融合，提高金融机构在反洗钱活动中的先锋作用，为香港金融机构与政府的联动进行了阐释。我国香港特别行政区于 2018 年再次完善并颁布了《打击洗钱及恐怖分子资金筹集（金融机构）（修订）条例》，其中规定存在对外汇款或货币业务的金融机构需要在一定期限内向海关关长申请专业牌照，否则将受到惩罚。

在政策方面，我国香港特别行政区坚持国际通用的“风险为本”原则，对不同风险等级进行分类与核实，并采取不同的对应手段。香港金融监管部门要求金融机构制定有效的“了解你的客户”（Know Your Customer，KYC）程序，要求金融机构核实客户身份，特别是对政府工作人员、知名人士、高风险

① 参见《人民银行召开 2020 年反洗钱工作电视电话会议》，载中国政府网 2020 年 4 月 16 日，http：//www. gov. cn/xinwen/2020 －04/16/content_ 5502941. htm。

地区人员和机构进行核实，金融机构自身要按年度作出自我评估，提高自身反洗钱的自觉性和主动性。对待可疑交易，香港联合财富情报组会进行“SAFE”法识别，分别是：初步审查可疑对象（Screen）、有技巧地向客户提问（Ask）、翻阅客户记录（Find），以及评估上述资料（Evaluate）并作出评判，如交易确实可疑则填写可疑交易报告。

（二）美国对反洗钱的要求

1. 美国《爱国者法案》中对反洗钱的要求

“9·11”事件爆发以前，克林顿政府提交给美国国会的反洗钱提案基本处于停滞状态，布什政府提出的反洗钱策略也受到了极大的阻碍，因为这些提案对商业银行的利益造成了损害。但是“9·11”事件以后，美国的反洗钱政策发生了极大的转变，美国将反恐斗争作为本国最重要的战略，美国国会通过制定一系列法律来扩大执法和司法权力，力图彻底消灭恐怖活动。为了扩宽反恐行动的有效性和管控力，打击恐怖融资来切断恐怖活动的资金来源，时任美国总统布什于2001年签署了《采用适当手段拦截和切断恐怖主义以助美国团结和强大2001年法案》[Uniting and Strengthening America by Providing Appropriate Tools Required to Intercept and Obstruct Terrorism Act of 2001，以下简称《爱国者法案》(USA Patriot Act)]。《爱国者法案》从打击洗钱活动的角度加强了对金融机构的监管，主旨是全面打击恐怖主义，共计10章内容，主要内容是给予金融机构客户识别、业务禁止、情报搜集和及时报告的义务，并明确说明对国外相关洗钱行为可以行使长臂管辖权，为美国对外行使管辖制裁提供了更充分的法律依据。①

美国长臂管辖权因此而得到强化，《爱国者法案》第317条规定，如果外国机构或个人在美国开户并参与了洗钱活动，或其洗钱的涉案款项部分或全部发生在美国，则美国法院享有长臂管辖权。根据此条款，美国不断加强对外资银行在其境内反洗钱工作的合法性审查。同时该法案第319条规定，美国财政部长或者司法部长可以要求在美国开设账户的外资银行向其提供与该账户有关

① 参见刘贵祥、麻锦亮：《中国企业“走出去”法律风险及其司法应对》，载《法律适用》2013年第5期。

的记录。以上均说明美国目前具有极强的治外法权，并常因此与外资机构的所在地或所属国产生管辖冲突。

2. 美国《银行保密法》对金融机构反洗钱的要求

20 世纪 60 年代，美国毒品问题愈发严重，不仅对公众健康造成重大威胁，还成为诸多社会问题的根源，引起社会和政府的普遍关注。[①] 20 世纪 70 年代，美国开始采取打击洗钱的方式遏制毒品交易，即不再单纯地打击毒品犯罪而是剥夺犯罪组织用于犯罪的资金，于是在 1970 年，美国对传统的银行保密原则进行修缮，并出台了《银行保密法》（Bank Secrecy Act），也称《货币与对外交易报告法》（Currency and Foreign Transactions Reporting Act）。该法案是美国第一个重要的洗钱法律，至今仍是美国反洗钱法律体系的核心，主要包括三个方面的规定：（1）要求金融机构建立记录保留及报告制度；（2）建立监管报告和保存记录制度，通过识别进出美国或存入金融机构的货币和金融工具的来源、数量及流通，为执法部门提供审计线索；（3）对于超过 1 万美元的大额现金交易，要求商业银行和其他金融机构及时报告，其中要包含存取款、现金兑换、客户身份、资金来源等具体信息，如果商业银行和其他金融机构不履行义务或提供虚假报告，则构成犯罪，将被处以民事处罚或 1 年以下监禁和 10 万美元罚款的刑事处罚。

（三）欧盟反洗钱指令

在反洗钱立法方面，欧盟一直采取积极的措施，欧盟也是反洗钱金融行动特别工作组的创始人和重要成员。在 20 世纪 80 年代，为了给各成员国统一的反洗钱保护措施，也为了维护金融一体化以及提振公众对欧盟的信心，欧洲理事会在卢森堡于 1991 年通过了第一个《关于防止利用金融系统洗钱的指令》（prevention of the Use of the Financial System for Purpose of Money Laundering）。此后欧盟分别在 2001 年、2005 年、2015 年制定了反洗钱二、三、四号指令，通过不断修正反洗钱指令，逐渐推动成员国反洗钱和反恐怖融资法律体系的完善。欧盟委员会于 2018 年颁布了最新的欧盟反洗钱指令——《欧盟反洗钱第

① 参见张勇安：《冷战背景下美国对土耳其的毒品外交（1965—1975）》，载《中国社会科学》2012 年第 5 期。

五号指令》[Directive (EU) 2018/843, AMLD5],该文件是欧盟反洗钱立法的重要支柱和主要载体,为欧盟各成员国反洗钱法律的设立制定了最低标准,各成员国有义务根据该文件发布更为详尽的国内法。五号指令较之前的版本主要在反洗钱义务主体、客户尽职调查、金融情报机构等方面作出了重要改变。① 其次,对于新时代的加密货币存在的洗钱风险,五号指令加强了 KYC 和反洗钱程序,以防止通过加密货币进行洗钱和恐怖融资。

三、洗钱案例分析

(一)商业银行洗钱案例——以"法国巴黎银行案"为例②

法国巴黎银行是一家全球性大型银行,总部位于法国巴黎,是法国最大的商业银行,全球拥有 19 万名员工和 3400 万名客户。该行因违反美国对苏丹、古巴、伊朗等国的制裁法令而受到美国当局的调查。2014 年该行签署认罪协议,同意支付美国制裁史上最高的罚金,约 89 亿美元。法国巴黎银行的国际业务中,有一项"公司和投资银行"业务,该业务为客户提供组合贷款、信用证等融资服务,其中就包括为石油、天然气等商品提供融资服务。2004 ~ 2012 年,法国巴黎银行与多家位于苏丹、古巴、缅甸、伊朗的商业银行或受这些国家控制的商业银行密谋,通过多种方式如隐藏客户名称、篡改交易信息、使用第三方商业银行的账户转账等,为一些被美国制裁的国家和机构在美国金融体系中转移了大约 89 亿美元的资金。

美国法律禁止金融机构向被美国制裁的个人、机构和国家提供金融服务,为此,OFAC 颁发了多项针对被制裁国家的法规,以及针对个人和公司的制裁名单。美国司法部于 2014 年 6 月 30 日对外宣布,法国巴黎银行已经同意认罪,承认其违反美国针对苏丹等多国的制裁法律,为此法国巴黎银行将支付约 89.7 亿美元罚款,包括没收约 88.3 亿美元违法所得及罚金 1.4 亿美元。

本案最后达成的罚款金额,与法国巴黎银行违法操作的资金金额接近。由

① 参见李静:《最新欧盟反洗钱指令解读》,载《中国市场》2020 年第 11 期。

② See US Department of Justice, *Statement of Fact*, Department of Justice (June 30, 2014), https://www.justice.gov/sites/default/files/opa/legacy/2014/06/30/statement-of-facts.pdf.

此可见，美国执法机构在确定罚款金额时，涉案金额是一个重要因素。本案涉及对法国巴黎银行的刑事指控，但最终达成认罪协议，以罚款代替刑事指控。在多个涉刑事指控的案件中，如2009年的“劳埃德银行案”、2010年“荷兰商业案”等，美国司法部最终都与商业银行达成了认罪协议，可见美国监管当局更倾向于以经济手段来解决商业银行违反制裁法律的问题。

（二）证券业反洗钱案例——以“XZ（香港）证券经纪有限公司违反有关打击洗钱监管规定”为例①

XZ（香港）证券经纪有限公司（以下简称XZ香港）是XN证券在香港的子公司，2020年5月15日，香港证券及期货事务监察委员会因XZ香港在反洗钱及反恐怖融资方面存在内部监控漏洞对其谴责并处以500万元的处罚。香港证券及期货事务监察委员会认为，XZ香港没有制定合适的内部系统及监控措施来监察其客户的活动，未及时侦测和向联合财富情报组举报可疑交易。调查显示，XZ香港在2016年因缺乏系统程序审查其在一家商业银行设立的子公司的资金来源，未能识别辨认89%（184笔存款中的164笔）的代表客户存入的第三方存款，累计金额达1.101亿港元。同时，XZ香港也没有对辨认出的第三方存款进行严格评估，在被辨认出的第三者存款中，客户所提供的第三人与客户的关系、存款的理由也未能圆满解释第三人转账的原因。

考虑XZ香港已采取了补救措施来加强打击洗钱及恐怖融资的程序，且其过去未曾受到香港证监会的处罚，因此香港证券及期货事务监察委员会根据《打击洗钱及恐怖分子资金筹集条例》、《打击洗钱及恐怖分子资金筹集指引》以及《证券及期货事务监察委员会持牌人或注册人操守准则》，对XZ香港进行谴责并处罚金500万港元。

① 参见《西证（香港）证券经纪有限公司因违反有关打击洗钱的监管规定遭证监会谴责及罚款500万元》，载香港证券及期货监察委员会网2020年5月18日，https：//apps. sfc. hk/edistributionWeb/gateway/TC/news - and - announcements/news/doc？refNo = 20PR45。

（三）非金融行业反洗钱案例——以“OFAC 对波士顿通用电气公司处罚案”为例①

2019 年 10 月 OFAC 宣布，波士顿通用电气公司代表其下属三家公司同意就违反古巴制裁规定的行为支付 2,718,581 美元进行和解。古巴企业 Cobalt 被 OFAC 列入“特别指定国民”名单，被处以各种制裁计划、财产和财产权益冻结，而 Cobalt 是通用电气公司前加拿大客户和古巴政府的合资企业。2010 ~ 2014 年，通用电气公司批准了 Cobalt 为其加拿大客户支付给通用电气公司的款项，其间未对其加拿大客户进行尽职调查，也未向监管部门及时汇报其客户与 Cobalt 的关系。通用电气公司收到 Cobalt 的支票共计 289 张，总计 801 万美元。依据法律规定，本案的罚款上限是 18,785,000 美元，根据 OFAC《经济制裁执法指南》的规定，适用于本案的处罚金额为 337 万美元，考虑通用电气公司通过检查和审计识别出其自述的违规行为，实施了补救措施来加强合规流程，并配合 OFAC 执行处罚协议，最终协议处罚金额为 271 万美元，并要求通用电气公司尽快完成法律合规审查。②

（四）保险业反洗钱案例——以“ZHLH 人寿保险公司违反反洗钱义务受处罚”为例③

2020 年 8 月 19 日，ZHLH 人寿保险公司因在办理业务过程中未按规定履行客户身份识别义务、未按规定报送可疑交易报告等违法行为，受到中国人民银行营业管理部罚款 214 万元人民币的处罚，同时主要负责人薛某、陶某二人受到罚款 4.1 万元人民币的处罚。

ZHLH 人寿保险公司是由 ZHLH 保险控股股份有限公司和 ZHLH 财产保险股份有限公司发起设立的人寿保险公司，公司注册资本金为 15 亿元人民币，

---

① *See Enforcement Information for October* 1, 2019, Department of Treasury (Oct. 01, 2019), https://home.treasury.gov/system/files/126/20191001_ge.pdf.

② 参见合规的策略：《OFAC 金融制裁的最新发展》，载知乎网 2019 年 10 月 17 日，https://zhuanlan.zhihu.com/p/87113404。

③ 参见《人民银行营业管理部行政处罚信息公示》（银管罚〔2020〕17 号、18 号），载中国人民银行营业管理部（北京）网 2020 年 8 月 21 日，http://beijing.pbc.gov.cn/beijing/132030/132052/132059/4075779/index.html。

业务量大且险种丰富。在保险业务过程中，该公司对于工作中应尽的反洗钱义务有所忽视，根据《保险业反洗钱工作管理办法》的规定，保险公司有识别客户身份、保存客户身份资料和交易记录、报告大额和可疑交易等反洗钱义务，对于违反规定的行为，该管理办法第36条规定，由保险监管机构责令限期改正、约谈相关人员或者依法采取其他措施，同时第38条规定，达到案件责任追究标准的，应当依法追究案件责任人的责任。

（五）其他金融业反洗钱案例——以"YF支付有限公司处罚"为例①

中国人民银行营业管理部行政处罚银管罚〔2020〕27号显示，YF支付有限公司因涉及未按规定建立落实预付卡业务相关制度、未按规定落实商户巡检义务、未按规定管理特约商户资料、未及时发现处置特约商户转接支付接口的情况、未按规定进行资金结算管理、未按规定开展条码支付业务、未按照规定履行客户身份识别义务、未按照规定保存客户身份资料、未按照规定报送可疑交易报告九项违法违规行为，于2020年9月25日被警告并没收违法所得218万元人民币，处罚款1234万元人民币，合计1453万元人民币。

根据中国人民银行《条码支付业务规范（试行）》《非银行支付机构网络支付业务管理办法》等相关规定，商业银行及支付机构在开展条码支付业务时应遵守客户实名制管理规定，遵守反洗钱法律法规要求，履行反洗钱和反恐怖融资义务。YF支付有限公司未能履行客服身份识别义务、未保存客户身份资料、未按规定报送可疑交易报告等行为属于对反洗钱义务的违反，因此该公司及主要负责人受到行政处罚。

四、国际及主要国家主要反洗钱组织和机构简介

（一）美国金融犯罪执法网络

美国作为世界第一大经济体，其反洗钱行动受到世界的关注和重视。美国的反洗钱监管体系核心美国金融犯罪执法网络（Financial Crimes Enforcement

① 参见《人民银行营业管理部行政处罚信息公示》（银管罚〔2020〕27号、28号、29号），载中国人民银行营业管理部（北京）网2020年9月30日，http：//beijing. pbc. gov. cn/beijing/132030/132052/132059/4106573/index. html。

Network，FinCEN）是一家隶属于美国财政部的金融情报机构，成立于 1990 年，其核心职能是为美国国内各级执法部门和国际执法部门提供情报支持，处理反洗钱工作的数据收集和应用，协调各部门的监管活动。FinCEN 是美国开展洗钱信息收集、信息传递、情报支持的枢纽，对市场交易数据、银行客户信息等内容高度敏感，通过对信息的整合分析，向执法部门开放数据库，提供交易和账户信息，以辅助执法部门对可能存在洗钱犯罪的活动及时追踪和打击。

（二）反洗钱金融行动特别工作组

反洗钱金融行动特别工作组（Financial Action Task Force on Money Laundering，FATF）是预防洗钱犯罪并协调反洗钱国际行动的政府间国际组织，由七国集团召集七国集团成员国、欧盟委员会和其他八个国家的政府首脑于 1989 年在法国巴黎成立，具有巨大的国际影响力，其制定的《40 + 9 项建议》(the 40 + 9 Recommendations)① 是世界反洗钱和反恐怖融资的最权威文件。2007 年中国正式加入 FATF 成为其成员并于 2019 年接任 FATF 轮值主席。

当前 FATF 工作主要由三部分组成：一是推广反洗钱信息，通过在不同地区开展区域性反洗钱合作，促进全球反洗钱网络的建立；二是监督各成员国执行 FATF 颁布的建议，通过成员自评估和互评估，监督各成员完成情况；三是关注和促进反洗钱行动的发展，研究、探索洗钱的发展趋势，及时修改完善反洗钱 40 条建议和反恐怖融资 9 项特别建议，防范洗钱犯罪。②

（三）OFAC

OFAC 隶属于美国财政部，成立于 1950 年，致力于管理和执行所有基于美国国家安全和对外政策的经济和贸易制裁，包括对一切恐怖主义、跨国毒品和麻醉品交易、大规模杀伤性武器扩散、洗钱、恐怖融资行为进行金融领域的制裁。

---

① 1990 年 4 月，FATF 发布了含有 40 项反洗钱建议的报告，旨在提供打击洗钱活动的全面行动计划；2001 年 10 月，FATF 提供了八项特别建议来处理恐怖融资问题；2004 年 10 月，为进一步加强打击洗钱和恐怖融资，公布了第九项特别建议，统称为《40 +9 项建议》。

② 参见畅捷支付：《关于 FATF 对中国反洗钱和反恐怖融资互评估报告的解读》，载搜狐网 2020 年 4 月 10 日，https：//www. sohu. com/a/386857897_ 711359。

OFAC的制裁共分为六种，分别是国家和个人的制裁、反恐怖主义制裁、反大规模杀伤性武器制裁、反毒品和麻醉品交易制裁、古巴制裁和其他项目制裁。每个领域的制裁都有美国法律法规作为法律依据，且授予了OFAC长臂管辖权及冻结可疑账户资产的权利。OFAC的制裁名单在一定程度上为美国和世界的金融机构反洗钱工作提供了指引。

（四）沃尔夫斯堡集团

沃尔夫斯堡集团（the Wolfsberg Group）是由13家国际知名商业银行于1999年联合组成的组织，目的在于发展防治金融犯罪的合作，尤其是发展KYC制度、反洗钱和反恐怖融资制度。沃尔夫斯堡集团致力于发展私人银行业的反洗钱指南，其与透明国际（Transparency International）和瑞士巴塞尔大学刑法与犯罪学教授马克·皮特（Mark Pieth）一同提出了国际私营银行全球反洗钱指南——“沃尔夫斯堡规则”。《沃尔夫斯堡私人银行反洗钱原则》[The Wolfsberg Anti – Money Laundering（AML）Principle for Private Banking]于2000年问世，并于2002年及2012年修缮。该文件由全球私营银行指南、代理银行[①]指南以及反恐怖融资指南三部分组成，并对私营银行提出明确规定：（1）银行只受理财富和资金合法的客户，建立客户身份识别程序，并且在完成识别程序后才能受理客户业务；（2）要求指定人员遵循必要的规则原则，且在收集代理银行商资料时应酌情考虑相关因素是否会存在高风险；（3）明确提出金融机构应协助政府打击恐怖主义，应采取已有的监控措施确认金融交易与恐怖融资是否有关，允许金融机构在自身的数据库中保留并在内部共享从官方名单中获取的信息。2019年5月14日，沃尔夫斯堡集团出台了《客户反逃税指引》（Wolfsberg Guidance on Customer Tax Erasion），主要从反洗钱角度探讨反逃税的管理问题，针对客户利用金融系统将逃税所得进行洗钱的问题进行规定，对商业银行加强反逃税管理、打击逃税洗钱具有重要借鉴

---

① 代理银行指的是一家银行为另一个金融机构提供现行的或其他债务账户及有相关服务的银行，主要被用来满足对方银行现金兑换、资产变现管理、短期贷款或投资的需要。

意义。[①]

（五）巴塞尔银行监管委员会

巴塞尔银行监管委员会（Basel Committee on Banking Supervision），原名为银行法规与监管事务委员会（the Committee on Banking Regulations and Supervisory Practices），1975 年 2 月在巴塞尔的国际清算银行的主持下，由 12 个国家的银行监督管理官员组成建立，主要职能是对国际融资活动进行有效的国际监督和管理。1988 年 12 月，巴塞尔委员会签署《关于防止利用银行系统用于洗钱的声明》（Prevention of Criminal Use of the Banking System for the Purpose of Money – Laundering），并对金融机构提出了 KYC 的规定：商业银行应采取适当措施了解客户的真实身份，且不能与未提供身份证明的客户进行重大业务交易。2001 年巴塞尔委员会公布了《银行对客户的谨慎调查》（Customer Due Diligence for Banks），再次强调 KYC 原则的重要性，并对商业银行监管当局提出更为具体的客户尽职调查要求。[②] 巴塞尔委员会在《银行对客户的谨慎调查》中规定：在账户开设以后和使用账户的过程中，为了对客户情况进行监控，了解其经营情况，为可能发生的争议、诉讼和刑事调查提供证据，商业银行还需要将在身份验证中获得的资料和信息以适当的形式记录，自相关账户被关闭之日起至少保存 5 年。[③]

巴塞尔委员会自成立以来就致力于商业银行监管的规制问题，确立了商业银行监管的基本原则和标准，经过数十年的发展，巴塞尔委员会制定和发布的许多规则已成为国际银行监管的主要依据，现在的商业银行反洗钱监管合规基本都出于此。巴塞尔委员会虽然不是严格意义上的商业银行监管国际组织，也没有任何国际监管的正式职责，但事实上，其已成为商业银行监管国际标准的制定者。

---

① 参见苏如飞：《沃尔夫斯堡集团〈客户反逃税指引〉借鉴》，载《中国银行业》2019 年第 11 期。

② 参见崇昌海：《中外金融机构反洗钱法律制度研究》，厦门大学 2009 年硕士学位论文，第 14 页。

③ 参见张阳：《国际反洗钱规范透视》，中国财经经济出版社 2004 年版，第 302 页。

五、中国商业银行反洗钱现状的不足

（一）国内反洗钱规制的不足

中国人民银行及其他有关部门在不断加强对洗钱活动的打击力度，逐步加强对金融机构反洗钱规制的监管。2020年2月10日，HT证券股份有限公司因未按规定履行客户身份识别义务、未按规定报送可疑交易报告以及与身份不明的客户进行交易，被处以1010万元的罚款;[①] 2021年2月5日，中国人民银行开出2021年度首张罚单，针对ZX银行未按规定履行客户身份识别、未按规定保存客户身份材料和交易记录、未按规定报送大额和可疑交易报告以及与身份不明的客户存在交易等四项违法行为，处以2890万元的罚款，并对ZX银行相关负责人处以2.5万~8万元的罚款。[②] 虽然近年来中国反洗钱和反恐怖融资监管体系逐步完善，但是面对日趋复杂和隐蔽的洗钱活动，银行仍需就以下几方面进一步规范和强化。

1. 反洗钱内部规制需继续完善

首先，客户身份识别制度实施有效性不足。身份识别是反洗钱的基础和前提，商业银行目前尚未建立完善的反洗钱“黑名单”数据库，商业银行对待反洗钱监管存在流于形式、怠于尽职的情况，对客户身份的了解程度不高，这就导致商业银行内部的客户风险分类混乱，甄别能力偏低，对高风险客户的识别能力弱等问题。除了商业银行的主动性缺乏之外，员工识别能力不足和对客户风险进行分类的标准含糊也导致其客户识别实施不力。2018年中国人民银行对洗钱行为实施行政处罚396笔，其中157笔是由于未履行反洗钱义务所致，占总数的39.64%。[③] 同时，由于客户普遍缺乏对反洗钱政策的了解，不愿意透露收入情况等与反洗钱认定相关的信息，商业银行进行客户身份识别调查时普遍遇到较多障碍。

---

① 参见《银罚字【2020】23号-27号》，载中国人民银行网2020年2月14日，http://www.pbc.gov.cn/zhengwugongkai/4081330/4081344/4081407/4081705/4089650/index.html。

② 参见《银罚字【2021】1-15号》，载中国人民银行网2021年2月15日，http://www.pbc.gov.cn/zhengwugongkai/4081330/4081344/4081407/4081705/4188816/index.html。

③ 参见孙玲：《我国反洗钱监管体系现状分析》，载《法治与社会》2020年第2期。

其次，大额和可疑交易报告制度存在缺陷。本制度存在的意义是商业银行在处理业务过程中出现超过一定金额或有洗钱可能性时，向中国人民银行汇报，分为大额交易报告和可疑交易报告两类。由于洗钱犯罪的原始形态主要是现金交易，因此现金缴存应为重点的监管对象，但是由于商业银行在主观上未必愿意进行严格审查、控制或拒绝受理缴存业务，给洗钱造成了一定的便利。①

再次，目前的反洗钱监管缺乏专门针对跨境洗钱的相关制度。在外汇管理方面，也仅在个别政策中简单提及，缺少专门的法律政策。特别是对非居民外汇收支，缺乏相应的反洗钱政策，对非居民（尤其是外国政要人员）跨境洗钱行为进行监管没有相应的制度依据。

最后，及时更新客户身份资料和交易记录保存制度存在困难。客户身份资料和交易记录是反洗钱监测的主要证据来源，商业银行在记录客户身份信息和交易记录时，由于主观懈怠或客观上出现软件系统错误等原因，户名不正确、无联系方式、无地址等客户信息不完整情况时常出现，同时，有些客户身份信息更新严重落后，如法人客户股东变更、地址变更等问题，在银行系统中迟迟没有更新，商业银行没有充分发挥主观能动性来处理客户信息的实时更新，导致客户资料时效时常远远落后于反洗钱监管需要，给监管带来了不便。

2. 反洗钱人才队伍建设仍需加强

洗钱犯罪具有隐蔽性、专业性和复杂性，时至今日，随着互联网时代的到来，洗钱犯罪的手段变得更加莫测，犯罪领域逐渐国际化。为实现反洗钱行动的有力高效，反洗钱人才需要具备金融、法律、互联网、外语等专业知识，这对反洗钱工作人员是巨大的考验。目前银行业存在员工反洗钱意识不强且普遍缺乏反洗钱工作经验的问题，对国内外反洗钱措施和案例了解不足，难以应对日趋复杂的洗钱犯罪。基层工作人员专业素质有限，且普遍存在兼任反洗钱工作的现象，工作强度较大导致反洗钱工作仅限于查看反洗钱系统中的异常数据，尽调方式基本限于电话核实等简单操作。同时，商业银行一线员工的人员

---

① 参见钟滨、徐浩、郭信艳：《基层金融机构反洗钱工作存在的问题与建议》，载《科技情报开发与经济》2006 年第 1 期。

流动性较大，而反洗钱工作是需要长期积累经验才能熟练掌握的，专业知识的缺乏使员工无法准确辨认洗钱犯罪，进而导致洗钱的成功。

3. 商业银行与政府联动机制亟须完善

反洗钱工作是一项庞大的打击犯罪工程，商业银行与各政府机构应当多部门协调，形成完备的反洗钱体系和信息收集制度。目前，虽然中央层面建立了由23个部委组成的部际联席会议，在国家风险评估、战略制定等方面取得了显著成果，但正如FATF在2019年反洗钱反恐怖融资互评①中提到的，我国尚未采取相关措施来确保主管部门能够及时获得关于法人的权力和控制的充分、准确和及时的资料。同时，我国法人基本信息的准确性和反洗钱义务机构的客户尽职调查水平也影响了我国受益所有权信息“组合机制”的成效。因此，我国亟须建立一套集中统一的受益所有权信息登记系统，赋予主管部门可以直接查询或立即获取全面、准确的受益所有权信息的能力。

具体到我国的商业银行，主要依靠内部反洗钱系统对洗钱犯罪进行数据评估，与政府的联动存在不足。反洗钱工作综合性强、复杂程度高，时常会需要与其他上下游企业，以及公安、法院、市场监管等部门进行联合治理，若没有政府居中协调，商业银行很难准确掌握相关信息，不仅造成了工作的重复和信息不对等，延误时间，也会严重影响反洗钱工作的进展。

对于企业来说，政府的市场监管、税务部门负责企业的注册和登记管理，需要对企业的真实性负责，若企业是从事洗钱的皮包公司或出现税务问题，则需要及时与商业银行进行协调，帮助商业银行做好反洗钱工作。账户的检查工作对于商业银行来说是十分烦琐复杂的，如果政府能够完善居中协调、联合治理洗钱犯罪的机制，那么商业银行的工作量将得到大大减轻，也就有更多的时间去完善反洗钱制度、加强反洗钱人才队伍建设。政府的市场监管部门和税务部门通过网络公开企业的相关信息，对于存疑的企业，政府应第一时间尽到对商业银行的提醒义务，使商业银行能在第一时间对疑似洗钱的账户进行资金冻

① See *Anti – money laundering and counter – terrorist financing measures Mutual Evaluation Report: People's Republic of China*, FATF (April 2019), https: //www. fatf – gafi. org/media/fatf/documents/reports/mer4/MER – China – 2019. pdf.

结，大大提高反洗钱工作的效率。

4. 商业银行的反洗钱义务与保密义务有待协调

商业银行对客户身份信息具有保密义务，一般情况下商业银行不会主动获取客户的不相关个人信息，对客户提供的信息仅作形式审查。而商业银行的反洗钱义务要求其必须详细识别客户信息，对于可疑交易及账户，商业银行需要审查其用途、资金流向、户主身份信息等内容，必要情况下还需向相关政府部门提供详细的客户交易信息。

实际上，在没有明确证据证明客户存在洗钱行为时对账户进行的尽职调查，一旦被客户知悉，会造成客户对自身隐私权受到侵害的认知，对商业银行的商誉及营利造成不利影响。同时，本着审慎原则，商业银行会对可疑客户进行详尽地询问，容易引起客户的反感和不配合情绪，同时商业银行本着服务至上的态度，因担心客户的差评与投诉，可能会简化甚至放弃反洗钱尽职调查工作。

另外，商业银行在尽职调查中会获取到大量的客户信息数据。而基于反洗钱义务，商业银行会将这些客户信息数据保存一段时间。这就对商业银行在保管和处理客户信息时的保密义务提出了要求。而近两年中国银保监会开出的罚单①也从实践中体现了监管层面对商业银行妥善处理和保管其在开展业务过程中获取的信息的要求。反观实践中，商业银行在保护个人信息的实操程序上也缺乏统一的管理机制。存款业务、电子银行、信用卡业务、代理保险业务都有各自的规定，貌似构建了完整的个人信息保护机制，但实际上多是原则表述，无法覆盖金融业务的全流程。而每一项业务，都可能成为客户个人信息泄露的窗口。因此，商业银行对基于反洗钱业务收集的客户信息在确保其真实性的同时也要通过建立统一的客户信息数据管理体系和机制等方式来保障信息的安全。

5. 洗钱风控体系仍需完善

首先，商业银行在风控防范和控制体系中存在漏洞，对洗钱风险的应对不

① 参见《中国银保监会舟山监管分局行政处罚信息公开表（舟银保监罚决字〔2020〕6号）》，载中国银行保险监督管理委员会网2020年4月23日，http：//www.cbirc.gov.cn/cn/view/pages/ItemDetail.html？docId＝899481&itemId＝4115&generaltype＝9。

足。在反洗钱风控管理方面存在诸多问题，如未对存入客户账户的现金及第三方存款进行审查，未能有效地监察客户账户内交易，未采取足够措施来持续性监察与高洗钱风险账户的交易来往等问题，严重影响了反洗钱工作的效率。

其次，商业银行风险自评估工作尚不完善，存在未进行风险评估或流于形式的问题。风险自评估是风控体系的基础，通过风险评估可以有效测算出固有风险，才能通过制定相关规制措施达到风险最小化，部分商业银行没有成立专门的自评估机构或委托外部专门机构进行自评估工作，风险评估形式主义严重，未将洗钱风险评估纳入日常工作中，无法为自身反洗钱工作提供保障。

（二）应对国际规制的不足

2019 年以来，中国反洗钱和反恐怖融资互评报告先后通过了 FATF、欧亚反洗钱和反恐怖融资组织（Eurasian Group on Combating Money Laundering and Financing of Terrorism，EAG）等国际反洗钱组织的审议，中国正在积极完善跨境反洗钱监管，另外，多家中国企业被列入美国实体名单等问题再次在国内引起轩然大波。随着海外监管规则的日益严苛，中资银行面临着越来越大的反洗钱压力。虽然一些制裁中蕴含政治因素，但是对于任何一家海外中资银行来说，提高自身合规能力和反洗钱能力才是当务之急。随着国外对洗钱、恐怖融资等犯罪活动的监管和处罚越发严厉，中资银行的应对显得疲软无力，自身综合水平亟待提高。2016 年中国 NY 银行纽约分行因涉嫌为阿富汗、土耳其、也门、俄罗斯、伊朗等受制裁国家提供金融服务，而被纽约金融服务局处以 2.15 亿美元的处罚，① 自身规制制度的缺失和漏洞造成了巨大的经济损失，这无疑是对海外中资银行的警示。

1. 合规意识有待提高

首先，由于我国反洗钱活动起步晚，惩罚力度低，加之对国际社会反洗钱制度了解不足，近年来海外中资银行时常受到国外反洗钱机构和政府执法部门的警告和处罚。其次，中资银行的反洗钱预防能力不足，商业银行内反洗钱系统的功能设置不全，客户风险评估、交易监控、“黑名单”查找等模块存在漏

① 参见许井荣：《农业银行纽约分行反洗钱巨额处罚案的原因及启示》，载《中国信用卡》2017 年第 4 期。

洞，对于海外中资银行来说，其客户风险评估和交易监控的本地化程度要求较高，若系统更新不及时则很容易与 OFAC 等制裁名单相重合，造成洗钱风险的加大。

同时，因经营绩效的压力，一些中资银行的合规经营意识不强，合规管理制度仅停留在浅层技术层面，对管理层决策的约束力不强。从近年来对中资银行的几起典型处罚案例看，高层合规意识淡薄的危害性远高于基层工作人员。对于基层工作人员来说，如果反洗钱系统存在漏洞，则相关人员很容易利用漏洞规避客户信息上报、交易保存等报送流程。

2. 阻断类立法需尽快完善

阻断法，是指为应对国外单边制裁而存在的，通过立法的方式打破单边法律的有效性，从而维护本国企业和个人在海外的合法经营权益的法律。20 世纪 90 年代以来，联合国通过一系列的决议，要求废除对他国企业和个人强加的单方面域外法律和措施，部分国家先后出台了相关立法，阻断其他法律的域外效力。目前美国由于拥有远超其他国家的经济实力和军事实力，其单边金融制裁和长臂管辖原则对他国的企业和个人具有强大的威慑力，但有些制裁是违背国际条约和惯例的，存在对他国企业和个人权利的严重侵害。在此背景下，2018 年欧盟发布了第 2018/1100 号委员会授权条例（Commission Delegated Regulation（EU）2018/1100 of 6 June 2018，以下简称《阻断法案》）并正式生效，以应对美国的单边法律政策对欧盟国家企业的打压。通过《阻断法案》的适用，美国所作的单边法律制裁不再适用于欧盟境内，当欧盟机构和个人因不符合国际条约的域外法遭受损失时，允许其向导致这些损失的自然人或企业寻求赔偿。同时，当不遵守域外法管辖可能对其利益产生严重损失时，允许欧盟人员申请例外授权，进而获准遵守《阻断法案》列明的域外法。

2018 年以来，中美两国关系持续紧张，特朗普政府先后通过加征关税、以违背“特别指定国民”名单为由制裁中国军方高级官员及相关部门、利用出口管制措施对中国高科技等领域进行限制等方式对中国进行打压排挤。同时随着中国综合国力的迅速提升，中国海外利益规模在逐年扩大，相关法律风险陡增。国家和政府作为企业海外利益的保护者，建立海外利益保护机制是当前背景下的必然选择。

为了维护自身的正当权益，避免有些外国法律与措施的不当域外适用，2021年1月商务部发布了《阻断不当域外适用办法》，其中确立了信息报告、禁令制度、司法救济等阻断机制，使中资企业可以在法律层面上反制外国法的不当“长臂管辖”，也为受到外国法律和制裁影响的中资企业提供了救济渠道。《阻断不当域外适用办法》主要包括五个方面的内容：（1）中国企业和个人在遭受域外法律不当适用时，30日内向有关部门报告；（2）有关部门对是否存在不当适用进行评估确认；（3）经评估确实存在不当域外适用的，由国务院商务主管部门发布禁令；（4）中国企业或个人因外国法律不当域外适用而遭受损失的，可向国内法院起诉要求赔偿；（5）对违法如实报告义务或不遵守禁令的行为予以处罚。

《阻断不当域外适用办法》是我国立法的一次进步，对于保护中资企业在国外的人身和财产安全具有重要意义。但是由于《阻断不当域外适用办法》是由国务院下属部门制定的部门规章，也是目前国内唯一一部具有阻断效力的规章，带有试点性质，内容主要为原则性规定，很多问题具有不确定性，有待进一步完善和细化，且部门规章的效力低于全国人民代表大会制定的法律，无法为中资企业提供最佳保护，需要国家采取后续配套措施和立法予以跟进。

第三节　中国商业银行法律应对措施

面对当前严峻的规制形势，中国的商业银行在开展业务时，应当成体系地采取法律上的应对措施。具言之，短期看，商业银行面对金融制裁，在寻求国家阻断法上的救济的同时，也要充分利用各国际组织的争议解决机制；中期看，不断对反阻断相关立法进行完善；长期看，也是最核心的要求，是商业银行要加强合规建设，积极规范业务行为，在合规体系搭建之后，还需定期进行合规测试并不断根据政策及法规的变化进行调整和修改，及时应对发现的问题。

一、完善相关立法

（一）完善商业银行反金融制裁规制立法

全国人民代表大会常务委员会在 2011 年 10 月通过了《关于加强反恐怖工作有关问题的决定》，授权公安部门、反洗钱行政主管部门对恐怖活动组织和个人的资产采取冻结措施，开创了中国资产冻结行政制裁制度。

2021 年 1 月 9 日，商务部发布了《阻断不当域外适用办法》。《阻断不当域外适用办法》针对国际制裁制定了包括当事人报告制度、针对外国法律措施的阻断禁令的工作机制和豁免制度以及对违反禁令侵害第三人情况的司法救济等一系列制度。这为中国公民、企业和其他组织在受到外国法律和措施的域外效力的不当侵犯时，从国家层面请求行政和司法救济提供了制度上的抓手。但值得注意的是，《阻断不当域外适用办法》目前仅是一个纲要，其中的规定多为原则性规定。例如《阻断不当域外适用办法》第 7 条规定了由商务部发布禁令来阻断外国法律和措施适用的工作机制和各主体不遵守禁令时应当承担的责任及被侵害方的司法救济途径。因为《阻断不当域外适用办法》未对遵守禁令的主体进行明确，除中国境内的各类主体外，其是否包括中国各类主体设在境外的机构，即便仅包括中国境内主体，但是如金融系统因为在行业系统上早已不分国界，在受到外国势力胁迫后，中国境内的主体如何应对？又如中国商业银行若在开展国际金融服务时，根据国际惯例同相关交易方约定管辖条款，将相关争议交由境外法院或仲裁机构管辖的，此处司法诉讼的适用就会变成中国商业银行是应当依照约定的管辖条款来寻求救济，还是应当引用《阻断不当域外适用办法》中的相关规定向中国境内的法院提起诉讼？另外，如果外国法院或仲裁机构作出的判决或仲裁结果对中国商业银行不利，中国的商业银行是否可以援引《阻断不当域外适用办法》中的规定在中国另行起诉来向交易相关方请求赔偿？这些问题目前都还没有明确的规定。同时，阻断规定属于部门规章，其法律层级较低，在适用时也会受到较多的限制。因此，当前国家层面对于国际制裁的阻断措施，仍需要立法的进一步完善，例如吸收欧盟《阻断法案》的经验，以国务院或全国人民代表大会有关部门牵头对信息报告、事前评估、禁令的作出、禁令的遵守、事后救济等基本制度内容及同行政、司法手段的衔接方式进行规定的一套系统的法律制度。

同时，香港根据英国的《1980年保护贸易权益法案》（The Protection of Trading Interests Act 1980）于1995年颁布了香港的阻断法《保护贸易权益条例》。香港自回归后，对该法案进行了多次修订并使之包括了当代阻断法的所有核心制度。在国家对阻断立法进行完善的同时要顾及同特别行政区立法的衔接，以便更好地让我国公民、企业和其他组织在受到外国法律和措施的域外效力不当侵犯时有更加明确的权利救济指引，也可以最大限度地实现维护我国企业的合法权益和实现我国阻断立法初衷之间的平衡。

另外，我国要加强对中资商业银行的指导，提高中资商业银行对于各类风险防范的意识，相关部门应当积极关注国际金融制裁，及时发布指导文件和预警信息并积极应对被制裁的威胁。此外，商业银行在制裁国的分支机构应严格遵守制裁国国内的相关金融制裁法规，当遇到某些涉及制裁风险的交易时，应事先向如OFAC等相关部门申请必要的一般许可和特别许可，尽可能地降低金融制裁的风险。①

（二）完善监管立法和其他相关部门立法

加强反洗钱和反恐怖融资监管是国际金融监管的发展趋势，是中国参与全球治理、扩大金融开放的重要手段。正如2019年FATF互评报告中指出的，我国应当更加严格地规范反洗钱、反恐怖融资的奖惩制度、完善跨境反洗钱监管制度及相关法律。我国反洗钱上游犯罪数量巨大，但直接以洗钱罪调查惩处地下钱庄、贪腐、法人洗钱的案件相对较少，对洗钱犯罪主观明知的标准过高，影响了进一步提升打击洗钱犯罪的成效。《刑法修正案（十一）》对第191条进行了修改，将“自洗钱”行为加入洗钱罪的规制范围之内，这在一定程度上改变了当前“重上游犯罪，轻洗钱犯罪”“重掩饰隐瞒犯罪所得罪，轻洗钱罪”的打击思维和做法。但相应的，“自洗钱”入刑只是“规”上的部分修改，接下来还需要对相关部门法及下位法进行相应的修改，并结合对新技术如中央银行数字货币等应用上的法律法规的完善，使之成为配套的成体系的可实

① 参见何波：《欧盟阻断法令情况及对中国的启示》，载《国际贸易》2019年第10期。

施制度，来使之可“制”。

在跨境反洗钱方面，一是要借助《反洗钱法》《外汇管理条例》修订的契机，进一步明确国家外汇管理部门的跨境反洗钱监管职责，充分发挥各相关部门（如外汇监管部门等）在跨境洗钱监管方面的优势；二是要全面梳理现有外汇和反洗钱制度，充分借鉴国际反洗钱的通行做法，将对跨境洗钱的监管与外汇管理有机融合，从客户身份识别机制、真实性合规性审核、异常情况下的尽职审查、可疑交易的控制和上报机制、审查相关信息的保存制度、内控制度等方面，发布、完善跨境相关反洗钱监管办法；三是要结合中央银行数字货币等新技术应用的规范和指导。人民银行研究局局长王信在 2021 年 4 月 1 日表示，“央行数字货币将主要用于国内零售支付，此前已在国内多个试点地区进行测试，测试场景越来越丰富，也考虑在条件成熟时、顺应市场需求用于跨境支付交易”。[①] 有了新技术的加持，跨境反洗钱监管将更加有力，但与此同时，也要通过对《人民银行法》《人民币管理条例》等相关法律法规的修改和完善来与之配套和衔接，从而切实加强对跨境领域和国内洗钱行为的监管。

对相关监管的完善在 2021 年 3 月 31 日中国人民银行、中国银保监会、中国证监会发布的《金融机构客户尽职调查和客户身份资料及交易记录保存管理办法（修订草案征求意见稿）》中也有所体现。中国反洗钱监管可以通过对反洗钱相关法规的完善，实现既加强对反洗钱工作的监管，又使商业银行通过对本国监管的遵守来实现对可能的国际金融制裁的规避。

二、加强合规风险管理

（一）合规内控制度的完善

合规风险管理是应对风险为本理念的基础，也是对抗经济制裁的必然手段。针对反洗钱规制的应对现状中的漏洞和问题，商业银行应当建立一套基于自身的经营水平和业务特点的洗钱风险内部控制框架，完善反洗钱内控体系：

---

① 参见新华社“新华视点”微博：《央行：数字人民币已在国内多个试点地区进行测试》，载央视网 2021 年 4 月 2 日，http：//news. cctv. com/2021/04/02/ARTIwWYOFVHzB0jrbs6vuVoV210402. shtml？ spm = C96370. PPDB2vhvSivD. EZ4sRtXz56aB. 3。

1. 建立全面的反洗钱内控制度，完善洗钱风险管理制度

一方面，商业银行要健全自身反洗钱内控制度，应尽快在原有的内控机制的基础上，完善培训学习、违规处罚、绩效激励等配套制度体系建设；将跨境业务反洗钱和恐怖融资风险的识别和控制的执行情况纳入内部考核评估之中，明确各项业务责任范围和责任追究机制。① 另一方面，商业银行要加强组织管理，应根据政策要求，依托已有的合规委员会、反洗钱委员会等进一步健全董事会、监事会、高级管理人员的履职模式，加强洗钱风险统筹管理，规范业务部门、反洗钱管理部门、内部审计部门、人力资源部门、信息科技部门、境内外分支机构和相关附属机构在洗钱风险管理中的职责分工，形成组织健全、结构完整、职责明确的洗钱风险管理架构和运行机制。

2. 建立完备的风险防控体系

首先，依托已有的基于客户特性风险、地域风险、业务风险、行业职业风险的客户反洗钱反恐融资风险等级评级体系和定性定量标准。同时，针对风险等级评级体系对跨境业务相对应的部分进行完善，并要建立相应的定性定量补充标准。

其次，加强客户准入管理。商业银行要完善对客户的尽职调查措施，在主抓自然人客户反洗钱风险评估的同时加强对企业、其他组织类客户的评估，并加强开户环节客户身份、开户动机的识别。在对企业、其他组织类客户进行尽职调查时应当对客户的组织架构进行分析判断，尤其是当企业存在若干层的复杂股权结构甚至是存在利用离岸账户（Non－Resident Account，NRA）的情况时，应当着重注意确定客户的最终受益人，以方便后续工作。

再次，确保存量客户信息的准确性。持续对商业银行存量信息进行全方位的整治行动（如定期对商业银行存量信息进行评估和审查），确保商业银行所保存的客户基础信息的完整性和准确性。提升名单管理（如从购买相关公司的名单管理服务时起就应当多注重其名单维护服务等是否同自身业务相匹配，名单更新效率等因素）、洗钱风险评估等水平。

---

① 汪灵罡：《跨境业务反洗钱反恐融资工作操作手册》，载微信公众号“跨境金融监管”2021年1月31日，https：//mp. weixin. qq. com/s/sUJjPm0pUZFG4A0JvqEfHQ。

最后，要以客户为单位建立账户全生命周期管理制度。开发和运用金融科技和大数据监测系统，持续监测业务关系存续期间客户风险变化，对客户风险进行分类分级管理，对企业、其他组织类的客户要结合金融风险的多样性与善变性，在首次评估之后，后续定期进行阶段性评估监督，对于不满足监管要求的账户应视情况对其采取限制账户使用，直至解除客户关系。加强客户资料保管，自相关账户被关闭之日起至少保存5年，以应对监管审查需求，并在没必要时可为制裁寻求救济提供依据。

3. 加强风险监控，持续对可疑交易监测模型进行优化

首先，依照中国人民银行的可疑交易标准，不断优化可疑交易监测模型。除要根据自身开展业务的实际情况和各分支机构的业务特点，及时对可疑交易监测模型进行优化，对可疑交易分析甄别机制进行完善外，商业银行也要在实际业务中跟踪并动态调整模型指标及参数，建立监测模型生命周期管理要求，以提高模型触发案例的上报率。① 同时，要积极运用司法机关已经宣判的洗钱案件信息进行复盘，以案件为导向回溯查看分支机构和工作人员反洗钱履职是否到位，针对性发现分支机构和工作人员存在的风险隐患。

其次，加强与相关部门的协同。商业银行要重点关注相关部门移送的可疑账户线索或预警，配合相关部门借助自身所收集、保存和处理的客户相关数据，对线索进行深挖，对可疑的客户、受益所有人以及交易对象进行排查。

再次，加强动态风险的监测和分析。在商业银行新业务、新业态不断呈现与快速发展的过程中，新的洗钱犯罪手段层出不穷。商业银行在严格遵守法律法规及监管要求的同时，为了避免因漏报而导致的制裁风险，也要不断关注新业务、新业态的变化并及时对其中存在的洗钱风险进行分析。在对账户和信息进行监控时，为保证全面的监控，应当注重数据实时监测和数据回溯匹配双向并举，数据实时监测主要是指在客户新开户及发生新的交易时，对于相应的涉恐等制裁名单中的人员信息进行实时匹配监测，而数据回溯匹配是指对于新近变动后的涉恐等制裁名单中若干年内的账户和交易信息进行回溯性筛查。

① 参见刘丽丽、尚姝慧：《“3号令”对商业银行反洗钱系统建设的挑战及应对》，载《金融电子化》2018年第3期。

另外，要建立和维护特别名单库。实时关注相关国际组织、国家或有关部门的制裁名单和监控名单，及时对特别名单库进行更新，并对涉及名单中人员的账户、交易记录等信息及时进行通知或做出相应处理措施。

最后，商业银行应当在明确分工的基础上，加强岗位制约审核审批功能的设置。可疑交易报告的上报流程如图9－1所示，需要先经过负责数据监测的岗位和部门进行甄别分析，之后交由负责复核的岗位和部门进行复审，接着交给负责审批的岗位和部门进行审查，最后在审定岗审定确认后上报至中国人民银行。这样将大幅提高报告的质量，从而使报告在反洗钱工作中的作用大幅增强。

图9－1　可疑交易报告上报流程

4. 加强信息数据系统建设

商业银行的数据真实和数据安全义务是一体两面的。商业银行在开展业务的过程中无论是出于应对管制的需要还是业务经营的需要，会大量地采集、保存和处理客户的个人身份、账户和交易信息。有时商业银行还需要将这些信息数据同若干相关监管部门共享，商业银行所收集的客户信息数据将会根据需要在不同监管部门之间传输。因此，商业银行开展业务时，既要追求客户信息的真实有效，也要在收集、适用、储存、加工客户信息数据时注意尽到数据安全保护的义务。

首先，商业银行要建立健全信息系统互联互通和共享机制。商业银行客户信息系统要与中国人民银行账户管理、征信系统和公安、市场监管、税务等专业部门以及对国际制裁相关名单预警的相关机构的信息系统进行联通，借助专业机构提高风险识别的效率，降低反洗钱成本。

其次，商业银行要根据监管要求加强客户信息数据管理。在信息数据的收集方面，应当采用合理的手段依法进行收集，并将信息收集的内容、保存、加工和使用信息告知客户；在信息数据的保存方面，应制定统一的标准化的客户信息数据管理制度，对客户、账户、交易记录等相关电子化信息进行妥善地保管和处理，为洗钱风险管理提供必要的数据支持；在信息数据的处理方面，开展业务活动时，商业银行要履行相应的义务，将所收集的关于客户的各种信息及对信息的使用进行相应的处理，确保数据安全，在反洗钱的同时更合理地对客户信息进行保护。

同时，商业银行要引入大数据、云计算、区块链等互联网新技术，要充分发挥金融科技的积极作用，在确保信息安全的基础上，建立及时、准确、完整采集和记录风险评估和客户洗钱风险分类管理信息、客户身份识别、客户身份资料及交易记录洗钱风险管理所需信息的反洗钱信息系统，以方便对洗钱风险进行识别、评估、监测和报告和对名单的实时监控和回溯性调查。在洗钱风险管理中做到及时发现、预警和处理。

相较于相关法律体系已较为成熟的欧美等国家和地区，中国的数据安全和合规法律建设在近几年才逐步成熟，以《民法典》，《网络安全法》，最高人民法院、最高人民检察院《关于办理侵犯公民个人信息刑事案件适用法律若干问题的解释》及《信息技术个人信息安全规范》为代表。《个人信息保护法（草案）》和《数据安全法（草案）》已提交全国人民代表大会常务委员会审议。随着国家对个人信息以及关键信息基础设施和重要数据保护的治理力度加大，主管部门已密集出台一系列新规。2020 年年初，以《个人金融信息保护技术规范》为代表的监管文件的陆续发布，以及密集发出的各类处罚通报，宣示着金融机构对个人金融数据的保护和履责刻不容缓。商业银行作为金融机构，在开展业务的过程中会大量涉及信息数据，信息数据的不安全因素将令商业银行面临侵权纠纷、行政处罚，甚至触发刑事风险。尤其是经历过“ZX 银行违规泄露客户信息事件”① 后，商业银行越发意识到违反监管查询和使用客

① 2020 年 5 月 6 日，ZX 银行未经个人金融信息主体授权对外提供个人账户交易明细一事引起轩然大波。5 月 9 日，中国银保监会发布《关于 ZX 银行侵害消费者合法权益的通报》。通报称，ZX 银行在未经客户本人授权的情况下，向第三方提供个人银行账户交易明细，违背为存款人保密的原则，涉嫌违反《商业银行法》和中国银保监会关于个人信息保护的监管规定，严重侵害消费者信息安全权，损害了消费者合法权益。同时，中国银保监会发布监管标准化数据（Examination & Analysis System Technology，EAST）系统数据质量与数据报送违规行为，多家银行被点名处罚，罚单共计 1770 万元。

户个人信息，泄露客户信息的行为将遭受巨额的罚金。数据的合规性以及网络产品对客户个人信息的保护设置已经得到越来越多的商业银行的重视。商业银行在应对信息合规监管时除了上述内容外，还应做到以下几点：

第一，应当建立或完善数据映射表，对商业银行（包括分支机构）现有个人金融数据分布渠道及收集现状进行摸底排查；第二，梳理现有业务线，按照现有业务线梳理个人金融数据应用的现状；第三，排查第三方合作现状及数据交互现状，并应区分委托处理、一般共享及共同控制形式区分管理第三方合作风险；第四，建立基本数据保护制度并检查其在各分支机构的贯彻实施；第五，排查个人信息主体权利保障机制是否健全并加以试运行。

5. 加强反洗钱宣传力度，培养专业化队伍

商业银行的合规建设，核心在于人才队伍的建设。商业银行一方面应该组织多层次、多形式、高频度的反洗钱专业培训，进行反洗钱案例和经验分享，鼓励员工参加反洗钱的资格考试，增强员工的反洗钱合规意识和反洗钱的业务能力，以增强洗钱风险防范意识，培养专业化的反洗钱队伍。另一方面，商业银行在综合考虑自身业务范围的基础上，需要同各专业机构建立起长效联系机制，请相关专业机构对以商业银行高管及合规、审计等重要部门和重要岗位的从业人员为主的员工进行定期培训，提高员工工作中的合规意识，并在遇到紧急事件时可以随时通过内外联动来共同应对，从而达到最大限度地维护商业银行合法利益的目的。

反洗钱宣传和反洗钱队伍的培养在商业银行反洗钱建设上同样重要。商业银行要组织开展多渠道、多形式的反洗钱宣传活动。商业银行一方面可以在各营业网点发放反洗钱的宣传折页，播出 LED 滚动宣传标语等；另一方面可以通过网络平台进行反洗钱宣传推送，举办反洗钱知识竞答等活动，从而充分利用自身的线上线下渠道优势进行反洗钱宣传。

（二）建立完善的合规测试工作模式

正如前文提到的，当业务需求和防洗钱监管工作存在矛盾时，基层商业银行往往容易出现不遵守反洗钱规制的道德风险，进而削弱反洗钱防线的实效性。在客户身份识别、可疑交易上报等原有反洗钱工作手段因业务需求而丧失

实效性时，制定合理、行之有效的合规测试将成为缓释商业银行风险的不二选择。其重点在于要建立完善的合规测试工作模式。

合规测试的基本逻辑是要对照合规要求，检查商业银行反洗钱工作遵循情况，以免将“洗钱风险”这一大问题固化为僵化的流程。因此从宏观角度合规测试相关的制度和执行的完善应当在提高设计的合理性的同时着力于增强运行的有效性。

1. 提高制度设计的合理性

设计有效性要求制度的设计必须体现合规要求并将其内化。因此，合规测试的制度建设应当从具体操作方式入手进行细致化规定，为该工作的进行提供规范依据，从制度层面指引合规测试工作的展开。

2. 增强制度运行的有效性

制度设计的目的在于有效的执行，合规测试的运行方式应当包含如下步骤:① 第一，不断更新合规要求清单。对相关国内国际金融监管法规进行整理的同时，总行要不断根据内容相关性将监管法规同现有合规要求进行整合，不断更新合规要求清单。商业银行的各分支机构在具体运行合规的测试项目时，一方面要落实总行不断更新的合规要求清单，另一方面也需要对自身合规实践和案例进行梳理，针对自身特点设定相应的合规要求并上报总行。第二，开展风险评估。商业银行总行应当根据自身情况，首先评估各项合规要求的固有风险、控制环境，在进行比对计算后，将评估结果依据违规的可能性和违规后果的严重性来分成若干等级。各分支机构可依据自身经营业务情况进行适当的调整。第三，制订相应的测试计划，根据风险评估结果制定定期的合规测试计划，明确各等级合规测试的频率。一般可分为一年一次、两年一次、三年一次，风险越低频率也有所降低。第四，依据合规要求清单，检查商业银行各机构的合规计划落实情况和有效性情况。可分别通过对各分支机构发出通知、组织制订合规测试计划、撰写合规测试运行脚本、组织合规设计和运行、出具合规测试报告等阶段来运行合规测试。最终得出的合规测试报告应当在针对测试

① 参见戴妙书:《欧美商业银行反洗钱合规测试与质量保证实践及启示》，载《农村金融研究》2019 年第 8 期。

内容作出评级并指出发现问题所具有的风险等级的基础上，对其潜在影响进行分析并提出相应的改进建议。合规测试可采取调取查阅相关档案、审阅各分支机构、组成部门的制度、同员工访谈沟通等的工作方式进行。第五，及时整改并对结果进行验证。各部门和分支机构应及时对通过合规测试发现的各类问题进行整改，负责合规测试的部门或团队应当持续跟进整改并在整改结束后及时对整改结果进行验证，以保证整改结果的有效性。第六，落实上报机制，测试结果及整改进展将向商业银行各相关部门、合规部门负责人、管理层进行汇报。第七，落实记录保存制度，测试团队或部门应当对合规测试的各项文件进行归档保存，以便内部审查和监管检查时审阅（见图9－2）。

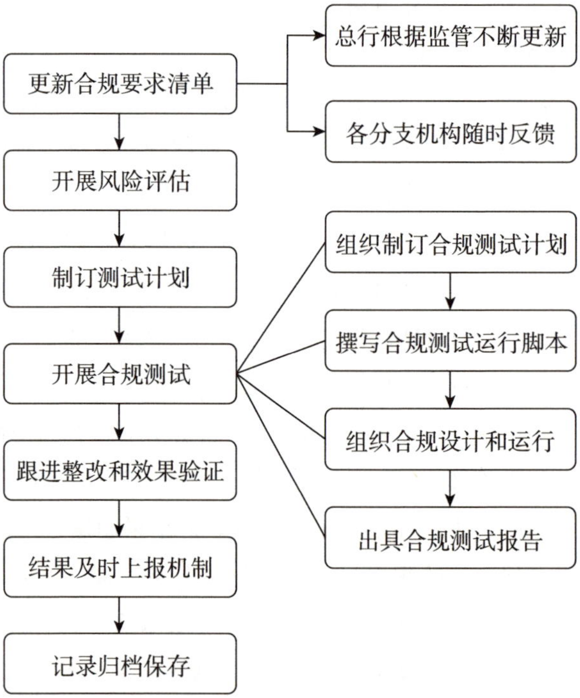

图9－2　合规测试工作流程示意

三、寻求国际民商法上的救济——制裁条款的引入

商业银行在开展国际金融业务时也可以通过设置制裁条款的方式来规避金融制裁风险。签订制裁条款是对客户进行风险提示和主张不可抗力免责的有力措施，制裁本身易受多重因素影响，因制裁措施变动等原因造成的金融服务禁止，金融机构可依法对客户主张免责。

另外，在因制裁而导致的合同纠纷时，另一个问题也值得关注，即制裁条款的效力应当如何认定。合同中制裁条款的效力应当考虑如下问题：一是法院地或仲裁地位于何处；二是合同准据法是哪一国法律；三是所涉及的制裁的来源。对于商业银行主要探讨以下几种情况：

第一，当合同的准据法为中国的法律，制裁来自联合国安理会的决议时。此时问题就转化为联合国安理会决议在中国的执行问题。[①] 但在实践中，联合国安理会的决议主要是通过外交部发布通知，然后由国务院其他部委将该通知转发给各有关下级单位，再由各相关单位予以具体执行。[②] 由于形成的文件往往法律层级不高，多以部门规章为主，法院在审判时也不能直接引用，而只能作为裁判说理的依据。因此，针对联合国安理会的制裁决议的适用中国准据法的合同，无法主张因违反中国法律强制性规定而无效。这种制裁条款是可以被中国法院承认的。

第二，当合同的准据法为中国的法律，制裁来自第三国时。此时的问题转化为合同应当适用中国法律的情况下，第三国实施的制裁是否具有高于合同的效力的问题。[③] 因为中国不承认除安理会作出的制裁外的其他国家实施的制裁，[④] 且外国经济制裁可能会被作为事实问题来对待。对于此种情况下的

---

① 参见杜涛：《国际商事合同中的经济制裁条款效力研究》，载《上海对外经贸大学学报》2020 年第 5 期。

② 参见黄风：《联合国安理会金融制裁措施的国内法实施程序》，载《法学》2006 年第 4 期。

③ 参见杜涛：《国际商事合同中的经济制裁条款效力研究》，载《上海对外经贸大学学报》2020 年第 5 期。

④ 参见王珂：《美制裁中国企业扰乱国际贸易秩序》，载人民网 2013 年 2 月 14 日，http：//politics. people. com. cn/n/2013/0214/c1001 －20485460. html。

制裁条款，当事人可依据《民法典》主张“不可抗力”来进行抗辩。

第三，当合同的准据法为国际惯例，制裁措施源于第三国时。例如在信用证交易中，根据 UCP600 第 2 条“信用证意指一项约定，无论其如何命名或描述，该约定不可撤销并因此构成开证行对于相符提示予以兑付的确定承诺”的规定，由于国际金融制裁的可执行性问题是由法院、国家监管机构或行政机关决定，金融机构只能被迫遵守。这对信用证的表明真实性原则提出了极大的挑战。认识到这一点后，国际商会银行委员会反洗钱工作组发布了《关于在受 ICC 规则支配的与贸易有关业务中（如信用证、跟单托收和担保）使用制裁条款的指导意见》［Guidance Paper on the Use of Sanction Clauses for Trade Related Products (e. g. Letters of Credit, Documentary Collections and Guarantees) subject to ICC Rules］,[①] 对制裁条款在实践中的适用情况统一规定并总结出三个样本,[②] 并在 2014 年认识到“制裁条款的广泛使用并给予开证行是否兑付的自由裁量权，将破坏信用证和见索即付保函的独立性原则，并造成极大的不确定性”后，国际商会作出了补充意见，要求制裁条款不应对商业银行在与其相关的交易中所作的承诺提出疑问。商业银行及其工作人员有责任让自己意识到在选择交易对象或服务供应商时必须谨慎。事实上，制裁条款作为合同的一部分，其效力仅约束双方当事人，对方当事人仅需承担内部的诚信义务，而且并不能免除单边制裁下商业银行的协助监管、拒绝交易等义务。其主要作用在于对合同双方进行警示。商业银行作为承兑行时，应当了解信用证当事各方的资信状况，还要调查基础交易各方当事人是否受到有关制裁措施的牵连。对于可转让信用证，转让行也应当将第二受益人的信息及时准确地通知开证行，

---

① See *Guidance Paper on the Use of Sanction Clauses for Trade Related Products* (*e. g. Letters of Credit, Documentary Collections and Guarantees*) *subject to ICC Rules*, ICC Commission (Mar. 26, 2010), https://iccwbo. org/content/uploads/sites/3/2010/03/Sanction - Clauses - Guidance - Paper - 2010. pdf.

② 其中包括排除银行义务的条款：“（银行）遵守美国、欧盟和联合国发布的国际制裁法律和条例（以及适用于开证机构的本地法律和条例）并促进该法律和条例的执行。（银行）在某些情况下采纳了超出该法律和条例要求的格式条款。因此，如果出现了美国、欧盟、联合国或本地制裁名单上的任何人（自然人、公司或政府），或者牵涉到古巴、苏丹、伊朗或缅甸或任何这些国家的政府代理人，则（银行）不承担本信用证项下的支付义务或者履行本信用证（包括但不限于处理单据或通知该信用证）。”

来规避开证行拒付的风险。

四、《阻断不当域外适用办法》的适用

（一）适用《阻断不当域外适用办法》履行报告义务

《阻断不当域外适用办法》可适用的范围分为多种情况，鉴于可开展国际金融服务的商业银行往往具有大型金融机构的属性，在适用中主要有如下两种情况：

（1）美国主体 A 与其他国家主体 C 之间存在正常经贸活动，中国主体 B（中国商业银行）与其他国家主体 C 之间的经贸活动基于 A 与 C 之间的经贸活动而进行，因美国国内法律限制，A 与 C 之间的经贸活动不能正常进行，进而导致 B 与 C 之间的经贸活动不能正常进行（见图 9－3）。

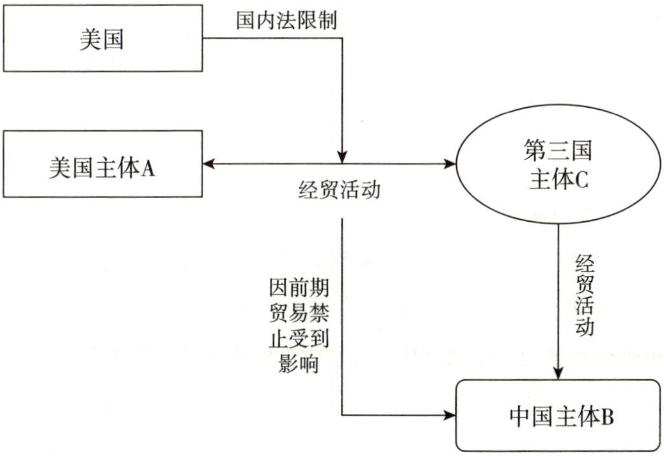

图 9－3　国内法限制与前期贸易禁止的情况

在该类型中，主体 C 因其与主体 A 的经贸往来受限而不能与中国主体 B 进行贸易往来，中国主体 B 合法权益受到侵害的可能性较大。因此，此时《阻断不当域外适用办法》有较大概率适用于该种情况，即其他国家主体 C 不能以前期贸易无法进行为由拒绝履行其与中国主体 B 之间的义务。

（2）中国主体 B（中国商业银行）与其他国家主体 C 之间的正常经贸活

动，因美国的“长臂管辖”使美国的国内法对该经贸活动进行禁止或限制，致使B与C之间的经贸活动不能正常进行（见图9-4）。

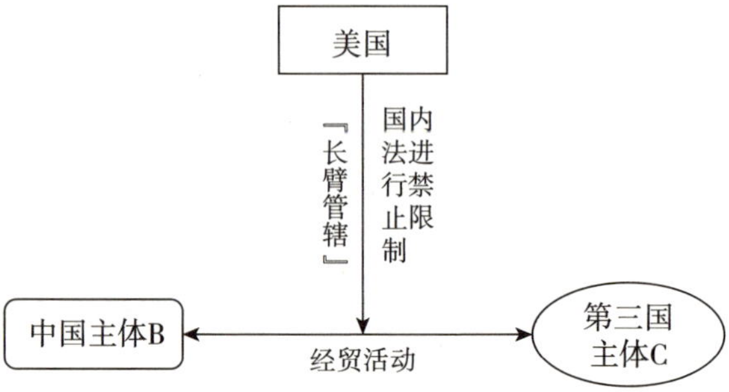

图9-4 因“长臂管辖”受限的情况

在该模型中，美国对交易的双方无基于“属人管辖原则”或“属地管辖原则”的管辖权，仅以所谓“最低限度联系”为由，对该正常交易活动进行“长臂管辖”，不当地干预国际经贸活动的正常进行。阻断此种严重违反主权平等原则等国际法基本原则的行为正符合《阻断不当域外适用办法》的立法目的。

（二）争取阻断豁免

通过对欧盟对各国阻断法的立法和实践的反思和总结可知，它规定了阻断法的三项核心制度：一是阻断外国具有域外管辖权的特定法律和措施在欧盟境内的效力和执行；二是禁止欧盟境内的主体对外国具有域外管辖权的法律的遵守以及相应的豁免制度；三是允许相关主体就外国具有域外管辖权的法律给其带来的损失进行索赔。① 这为中国的阻断法立法提供了重要参考。虽然商务部的《阻断不当域外适用办法》从国家层面制定了国内主体应对外国法律和禁止措施域外适用的应对和救济路径，但商业银行在开展国际业务时还要考虑业务开展。所以，商业银行在《阻断不当域外适用办法》出台的背景下，应当依据自身开展业务的情况灵活运用《阻断不当域外适用办法》的各项规定，以避免不必要的损失。《阻断不当域外适用办法》运行机制示意如图9-5所示。

① 参见叶研：《欧盟〈阻断法案〉述评与启示》，载《太平洋学报》2020年第3期。

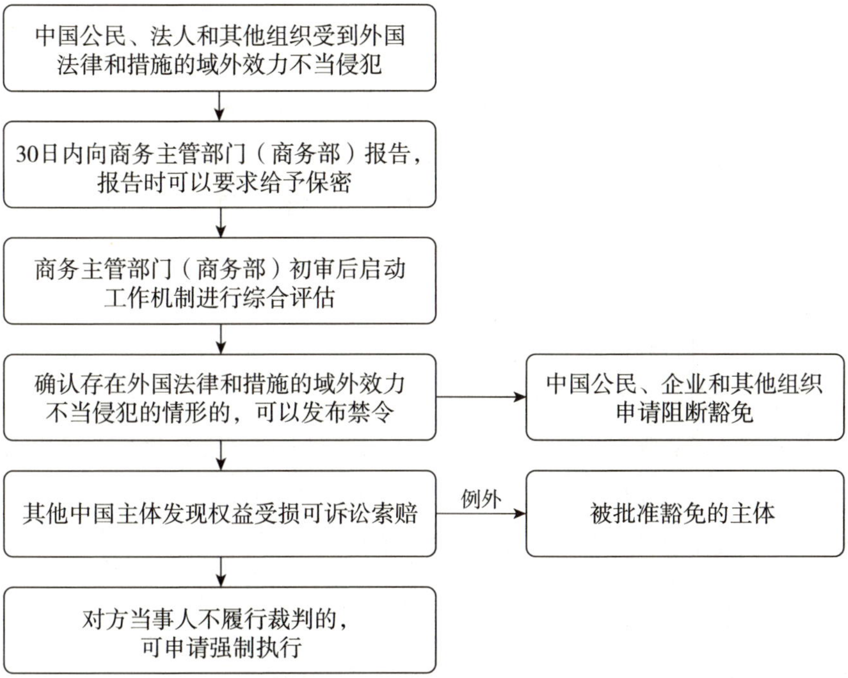

图9－5　《阻断不当域外适用办法》运行机制示意

根据《阻断不当域外适用办法》第5条规定的当事人报告制度，当商业银行受到外国法律与措施禁止或者限制其与第三国（地区）及其公民、法人或者其他组织正常的业务活动时，应当及时向商务部履行报告相关情况的义务（一般应当在30日内报告，但根据实践，以免保护不平等，对于超过30日的，也应当可以向商务部报告）。[①] 值得注意的是，报告是义务而非权利，即使履行报告义务可能致使相关商业银行处于违反美国制裁规定和《阻断不当域外适用办法》合规的“两难困境”，也一定要首先及时履行报告义务。另外，中国主管机关的保密义务与欧盟委员会的主动保密义务不同，是“被动的”保密义务，即当报告人要求保密，则应当保密。对此，因为商业交易中存在很多商业秘密等保密信息，在报告的过程中，商业银行应当同时注明希望保密的商

① 参见李铮：《关于〈阻断外国法律与措施不当域外适用办法〉的法律实务评述》，载搜狐网2019年3月6日，https：//www. sohu. com/a/443664089_ 672137。

业信息，提请商务部为其保密，以维护自身合法权益。根据《阻断不当域外适用办法》第8条规定的申请阻断豁免的制度，禁令既有可能是对法律、法规等抽象法律行为实施的，也有可能是对一项具体措施实施的。而禁令通常而言应当得到普遍遵守。但由于金融机构的国际业务可能涉及相关国家，若一味要求对阻断的遵守，往往会使国内的其他守法机构遭受额外的损失。所以，禁令的实施要在更加广泛的范围进行利益权衡。豁免申请制度就给了国内主体进行救济的途径，应将申请豁免的理由以及申请豁免的范围等内容书面提交至商务部，由商务部进行利益权衡后作出是否批准的决定。值得注意的是，第8条还规定了情况紧急时，不受截止期限限制的机制。因而，当商业银行受到外国法律与措施禁止或者限制其与第三国（地区）及其公民、法人或者其他组织正常的业务活动时，在承担报告义务后，可以依据自身国际业务同该制裁方的联系程度来确定是否申请阻断豁免，以避免第9条规定的因不遵守禁令，侵害中国公民、法人或者其他组织合法权益时的赔偿责任和诉讼风险，从而免受不必要的损失。

如果中国的商业银行因为各种原因无法就某项禁令申请到豁免，遵守禁令又可能受到相关制裁而面临损失时，可采取如下手段：第一，以中国的禁令与外国有关部门进行抗辩。第二，通过诉讼的方式转嫁损失。第三，依据《阻断不当域外适用办法》第11条的规定及时向相关部门寻求行政支持。例如，如果美国财政部直接采取财产冻结等手段，由于政府豁免相关商业银行无法对美国财政部提起诉讼赔偿，也无法通过诉讼转移相关损失，那么中国相关部门的支持就成了弥补商业银行损失的唯一手段。

（三）合同合规管理

商业银行应当梳理现有合同模板及合规制度，如存在明示遵守他国管制、制裁和抵制等要求的条款和规定，应予以删除，该类条款很可能会被视为违反阻断义务，并为商业银行带来潜在风险，包括行政处罚或民事赔偿。此外，相关商业银行或下属分行的对外声明函、承诺函等书面文件的表达，也需要及时进行审核与调整。同时，相关商业银行应当对现有的制裁条款进行修订，并根据具体情况增补相关制裁条款。相关商业银行在与外国主体进行金融及经济交易的过程中，可能涉及的与制裁相关有如下两种情形：

第一种情形，交易合同对方当事人受到美国或其他国家相关制裁法律和制裁政策的影响，且中国已对相关制裁法律和政策发布禁令，如果相关商业银行继续交易，则会违反相关制裁法律和政策，受到美国或其他相关国家的制裁。如果相关商业银行终止交易，则违反了中国相关禁令。

第二种情形，相关商业银行本身受到美国或其他国家制裁法律和制裁政策的影响，交易对方援引相关制裁法律和制裁政策终止与相关商业银行的交易，或采取相关配合制裁的措施导致相关商业银行相关权益受损。

在上述两种情形下，相关商业银行对交易合同中制裁条款的修订及应注意的问题并不相同，针对上述两种情形，相关商业银行在合同修订时可采取以下措施。

首先，相关商业银行应对交易对象及具体交易进行尽职调查，基于调查结果进行内部评估，确认相关交易更偏向于上述哪一种情形。其次，根据评估结果选择相应的制裁条款及相关约定范本，具体建议如下：

1. 通用制裁条款

相关商业银行应当在与外国主体的交易合同中约定相关制裁条款。相关商业银行可参考欧盟金融机构的经验作出相关约定，包括但不限于：（1）要求对方当事人在合同中承诺对方当事人及交易未违反任何制裁法律和政策，同时要求对方当事人提交对方当事人、对方当事人公司集团、适用司法管辖区和预期的资金用途未违反任何制裁法律和政策的证明文件。（2）约定除外条款，对于因限制性措施、反制裁措施或制裁措施而被迫采取的其他行动或未采取的行动，相关商业银行不承担任何责任。注意不要在约定除外条款中明确列举任何制裁法律和政策，以防止未来可能出现的违反《阻断办法》及相关禁令的情况。（3）限制司法管辖权条款，不允许合同相对方在约定之外的司法管辖区使用交易资金。（4）要求交易方承诺如其雇用受制裁人员或将股份转移给受制裁的新股东，致使交易受制裁影响，相关商业银行对被迫采取的任何行动或未采取的行动不承担责任。（5）约定对方交易人如违反上述第 1、3、4 项，应赔偿相关商业银行由此而遭受的全部损失。

2. 不可抗力条款

根据司法实践，如没有在不可抗力条款中明确规定制裁属于不可抗力，则主张制裁及反制裁为不可抗力通常不会得到支持。如相关商业银行经评估认为交易如后续受到制裁或反制裁（禁令）的影响大概率属于第一种情形，则相关商业银行应将制裁包含在不可抗力条款中，交易过程中一旦发生第一种情形，相关商业银行可以主张不可抗力解除相关交易合同，避免相关商业银行处于违反制裁法律、政策和《阻断不当域外适用办法》合规的两难处境。如相关商业银行经评估认为交易如后续受到制裁或反制裁（禁令）的影响大概率属于第二种情形，则相关商业银行不应将制裁和反制裁加入不可抗力条款中，这样一旦发生第二种情形，相关商业银行可以依据《阻断不当域外适用办法》维护自身的权益，避免交易对方直接主张不可抗力终止合同而不承担任何赔偿责任。

3. 仲裁条款

《阻断不当域外适用办法》第9条为中国主体提供的侵权求偿机制，属于侵权之诉，在一定程度上绕开了合同对于管辖和违约责任的限制。在侵权之诉与违约之诉竞合时，当事人可以根据情况自行选择提起违约之诉或侵权之诉。但在涉外交易合同中，交易双方通常约定将争议提交仲裁解决，仲裁条款中通常约定“将与本合同有关的一切争议提交仲裁解决”。一切争议可以解释为包括违约争议和侵权争议，甚至有些当事人直接将制裁相关的侵权争议包含在仲裁条款之内，虽然即使在这种情况下，也未必会完全排除中国法院基于《阻断不当域外适用办法》的管辖权，但是为了避免不必要的争议，商业银行应当在仲裁条款中排除侵权的内容，即建议修订为“将与本合同有关的一切违约争议提交仲裁解决”。

4. 其他与制裁及反制裁相关的保护性条款

相关商业银行可在合同中约定，相关商业银行提供适当理由可以终止服务或终止合同作为保护性条款。根据德国某伊朗背景物流公司诉德国银行的判例，德国汉堡地方法院认为，美国的次级制裁风险和其他相应商业银行为避免自身遭受次级制裁而终止合作的风险构成了终止服务和终止合同的一个正当理由，德国银行可以终止服务。一旦相关交易受到制裁影响，相关商业银行有机会援引上述保护性条款，尽最大可能性维护自身的权益。

综上，商业银行在具体交易中，还应根据每个交易的对方当事人和具体交易情况对交易合同进行个性化修订，并且应密切关注国际上制裁法律、政策及中国阻断法的立法情况，及时调整交易合同模板中与制裁和反制裁相关的法律条款。

五、向 WTO 寻求救济

WTO 是当今世界上最具有影响力和执行力的多边经济贸易组织之一。单方金融制裁通常会采取禁止受制裁方同制裁国的金融机构进行金融交易、禁止受制裁方同国际金融机构进行金融交易等措施。制裁国所采取的这些措施使得制裁国对被制裁国的金融机构的待遇显著低于制裁国给除被制裁国之外的企业及其本国企业的待遇水平，这将有极大的可能导致制裁国对 GATS 第 2 条所规定的“最惠国待遇原则”及 GATS 第 17 条规定的“国民待遇原则”的违反，如若在制裁中加入了禁止进入其本国市场等内容时则会构成对 GATS 第 16 条所规定的市场准入原则的违反。根据《争端解决规则和程序谅解》（Understanding on Rules and Procedures Governing the Settlement of Disputes）第 23 条的规定，WTO 各成员在因其他成员违反其所承诺义务而寻求赔偿时，应当援用《争端解决规则和程序谅解》项下的规则和程序，寻求 WTO 争端解决机构（Dispute Settlement Body）进行解决，不得单方作出裁决。这给予了 WTO 争端解决机构进行争议解决的权利。对于制裁国违反 WTO 条约实体义务或承诺时而实施金融制裁的，根据《争端解决规则和程序谅解》可以向 WTO 争端解决机构提起申诉。20 世纪 90 年代，美国采取了针对伊朗的制裁措施，欧盟的前身欧共体因美国的次级制裁侵害了其主体同伊朗自由贸易的权利，提请 WTO 争端解决机构进行争议解决，并结合其他措施，最终迫使美国与其达成“谅解”。[①] 这就证明通过 WTO 争端解决机构应对国际金融制裁是可行的。因此，当商业银行受到单边金融制裁时可依据具体情况，提请商务部向 WTO 争

① 参见邵翔：《美对伊经济制裁回顾：得失与经验》，载搜狐网 2019 年 3 月 6 日，https://www.sohu.com/a/299572448_778336。

端解决机构提请裁决。

自2019年11月21日以来，由于美国滥用“一票否决”机制导致世界贸易组织上诉机构一直处于“停摆”状态，[①] 这导致WTO争端解决机制中上诉机构复审环节的缺失，进而在一定程度上影响了WTO争端解决机制的效率并在一定程度上影响了专家组报告的效力。虽然此次停摆事件给WTO争端解决机制带来了适用的困境和不确定性，但是WTO争端解决机制依然在运行，在一定程度上维护各国在WTO协定下的权利，[②] 这也并不妨碍中国积极利用多边贸易机制来寻求争议解决作为向美国等制裁实施国的施压手段，进而保护中国相关主体的权益。

---

① 参见《专访WTO上诉仲裁员杨国华：上诉机构彻底停摆将产生哪些影响?》，载央广网2020年12月12日，http：//www. cnr. cn/list/finance/20201212/t20201212_ 525360890. shtml。

② 参见胡加祥：《上诉机构“停摆”之后的WTO争端解决机制何去何从》，载《国际经贸探索》2020年第1期。

第十章

商业银行数字货币及其争议解决

第一节　中央银行数字货币概述

一、中央银行数字货币：概念、特性与价值

（一）中央银行数字货币的概念

中央银行数字货币（Central Bank Digital Currency，CBDC），又称法定数字货币，是指由一国货币当局（中央银行）基于国家信用发行的新的法定货币形态，是法定货币在数字经济时代的延伸，具有法偿性。中央银行发行的作为其负债的中央银行货币（基础货币）分为纸质钞票和中央银行存款（包括储备金存款）两种类型。纸质钞票可以全年（365天）、全时段（24小时）进行交易；中央银行存款以前通过纸质的中央银行账簿进行管理，现在在大多数国家已经实现了数字化或电子化。中央银行存款主要用于商业银行间大额结算，其可用性受到中央银行结算系统运行时间和直接参与者进入中央银行账户资格的限制。与这两类中央银行货币相对应，CBDC可分为如下两类：第一类，大众日常交易中替代纸币使用的CBDC；第二类，以中央银行存款为基础，采用分布式账本技术等新技术用于大额结算的CBDC。CBDC被视为货币形态的一次重大革命，有望成为数字经济时代发

展的基石。目前，随着移动互联网、可控云计算、终端安全存储和区块链技术的演进，全球范围内的支付方式发生了重大的变化，货币形态也从商品货币、金属货币、纸币、电子货币，演变为今天的数字货币，货币的“无形化”已经超越了物理形态的限制，在提供支付结算便利化的同时，也为中央银行的货币发行创新、金融基础设施的优化，以及金融效率的提升带来新的机遇与挑战。

（二）CBDC的特性

不同于传统货币形态，CBDC是基于密码学和网络点对点技术，由计算机编程产生，并在互联网等虚拟环境发行和流通的电子货币。它的发行和流通机制包含设计、印制、发行、流通、兑换、回笼、银行间结算、时间约束甚至智能合约等多重环节，因此在研发和实际应用中，CBDC应当具备多方面的特性。

第一，可控匿名性。非经用户（持有人），或有关监督管理和行政执法部门同意（授权或批准），任何单位和个人都无法追踪（跟踪）数字货币的交易信息和实际用途。第二，不易伪造、变造性。伪造货币，是指在CBDC的发行和流通过程中，仿照真币的密码（编码），采用各种手段制作的假币。变造货币，是指在真币的基础上，利用技术手段，改变CBDC原可执行脚本及计算机程序的假币。CBDC应具备不被轻易伪造、变造的特性。第三，系统无关性。CBDC应能够在多种交易介质和支付渠道上完成交易，具有较好的普适性，并能复用现有的金融基础设施。第四，安全性。任何个体在交易时均无法更改或者非法使用CBDC。在实现路径上，CBDC的安全性可通过硬件安全、密码技术等实现。第五，可传递性。CBDC可以在不同用户之间连续转让和交易。第六，可编程性。CBDC可以附加用户自定义的可执行脚本，从而为基于数字货币的数字经济和数字金融提供底层技术支持。① 第七，可分性。CBDC既可以面额为准作为整体使用，也可以被分为更小的单位使用。只需保证各部分面额之和与原面额相等，用户就可以根据实际需要进行交易和支付。CBDC的面额切分和交易，跟纸币的兑换（如100元人民币面额可以兑换为5个20元或者100个1元）、找零（如100元人民币面额购买20元商品后找零80元）本质上是一样的。

---

① 参见姚前：《数字货币初探》，中国金融出版社2018年版，第198～200页。

（三）CBDC的必要性及价值

事实上，近几十年来，国际金融组织和主要国家中央银行一直都在密切关注法定货币数字化的演进动态和发展趋势。例如，早在1996年，十国集团（Group of ten，G10）① 的中央银行就曾在BIS召开专题会议，讨论、研判电子货币对本国货币政策执行、货币政策传导机制，以及国内/国际支付体系的影响，并在此基础上提出应对方案和行动指南。此后，G10的中央银行委托BIS定期跟踪、研究法定货币数字化、电子货币在全球的应用，并定期发布研究报告，供G10的中央银行参考和借鉴。② 特别是近几年，全球范围内越来越多国家的中央银行开始关注数字加密货币，积极研究和论证发行CBDC的必要性及可行性，部分国家已开始搭建CBDC底层基础设施，启动技术系统测试等工作。③ 对于主权国家而言，积极推进CBDC的研发和应用，一方面，是顺应数字经济发展的历史趋势；另一方面，在私人数字货币日益发达的背景下，各国货币当局出于维护货币主权和金融稳定，保持中央银行货币和支付系统竞争力的考虑，也需要积极应对。对于发达国家，CBDC的推出有助于其维护金融支付体系的安全性。私人数字货币，尤其是以天平币（Libra）为代表的数字稳定币的诞生及应用，可能对主权国家的金融稳定和货币主权带来较大威胁。因此，发达国家中央银行有必要研发CBDC，以有效应对私人货币可能带来的垄断等风险，维护货币主权。此外，如果中央银行能够依托区块链等新技术设计出更加科学的利率传导机制，也将会对货币政策的实时、有效传导产

---

① G10的会员国包括比利时、荷兰、加拿大、瑞典、法国、瑞士、德国、英国、意大利、美国和日本。此外，国际清算银行（Bank for International Settlements，BIS）、欧盟执行委员会（European Commission，EC）、国际货币基金组织（International Monetary Fund，IMF）、经济合作与发展组织（Organization for Economic Co－operation and Development，OECD）四家国际机构为G10的官方观察员。

② 参见中国人民银行数字货币研究项目组：《法定数字货币的中国之路》，载《中国金融》2016年第17期。

③ 例如，2020年1月，柬埔寨中央银行宣布，其正在研发柬埔寨国家支付门户，并已开发出名为“Bakong”项目的准中央银行数字货币，计划于2020年内正式上线；2020年7月，新加坡官方宣布，新加坡已开发出基于区块链的跨境支付网络系统，可实现更便捷、更高效，运行成本更低的国际结算系统；同月，立陶宛中央银行宣布正式发布数字加密货币LBCOIN，该中央银行数字货币基于区块链技术生产，可直接与立陶宛中央银行以及专用区块链网络进行交换。

生积极影响。而在金融基础设施欠发达的部分国家，CBDC 的优势将更加明显，CBDC 的推出有助于提高金融支付系统的效率，提升金融普惠。对于受到国内通货膨胀、国际制裁等严重影响国内经济金融稳定的国家来说，发行 CBDC 或将是寻求破局的一种尝试。

二、CBDC 运行机制和设计架构

近年来，中国一直在密切关注、积极探索 CBDC，并在较早阶段成立官方机构推动项目研发和落地：2014 年，中国人民银行成立法定数字货币专门研究小组，正式启动 CBDC 研究计划；2017 年 1 月，中国人民银行正式成立数字货币研究所，专门开展 CBDC 的顶层设计和研发工作；2017 年年末，国务院批准中国人民银行牵头组织部分商业银行、有关机构共同研发数字人民币体系 Digital Currencies/ Electronic Payment（数字货币和电子支付工具，以下简称 DC/EP）；2018 ~2019 年，中国人民银行数字货币研究所研发基地先后落户深圳、南京和苏州；2020 年 4 月，中国人民银行数字货币研究所宣布，将在深圳、苏州、雄安新区、成都及未来的冬奥场景进行 DC/EP 的封闭试点测试。以上进展表明，中国在 CBDC 的研发和探索实践方面已经走在了世界前列。需要解释的是，CBDC 是中央银行数字货币的统称，各国中央银行可根据本国实际，以及不同阶段的差异化需求设计不同模式的 CBDC，因此，CBDC 是一个更加宽泛的概念；与此相对应的 DC/EP，是中国人民银行推出的“中国版”CBDC。DC/EP 是数字化的纸质钞票，是具有价值特征的数字支付工具。

目前，中国人民银行虽尚未公开披露 DC/EP 的具体设计方案和运行机制，但基于中国人民银行对于 DC/EP 的设计原则和模式的阐述，中国人民银行相关部门负责人的公开表态，并结合人民银行数字货币研究所、中国人民银行印制科学研究所、中钞信用卡产业发展有限公司等中国人民银行系统单位已申请的发明专利（产品专利和方法专利），仍可勾勒出 DC/EP 的设计架构及运行机制。

（一）DC/EP 的双层运营模式

中央银行数字货币的发行模式有两种：一种是超级中央银行模式（又称单层投放模式），即社会公众直接在一国中央银行账户系统开立数字账户，中央银行直接向公众发行 CBDC。公众在消费交易时，需登录其在中央银行开立的数字账户，将款项转移至收款方的中央银行数字账户，并经中央银行总账本记录结算和交易数据后，完成交易全流程。另一种是双层运营模式（又称双层投放模式），即只允许商业银行等特定机构在中央银行账户系统开立数字账户，社会公众则在商业银行等特定机构开立数字钱包账户。流程上，第一层由中央银行先将 CBDC 兑换给商业银行；第二层再由商业银行将 CBDC 兑换给公众，公众持有 CBDC 后，在消费等各类场景使用。

对于 DC/EP 而言，双层运营模式更符合中国国情。主要原因在于中国地域辽阔、人口众多，各地区经济社会发展水平、人口受教育程度、互联网等基础设施完善程度差异较大，因此，在设计中央银行数字货币系统时，需要充分考虑我国国情的复杂性、多样性，同时兼顾服务的可获得性和便捷性。在超级中央银行模式下，中国人民银行需要直接面对数以亿计的社会公众，环境极其复杂，考验极其严峻。而"中央银行—商业银行/商业银行—消费者"的双层运营模式不会改变中国现有基础货币投放体系和二元账户结构，DC/EP 可依托商业银行网点、合作零售网点、供应链金融体系等，实现高扩展和高并发，也更适用于高频的小额零售场景。即使在无网络情况下，DC/EP 也可支持"双离线支付"的业务场景。不仅如此，中国人民银行还可与商业银行合作开发、运营 DC/EP，依托商业银行完善的 IT 基础设施服务体系，充分发挥商业银行的人才和金融科技等技术优势，既满足消费者的多元化需求，又有利于发挥市场机制的作用，优化系统运行效率，促进市场竞争和创新。①

（二）DC/EP 的系统架构和运营机制

DC/EP 可界定为：由中国人民银行主导的，在保留传统纸质人民币发行机制的同时，发行以加密算法、账户松耦合形式为基础的，主要替代流通中现金（M0）的数字虚拟货币。目标是以研发 DC/EP 为起点，最终构建一整套完备的，符合中国资源禀赋的，兼具法偿性、安全性、高效性和便捷性的数字货币发行和流通体系。

---

① 参见范一飞：《关于央行数字货币的几点考虑》，载《第一财经日报》2018 年 1 月 26 日，第 5 版。

DC/EP 的使用和流通具有前置性条件，主要包括设计、印制和发行三大环节。其中，设计环节需要保证 DC/EP 具备安全性、不可重复使用性、可控匿名性、不可伪造性等特征，同时，需要提前设定 DC/EP 的面额、图案、数据结构等基本要素；印制环节，中国人民银行需根据相关法律规范、货币政策目标，确定 DC/EP 币（以下简称 D－RMB）的面额、冠字号和水印等；发行环节，即在 D－RMB 印制完成之后，根据相应的额度控制规划和业务需求，由中国人民银行通过商业银行向市场公开、定额投放。在确定上述三大环节的基础上，才能围绕流通环节，设计 D－RMB 的交易、回笼和结算等具体操作标准和流程（见图 10－1）。

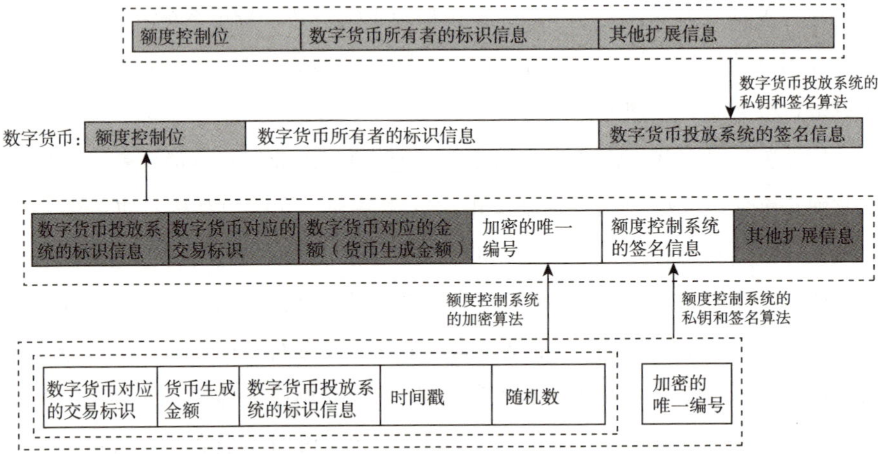

图 10－1　DC/EP 要素结构示意

1. DC/EP 的系统架构

根据目前的研发设计，DC/EP 系统主要基于 D－RMB 系统展开。其中，D－RMB 指代基于密码学的数字货币，D－RMB 系统指代基于D－RMB 交易的资金转移系统，它由中央银行与各商业银行联合运营并分级建设。具体而言，DC/EP 系统由中国人民银行负责运行维护，主要职责是数字货币的发行与验证监测等；商业银行数字货币系统由商业银行负责运行维护，执行现有商业银行的货币功能，主要包括商业银行从中国人民银行兑换到数字货币后，直接面向社会提供数字货币流通服务。

D－RMB 体系的核心要素可以概括为“一种币、两类库、三个中心”。一种币，即D－RMB，特指一串由央行签名的代表具体金额的加密数字串。两类库：是指D－RMB的发行库和银行库。数字货币在发行库中即表现为中央银行的数字货币基金；在银行库中即表现为商业银行的库存数字现金。三个中心：一个是登记中心，主要通过数字货币权属登记表和交易流水表，对货币发行、流通、清点核对、回笼等DC/EP生命全周期进行登记，并将登记结果通过分布式账本予以公布；另外两个是认证中心，即CA认证中心和IBC认证中心，[①] 主要功能是对用户身份进行认证管理、并颁发证书。

2. DC/EP的发行机制

人民币纸币现行的发行流程主要包括三个环节：第一个环节，发行基金调拨入中国人民银行发行库；第二个环节，从中国人民银行发行库出库转入商业银行机构业务库；第三个环节，从商业银行机构业务库进入流通领域。DC/EP也同样沿用类似的设计架构和流程。在DC/EP的发行系统架构中，中国人民银行设有会计核算数据集中系统（Accounting Data Centralized System，ACS）和数字货币发行系统（Digital Currency Issuing System，DCIS）两个模块，商业银行设有前置机模块。

DC/EP发行的具体流程为：（1）数字货币发行系统接收来自商业银行前置机发送的数字货币发行请求；（2）数字货币发行系统对数字货币发行请求进行业务核查；（3）在核查通过的情况下，数字货币发行系统向ACS发送扣减存款准备金的请求；（4）ACS根据扣款请求扣减存款准备金，并向数字货币发行机构反馈对于扣款请求的应答；（5）数字货币发行系统在接收到ACS的扣款成功应答的情况下，生产数字货币；（6）数字货币发行系统将数字货币发送至商业银行的前置机。[②]

3. DC/EP的流通机制

按照中国人民银行的设计架构，DC/EP在货币流通环节中的交互系统主

---

① CA认证中心（Certification Authority）即电子商务认证授权中心，基于PKI体系对机构和用户证书进行集中管理。IBC认证中心（Identity－Based Cryptograph），即基于标识的密码技术建立的认证中心。

② 发明专利：数字货币系统（CN107230070A），中国人民银行印制科学技术研究所，2016年3月25日。

要包括货币终端、数字货币投放系统、额度控制系统。该系统通过生成新的数字货币、注销旧的数字货币等方式，实现交易过程中不同用户客户端之间数字货币的流通；同时，又可基于对金额的验证，保证了货币流通的合理性。

具体而言，如图10－2所示，DC/EP的流通过程主要包括：（1）第一用户终端向同一个数字货币投放系统的第二用户终端，或者向不属于同一个数字货币投放系统的第二用户终端发起交易，如转账、汇款、收款等。当第一用户终端与第二用户终端属于同一数字货币投放系统时由该系统办理；属于不同系统时，由第一用户终端所在的数字货币投放系统指示第二用户终端所在的数字货币投放系统生成第二用户终端的输出数字货币。（2）数字货币投放系统获取第一用户终端的输入数字货币额度控制位，构建输出数字货币额度控制位申请，发送给额度控制系统。（3）额度控制系统对输出数字货币额度控制位申请进行校验，校验通过后生成输出数字货币的额度控制位。（4）数字货币投放系统在收到额度控制系统反馈的输出数字货币额度控制位后，根据输出额度控制位指示的金额生成对应的新的数字货币，同时在生成新的数字货币时，注销输入数字货币。

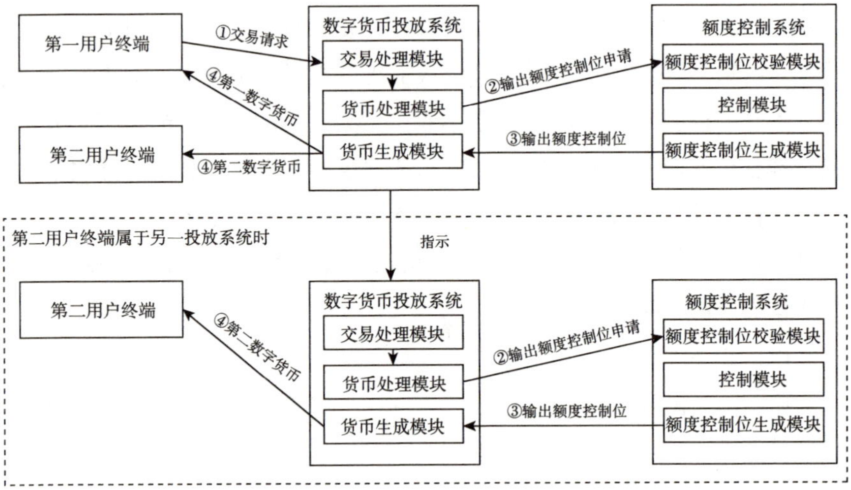

图10－2　DC/EP流通全过程示意

4. DC/EP的兑换机制

个人用户将其存于商业银行账户中的活期存款兑换为数字货币的具体操作

流程为：（1）根据用户的身份认证申请进行认证；（2）若身份认证通过，接收兑换数字货币请求信息，兑换数字货币请求信息包括兑换金额、用户兑换指定的数字货币钱包和指定的银行账户；（3）根据兑换数字货币请求信息从用户银行账户扣减相应金额，并生成扣款反馈信息；（4）根据扣款反馈信息和兑换数字货币请求信息生成数字货币转移请求，发送至发钞行数字货币系统，以供发钞行数字货币系统进行数字货币的转移并生成转移反馈信息；（5）接收发钞行数字货币系统的转移反馈信息，并且根据转移反馈信息将数字货币记录在用户兑换指定的数字货币钱包中。①

5. DC/EP 的回笼机制

DC/EP 货币回笼的具体流程为：（1）数字货币回笼系统接收商业银行前置机发送的数字货币回笼请求，在数字货币回笼请求中包括待回笼的数字货币；（2）数字货币回笼系统对数字货币回笼请求进行业务核查，在业务核查通过的情况下，向 ACS 发送增加存款准备金请求；（3）ACS 根据增加备付金请求，增加备付金，并将对该请求的应答发送给数字货币回笼系统；（4）在接收到 ACS 发送的增加存款准备金成功应答的情况下，数字货币回笼系统将数字货币回笼应答发送至商业银行的前置机。② DC/EP 货币回笼系统架构参见图 10－3。

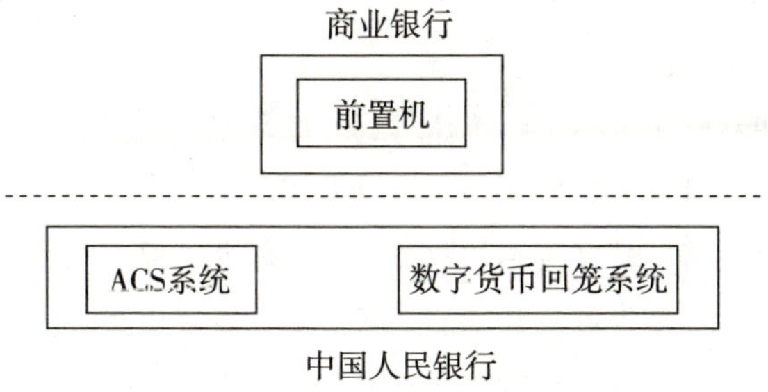

图 10－3　DC/EP 货币回笼系统架构

① 发明专利：一种数字货币钱包支付的方法和系统（CN107330691A），中国人民银行数字货币研究所，2017 年 6 月 26 日。

② 发明专利：数字货币的回笼方法和系统（CN107341727A），中国人民银行数字货币研究所，2017 年 6 月 26 日。

6. DC/EP 在商业银行间的结算机制

商业银行同业之间使用 DC/EP 进行结算的具体流程为：（1）发起银行系统向数字货币系统发送数字货币付款给接收银行的支付报文；（2）发起银行系统向清算银行系统发送数字货币付款给接收银行的清算报文；（3）数字货币系统根据支付报文，执行预设操作，并将操作成功的结果返回给发起银行系统和清算银行系统；（4）清算银行接收到操作成功的消息后，根据清算报文，将接收银行在该清算银行的同业账户存款余额中增加与接收到的数字货币金额相等的额度，并将清算成功的结果发送给接收银行系统和发起银行系统。

第二节　DC/EP 系统的价值与挑战

一、DC/EP 系统的外部性影响与价值

货币作为金融体系的基础要素和信用传导载体，其形态的数字化演变，会导致金融市场、金融要素和金融关系随之发生变化。而 DC/EP 的发行和流通，将对我国经济和金融体系产生重要影响，主要表现在以下几方面。

第一，顺应数字时代的经济需求，有助于推动中国数字经济更好、更快发展。

当前，分布式账本等数字技术作为一种重要的生产要素，已渗透到社会生产的总过程，对经济社会发展模式和运行方式产生了重要影响。以数字技术为载体衍生的数字经济、数字资本和数字资产，促进了虚拟经济与实体经济的跨界融合，成为中国经济发展的新动能、新引擎。数字化经济的发展和升级，离不开数字货币和数字金融，DC/EP 的研发和推广，有助于提高经济金融活动透明度，壮大数字经济、盘活数字资产、活跃金融市场要素，甚至可能成为中国实施“新基建”战略的重要支撑。推动数字经济发展，提高经济透明度，赋能金融监管。具体而言，（1）CBDC 有助于为数字经济的发展提质增效。以数字技术为载体衍生的数字经济、数字资本和数字资产，促进了虚拟经济与实体经济的跨界融合，成为世界经济发展的新动能、新引擎。数字化经济的发展

和升级，离不开数字货币和数字金融，CBDC 的研发和推广，有助于提高经济金融活动透明度，壮大数字经济、盘活数字资产、活跃金融市场要素，进而推动数字经济更好、更快地发展。（2）CBDC 有助于提高经济活动的透明度，赋能金融监管。CBDC 具有可溯源、可追踪性等特征，可以完整反映资金去向，有利于监管机构实时锁定货币动向，实现特定的金融监管和其他经济政策目的；有助于减少偷逃税款、贪污、挪用、非法经营以及洗钱、非法集资、参与恐怖融资等经济金融领域违法犯罪行为的发生。此外，CBDC 在提高跨境贸易支付结算便利性方面也具有明显优势。①

第二，CBDC 有助于优化传统法定货币的支付功能，提升中央银行货币地位，增强货币政策有效性。

国外学者一项关于“数字时代的中央银行”的研究表明，世界主要经济体的中央银行货币在国民货币总量中的比重呈下降趋势。研究显示，自 2003 年以来，欧元区中央银行货币与广义货币 M2 的比率下降了五个百分点，作为新兴经济体的印度下降了 7 个百分点，中国则下降了五个百分点。② 这一研究结论表明中央银行货币在社会经济中的重要性正在下降，原因在于传统中央银行货币的支付功能无法完全满足数字经济时代市场的多元化、全覆盖等差异化需求（如即时性远程支付结算和大额支付等），因此，一些市场主体转而寻求私人支付系统（主要是第三方支付）、私人数字货币等其他方式或载体提供支付服务，这在事实上增加了中央银行的监管压力，也对一国中央银行货币的地位提出了新的挑战。而 CBDC 有助于鼓励支付系统的市场竞争，缓解对私人部门支付服务的依赖，防止私人支付系统、私人数字货币垄断；同时，也更利于为消费者提供便捷、安全的中央银行资金，提高零售支付的弹性，进而提高中央银行货币的市场地位，维护金融市场的安全与稳定。

第三，DC/EP 将成为中国货币政策的新工具，有助于更加科学地调控货币供应量。

---

① 参见朱烨辰：《数字货币理论与实践研究进展》，载《经济学动态》2017 年第 10 期。

② See Prasad E. , *Central Banking in a Digital Age*: *Stock – Taking and Preliminary Thoughts*, Brookings Institution Working Paper, April 24, 2018.

法定数字货币可以作用于总量指标和利率指标，加强货币中介目标的可测性，通过事前和事中的调控增加可控性。中央银行一般通过公开市场操作和再贴现业务向市场投放或回收流动性，通过适时调整再贴现总量及利率，明确再贴现票据选择，以达到吞吐基础货币和实施金融宏观调控的目的，同时发挥调整信贷结构的功能。由于法定数字货币具有可追溯的特性，中央银行再贴现贷款可以使用（一定比例的）法定数字货币进行发放，既可以保证国家政策资金的精准投放，避免资金发放多级流转过程中的腐败问题，防止“跑冒滴漏”，也有助于对洗钱等非法金融活动，以及恐怖主义融资等违法犯罪行为进行有效规制，进而降低商业银行在开展日常经营活动时所可能面对的洗钱和恐怖主义融资风险。

DC/EP 的发行和应用，可能会使中国人民银行对货币供应量、货币流通速度、货币乘数，以及货币时空分布等指标的测算更加精准；中国人民银行可以更加灵活地运用政策工具追踪资金流向，360°全覆盖地进行金融风险监测和风险评估，从而提升货币政策制定的审慎性、有效性和科学性。①

第四，DC/EP 有助于推进人民币跨境支付。

按照中国人民银行的架构设计，DC/EP 在跨境支付领域可以脱离环球同业银行金融电讯协会（Society for Worldwide Interbank Financial Telecommunications，SWIFT）② 账户体系而独立运行。中国居民开立 DC/EP 数字钱包后到境外消费时，只要境外商户也开立了 DC/EP 数字钱包（需监管机构事前明确境外商事主体和居民开立 DC/EP 数字钱包的规范、程序和要求），即可顺利完成支付流程；同理，进入中国境内的他国居民可在不开立中国境内银行账户的情况下，直接申请开立 DC/EP 数字钱包，从而在消费观光等场景享受便捷、高效的移动支付服务。当然，消费等场景只是 DC/EP 跨境支付的一个高频、小额和较为初级的应用领域，显著增强人民币作为世界范围内贸易结算货币的功能，必须涉足大宗商品贸易结算领域，这关键的一步，需建立在人民币国际

---

① 参见盛松成、蒋一乐：《央行数字货币才是真正货币》，载《中国金融》2016 年第 14 期。

② SWIFT 是一个国际银行间、非营利性的国际合作组织，其主要为世界范围内银行业机构的跨境支付结算业务提供标准化、自动化通信等基础设施服务。目前，银行间跨境支付结算主要依赖 SWIFT 系统。

化更纵深地向前推进，即人民币在国际经贸领域更大范围内发挥基础货币职能的基础之上。

CBDC 可以通过三个阶段/路径影响利率政策传导，并进而影响实体经济。一是政策工具的设定，即二级市场上央行数字货币的利率或数量；二是法定数字货币的价格和利率变化对经济中其他资产的利率和价格的传递；三是金融市场波动对实体经济的传递——这一阶段本身可细分为一系列传导渠道，包括实际利率渠道、银行贷款渠道和预期/信号渠道等。央行数字货币可能会带来一系列经济稳定状态结构的变化，比如均衡利率或稳定状态信贷息差的变化，进而使得金融市场和实体经济对货币政策的变化更加敏感，使利率期限结构更平滑，利率传导机制更顺畅。①

第五，CBDC 或有助于解决现代货币政策的普遍困境。

目前，各国中央银行在实施宏观审慎管理政策时，普遍存在货币政策传导梗阻、逆周期调控等货币政策工具较难实施、货币“脱实向虚”等现代货币政策困境。有学者敏锐地发现，法定货币的数字化对于提升宏观审慎管理效果，改善货币政策制定和执行的局限性有相当重要的价值。姚前认为，现代货币政策困境的根源，在于传统法币存在难以追踪性、同质单一性和操作当下性等内生性缺陷，而 CBDC 的“数字化”特性有助于解决传统法币的这些问题。② 在法币数字化的条件下，通过预设符合政策导向的条件，可实现法币的精准投放、指引货币流向、货币政策实时传导，以及逆周期调控等目的，通过完善预期管理可增强货币政策的前瞻性、科学性和有效性，进而对货币传导过程中出现的问题动态掌控，并实施精准优化。

第六，有利于为未来可能实施的负利率政策创造条件。

CBDC 的发行将对各国中央银行的利率政策调控带来新的机遇。负利率是中央银行实施货币政策的新工具，目前，全球范围内已经有瑞典、丹麦、日

① See Jack Meaning, B. D. , James Barker and Emily Clayton, *Broadening narrow money: monetary policy with a central bank digital currency*, Staff Working Pape, 2018, No. 724, bank of England, p. 1 – 36.

② 参见姚前：《法定数字货币的经济效应分析：理论与实证》，载《国际金融研究》2019 年第 1 期。

本、瑞士和欧元区五家中央银行实施了负利率政策，这些国家和地区的负利率政策只针对商业银行在中央银行的存款，以达到刺激商业银行发放信贷、引导资金进入实体经济、提高经济通胀水平，以及减轻本币升值压力等目的。就实施执行的效果而言，部分国家政策比较奏效，但欧元区和日本等经济体的政策效果没有达到预期，在负利率政策实施过程中出现了比较明显的负面作用。负利率政策通过以下途径产生积极影响：（1）通过对商业银行征税的方式促使商业银行更多地发放贷款，从而间接促进投资。（2）中央银行与商业银行间的负利率政策最终会传导至存款，使储蓄的收益下降甚至收益变为负数，这将进一步促使投资者追求高收益、高风险的金融投资产品。（3）储蓄收益的下降，可进一步促进居民消费，促进物价水平的提升和经济增长。（4）可通过降低本国汇率水平，增加出口。① CBDC 的发行与应用，可为负利率的实施创造一定的外部条件；（5）随着数字货币在更多场景的应用，居民的资金将更多地以 CBDC 的形式存在，一旦开始实施负利率政策，居民将无法通过持有现金的方式规避负利率的影响，因此不会影响货币的信用创造过程。（6）CBDC 作为一种电子化的金融资产，对其交易数据进行统计更加简便易得，可以通过底层数据系统快速、全面甚至实时跟踪、观察货币政策的实施效果，监管部门可以根据市场的实际表现适时调整政策，达到精准施策的目的。（7）由于现金逐步减少甚至消失，以及 CBDC 数字账户体系的建立，中央银行可能不再面临传统的“流动性陷阱”，② 因为中央银行既可以维持常态化的正常利率，也可以在经济出现通过紧缩时，采取必要和暂时的负利率政策。（8）CBDC 使中央银行更有可能采取精准的价格型货币政策调控工具，③ 以更好地达到经济调控和服务市场主体的目的，比如，针对普惠金融、绿色金融实施更加

---

① 参见钟伟、郝博韬：《负利率时代：能走多远？离中国有多远?》，载《国际金融》2016 年第 11 期。

② “流动性陷阱”（liquidity trap）是约翰·梅纳德·凯恩斯（John Maynard Keynes）提出的一种假说，是指当一定时期的利率水平降低到不能再低时，货币需求弹性就会变得无限大，即无论增加多少货币，都会被人们储存起来。发生“流动性陷阱”时，再宽松的货币政策也无法改变市场利率，使得货币政策失效。

③ 价格型货币政策工具，是指通过资产价格变化，影响微观主体的财务成本和收入预期，使得微观主体根据宏观调控信号调控自己的行为。

精准的差别化利率定价。①

二、DC/EP 体系面临的挑战

考虑金融系统的复杂性，以及 CBDC 所依托的相关技术本身也具有一定局限性，DC/EP 在实施过程中也面临诸多风险和挑战，主要包括系统安全风险、银行存款转化为 DC/EP 对商业银行的挤兑风险、数字钱包数据泄露风险、被盗归属权益问题以及消费者使用习惯的培养问题等。

第一，在系统安全方面，CBDC 系统需最大限度地保持系统可用性，并实施保障和应急计划以支持全天候、不间断访问。系统需要维护网络弹性以保护数据和系统免受网络黑客攻击的能力，及在攻击成功时迅速恢复运营的能力。由于 CBDC 系统在电信、软件、认证、网络安全等方面都有很高的要求，对这些因素的管理将会为中央银行带来直接或间接的成本。此外，由于 CBDC 和居民生活、企业经营高度关联，若系统不稳定，可能对金融和经济稳定构成一定威胁。

第二，按照目前 DC/EP 的设计和运行机制，在商业银行存款转换为 DC/EP 的过程中，DC/EP 可能会对商业银行存款类业务产生“挤出效应”，导致“金融脱媒”，极端情形下，可能引发公众对商业银行的“挤兑”。法定数字货币定位 M0，直接计入中央银行负债，具有法偿性，信用等级最高；商业银行存款定位为 M1 或 M2，计入商业银行负债，信用等级低于 CBDC。考虑 DC/EP 的无风险特性，以及转换的时间成本、财务成本等摩擦成本为零，社会公众有较强的动力把银行存款转换为 DC/EP，当同一时点发生大量“存款搬家”的行为时，“挤兑”可能会被瞬间引爆，进而影响商业银行的流动性管理，甚至可能造成金融不稳定事件的发生。

第三，在用户持有和储存数字货币的数字钱包层面，可能存在钱包被盗用、用户信息和数据被非法获取、泄露等问题。DC/EP 本质上一连串数字加密符号或计算机代码，以无形的数字化形式进行存储，以身份信息代码和私钥

① 参见钟伟、魏伟、陈骁：《数字货币：金融科技与货币重构》，中信出版集团 2018 年版，第 272 ~ 276 页。

作为确定数字货币所有权归属，并依据特定指令，以数据传输的方式实现所有权的转移。因此，在实际应用中，DC/EP 相较于传统货币，更易出现信息和数据泄露或被窃取的问题。比如，电子认证中心贮存的用户信息、数字货币绑定的身份代码等个人信息被泄露或窃取，接受数字货币付款的商户非法获取和泄露交易信息等。进一步地，还可能导致用户丧失对 DC/EP 的控制，直接侵害用户的财产权，甚至影响社会公众对 DC/EP 的信任。① 而用户的 DC/EP 一旦被窃取，根据目前中国相关法律规范的规定，法律责任的界定也存在不确定性，司法实务中处理与 DC/EP 所有权和财产权相关的民事法律纠纷有较大难度。

第四，DC/EP 属于新生事物，且与居民的日常消费紧密相关，能否在合理的时间内培养起用户的使用习惯也存在一定不确定性。特别是在国内部分偏远地区，金融基础设施较为薄弱，用户基于消费惯性，可能仍倾向于使用和贮存纸币，这可能在一定程度上对 DC/EP 的流通，及金融普惠等价值目标的实现带来挑战。用户习惯的培养，一方面取决于 DC/EP 基础设施的安全性、易得性和便捷性；另一方面，也需要通过多元化的渠道进行推广和普及教育，提高公众的认知程度和金融素养。

第三节　商业银行数字货币相关争议解决

DC/EP 的试点已经正式铺开，2020 年年底到 2021 年春节期间，中国人民银行同京东合作，由各大商业银行具体发放 DC/EP 消费券。② DC/EP 由中国人民银行发行，是中国人民银行向公众提供的公共产品，定位为流通中的现金，是中国人民银行的负债，这一点跟以往的法定人民币没有任何区别。目前的发行和流通机制是，中国人民银行发行后，由商业银行承担向老百姓兑换的

① 参见刘向民：《央行发行数字货币的法律问题》，载《中国金融》2016 年第 17 期。
② 参见《京东数科率先入场数字人民币支付，移动钱包“新时代”拭目以待》，载腾讯网 2020 年 12 月 17 日，https：//new. qq. com/rain/a/20201217A0G69500。

职能，商业银行以等额的人民币向中国人民银行申请兑换数字人民币，然后在额度内向老百姓兑换。如果在流通过程中出现任何争议，跟以往没有区别，参照《人民币管理条例》等规范执行。当然，下一步中国人民银行会根据实际情况和需要修订条例，进一步完善细则。因此，我们可以理解为，目前围绕DC/EP出现的争议，都参照以往的惯例和规范执行，这一点没有区别。商业银行在应对时一方面应当注意中国人民银行监管情况并对中国人民银行的监管进行协助，另一方面应当加强自身风险防控。

一、DC/EP的审慎管理进路

中央银行发行数字货币是一项极其复杂的系统工程，在规划和研发的过程中，不仅需要考虑对货币政策和金融稳定的影响，对技术安全、场景应用、推广和普及教育等方面也都需要统筹考虑。就我国而言，中国人民银行在DC/EP的研发和应用、机制设计、技术路线、信息安全等方面都需要协同推进，秉持审慎和包容的态度，对各项技术性能进行周密的测试和评估。

（一）DC/EP定位M0，坚持中国人民银行中心化管理思路

DC/EP定位为M0而非M1或M2，不仅有现实依据，也是充分适应货币发展规律的。首先，目前中国金融领域的批发资金所依托的支付系统已实现电子化，且支付效率不断优化提升，支持M1和M2流通的银行间支付清算系统、商业银行内部系统等各类大额支付系统（Real Time Gross Settlement，RTGS）已能满足经济发展和金融活动的日常需求，因此用DC/EP替代M1和M2，不仅无助于进一步提升支付结算效率，甚至可能会造成对现有大额支付系统资源的极大浪费。其次，在国内零售环节，法定货币的数字化供给仍无法跟上需求端的变化，特别是在金融基础设施较为薄弱的边远和农村地区，公众对人民币现金的依赖度仍然较高，加之以商业银行存款货币为基础的电子支付工具一般都基于账户紧耦合模式，而此种模式在应用场景覆盖面、支付效率、用户隐私保护和匿名性等方面还存在不足和缺陷。最后，现金的管理成本较高，且更容易被不法分子用于进行洗钱、非法融资活动、支持恐怖组织活动等违法犯罪行为；而DC/EP作为数字化的货币，依托其可控匿名性、便捷高效、

可追踪等特性，在有效降低现金的管理成本，减少利用现金实施违法犯罪活动的风险，更好地维护金融管理秩序，实现金融安全。

对M0发行、流通实行中心化管理是全球各国中央银行的通行做法。坚持DC/EP发行的中心化管理，有利于抵御私人加密货币（包括天平币等稳定币）、各类加密资产对法定货币的侵蚀，维护人民币作为法定货币的地位，以及中国人民银行作为中央银行的法定货币发行权，进而保证DC/EP的法偿性。同时，DC/EP的中心化管理也有助于实现支付即时结算，提高支付体系效率，优化货币政策传导机制。当然，要实现并维护好中国人民银行在DC/EP发行中的中心化管理地位，需要统筹管理DC/EP的额度、全量交易数据信息，制定统一的技术规范、安全标准和业务标准，并对DC/EP的发行、兑换、流通、回笼、结算等全生命周期进行记录和监测，并不断完善和优化DC/EP的底层架构和基础设施，实现跨机构互联互通，为DC/EP的发行和流通创造良好、稳定的秩序与环境。①

（二）做好DC/EP的场景应用，探索符合中国国情的DC/EP运行模式

在探索DC/EP的运行模式，实施规划、设计、研发和内测等各个环节，都应当明确如下几点：第一，对于任何一个主权国家而言，创造一种全新的货币形态，都必然与本国的金融货币制度、金融货币法律规范相关，同时也必然要限定在特定的金融货币监管和规范体系内，因为货币制度的最终目的是保证国家货币政策的正确制定和执行，完善中央银行宏观调控体系，在此基础上维护币值稳定，并以此促进国家经济发展，实现国家金融安全。第二，要以顺应数字经济发展趋势和充分满足现实应用需求为导向，在底层技术层面确保DC/EP系统的完整性、前瞻性和可拓展性。第三，充分考虑中国金融生态、金融基础设施、金融系统的短板和痛点，以及现行金融市场的切实需求，做好有效融合，及时修正，迭代优化。第四，在体制机制设计方面，要与中国现行人民币的发行、流通机制相适应，保持机制的延展性，在试点、内测等实践基础上探索出符合DC/EP特性和规律的政策工具。而在顶层法律规范和监管治理方

① 参见范一飞：《关于数字人民币M0定位的政策含义分析》，载中国经济网2020年9月14日，http：//www. ce. cn/xwzx/gnsz/gdxw/202009/14/t20200914_ 35740307. shtml。

面，要实行 DC/EP 和传统人民币均一化管理的方式，实现数字货币与传统货币适用一体化监管和治理框架。

（三）提高推广和教育普及力度

从传统货币转向数字货币，需要考虑迁徙成本。在 DC/EP 应用的最初阶段，居民和商户的接受程度可能不高，对用户的认知、宣贯和普及教育都需要耗费一定的时间成本和经济成本。如前文所述，特别是在国内部分偏远地区，金融基础设施较为薄弱，用户基于消费惯性，可能仍倾向于使用和贮存纸币，这可能在一定程度上对 DC/EP 的流通，及金融普惠等价值目标的实现带来挑战。用户习惯的培养，一方面取决于 DC/EP 基础设施的安全性、易得性和便捷性；另一方面，也需要通过多元化渠道进行推广和普及教育，提高公众的认知程度和金融素养。①

（四）强化系统建设与安全保障

DC/EP 作为一种稳定、高效、便捷的支付手段，需充分考虑网络基础设施建设、终端普及率、网络就绪度等技术要素，提前测试和评估系统运行和维护的各项成本。② DC/EP 系统需最大限度地保持系统可用性，并实施保障和应急计划以支持全天候不间断的连续访问。从网络支付安全的角度看，类似社交媒体盗用、短信木马链接、骗取验证码，以及黑客攻击等违法犯罪行为，已成为移动支付安全领域十分突出的问题。从数据安全的角度考虑，加密技术虽可提高数据传输的安全性和完整性，但是安全风险始终无法消除。因此，DC/EP 系统在电信、软件、认证、网络安全等方面应当提前考虑到位，且有一整套应急和风险缓释方案。③

（五）在技术创新、风险与金融安全之间做到动态平衡

中国人民银行在技术路线的选择方面，需秉持审慎、包容的态度，主要从法律规范和监管制度、运行机制和技术路线等方面统筹安排，在符合法律法规

---

① 参见谢平、石午光：《数字货币新论》，中国人民大学出版社 2019 年版，第 208 页。

② 参见张正鑫、赵岳：《央行探索法定数字货币的国际经验》，载《中国金融》2016 年第 17 期。

③ 参见刘贵生、司晓玲：《现金的价值与生命力》，载《中国金融》2018 年第 4 期。

和制度规范要求的前提下，对各项技术审慎评估，对运行机制反复进行试点内测，保证底层基础设施及关键节点运行顺畅，从而寻求 DC/EP 系统在效率与安全、创新与风险、稳定与灵活之间的动态平衡点，并在长期动态演进中保持稳定。

二、商业银行数字货币系统的风险防控与治理路径

（一）通过立法的形式，明确 DC/EP 的法律地位，厘定相关法律关系和权责

DC/EP 作为一种新的法定货币形态，需要完善健全的法律规范作保障，从而真正发挥其在推动数字经济、数字金融体系发展中的价值。发行 DC/EP 在货币的法偿性、形态、所有权转移认定、反假币等方面对现行法律体系提出了新的要求。第一，DC/EP 的法律地位需要明确。《人民币管理条例》第 2 条第 1 款规定："本条例所称人民币，是指中国人民银行依法发行的货币，包括纸币和硬币。"目前，人民币的范畴并未包括数字货币，因此需在法律规章中调整对"人民币"的定义，将数字货币等形态纳入其范畴。第二，货币法偿性。《中国人民银行法》第 16 条规定："中华人民共和国的法定货币是人民币。以人民币支付中华人民共和国境内的一切公共的和私人的债务，任何单位和个人不得拒收。"而在现实应用中，考虑数字货币需依托特定网络基础设施进行流通，因此可能出现因技术因素无法接收 DC/EP 的情况，会对货币"法偿性"造成不利影响。因此，在立法上应考虑以列举的形式对特定情形下拒收 DC/EP 的行为免于处罚。第三，所有权转移认定问题。《民法典》第 209 条和第 224 条分别规定了不动产所有权设立和转让的公示方式是登记，动产所有权设立和转让的公示方式是交付。数字货币不具有物理形态，使得对其所有权的转移认定很难认定，因此可考虑由最高人民法院出台专门性司法解释的方式，解决央行数字货币所有权转移的公示公信问题。第四，解决数字钱包被盗用，用户信息和数据被非法获取、泄露等问题。首先，通过立法的形式，明确电子认证中心的法律地位和信息保护职责，除法律明文规定授权的主体及用途之外，任何单位和个人不得采集、查询或获取数字货币用户的身份信息、数字货币金额、私钥及相关交易数据；其次，应建立健全信息数据操作规范和保护

机制，针对提供数字货币底层技术服务，及参与软硬件等基础设施的机构实施“白名单”管理制度，由中国人民银行等监管机构拟定行业标准和信息数据保密规范；最后，针对使用数字货币的用户、使用数字货币终端的商户，颁布相关应用管理办法，以列举的方式明确禁止性行为，通过日常监督、现场检查和系统监测等手段，加大监督和惩戒力度，严厉打击盗用数字钱包，非法获取、泄露用户信息和数据等违法犯罪行为。第五，反假币问题。目前相关法律规范对货币“伪造”“变造”的定义,① 及反假币工作的具体程序②无法适用于数字货币，需要结合数字货币的技术特性和流通的具体环节重新界定货币“伪造”“变造”的定义，并提出适合数字货币特性的反假币工作机制。③

（二）注重对金融稳定性风险防范，防止商业银行被“挤兑”，强化流动性管理

针对银行存款转换为 DC/EP 过程中，极端情况下可能出现的“挤兑”风险，在正式上线 DC/EP 之前，中国相关立法及监管部门需通过颁布新的，或修订现有现金管理规范的形式，对 DC/EP 转换过程设置多层“摩擦”，进一步完善实物货币、电子货币兑换 DC/EP 时的兑换预约制度、限制大额兑换等规范要求，强化商业银行流动性管理，保证金融系统稳定，杜绝“挤兑”等风险事件发生。

（三）切实加强网络技术等基础设施建设，建立健全风险缓释和预警系统

当前，网络安全问题（如黑客攻击、恶意软件和欺诈等）在支付清结算

---

① 《中国人民银行假币收缴、鉴定管理办法》第 3 条规定：“……本办法所称假币是指伪造、变造的货币。伪造的货币是指仿照真币的图案、形状、色彩等，采用各种手段制作的假币。变造的货币是指在真币的基础上，利用挖补、揭层、涂改、拼凑、移位、重印等多种方法制作，改变真币原形态的假币。”

② 《人民币管理条例》第 33 条第 1 款规定：“办理人民币存取款业务的金融机构发现伪造、变造的人民币，数量较多、有新版的伪造人民币或者有其他制造贩卖伪造、变造的人民币线索的，应当立即报告公安机关；数量较少的，由该金融机构两名以上工作人员当面予以收缴，加盖‘假币’字样的戳记，登记造册，向持有人出具中国人民银行统一印制的收缴凭证，并告知持有人可以向中国人民银行或者向中国人民银行授权的国有独资商业银行的业务机构申请鉴定。对伪造、变造的人民币收缴及鉴定的具体办法，由中国人民银行制定。”

③ 参见刘向民：《央行发行数字货币的法律问题》，载《中国金融》2016 年第 17 期。

领域屡见不鲜。对于 CBDC 而言，网络安全问题对其造成的冲击和影响更大，一旦不法分子攻破安全系统，就有可能瞬间转移大量数字货币，造成巨大损失。因此，金融监管部门应审慎建立和完善针对网络安全风险的缓释方法和预警机制，加强 CBDC 系统安全性防备，提高系统可信度。

（四）强化对账户持有人审查，通过嵌入关键节点，优化反洗钱监管流程

洗钱类违法行为往往与经济犯罪、毒品交易、恐怖活动等重大犯罪相关联，并涉及金融领域，因此会对金融系统造成巨大的危害。鉴于此，反洗钱监管在 CBDC 体系下尤为重要。根据 CBDC 系统的特性，及我国反洗钱领域相关法律规范和制度要求，可考虑在以下方面加强反洗钱监管：

（1）对于存储 DC/EP 的数字钱包通过分级授权的方式进行审查，更好地 KYC，并进行相应限额。如果用户仅通过手机号码注册数字钱包，虽可使用，但只能满足日常小额支付等基本需求；如果进一步上传身份证、银行卡等信息，将可获得更高级别的钱包额度和服务。

（2）识别风险：大额和可疑交易上报。识别风险，是指用感知、判断或归类的方式对现实的或潜在的风险性质进行鉴别的过程。在 DC/EP 系统中，应在客户交易的基础层面设置客户身份识别制度、大额和可疑交易报告制度，并收集和保存相关数据。同时，要求清算层的相关节点（主要为金融机构、特定非金融机构）对数额达到一定标准、缺乏明显经济和合法目的的异常交易及时向反洗钱行政主管部门报告，以作为发现和追查违法犯罪行为的线索。另外，需建立客户身份资料和交易记录保存制度，保证相关交易信息在数字货币体系内至少保存 5 年。

（3）采用大数据进行风险评估，实时移送可疑报告。大额和可疑资金交易数据被报送到反洗钱监测分析中心后，中国人民银行通过对数据整合、信息匹配和监测分析工作，最终形成待移送的分析报告。对于确定移送的金融情报，分析人员根据获取的信息进一步进行个案分析，同时根据导出的逻辑关系，将交易情况、交易主体之间的关系等进行图示，最终生成案例报告。该案例报告应当包括案情表述、分析结果以及图表，最后将分析完毕并认为可疑的案例报告提交移送。建议在法定数字货币系统内建立由公安、市场监管、税

务、海关等行政执法和监管部门节点组成的客户身份信息联合核查系统。在该系统内，中国人民银行可查看所有用户的交易地址，能够与身份关联；在没有用户私钥的情况下，可实现解密获得货币链中所有货币流向的明文信息，全网追查货币的往来，分析交易关联性，对可疑货币进行状态锁定，必要时对可疑货币进行收缴。

（五）进一步加强跨境交易监管合作与协调机制

跨境支付是 CBDC 重要的应用领域，涉及跨国、跨地区的监管协同与互助。在监管实践中，应积极筹备建立多边监管合作机制，可考虑由二十国集团（Group of 20，G20）来主导，搭建 CBDC 跨境支付的监管框架；由 IMF 牵头拟定多边监管规则、明确各国（地区）在监管框架中的权利和义务、确定统一的标准和规范体系等框架性工作，同时梳理各类金融风险并颁布风险指引等执行层面的工作。国家（地区）层面，也要积极探索开展双边和多边性监管合作，明确各自管辖权，定期开展综合性研究合作，针对在跨境贸易、支付结算过程中发生的偷逃税款、大额可疑交易、洗钱、非法融资、恐怖融资等违法犯罪行为，可考虑建立信息数据共享机制，探索开展联合调查、跨国诉讼等合作机制。

第十一章

债务人破产与商业银行债权保护

近年来，随着市场经济主体及相关利害关系方对破产法律制度功能价值的认识不断提高以及人民法院对破产案件受理力度的不断加大和破产审判工作力量的不断加强，当债务人发生严重债务危机时，越来越多的债务人选择自行申请破产，也有越来越多的债权人将申请债务人破产作为其追收债权的最终手段。作为市场经济中企业主要融资渠道的商业银行的贷款债权利益受到了日益严重的挑战，债权回收遇到了诸多困难，即便是担保债权，其权利实现的周期通常也会受到严重影响，因此，商业银行往往对申请债务人破产持消极态度。但是，商业银行债权人不得不面对现实——如何在越来越多的债务人主动或被动进入破产程序的情况下最大限度地维护自身债权利益，成为广大商业银行普遍关心的问题。随着《九民纪要》的发布、《民法典》及担保制度司法解释的实施、《企业破产法》《公司法》相关司法解释的修订，破产程序中债务人、担保人、债权人等几方主体的权利义务也发生了一些变化，商业银行债权人应当及时了解相关变化，以便在贷款发放过程中有效控制风险。本章中，德和衡律师将梳理上述规定中的相关变化对商业银行债权人在债务人破产程序中实现权益产生的影响。此外，对于实务中与商业银行的债权利益保护关联比较紧密的几个问题，如对银行宣布贷款加速到期性质的认定及其后的扣划行为应否被撤销的问题、商业银行债权人如何行使抵销权的问题、重整计划债转股清偿方案中清偿率的确定及其对商业银行债权人向其他连带债务人追偿权利的影响问题、跨境破产程序的承认和救济对商业银行债权人权益实现的影响、个人破产制度的设立对商业银行债权人权益实现的影响等，也将在本章中进行探讨。期望通过对相关法律法规变化情况的梳理和对相关问题的探讨，能够对商业银行在债务人进入破产程序后更好地维护自身债权利益有所裨益。

第一节　与商业银行相关的破产法律法规梳理

一、与商业银行相关的现行破产法律法规

破产程序中的法律关系错综复杂，可能会涉及现行有效的大部分法律法规，除《企业破产法》外，德和衡律师对最高人民法院近二十年来颁布的与破产相关的司法解释、意见、会议纪要等文件进行了梳理，其中与商业银行债权人有关的文件有 13 个，具体如表 11－1 所示。

表 11－1　与商业银行债权人有关的法律文件

法律文件名称	颁布机关	发布/施行日期
《关于审理企业破产案件若干问题的规定》	最高人民法院	2002 年 7 月 30 日发布 2002 年 9 月 1 日施行
《关于适用〈中华人民共和国企业破产法〉若干问题的规定（一）》	最高人民法院	2011 年 9 月 9 日发布 2011 年 9 月 26 日施行
《关于适用〈中华人民共和国企业破产法〉若干问题的规定（二）》	最高人民法院	2013 年 9 月 5 日发布 2021 年 1 月 1 日修订后施行
《关于适用〈中华人民共和国企业破产法〉若干问题的规定（三）》	最高人民法院	2019 年 3 月 27 日发布 2021 年 1/月 1 日修订后施行
《关于破产企业国有划拨土地使用权应否列入破产财产等问题的批复》	最高人民法院	2003 年 4 月 16 日发布 2021 年 1 月 1 日修订后施行

续表

法律文件名称	颁布机关	发布/施行日期
《关于债权人对人员下落不明或者财产状况不清的债务人申请破产清算案件如何处理的批复》	最高人民法院	2008年8月7日发布 2008年8月18日施行
《关于对重庆高院〈关于破产申请受理前已经划扣到执行法院账户尚未支付给申请执行人的款项是否属于债务人财产及执行法院收到破产管理人中止执行告知函后应否中止执行问题的请示〉的答复函》	最高人民法院	2017年12月12日发布并施行
《关于破产案件立案受理有关问题的通知》	最高人民法院	2016年7月28日发布并施行
《关于审理上市公司破产重整案件工作座谈会纪要》	最高人民法院	2012年12月29日发布并施行
《全国法院破产审判工作会议纪要》	最高人民法院	2018年3月4日发布并施行
《九民纪要》	最高人民法院	2019年11月8日发布并施行
《关于推进破产案件依法高效审理的意见》	最高人民法院	2020年4月15日发布并施行
《全国法院审理债券纠纷案件座谈会纪要》	最高人民法院	2020年7月15日发布并施行

二、两个会议纪要新规对商业银行债权实现的影响

（一）《全国法院破产审判工作会议纪要》

2018年3月4日，最高人民法院印发了《全国法院破产审判工作会议纪要》，对人民法院在破产审判中涉及的主要问题提供指导意见。其中，可能对商业银行有影响的规定如下。

1. 明确第三方垫付的职工债权，原则上按照垫付的职工债权性质进行清偿

有很多企业在进入破产程序前，现金流已经断裂，往往连职工工资都无法发放。为了维护社会稳定、企业正常运营，股东或关联方都会提供资金用于发

放职工工资。这部分资金如果被认定为用于垫付职工债权，在破产程序中将按照职工债权性质优先于税收债权和普通债权受偿。

2. 规定债权人如就债务人破产程序中未受偿部分向保证人求偿的，需在破产程序终结后6个月内提出

保证人向债权人承担保证责任一般限于保证期间内，对于一般保证，如果债权人在保证期间内没有向主债务人提起诉讼或仲裁，对于连带保证人，如果债权人在保证期间内没有请求保证人承担保证责任的，保证人的保证责任免除。但如果债务人在保证期间内进入破产程序，很可能无法在保证期间内确定债权人从债务人处受偿的金额，从而无法确定保证人应当承担的责任金额，因此，对于债务人进入破产程序的特殊情形，规定债权人应在破产程序终结后6个月内向保证人求偿符合实际需求，也为债权人和保证人提供了一个在主债务人进入破产程序的情况下双方责任划分的预期。当然，如果保证人在主债务人破产程序终结前向债权人承担了保证责任，则保证人有权要求债务人将其向债权人清偿的款项转付给保证人。

3. 明确了实质合并审理的条件和法律效果

纪要明确了关联企业实质合并破产的条件，包括“关联企业成员之间存在法人人格高度混同”“区分各关联企业成员财产的成本过高”“严重损害债权人公平清偿利益”。一旦关联企业被裁定实质合并破产，将发生如下法律效果：“各关联企业成员之间的债权债务归于消灭”、各成员的财产合并、所有债权人在同一个破产程序中依法定顺序公平受偿。如果是实质合并破产重整的，重整计划应对所有债权进行统一分类、调整，针对同一顺序的债权制定统一的受偿方案。

4. 提出探索推行庭外重组与庭内重整制度的衔接

纪要明确债权人、债务人与出资人等利害关系方可在债务人进入重整程序之前通过庭外的商业谈判达成重组方案。当法院裁定受理债务人破产重整程序后，重整计划的制定可以庭外达成的重组方案为依据拟定。其中提到的庭外重组与庭内重整制度的衔接实际上是指预重整制度。

《企业破产法》并无预重整制度的规定，纪要提出了探索方向，虽然没有具体细化预重整制度，但为各级法院探索实施预重整制度提供了依据。2019

年11月8日，最高人民法院印发的《九民纪要》进一步明确了庭外重组协议的效力，规定如果债务人和部分债权人在庭外达成的协议与重整计划草案一致，有关债权人对该协议的同意视为其对重整计划草案的同意。但如果重整计划草案对协议进行了修改并对有关债权人有不利影响，或与有关债权人的重大利益相关的，受到影响的债权人有权重新对重整计划进行表决。在两个纪要发布期间，部分地方法院对预重整制度进行了许多有益的探索，例如深圳市中级人民法院于2019年3月25日发布的《审理企业重整案件的工作指引（试行)》和北京市第一中级人民法院于2019年12月30日发布的《北京破产法庭破产重整案件办理规范（试行)》，都用专章规定了预重整制度。《九民纪要》发布后，陕西省高级人民法院于2020年12月8日发布的《破产案件审理规程(试行)》，在“重整程序”一章中设了“预重整”一节，规定预重整制度。淄博、成都、齐齐哈尔、遂宁等几个城市的中级人民法院先后发布了预重整案件的审理规定或指引。司法实践中也有越来越多的地方法院在探索实施预重整制度。

预重整制度作为重整程序的一个前置程序，主要功能是对债务人重整价值和重整可能的判断，有利于提高重整成功率。同时，预重整程序也给予有意愿对债务人进行重整的相关利害关系方一定的自由空间。如果各方通过预重整程序达成庭外重组协议，则有利于加快法庭内的破产重整进程；在各方主体一致同意预重整方案的情况下，申请人还可撤回重整申请，由各方实现在庭外重组。如果各方通过预重整程序无法达成庭外重组协议，则申请人（通常为债务人或债权人）也可以在法院作出裁定之前撤回申请，避免出现直接进入破产重整后重整不成功必须转入破产清算，进而注销企业工商登记的局面。但因为《企业破产法》并无预重整制度的规定，债务人进入预重整程序不能自动产生《企业破产法》规定的停止计息、解除保全措施、中止执行程序等法律效果。目前，在上述地方法院关于预重整制度的规范性文件中可见相关规定，如深圳市中级人民法院《审理企业重整案件的工作指引（试行)》规定，预重整期间合议庭应当及时通知执行部门中止对债务人财产的执行；已经采取保全措施的执行。北京市第一中级人民法院《北京破产法庭破产重整案件办理规范（试行)》规定，因有关利害关系人的行为或者其他原因，可能影响重整程序依法进行的，人民法院可以根据临时管理人、债务人、债权人的申请对债务人的全部或者部分财产采取保全措施。

未来，在《企业破产法》修订过程中需在法律层面规定预重整制度，并对上述问题进行明确。

（二）《九民纪要》

2019 年 11 月 8 日，最高人民法院印发了《九民纪要》，对民商事审判工作中的一些疑难法律问题提供了指导意见。该纪要第十部分专门对破产审判工作的疑难问题进行了总结和明确，可能对商业银行有影响的规定如下。

1. 明确了对债权人破产申请不予受理的情形及其法律后果

纪要明确债权人提起对债务人的破产申请后至法院作出裁定前，其债权因清偿或其他原因消灭的，法院应当裁定不予受理，但该裁定不影响其他主体另行提出破产申请。并且，如果在该债权人之后债务人因其他主体的破产申请进入破产程序，债务人对该债权人进行的前述清偿行为仍受《企业破产法》第 31 条和第 32 条的约束。

2. 明确破产申请被裁定受理后相关申请主体不得撤回申请

纪要明确在债务人被裁定进入破产程序后，除非法院查明债务人不具备破产原因，相关申请主体不得撤回破产申请。对比《企业破产法》第 12 条的规定，进一步明确了破产程序有进无出的制度特点。①

3. 明确了破产申请被裁定受理后有关债务人诉讼的处理原则

纪要明确在债务人被裁定进入破产程序后，相关债权人不得新提起诉讼，已经开始但尚未结束的诉讼程序仍然继续进行，但对于给付之诉，法院在判定相关当事人的权利义务时，需与《企业破产法》及其司法解释相协调，债权人以判决认定的债权数额在债务人破产程序中依法受偿，相应债权利息也应计算至破产裁定之日。相关债权人在受理裁定作出之日后新提起的诉讼不应被受理，而应当向管理人申报债权，对管理人不予认可的债权部分可提起债权确认之诉。

---

① 《企业破产法》第 12 条规定在法院受理破产申请后至破产宣告前，如果法院查明债务人不具备破产原因，可裁定驳回申请。但该法未规定申请主体撤回申请的权利。

4. 明确要避免在无法清算案件中不当突破股东有限责任原则

在纪要发布之前，很多债权人先行申请对人员下落不明或财产状况不清的债务人进行破产清算，待取得法院的破产程序终结裁定后，依据最高人民法院《关于适用〈中华人民共和国公司法〉若干问题的规定（二）》（以下简称《公司法司法解释二》）第18条第2款的规定提起诉讼，主张“股东怠于履行义务，导致债务人主要财产、账册、重要文件灭失，无法进行清算”，因此，股东应当对债务人的债务承担连带清偿责任。司法实践中，很多法院支持了债权人请求，无论股东是否实际参与公司经营，是否对公司有控制权，是否有过试图对债务人进行清算的努力，均判决债务人全体股东与债务人承担连带清偿责任，突破股东有限责任的情况较普遍，造成了债权人与小股东利益保护的不平衡。

为了适当纠正上述裁判方向，纪要对最高人民法院《关于债权人对人员下落不明或者财产状况不清的债务人申请破产清算案件如何处理的批复》第3款重新进行了解读，要求各级法院不得根据《公司法司法解释二》第18条第2款的规定判定相关主体的责任。

第一，纪要明确前述批复中的“债务人的有关人员不履行法定义务”应指“指债务人的法定代表人、财务管理人员和其他经营管理人员不履行《企业破产法》第15条规定的配合清算义务”。

第二，纪要明确前述批复中的“人民法院可依据有关法律规定追究其相应法律责任”应指“根据《企业破产法》第126条、第127条追究其相应法律责任，或者参照《民事诉讼法》第111条的规定，依法拘留，构成犯罪的，依法追究刑事责任”，或者依据《出境入境管理法》对不配合清算的债务人的法定代表人或者实际控制人限制出境。

第三，纪要明确前述批复中“其行为导致无法清算或者造成损失”，应指“债务人的有关人员不配合清算的行为导致债务人财产状况不明”，或者“依法负有清算责任的人未依照《企业破产法》第7条第3款的规定及时履行破产申请义务，导致债务人主要财产、账册、重要文件等灭失，致使管理人无法执行清算职务，给债权人利益造成损害”。

第四，前述批复中“有关权利人起诉请求其承担相应民事责任”，应指

"管理人请求上述主体承担相应损害赔偿责任并将因此获得的赔偿归入债务人财产。管理人未主张上述赔偿，个别债权人可以代表全体债权人提起上述诉讼"。

上述规定确实对于合理保护小股东利益是有益的，也与《企业破产法》并未规定股东、实际控制人和高管人员等主体的破产申请义务的逻辑相合。但随之而来的一个问题也越来越突出——对于债务人通过虚假破产逃废债务的行为该如何更好地规制，从而公平保障债权人权益。这个矛盾是未来《企业破产法》修订工作必须面对和解决的一个问题，需要一整套顶层制度设计。

三、破产法司法解释对商业银行债权实现的影响

2019年3月27日，为进一步优化营商环境，提高我国"办理破产"指标的评分，最高人民法院针对破产程序中债权人保护等问题颁布了《关于适用〈中华人民共和国企业破产法〉若干问题的规定（三）》（以下简称《破产法司法解释三》），明确了破产程序中涉及债权人利益保护的突出问题应适用的规则。2020年12月29日，为与《民法典》的实施保持一致，《破产法司法解释三》经最高人民法院修正后重新发布。德和衡律师对相关规定简要说明如下：

1. 债务人进入破产程序前在强制执行过程中产生的相关费用视为破产费用

司法实践中，商业银行对债务人申请强制执行过程中发生的评估费和公告费一般均需商业银行债权人垫付，债务人财产的保管费往往也由于债务人无力支付或拒绝支付而可能会需要商业银行债权人垫付。新规规定上述费用均作为破产费用"由债务人财产随时清偿"，有助于商业银行债权人降低维权成本。

2. 债务人进入破产程序后经批准为继续营业而发生的借款可作为共益债务优先于普通债权受偿

债务人进入破产程序后，如果为继续营业而借款，商业银行作为提供借款的债权人可主张该部分借款作为共益债务优先于普通债权受偿，"但不能优先于之前已就债务人特定财产设立担保的债权受偿"。前述借款被认定为共益债

务的前提条件为借款是为继续营业而发生，且经债权人会议决议通过或人民法院批准。

3. 因未履行生效法律文书应当加倍支付的迟延利息不属于破产债权

早在2002年最高人民法院《关于审理企业破产案件若干问题的规定》第61条中就已明确债务人未支付的因未执行生效法律文书应当加倍支付的迟延利息不属于破产债权。该规定强调的是“未支付”。在新规颁布之前，司法实践中关于因未履行生效法律文书应当加倍支付的迟延利息是否属于破产债权，各地法院的裁判观点不一。新规明确规定债务人因未履行生效法律文书应当加倍支付的迟延利息不属于破产债权，不再强调“未支付”。随着新规的施行，各地法院对于应当加倍支付的迟延利息的裁判观点逐渐统一，基本形成了不再将其确认为破产债权的共识。

4. 保证人被裁定进入破产程序的，债权人有权申报保证债权

新规规定“主债务未到期的，保证债权在保证人破产申请受理时视为到期”，如果为一般保证，则破产管理人应将债权人以保证债权额在破产程序中的分配额提存，“待一般保证人应承担的保证责任确定后再按照破产清偿比例予以分配”。一般保证人进入破产程序后，不能主张行使先诉抗辩权。保证人的保证责任确定后，其破产管理人可就“保证人实际承担的清偿额向主债务人或其他债务人行使求偿权”。

5. 债务人、保证人均被裁定进入破产程序的，债权人有权分别向债务人、保证人全额申报债权

新规规定“债务人、保证人均被裁定进入破产程序的”，债权人有权分别向债务人、保证人全额申报债权，但总计受偿额不得超过其债权总额。在这种情况下，“保证人履行保证责任后不再享有求偿权”。

6. 明确了债权人的知情权范围

新规规定债权人有权查阅债权申报登记册、债权表、债权申报材料，以及债务人财产状况报告、债权人会议决议、债权人委员会决议、管理人监督报告等参与破产程序所必需的债务人财务和经营信息资料。但对于债务人财产状况的资料，新规仅规定了管理人制作的“债务人财产状况报告”，还是将长期以来争议的债务人的资产审计报告和评估报告排除在外。

7. 已经生效法律文书确定的债权，管理人应当予以确认，除非经法定程序撤销或不予执行该等生效法律文书

新规规定对于“已经生效法律文书确定的债权，破产管理人应当予以确认”。如果破产管理人认为该生效法律文书确定的债权错误，或债权人与债务人存在虚假诉讼情形，需通过审判监督程序撤销生效法律文书，或者申请不予执行仲裁裁决或不予执行公证债权文书并获受理破产申请法院支持后，才能重新确定债权。

8. 债权人可申请法院撤销符合法定情形的债权人会议决议

新规规定对于违反召开或表决的法定程序、决议内容违法或超出债权人会议职权范围的债权人会议的决议，债权人可以申请撤销。法院可“裁定撤销全部或者部分事项决议，责令债权人会议依法重新作出决议”。

9. 明确债权人委员会表决机制、强调其监督权利的行使

新规规定债权人委员会按照相对多数原则（全体成员半数以上同意）决定所议事项。如果债权人委员会认为破产管理人对债务人财产实施的处分行为“不符合债权人会议通过的财产管理或变价方案的，有权要求管理人纠正。管理人拒绝纠正的，债权人委员会可以请求人民法院作出决定”，法院支持的，“应当责令管理人停止处分行为，管理人应当予以纠正，或者提交债权人会议重新表决通过后实施”。

四、《民法典》及担保制度司法解释新规对商业银行债权实现的影响

2021 年 1 月 1 日，我国民商事领域的重要法律《民法典》正式实施，担保制度司法解释等一系列司法解释经修订重新发布并实施，德和衡律师就《民法典》及担保制度司法解释中对商业银行债权权益可能产生影响的规定或修订进行梳理，简要说明如下。

1. 居住权的设立对商业银行债权的影响

居住权是《民法典》创设的一项新型用益物权，根据《民法典》第十四章相关条款的规定，居住权原则上无偿设立，居住权人有权按照合同约定或者遗嘱，经登记占有、使用他人的住宅，以满足其稳定的生活居住需要。居住权不得转让、继承，居住权期限届满或者居住权人死亡的，居住权消灭。

房屋抵押担保是商业银行发放贷款中常见的担保方式，债务人或担保方以其自有房屋为贷款提供担保，一旦债务人或担保方进入破产程序，商业银行有权行使别除权（抵押房屋为债务人破产重整所必需的除外），就抵押房屋拍卖、变卖所得价款在债权范围内优先受偿。居住权制度实施后，如果抵押人在抵押房屋上设定了居住权，商业银行行使别除权的权利不受影响，但抵押房屋变现的难度和变现价值无疑将受到影响，从而影响商业银行的债权回收率。因此，商业银行在接受债务人或担保人提供的抵押房产时需做好尽职调查，客观评估抵押房产变现的难度和变现价值，为未来债权的回收做好事前保障。

2. 最高额担保中的最高债权额定义对商业银行债权的影响

根据《民法典担保制度解释》第15条的规定，除非当事人另有约定，最高额担保中的最高债权额是指“包括主债权及其利息、违约金、损害赔偿金、保管担保财产的费用、实现债权或者实现担保物权的费用等在内的全部债权”，如果“登记的最高债权额与当事人约定的最高债权额不一致”，则登记的最高债权额为债权人优先受偿的范围。

司法实务中对于最高额担保中的最高债权额的范围长期存在争议，主要争议焦点为当事人在行政机关进行的最高额担保登记中的最高债权额是仅指债权本金，还是指包括本金及其利息、违约金、损害赔偿金等在内的全部债权金额。不同的裁判会对最高额担保债权人的优先受偿范围产生重大影响，而在债务人或担保人进入破产程序的情形中，由于可以用来向全体债权人清偿的财产更加有限，最高债权额范围的确定直接关系到债务人或担保人的特定财产价值在有担保债权人和普通债权人之间的分配，往往矛盾冲突更加明显。因此，《民法典担保制度解释》对这一概念的明确对实务的指引意义非常重要，在最高额担保争议纠纷中起到了定分止争的作用，为担保交易各方主体提供了明确的预期，有利于维护交易的稳定性，也为商业银行设定和实现最高额担保债权提供了确定的考量因素和预期。

3. 担保债务自法院受理破产申请之日起停止计息对商业银行债权的影响

根据《民法典担保制度解释》第22条的规定，在债务人进入破产程序后，债权人请求担保人承担担保责任的，担保债务自法院受理破产申请之日起停止计息。

在《民法典担保制度解释》实施之前，因《企业破产法》对自人民法院裁定受理破产申请之日起停止计算债务利息有明确规定，债权人申报债权时，债务利息只计算到人民法院裁定受理破产之日。但在债务人进入破产程序后，债权人依据担保合同向担保人主张担保债权时，主债务利息是否仍应继续计算，司法实务中存在争议。本次《民法典担保制度解释》明确将担保债务限定在主债务范围内，一定程度上减轻了担保人的清偿负担，但同时也对商业银行债权人的债权权益保护产生了影响，商业银行的债权回收策略可能需要适度调整，在主债务人不能履行清偿义务时，应当及时向担保人主张债权，以便将债权损失降到最低。

第二节 破产撤销权和抵销权诉讼对商业银行债权人的影响

破产撤销权，是指债务人在人民法院受理破产申请之前的临界期内实施了有害于全体债权人公平受偿利益的欺诈性转让财产行为或偏颇性清偿行为，破产管理人有义务也有权利申请人民法院撤销该等行为。与合同法中的撤销权制度不同的是，破产撤销权制度设计的依据是破产程序中全体债权人的公平受偿原则，不以行为人的主观恶意为适用前提，只要债务人在法律规定的临界期内实施了法律规定的行为，且未使债务人财产受益，影响全体债权人的公平受偿，管理人就应当申请人民法院撤销该等行为，追回因该等行为发生转移的财产。对于商业银行而言，撤销权诉讼针对的是破产受理前商业银行债权人的受偿行为，特别是商业银行宣布贷款加速到期后直接扣划债务人账户资金的行为。

涉及破产撤销权的案由有两个，一个是针对《企业破产法》第 31 条的“破产撤销权纠纷”，另一个是针对《企业破产法》第 32 条的“请求撤销个别清偿行为纠纷”。利用“威科先行”数据库，以“银行破产撤销权”为关键词、以“标题”为搜索范围，对 2018 年 1 月 1 日～2020 年 12 月 31 日裁判文书进行检索，共检索到相关案件134件，其中，2018年39件、2019年48件、2020年47件（见图11－1）。在审理法院的级别方面：基层人民法院占比为46.27%、中级人民法院占比为33.58%、高级人民法院占比为15.67%、最高人民法院占比为4.48%（见图11－2）。在案件审理程序方面：一审案件占比为56.72%、二审案件占比为34.33%、再审案件占比为8.21%、执行案件占比为0.74%（见图11－3）。在地域分布方面：案件数量前五位的分别是浙江41件，占比为30.60%；四川19件，占比为14.18%；山东15件，占比为11.19%；广东10件，占比为7.46%；重庆9件，占比为6.72%（见图11－4）。此外，从涉案金额来看：高达43.04%的案件的标的额在0～10万元；其次是标的额在100万～500万元和标的额在5000万元以上的案件，占比均为12.66%；最少的是标的额在500万～1000万元的案件，占比仅为2.53%（见图11－5）。

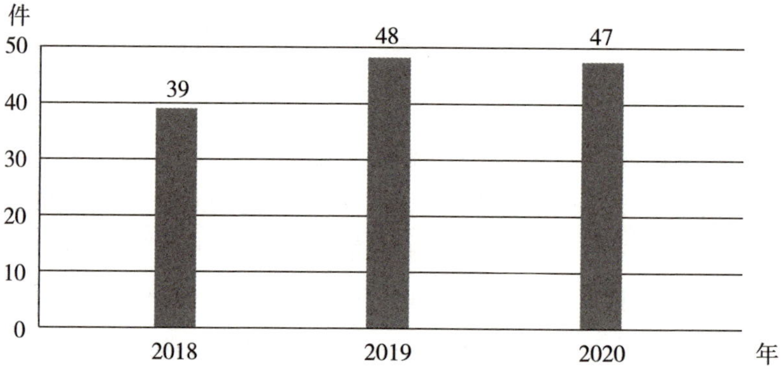

图11－1　案件审理数量年份分布

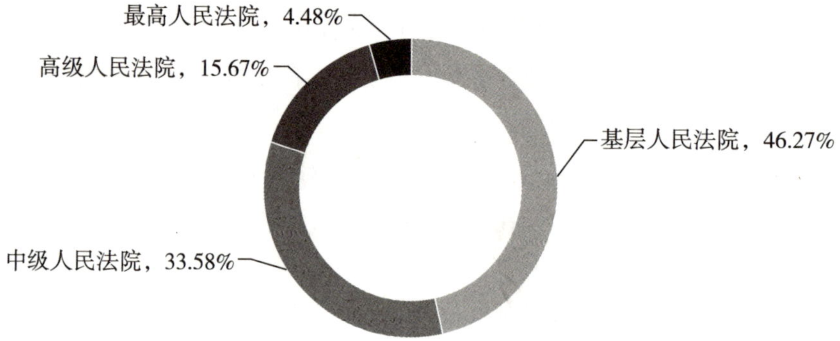

图11－2　审理法院级别分布

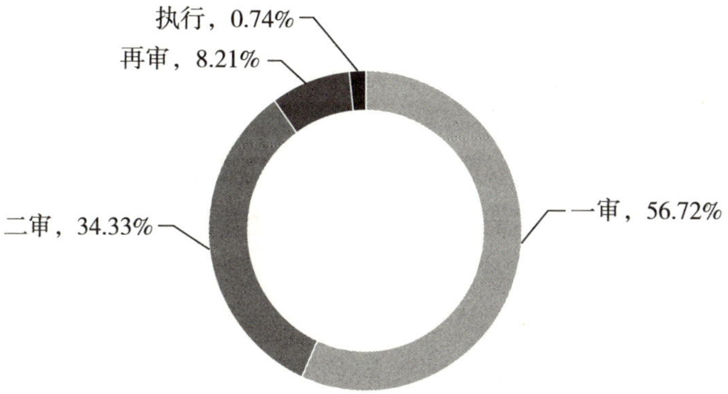

图 11－3　案件审理级别分布

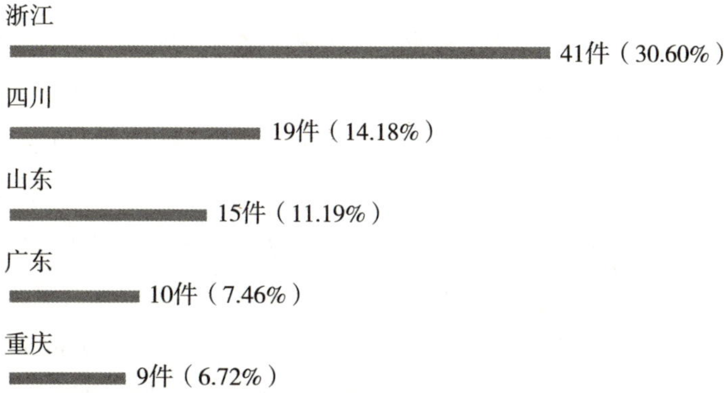

图 11－4　案件主要地域分布

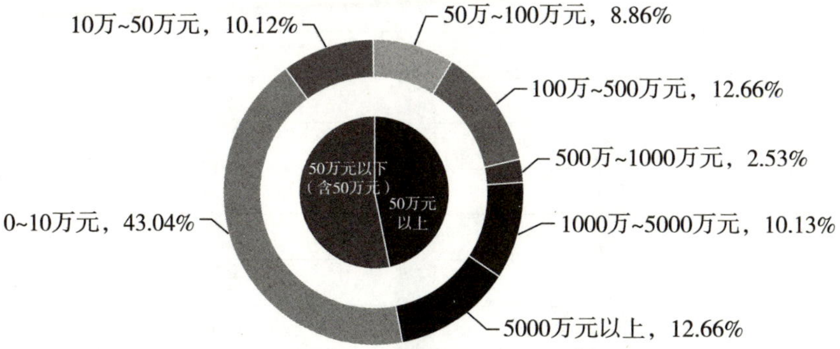

图 11－5　案件标的额分布

由上文数据可知，2018～2020年的银行破产撤销权纠纷的案件，地域分布占首位的是浙江，在全国同类案件中数量占比近1/3，其次是四川、山东、广东、重庆等地；多数为基层法院、一审案件；案件数量变化不大，2019年比2018年多9件，增幅为23.07%，2020年比2019年少1件，降幅为2.08%；标的额在100万元以内的案件占同类案件总量的比重超过3/5，标的额在1000万元以上的案件占比超过1/5。

利用“威科先行”数据库，以“银行撤销个别清偿行为”为关键词、以“标题”为搜索范围，对2018年1月1日～2020年12月31日裁判文书进行检索，共检索到相关案件195件，其中：2018年59件、2019年73件、2020年63件（见图11－6）。在审理法院的级别方面：基层人民法院占比为60.00%、中级人民法院占比为33.85%、高级人民法院占比为5.64%、专门法院占比为0.51%（见图11－7）。在案件审理程序方面：一审案件占比为69.74%、二审案件占比为25.13%、再审案件占比为2.05%、执行和其他案件合计占比为3.08%（见图11－8）。在地域分布方面：案件数量排名前五位的分别是浙江125件，占比为64.43%；山东16件，占比为8.25%；四川12件，占比为6.19%；重庆8件，占比为4.12%；上海7件，占比为3.61%（见图11－9）。此外，从涉案金额来看：占比最高的为标的额在10万～50万元的案件，占比为33.61%；其次是标的额在100万～500万元的案件，占比为21.85%；最少的是标的额在5000万元以上的案件，占比仅为1.68%（见图11－10）。

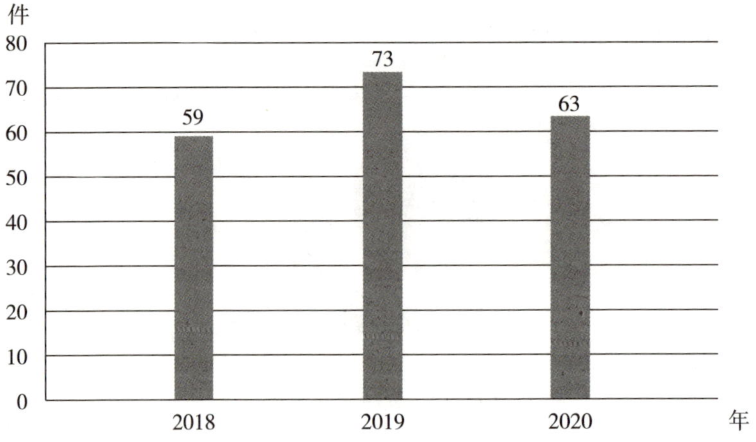

图11－6　案件审理数量年份分布

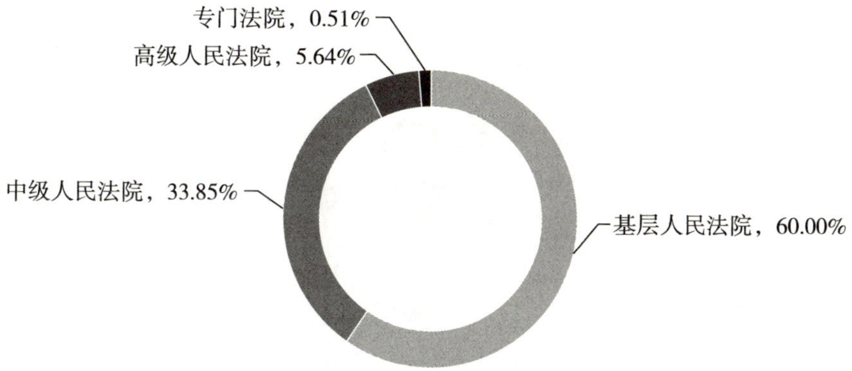

图 11－7 审理法院级别分布

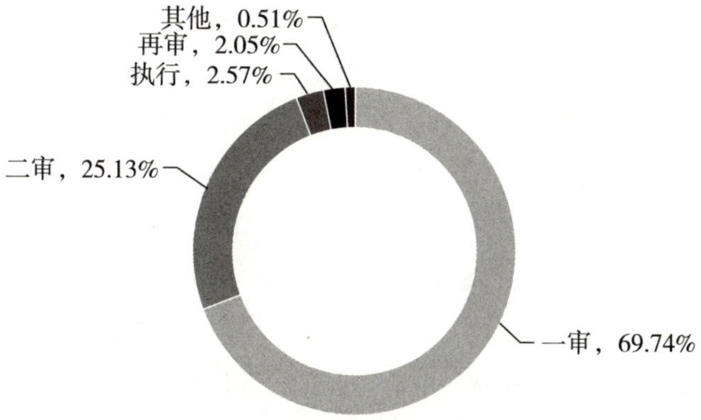

图 11－8 案件审理级别分布

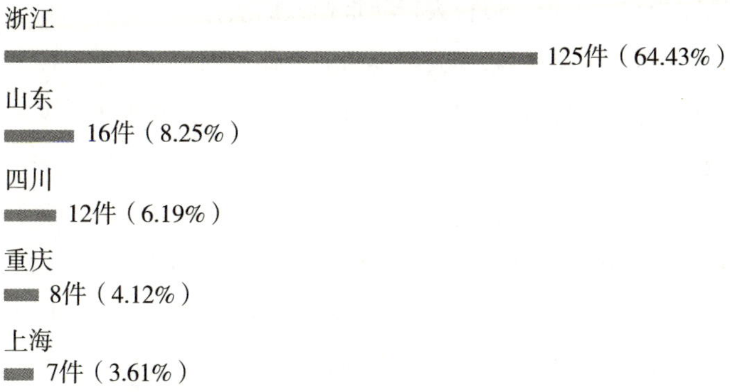

图 11－9 案件主要地域分布

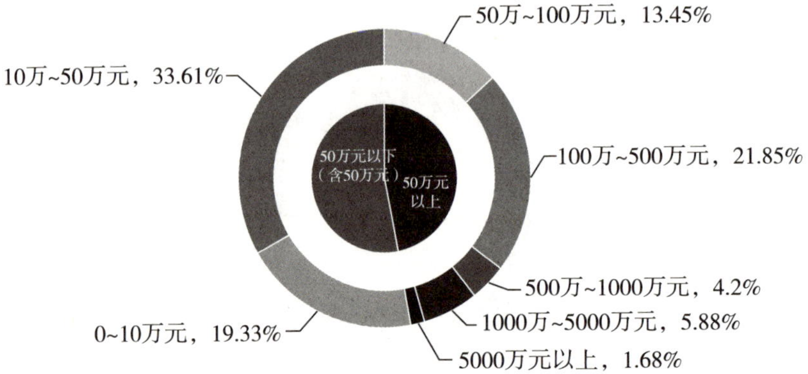

图 11-10 案件标的额分布

由上文数据可知，2018~2020年以银行为一方当事人的撤销个别清偿行为纠纷案件中，地域分布占首位的是浙江，在全国同类案件中数量占比高达64.43%，其次是山东、四川、重庆、上海；多数为基层人民法院、一审案件；案件数量变化不大，2019年比2018年多14件，增幅为23.73%，2020年比2019年减少10件，降幅为13.70%；标的额在100万元以内的案件占同类案件总量的比重超过3/5，标的额在1000万元以上的案件占比不足1/10。

破产抵销权，是指在债务人进入破产程序后，在符合法律规定条件的情况下，债权人有权主张以其在破产申请受理前对债务人享有的债权和承担的债务进行抵销的权利。破产抵销权以债权人向管理人申报债权并经确认、向管理人发出抵销通知为行权前提，债权人行使抵销权的法律后果是该债权人相对于其他债权人优先受偿，债权回收率大幅提高。因此，在债务人进入破产程序的情况下，通过行使抵销权提高债权回收率对于商业银行显得尤为重要。商业银行主张行使破产抵销权的行为发生在债务人进入破产程序后，针对的是人民法院受理破产申请前双方互相负担的债权债务，主要是商业银行对债务人的贷款债权与商业银行对其控制的债务人的银行账户资金的返还债务。

利用“威科先行”数据库，以“银行破产抵销权”为关键词、以“标题”为搜索范围，对2018年1月1日~2020年12月31日裁判文书进行检索，共检索到相关案件16件，其中：2018年0件、2019年9件、2020年7件（见图11-11）。在审理法院的级别方面：基层人民法院占比为43.75%、中级人民法院占比为31.25%、高级人民法院占比为25.00%（见图11－12）。在审理程序方面：一审案件占比为62.50%、二审案件占比为25.00%，再审案件占比为12.50%（见图11－13）。在地域分布方面：浙江5件，占比为31.25%；江苏4件，占比为25.00%；山东3件，占比为18.75%；河南2件，占比为12.50%；重庆、四川均为1件，占比为6.25%（见图11－14）。此外，从涉案金额来看：标的额在100万～500万元的案件占比为33.34%，标的额在0～10万元、10万～50万元及5000万元以上的案件占比均为22.22%（见图11－15）。

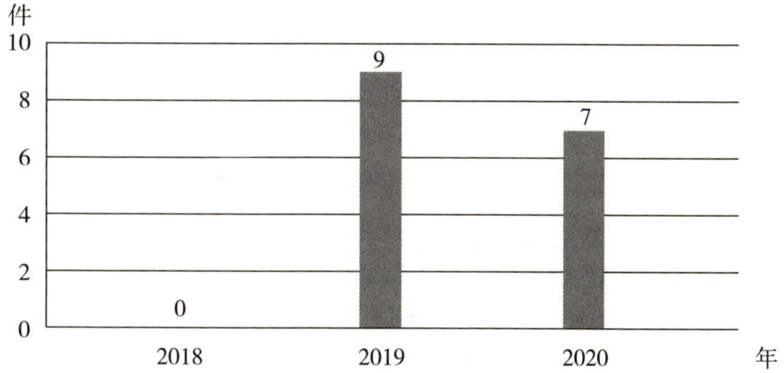

图11－11 案件审理数量年份分布

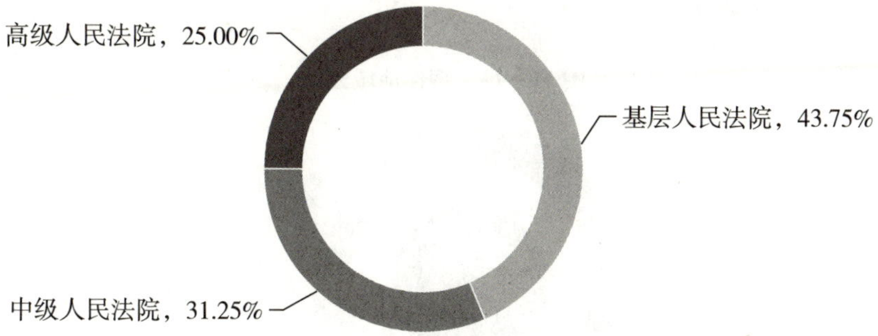

图11－12 审理法院级别分布

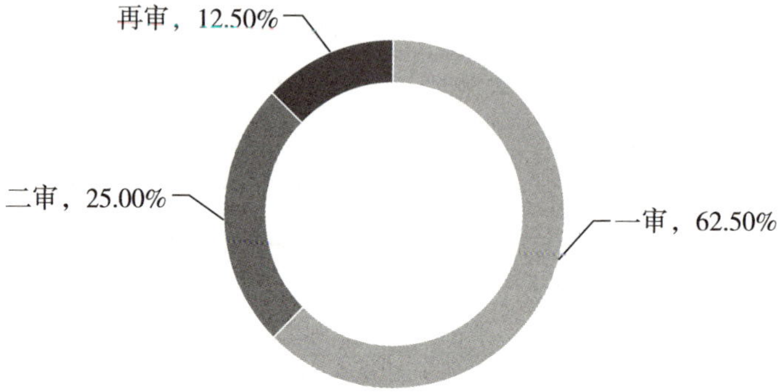

图 11－13　案件审理级别分布

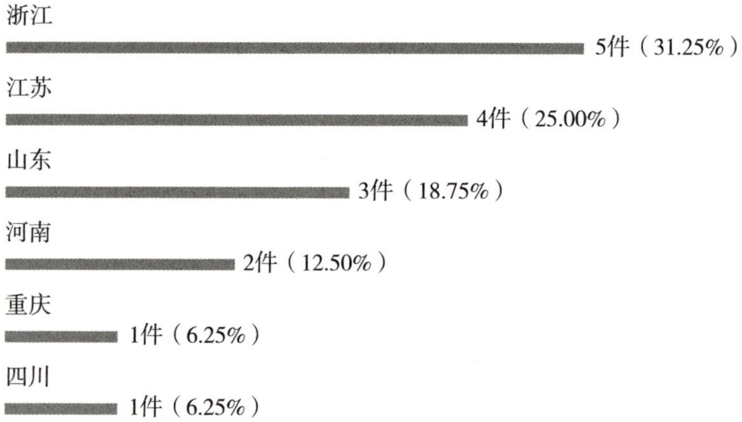

图 11－14　案件地域分布

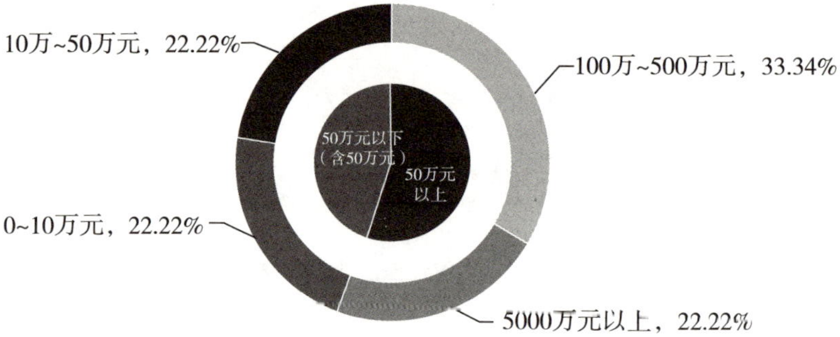

图 11－15　案件标的额分布

由上文数据可知，2018～2020 年的银行破产抵销权纠纷案件，地域分布占首位的是浙江，占比接近 1/3，其次是江苏、山东、河南、重庆和四川；多数为基层人民法院、一审案件；案件数量基本持平，2020 年比 2019 年少 2 件，降幅为 22.22%。标的额以 50 万元以内的案件为主，占比为 44.44%，超过 5000 万元的案件不足全部案件的 1/4。

对于商业银行而言，撤销权诉讼和抵销权诉讼实际上是一个问题的两个方面，如果商业银行在贷款到期后直接扣划债务人账户资金的行为被认为不符合撤销权的相关适用条件，则债务人进入破产程序后也不涉及抵销权问题，如果商业银行在债务人进入破产程序后对其控制的债务人账户资金可以行使抵销权，也就不存在撤销权问题了。本节中为了理解和讨论方便，德和衡律师还是将这两个问题分开讨论。

一、贷款加速到期后商业银行扣划债务人账户资金偿债行为的撤销

（一）贷款加速到期约定的有效性

商业银行与债务人在借款合同中约定贷款加速到期的情形和条件是商业银行放贷过程中的惯常做法，用以保护银行贷款资金的安全。贷款加速到期条款的法律依据最早可以追溯到 1993 年发布的《经济合同法》（已失效）、1999 年发布的《合同法》（已失效）以及现行的《民法典》第 673 条，不过主要限于债务人未按照约定的借款用途使用借款。中国人民银行发布的《贷款通则》和原中国银监会发布的《流动资金贷款管理暂行办法》等部门规章中则对银行适用加速到期条款宣布贷款加速到期，提前收回贷款的情形作了扩大解释，不但包括债务人未按照约定的借款用途使用贷款，还包括债务人用贷款进行股本权益性投资、用贷款在有价证券、期货等方面从事投机经营、未取得经营房地产资格的用贷款经营房地产业务、不按借款合同规定清偿贷款本息、套取贷款相互借贷谋取非法收入、未遵守承诺事项、突破财务指标、发生重大交叉违约事件等情形。

商业银行宣布贷款加速到期是否产生效力，是一个合同法上的问题，主要应依据《民法典》的相关规定进行判断，本着意思自治、诚实信用原则，只要没有违反法律法规的强制性规定，且商业银行债权人依据合同约定履行了必

要的通知义务，就应当认定商业银行有权依据合同约定宣布贷款加速到期，使得债务偿还期限提前届满，从而有权要求债务人提前清偿贷款。

司法实践中，在非债务人破产语境下，人民法院对于借款合同中约定了加速到期条款的情况下，商业银行依据合同约定宣布贷款加速到期，要求债务人提前偿还贷款的主张一般都以加速到期条款的约定是双方的真实意思表示，且不违反法律法规的强制性规定为由而予以支持。① 而在债务人破产语境下，人民法院一般认为贷款加速到期的条件成就后，如果商业银行债权人以合同约定的方式或在无约定的情况下以适当方式通知了债务人，宣布贷款加速到期，其直接扣划债务人账户存款的行为属于清偿到期债务。②

综上，商业银行与债务人如在借款合同中有关于贷款加速到期的约定，一般为有效条款，商业银行债权人依据合同约定宣布贷款加速到期的权利应当得到保障。然而，对于商业银行债权人来说，宣布贷款加速到期以使贷款偿还期限提前届满，未到期债权转换为已到期债权，并非商业银行债权人追求的最终目标，其最终目标在于贷款加速到期后商业银行利用其对债务人银行账户资金的绝对控制地位直接扣划相应款项的行为是否能产生确定的债务清偿的法律效果。《企业破产法》第 31 条、第 32 条规定了破产撤销权制度，对于法律规定的债务人在法定期间内的偏颇性清偿行为，管理人有权申请人民法院撤销。如果商业银行在宣布贷款加速到期后扣划债务人账户资金的行为被嗣后撤销，则贷款加速到期条款在债务人破产语境下对于商业银行就失去了实际意义，并且会造成交易的不确定性结果。

（二）商业银行在贷款加速到期后扣划债务人账户资金的行为在债务人破产语境下应否被撤销

既然贷款加速到期引起的直接法律后果是贷款清偿期限提前届满，则无论债务人主动偿还，还是商业银行债权人径行扣划其控制的债务人账户资金，均

① 参见最高人民法院民事判决书，（2017）最高法民终 355 号；最高人民法院民事判决书，（2017）最高法民终 635 号；最高人民法院民事判决书，（2019）最高法民终 1505 号民事判决书。

② 参见浙江省海宁市人民法院民事判决书，（2018）浙 0481 民初 1545 号民事判决书；上海市高级人民法院民事裁定书，（2016）沪民申 2379 号。

应当属于对到期债权的偿还。因此，在讨论对商业银行债权人直接扣划债务人账户资金的行为的可撤销性时，重点应当关注的是其行为是否落入《企业破产法》第32条规定的情形中，以及现行《企业破产法》第32条的规定是否合理。

1. 适用《企业破产法》第32条撤销商业银行债权人直接扣划债务人账户资金行为的条件

《企业破产法》中的撤销权制度是基于在债务人破产程序中公平清理债权债务的精神制定的，其适用的大前提是债务人在具备破产原因的情况下进行了法律规定的财产转让行为（欺诈性转让行为），或对特定债权人进行了法律规定的清偿行为（偏颇性清偿行为），从而导致其他债权人在债权受偿上受到不公平对待。

《企业破产法》第32条规定的可撤销行为是特定期间内的个别清偿行为（属于偏颇性清偿行为），需要具备五个要件：第一，债务人偿还的是到期债务；第二，债务人仅对个别债权人的债权进行了偿还；第三，债务人的上述偿还行为是在其具备破产原因的情况下进行的；第四，该偿还行为发生在人民法院受理债务人的破产申请或债权人对债务人的破产申请前6个月内；第五，债务人的上述偿还行为并未使债务人财产受益。由此可以看出，我国《企业破产法》第32条规定的破产撤销权制度只有客观要件要求，并无主观要件要求，即无论商业银行债权人是否具有主观恶意，只要其径行扣划债务人账户资金的行为符合上述客观要件即属于被撤销范围。

现行《企业破产法》的三个司法解释中，关于撤销权的相关规定主要见于最高人民法院《关于适用〈中华人民共和国企业破产法〉若干问题的规定（二）》（以下简称《企业破产法解释二》），也并未提及破产撤销权适用中的债权人主观恶意问题。但部分地方法院颁布的规范性文件中确有针对银行债权人主观恶意的要求，如北京市高级人民法院《企业破产案件审理规程》第119条规定："人民法院受理破产申请前六个月内，债权银行明知债务人已出现破产原因，仍然自行扣划债务人的银行存款清偿债务人对其负有的到期债务的，属于企业破产法第三十二条规定的应撤销的行为。"该规定明确将银行债权人明知债务人已出现破产原因作为应撤销行为的前提条件，从而将银行债权人对债务人是否具备破产原因不知情的情况排除在应撤销的行为之外。但鉴于该规定效力层级较低，仅限于北京市高级人民法院管辖范围内的破产撤销权诉讼，尚不具备代表性。

2. 关于商业银行债权人在宣布贷款加速到期后径行扣划债务人账户资金的行为应否被撤销的争议

对于商业银行债权人在宣布贷款加速到期后径行扣划债务人账户资金的行为是否应被撤销，有学者提出，鉴于《企业破产法解释二》规定经过诉讼、仲裁、执行程序而进行的个别清偿，除非债务人与债权人恶意串通损害其他债权人利益，不能被撤销，举重以明轻，商业银行债权人以私力救济的方式获得的个别清偿，也不应当被撤销。① 也有学者认为，法院在判断商业银行扣划债务人账户资金的行为是否应当适用《企业破产法》第 32 条的规定予以撤销时，应当从严把握，首先要审查银行启动加速到期条款并行权时是否具有正当性，需要严格限制加速到期的适用事由，如果认定正当性，则应当将主观恶意作为适用第 32 条的必要条件，但法院审理该类案件时不宜以明知债务人发生破产原因作为应否撤销的前提，而是应当根据债权人与债务人的关系等情形来判断是否存在主观恶意。②

司法实践中，对商业银行债权人宣布贷款加速到期后径行扣划债务人账户资金的行为是否应被撤销，在早期有人民法院认为贷款加速到期直接扣划债务人账户存款的行为符合合同约定，合法有效，不符合《企业破产法》第 32 条破产撤销权的构成要件，不应被撤销。③ 而在近几年，人民法院一般认为商业银行的扣划行为应否被撤销，需考察案涉贷款债权是否落入破产受理前 6 个月内的临界期内，并且在贷款加速到期时债务人是否已经具备破产原因，该等清偿是否使债务人财产受益。但如果商业银行债权人在贷款加速到期条件成就后

---

① 参见王欣新：《银行贷款合同加速到期清偿在破产程序中的效力研究》，载《法制研究》2015 年第 6 期。

② 参见徐阳光：《破产法视野中的银行贷款加速到期与扣款抵债问题》，载《东方论坛》2017 年第 1 期。

③ 参见江苏省南通市港闸区人民法院民事判决书，（2009）港民二初字第 0168 号；浙江省绍兴市上虞区人民法院民事判决书，（2013）绍虞商初字第 924、925、926 号。转引自徐阳光：《破产法视野中的银行贷款加速到期与扣款抵债问题》，载《东方论坛》2017 年第 1 期。

未能履行通知义务，或在条件未成就的情况下宣布加速到期，则相应的扣款行为应当认定为清偿未到期债权而按照《企业破产法》第 31 条的规定予以撤销。[①]

（三）商业银行债权人宣布贷款加速到期后避免其扣划债务人账户资金行为被撤销的确定路径

基于上述讨论，在现行法律框架下，商业银行债权人如何保障其在宣布贷款加速到期后径行扣划债务人账户资金的行为不被嗣后进入破产程序的债务人的破产管理人撤销，可考虑选择如下路径：

首先，在债务人的相关行为或情形触发加速到期条款的情形下，商业银行债权人一定要严格按照贷款合同约定的方式通知债务人，宣布贷款加速到期，明确提出解除合同，要求债务人偿还到期贷款的要求。

其次，如果债务人以自有财产为商业银行债权人设定了担保物权，在贷款加速到期后向商业银行债权人进行清偿，只要清偿金额不高于清偿时担保物的价值，债务人的该等清偿行为的法律后果就是确定的，不涉及嗣后被撤销的问题。

再次，如果商业银行债权人在宣布贷款加速到期后，及时通过诉讼、仲裁、执行等程序促使债务人对其债权进行个别清偿的，债务人的该等清偿行为的法律后果就是确定的，也不涉及嗣后被撤销的问题。因此，对于商业银行债权人来说，充分利用公证债权文书无须经过诉讼即可申请强制执行的快速高效解决纠纷的优点，在宣布贷款加速到期后尽快提起强制执行申请并通过人民法院对债务人资金账户进行扣划、执行，也将确保其债权回收结果的确定性。

最后，在向债务人提供大额贷款的过程中，通过协商谈判，适当提高债务人在商业银行债权人处的存款账户金额要求，一旦债务人出现合同约定情形，危及贷款资金安全，可迅速扣款抵债，尽量避免扣款行为落入法定的 6 个月期间内，从而避免被嗣后撤销。

① 参见浙江省海宁市人民法院民事判决书，(2018) 浙 0481 民初 1545 号；广东省高级人民法院民事判决书，(2019) 粤民终 639 号；最高人民法院民事判决书，(2020) 最高法民再 314 号。

二、商业银行破产抵销权的行使

破产法上的抵销权，是指债权人在破产申请受理前对债务人负有债务的，无论是否到期、标的是否相同，均可在破产财产最终分配确定前向管理人主张相互抵销的权利。根据《企业破产法》第30条的规定，债权人对债务人负有的债务实际上是债务人财产的一部分。债权人行使破产抵销权的结果，实际上是用债务人财产直接清偿了其债权，从而使债权人突破了破产法所确定的公平受偿原则，取得了高于其他同类债权人的清偿利益。破产抵销权作为破产债权人只能依破产程序按照债权清偿比例受偿的例外，正确行使该权利，可以极大地挽回银行债权人的利益。下文重点分析银行债权人如何行使抵销权。

（一）银行债权人行使抵销权的要件

1. 已按要求申报债权

法律不保护“躺在权利上睡觉的人”。在破产案件中，除了职工债权无须申报而由破产管理人调查列出清单公示外，其他债权人都应当按时申报债权。按时申报债权是债权人在破产程序中行使相关权利并取得相关利益的前提条件。即便债权人已取得法院确认其相应债权的生效判决，破产管理人也没有义务主动确认其债权。

《企业破产法》第44条规定：“人民法院受理破产申请时对债务人享有债权的债权人，依照本法规定的程序行使权利。”也有观点认为，债权申报是债权人参加破产程序的必要条件，破产债权人只有在申报债权以后，才取得受破产法保护的地位。只有取得破产法上的受保护地位，才有权对破产财产提出权利请求。故未经依法申报的债权无法保证其真实性、合法性和准确性，应不允许债权人主张抵销。

因此，当债务人进入破产程序后，银行债权人主张抵销权的前提条件是按时申报债权。如果债权人未按照要求及时申报债权，需自行承担由此带来的不利后果，至于其申报的债权是否必须经人民法院裁定认可，才能主张抵销其与债务人互负的债权债务，相关法律没有明确规定。但从实务操作的角度来看，德和衡律师认为，允许债权人与债务人互负的债权债务抵销，本质上是允许在破产程序中对个别债权人进行了个别清偿，如果债权人主张抵销的债权债务本身存在瑕疵，该个别清偿行为很可能会损害其他债权人的利益。因此，通过履行破产管理人审查确认、债权人会议核查通过等程序后，债权人无异议的情况下，债权人的债权才能成为确定的破产债权，债权人行使抵销权的权利基础才能确定。

2. 向管理人提出行使抵销权的主张

《企业破产法解释二》第41条、第42条就债权人行使抵销权作出了较为详细的规定，除抵销使债务人财产受益的情况外，管理人不得主动抵销债务人与债权人互负的债务。因此，银行债权人应主动向管理人发出主张债务抵销的通知。“管理人收到债权人提出的主张债务抵销的通知后，经审查无异议的，抵销自管理人收到通知之日起生效。如果管理人对抵销主张有异议的，应当在约定的异议期限内或者自收到主张债务抵销的通知之日起3个月内向人民法院提起诉讼。无正当理由逾期提起的，人民法院不予支持。人民法院判决驳回管理人提起的抵销无效诉讼请求的，该抵销自管理人收到主张债务抵销的通知之日起生效。”

根据上述规定，银行债权人主张行使抵销权，只要按时申报债权并经人民法院裁定认可，向管理人发出主张债务抵销的通知即可。审查与提出异议的义务由管理人承担。如果管理人有异议，应当提起确认抵销无效的诉讼。这与破产债权的确认之诉中在管理人对申报债权不予认可的情况下，债权人应当提起债权确认之诉的规定有所不同。因此，抵销是发生在破产程序过程中的，而非债务人进入破产程序前。

3. 不得抵销的情形

根据《企业破产法》第40条的规定，商业银行债权人对债务人取得的债权、负担的债务应当均发生在其知道债务人出现不能清偿到期债务的情形或破产申请的事实之前，方可抵销，但因法律规定或有破产申请一年前所发生的原因而取得债权或负担债务的除外。

根据上述规定，银行债权人在对债务人取得债权、负担债务时应当在条件允许的范围内对债务人的资产和负债状况进行详细尽调，尽量避免债权或债务落入“债务人出现不能清偿到期债务的情形或破产申请的事实”的时间范围内。

（二）债务人对其银行账户资金的权利性质

向债务人提供贷款的银行债权人通常都是债务人账户的开立银行，很多时候在债务人进入破产程序时其在银行债权人处开立的账户中，包括基本账户、一般账户、保证金账户等，都有一定的余额。银行债权人往往在获知债务人破产申请的事实后直接扣划债务人账户余额以抵销其应归还的贷款。理论界和司法实务界对于债务人对其银行账户资金享有的权利属性有不同的判断，从而导致对于该部分款项是否可与银行对债务人的贷款债权进行抵销形成了不同的判决。

1. 理论界观点

（1）物权说。

《民法典》第266条规定："私人对其合法的收入、房屋、生活用品、生产工具、原材料等不动产和动产享有所有权。"第267条规定："私人的合法财产受法律保护，禁止任何组织或者个人侵占、哄抢、破坏。"《刑法》第92条也有储蓄是公民私人所有的财产类型之一的规定。《储蓄管理条例》第5条规定："国家保护个人合法储蓄存款的所有权及其他合法权益，鼓励个人参加储蓄。储蓄机构办理储蓄业务，必须遵循'存款自愿，取款自由，存款有息，为储户保密'的原则。"

物权说认为，"存款是存款人在保留所有权的条件下，把使用权暂时转让给银行的资金和货币""储蓄是所有权和使用权分离的信用行为，通过契约的方式，个人把货币的使用权暂时让渡给银行，存款人仍享有所有权，并拥有收取利息的收益权和按期收回本金的处分权""尽管存款人向银行交付货币的行为表明客观上货币的所有权已经转移至银行，但由于存款所具有的'价值形态'使得其并未发生转移占有，存款的所有权仍归属存款人"。①

物权论者主张银行存款为物权的主要理由是：第一，我国现行法律规定采纳了物权论。第二，物权论更符合生活常识。在普通民众眼里，银行的存款与其所有的其他财产没有什么区别，都是其个人所有的财产。第三，存款符合物

① 参见金晓平：《破产申请受理前银行按约定抵扣还贷的效力判定》，载《人民司法（案例）》2016年第8期。

权客体的特征，存款就是以价值形态存在的物。①

物权说成立的情况下，银行以其对债务人享有的债权与债务人对其在银行账户里的资金享有的物权进行抵销，存在法律障碍。

（2）债权说。

债权说认为，银行与存款人之间属债权债务关系，若存款人同时向银行贷款的，当贷款到期时，银行可以依照合同法律制度中法定抵销权的相关规定，自行扣划债务人在该银行及其分支机构的账户存款，或在双方存在扣款还贷约定时行使约定抵销权。②

债权论者主张银行存款为债权的主要理由包括这是大陆法系与英美法系国家的普遍观点、金融机构破产时存款列入破产财产、物权论不利于全社会形成金融风险意识等。③

债权说成立的情况下，银行以其对债务人享有的债权与其对债务人负担的返还银行账户资金的义务进行抵销，不存在法律障碍。

（3）混同合同行为说。

混同合同行为说认为，存款合同是存款人与银行之间形成的一种综合性契约关系，是兼含委托代理关系、消费寄托关系与消费借贷关系的一种混同合同关系。④

无论哪一种学说，都存在理论与实践的矛盾。例如物权说与《商业银行法》关于“商业银行破产清算时，在支付清算费用、所欠职工工资和劳动保险费用后，应当优先支付个人储蓄存款的本金和利息”的规定矛盾，不利于全社会形成金融风险意识；债权说与我国现行《刑法》《储蓄管理条例》等法律法规的规定存在矛盾之处，并且不符合我国民众的认知等。

---

① 参见杨留强、马瑞杰：《银行存款权利属性研究》，载《广西政法管理干部学院学报》2012 年第 3 期。

② 参见金晓平：《破产申请受理前银行按约定抵扣还贷的效力判定》，载《人民司法（案例）》2016 年第 8 期。

③ 参见杨留强、马瑞杰：《银行存款权利属性研究》，载《广西政法管理干部学院学报》2012 年第 3 期。

④ 参见杨留强、马瑞杰：《银行存款权利属性研究》，载《广西政法管理干部学院学报》2012 年第 3 期。

2. 司法实务观点

司法实务中，人民法院一般将完成质押担保使命的保证金账户资金认定为物权属性的资产，在债务人未与债权人约定保证金账户资金转化为债权属性的情况下，保证金账户仍然延续物权属性，但由于金钱具有一般等价物属性，债务人对保证金的物权请求权目的不在于要求债权人返还存入保证金账户的特定金钱，而是要求返还等价货币，因此，商业银行债权人对债务人负有实质上的金钱之债，可以主张抵销。① 而对于债务人结算账户中的资金，人民法院一般认定债务人对存款有绝对的支配权，银行扣划债务人账户资金不属于对债务人所负的债务，而是个别清偿，不支持抵销。②

（三）商业银行对债务人账户资金主张破产抵销权应注意的问题

虽然理论界对债务人账户资金的性质有争议，但司法实务部门基本形成了一致，即认定商业银行债权人对债务人负有返还保证金账户资金的义务，从而形成法律意义上的债务，商业银行可主张将其与贷款债权相抵销。但对于债务人其他账户资金的返还，则一般不认为是商业银行对债务人负担的债务，不能抵销。德和衡律师建议，银行债权人在与债务人发生贷款业务的同时，尽量要求债务人将其开立信用证、保函或为保证其他义务履行而设立保证金账户的业务也放到商业银行债权人的放贷机构，以便适时主张行使抵销权，降低债权损失。

第三节　债转股偿债方案与清偿率对商业银行债权的影响

一、破产重整程序中的商业银行债转股的法律属性

1999～2009年，为解决商业银行的流动性风险，确保商业银行的正常经

① 参见江苏省高级人民法院民事裁定书，（2018）苏民申3680号；江苏省高级人民法院民事裁定书，（2018）苏民申3685号；浙江省台州市中级人民法院民事判决书，（2020）浙10民终1146号。

② 参见河南省高级人民法院民事判决书，（2020）豫民终40号。

营，从而避免商业银行的流动性风险引发系统性风险，在国务院主导下，商业银行实施了第一轮债转股。[①] 2016 年 10 月 10 日，国务院颁布了《关于积极稳妥降低企业杠杆率的意见》及其附件《关于市场化银行债权转股权的指导意见》，开启了商业银行第二轮债转股的序幕，根据文件精神，银行债权转股权应当适用法治化、市场化原则。

一般情况下的债转股主要是依据《民法典》《公司法》等实体法律法规的规定，由商业银行债权人与债务人及其出资人通过协商签订债转股协议，将债权转换为股权。债转股实质上是一种债权人与债务人及其出资人进行的债权和股权交易行为，无论这种交易是基于当事各方以物抵债、抵销或其他消灭债权的意思表示，债权的消灭都是实体权利义务的消灭。[②] 因此，随着债权实体权利义务的消灭，作为从债权的担保权益也随之消灭，商业银行债权人不能再就已转股债权向包括债务人、保证人和其他连带债务人在内主体求偿。

破产重整程序中的债转股则是依据《企业破产法》的相关规定进行的一种破产财产分配方式，债权人的债权因其接受出资人权益的分配而消灭，但这种消灭仅仅是程序法上的消灭效力，作为从债权的担保权益不因此而消灭。上海交通大学韩长印教授认为，破产程序中的债转股实际上是一种代物清偿或专为清偿，“以债的其他标的或者给付类别代替债的原有标的或者给付类别的一种代物清偿方式”，同时破产程序中的债转股也是一种违约损害赔偿请求权。[③] 商业银行债权人不能再就已转股债权向债务人追偿，但因为这种受偿实质上是部分受偿，在能够核算债权人通过债转股方案实际受偿的金额或清偿率的情况下，债权人应当有权利就未受偿的债权向保证人和其他连带债务人求偿。

二、商业银行债权人对破产重整计划中的债转股方案的选择权

司法实践中，越来越多的破产重整计划将债转股作为一种偿债方案适用，

---

① 参见宋华、苗凤：《对商业银行不良资产债转股实施的研究》，载《齐齐哈尔大学学报（哲学社会科学版）》2018 年第 9 期。

② 参见邹海林：《透视重整程序中的债转股》，载《法律适用》2018 年第 19 期。

③ 参见韩长印：《破产法视角下的商业银行债转股问题——兼与王新欣教授商榷》，载《法学》2017 年第 11 期。

而且在很多案件中，债转股方案是商业银行债权人实现其普通债权受偿的唯一可选择方案，商业银行债权人被迫接受以股偿债的情形比较普遍。债转股偿债方案在为债务人减轻债务负担，使其避免破产、实现重生的同时，在相当程度上损害或严重限制了商业银行债权人的债权利益。对此，中国人民大学的王欣新教授认为，“债转股是在重整程序启动后对当事人权利的变更和设定，所以不属于重整程序限制或调整范围”，即不受破产程序中多数决原则的约束，也不受法院对包含债转股内容的重整计划草案批准或强制批准裁定的约束，应当保证银行对是否进行债转股有自愿选择决定的权利。① 韩长印教授则认为，商业银行应当受破产程序中多数决原则的调整，但“有权对债转股问题发表反对意见”，并且可以充分利用破产程序中由各方协商谈判达成一致的特点，进行自力救济，如设定股权回购或对赌条款等。② 德和衡律师认为，无论商业银行是否应在债转股方案选择上受破产程序多数决原则的约束，管理人都应当在债转股方案的拟定过程中，给予商业银行充分的意见表达机会及最终的方案选择权，允许其在一定条件下选择现金受偿或以股抵债，以在保护债权人利益和保障债务人重生之间找到客观公允的平衡点，唯其如此，破产制度的价值才能得到充分发挥，生命力才能保持旺盛。

三、破产重整计划中债转股方案的清偿率

债权清偿率是衡量破产重整计划偿债方案优劣的一个重要指标，也是世界银行对我国进行营商环境评价中对“办理破产”指标评分的一个重要参考因素。一般情况下，对于采用现金方式偿债的清偿方案，每个债权人的债权清偿率能够比较直观地确定，债权人可以就未受清偿的部分向保证人和其他连带债务人求偿。而在债转股情况下，往往债权的清偿率不容易确定，但却对有保证担保的债权人意义重大，清偿率是否为100%，关系选择以股抵债的债权人能否在破产重整程序中受偿后再继续向保证人和其他连带债务人求偿，从而最大

① 参见王欣新：《企业重整中的商业银行债转股》，载《中国人民大学学报》2017年第2期。

② 参见韩长印：《破产法视角下的商业银行债转股问题——兼与王新欣教授商榷》，载《法学》2017年第11期。

限度地保障其债权的实现。

（一）重整计划明确规定债转股实施后相应部分债权的清偿率

实务中，有很多重整计划，特别是上市公司的重整计划，明确规定实施债转股后，该部分债权的清偿率为100%，如上市公司四川泸天化股份有限公司的重整计划规定："每家金融类普通债权人超过10万元的部分实行以股抵债，股票的抵债价格为8.89元/股，该部分债权的清偿比例为100%……"上市公司庞大汽贸集团股份有限公司的重整计划规定："除留债展期清偿的普通债权外，剩余普通债权实行以股抵债，股票的抵债价格按5.98元/股计算，该部分普通债权的清偿比例为100%。"

也有的重整计划按照实施股票清偿的价格计算出了实际清偿率，如沈阳机床股份有限公司的重整计划规定："对于未获留债的金融普通债权，由沈机股份资本公积金转增股票中的约4.14亿股股票进行清偿，每100元普通债权预计可分得约2.91股沈机股份的股票。重整后，沈机股份金融普通债权人在沈机股份的持股比例约为25%。考虑到重整后公司基本面发生变化，在按照每股9元价格实施股票清偿的情况下，股票清偿部分清偿比例约为26%，金融普通债权的综合清偿比例合计约为30%。"深圳市飞马国际供应链股份有限公司的重整计划规定："资本公积转增股票中的676,199,786股股票用于向债权人抵偿债务，偿债股票的价格为4元/股，偿债股票价值为2,704,799,144元，普通债权以股票清偿部分的清偿率为19.98%。"

在德和衡律师收集到2016～2020年进入破产重整程序的26家上市公司的破产重整计划中，实施"债转股"的有21家。在21家实施"债转股"的上市公司中，有9家公司的重整计划明确规定实施"债转股"后该部分债权的清偿比例为100%，占实施"债转股"的上市公司数量的42.86%。如果以人民法院裁定受理破产重整之日后至2021年2月21日期间相应公司每股价格的最高点为实际受偿价格，则相对于每股抵债价格，至今只有1家公司的普通债权人（或金融普通债权人）的实际受偿率超过100%，占比达11.11%，有4家公司的普通债权人（或金融普通债权人）的实际受偿率在50%～100%，占比达44.44%，有4家公司的普通债权人（或金融普通债权人）的实际受偿率低于50%，占比达44.44%。

（二）重整计划规定了清偿率的计算方法

个别重整计划中则规定了清偿率的计算方法，但对关键参数的确定没有明确规定，如东北特殊钢集团有限责任公司的重整计划规定："金融类普通债权人每家超过50万元的部分实施债转股，按照统一的比例转换为东北特钢公司股权，债转股部分的实际清偿率根据股价价格确定。清偿率可以参照如下公式计算：清偿率=（持股数量×每股价格）/转股的债权金额，'每股价格'是指重整后东北特钢公司的股权价值"。在随后的一个案件中，北京市第二中级人民法院根据这一公式计算出了实际清偿率，支持了债权人向担保人的追偿主张。

（三）重整计划未确定清偿率或清偿率的计算方法

还有很多重整计划中只规定了股权抵债的价格，没有明确实际清偿率，如ST盐湖的破产重整计划规定："银行类普通债权视非银行类普通债权的选择情况而部分留债并实施以股抵债，每100元债权可分得约7.633588股股票"，但未明确实施债转股后该部分债权的清偿率。实践中人民法院对于该种情况下清偿率如何理解和确定争议较大，债权人继续维权面临的困难加大、不确定性增加。

德和衡律师认为，在现阶段，进入破产程序的企业往往已经严重资不抵债，无法清偿到期债权或明显丧失清偿能力，即便考虑有战略投资人的投入，偿债资产往往也不可能覆盖全部债权，无论采取哪一种清偿方案，在绝大多数案件中都不可能达到100%的清偿率。因此，即便重整计划规定实施债转股后相应债权的清偿率为100%，也只是名义清偿率，而非实际清偿率，实际上通过债转股方式阻断了债权人向保证人和其他连带债务人主张权利的路径。而且，如果针对商业银行债权人的债转股偿债方案实质上实现了对商业银行债权人普通债权的全部清偿，则对其他选择现金清偿的普通债权人来说构成不公平，违背《企业破产法》公平清理债权债务的原则。因此，破产重整程序中的商业银行债转股实质上应是"部分清偿+部分豁免"①，豁免的是债务人的

---

① 谷文：《破产重整制度下债转股的实际清偿率问题研究》，载微信公众号"法大说法"2019年9月13日，https://mp.weixin.qq.com/s/2WmvPCxrIKYNoyt7-_7Yyw。

偿债义务，而非保证人或其他连带债务人的偿债责任，商业银行债权人仍应有权向保证人和其他连带债务人主张权利。

四、司法机关对清偿率的认定及其对商业银行债权人向相关主体追偿的影响

（一）对于清偿率规定为100%的情形，人民法院一般不会支持债权人向保证人或其他连带债务人追偿

对于重整计划明确规定实施债转股后该部分债权的清偿率为100%的情形，人民法院一般不会支持相关债权人在破产重整程序外再向保证人或其他连带债务人求偿的主张。

在“NX银行TJHD支行诉请主债务人北京某公司（系已完成破产重整的某集团股份公司的子公司）偿还汇票垫款、保证人天津某公司及庞某承担连带清偿责任案”① 中，法院查明NX银行TJHD支行已在某集团股份公司重整程序中申报了案涉债权并获得了确认，但未按照重整计划要求及时受领现金和抵债股票，管理人已将其应受领的现金和股票提存，应当视为其债权已获清偿。而某集团股份公司的重整计划规定实施以股抵债后，相应普通债权的清偿比例为100%。如果允许NX银行TJHD支行在破产重整程序中申报全额债权的同时，在本次诉讼中再次主张全部本息，就会造成债权人仅基于一个借款合同关系而获得两份全额债权确认的生效判决，从而造成双重受偿的结果，因此，法院对NX银行TJHD支行的全部诉讼请求不予支持。

（二）如果重整计划明确了实际清偿率的计算方法，则人民法院会按照相应的计算公式计算确定实际清偿率

对于重整计划明确了实际清偿率计算方法的情形，人民法院则会通过对重整计划相关表述的解释计算确定实际清偿率。

在“HF银行BJ分行诉某融资租赁公司抵押权纠纷案”② 中，HF银行BJ分行诉请在252,758,080.7元的范围内对《最高额抵押合同》项下的抵押物享

---

① 参见天津市河东区人民法院民事判决书，（2020）津0102民初758号。

② 参见北京市第二中级人民法院民事判决书，（2019）京02民初641号。

有优先受偿权。法院查明，东北某公司重整计划对于金融类普通债权人实施部分现金 + 债转股方式进行清偿，对于未实现清偿的部分，债权人不能再向重整人东北某公司主张，但可依法向保证人和其他连带债务人主张。清偿率计算公式为“清偿率 = （持股数量 × 每股价格）/转股的债权金额”，“每股价格”是指重整后东北某公司的股权价值。重整程序终止后，评估公司出具了东北某公司股东全部权益价值分析报告，载明东北某公司的股东全部权益价值在本次特定假设前提下的市场价值为107.44亿元。法院认为，HF银行按照破产重整程序确定的清偿方式在一定的清偿率范围内接受清偿，并非其债权因全额清偿而消灭，其虽不得就未获偿部分向重整人继续主张，但仍可对其他担保人主张担保权利。法院按照东北某公司重整计划载明的债转股清偿率计算公式，结合东北某公司重整后的注册资本与股东权益价值分析报告载明的股东权益市场价值计算出了HF银行以债转股方式受偿的实际金额，进而计算出未受偿金额，支持HF银行在未受偿金额范围内对抵押物行使抵押权。

对于重整计划未明确债转股部分的债权清偿率的情形，商业银行债权人主张权利往往较为艰难，很难获得人民法院的支持。此外，破产重整中还有诸多法律问题，例如管理人的职责边界到底在哪里？管理人是否可以为保证重整计划的顺利通过，而在商业银行作出一定让步的前提下，对商业银行作出相关承诺？如果该等承诺在重整计划通过后因故无法兑现，进而严重影响了商业银行债权人利益，商业银行债权人是否有权诉请管理人予以补救或赔偿损失？诉请的依据是什么？管辖法院如何确定？这些问题都有待于未来《企业破产法》的修法工作或相关司法解释的修订工作、最高人民法院的案例指导工作去解决。

五、银行债权人如何应对重整计划中的债转股方案

王欣新教授认为，破产重整程序中商业银行是否应接受债转股偿债方案，不属于债权人会议的职权范围，不受重整集体清偿程序的限制，每个商业银行债权人应自行决定是否同意接受债转股清偿方案。①

① 参见王欣新：《企业重整中的商业银行债转股》，载《中国人民大学学报》2017年第2期。

德和衡律师同意上述观点，破产重整程序应当在挽救债务人营业事业的同时也要注意对债权人的保护，《破产法司法解释三》和《九民纪要》也都强调了破产程序中对债权人的保护。破产重整计划中的清偿方案应当以现金清偿为主，其他清偿方式为辅，且应当给予债权人对其他清偿方式的选择权，至少应赋予债权人对债转股方案的补强提出意见和要求的权利，并且在合理范围内应当尊重和满足其要求，而非简单以多数决原则强制商业银行债权人选择债转股的清偿方式。

基于上述案例分析，德和衡律师建议，商业银行债权人在面对债务人重整计划债转股清偿方案时，要结合自身债权属性和债务人财务状况慎重作出决定，可参考如下三点建议：

（1）如果商业银行是有担保债权人，由于担保物权比债转股对债权的实现更有保障，银行债权人不宜选择债转股方式。如果商业银行债权还有保证人或其他连带债务人且有一定清偿能力或至少尚未进入破产程序，商业银行债权人需认真审视债转股方案，谨慎接受债转股方案。

（2）即便考虑接受债转股方案，也要通过事先的充分沟通、利用债权人会议审议的机会要求管理人或债务人合理确定债转股实施后相关债权的实际清偿率，以便为嗣后向保证人或其他连带债务人追偿排除障碍。

（3）如果无法改变重整计划对债转股方案实施后相应债权的清偿率为100%的规定，则建议商业银行债权人通过事先的充分沟通、利用债权人会议审议的机会要求为金融债权人增加现金清偿方案的选择权。

第四节　跨境破产承认与救济之司法实践与商业银行债权保护

跨境破产承认与救济制度是跨境破产合作制度的核心，承认是基础，救济是目标，包括对申请的域外破产程序本身的承认及在承认的基础上赋予该域外破产程序与接案国（地区）破产程序相同或相近的效力，即中止在接案国（地区）内针对债务人的诉讼和执行，赋予域外破产程序代表人在承认国（地区）境内代表债务人参与相关经济活动，并查询、接管、处置债务人在承认国（地区）境内财产的权力。一般将申请承认的破产程序中的“域外破产管理代表人”（foreign representative）认定为提出承认申请的适格主体。目前，关于接案国（地区）受理承认申请的法院确定有两种方式，一种是一般管辖，即依据不同的联结因素确认有权接受域外破产保护请求的管辖法院，如美国规定由债务人主要营业地或主要财产所在地的地区法院接受域外破产管理代表人的承认申请，另一种是实施集中管辖，如日本规定由东京地区法院（Tokyo District Court）接受承认申请，韩国规定由首尔中央地区法院（Seoul Central District Court）接受承认申请。①

本节中，德和衡律师主要针对跨境破产承认与救济的国际司法实践展开讨论，更多地关注各国家及地区对在我国启动的破产程序的承认和给予的救济措施，以及我国对境外破产程序的承认和救济司法实践现状，以为商业银行债权人勾勒出一幅与我国债务人及债权人相关的跨境破产程序的承认和救济图谱，并对商业银行债权人在债务人涉及跨境破产程序时如何维护自身债权权益进行探讨。

一、跨境破产承认和救济的立法模式演变与审查要素

（一）跨境破产立法模式的演变

长期以来，随着跨境投资与贸易的全球化发展，世界各国（地区）关于跨境破产的域外效力逐渐形成了属地主义和普及主义两种不同的立法方式。属地主义认为，一国（地区）开始的破产程序仅以债务人在当地的财产满足债权人的需要为限，债务人在其他国家（地区）的财产不受本国（地区）破产程序的影响，因此，任何债务人财产所在地的法院均有权启动破产程序。普及主义认为，国际范围内只应该有一个破产宣告、指定一个破产管理人、由一个破产程序来解决针对债务人在国际范围内所有财产的求偿要求，所有债权人必须通过该程序提出申请、获得清偿。

---

① 参见黄圆圆：《跨界破产承认与救济制度研究》，对外经济贸易大学出版社 2020 年版，第 29～32 页。

20 世纪末以来，国际司法实践形成以欧盟 2015 年颁布的《欧盟破产程序条例》（第 2015/848 号）［Regulation（EU）2015/848 of the European Parliament and of the Council of 20 May 2015 on Insolvency Proceedings］为代表的修正的属地主义立法方式，和以联合国国际贸易法委员会 1997 年颁布的《跨国界破产示范法》（UNCITRAL Model Law on Cross – Border Insolvency）为代表的修正的普及主义立法方式。《欧盟破产程序条例》（第 2015/848 号）作为欧盟条例，只适用于欧盟成员国。联合国国际贸易法委员会《跨国界破产示范法》（1997）是一部示范性法律，只是为各国的跨境破产立法提供一个参考模板，不具有强制效力，各国可在国内立法时对示范法的相关规定进行修改以符合本国的法律原则和价值取向；自颁布以来，全球已有包括美国、英国、加拿大、澳大利亚、新西兰、日本、韩国、新加坡、菲律宾、缅甸等国家在内的 49 个国家（53 个法域）采纳了《跨国界破产示范法》（1997）。我国目前尚未采纳该法律。

需要说明的是，《跨国界破产示范法》（1997）解决的是域外破产程序效力的承认与救济问题，联合国国际贸易法委员会于 2018 年出台了《关于承认和执行与破产有关判决的示范法》（UNCITRAL Model Law on Recognition and Enforcement of Insolvency – Related Judgements），该示范法主要解决外国破产宣告裁决之外与破产有关判决和裁定的承认与执行，与《跨国界破产示范法》（1997）在承认条件与救济措施上存在很大差异。本节讨论的内容仅限于对域外破产程序本身的承认和救济，不涉及 2018 年《关于承认和执行与破产有关判决的示范法》的相关内容。

（二）跨境破产承认与救济的审查要素

在对跨境破产程序进行审查时，接案国（地区）法院一般会从四个方面审查域外破产管理代表人申请承认的破产程序：

第一，域外破产程序是否由债务人的主要利益中心所在地法院启动。根据联合国国际贸易法委员会《跨国界破产示范法》（1997）第 16 条第 3 款的规定，如无相反证据，债务人的注册办事处推定为债务人的主要利益中心。域外破产程序所在地是否为债务人的中央行政地、该地点是否易于被债权人确认则是两个作出主要利益中心判断的关键因素，债务人账簿和记录所在地、组织或授权融资所在地、新近管理系统运营地、债务人主要资产或业务所在地等是判断的附加因素。[①] 根据《欧盟破产程序条例》（第2015/848号）第30条的规定，主要利益中心，是指债务人对其利益进行日常管理并能够由第三人确定的地点，如无相反证据，债务人的注册办公地应当被推定为其主要利益中心所在地，但如果债务人在申请启动破产程序之前的3个月内转移了其注册办公地址，则前述法定推论不适用。对比可知，《跨国界破产示范法》（1997）和《欧盟破产程序条例》（第2015/848号）对于主要利益中心的规定既相似又不同，在无相反证据的情况下，都将债务人注册办公地作为主要利益中心所在地，但对于有相反证据或例外情况的情形下如何确定主要利益中心所在地，则有不同规定。

第二，申请承认的域外破产程序是否为正当程序。《跨国界破产示范法》（1997）和《欧盟破产程序条例》（第2015/848号）均未对正当程序审查作出具体规定。在审理"韩进破产案"时，新加坡高等法院对程序的正当性有论述，认为韩进海运破产重整程序依据韩国《债务人重生与破产法案》而启动，根据该法的规定，债权人和相关利益方的适当交流和债权人的实质性参与是重整计划制定的基础，该法能够确保国内外的债权人都有充足的时间及资料审视重整计划，因此具有正当程序的法律基础。[②]

第三，是否存在互惠关系。《跨国界破产示范法》（1997）和《欧盟破产程序条例》（第2015/848号）均未将互惠作为承认域外破产程序的审查要素之一。实践中确有一些国家以存在互惠关系为审查要素，且要求以存在事实互惠或法律互惠为前提，如南非、印度和我国。[③] 我国《企业破产法》第5条明确规定，按照我国缔结或参加的国际条约，或互惠原则进行审查。但近年来，

---

① 在《跨国界破产示范法》（1997）之后，联合国国际贸易法委员会又于2004～2019年陆续颁布了《跨国界破产示范法立法指南》的第一、二、三、四部分，对于如何判定债务人主要利益中心进行了更为详细的规定。

② 参见石静霞、黄圆圆：《跨界破产中的承认与救济制度——基于"韩进破产案"的观察与分析》，载《中国人民大学学报》2017年第2期。

③ 参见黄圆圆：《跨界破产承认与救济制度研究》，对外经济贸易大学出版社2020年版，第69～82页。

随着国际合作的不断发展，互惠原则软化趋势明显，出现了推定互惠原则，即对方国家不存在以互惠为由拒绝承认和执行本国民商事判决的先例，在本国国内法允许的范围内，即可推定与对方国家之间存在互惠关系。①

第四，是否违反公共利益或公共政策。《跨国界破产示范法》（1997）和《欧盟破产程序条例》（第2015/848号）都有关于如果对域外破产程序进行承认、给予救济将明显违反本国（地区）公共政策，接案国（地区）法院可以此为由拒绝承认和救济的规定。以美国为例，可能涉及的违反公共政策的情形包括：（1）如本国法院已裁定债务人重整，如果承认域外破产程序将违反美国破产法自动中止原则，导致破产财产分配不公，违反公共秩序；（2）承认域外破产程序违反宪法保护的基本权利，如域外破产程序管理人申请进入债务人邮箱了解其资产处置情况，则会被法院认为是侵犯隐私权，从而申请会被拒绝。② 此外，实践中也有接案国（地区）的法院以承认或救济域外程序将严重损害本国（地区）债权人的利益为由拒绝参与国际合作的情况，实际上达到了间接适用公共政策例外条款的效果。③

（三）跨境破产的承认和救济之间的关系模式

在跨境破产的承认和救济的关系上，以美国为代表的国家采取承认即救济模式，一旦美国法院承认域外破产程序为域外主要破产程序，则启动自动中止机制，相关救济措施将自动适用于该域外程序。日本和韩国则采取承认与救济两步走的模式，域外破产程序的管理人需先提出承认申请，在获得承认后再提出救济申请。

二、我国跨境破产制度规定

我国关于跨境破产制度的相关法律规定仅见于《企业破产法》第5条，

① 参见张勇健：《“一带一路”背景下互惠原则实践发展的新动向》，载《人民法院报》2017年6月20日第2版。

② 参见张玲：《我国与“一带一路”沿线国家跨境破产司法合作的现实困境与解决路径》，载《暨南学报（哲学社会科学版）》2020年第257期。

③ 参见黄圆圆：《跨界破产承认与救济制度研究》，对外经济贸易大学出版社2020年版，第82～90页。

主要包括三个方面：(1)“依照本法开始的破产程序，对债务人在中华人民共和国领域外的财产发生效力。”(2)“对于在境外法院作出的破产案件的生效判决和裁定，我国法院需依据我国参加或缔结的国际条约和互惠原则进行承认和执行。”(3)“承认和执行需在不违反我国法律的基本原则，不损害国家主权、安全和社会公共利益，不损害我国境内债权人的合法权益的情况下进行。”可以看出，我国对于跨境破产制度的立法模式与修正的普及主义相似，但在审查时强调以存在法律互惠或实质互惠①、不违反公共利益、不损害我国境内债权人的合法权益为前提，同时强调的是与破产案件相关的判决、裁定的承认和执行，并未对破产程序本身的承认和救济制度进行规定。

遗憾的是，自该法颁布实施以来，我国一直没有针对跨境破产的承认和救济制度出台操作层面的制度和规定，这可能与我国关于跨境破产承认和救济制度实施的迫切性不是很强，相关理论研究和司法实践相对滞后，因而对待这一问题的态度相对保守有关。由于缺乏操作层面的指引，司法实践中一直没有法院依据《企业破产法》第 5 条作出对域外破产程序的承认或救济裁定。至今仅有的两例我国法院承认域外法院破产判决的案例，相关法院的承认判决并非依据《企业破产法》第 5 条作出，而是依据《民事诉讼法》的规定作出的。②

不过，随着 2013 年习近平主席提出“一带一路”倡议，我国对外投资规模和贸易规模不断扩大，我国企业资产不再仅限于国内，分布在多个国家的情况越来越多，实务界对于跨境破产制度合作的需求越来越高，最高人民法院也在不同的场合和文件中表达了加强跨境破产合作的意愿。例如，互惠关系的审查方面，从 2015 年前的法律互惠和实质互惠，到 2015 年 7 月《关于人民法院为“一带一路”建设提供司法服务和保障的意见》中提出的有条件的先行给

---

① 实际上，我国尚未与任何国家签订有关跨境破产的双边条约，也没有采纳联合国国际贸易法委员会颁布的《跨国界破产示范法》(1997)，存在事实互惠关系是唯一可以承认外国破产程序的前提。

② 参见湖北省武汉市中级人民法院（2012）鄂武汉中民商外初字第 00016 号民事裁定书。Shi Jingxia, *Recent Development in Chinese Cross – Border Insolvency*, 15 Australian Journal of Corporate Law 12, 12 – 15 (2002)，转引自黄圆圆：《跨界破产承认与救济制度研究》，对外经济贸易大学出版社 2020 年版，第 6 ~ 7 页。

惠原则,[①] 2018 年 3 月《破产审判工作会议纪要》提出的积极探索互惠原则适用的新方式，再到 2019 年 12 月《关于人民法院进一步为“一带一路”建设提供司法服务和保障的意见》中提出的推定互惠原则,[②] 清晰地反映了最高人民法院近几年来在对外国破产程序的承认上从保守走向开放的态度转变。

此外，在 2019 年 8 月 28 日举行的第三届中新法律和司法圆桌会议关于“跨境破产的司法问题”的专题研讨中，最高人民法院审判委员会专职委员刘贵祥表示，在推进“一带一路”国际合作的大背景下，最高人民法院正在积极推动《企业破产法》的修改，将就跨境破产管辖权、域外破产管理代表人及债权人的地位与待遇，对域外破产程序提供司法协助的条件和方式等方面进一步规范和细化。[③] 2020 年，十三届全国人民代表大会常务委员会将《企业破产法》修改纳入立法规划，《企业破产法》的修法工作正在紧锣密鼓地展开。相信修订后的《企业破产法》在跨境破产制度方面会有一个较大的修订和完善，将为我国与世界各国开展跨境破产合作提供明晰的指引，从而促进跨境破产程序在中外各法域间的互相承认和救济，真正维护我国债权人在债务人破产程序中的利益。

三、跨境破产承认和救济的国际司法实践

（一）从“韩进公司破产案”看主要国家对域外破产程序的承认和救济

作为世界排名第七的航运公司，韩进海运有限公司（以下简称韩进公司）于 2016 年 9 月 1 日进入破产重整程序。由于其旗下多艘船舶被在不同国家扣押，有部分船舶因担心被扣押而在公海上漂泊，引发了大量的经济损失和海事

---

① 《关于人民法院为“一带一路”建设提供司法服务和保障的意见》第 6 条：在沿线一些国家尚未与我国缔结司法协助协定的情况下，根据国际司法合作交流意向、对方国家承诺将给予我国司法互惠等情况，可以考虑由我国法院先行给予对方国家当事人司法协助，积极促成形成互惠关系，积极倡导并逐步扩大国际司法协助范围。

② 2017 年 6 月第二届中国—东盟大法官论坛通过《南宁声明》，提出了推定互惠原则，即尚未缔结有关外国民商事判决承认和执行国际条约的国家，在承认与执行对方国家民商事判决的司法程序中，如对方国家的法院不存在以互惠理由拒绝承认和执行本国民商事判决的先例，在本国国内法允许的范围内，即可推定与对方国家之间存在互惠关系。

③ 参见乔文心：《完善跨境破产协作机制，营造公平公正营商环境》，载中国法院网 2019 年 8 月 28 日，https：//www. chinacourt. org/article/detail/2019/08/id/4410186. shtml。

案件，管理人遂向日本、美国、英国、加拿大、澳大利亚、德国、新加坡等多个国家提出破产保护申请，[①] 请求各国法院承认和协助在韩国首尔进行的破产重整程序，并发布禁止扣押令，以阻止韩进公司的船舶在其境内被扣押，但并未向中国法院提出同样的申请。[②] 上述国家均在韩进公司进入破产重整程序后的不足一个月内对韩进公司管理人的申请进行审查并反馈，基于韩进公司的上市地点在首尔、从韩国集中发出集团运营指示和命令，各国均认为启动破产程序的韩国是符合要求的韩进公司的主要利益中心所在地，并且韩国的《债务人重生与破产法案》对外国债权人提供与韩国债权人同等的待遇和法律地位、承认韩进公司在韩国启动的破产程序不违反公共政策等理由，承认该程序为域外主要破产程序。[③]

在承认韩进公司在韩国启动的破产程序后，各国均给予了相应的救济，但救济措施各有不同。通过对比各国的救济措施，可以大体了解世界主要发达国家对域外破产程序的承认条件和提供的救济措施。

首先，在给予的救济措施的溯及力问题上，加拿大和新加坡的法院都明确救济措施的效力不及于此前已被境内债权人扣押的船舶，美国则明确救济措施的效力及于此前被债权人扣押于本国境内的债务人资产。[④]

其次，在救济措施涉及的债务人资产范围问题上，美国给予了最为全面的保护，救济范围包括韩进公司自有船舶、租赁船舶及其他运输设备，澳大利亚的救济范围包括“韩进米兰号”船舶、货物、集装箱、船用燃料等，新加坡的救济范围包括韩进自有、运营、租赁的船舶，德国的救济范围则仅限于德国境内的韩进公司的自有船舶，不包括租赁船舶。[⑤]

---

① 新加坡于2017年采纳了《跨国界破产示范法》（1997），德国至今为非采纳国，其他国家彼时均为采纳国。

② 参见石静霞、黄圆圆：《跨界破产中的承认与救济制度——基于“韩进破产案”的观察与分析》，载《中国人民大学学报》2017年第2期。

③ 参见石静霞、黄圆圆：《跨界破产中的承认与救济制度——基于“韩进破产案”的观察与分析》，载《中国人民大学学报》2017年第2期。

④ 参见石静霞、黄圆圆：《跨界破产中的承认与救济制度——基于“韩进破产案”的观察与分析》，载《中国人民大学学报》2017年第2期。

⑤ 参见石静霞、黄圆圆：《跨界破产中的承认与救济制度——基于“韩进破产案”的观察与分析》，载《中国人民大学学报》2017年第2期。

再次，在救济措施对担保债权的影响问题上，美国、澳大利亚、日本等国均根据本国破产法的规定，要求担保债权人不得对韩进公司在其境内的资产采取个别行动，实现担保债权，而需与其他普通债权人共同参与破产程序，英国和加拿大给予的救济措施则不影响债权人担保债权的实现。①

最后，在船舶优先权问题上，美国基于其破产法中的自动中止制度，未对船舶优先权人进行例外安排，而加拿大和澳大利亚则对船舶优先权的实现进行了例外安排，明确不受韩进公司在韩国启动的破产程序影响。②

遗憾的是，虽然韩进公司在我国境内设有总部，并有十多个分公司，有大量的资产和经济利益在我国，但韩进公司破产管理人并未向我国法院提起承认和救济的申请，原因可能是其认为我国法院作出承认裁定的可能性较小。但在我国对外投资和贸易规模不断加大，商业银行随着中国企业“走出去”的情况越来越多的大背景下，韩进公司的破产程序在其他主要国家获得的承认和救济仍然值得商业银行债权人关注，随着我国《企业破产法》的修订和跨境破产合作制度的完善，我国与境外其他国家（地区）间的跨境破产合作框架也会越来越明晰，这必然会影响商业银行债权人在境内外的债权回收。

（二）从“洛娃公司破产案”看美国对在中国破产程序的承认和救济

2019 年 5 月 13 日，洛娃科技实业集团有限公司（以下称洛娃公司）进入破产重整程序。2019 年 7 月和 8 月，洛娃公司四家在美债权人分别提起两起债券偿付违约诉讼。2019 年 9 月 9 日，洛娃公司管理人以域外破产管理代表人身份向美国纽约南区破产法院提出申请承认在北京市朝阳区人民法院启动的破产程序，并中止债权人提起的两起诉讼。与“韩进公司破产案”的情况基本相同，纽约南区破产法院于 2019 年 10 月 8 日就作出正式承认裁决，在此之前给予洛娃公司短期临时救济和临时救济，要求债权人在法官作出正式裁决前，未经域外破产管理人明示同意或法院许可，不得进行针对债务人的其他诉讼，针

① 参见石静霞、黄圆圆：《跨界破产中的承认与救济制度——基于“韩进破产案”的观察与分析》，载《中国人民大学学报》2017 年第 2 期。

② 参见石静霞、黄圆圆：《跨界破产中的承认与救济制度——基于“韩进破产案”的观察与分析》，载《中国人民大学学报》2017 年第 2 期。

对债务人在美财产的占有、扣押、行使留置权或进行判决执行等行为。当纽约州南区破产法院正式承认洛娃公司在北京市朝阳区启动的破产程序为域外主要破产程序后，自动中止机制被触发，管理人被赋予处理洛娃公司在美财产和事务的充分权力，包括管理和变现所有或部分洛娃公司在美财产的权力、调查取证权力、发布与债务人相关的信息及采取必要措施和行动的权力，同时自动中止机制触发，任何涉及洛娃公司的在美财产、权利、义务和负债的单个诉讼或执行程序中止，以及担保债权暂停行使。值得注意的是，纽约南区法院的裁定对异议债权人进行了保护，如果异议债权人在中国重整程序中申报的债权没有被公平对待，债权人可继续寻求救济。

与美国法院在“韩进破产案”中的态度相同，“洛娃公司破产案”中，美国法院快速反应、高效处理，及时给予救济措施，正式承认裁决触发自动中止机制，有力地保护了洛娃公司在美财产，使洛娃公司债权人很难在美国发起针对洛娃公司的诉讼和执行行动，并且担保债权人行使担保物权的权利也被暂停，从而有利于在北京市朝阳区人民法院启动的破产程序作为一个唯一的完整的破产程序，收集、处置洛娃公司在中、美两国的财产，并按照法律规定的清偿顺位对中美债权人进行同等清偿。

（三）从“华信破产案”等三起案件看我国香港特别行政区对内地破产程序的承认和救济

2001年的“广信案”中，广东国际信托投资公司（以下简称广信公司）在内地进入破产程序，其香港全资子公司（以下简称广信香港公司）在我国香港特别行政区进入清盘程序。债权人中芝兴业财务有限公司（以下简称中芝公司）通过在香港特别行政区的诉讼取得对广信公司的确定债权，广信公司在诉讼中缺席，随后中芝公司获得第三债务人暂准令，扣押了广信香港公司对广信公司的债务，在其申请将暂准令转为绝对命令时，广信公司申请将包含扣押在内的所有相关程序中止。香港特别行政区高等法院认为，广信公司在内地的破产程序旨在保障对债务人财产的统一收集及在同级别债权人中按比例分配，当内地法院这么做时，香港特别行政区法院没有理由允许个别执行行为干扰该程序的进行，因此拒绝将暂准令转为绝对命令。[①] 该案是香港回归以来内地破产程序首次获得域外法院的正式承认，但法院的承认并非根据广信公司清算组提出的对内地破产程序的承认申请作出的，而是在债权人申请绝对命令的过程中依据债务人广信公司的相关中止申请作出的。因此，该案还不能被视为一个完整的香港特别行政区法院对内地破产程序的承认和救济案件。在此后近20年的时间里，香港特别行政区法院没有作出过对内地破产程序的承认和救济裁定，在2011年北泰汽车工业控股有限公司向北京市高级人民法院申请承认香港特别行政区高等法院作出的清盘令一案中，最高人民法院的批复认为，“香港高等法院作出的清盘令并不属于《关于内地与香港特别行政区法院相互认可和执行当事人协议管辖的民商事案件判决的安排》规定的‘判决’范围，亦非《企业破产法》第五条中规定的‘判决’，目前内地法院认可香港法院作出的清盘令没有法律依据，故不应予以承认”。

随着最高人民法院关于跨境破产合作的态度逐渐开放，最高人民法院与香港特别行政区律政司一直在就专门的跨境破产协助进行协商等积极信号的释放，[②] 也许是香港特别行政区法院看到了内地法院在跨境破产合作态度上的逐步开放和对内地未来跨境破产制度的乐观期待起了作用，2019年年底到2020年不到一年的时间里，香港特别行政区法院应内地破产程序管理人的申请，对在内地进行的上海华信国际集团有限公司（以下简称华信公司）和深圳市年富供应链有限公司（以下简称年富公司）两个破产程序先后作出了承认和救济的判决。这两个判决由同一名主审法官作出，承认和救济的理由相同，对华信公司涉及的跨境破产程序承认的审查因素和救济措施的范围论述更加详细，值得研究。

“华信破产案”的案情与“广信破产案”相同，也是债权人在香港特别行政区取得了针对华信公司的缺席判决，并取得了暂准令，但尚未提出将暂准令

① See CCIC Finance Ltd. *v.* Guangdong International Trust and Investment Corp [2005] 2 HKC 589. 转引自刘烁：《从“广信案”到“华信案”：香港对内地公司跨境破产清算承认与协助的新发展》，载《法律适用》2020年第14期。

② 参见石静霞：《香港法院对内地破产程序的承认与协助——以华信破产案裁决为视角》，载《环球法律评论》2020年第3期。

转为绝对命令的申请。为了阻却债权人申请绝对命令的行为，华信公司破产管理人向香港特别行政区法院申请承认和救济。主审法官夏利士（The Hon Mr. Justice Harris）着重审查了该程序是否为集体破产程序、是否在公司的注册国/地区启动，并强调互惠原则并非香港特别行政区法院承认域外破产程序的必要条件，认为华信公司破产案属于集体破产程序，且破产程序由注册地法院启动，符合前述条件，应予以承认。可以看出，尽管香港特别行政区尚未采纳《跨国界破产示范法》(1997)，其跨境破产承认制度属于修正的普及主义，简化了“主要利益中心”制度，将破产程序启动地限定为破产企业的注册地。此外，需要强调的是，与“韩进公司破产案”中各国法院对韩进公司管理人的申请迅速反馈一样，在本案中，香港特别行政区高等法院的反馈速度也非常快，华信公司于2019年11月24日进入破产程序，管理人向香港特别行政区法院提出紧急承认申请，并且上海市第三中级人民法院于2019年12月10日向香港特别行政区高等法院发出请求函，2019年12月18日，香港特别行政区法院即签发命令，提供协助，赋予管理人相应权力，2020年1月13日，香港特别行政区法院即作出了承认裁决，前后共计一月余，略长于“韩进公司破产案”中各个接案国法院作出承认裁决的时间，但也已经很快了。

在作出承认裁决的同时，香港特别行政区高等法院也为华信破产程序提供了相应的协助。夏利士法官在裁决中明确，只要债务人在内地处于清算状态，除非经法院批准并受法院所施加的条件约束，除管理人之外，任何人不得在香港特别行政区司法辖区内启动针对华信公司或其事项、财产或资产的诉讼或程序。同时，法官在裁决中赋予华信公司管理人七项权力，主要包括“要求第三方移交涉及华信公司财产的所有商业交易、账户、资产、负债及其他相关事项的文件和信息，在香港司法辖区内查询、保护、获取、占有和控制华信公司的所有资产、财产、账簿、文件、记录，采取一切必要措施防止对华信公司财产的任何处置，运营、开设或关闭华信公司或受其控制的任何银行账户”，为履职目的聘请中介机构或专业人士，为保护华信公司利益在任何已经开始的法律程序中申请冻结或扣押裁定，为调查华信公司资产或事务可提出必要法律程序或向法院提出申请，要求披露相关文件以及调查第三方等。[①] 此外，虽然“华信破产案”中债权人取得暂准令的时间早于华信公司进入破产程序的时间，但夏利士法官以不能反映现代破产法上的合作精神为由，拒绝引用加尔布雷斯案（Galbraith *v.* Grimshaw）关于债权人“取得暂准令的时间早于境外破产程序的情况下扣押程序可不受该破产程序的影响而继续进行的观点”,[②] 作出了扣押程序应当中止的裁决。香港特别行政区法院的观点与上述“韩进公司破产案”关于救济措施溯及力的探讨中美国法院的观点相似，一旦对境外破产程序予以承认，就应当中止所有针对债务人财产个别执行行为。

年富公司于2019年12月19日进入破产程序，2020年4月3日，深圳市中级人民法院向香港特别行政区法院发出请求函，请求对年富公司在深圳启动的破产程序予以承认和协助，主审法官夏利士作出了与“华信破产案”相同的裁决。

据统计，2015年内地母公司设立的驻港公司数量为1091家，2019年增长至1799家。[③] 随着越来越多的内地公司在港设立子公司并将驻港公司作为开展对外投资和贸易的依托，内地公司破产后涉及的在港资产的追回问题越来越多，且金额较大，香港特别行政区高等法院对“华信破产案”“年富破产案”给予的承认和救济，发生在自2015年以来内地最高人民法院持续表明跨境破产合作的开放态度、香港特别行政区与内地司法协助持续友好协商的大背景下，可以窥见香港特别行政区司法系统对内地未来跨境破产制度的期待是乐观的，合作态度也是积极的。上述两个案件中香港特别行政区法院的裁决为内地商业银行债权人对境内破产企业在港资产的处置方式和途径提供了相对明确的预期，对商业银行债权人在债务人进入破产程序的情况下如何回收境内外债权提供了参考。

① 参见石静霞：《香港法院对内地破产程序的承认与协助——以华信破产案裁决为视角》，载《环球法律评论》2020年第3期。

② 参见刘烁：《从“广信案”到“华信案”：香港对内地公司跨境破产清算承认与协助的新发展》，载《法律适用》2020年第14期。

③ 信息来源：香港特别行政区政府统计处《2019年有香港境外母公司的驻港公司按年统计调查报告》。

（四）跨境破产承认与救济之司法实践对我国商业银行债权实现的影响

通过研究上述相关案例，德和衡律师总结了如下几点，供商业银行债权人在统筹安排针对债务人的债权回收工作时考虑。

（1）主要发达国家（地区）对跨境破产程序的承认和救济持开放合作的态度，随着我国跨境破产制度的构建和完善，将会有越来越多的境内债务人破产程序被其他国家（地区）承认并给予救济，商业银行债权人的债权回收工作也需在跨境破产的大背景下进行。

联合国国际贸易法委员会的《跨国界破产示范法》（1997）和《欧盟破产程序条例》（第 2015/848 号）的影响深远，涵盖了北美、东亚、东南亚、欧洲等地区的主要发达国家及地区，这些国家及地区由于对外投资和贸易规模较大，对跨境破产合作的需求相对较高，因此在推动跨境破产承认和救济制度协调方面的积极性也非常高，合作态度明朗强烈。虽然我国关于跨境破产制度的构建和完善尚需时日，但近几年来最高人民法院在跨境破产合作方面的态度由保守转向开放，使其他国家或地区对我国的跨境破产合作制度有了一定的期待，释放出了强烈的合作信号。因此，随着我国企业“走出去”的脚步，境内企业在境外多国投资、购置资产的情况也越来越多，一旦境内企业进入破产程序，为尽可能归集债务人资产，防止债务人被境外债权人个别追偿，会有越来越多的管理人作为域外破产管理代表人向境外财产所在地法院提出承认和救济申请。商业银行一般都是企业的最大债权人，这些变化对商业银行债权的回收将会产生较大影响，所以，商业银行债权人应当有跨境破产承认和救济的意识，在跨境破产的大背景下统筹安排债权回收工作。

（2）接案国（地区）承认域外破产程序为主要程序后，债权人在接案国（地区）针对债务人的个别追偿很难实现。

从上述案例可以看出，各接案国（地区）对域外破产管理代表人提出的承认申请都能作出快速反应，审查期限都比较短，从接案到作出正式承认裁决，通常在一个月左右，可以说效率非常高，也使承认本身更具实际意义。在对域外破产程序作出承认的同时，各接案国（地区）均给予了必要的救济，虽然因各国（地区）法律规定不同存在差异，但原则上都赋予了域外破产管理代表人在接案国（地区）履职所必要的权力，并且，除了个别特殊情况外，一般都中止在接案国（地区）针对债务人的诉讼和执行行为，可以说域外破产程序在接案国（地区）被承认为域外主要破产程序后，如无特殊情形，债权人在接案国（地区）针对债务人的个别追偿基本无法实现。

（3）由于各国（地区）法律规定的差异，接案国（地区）的有担保债权人、优先债权人在域外破产程序获得承认后实现担权利受到的限制不同。

在“韩进公司破产案”中，各接案国给予的救济措施中对担保债权和优先债权实现的限制存在差异，表明在这两个问题上各国的法律规定存在差异，如果商业银行债权人在相应接案国（地区）对债务人享有担保债权或优先债权，需预先查明接案国（地区）的法律规定，制定有针对性的债权回收策略。

（4）由于各国（地区）法律规定的差异，如果接案国（地区）的债权人或债权具备特殊情形，该债权人有希望在接案国（地区）实现对债务人的个别追偿。

在“华信破产案”中，债权人取得暂准令的时间早于华信公司进入破产程序的时间，按照加尔布雷斯案的传统裁判观点，扣押程序可不受该破产程序的影响而继续进行。但香港特别行政区高等法院拒绝引用该案，在承认“华信破产案”为域外主要破产程序的同时，裁决中止了债权人的扣押程序。鉴于香港特别行政区法律规定与英国法有较为紧密的关系，由此可知，在英联邦国家，债权人取得暂准令的时间可能会影响其对域外破产程序的对抗效力。

此外，普通法中的吉布斯规则（Gibbs Rule）也为债权人提供了一个对抗域外破产程序的途径，即以英国法作为准据法的债，在债权人未参与域外破产程序并同意接受该程序对其债权进行调整的情况下，域外破产程序不得对其债权进行调整。如果域外破产程序对其债权进行了调整，则该债权人有权在英国法院提起诉讼，向债务人主张偿还全部债务。[①] 因此，如果商业银行在境外持有针对债务人的债，需要在查明相关国家（地区）对跨境破产程序中应否适用吉布斯规则的态度基础上求偿。

---

① 参见黄圆圆：《跨界破产承认与救济制度研究》，对外经济贸易大学出版社 2020 年版，第 82～90 页。

第五节　个人破产对商业银行债权保护带来的挑战和应对策略

个人破产与公司破产最主要的区别在于其债务人为自然人，在该自然人不能清偿到期债务时，由法院依法宣告自然人破产，并针对其财产作出债务调整或者进行清算和分配。商业银行的债务人有很大比例是自然人，因此，如果建立个人破产制度，商业银行可能是最大的债权人。个人破产制度在国外大部分国家以及我国香港特别行政区等国家和地区已经确立，我国内地是否需要引入个人破产制度仍然是一个具有争议性的话题。最高人民法院和相关部委在有关文件中也提出探索研究、逐步建立自然人破产制度，部分地区已经开始探索实施个人债务清理制度，深圳市则于2020年颁布了《深圳经济特区个人破产条例》，这给商业银行的债权保护带来了机遇和挑战。研究其他国家的个人破产制度作为他山之石，从中吸取经验和教训，对我国《破产法》修改并引入适合我国国情的个人破产制度及平衡商业银行债权人和债务人权益具有重大的参考和借鉴意义。

一、欧美各国个人破产制度发展概况及对我国商业银行债权保护的借鉴意义

（一）美国个人破产制度发展概况

作为当今世界上个人破产法律制度最完善的国家之一，个人破产法律制度已经成为美国法律法规体系中不可或缺的一部分。在美国，其个人破产的申请数量远远高于企业破产的申请数量。[①] 而个人破产案件数量的大幅度提高对商业银行债权的实现产生了严重影响，如何平衡两方的利益成为个人破产法立法需要考量的重要因素。

① 参见冯彦明、侯洁星：《欧美个人破产制度对商业银行的影响与启示》，载《银行家》2020年第11期。

美国破产法从产生之初到初具雏形再到逐渐完善，其间经历了多次变革。如何合理保护债权人与债务人的权益是美国破产法所关注的重点问题。在探索个人破产制度构建过程中，美国国会于1800～1867年前后共颁布了三部破产法，随着时代与局势的发展，三部破产法最终均在实施后不久即被废止。直到1898年，美国国会颁布的第四部破产法将适用对象扩大到所有自然人。1938年，美国国会通过了《坎特勒法》（Chandler Act），强调首先保障债权人利益，同时再兼顾债务人利益。1978年，美国国会对《坎特勒法》进行了全面和实质性的修正，并以美国联邦破产法典的形式公布实施。《美国破产法典》（United States Bankruptcy Code）从维护债权人利益转变为维护债务人利益，个人依据该破产法申请债务豁免很容易获得支持。《美国破产法典》实施之初，美国的个人破产年申请量上涨了60%。

（二）欧洲国家个人破产制度发展概况

个人破产制度在美国的实现门槛较低，在欧洲却不尽然。欧洲国家对个人破产的规定十分严苛，往往附加一系列的限制条件。20世纪80年代中后期，欧洲一些国家开始出现政治和经济危机，随之而来的是社会福利结构的改变，从而导致靠借贷维持生活的人越来越多。问题长期积累下来，个人过度负债问题逐渐凸显。以此为前提，欧洲各国竞相建立了个人破产制度，该制度对债务人破产的实现规定了比较严苛的条件，旨在有效维护债权人的利益。

个人破产制度在德国设置了严格的条件，德国1999年实施的《破产法》（Insolvency Statute）强调要最大限度维护债权人利益，对债务人行为实施严格约束，只有在保证债权人利益实现的前提下再兼顾债务人利益。与德国相似的规定也体现在法国个人破产制度中：破产者要几乎穷尽所有收入以偿还债务，其资产豁免程度很低，偿还时间可以长达8～10年之久，对债权人极为有利。相比之下，英国的个人破产制度远远早于企业破产制度。英国首部个人破产法是1542年《破产法》（Insolvency Act），旨在为债权人提供一种集体受偿的机制，并严厉打击债务人的欺诈逃债行为。[①] 英国虽在1706年《安妮法案》

① 参见徐阳光：《个人破产立法的英国经验与启示》，载《法学杂志》2020年第7期。

（The Statute of Anne）中形成了个人破产免责制度，但也经历了破产有罪与破产免责异质取向的长期斗争，通过实践确证免责制度存在的必要性，最终凝练为重要的立法成果。英国破产法实行惩戒欺诈破产人与保护诚实破产人的双轨制。①

从欧洲各国的现有规定看，欧洲国家的个人破产制度旨在倾向于最大程度保障债权人利益。实际上，由于欧洲国家所规定的个人破产程序较为冗长，以德国为例的多数国家又设置了较长的偿债期限，以至于偿债效率不高，反而使债权人不能有效实现债权，最终导致欧洲各商业银行囤积大量不良资产难以核销。基于欧盟的一体化特殊形式，任何一个国家的银行发生危机都有可能导致牵一发而动全身，从而很快蔓延到整个欧盟，最终对欧洲经济产生巨大的破坏性影响。

（三）国外个人破产制度对我国商业银行债权保护的借鉴意义

通过比较研究个人破产制度在美国和欧洲国家的发展概况，不难发现这些主要司法辖区个人破产制度的建立和发展都没有完全妥善解决债权人和债务人利益平衡的关系，而是变成了政府用来暂缓经济危机、刺激社会发展的暂时性手段。这种措施的实施对债权人权利维护的负效能日益凸显：在当前社会信用经济条件下，商业银行作为规模最大的债权人，最容易受个人破产危机的影响，个人破产的受理导致银行业不良贷款的大规模增加，更有甚者会造成银行破产。随着银行业危机的扩散，该危机进一步传导至整个金融系统，从而可能造成大范围金融危机的爆发，最终引发恶性循环，直接导致破产人数的持续增多。因此，我国在建立个人破产制度时，应当吸取国外已有国家的经验教训，明确个人破产制度应考虑的重点并平衡债务人和债权人利益。我国个人破产制度的建立除了坚持“以人为本”的出发点，也要考虑社会经济的发展和整个金融系统的风险、秩序及社会信用体系的确立，在保障债权人公平合理的受偿权和为债务人提供复盘机会之间找到最佳利益平衡点，才能实现经济的高质量和可持续发展。

---

① 参见项焱、张雅雯：《从破产有罪到破产免责：以英国个人破产免责制度确立为视角》，载《法学评论》2020 年第 6 期。

二、我国个人破产制度试点及在各地的开展情况

（一）我国的个人破产制度改革进度和试点情况

时至今日，专门规定自然人破产的全国性法律尚未成形，但是，从现有的改革进度和试点情况，已经能够窥见我国立法者在自然人破产问题上的价值考虑和思维动向。

2019 年 7 月，国家发展和改革委员会、司法部、中国人民银行和中国银保监会等 13 部门联合发布《加快完善市场主体退出制度改革方案》，明确要求推动“僵尸企业”破产退出，发挥各类基金制度的保障作用。在该方案中第一次提出了个人破产制度，并把建立健全金融机构市场化退出机制作为重点工作进行强调。依照《加快完善市场主体退出制度改革方案》的要求，我国要重点解决企业破产产生的自然人连带责任担保债务问题，同时明确自然人因担保等原因而承担与生产经营活动相关的负债可依法合理予以豁免，推进建立自然人符合条件的消费负债可依法合理免责，最终建立全面的个人破产制度。最高人民法院在《九民纪要》中提出“积极稳妥进行实践探索，加强理论研究，分步骤、有重点地推进建立自然人破产制度，进一步推动健全市场主体退出制度”，可见，监管层和司法机关对个人破产制度建设的必要性已达成共识，相关法律规范的出台提上议事日程。

作为重大国家战略的一部分，深圳先行示范区全面开展破产制度改革，包括企业重整和预重整、跨境破产、个人破产、府院联动等领域，深圳成为“破产制度改革的第一试验田”。2020 年 8 月 26 日，深圳市人民代表大会常务委员会审议通过《深圳经济特区个人破产条例》，该地方性法规的出台，标志着我国在“健全破产制度”方面实现历史性突破，其成功的立法经验将来极有可能通过“试点推广”的方式落实到其他地方乃至全国范围内。可以说，《深圳经济特区个人破产条例》对于我国后续的立法工作都有很强的导向和借鉴作用，是目前研究中国特色自然人破产制度最佳的制度范本。该条例已于 2021 年 3 月 1 日正式施行。

与《企业破产法》规定相类似的是，《深圳经济特区个人破产条例》将个人破产程序分为破产清算、重整、和解三种：一是个人破产清算，在个人破产

清算程序进行过程中，除依法保留的豁免财产以外，将债务人的全部财产分配给债权人用于清偿债务。经过考察期，遵守行为限制、没有破产欺诈的“诚实且不幸”的债务人，可以依法免除未清偿债务。二是重整，即在债务人有未来可预期收入的前提下，提出合理合法的重整计划方案，经过人民法院批准后由债务人执行，以实现财产的有效梳理。三是和解，与公司作为债务人时与债权人进行的和解程序类似，即债务人通过与债权人自愿达成债务减免和清偿的和解协议，法院依照法定程序对和解协议进行实质和形式上的审查后，认可该和解协议的效力，并实现债务清理。

可见，《深圳经济特区个人破产条例》的规定并非一味地保护债权人的利益，制度设计的意旨在于平衡债权人、债务人双方的利益。个人破产制度相较于之前没有该制度的状况，债权人的利益往往更能得到充分保护。从前的做法没有区分“老赖”的本质，用统一的方法惩治所有不能偿债的债务人，而以商业银行为代表的债权人所贷资金也基本没有收回的可能性。在个人破产制度出台后，形势开始扭转，诚信的债务人获得重新开始的机会，债权人也能得到债务人能力范围内最大比例的清偿。

值得注意的是，在破产清算程序下，“诚实且不幸”的自然人债务人享有免除未清偿债务的法定权利。不得不说，这一全新规定在一定程度上冲击了“欠债还钱，天经地义”的传统理念，也是最值得商业银行债权人关注和研究的制度内容，因为其现实地影响到银行债权的实现比例。

此外，《深圳经济特区个人破产条例》还规定了追溯制度，通过其第 103 条的规定可以得知：债务人通过欺诈手段获得免除未清偿债务的，发现该事实的债权人或者其他利害关系人可以申请人民法院撤销免除未清偿债务的裁定。这是商业银行债权人于事后发现债务人存在逃废债行为时的救济手段。

根据《深圳经济特区个人破产条例》的规定，在深圳居住且参加深圳市社会保险连续满 3 年的个人，因生产经营、生活消费导致丧失清偿债务能力或者资不抵债的，可依法进行破产清算、重整或和解。作为首部地方性个人破产法规，《深圳经济特区个人破产条例》作为我国个人破产制度的先行者，对于个人破产立法及司法实践具有一定的借鉴和示范意义。①

（二）建立个人破产制度的条件日趋成熟

一直以来，人们常称我国只有“半部破产法”，就是说我国法律仅有对企业破产的规定，而个人破产问题始终未得到明确。我国《民法典》规定了三类平等民事主体，即自然人、法人和非法人组织，其中自然人和法人都是具备民事权利能力的。而传统的《企业破产法》，作为民商法律规范的重要组成部分，明确将自然人这类基本的民事主体排除在调整范围之外。在 2004 年的《破产法（草案)》中，就有过关于自然人破产的提案，但被全国人民代表大会常务委员会审议时以“条件尚不成熟”为由删除了。究其原因，一般认为个人破产制度与我国民间“欠债还钱”的传统观念或有相悖之处，另外，我国个人财产登记和征信制度建设的相对滞后，以及全国商业银行联网系统尚未建立的现实状况都给个人破产制度的施行带来了体制和技术上的障碍。

近年来，随着经济社会的发展，以及城镇化、商业化大规模的扩张，市民社会的观念也发生了潜移默化的改变，商业社会的效率价值以及与之相伴的诚实信用价值逐渐得到人们的普遍认同。互联网技术的广泛应用助力银行联网系统的建立，征信制度的建设也取得了长足的进步。故此，我国个人破产制度设立的条件业已成熟，重新思考和妥善处置自然人债务问题的需求日趋迫切。商业银行债权人如何利用个人破产制度来更好地保护其债权的实现，也是需要重点考虑的问题。

三、个人破产对商业银行债权保护带来的机遇和挑战

（一）个人破产对商业银行债权保护带来的机遇

1. 利用好新的制度工具减轻商业银行“呆坏账”负担

2011 年以来，我国银行业不良贷款余额和不良率多年持续呈现“双升”态势。2018 年第二季度末不良率升至 1.86%，不良余额达到 19571 亿元。大量呆账、坏账的存在和累积严重拖累了商业银行业务的正常开展。这种现象的

① 参见王龙玉：《个人破产对商业银行债权的影响及对策研究》，载《现代金融导刊》2020 年第 11 期。

出现，既有经济方面的原因，也与近年我国民事诉讼领域“执行难”问题以及个人破产制度的缺失有着莫大的关系。当前的民事执行制度注重对不清偿银行债务的自然人的“制裁”，而非对债权债务关系的“拯救”。现实中，很多“老赖”已经被多家法院列为失信被执行人，在这种情形下，更多的制裁措施对于银行债务的拯救并没有现实意义。

呆账，是指已过偿付期限，经催讨仍然不能收回，有可能成为坏账的应收款项。逾期贷款在无法回收但尚未最终确定时，应当在账面上提列坏账损失准备。不良贷款的存在，从银行层面会导致资金沉淀，业务成本沦为沉没成本，恶化银行财务状况，特别是在融资成本高昂时，严重影响银行的盈利能力；从社会层面会影响资金的回收和有效利用，不利于社会资金的有效配置，制约经济的发展。

在个人破产法律制度渐行渐近的形势下，商业银行应当主动拥抱变化，研究新制度，并利用好这一制度工具减轻长期以来累积的“呆坏账”负担。《深圳经济特区个人破产条例》第9条第1款规定：“当债务人不能清偿到期债务时，单独或者共同对债务人持有五十万元以上到期债权的债权人，可以向人民法院提出破产申请。”该条规定给了商业银行债权人化解“呆坏账”的主动权，在相关账目长期得不到清偿且清偿无望时，银行可以主动向法院提出自然人个人破产申请，以便能获得和自然人债务人和解或者给其重整的机会。不遑论在重整或和解程序中，“老赖”会因经济重生而给银行的债务解决带来“惊喜”（指较高的清偿率），在破产清算程序中，银行的债务即便得不到完整清偿，至少也能获得与其他债权人公平受偿的机会，这是远远好于相关债务长期处于“悬而未决”状态而实际得不到任何资金回流的窘境的。

2. 完善个人不良资产的多种处置方式

目前，在个人不良资产处置方式中，商业银行常用的保全方式包括清收、诉讼（仲裁）、重组、以物抵债、贷款核销和资产证券化等。由于受个人借款人对债务承担无限还款责任理念的影响，长期以来，监管部门对个人贷款的减免、重组及转让持谨慎态度，在政策制度上更是规定明确禁止。个人破产制度的实施，打破了个人承担“无限还款责任”的桎梏，为个人贷款进行减免提供了路径。中国银保监会发布的《银行不良贷款转让试点实施方案（征求意见稿)》也表明，监管部门也在对个人不良贷款的批量转让业务进行探讨尝试。今后，在个人破产程序中综合使用重组、减免、转让等多种专业处置方式将成为可能。个人破产制度的建立，丰富了个人不良资产的处置方式，有助于商业银行采取多样化手段开展资产保全工作。①

3. 提升商业银行个人贷款核销类型和效率

在个人贷款核销方面，个人破产制度的实施增加了个人贷款核销类型。目前，商业银行个人贷款核销类型主要为死亡类、丧失劳动能力类、丧失诉讼时效类、诉讼类、追偿类、抵债类等。其中个人贷款核销常用类型为诉讼类和追偿类。在适用诉讼类和追偿类条件进行核销时，往往因抵/质押物或债务人名下其他资产未能予以处置而无法达到核销条件，或者核销人员担心受到追偿“不穷尽”的问责而不敢核销。

个人破产制度的实施可以为个人贷款核销提供“破产类”的新型核销类型，对于履行完破产程序的个人贷款可以进行核销，从而不再要求对债务人名下资产进行“穷尽式”处置。同时，鉴于存在较多个人破产可能适用简易程序的情况，若将简易程序审理期限规定在3个月之内，将极大地缩短核销等待期，有效提升个人贷款核销效率。

个人破产制度也为企业破产时产生的自然人连带担保债务问题的解决提供了路径，在对由股东提供连带保证担保的贷款（要求股东提供连带责任保证担保是法人贷款，特别是小企业贷款常用的风险缓释方式），在处理法人破产的同时，一并进行个人保证人的破产程序，能有效加快法人破产的进程，有效提升法人贷款核销效率。商业银行可以充分利用个人破产制度优势来及时提升核销效率。

4. 为商业银行破解“执行难”提供新的解决方式

早在2018年10月24日，周强院长就在“最高人民法院关于人民法院解决执行难工作情况的报告”中指出，针对当前执行难所面临的新情况和新问题，建议建立个人破产制度，完善现行破产法，为“执行不能”案件给出退

① 参见范锦一、胡立：《个人破产制度对商业银行资产保全工作的影响——以深圳经济特区个人破产条例为例》，载《银行家》2020年第11期。

出路径。民事案件执行难也一直是商业银行和法院面临的难题。对于有一定财产但是难执行的案件，通过个人破产程序，可限制消费、从业禁止、设定免责考察期，同时给予破产人恢复重生的希望，动员债务人主动申报财产，债权人寻找财产，这种政策组合有利于提高债务人偿债积极性，提升债权回收率。而且，通过个人破产程序，可以对债务人财产及债权债务状况进行一个全面调查，以有效防止债务人转移、隐匿其财产。同时，对无财产可供执行的案件，通过个人破产程序，可以腾出司法资源，使法院专注于其他类型的执行案件，帮助银行提升其他案件的回收率。

（二）个人破产对商业银行债权保护带来的挑战

1. 防止债务人“假破产、真逃债”

虽然个人破产制度设计的初衷是平衡债权人、债务人之间的利益，但并不能排除有些自然人会试图通过该制度来实现非法“逃债”的目的。因此，商业银行债权人应当增强风险意识，特别注意防止债务人“假破产、真逃债”。

商业银行债权人需要通过采取一系列措施以避免恶意逃债行为，防范和惩戒破产欺诈行为。商业银行应当确立一系列制度，例如规定哪些行为不予免责，哪些债务不可免除，哪些情形下需要延长免责考察期等。商业银行需要严格限制免除债务的条件，明确规定自然人只有在遵循诚实信用原则的前提下如实申报财产、主动移交财产并配合处置、履行应尽义务以及遵守相关行为限制等一系列前提下，才能依法获得个人剩余债务的免除。同时，不允许客观上具有破产欺诈行为的自然人适用破产免责规则，否则应当追究其法律责任。

2. 重塑个人贷款估值体系和风险防控体系

在缺少个人财产登记和评估制度的前提下，如何寻找借款人名下所有的财产并对其进行估值成为个人破产制度推行的关键。个人破产制度的确立，将从源头上改变商业银行的贷款评估体系和风险防控体系，包括产品的设计、定价和风险评估策略等。商业银行不能也不会再简单地通过自然人担保，仅仅在获得抵/质押品和无限连带责任的承诺后就授信，而是在放贷的同时预先计算破产的可能性和“有限偿债”的法律责任限制，以更加审慎的态度批准放贷行为。同时，考虑“个人破产”会造成债权的消灭，这种后果出现的可能性会使得金融机构不得不提高个人贷款准入标准，提高产品定价，完善升级风控模型，同时加强贷中、贷后的监控，以进一步控制风险。

3. 对自由财产范围的界定提出更高标准

根据个人破产的自由财产制度可知，个人破产后，不再需要以其个人全部财产偿还商业银行贷款，而是用债务人的自由财产来进行债务清偿，这样一来，债务人可供执行的财产范围势必要重新界定。当下，如何合理确定债务人“基本生活”保障需要的程度和界定“自由财产”的范围，如何合理监测债务人的消费行为是否超出“基本生活”保障的允许界限，也对商业银行的管户及清收工作上提出了更高要求。①

4. 对商业银行的调查整合能力提出更高要求

破产程序具有历时长，事务烦琐，专业程度要求高的特点，个人破产制度的这些特点决定了银行资产保全人员必须相对应地增加法律和财务的知识储备。同时，在我国个人财产登记制度欠缺的情况下，面对多元化分布的个人财产，更应该提升业务水平，培养相对应的财产调查能力，找出可能存在的隐蔽性财产，只有这样，才能提升个人破产程序中部分信用和保证类债权的回收率。

5. 警惕商业银行不良资产规模扩大风险

根据各大商业银行发布的数据显示，我国商业银行近年来不良贷款规模和不良贷款率有显著上升的趋势，其中很大一部分原因在于个人不良贷款的增多。试想，若个人破产制度得到全面实施，商业银行不良资产规模的扩大速度会随着个人破产申请率的上涨而增长。在此之前，为了积极响应政策扶持中小微企业的发展，我国还存在大量中小微企业融资“个贷化”的情况。随着个人不良贷款的增多，多米诺骨牌效应可能也会随之产生——后续企业及各类组织不良贷款率也会上升。由于部分商业银行存在对贷款审核不严或对借款人过度授信的情况，在个人破产制度实施之后，该类商业银行将面临极为严峻的不良资产清收形势，个人破产数额积累至一定程度，甚至可能会导致该商业银行破产。

---

① 参见范锦一、胡立：《个人破产制度对商业银行资产保全工作的影响——以深圳经济特区个人破产条例为例》，载《银行家》2020 年第 11 期。

四、商业银行应对个人破产的策略和救济路径

（一）贷前：建立审慎的审核机制，避免个人过度负债

商业银行在向个人发放贷款前，要根据借款人的特征，包括所在区域、性别、年龄、职业、家庭等，建立一套充分完备的审核机制，根据收集的资料情况建立个人贷款估值体系和个人信用系统，与此同时完善个人贷款风险控制体系。在充分运用技术手段的前提下，建立并完善历史清收数据库，从而为个人贷款定价提供充足的数据依据。在风险控制体系建设方面，应当注重大数据索引结果，基于该结果完善反欺诈策略、完成信用风险评价、建立完备的催收模型并进行定期更新。为应对个人破产制度的实施，商业银行应当有针对性地开展尽职调查、相关法律知识宣传培训，从根本上提升商业银行资产保全人员对于新规实施的应对能力，夯实基础业务水平。可以通过设置与薪酬绩效挂钩的奖励方式，鼓励资产保全相关人员考取法律职业资格、注册会计师资格等资格证书，以丰富员工的整体知识储备，将相关具有特殊职业资格的人员纳入人才后备库。

由于商业银行个人客户具有整体数量多、借贷金额小、所持资产分散、资产隐蔽性高等特点，给挖掘个人债务人的相关财产线索工作带来很的阻碍。在这方面，商业银行可以考虑借助外部科技公司的力量，通过购买大数据和云计算技术等服务，做到有效提升债务回收率，以提升商业银行整体授信管理水平。

加快研究出台相应的资产保全制度和授权体系。对于资产保全制度的构建，建议商业银行主要从以下三个方面入手：一是完善核销制度种类，增加个人破产类贷款核销类型选项和成立需要满足的条件。二是在有效规制的前提下，允许减免个人贷款。应改变现有制度的规制，允许实施破产意义上的贷款减免和信用卡减免。三是在免责的撤销方面，应在档案管理、账务处理和系统管理等方面做好数据联通，以具备及时应对免责撤销的能力。在授权体系上，对深圳等首先进行个人破产立法的试点地区，可以考虑适当放权，以特别授权的形式给予特定地区相关业务本来不具备的审批权限，以综合实施破产重整、

清算、破产后核销等特色化的财产保全政策。①

（二）贷中：加强风险管理，设立个人逃废债防火墙

以个人破产重整程序督促有清偿能力的个人债务人偿还债务。有关国家及地区的个人破产法既包括破产清算，也包括破产重整；既重视破产人财产的公平分配，也注重拯救尚有清偿能力的债务人。对于尚有清偿能力的债务人，应当避免轻易启动甚至滥用破产清算程序来逃避债务。可供参考的是，我国香港特别行政区的《破产条例》既规定了破产清算制度，也设置了“个人自愿安排”制度。“个人自愿安排”制度即破产重整程序，债务人有权根据自愿安排在一定期限内继续偿还债务，可以避免破产导致的名誉受损、资产冻结等后果。

商业银行在个人贷款不能及时偿还的情况下，要及时查明原因，对于有逾期违约或者明显不能清偿后面贷款的情况发生时，要积极敦促个人债务人及时使用其他担保措施进行替代担保，或者要求个人债务人及时申报个人财产及使用情况，让个人债务人给出不能逾期或者不能及时清偿的原因及后期还款计划，并就该计划进行积极跟进和评估。

（三）贷后：审慎适用个人破产，防止制度滥用

严格界定破产原因，防止个人滥用破产程序。有关国家及地区对个人破产事由的界定普遍较为严格。典型的如我国香港特别行政区《破产条例》第 10 条第 1 款明确规定：“债务人的呈请只可基于债务人无能力偿付其债项的理由向法院提出。”

个人破产涉及自由财产的概念，自由财产范围界定应以债务人基本生存标准为上限。个人破产与企业破产在破产财产方面的最大区别就是自由财产制度。自由财产，是指债务人有权保留而无须进行分配清偿的财产。各国对自由财产的范围均作出严格界定，既要保障债务人基本生存需要，又要防止债务人因破产后“待遇过好”而滥用破产制度。

商业银行业在个人申请破产时要以债务人诚信为前提设置债务免除条件。

---

① 参见王龙玉：《个人破产对商业银行债权的影响及对策研究》，载《现代金融导刊》2020 年第 11 期。

债务免除也是个人破产特有的制度设计。为避免债务人滥用债务免除逃废债，各国对债务免除也设置了极为严格的条件。《美国破产法典》对债务免除的限制条件规制非常严格，主要包括但不限于在时间范围、免除次数、不予免除事由、免责例外以及收入测评等方面，同时还规定有担保物权的债务不得免除，否则担保物权的优先受偿性将丧失意义。《德国破产法》也规定只有正当的债务人才有权享有债务免除，并在第290条第1款中对“正当”的概念作了严格界定。①

综上，随着社会经济的发展和个人破产制度的逐渐施行，无论是作为债务人的自然人个人申请破产，还是作为债权人的商业银行，其对待破产的态度都需要不断地更新和重塑，银行需要综合运用个人破产的清算机制、和解机制、重整机制和退出机制等，全方位实现其自身债权的保护。而作为个人债务人，也应当诚实守信，如不能偿还到期债务，应当积极和商业银行进行沟通，做好长期偿债计划，以保全自身征信和基本生活的保障。对于立法机关，在修订《破产法》时，应当逐步引入个人破产制度，就商业银行债权的实现问题，需要平衡双方当事人利益、整个金融系统的信用安排和整个社会的经济发展。

深圳某些商业银行对个人债务进行清理的相关案件，给作为债权人的商业银行提供了解决“呆坏账”的思路，也合理缓解了被执行人的债务困境，充分彰显了个人破产制度的社会价值。从法院的角度来看，法院灵活运用个人破产制度，兼顾债权人利益（避免国有资产损失），也对个人债务人采取了弹性标准，体现了以人为本的法治理念；从商业银行债权实现角度来看，通过“个人破产”和解程序，让“呆坏账”最终得以清偿，是一种新的债权实现路径；从债务人个人角度来看，避免了因对个人征信和强制执行带来的困扰，让有诚信想还钱而一时无法还钱的债务人以一个更长的还款期限和灵活的还款方式偿债，既保障了其基本生活，又督促其积极努力工作以早日偿还完毕债务。希望中国的个人破产制度早日能够写入破产法中，也为解决商业银行债权的保护带来契机和希望。

---

① 参见冯彦明、侯洁星：《欧美个人破产制度对商业银行的影响与启示》，载《银行家》2020年第11期。

后　记

在我从事金融律师的道路上，有 5 个事件最令我难以忘怀。

1998 年，刚进入律师行业 3 年有余，我及同事便有幸代理了交通银行青岛分行系列信用证垫款纠纷案，涉案金额累计 10 余亿元人民币，涉及 30 多笔信用证交易纠纷，在当时是巨型案件。在此之前，我及同事对信用证的了解是零，更别说信用证项下的各种复杂单据。一切从头开始，从书本，从网络，到档案，识别了一张张电文，一份份单据，凭着法律人的法学思维和复杂问题简单化的方法论，夜以继日，在一周时间内形成了 30 多份诉状及证据清单，并最终取得了法院的支持，全部胜诉。这也使我对信用证发生了浓厚的兴趣。2014 年 6 月初，青岛港发生了“德正系”大宗商品融资诈骗案件。对此，我深入实地调研，进行了专题研究并发表文章。上述两事件也是我博士毕业论文创作的灵感与源泉。当我的博士论文《信用证国际贸易融资法律问题研究——以商业银行法律风险与规制为视角》顺利通过答辩，我对信用证法律问题的认知升华为理论高度。

2007 年，我代理了中国银行双鸭山分行四马路支行

4.325亿元系列承兑票据付款请求权纠纷案。这起系列银行巨额承兑汇票大案涉及96张汇票，涉及非法出具金融票证、票据诈骗及票据的出具、承兑、贴现等错综复杂的刑民交叉法律问题，这使我对《票据法》第10条规定的票据的基础关系与无因性之间的联系的研究发生了浓厚的兴趣。

2018年，凭着对银行保函事业的热爱和深入研究，我成为国际商会中国国家委员会（ICC China）银行委员会保函组专家，保函组专家大部分是来自国内各个银行贸易金融部门的专业人士，通过外部论坛、内部交流、承接课题等多种方式，我从各位专家身上受益良多，也促使我在保函领域深耕细作。

2019年，作为平安银行特资部11名特聘外部专家之一，我在厦门受邀为平安银行特资部全体员工做专门培训，初步形成了《破解银行债务逃废七方法论》的理论基础，努力针对银行不良资产的业务清收提供一套行之有效的方法。

2020年，在《九民纪要》和“大资管”背景下，多层嵌套资管产品纠纷、银行“萝卜章”事件等层出不穷，受中国银行业协会邀请，我在广西桂平为来自五湖四海的银行业从业人员进行公开培训，针对《商业银行诉讼与执行案件中热点与难点法律问题》进行判例精解。

上述5个事件不只是我执业生涯的高光时刻，更是点点滴滴。随着为包括但不限于中国银行、交通银行、国家开发银行、中国邮储银行等不同银行做的培训越来越多，我本人对于商业银行争议解决法律问题认知的理论体系越发成熟，陆陆续续地有朋友建议我将培训的内容写成一本书，可以为银行从业人员进一步提供系统的指引。受此鼓舞，我便开始着手策划《商业银行争议解决前沿问题专题解读与实务指引》一书，希冀为中国的银行从业者提供一份实务指南。于是，从2020年6月开始，本着精益求精和打造精品的原则，团队12名律师吹响“集结号”，从选题、设计每章节的标题、挑选经典案例、内容设计到写作和编辑，从初稿到终稿，历经数月打磨，数次修改，几易其稿，终于付梓。这是中国律师界最好的金融律师团队之一，本书全部作者立志不止于商业银行领域的法学理论与实务研究，亦是对商业银行合法权益的维护。

感谢马蔚华先生、王卫国教授在百忙之中为本书倾情作序，二位大家的推荐让我们备受鼓舞。感谢法律出版社的张雪纯先生和孙慧女士、朱轶佳女士的杰出编辑工作，他（她）们对本书最终付梓所做的付出让人难忘。

 博士

2021 年 7 月 7 日于北京

图书在版编目(CIP)数据

商业银行争议解决前沿问题专题解读与实务指引 / 蒋琪主编. -- 北京 : 法律出版社, 2021
ISBN 978-7-5197-5759-5

Ⅰ. ①商… Ⅱ. ①蒋… Ⅲ. ①商业银行法－研究－中国 Ⅳ. ①D922.281.4

中国版本图书馆 CIP 数据核字(2021)第 143850 号

商业银行争议解决前沿问题专题解读与实务指引
SHANGYE YINHANG ZHENGYI JIEJUE QIANYAN WENTI ZHUANTI JIEDU YU SHIWU ZHIYIN

蒋　琪　主编

策划编辑　朱轶佳
责任编辑　朱轶佳
装帧设计　汪奇峰

出版发行　法律出版社
编辑统筹　司法实务出版分社
责任校对　周合芝
责任印制　胡晓雅
经　　销　新华书店

开本　710 毫米×1000 毫米　1/16
印张　42.5　　**字数**　610 千
版本　2021 年 8 月第 1 版
印次　2021 年 8 月第 1 次印刷
印刷　三河市兴达印务有限公司

地址:北京市丰台区莲花池西里 7 号(100073)
网址:www.lawpress.com.cn
投稿邮箱:info@lawpress.com.cn
举报盗版邮箱:jbwq@lawpress.com.cn
销售电话:010-83938349
客服电话:010-83938350
咨询电话:010-63939796

书号:ISBN 978-7-5197-5759-5　　**定价**:168.00 元